Landesrecht
Freistaat Bayern

Landesrecht
Freistaat Bayern

Bayerisches Polizei- und Sicherheitsrecht

Lehrbuch

von

Prof. Dr. jur. Wilhelm Schmidbauer
Landespolizeipräsident Bayern
Polizeipräsident München 2003–2013
Professor an der Universität Regensburg

und

Priv.-Doz. Dr. iur. habil. Dipl. sc. pol. Univ. Thomas Holzner
Oberregierungsrat am Bayerischen Landeskriminalamt
Privatdozent an der Universität Augsburg

2019

C.H.BECK

www.beck.de

ISBN 978 3 406 51427 2

Wilhelmstraße 9, 80801 München

Druck: Druckhaus Nomos
In den Lissen 12, D-76547 Sinzheim

Satz: jürgen ullrich typosatz, Nördlingen
Umschlaggestaltung: Druckerei C. H. Beck Nördlingen

Gedruckt auf säurefreiem, alterungsbeständigem Papier
(hergestellt aus chlorfrei gebleichtem Zellstoff)

Vorwort

Das Polizei- und Sicherheitsrecht ist in seiner Aktualität ungebrochen. Dies zeigt sich nicht nur durch die aktuell angespannte Sicherheitslage, die durch terroristische Bedrohung und Organisierte Kriminalität geprägt ist, sondern auch durch die lebhafte Diskussion, welche die PAG-Novellen 2017 und 2018 begleiteten.

Im Kern geht es dabei um das, dem Polizei- und Sicherheitsrecht immanente Spannungsverhältnis zwischen Sicherheit und Freiheit, wie es sich aus dem verfassungsrechtlichen Schutzauftrag des Art. 99 BV und den Grundrechten ergibt, und der Ambivalenz, die darin besteht, dass Sicherheit und Freiheit nur durch die Begrenzung von Freiheiten gewährleistet werden können. In größerem Kontext entscheidet sich hieran die Frage nach der Legitimität des Staates, dessen Gewaltmonopol nur dann gerechtfertigt ist, wenn er den Schutz der Bürger gewährleisten kann (*Th. Hobbes*).

Aufgrund dieser staatstragenden Funktion nimmt das Polizei- und Sicherheitsrecht auch eine zentrale Stellung im Verwaltungsrecht und damit auch im Kanon der für die Studierenden prüfungsrelevanten Rechtsgebiete ein.

Zielgruppe des vorliegenden Lehrbuchs sind daher Studierende an Hochschulen und Universitäten, Rechtsreferendare, Berufspraktiker sowie jeder, der sich grundlegendes Wissen auf dem Gebiet des Polizei- und Sicherheitsrechts aneignen will.

Das Lehrbuch möchte neben einem Überblick über die Rechtsmaterie auch fundierte Rechtskenntnisse im Polizei- und Sicherheitsrecht vermitteln und damit einen Beitrag zur Vorbereitung auf Prüfungen, insbesondere auf Polizei- und Sicherheitsrechtsklausuren während des Studiums sowie der beiden juristischen Staatsexamina, aber auch zur Polizeipraxis leisten, wofür den beiden Autoren ihre aktuelle Tätigkeit und ihr wissenschaftlicher Hintergrund entgegenkommt.

Hierzu verfolgt das Lehrbuch ein Konzept, nach dem die theoretische Wissensvermittlung durch eine Vielzahl von kleineren Fällen ergänzt wird, in denen die praktische Anwendung des vermittelten Wissens in der Klausur veranschaulicht und eingeübt wird. Diese Kombination wird unterstützt durch Klausurhinweise und Prüfungsschemata, welche den Studierenden als Vorschläge für die Umsetzung in der Klausur dienen sollen. Die Zusammenfassungen zu Beginn des Kapitels können als erster Überblick sowie zur Überprüfung oder Wiederholung des angeeigneten Wissens dienen.

Der Schwerpunkt des Lehrbuchs liegt daher auf den typischen, prüfungs- sowie praxisrelevanten Problemstellungen und deren dogmatische Lösung unter Einbezug allgemeiner verfassungs- und verwaltungsrechtlicher Determinanten aufgrund der Stellung des Polizei- und Sicherheitsrechts als klassischer Referenzmaterie des besonderen Verwaltungsrechts. Dabei werden neueste Rechtsentwicklungen ebenso aufbereitet wie die aktuelle Rechtsprechung insbesondere des BVerfG, des BayVerfGH sowie des BayVGH miteinbezogen wird.

Das Lehrbuch enthält bereits die aktuellen Änderungen, die durch das Gesetz zur Neuordnung des bayerischen Polizeiaufgabengesetzes (PAG-Neuordnungsgesetz) vom 15.5.2018 in das PAG aufgenommen wurden. Mit dem vorliegenden Werk wird die Reihe der Beck-Lehrbücher (Landesrecht Freistaat Bayern) zum besonderen Verwaltungsrecht komplettiert.

München/Regensburg, im Juni 2019

Wilhelm Schmidbauer *Thomas Holzner*

Inhaltsübersicht

Inhaltsverzeichnis

Abkürzungsverzeichnis

a. A.	andere Ansicht
a. a. O.	am angegebenen Ort
a. E.	am Ende
a. F.	alte Fassung
Abs.	Absatz
AEUV	Vertrag über die Arbeitsweise der Europäischen Union
AG	Amtsgericht
AG-RStPO	Königlich Bayerisches Gesetz zur Ausführung der Reichsstrafprozessordnung
AGSG	Gesetz zur Ausführung der Sozialgesetze
AGStPO	Ausführungsgesetz zur Strafprozessordnung
AGVereinsG	Gesetz zur Ausführung des Vereinsgesetzes
AGVwGO	Ausführungsgesetz zur Verwaltungsgerichtsordnung
AllMBl	Allgemeines Ministerialblatt
Alt.	Alternative
Anm.	Anmerkung
Art.	Artikel
ATD	Antiterrordatei
ATDG	Antiterrordateigesetz
AufenthG	Gesetz über den Aufenthalt, die Erwerbstätigkeit und die Integration von Ausländern im Bundesgebiet (Aufenthaltsgesetz)
BayBG	Bayerisches Beamtengesetz
BayBO	Bayerische Bauordnung
BayDG	Bayerisches Disziplinargesetz
BayDSG	Bayerisches Datenschutzgesetz
BayEUG	Bayerisches Gesetz über das Erziehungs- und Unterrichtswesen
BayImSchG	Bayerisches Immissionsschutzgesetz
BayJG	Bayerisches Jagdgesetz
BayKSG	Bayerisches Katastrophenschutzgesetz
BayNatSchG	Bayerisches Naturschutzgesetz
BayPrG	Bayerisches Pressegesetz
BayPsychKHG	Bayerisches Psychisch-Kranken-Hilfe-Gesetz
BayRDG	Bayerisches Gesetz über den Rettungsdienst
BayRS	Bayerische Rechtssammlung
BayStMI	Bayerisches Staatsministerium des Innern
BayStrWG	Bayerisches Straßen- und Wegegesetz
BayVBl.	Bayerische Verwaltungsblätter
BayVerfGH	Bayerischer Verfassungsgerichtshof
BayVersG	Bayerisches Versammlungsgesetz
BayVGH	Bayerischer Verwaltungsgerichtshof
BayVKV	Verordnung über den Bau und Betrieb von Verkaufsstätten (Verkaufsstättenverordnung)
BayVSG	Bayerisches Verfassungsschutzgesetz
BayVwVfG	Bayerisches Verwaltungsverfahrensgesetz
BayWG	Bayerisches Wassergesetz
Bd.	Band

BeamtStG	Beamtenstatusgesetz
Begr.	Begründung
Bek.	Bekanntmachung
Beschl.	Beschluss
BezO	Bezirksordnung für den Freistaat Bayern
BfV	Bundesamt für Verfassungsschutz
BGB	Bürgerliches Gesetzbuch
BGBl.	Bundesgesetzblatt
BGH	Bundesgerichtshof
BGHZ	Entscheidungen des Bundesgerichtshofs in Zivilsachen
BGS	Bundesgrenzschutz
BImSchG	Bundesimmissionsschutzgesetz
BKA	Bundeskriminalamt
BKAG	Bundeskriminalamtgesetz
BLKA	Bayerisches Landeskriminalamt
BND	Bundesnachrichtendienst
BPol	Bundespolizei
BPolG	Bundespolizeigesetz
BV	Verfassung des Freistaates Bayern
BVerfG	Bundesverfassungsgericht
BVerfGE	Entscheidungen des Bundesverfassungsgerichts
BVersG	Gesetz über Versammlungen und Aufzüge (Versammlungsgesetz)
BVerwG	Bundesverwaltungsgericht
BVerwGE	Entscheidungen des Bundesverwaltungsgerichts
COSI	Comité de Securité Intérieur
DÖV	Die Öffentliche Verwaltung
DSGVO	Datenschutzgrundverordnung
DVBl	Deutsches Verwaltungsblatt
DVPOG	Durchführungsverordnung zum Polizeiorganisationsgesetz
e. A.	eine Ansicht
EAÜ	Elektronische Aufenthaltsüberwachung
EDSB	Europäischer Datenschutzbeauftragter
EGGVG	Einführungsgesetz zum Gerichtsverfassungsgesetz
EGMR	Europäischer Gerichtshof für Menschenrechte
EGRC	Europäische Grundrechtecharta
EGStGB	Einführungsgesetz zum Strafgesetzbuch
EL	Ergänzungslieferung
EMRK	Europäische Konvention zum Schutz der Menschenrechte
EU	Europäische Union
EuGH	Europäischer Gerichtshof
f., ff.	folgend, folgende
FamFG	Gesetz über das Verfahren in Familiensachen und in den Angelegenheiten der freiwilligen Gerichtsbarkeit
FGG	Gesetz über die Angelegenheiten der freiwilligen Gerichtsbarkeit
Fn.	Fußnote
FZV	Fahrzeug-Zulassungsverordnung
GastG	Gaststättengesetz
GastV	Verordnung zur Ausführung des Gaststättengesetzes

GBl.	Gesetzblatt
Gem-PolG	Gesetz über die Gemeindepolizei
Gestapo	Geheime Staatspolizei
GewO	Gewerbeordnung
GewV	Verordnung zur Durchführung der Gewerbeordnung
GG	Grundgesetz für die Bundesrepublik Deutschland
GmbH	Gesellschaft mit beschränkter Haftung
GmbH & Co KG	Gesellschaft mit beschränkter Haftung und Compagnie Kommanditgesellschaft
GO	Gemeindeordnung für den Freistaat Bayern
GRCh	Europäische Grundrechtecharta
GVBl	Bayerisches Gesetz-und Verordnungsblatt
h. L.	herrschende Lehre
h. M.	herrschende Meinung
Hrsg., hrsg.	Herausgeber, herausgegeben
Hs.	Halbsatz
i. d. F.	in der Fassung
i. S. v.	im Sinne von
i. V. m.	in Verbindung mit
ICIS	Interpol Criminal Information System
INPOL	Informationssystem der Polizei
JA	Juristische Ausbildung
JuS	Juristische Schulung
JZ	Juristische Zeitung
KAN	Kriminalaktennachweis
KFD	Kriminalfachdezernat
KG, KostG	Kostengesetz
KR-Pol	Richtlinien zur Erhebung von Kosten und anderen öffentlich-rechtlichen Geldleistungen durch die Polizei
KunstUrhG	Gesetz betreffend das Urheberrecht an Werken der bildenden Künste und der Photographie – Kunsturhebergesetz
L. Bai	Lex Baiuvariorum
LDSB	Landesdatenschutzbeauftragter
Leg. Nat. Ger	Legum Nationum Germanicarum
Leg. Sec.	Legum Sectio
LFBG	Lebensmittel- und Futtermittelgesetzbuch
LfV	Landesamt für Verfassungsschutz
Lit.	Literatur
LKA	Landeskriminalamt
LKrO	Landkreisordnung für den Freistaat Bayern
LStVG	Landesstraf- und Verordnungsgesetz
LT-Drs.	Landtags-Drucksache
m. w. N.	mit weiteren Nachweisen
MABl.	Ministerialamtsblatt der Bayerischen Inneren Verwaltung
MAD	Militärischer Abschirmdienst
MEPolG	Musterentwurf eines einheitlichen Polizeigesetzes des Bundes und der Länder
MGH	Monumenta Germaniae Historica
MRK	Menschenrechtskonvention
NatSchG	Naturschutzgesetz

ND	Nachdruck
NJW	Neue Juristische Wochenschrift
Nr., Nrn.	Nummer, Nummern
NVwZ	Neue Zeitschrift für Verwaltungsrecht
OVG	Oberverwaltungsgericht
OVGE	Entscheidungen der Oberverwaltungsgerichte
OWiG	Gesetz über Ordnungswidrigkeiten
PAG	Gesetz über die Aufgaben und Befugnisse der Bayerischen Staatlichen Polizei (Polizeiaufgabengesetz)
PDV	Polizeidienstvorschrift
POG	Gesetz über die Organisation der Bayerischen Staatlichen Polizei (Polizeiorganisationsgesetz)
PolKV	Polizeikostenverordnung
PrALR	Preußisches Allgemeines Landrecht von 1794
PrOVG	Preußisches Oberverwaltungsgericht
PrOVGE	Entscheidungen des Preußischen Oberverwaltungsgerichts
PrPVG	Preußisches Polizeiverwaltungsgesetz
Rn.	Randnummer
Rspr.	Rechtsprechung
s.	siehe
S.	Seite, Satz
s. o.	siehe oben
s. u.	siehe unten
SA	Sturmabteilung
SDÜ	Schengener Durchführungsübereinkommen
SPUDOK	Spurendokumentationssystem
SS	Schutzstaffel
StGB	Strafgesetzbuch
StPO	Strafprozessordnung
StVG	Straßenverkehrsgesetz
StVO	Straßenverkehrsordnung
TSG	Technische Sondergruppe
TÜV	Technischer Überwachungsverein
Urt.	Urteil
VBlBW	Verwaltungsblätter Baden-Württemberg
VereinsG	Gesetz zur Regelung des öffentlichen Vereinsrechts (Vereinsgesetz)
VerfGH	Bayerischer Verfassungsgerichtshof (Entscheidungssammlung)
VersammlG	Gesetz über Versammlungen und Aufzüge (Versammlungsgesetz)
VerwArch	Verwaltungsarchiv
VG	Verwaltungsgericht
VGemO	Verwaltungsgemeinschaftsordnung für den Freistaat Bayern
VGH	Bayerischer Verwaltungsgerichtshof
vgl.	vergleiche
VO	Verordnung
VollzB, VollzBek	Vollzugsbekanntmachung
VwGO	Verwaltungsgerichtsordnung
VwVfG	Verwaltungsverfahrensgesetz
VwVG	Verwaltungsvollstreckungsgesetz

VwZVG	Bayerisches Verwaltungszustellungs- und Vollstreckungsgesetz
WaffG	Waffengesetz
WHG	Wasserhaushaltsgesetz
WRV	Weimarer Reichsverfassung
ZPO	Zivilprozessordnung
ZuVOWiG	Verordnung über Zuständigkeiten im Ordnungswidrigkeitenrecht

Literaturverzeichnis

I. Lehrbücher, Monographien, Sammelbände und Editionen

Bayerisches Staatsministerium des Innern, für Bau und Verkehr	Verfassungsschutzbericht Bayern 2016
Becker/Heckmann/Kempen/Manssen	Öffentliches Recht in Bayern, 7. Aufl. 2017
Conrad/Kleinheyer (Hrsg.)	Vorträge über Recht und Staat von Carl Gottlieb Svarez, 1960
Drews	Preußisches Polizeirecht, Bd. 1, Allgemeiner Teil. Ein Leitfaden für Verwaltungsbeamte, 3. Aufl. 1931
Edel	Das Polizeistrafgesetzbuch für das Königreich Bayern vom 10. November 1861 mit Erläuterungen von Carl Edel, 1862
Epping	Grundrechte, 7. Aufl. 2017
Götz	Allgemeines Polizei- und Ordnungsrecht, 16. Aufl. 2017
Gusy	Polizei- und Ordnungsrecht, 10. Aufl. 2017
Jellinek	Allgemeine Staatslehre (= Recht des modernen Staates, Bd. 1), Berlin, 3. Aufl. 1914 (ND Darmstadt 1960)
Kingreen/Poscher	Polizei- und Ordnungsrecht, 10. Aufl. 2018
Knemeyer	Polizei- und Ordnungsrecht, 11. Aufl. 2007
Leggewie/Meier (Hrsg.)	Verbot der NPD oder mit Rechtsradikalen leben? 2002
Maurer/Waldhoff	Allgemeines Verwaltungsrecht, 19. Aufl. 2017
Möller/Wilhelm	Allgemeines Polizei- und Ordnungsrecht, 5. Aufl. 2003
Neumann/Nipperdey/Scheuner (Hrsg.)	Die Grundrechte II, 1954
Ossenbühl/Cornils	Staatshaftungsrecht, 6. Aufl. 2013
Pieroth/Schlink/Kniesel	Polizei- und Ordnungsrecht, 8. Aufl. 2014
Pütter	Institutiones iuris publici Germanici, 1770
Schenke	Polizei- und Ordnungsrecht, 10. Aufl. 2018
Schmidbauer	Enteignung zugunsten Privater, 1989
Schmidbauer	Polizei zwischen Gefahrenabwehr und Strafverfolgung – Doppelfunktionale Maßnahmen der Polizei auf dem verfassungsrechtlichen Prüfstand, in: Manssen/Jachmann/Gröpl (Hrsg.), Nach geltendem Verfassungsrecht, Festschrift für Udo Steiner zum 70. Geburtstag, 2009, S. 734 ff.
Schöch/Jehle	Angewandte Kriminologie zwischen Freiheit und Sicherheit, 2004

Scholler/Broß	Grundzüge des Polizei- und Ordnungsrechts in der Bundesrepublik Deutschland, 4. Aufl. 1993
Schütrumpf/Gehrke (Hrsg.)	Aristoteles, Politik, Buch IV–VI, übers. u. erl. von E. Schütrumpf (Aristoteles Werke in Deutscher Übersetzung. Herausgegeben von Ernst Grumach, Bd. 9/III), Berlin 1996
Steiner/Brinktrine (Hrsg.)	Besonderes Verwaltungsrecht, 9. Aufl. 2014
v. Schwind (Hrsg.)	Lex Baiuvariorum, MGH Legum Sectio I., Legum Nationum Germanicarum V, 2, Hannover, 1926
Wagner	Königlich bayerisches AG-RStPO, 1886
Würtenberger/Heckmann/Tanneberger	Polizeirecht in Baden-Württemberg, 7. Aufl. 2017

II. Kommentare und Handbücher

Bengl/Berner/Emmerig (Hrsg.)	Bayerisches Landesstraf- und Verordnungsgesetz, Stand: 37. EL 2018
Berner/Köhler/Käß	Polizeiaufgabengesetz, 20. Aufl. 2010
Brenneisen/Wilksen	Versammlungsrecht, 4. Aufl. 2011
Dietel/Ginzel/Kniesel	Versammlungsgesetze, 17. Aufl. 2016
Dietel/Ginzel/Kniesel	Demonstrations- und Versammlungsfreiheit, 14. Aufl. 2005
Dreier (Hrsg.)	Grundgesetz-Kommentar, Bd. 1–3, 3. Aufl. 2015–17
Dürig-Friedl/Enders	Versammlungsrecht, 2016
Eyermann (Hrsg.)	Verwaltungsgerichtsordnung, 15. Aufl. 2019
Fischer	Strafgesetzbuch, 65. Aufl. 2018
Hölzl/Hien/Huber	Gemeindeordnung mit Verwaltungsgemeinschaftsordnung, Landkreisordnung und Bezirksordnung für den Freistaat Bayern, Stand: 59. EL. Mai 2018
Holzner	Verfassung des Freistaates Bayern unter besonderer Berücksichtigung der Staats- und Kommunalverwaltung, Stand: 1. EL. 2017
Honnacker/Beinhofer/Hauser	Polizeiaufgabengesetz, 20. Aufl. 2014
Jarass/Pieroth	Grundgesetz für die Bundesrepublik Deutschland, 15. Aufl. 2018
Kääb/Rösch	Bayerisches Landesstraf- und Verordnungsgesetz, 2. Aufl. 1967
Kopp/Ramsauer	Verwaltungsverfahrensgesetz, 19. Aufl. 2018
Kopp/Schenke	Verwaltungsgerichtsordnung, 24. Aufl. 2018
Körner/Mehringer (Hrsg.)	Gesetz über das Landesstrafrecht und das Verordnungsrecht auf dem Gebiet der öffentlichen Sicherheit und Ordnung, Stand: 13. EL. Dezember 2018
Lisken/Denninger (Hrsg.)	Handbuch des Polizeirechts, 6. Aufl. 2018

Maunz/Dürig/Herzog/Scholz (Hrsg.)	Grundgesetz, Stand: 84. EL. August 2018
Meder/Brechmann (Hrsg.)	Die Verfassung des Freistaates Bayern, 5. Aufl. 2014
Meyer-Goßner/Schmitt	Strafprozessordnung, 61. Aufl. 2018
Mitsch (Hrsg.)	Karlsruher Kommentar zum Gesetz über Ordnungswidrigkeiten, 5. Aufl. 2018
Nawiasky/Schweiger/Knöpfle (Hrsg.)	Die Verfassung des Freistaates Bayern, Stand: 13. EL. 2008
Ott/Wächtler/Heinhold	Gesetz über Versammlungen und Aufzüge, 7. Aufl. 2010
Peters/Janz (Hrsg.)	Handbuch des Versammlungsrechts, 2015
Ridder/Breitbach/Rühl/Steinmeier	Versammlungsrecht, 1992
Rott	Kostenerhebung durch die Polizei. Erläuterte Textausgabe, 1998
Sachs (Hrsg.)	Grundgesetz, 8. Aufl. 2018
Samper/Honnacker	Polizeiorganisationsgesetz, 5. Aufl. 1994
Schmidbauer/Steiner	Bayerisches Polizeiaufgabengesetz und Polizeiorganisationsgesetz, 4. Aufl. 2014
Schmidt-Bleibtreu/Hofmann/Henneke (Hrsg.)	Grundgesetz, 14. Aufl. 2017
Stelkens/Bonk/Sachs (Hrsg.)	Verwaltungsverfahrensgesetz, 9. Aufl. 2018
v. Mangoldt/Klein/Pestalozza	Das Bonner Grundgesetz, 3. Aufl. 1996
v. Münch (Hrsg.)	Grundgesetz-Kommentar, Bd. 1, 3. Aufl. 1985
v. Münch/Kunig (Hrsg.)	Grundgesetz-Kommentar, Bd. 1–3, 6. Aufl. 2012
Widtmann/Grasser/Glaser (Hrsg.)	Bayerische Gemeindeordnung mit Verwaltungsgemeinschaftsordnung, Landkreisordnung und Gesetz über die kommunale Zusammenarbeit, Stand: 29. EL. Mai 2018

Teil I. Grundlagen des bayerischen Polizei- und Sicherheitsrechts

1. Kapitel. Polizei- und Sicherheitsrecht als Rechtsgebiet

Zusammenfassung

1. **Wesentliche Entwicklungsschritte** des Polizei- und Sicherheitsrechts sind:
   a. das Verbot des Fehdewesens und die Errichtung eines institutionalisierten Streitaustrags durch den **Ewigen Landfrieden (1495)**. Zur Regelung des Gemeinwesens wurde im 16. und 17. Jahrhundert die **gute policey** auf nahezu alle Lebensbereiche ausgedehnt. Dieser totalitäre Ansatz erreichte im Zeitalter des Absolutismus im 18. Jahrhundert seinen Höhepunkt, in welchem dem Herrscher die absolute Polizeigewalt **(ius politiae)** zukam und er bestimmen konnte, wie dieses Gemeinwesen auszusehen hat sowie mit welchen Mitteln es zu erreichen ist.
   b. Erst im Zuge der Aufklärung stellte sich die Frage nach der **Begrenzung des Aufgabenbereichs** der Polizei **und** ihrer **Befugnisse** durch normative Regelungen. Dabei wurde die Begrenzung in § 10 II. Titel 17 PrALR (1794) aufgenommen und diese sowie die Bindung an Befugnisnormen im **Kreuzberg-Urteil** des PrOVG (1882) bejaht.
   c. Die sich im 19. Jahrhundert herausgebildeten Regelungssysteme, bei denen einerseits im Norden des Deutschen Reichs die **Generalklausel**, andererseits im Süden die **Spezialermächtigung** vorrangig angewandt wurde, wurden im **preußischen Polizeiverwaltungsgesetz von 1931** vereint und bilden die Grundlage für die nachfolgenden Normierungen.
   d. Nach der NS-Zeit, die von Organisationszentralisierung sowie der Instrumentalisierung insbesondere der Generalklausel für politische Zwecke und zur Aufrechterhaltung des NS-Staates geprägt war, wurde in der **Bundesrepublik** Deutschland wieder auf den liberalen Polizeibegriff zurückgegriffen. Das Polizei- und Sicherheitsrecht erhielt seine **rechtsstaatliche Durchformung** sowie **Subjektivierung** durch die Grundrechte.
2. Grundgesetz und Bayerische Verfassung enthalten den **Verfassungsauftrag** an alle staatlichen Organe und Gewalten, die **innere Sicherheit zu gewährleisten**.
3. Die Pflicht zur effektiven Gewährleistung der inneren Sicherheit ist die **Kehrseite des Gewaltmonopols** und damit grundlegend für die **Legitimität** des Staates (*Th. Hobbes*).
4. Das Polizei- und Sicherheitsrecht ist geprägt von der **Ambivalenz** und dem Spannungsverhältnis, das daraus besteht, dass Sicherheit und Freiheit nur durch die Begrenzung von Freiheiten gewährleistet werden können. So zählen z.B. Grundrechte einerseits zu den Schutzgütern, während der Eingriff in diese andererseits das Mittel zur Erreichung des Ziels darstellt.
5. Da der Eingriff in Rechte im Mittelpunkt polizeilichen Handelns steht, handelt es sich beim Polizei- und Sicherheitsrecht um besonderes Verwaltungsrecht, das der **Eingriffsverwaltung** zugeordnet wird.

6. Durch die eingreifende Wirkung des Polizei- und Sicherheitsrechts unterliegt es den hierfür vorgesehenen **verfassungsrechtlichen Determinanten**, wie dem Vorbehalt und Vorrang des Gesetzes, weshalb ein Schluss von der Aufgabe auf die Befugnis unzulässig ist, dem Bestimmtheitsgrundsatz (Wesentlichkeitstheorie), dem Grundsatz der Verhältnismäßigkeit (insbesondere dem Übermaßverbot) und dem Zitiergebot.
7. Die Gesetzgebungskompetenz für das präventive Polizei- und Sicherheitsrecht liegt grds. bei den **Ländern**, Art. 30, 70 Abs. 1 GG.
8. Die Bedeutung des Polizei- und Sicherheitsrechts als Prüfungsfach ist hoch, da es zu den **Pflichtfächern** zählt und anhand dieses Rechtsgebiets als klassischer Referenzmaterie des besonderen Verwaltungsrechts wichtige Konstellationen des Verfassungs- und Verwaltungsrechts, der Gesetzessystematik und -dogmatik, alle Ebenen des Verwaltungshandelns sowie die Handlungsformenlehre abgeprüft und dessen Grundsätze auch im besonderen Sicherheitsrecht abgefragt werden können. Darüber hinaus ist die Prüfungsrelevanz des Versammlungsrechts aufgrund seines starken Grundrechtsbezugs hoch.
9. Die **rechtspolitische Bedeutung** des Rechtsgebiets ist insbesondere vor zunehmender organisierter Kriminalität sowie der terroristischen Bedrohung wieder **gestiegen**.

A. Von der guten policey zur rechtsstaatlich gebundenen Sicherheitsbehörde – die Entwicklung des Polizei- und Sicherheitsrechts

1 Das Bedürfnis nach Sicherheit ist eines der existentiellsten menschlichen Bedürfnisse. Dieses zu befriedigen ist Aufgabe des Staates, dessen Mittel hierzu u.a. das Polizei- und Sicherheitsrecht ist. Dies war auch schon ab den ersten Rechtsaufzeichnungen der Fall, so dass eine Herausbildung des Polizei- und Sicherheitsrechts über die Jahrhunderte erfolgte.

I. „Innere Sicherheit" im 15. Jahrhundert: Der ewige Landfriede

2 Bereits im frühen und ausgehenden Mittelalter gab es Normen, die sich mit dem Rechtsfrieden beschäftigten, die jedoch in erster Linie repressiv wirkten und daher heute dem Strafrecht zuzuordnen wären.[1] Allerdings konnte nicht von einem staatlichen Gewaltmonopol gesprochen werden, da zum einen der Staat, wie wir ihn heute kennen und der sich nach *Georg Jellineks* Drei-Elementen-Lehre durch ein Staatsgebiet, ein Staatsvolk und eine Staatsgewalt definiert,[2] in dieser Form noch nicht existierte. Zum anderen wurde die Befriedung des Landes nur sehr eingeschränkt von der Obrigkeit gewährleistet. Der für den Einzelnen weitaus wichtigste Verband, dem er angehörte, war daher die Sippe, die auch für die Sicherheit des Einzelnen und seinen Schutz zuständig war. Fehde und Blutrache waren dabei die Mittel, dies zu gewährleisten und daher an der Tagesordnung, mit allen negativen Folgen für das Gemeinwesen, welche die Tötung bzw. Verletzung von Menschen nach sich zog.

---

[1] Z.B. die Vorschriften über die Wundbußen in der Lex Baiuvariorum, L. Bai. IV, V, VI., ed. v. Schwind, MGH, Leg. Sec. I, Leg. Nat. Ger. V.2., Hannover, 1926.

[2] Jellinek, Allgemeine Staatslehre, S. 394 ff.

Da das Fehdewesen bis zum Beginn der Neuzeit weit verbreitet war, setzte es sich Maximilian I., Kaiser des Heiligen Römischen Reichs deutscher Nation, zur Aufgabe, diesem ein Ende zu bereiten bzw. es zumindest einzuschränken und das Gewaltmonomol des Reiches zu stärken. Hierzu erließ er zusammen mit seinen Reichsständen im Jahr **1495** den sog. **Ewigen Landfrieden**, indem er das **Fehdewesen** grundsätzlich **verbot**. Als Ersatz hierfür wurde diese Maßnahme flankiert durch die Einführung des Reichskammergerichts und dessen Exekutionsordnung, welches nun für die Rechtsstreitigkeiten der Untertanen zuständig war und damit eine friedliche Konfliktlösung ermöglichen sollte. Durch die Institutionalisierung des Streitaustrags mittels einer Gerichtsbarkeit wurde nicht nur das Gewaltmonopol des Reiches mit Blick auf die Streitschlichtung verfestigt, sondern die Reformen dienten zugleich als Grundlage für das neuzeitliche Reich. 3

Mit den auf den Ewigen Landfrieden folgenden **Reichspolizeiordnungen** von **1530, 1548** und **1588** etablierte sich auch der Begriff der policey.[3] 4

II. Das 16. und 17. Jahrhundert: die gute policey

Im 16. und 17. Jahrhundert bezeichnete die **gute policey** dasjenige Handeln, mit dem die Obrigkeit die größtenteils seit dem Mittelalter bestehende gesellschaftliche (Stände-)Ordnung aufrecht erhielt. Es setzte sich dadurch das im Mittelalter vorherrschende Ordo-Denken fort, nach dem alles und jeder in der Gesellschaft seinen gottgegebenen Platz einnahm und an diesem seine Pflicht zu erfüllen hatte. Eine Durchlässigkeit zwischen den sozialen Schichten war so gut wie nicht vorhanden. Policey bezeichnete damit die **Ordnung des gesamten Gemeinwesens** und erstreckte sich gleichzeitig auf sämtliche Lebensbereiche. Daher beschäftigten sich die Polizeiordnungen nicht nur mit Geldwirtschaft und Steuererhebung, der Förderung der Sittlichkeit, der Bildung sowie der Religion, sondern auch mit den heute der Privatsphäre zugeordneten Bereichen wie Ehe und Familie, Nahrung, Haus und Hof, Kleidung sowie den beruflichen Aspekten wie dem Zunftwesen, Ackerbau und Viehzucht, Jagd und Fischfang sowie dem Handel und Gewerbe, insbesondere den Maß- und Gewichtseinheiten. Naturgemäß gerieten die Regelungen sehr kleinteilig und reichten bis in die Privat-, ja sogar bis in die Intimsphäre, so dass annähernd alle Lebensbereiche erfasst waren. 5

III. Das Zeitalter des Absolutismus im 18. Jahrhundert

Der Schritt von der guten policey, die kaum einen Lebensbereich ungeregelt ließ, hin zu einem totalitären Regelungsanspruch war gering und wurde im 18. Jahrhundert im Zuge der Herausbildung des absolutistischen Staates vollzogen. Der absolutistische Herrscher war in seiner Macht unbegrenzt. Weder andere gesellschaftliche Gruppen, wie die Stände, noch das geltende Recht vermochten den absolutistischen Fürsten in seiner Macht zu beschränken. Diesem oblag es daher, zu bestimmen, wie das Gemein- 6

[3] Dessen Ursprung im Griechischen „politie" bzw. Lateinischen „politia" liegt, und insbesondere im ersten Fall ein geordnetes Staatswesen bezeichnet bzw. nach Aristoteles die beste aller Herrschaftsformen in Form der legitimen Mehrheitsherrschaft benennt, Schütrumpf/Gehrke (Hrsg.), Aristoteles, Politik, Buch IV-VI, übers. u. erl. von E. Schütrumpf (Deutsche Aristoteles Ausgabe Bd. 9/III), Berlin 1996, IV, 8-9, 11-13.

wesen und damit auch die gute Ordnung auszusehen haben. Ihm allein kam die Polizeigewalt (*ius politiae*) als Hoheitsrecht zu, welche die juristische Ausprägung seiner absoluten Herrschaft darstellte. Diese Polizeigewalt erhob nicht nur den totalitären Anspruch, sich auf jeden Lebensbereich zu erstrecken, weshalb sie auch die gesamte Wohlfahrtspflege erfasste, sondern sie wurde auch mit Blick auf ihren Zweck und die anzuwendenden Mittel der Polizeigewalt vom Fürsten bestimmt. Dabei wurde ein Schluss vom Zweck auf die diesem dienenden Mittel der Polizeigewalt als legitim angesehen. Aufgrund dieser totalitären Ausformung und des Gewaltenmonismus (Fehlen einer Gewaltenteilung) unter gleichzeitiger Absenz jeglicher, heute dem Rechtsstaat zuzuordnender subjektiven Rechte der Stände und Untertanen sowie der Möglichkeit gerichtlichen Rechtsschutzes wird diese Form auch als **Polizeistaat** bezeichnet.

IV. Die Liberalisierung des Polizeibegriffs: vom aufgeklärten Absolutismus über das Kreuzberg-Urteil zum Preußischen Polizeiverwaltungsgesetz

1. Der liberale Polizeibegriff von *Pütter*

7 Die im Zuge der Aufklärung aufkommenden Gedanken, insbesondere der Glaube an die subjektiven, unveräußerlichen Menschenrechte, zeitigte auch auf das Polizeirecht Wirkung. So wurde dem totalitären Polizeistaat des Absolutismus die subjektive Rechtsstellung des einzelnen gegenüber gestellt mit der logischen Konsequenz, dass der Anspruch erhoben wurde, die individuelle Freiheitssphäre, die mit der Subjektivierung Anerkennung fand, vor der alles umfassenden staatlichen Sicherheitsgewährleistung zu schützen. Der Schritt von der staatlichen Sicherheitsgewährleistung als bislang positive Pflicht hin zur (negativen) Rechtfertigung eines Eingriffs war damit grundgelegt. So wurde bereits im 18. Jahrhundert insbesondere von ***Johann Stephan Pütter*** und *Carl Gottlieb Svarez* die Forderung erhoben, den Polizeibegriff zu konkretisieren und die Polizeiaufgaben auf die Gefahrenabwehr unter Ausschluss des Wohlfahrtszwecks rückzuführen.[4] Die Vorsicht, mit der diese Forderungen erhoben wurden, erklärt sich aus den Umständen der Zeit, da jene als Angriff auf die unumschränkte Alleinherrschaft des Fürsten durchaus lebensgefährlich sein konnten.

2. Das Preußische Allgemeine Landrecht (1794)

8 Als erstes in ein Gesetzeswerk eingegangen ist diese Begrenzung im für damalige Zeiten durchaus aufgeklärten Preußen. So findet sich in dem von *Svarez* 1794 geschaffenen **Preußischen Allgemeinen Landrecht** genau diese Aufgabenbeschränkung in § 10 II. Teil 17. Titel:

> *„Die nöthigen Anstalten zur Erhaltung der öffentlichen Ruhe, Sicherheit und Ordnung, und zur Abwendung der dem Publiko, oder einzelnen Mitgliedern desselben bevorstehenden Gefahr zu treffen, ist das Amt der Polizei."*

9 Allerdings blieb diese Begrenzung auf das PrALR beschränkt, da die Verordnung wegen verbesserter Einrichtung der Provinzial-, Polizei- und Finanz-Behörden vom

[4] Pütter, S. 330 ff.; Conrad/Kleinheyer, S. 36 ff., 485 ff.

26.12.1808[5] in § 3 als Aufgabe der Landes-Polizei beschrieb, *„nicht allein allem vorzubeugen, und solches zu entfernen, was dem Staate und seinen Bürgern Gefahr oder Nachtheil bringen kann, mithin die nöthigen Anstalten zur Erhaltung der öffentlichen Ruhe, Sicherheit und Ordnung zu treffen, sondern auch dafür zu sorgen, daß das allgemeine Wohl befördert und erhöhet werde, und jeder Staatsbürger Gelegenheit habe, seine Fähigkeiten und Kräfte in moralischer sowohl, als physischer Hinsicht auszubilden, und innerhalb der gesetzlichen Grenzen auf die ihm zuträglichste Weise anzuwenden."* Und auch die Erläuterungen zum Gesetz über die Polizeiverwaltung vom 11.3.1850 gehen davon aus, dass *„das Gebiet der (Ordnungsverwaltung und) Polizei überhaupt ein fast unbegrenztes"* sei.

3. Forderung nach einer Begrenzung der polizeilichen Aufgaben und Befugnisse

Nach der kurzen Phase der Restauration, die nach den Revolutionswirren ab 1849 einsetzte und in der, hauptsächlich politisch motiviert und mit dem Ziel, revolutionäre Bestrebungen im Land zu unterbinden, das Polizeirecht wieder eine Ausweitung auf weitere Lebensbereiche erfuhr, verfestigte sich in der zweiten Hälfte des 19. Jahrhunderts die Begrenzung der polizeilichen Zugriffsmöglichkeiten. **10**

Dabei war die **Begrenzung des polizeilichen Aufgabenbereichs** allein auf die Gefahrenabwehr erneut bzw. immer noch Hauptanliegen. Diese wurde nun einerseits durch die beginnende Herausbildung und dogmatische Durchformung eines allgemeinen Verwaltungsrechts verstärkt, zu dem das polizeiliche Handeln als Sonderverwaltung, die auf einen begrenzten Bereich beschränkt ist, anzusehen war. Gleichzeitig sollte der ebenfalls im 19. Jahrhundert einsetzenden Subjektivierung des Verhältnissen zwischen dem Staat und seinen Bürgern, der sich vom Untertan durch seine Stellung als Rechtsinhaber unterschied, durch die Gewährung von **Freiheiten von dem Staat** Rechnung getragen werden. **11**

Es ging dabei jedoch nicht mehr allein um die Beschränkung des polizeilichen Aufgabenbereichs, sondern insbesondere unter dem Eindruck der Entstehung rechtsstaatlicher Prinzipien (*v. Mohl*) um die Disziplinierung des polizeilichen Handelns in diesem Aufgabenbereich. So wurde der, seit dem absolutistischen Zeitalter als legitim angesehene Schluss vom Zweck auf die Mittel, mithin von der Aufgabe auf die Befugnis, in Frage gestellt und die **Forderung nach begrenzten Eingriffsbefugnissen** erhoben. **12**

4. Das Preußische Oberverwaltungsgericht und das Kreuzberg-Urteil (14.6.1882)

Die Ende des 18. Jahrhunderts einsetzende Diskussion um die Präzisierung und Dogmatisierung des Polizeibegriffs erlebte im **Kreuzberg-Urteil** des Preußischen Oberverwaltungsgerichts vom 14.6.1882[6] einen Höhepunkt. Dabei wurden die im 19. Jahrhundert diskutierten Fragen um die Begrenzung des Aufgabenbereichs und das Erfordernis von Eingriffsbefugnissen behandelt. **13**

Anlass der Entscheidung war eine Klage eines Bauherrn, dessen Bauantrag auf Genehmigung eines vierstöckigen Wohngebäudes in Berlin-Kreuzberg abgelehnt wurde. In der Begründung führte die ablehnende Behörde an, dass das Gebäude gegen die **14**

[5] GS S. 464.

[6] PrOVG, Erkenntnis des II. Senats vom 14.6.1882, Rep. II B. 23/82, PrOVG 9, 353ff. = DVBl. 1985, 219ff.

vom Polizeipräsidium in Berlin erlassene Polizeiverordnung zum Schutze des auf dem Kreuzberge bei Berlin zur Erinnerung an die Siege der Freiheitskriege errichteten, im Jahre 1878 erhöhten Nationaldenkmals vom 10.3.1879 verstieß. Nach dessen §.1. dürfen *„[i]n dem das Siegesdenkmal auf dem Kreuzberge umgebenden Bauviertel [...] Gebäude fortan nur in solcher Höhe errichtet werden, daß dadurch die Aussicht von dem Fuße des Denkmals auf die Stadt und deren Umgebung nicht behindert und die Ansicht des Denkmals nicht beeinträchtigt wird"*. Da das Gebäude aufgrund seines Maßes diese durch die Verordnung geschützte Aussicht auf das Siegesdenkmal beeinträchtigte, wurde es nicht genehmigt.

15 Das PrOVG gab der Klage statt mit der Begründung, dass die Polizeiverordnung nicht von § 10 II. Teil 17 PrALR gedeckt ist, da die Polizeiverordnung nicht der allein von § 10 II. Teil 17 PrALR verfolgten Gefahrenabwehr dient, sondern mit dem Zweck der ästhetischen Bauweise die öffentliche Wohlfahrtspflege verfolgt. Dabei führt es aus: *„Besondere gesetzliche Bestimmungen, welche der Polizeibehörde etwa die [...] Aufgabe zuwiesen oder gar die unbeschränkte Befugnis verliehen [...], gibt es nicht"*.[7] Vielmehr werde in § 10 II. Titel 17 PrALR *„die Aufgabe der Polizei [...] umschrieben"*.[8] Insbesondere sei vom Gesetzgeber nicht beabsichtigt gewesen, *„die Befugnisse der Polizeibehörden über den bisherigen im § 10 a. a. O. gegebenen Rahmen hinaus zu erweitern oder gar auf das gesamte Gebiet der Wohlfahrtspflege zu erstrecken"*.[9]

16 Diese Entscheidung beinhaltet damit **zwei grundlegende Aussagen**: So sah das PrOVG die in § 10 II. Teil 17 PrALR bislang nicht umgesetzte und lediglich programmatische Reduktion des Aufgabenbereiches auf die **Gefahrenabwehr** als verbindlich an und schloss damit die Wohlfahrtspflege aus dem polizeilichen Aufgabenbereich aus. Damit wird der **materielle Polizeibegriff** verfestigt.[10] Gleichzeitig wird § 10 II. Teil 17 PrALR neben der Aufgabenbeschreibung auch eine **Befugnis**, diese Aufgaben zu erfüllen, entnommen. Dadurch findet eine Abkehr zur bislang vorherrschenden und noch aus dem absolutistischen Staatsverständnis resultierenden Auffassung statt, nach welcher eine ausdrückliche Befugnisnorm gerade nicht erforderlich ist, da von den Aufgaben auf die dafür erforderlichen Mittel geschlossen werden kann. Indem das PrOVG in § 10 II. Teil 17 PrALR eine Befugnisnorm sieht und die Polizeiverordnung an dieser misst, geht es von der Erforderlichkeit einer speziellen Befugnisnorm für polizeiliche Maßnahmen aus. Damit unterstellt es polizeiliche Maßnahmen einem Gesetzesvorbehalt und schiebt dem Schluss von der Aufgabe auf die Befugnis einen Riegel vor.

17 In der Folgezeit verrechtlicht das PrOVG das polizeiliche Handeln in zunehmendem Maße und unterstellt es dem Grundsatz der Verhältnismäßigkeit.[11]

5. Das Polizeistrafrecht in Bayern

18 Entgegen dem PrALR und dem Preußischen Polizeiverwaltungsgesetz vom 11.3. 1850, die beide Generalklauseln enthielten,[12] etablierte sich in den süddeutschen Ländern, insbesondere in Bayern, eine andere Regelungstechnik. Auch in diesen Ländern setzte sich der Grundsatz von der Gesetzmäßigkeit der Verwaltung und damit das Erfordernis einer Befugnisnorm durch. So wurde bereits zu Beginn des 19. Jahrhunderts

[7] PrOVG 9, 353 (370).
[8] PrOVG 9, 353 (370).
[9] PrOVG 9, 353 (373).
[10] Dazu Rn. 136.
[11] PrOVG 13, 426 (427); 38, 421 (426); 51, 284 (288).
[12] Zumindest wurde dies für das PrALR durch das PrOVG so bestätigt.

von der, als Folge der im Zuge des Frühkonstitutionalismus erfolgten Verfassungsgebung von 1818, neu gegründeten Abgeordnetenkammer,[13] die zusammen mit der Adelskammer sehr begrenzt an der Gesetzgebung mitwirken konnte,[14] *„eine möglichst vollständige Codifizierung des geltenden Polizeistrafrechts in der Beschränkung derselben auf wirkliche Polizeiübertretungen"* gefordert. Durch diese Codifizierung sollte den Untertanen der Umfang ihrer Pflichten, deren Befolgung durch Strafe erzwingbar war, und den Polizeibeamten ihre Befugnisse verdeutlicht werden.[15]

Dabei ist zu berücksichtigen, dass das bayerische Polizeistrafrecht am Strafrecht ori- **19**
entiert war. Seine Zielsetzung war daher noch nicht die präventive Gefahrenabwehr, sondern die Repression. Der Prävention kam nur untergeordnete Bedeutung zu, wie sie z.B. 1879 in Art. 102 AGStPO[16] zum Ausdruck kommt, der die Behörden und Beamten des Sicherheitsdienstes darauf verpflichtet, *„durch Aufsicht und Anstalten den Übertretungen der Strafgesetze möglichst zuvorzukommen und dieselben in ihrem Laufe zu unterdrücken."* Dabei wird deutlich, dass die präventive Aufgabe der Gefahrenabwehr in Bayern auf die Verhinderung solcher Gefahren abstellt, die in dem Verstoß gegen Strafgesetze begründet ist, während in den norddeutschen Polizeirechten die Gefahrenabwehr weiter verstanden wurde und auch die Abwehr von Gefahren beinhaltete, die nicht auf dem Übertritt von Gesetzen beruhte.

Dennoch benötigte das Vorhaben mehr als ein halbes Jahrhundert, um in die Tat **20**
umgesetzt zu werden. Grund hierfür war u.a. auch, dass die Abgeordnetenkammer insbesondere das Ziel verfolgte, die polizeilichen Spielräume durch eng gefasste Befugnisnormen zu begrenzen. Aus diesem Grunde wurde auch ein Regierungsentwurf des Jahres 1856 abgelehnt, da hierdurch lediglich die bisherige Verordnungspraxis der Polizei legitimiert worden wäre und Bayern dadurch *„wirklich das gelobte Land der Bureaukratie und des Polizeidespotismus geworden"* wäre.[17]

Um diese Begrenzung zu erreichen, entschied man sich im Gegensatz zur preußi- **21**
schen Generalklausel zur Regelung von **eng beschränkten Einzelermächtigungen**, bei denen überdies der Strafrahmen, innerhalb dem sich die von der Polizei verhängten Strafen zu bewegen hatten, vorgegeben war.

Für diejenigen Situationen dagegen, die aufgrund von spezifischen regionalen oder **22**
örtlichen Konstellationen oder noch nicht abschließend geklärten Umständen eine besondere Anpassungsfähigkeit an die jeweiligen Gegebeneiten einforderten, führte man **sog. Blankettermächtigungen** ein, die den norddeutschen Generalklauseln vergleichbar waren.[18]

Damit bestanden innerhalb des deutschen Bundes und dann auch des Deutschen **23**
Reichs von 1871 mit der preußischen Generalklausel sowie den süddeutschen Spezialermächtigungen zwei Regelungssysteme, die erst mit Beginn des 20. Jahrhunderts im preußischen Polizeiverwaltungsgesetz vom 1.6.1931 zusammengeführt wurden.

---

[13] Titel VI §§ 7-19 BV 1818.

[14] So konnten die Kammern an den Monarchen einen Appell richten, ein Gesetz zu verabschieden, Titel VII § 2 BV 1818.

[15] Edel, S. 20.

[16] Königlich Bayerisches Gesetz zur Ausführung der Reichsstrafprozessordnung vom 18. August 1879, abgedruckt in: Wagner, S. 184f.

[17] Edel, S. 172.

[18] Edel, S. 22f.

6. Das preußische Polizeiverwaltungsgesetz (1931): Generalklausel und Spezialbefugnisnormen

24 Den materiellen Polizeibegriff, den das PrOVG bereits seiner Jurisdiktion zugrunde legte, greift auch das Preußische Polizeiverwaltungsgesetz vom 1.6.1931 (PrPVG (1931)) auf, das in § 14 darauf abstellt, dass *„[d]ie Polizeibehörden […] im Rahmen der geltenden Gesetze die nach pflichtgemäßem Ermessen notwendigen Maßnahmen zu treffen [haben], um von der Allgemeinheit oder dem einzelnen Gefahren abzuwehren, durch die die öffentliche Sicherheit oder Ordnung bedroht wird."*

25 Dabei normiert § 14 PrPVG (1931) nicht nur den materiellen Polizeibegriff und die Begrenzung des polizeilichen Aufgabenbereichs auf die Gefahrenabwehr, sondern enthält eine Befugnisnorm in Form einer **Generalklausel**. Gleichzeitig enthielt das PrPVG (1931) jedoch auch spezialgesetzliche Befugnisnormen für polizeiliche Standardmaßnahmen. Dabei bildete es den Abschluss einer Diskussion, die seit Beginn des 20. Jahrhunderts andauerte und um die Frage kreiste, ob polizeiliche Maßnahmen stärker durch eine Generalklausel, wie sie in Preußen bestand, aber auch in den süddeutschen Ländern anerkannt war, oder durch spezialgesetzliche Rechtsgrundlagen, wie sie in den **süddeutschen Ländern** bestanden, insbesondere in Bayern, in denen das Polizeirecht eine enge Verbindung zum Strafrecht aufwies,[19] begrenzt und gerichtlich kontrolliert werden können. Letztlich mündete diese Diskussion nach dem Ende des Ersten Weltkrieges in eine Entwicklung, die beide Aspekte vereinigte. So enthielten die in der Folgezeit erlassenen Polizeigesetze neben einer Generalklausel auch Spezialbefugnisnormen für polizeiliche Standardmaßnahmen.

§ 14 PrPVG (1931) stand dabei nicht nur in der Tradition von § 10 II. Teil 17 PrALR, sondern stellte zugleich das Vorbild für alle späteren Generalklauseln dar.

V. NS-Zeit: Zentralisation und Politisierung

26 Das PrPVG (1931) war auch nach der „Machtergreifung" durch die Nationalsozialisten 1933 in Geltung geblieben. Allerdings wurde das Polizei- und Sicherheitsrecht während des Nationalsozialismus insbesondere zur Aufrechterhaltung und Festigung des NS-Regimes benutzt. Dabei wurden die Eingriffsbefugnisse, insbesondere die Generalklauseln, dahingehend pervertiert, dass als Störung der öffentlichen Sicherheit und damit tatbestandsmäßig i.S.d. Generalklauseln jegliches, das nationalsozialistische Herrschaftssystem untergrabende oder auch nur herausfordernde Handeln angesehen wurde und daher polizeiliche Maßnahmen rechtfertigte.[20] Darüber hinaus wurde auch die Gestapo mit Eingriffsbefugnissen ausgestattet, die der gerichtlichen Überprüfung entzogen waren. Gleichzeitig wurden die Polizeibehörden organisatorisch zuerst mit der SA, dann auch mit des SS zusammengeführt.

VI. Bundesrepublik Deutschland

27 Nach dem Zweiten Weltkrieg wurde zum **liberalen Polizeibegriff** zurückgekehrt und die in der NS-Zeit vollzogene Zentralisierung durch die Zuweisung in die Kompetenz der Länder rückgängig gemacht. Darüber hinaus galten mit Art. 20 Abs. 3 GG

[19] Diese Verbindung drückte sich auch durch die Polizeistrafgesetzbücher aus, vgl. das Polizeistrafgesetzbuch für das Königreich Bayern vom 10. November 1861.

[20] Drews, S. 13f.

und Art. 3 Abs. 1 Satz 1 BV das **Rechtsstaatsprinzip** sowie mit den Art. 1ff. GG und den Art. 100ff. BV die Grundrechte, die das Polizei- und Sicherheitsrecht **durchformten.**[21] Dabei lässt sich insbesondere vor dem Hintergrund des Rechtsstaatsprinzips und dem Vorbehalt des Gesetzes eine Tendenz zur Spezialermächtigung ausmachen.

Eine **Subjektivierung** des Polizei- und Sicherheitsrechts aufgrund der Grundrechtsdetermination erfolgt jedoch noch in weiterer Weise: So ist mittlerweile anerkannt, dass die polizeiliche Aufgabenerfüllung nicht allein im öffentlichen Interesse stattfindet, sondern auch den subjektiven Interessen zu dienen bestimmt ist.[22] In Konsequenz dessen wird ein subjektiver Anspruch auf eine ermessensfehlerfreie Entscheidung der Polizei- und Sicherheitsbehörden im Hinblick auf ihr Einschreiten anerkannt, der sich bei einer Ermessensreduktion zu einem Anspruch auf ein bestimmtes polizeiliches Einschreiten verdichten kann.[23] **28**

Neben diesen verfassungsrechtlichen Durchformungen des Polizei- und Sicherheitsrechts kann jedoch auch eine weitere Veränderung ausgemacht werden: So prägt die Zielsetzung der Gefahrenabwehr, wie sie durch das Polizei- und Sicherheitsrecht verfolgt wird, die Auslegung der Aufgaben- und Befugnisnormen in dem Sinne, dass in besonderen Fällen auch ohne Vorliegen einer Gefahr gehandelt werden darf allein aufgrund der Tatsache, dass der Polizeibeamte in vertretbarer Weise eine Gefahr angenommen hat, obgleich diese nicht vorliegt. Auswirkungen hat diese vertretbare **Fehleinschätzung** erst bei der Frage der Entschädigung und Kostenerhebung, nicht dagegen schon auf der Primär- oder Sekundärebene.[24] **29**

Gleiches gilt mit Blick auf **Gefahrerforschungseingriffe**, die ebenfalls ohne dem bestätigten Vorliegen einer Gefahr zur Ermittlung, ob und in welchem Umfang eine solche vorliegt, erfolgen können.[25] **30**

Letztlich kann auch eine Tendenz zur **Verlegung der Eingriffsbefugnisse ins Vorfeld** der Gefahr ausgemacht werden, indem die Gefahrenvorsorge sowie die vorbeugende Gefahrenabwehr in den Aufgabenbereich der Polizei- und Sicherheitsbehörden integriert wurde. Hierunter fallen insbesondere die auch aufgrund neuer Kommunikationsmittel eingeführten Bestimmungen zur Erhebung und Verarbeitung von Daten und Informationen. Da diese in das Recht auf informationelle Selbstbestimmung als Teil des Allgemeinen Persönlichkeitsrechts aus Art. 1 Abs. 1 i.V.m. Art. 2 Abs. 1 GG, Art. 100 i.V.m. 101 BVG, eingreifen, jedoch eine sinnvolle Terrorismus- und Kriminalitätsbekämpfung nur durch die Vorfeldaufklärung erst ermöglicht wird, hat sich insoweit ein neues Spannungsverhältnis zwischen polizeilicher Gefahrenabwehr und grundrechtlichem Schutz eröffnet. **31**

Daneben bestehen **Privatisierungs-, Europäisierungs- und Internationalisierungstendenzen**, welche die nationale Sicherheitsstruktur verändern.[26] **32**

---

[21] Dazu Rn. 46ff., 50ff.

[22] Vgl. Art. 2 Abs. 2 PAG; BVerwGE 11, 95 (97); 37, 112 (113); BVerwG, DVBl. 1969, 586; Schmidbauer, in: ders./Steiner, Art. 2 PAG Rn. 30; Holzner, in: BeckOK, PAG, Art. 11 Rn. 185ff.

[23] Schmidbauer, in: ders./Steiner, Art. 5 PAG Rn. 8; Holzner, in: BeckOK, PAG, Art. 11 Rn. 185ff. Dazu auch Rn. 741ff.

[24] Götz, § 6 Rn. 38ff.; Schmidbauer, in: ders./Steiner, Art. 11 PAG Rn. 41, 42; Holzner, in: BeckOK, PAG, Art. 11 Rn. 62ff. Dazu auch Rn. 412ff.

[25] Götz, § 6 Rn. 29; Schmidbauer, in: ders./Steiner, Art. 11 PAG Rn. 39; Holzner, in: BeckOK, PAG, Art. 11 Rn. 171ff. Dazu auch Rn. 407ff., 451ff.

[26] Dazu Kapitel 32 und 33.

B. Die Bedeutung des Polizei- und Sicherheitsrechts heute

I. Der verfassungsrechtliche Schutzauftrag

33 **Art. 99** der **Bayerischen Verfassung** lautet:

> [1]*Die Verfassung dient dem Schutz und dem geistigen und leiblichen Wohl aller Einwohner.* [2]*Ihr Schutz gegen Angriffe von außen ist gewährleistet durch das Völkerrecht, nach innen durch die Gesetze, die Rechtspflege und die Polizei.*

34 Diese in der deutschen Verfassungslandschaft einzigartige Bestimmung des Art. 99 BV enthält mit Satz 1 nicht nur eine objektiv-rechtliche Staatsaufgabe, sondern mit Satz 2 1. Hs. einen **Auftrag an den Staat** und mit Satz 2 2. Hs. sogar ein **Grundrecht**.[27]

35 Auf Bundesebene ist dagegen die Pflicht des Staates zum Schutz seiner Bürger und die Staatsaufgabe der Sicherheit im **Grundgesetz** nicht ausdrücklich geregelt. Allerdings werden beide unter Heranziehung verschiedenster Vorschriften, insbesondere von Art. 1 Abs. 1, Art. 2 Abs. 1 und Abs. 2 Satz 1, Art. 14 GG und der hierzu entwickelten Dogmatik der staatlichen Schutzpflichten richterrechtlich in das Grundgesetz interpretiert.[28] So führt das BVerfG aus: „*Die Sicherheit des Staates als verfasster Friedens- und Ordnungsmacht und die von ihm […] zu gewährleistende Sicherheit der Bevölkerung sind Verfassungswerte, die mit anderen hochwertigen im gleichen Rang stehen. Art. 2 Abs. 2 S. 1 GG verpflichtet i.V.m. Art. 1 Abs. 1 S. 2 GG den Staat dazu, das Leben und die körperliche Unversehrtheit des Einzelnen zu schützen, d.h. vor allem, auch vor rechtswidrigen Eingriffen von Seiten anderer zu bewahren […]. Dieser Schutzpflicht des Staates kommt ein hohes verfassungsrechtliches Gewicht zu.*“[29]

36 Dabei legen Art. 99 BV und die richterliche Rechtsfortbildung fest, was – geprägt durch *Thomas Hobbes* – ganz selbstverständlich zum Verständnis des neuzeitlichen Staates gehört: die Aufgabe des Staates, seine Bürger zu schützen.[30] Dieser Schutz **verschafft dem Staat** als dessen Grundidee seine **Legitimität** und stellt die **Kehrseite des** von ihm beanspruchten **Gewaltmonopols** dar.[31]

37 Der Schutzauftrag richtet sich mit der Legislative, Judikative und Exekutive an alle drei Staatgewalten. Der Schutz der Bürger wird dabei in erster Linie durch das Strafrecht mit seiner general- und spezialpräventiven Zielrichtung und durch das Polizei- und Sicherheitsrecht garantiert. So ist **Ziel des Polizei- und Sicherheitsrechts, Gefahren** für bestimmte Schutzgüter, zu denen neben der Funktionsfähigkeit staatlicher Einrichtungen auch bestimmte Individualrechtsgüter zählen, zu vermeiden sowie **abzuwehren**. Insoweit ist das Polizei- und Sicherheitsrecht eines der wichtigsten Instrumente zur Erfüllung dieses Verfassungsauftrags. Zur Umsetzung dieses Auftrags werden vom Staat Polizei- und Sicherheitsbehörden eingerichtet.

38 Eine materielle Privatisierung scheidet aus. Ebenso unterliegt die formelle Privatisierung z.B. durch eine Beleihung den Grenzen von Art. 33 Abs. 4 GG.[32] Möglich bleibt dagegen die Einschaltung von

---

[27] Holzner, Art. 99 Rn. 2.
[28] BVerfGE 115, 320 (346); Jarass, in: ders./Pieroth, Vorb. vor Art. 1 Rn. 8.
[29] BVerfGE 115, 320 (346).
[30] Holzner, Art. 99 Rn. 1.
[31] Holzner, Art. 99 Rn. 2. Dazu Rn. 39f.
[32] BVerfGE 130, 76 – Maßregelvollzug.

Verwaltungshelfern, wie dies etwa bei der Verkehrsüberwachung, insbesondere bei den Abschleppfällen der Fall ist.[33]

II. Polizei- und Sicherheitsrecht und Legitimität des Staates

In diesem Zusammenhang wird jedoch deutlich, dass es dem Polizei- und Sicherheitsrecht nicht allein um den Schutz dieser Funktionsfähigkeit des Staates geht, sondern – in einem größeren Kontext – über den Individualrechtsschutz und die Frage, ob es diesen effektiv zu gewährleisten versteht, auch über die **Legitimität des Staates** entschieden wird, dessen Gewaltmonopol nur dann gerechtfertigt ist, wenn er den Schutz der Bürger gewährleisten kann.[34] Polizei- und Sicherheitsrecht ist damit nicht nur eine Kernmaterie des besonderen Verwaltungsrechts, sondern es kommt ihm aufgrund seiner Bedeutung eine **staatstragende Funktion** zu. **39**

Diese, die Legitimität des Staates betreffende staatstragende Funktion des Polizei- und Sicherheitsrechts bewahrt seine ungebrochene Aktualität insbesondere vor dem Hintergrund der Entwicklung von organisierter Kriminalität und internationalem Terrorismus, der seit dem 11. September 2001 in das kollektive Bewußtsein vorgedrungen ist und in zunehmendem Maße die westlichen Staaten herausfordert. **40**

III. Polizei- und Sicherheitsrecht zwischen Freiheit und Sicherheit

Die vorbezeichneten Probleme, mit denen sich das Polizei- und Sicherheitsrecht zu befassen hat, führen deutlich vor Augen, dass das gesamte Rechtsgebiet in dem Spannungsfeld zwischen Freiheit und Sicherheit angesiedelt ist. Denn Ziel des Polizei- und Sicherheitsrechts ist es ja gerade, den Rahmen herzustellen, innerhalb dessen die Freiheitsrechte verwirklicht werden können. **Freiheit ist ohne Sicherheit nicht denkbar**. Wer in Angst lebt, lebt niemals wirklich frei. Wer Angst um Leben, Gesundheit, Freiheit oder Eigentum hat, wird von seiner Freiheit entweder gar nicht oder nur sehr eingeschränkt Gebrauch machen. **41**

Gleichzeitig werden zur Gewährleistung der Freiheit durch Sicherheit andere Freiheitsrechte beschränkt. So bedeutet die Herstellung eines Mehr an Sicherheit als Grundlage für die Verwirklichung von Freiheiten für eine Vielzahl von Bürgern, dass die Freiheit anderer Personen, die von den staatlichen Eingriffen aufgrund polizeilicher Eingriffsbefugnisse betroffen sind, stärker beeinträchtigt wird. **42**

Dieses geradezu als klassisch zu bezeichnende **Spannungsverhältnis** prägt das gesamte Polizei- und Sicherheitsrecht. Auf der Basis der Freiheitsgrundrechte der Verfassung ist es Aufgabe des Gesetzgebers, hier einen gerechten Ausgleich zu finden, der, abhängig von der objektiven Sicherheitslage und der politischen Programmatik der jeweiligen Regierungsmehrheit im zuständigen Länderparlament, mal zugunsten der Freiheit, mal zugunsten der Sicherheit in Form staatlicher Eingriffsbefugnisse ausfallen wird. **43**

C. Polizei- und Sicherheitsrecht als besonderes Verwaltungsrecht

Das Polizei- und Sicherheitsrecht dient nach der dargelegten Intention und Regelungsweite der Gewährleistung der inneren Sicherheit durch den Staat und dem Schutz **44**

---

[33] Dazu Kapitel 21.
[34] Jellinek, S. 246 ff.

bedrohter Rechtsgüter. Hierzu werden eigene Behörden in Form der Polizei und sonstigen Sicherheitsbehörden[35] eingerichtet sowie besondere (Sicherheits-)Gesetze geschaffen,[36] nach denen jene ihre Aufgabe zu bewältigen haben.

45 Dabei ist das Polizei- und Sicherheitsrecht Bestandteil des besonderen Verwaltungsrechts und gehört aufgrund der vordringlich in die Rechte anderer eingreifenden Ausrichtung zur **klassischen Eingriffsverwaltung**[37] mit all den Folgen, die dies für die insbesondere verfassungsrechtlichen Determinanten, wie dem Grundsatz von Vorbehalt und Vorrang des Gesetzes, der Verhältnismäßigkeit polizeilichen Handelns oder der Bestimmtheit von Rechtsgrundlagen beinhaltet.[38]

D. Polizei- und Sicherheitsrecht und Grundrechte

46 Zu den Schutzgütern des Polizei- und Sicherheitsrechts zählen auch Individualrechtsgüter, insbesondere die körperliche Unversehrtheit, die allgemeine Handlungsfreiheit und das Eigentumsrecht. Die grundlegendste Aufgabe des Staates ist es daher, für den Schutz des Menschen und seiner von der Verfassung sowie der übrigen Rechtsordnung anerkannten Rechtsgüter zu sorgen und seine eigene Funktionsfähigkeit zu erhalten.

47 Der Schutzauftrag des Polizei- und Sicherheitsrechts ist aber nicht nur von den Freiheitsrechten vorgegeben, sondern wird auch durch diese begrenzt. So sind diese einerseits durch das Polizei- und Sicherheitsrecht zu gewährleisten, andererseits werden sie gerade durch Maßnahmen auf dem Gebiet des Polizei- und Sicherheitsrechts eingeschränkt. Insofern befindet sich das Polizei- und Sicherheitsrecht in einem **ambivalenten Verhältnis** zu den Grundrechten, deren Schutz einerseits das Ziel ist, andererseits jedoch der Eingriff in diese das Mittel zur Erreichung des Ziels darstellt.

48 Da der Sicherheit des Einzelnen als Staatsaufgabe und Grundrecht Verfassungsrang zukommt, ist sie mit den Freiheitsrechten zu einem **gerechten Ausgleich** zu bringen. Diese „Feinjustierung" erfolgt ebenfalls in erster Linie auf der Ebene des Polizei- und Sicherheitsrechts, insbesondere durch die jeweiligen Befugnisnormen, den Grundsatz der Verhältnismäßigkeit sowie der Rechtmäßigkeit der Ermessensausübung.

49 Verdienst der Rechtswissenschaft in den vergangenen Jahren ist es, die Bedeutung des **Opferschutzes** entwickelt zu haben. Dabei wurde der Blickwinkel über die zweidimensionale Beziehung zwischen Staat und betroffenem Störer hinaus erweitert und zu einer dreidimensionalen Betrachtung fortentwickelt.[39] Das potentielle Opfer wird in die polizei- und sicherheitsrechtlichen Erwägungen mit einbezogen. Bei der Prüfung der Rechtmäßigkeit eines Eingriffes werden sowohl bei der Ermessensausübung als auch bei der Prüfung der Verfassungsmäßigkeit, insbesondere beim Grundsatz der Verhältnismäßigkeit, die (Grund-)Rechte und berechtigten Belange des Opfers mit in die Abwägung eingestellt und bei der Entscheidung über das Einschreiten mit berücksichtigt. Diese Erweiterung der Abwägung um eine dritte Dimension macht die Entscheidung schwieriger, aber auch gerechter. Es wird damit künftig nicht nur die klassische Frage gestellt, ob der betroffene Störer den staatlichen Eingriff in seine verfassungsrechtlich gesicherten Freiheitsrechte dulden muss. Vielmehr ist darüber hinaus weiter zu fragen, ob es das potentielle Opfer vor dem Hintergrund seiner verfassungsrechtlich gesicherten Grundrechte hinnehmen muss, dass seine Sicherheit beeinträchtigt wird, indem der staatliche Eingriff gegen den Störer unterbleibt.

---

[35] Dazu Kapitel 5.
[36] Dazu Kapitel 3.
[37] Zur Kritik an dieser Kategorie Maurer/Waldhoff, § 1 Rn. 22f.
[38] Dazu Rn. 50ff.
[39] Schmidbauer, in: ders./Steiner, Art. 5 PAG Rn. 12, Art. 4 PAG Rn. 17.

E. Verfassungsrechtliche Maßgaben und Grenzen

Aufgrund der Qualifikation des Polizeirechts als Eingriffsverwaltung und der damit verbundenen Grundrechtsrelevanz polizeilicher Maßnahmen werden die für die Eingriffsverwaltung typischen Maßgaben aktiviert. So besteht insbesondere die Erforderlichkeit einer einfachgesetzlichen Grundlage für die belastenden Maßnahmen in Form von Befugnisnormen aufgrund des aus dem Rechtsstaatsprinzip abgeleiteten Grundsatzes von **Vorbehalt und Vorrang des Gesetzes**. Notwendig ist damit eine normative Determination des polizeilichen Handelns durch eine, die Voraussetzungen und die Rechtsfolgen regelnde Rechtsgrundlage. 50

Nicht ausreichend ist dagegen die bloße Zuweisung von bestimmten Aufgaben, wie sie durch Art. 2 PAG und Art. 6 LStVG vorgenommen werden. Diese sind bloße Zuständigkeitsvorschriften und vermögen keine konkreten Befugnisse zu eröffnen. Insoweit ist der **Schluss von der Aufgabe auf die Befugnis unzulässig.**[40] 51

Der Grundsatz des Vorbehalts des Gesetzes fordert dabei weiter, *„dass der Gesetzgeber in grundlegenden normativen Bereichen alle wesentlichen Entscheidungen selbst treffen muss"*,[41] sog. **Wesentlichkeitstheorie.**[42] Das Parlament darf diese Entscheidungen nicht anderen Normgebern, insbesondere nicht der Exekutive überlassen. Dabei ist nach der Grundrechtsdogmatik davon auszugehen, dass jegliche grundrechtsrelevante Maßnahme den Gesetzesvorbehalt auslöst. Denn der Gesetzgeber hat *„im Bereich der Grundrechtsausübung, soweit diese staatlicher Regelung überhaupt zugänglich ist, alle wesentlichen Entscheidungen selbst zu treffen"*,[43] soweit diese für die Ausübung der Grundrechte erhebliche Bedeutung haben.[44] Dabei gilt: **Je grundrechtsintensiver** eine Maßnahme ist, **desto genauer** hat die Befugnisnorm Tatbestand und Rechtsfolgen zu normieren. 52

Insoweit problematisch sind daher regelmäßig die Generalbefugnisnormen der Art. 11 Abs. 1 PAG und Art. 7 Abs. 1 LStVG, die im Ergebnis jedoch verfassungskonform sind.[45] 53

Ebenfalls zu beachten ist das gleichfalls aus dem Rechtsstaatsprinzip abgeleitete Prinzip der **Verhältnismäßigkeit**, das als **Übermaßverbot** eine Grenze im Hinblick auf die Intensität der Maßnahme sowie in zeitlicher Hinsicht einzieht, Art. 4 PAG, Art. 8 LStVG.[46] 54

Letztlich muss auch das verfassungsrechtliche **Zitiergebot** aus Art. 19 Abs. 1 Satz 2 GG beachtet werden, vgl. Art. 91 PAG, Art. 58 LStVG, sowie auch Art. 7 Abs. 4 LStVG. 55

F. Gesetzgebungskompetenz

Die Gesetzgebungskompetenz für das Polizei- und Sicherheitsrecht steht grundsätzlich den Ländern zu, Art. 30, 70 Abs. 1 GG. Diese erstreckt sich auf die gesamte poli- 56

[40] Zum Problem der Gefährderansprache VGH Kassel, BeckRS 2012, 46297; Hebeler, NVwZ 2011, 1364 ff.; Kießling, DVBl. 2012, 1210 ff. sowie Rn. 463 ff.

[41] BVerfGE 84, 212, 226; 49, 89, 126; 101, 1, 34.

[42] BVerfGE 34, 165, 192; 40, 237, 248; 45, 400, 417; 47, 46, 78; 49, 89, 126; 101, 1, 34; 116, 24, 58; BayVerfGH 31, 99, 127; 33, 33, 37; 34, 82, 93; 37, 59, 67; 47, 276, 302, u. a.

[43] BVerfGE 77, 170, 230 f.; 98, 218, 251; 101, 1, 34; 108, 282, 312.

[44] BVerfGE 95, 267, 308; BVerwGE 109, 29, 37.

[45] Dazu ausführlch Rn. 474 ff. zu Art. 11 PAG, und Rn. 1507 zu Art. 7 LStVG.

[46] Dazu Kapitel 13 und 39.

zeiliche Prävention. Lediglich in eng begrenzten Ausnahmefällen, wie dem Grenzschutz, der Zusammenarbeit des Bundes und der Länder in der Kriminalpolizei, dem Gaststätten- oder Gewerberecht, kommt dem Bund aufgrund ausdrücklicher Normierung in den Kompetenznormen des Grundgesetzes die Rechtssetzungskompetenz zu.[47]

G. Polizei- und Sicherheitsrecht als Prüfungsfach

57 Das Polizei- und Sicherheitsrecht ist in der Ersten und Zweiten Juristischen Staatsprüfung **Pflichtfach**, §§ 18 Abs. 2 Nr. 5c JAPO, 58 Abs. 2 Nr. 1 JAPO. Es wird daher auch an allen bayerischen Jurafakultäten gelehrt und ist Gegenstand von Übungen, Seminaren und Klausurenkursen. In der Übung im Öffentlichen Recht für Fortgeschrittene ist es häufig gute Tradition, auch eine Polizeirechtsklausur zu stellen. In der Staatsprüfung selbst sind Klausuren mit polizei- und sicherheitsrechtlichen Fragestellungen Standard und daher kaum wegzudenken. „Auf Lücke" zu setzen empfiehlt sich für den Studierenden oder Rechtsreferendar daher nicht. Die **Beherrschung der Rechtsgebiete** dieses Lehrbuches ist daher für Studium, Referendariat und Examen **unentbehrlich**.

58 Die Relevanz als Prüfungsfach ergibt sich jedoch auch aufgrund der Besonderheit des Polizei- und Sicherheitsrechts in rechtsdogmatischer Hinsicht:

59 1. So stellt das Polizei- und Sicherheitsrecht eine **klassische Referenzmaterie** des rechtsstaatlichen Verwaltungsrechts dar, weshalb eine Fülle von allgemeinen Fragestellungen in die Klausur einfließen können. So können in diesem Rechtsgebiet neben wichtigen **Grundkonstellationen des Verwaltungsrechts**, wie die Abwehr von Eingriffen im Staat-Bürger-Verhältnis, auch **zentrale Figuren des Verfassungs- und Verwaltungsrechts**, wie der Vorbehalt des Gesetzes, die Handhabung von Ermessen und unbestimmten Rechtsbegriffen, die Verhältnismäßigkeit sowie Grundrechtsdogmatik abgeprüft werden.

60 2. Die Beschränkung auf das **„allgemeine" Polizei- und Sicherheitsrecht** drückt zunächst lediglich die Begrenzung auf die in Klammern angegebenen Rechtsgebiete und Gesetze des LStVG, des PAG und des POG aus. In diesen Bereichen werden den Prüfungskandidaten neben Grundbegriffen und Grundstrukturen auch Detailkenntnisse abverlangt, so dass die angegebenen Rechtsmaterien (mit Ausnahme der Vorschriften über die Datenerhebung und -verarbeitung, Art. 30 bis 66 PAG) **vollumfänglich** prüfungsrelevant sind.

Das Recht der polizeilichen Datenerhebung und -verarbeitung (III. Abschnitt PAG) ist durch die JAPO ausgeschlossen.[48] Da diese Vorschriften jedoch in engem Zusammenhang mit dem Grundrecht auf informationelle Selbstbestimmung stehen, ist es denkbar, dass anhand dieser Normen – ohne Spezialwissen abzufragen – die allgemeine Grundrechtsdogmatik, insbesondere das Allgemeine Persönlichkeitsrecht, Art. 1 Abs. 1 i.V.m. Art. 2 Abs. 1 GG, und sein Kernbereich höchstpersönlicher Lebensgestaltung als unantastbarer Bereich der Menschenwürde abgeprüft werden.

61 3. Allerdings wird durch die Begrenzung auf das „allgemeine" Sicherheitsrecht auch deutlich, dass das **„besondere Sicherheitsrecht" nicht Prüfungsstoff** ist. Hierzu zählen zahlreiche Rechtsgebiete des besonderen Verwaltungsrechts, die ihre Regelung in Spezialgesetzen, wie z.B. dem Gewerberecht, dem Waffengesetz, dem Aus-

---

[47] Dazu ausführlich Kapitel 3.

[48] § 18 Abs. 2 Nr. 5 lit. c) „Polizeiaufgabengesetz [ohne Abschnitt 3]".

ländergesetz oder dem Straßenverkehrsgesetz, erfahren. Detailkenntnisse sind in diesen Gebieten nicht erforderlich. Allerdings können diese insoweit Prüfungsgegenstand sein, als die Anwendung dieser Normen unter Verwendung **allgemeiner Rechtsgrundsätze und** der **Methodik** des allgemeinen Polizei- und Sicherheitsrechts verlangt wird.
Hierdurch kann eine Vielzahl von Rechtsgbieten des Besonderen Verwaltungsrechts in die Fallkonstellation einer Sicherheitsrechtsklausur eingebaut werden.

4. Sonderstellungen nehmen dabei das Bauordnungsrecht und das Versammlungsrecht ein. **62**
   a. So bildet das **Bauordnungsrecht** einen Teil des Baurechts und ist damit ebenfalls Pflichtfach. Da es sich bei diesem um spezielles Sicherheitsrecht handelt, können Grundsätze des allgemeinen Polizei- und Sicherheitsrechts z.B. im Rahmen einer bauordnungsrechtlichen Fragestellung abgeprüft werden, so dass das Polizei- und Sicherheitsrecht auch über die reine Sicherheitsrechtsklausur hinaus Bedeutung erlangen kann. **63**
   b. Dem **Versammlungsrecht** kommt dagegen Prüfungsrelevanz zu, da es mit Art. 8 GG einen starken Grundrechtsbezug aufweist und daher auch in seinen einfachgesetzlichen Ausgestaltungen durch das Versammlungsgesetz des Bundes und das BayVersG die Möglichkeit eröffnet, die Grundrechtsdogmatik zu Art. 8 GG abzuprüfen. Darüber hinaus weist es einerseits zahlreiche Berührungspunkte mit dem allgemeinen Polizei- und Sicherheitsrecht auf, andererseits bestehen besondere Ausprägungen, aufgrund derer das Versammlungsrecht insbesondere für den Klausurersteller seinen Reiz bietet.[49] **64**
5. In besonderer Weise relevant werden die **Gesetzessystematik und -dogmatik** bei der Frage des Verhältnisses von allgemeinen zu spezielleren Tatbeständen, die regelmaßig Gegenstand von Klausuren sind. Dies ist insbesondere mit Blick auf das Verhältnis von allgemeinem zu besonderem Sicherheitsrecht der Fall, aber auch innerhalb des allgemeinen Polizei- und Sicherheitsrechts spielt die Gesetzessystematik insbesondere beim Auffinden von Zuständigkeits- und Befugnisnormen eine bedeutende Rolle.[50] **65**
6. Ebenfalls eröffnet das Polizei- und Sicherheitsrecht die Möglichkeit, sich mit **allen drei Ebenen des Verwaltungshandelns** in Form von Anordnungsebene (Primärmaßnahme)[51], Vollstreckung (Sekundärmaßnahme)[52] sowie der Tertiärebene mit der Erhebung von Kosten bzw. dem Staatshaftungsrecht mit der Frage, ob Schadensersatz- oder Entschädigungsansprüche bestehen,[53] zu befassen. **66**
7. Und auch hinsichtlich der **Handlungsformen** bietet das Polizei- und Sicherheitsrecht die Chance, neben Verwaltungs- und Realakten auch normative Handlungsformen, insbesondere in Gestalt von sicherheitsrechtlichen **Rechtsverordnungen**, in die Klausur einzubinden. Dabei bietet sich an, über das Normsetzungsverfahren die Vorschriften des Kommunalrechts in die Prüfung einzubeziehen. Daher müssen zwar die Art. 12 bis 41 und Art. 54 bis 62 LStVG nicht in ihren Einzelheiten beherrscht werden, jedoch sind Kenntnisse des Regelungsgegenstandes und der Systematik in den Grundzügen unabdingbar.[54] **67**

---

[49] Dieser Bedeutung für das Staatsexamen trägt Teil IV Rechnung.
[50] Dazu Kapitel 14.
[51] Dazu Teil II § 1.
[52] Dazu Teil II § 2.
[53] Dazu Teil II § 3.
[54] Dazu Kapitel 40 bis 43. Zum Aufbau in der Klausur Kapitel 7.

H. Rechtspolitische Bedeutung des Polizei- und Sicherheitsrechts

68 Die rechtspolitische Bedeutung des Polizei- und Sicherheitsrechts hat insbesondere in den letzten Jahren wieder zugenommen. Dies liegt nicht zuletzt an der oben bereits skizzierten Bedeutung dieses Rechtsgebiets für die Legitimität des Staates,[55] die insbesondere durch die verstärkte Bedrohung durch die **internationale Kriminalität**, wie dem Einbruchswesen, begünstigt durch den Wegfall der Grenzen im Schengen-Raum, aber auch den internationalen **Terrorismus** verstärkt herausgefordert wurde und wird.

69 Dies schlägt sich auch in der politischen Diskussion sowie den vorgenommenen Gesetzesänderungen nieder. Wurde das PAG seit seinem Inkrafttreten im Jahr 1978 in den ersten zehn Jahren lediglich einmal geändert, sind seit 1988 bis heute **13 Gesetzesnovellen** zu verzeichnen. Darunter befinden sich durchaus gewichtige Gesetzesänderungen:

So wurde im Jahr 1989 die mögliche Gewahrsamsdauer auf zwei Wochen verlängert und 1990 die gesetzlichen Regelungen zur Datenerhebung und -verarbeitung in das PAG aufgenommen, wodurch dem Volkszählungsurteil des BVerfG Rechnung getragen wurde. Auf den Wegfall der Grenzkontrollen durch das Schengen-Abkommen wurde durch die Aufnahme ereignis- und verdachtsunabhängiger Kontrollen in Art. 13 Abs. 1 Nr. 5 PAG, sog. Schleierfahndung, mit Wirkung zum 1.1.1995 reagiert.[56]

70 All diese Normierungen wurden vom VerfGH als verfassungskonform angesehen.[57] Dennoch zeigt die Tatsache, dass all diese Entscheidungen des VerfGH durch Oppositionsfraktionen des Bayerischen Landtages herbeigeführt wurden, dass sicherheitspolitische Fragestellungen regelmäßig Anlass zu heftigen politischen Auseinandersetzungen sind. Dies wird insbesondere bei den letzten PAG-Novellen der Jahre 2017 und 2018 deutlich,[58] bei denen sich reger Widerstand formierte, der ebenfalls in der Befassung der Verfassungsgerichte mündete.[59]

71 Aber auch **außerhalb Bayerns** ist das Polizei- und Sicherheitsrecht Gegenstand politischer Diskussion und gesetzgeberischer Betätigung. So wurden in Bremen, Nordrhein-Westfalen und dem Saarland der Auffangtatbestand der **öffentlichen Ordnung** aus der Generalklausel **gestrichen** und damit die Befugnisse der Polizei- und Sicherheitsbehörden verkürzt.[60] Zwischenzeitlich wurde er in Nordrhein-Westfalen und im Saarland nach längerer Diskussion wieder eingeführt.[61]

72 Und auch die Tatsache, dass bestimmte Maßnahmen durch die Häufigkeit ihrer Anwendung im Laufe der Zeit zu **Standardmaßnahmen** werden, beschäftigt die Landtage mit der Frage, inwieweit eine Normierung durch eine Standardbefugnisnorm erforderlich ist bzw. ob das bestehende Regelungsinstrumentarium, insbesondere die Generalklausel, ausreichend ist. Dabei schlägt sich der bestehende Föderalismus in den unterschiedlichen Lösungen der jeweiligen Bundesländer nieder. So haben Niedersachsen, Sachsen sowie seit 2018 auch Bayern eine spezielle Befugnis für Aufenthaltsverbote in ihre Polizeigesetze aufgenommen, die zuvor in Bayern noch auf die Generalklausel des Art. 11 PAG gestützt wurde. Und Meck-

---

[55] Dazu Rn. 39 f.

[56] Dazu Rn. 835 ff.

[57] BayVerfGH 43, 107 ff. zum Gewahrsam; BayVerfGH 50, 226 ff. zur Datenerhebung; BayVerfGH 56, 28 ff. zur Schleierfahndung.

[58] Gesetz zur Neuordnung des bayerischen Polizeiaufgabengesetzes (PAG-Neuordnungsgesetz) vom 18.5.2018 (GVBl. 9 S. 301 ff.).

[59] So sind derzeit mehrere Vorschriften, wie z.B. Art. 11 Abs. 3 PAG und die Kategorie der drohenden Gefahr, Gegenstand von Verfassungsbeschwerden zum BVerfG und Popularklagen zum BayVerfGH. In seiner Entscheidung vom 7.3.2019, Az.: Vf. 15-VII-18 (BeckRS 2018, 3113), lehnte der BayVerfGH den Erlass einer einstweiligen Anordnung ab, da die eingelegte Popularklage als erfolglos bzw. offen angesehen wurde. Genauer dazu in der Anm. zu Rn. 515.

[60] Vgl. § 10 Abs. 1 Satz 1 BremPolG.

[61] Vgl. § 8 Abs. 1 Satz 1 PolG NRW, geändert durch Artikel 1 des Gesetzes vom 9.2.2010 (GV. NRW. S. 132), in Kraft getreten am 24.2.2010; § 8 Abs. 1 SPolG, ergänzt mit Wirkung vom 2.2.2001 aufgrund Art. 1 Nr. 2 Gesetz Nr. 1452 (SPolG-ÄG) vom 25.10.2000 (Amtsbl. 01, S. 146).

lenburg-Vorpommern sowie Nordrhein-Westfalen haben die Wohnungswegweisung zur Bekämpfung der häuslichen Gewalt als speziellen Fall der Platzverweisung geregelt, Art. 52 Abs. 2 SOG M-V, Art. 34a PolG NRW, während in Bayern derartige Maßnahmen auf Art. 16 PAG gestützt werden.

Außerhalb gesetzgeberischer Maßnahmen gibt es eine breite politische Diskussion und verschiedene 73 Initiativen, um die **Prävention** zu intensivieren. Zu erwähnen sind insbesondere **Sicherheitspartnerschaften** als Organisationsformen kommunaler Kriminalprävention, Sicherheitsnetze von Behörden mit unterschiedlichen Zuständigkeiten, die jedoch sehr häufig an datenschutzrechtliche Grenzen stoßen, und bürgernahe Polizeiarbeit in der Dienstleistungsgesellschaft.

Rechtspolitisch heftig diskutiert wird ferner der institutionalisierte **Einbezug von Privaten** in die 74 Sicherheitsarbeit. In Bayern wurde dies durch die **Sicherheitswacht** realisiert.

Und nicht zuletzt hat das **private Sicherheitsgewerbe** den Verkauf individueller Sicherheit als luk- 75 rative Einnahmequelle entdeckt. Welchen Umfang deren Tätigkeitsfeld haben darf, ist politisch ebenso heftig umstritten wie die Frage, ob deren Rechte einer speziellen gesetzlichen Regelung bedürfen.[61]

2. Kapitel. Polizeiliche Arbeitsfelder und Handlungsziele

Zusammenfassung

1. Die polizeilichen Arbeitsfelder und Handlungsziele werden durch das GG und die BV, insbesondere durch die Art. 2 Abs. 2 GG, Art. 99 BV festgelegt und durch Art. 2 PAG konkretisiert.
2. Nach Art. 2 Abs. 1 und 2 PAG kann die Polizei **präventiv** zur Abwehr von Gefahren für die Öffentliche Sicherheit und Ordnung (Abs. 1) und damit auch zum Schutz privater Rechte (Abs. 2) tätig werden.
3. Nach Art. 2 Abs. 3 PAG ist sie zur **Vollzugshilfe** verpflichtet.
4. Weitere Aufgaben können ihr nach Art. 2 Abs. 4 PAG durch andere Gesetze übertragen werden. Hiernach kann sie z.B. i.V.m. §§ 163ff. StPO **repressiv** tätig werden.

A. Verfassungsrechtliche Bestimmung

Das Rechtsstaatsprinzip ist ein Kernelement der freiheitlich-demokratischen Grund- 76 ordnung. Bedeutsam ist dabei, dass der demokratisch legitimierte Gesetzgeber die wesentlichen Entscheidungen durch formelles Gesetz trifft. Der Staat legt auf diese Weise seine eigene existenzielle Aufgabenwahrnehmung fest, bestimmt die Spielregeln des Zusammenlebens und garantiert als Fundament des Rechtsstaats im größtmöglichen Umfang die Grundwerte Freiheit und Sicherheit[1].

Art. 2 Abs. 2 GG gewährt nicht nur ein subjektives Abwehrrecht gegen staatliche 77 Eingriffe. Das Grundrecht besitzt vielmehr auch einen objektiv-rechtlichen Gehalt. Insoweit beinhaltet es die objektive Verfassungspflicht für alle staatlichen Organe, sich schützend und fördernd vor diese Rechtsgüter zu stellen und sie insbesondere vor rechtswidrigen Eingriffen von Seiten anderer zu bewahren[2].

Während sich der Wortlaut der Grundrechte im Grundgesetz allein auf subjektive 78 Abwehrrechte gegen staatliche Eingriffe bezieht, beinhaltet **Art. 99 Satz 2 BV** ein

---

[61] Schmidbauer, in: ders./Steiner, Art. 1 PAG Rn. 27ff.

[1] Am 26.8.1789 verkündete die französische Nationalversammlung die Erklärung der Menschen- und Bürgerrechte. Bereits nach Art. 2 dieser Erklärung zählt zu den unantastbaren Menschenrechten das Recht auf Freiheit und das Recht auf Sicherheit.

[2] So ausdrücklich: BVerfGE 53, 30. 57 = NJW 1980, 759ff. m.w.N.

Grundrecht auf persönliche Sicherheit[3]. Im Rechtsstaat ist das eine ohne das andere nicht realisierbar. Ein Rechtsstaat, der nicht Vorsorge dafür trifft, dass die allgemein gültigen Gesetze auch von jedermann beachtet werden, wird zur Willkürherrschaft. Ein funktionsfähiger Rechtsstaat setzt deshalb eine unabhängige Justiz und eine handlungsfähige Polizei voraus.

B. Einfachgesetzliche Zuweisung

79 Ein Teil der polizeilichen Arbeitsfelder ist also verfassungsrechtlich verankert. Stets aber muss der Gesetzgeber der Polizei ein Arbeitsfeld als Aufgabe zugewiesen haben. Dies ist in der Grundsatznorm des Art. 2 PAG geschehen. Danach ist es die Basisaufgabe der Polizei, die allgemein oder im Einzelfall bestehenden Gefahren für die öffentliche Sicherheit abzuwehren, Art. 2 Abs. 1 PAG. In diesem Rahmen ist die Polizei auch für den Schutz privater Rechte zuständig, Art. 2 Abs. 2 PAG. Ferner leistet die Polizei anderen Behörden und Gerichten Vollzugshilfe, Art. 2 Abs. 3 PAG. Und schließlich hat die Polizei alle Aufgaben zu erfüllen, die ihr durch andere Rechtsvorschriften übertragen sind, Art. 2 Abs. 4 PAG.

80 Dabei hat die Polizei zwar bei manchen Eingriffsbefugnissen eine Monopolstellung. Sie hat aber kein Monopol bei ihrer Aufgabenerfüllung. Vielmehr steht sie dabei in Konkurrenz mit zahlreichen anderen Behörden. Die Aufgaben der Polizei zu definieren, beinhaltet daher immer festzulegen, was allein ihre Aufgabe ist, was auch ihre Aufgabe ist und was nicht ihre Aufgabe ist.

I. Die Polizei als Beschützer: Gefahrenabwehr nach Art. 2 Abs. 1 PAG

81 Die vornehmste Aufgabe der Polizei ist es, Gefahren abzuwehren. Dies bedeutet, die Polizei hat die Schutzgüter der öffentlichen Sicherheit und Ordnung vor Schaden zu bewahren.[4] Bei Vorliegen einer konkreten oder einer drohenden Gefahr für diese Rechtsgüter hat die Polizei die Befugnisse nach Art. 11 ff. PAG. Besonders wichtig ist in der polizeilichen Praxis der Schutz von Individualrechtsgütern. Droht ein Schaden, kann jedermann rund um die Uhr über den Notruf 110 die Polizei verständigen. Droht eine Gefahr oder liegt gar bereits eine konkrete Gefahr vor, hat die Polizei in Art. 11 ff. PAG die notwendigen rechtsstaatlichen Befugnisse, um den Eintritt der Gefahr und damit die Verwirklichung des Schadens zu verhindern.

Beispiel: Die Polizei verhütet die bevorstehende Verwirklichung einer Straftat.

82 In all diesen Fällen wird die Polizei **präventiv** tätig, d.h. ihre Maßnahmen dienen der Gefahrenabwehr und sollen bevorstehenden Schaden verhindern oder eingetretene Schäden beseitigen. Die Eingriffsmaßnahmen richten sich regelmäßig gegen den Störer, also gegen die Person, die die Gefahr verursacht hat. Der Aufgabenbereich der Polizei umfasst aber auch das Vorfeld einer Gefahr. Hierzu zählen beispielsweise die Gefahrenvorsorge oder die vorbeugende Verbrechensbekämpfung.

83 Daher gilt:

– Ihre Befugnisse hierfür sind im Bayerischen Polizeiaufgabengesetz geregelt, also einem Landesgesetz, für dessen Erlass der Bayerische Landtag zuständig ist.

---

[3] Holzner, Art. 99 Rn. 1; Schmidbauer, in: ders./Steiner, Art. 11 PAG Rn. 130.

[4] Zu den polizeilichen Schutzgütern ausführlich Rn. 421 ff., 435 ff.

- Bei präventiver Tätigkeit ist oberste Dienstbehörde und Führungsstelle der Polizei das Bayerische Staatsministerium des Innern. Die Polizeibeamten unterstehen dem Polizeipräsidenten, dem Landespolizeipräsidenten und letztendlich dem Bayerischen Innenminister.
- Rechtsschutz des Betroffenen gegen präventive Maßnahmen der Polizei ergibt sich aus speziellen Regelungen des PAG, in jedem Fall aber aus §§ 40ff. VwGO.[5]

II. Die Polizei als Beschützer privater Rechte nach Art. 2 Abs. 2 PAG

Ein Unterfall der Abwehr von Gefahren für die öffentliche Sicherheit oder Ordnung **84** ist, dass die Polizei in Ausnahmefällen die Aufgabe hat, private Rechte zu beschützen, Art. 2 Abs. 2 PAG. Hier ist die Polizei nur subsidiär zuständig.[6] Das heißt: Der Schutz privater Rechte obliegt der Polizei nur ausnahmsweise, wenn gerichtlicher Schutz nicht rechtzeitig zu erlangen ist und wenn ohne polizeiliche Hilfe die Verwirklichung des Rechts vereitelt oder wesentlich erschwert würde.

III. Die Polizei als Verfolger: Strafverfolgung nach Art. 2 Abs. 4 PAG i.V.m. §§ 163ff. StPO

Während die Polizei bei der Abwehr von Gefahren präventiv handelt, ist sie bei der **85** Verfolgung von Straftaten **repressiv** tätig. Nach Art. 2 Abs. 4 PAG i.V.m. § 163 Abs. 1 StPO hat die Polizei Straftaten zu erforschen und alle keinen Aufschub gestattenden Anordnungen zu treffen, um die Verdunkelung der Sache zu verhüten. Sie ist Ermittlungsperson der Staatsanwaltschaft, § 152 GVG.[7]

Beachte: **86**

- Die Befugnisse der Polizei für die Strafverfolgung ergeben sich aus der StPO, also einem Bundesgesetz, für dessen Erlass der Deutsche Bundestag zuständig ist.
- Bei repressiver Tätigkeit unterliegen die Polizeibeamten der fachlichen Weisung der Staatsanwaltschaft und des Generalstaatsanwalts, letztlich des Bayerischen Staatsministers der Justiz.
- Der Rechtsschutz des Betroffenen gegen Maßnahmen der Polizei zur Strafverfolgung ergibt sich aus Spezialregelungen der StPO, in jedem Fall aber aus § 23 EGGVG.

IV. Die Polizei als Vollzieher: Vollzugshilfe nach Art. 2 Abs. 3 PAG

Art. 67 PAG verpflichtet die Polizei zur Vollzugshilfe, d.h. der Polizei obliegt es, an- **87** dere Behörden bei der Durchsetzung ihrer Verwaltungsakte durch die Anwendung unmittelbaren Zwangs zu unterstützen. Aufgrund ihrer Ausbildung und Ausrüstung ist die Polizei zur Anwendung unmittelbaren Zwangs in der Lage. Es ist daher sinnvoll, die Ausübung unmittelbaren Zwangs bei einer Behörde zu konzentrieren, nämlich bei der Polizei.[8]

---

[5] Dazu Kapitel 50.
[6] Dazu Rn. 147ff., 312ff.
[7] Dazu Rn. 253ff.
[8] Dazu Rn. 280ff.

V. Die Polizei als Verwaltungshelfer: Übertragene Aufgaben nach Art. 2 Abs. 4 PAG

88 Nach Art. 2 Abs. 4 PAG hat die Polizei ferner die Aufgaben zu erfüllen, die ihr durch andere Rechtsvorschriften übertragen sind.[9]

89 Es kann sich dabei sowohl um Rechtsvorschriften des Bundes als auch des Landes, um europäische oder um Rechtsvorschriften der Vereinten Nationen handeln. Der bayerische Gesetzgeber macht damit die Polizei zum Verwaltungshelfer für alle staatlichen Institutionen und zum Garanten für den Rechtsstaat. Die Polizei ist die letzte Rettung zur Lösung von Problemen. Nach ihr kommt niemand mehr.

Klausurhinweis:

Die unterschiedlichen Arbeitsfelder und Handlungsziele der Polizei können in einem Lebenssachverhalt zusammen vorliegen und ineinander übergehen. Sie sind aber stets einzeln zu prüfen.

90 **Beispielfall 1:**

Polizeibeamte auf Streife halten ein Fahrzeug auf und kontrollieren es.
Welche polizeilichen Eingriffsmaßnahmen müssen erkannt und rechtlich gewürdigt werden?

Lösung

1. Die Streifenfahrt, bei der die Aufgabeneröffnung nach Art. 2 Abs. 1 PAG ausreichend ist, da eine Befugnisnorm mangels Rechtseingriffs nicht erforderlich ist.
2. Das Anhalten des Pkw nach Art. 13 Abs. 2 Satz 2 PAG (bei weiteren Maßnahmen nach dem PAG) und § 36 Abs. 1 StVO i. V. m. StVG (bei weiteren Maßnahmen nach dem StVG).
3. Die Identitätsfeststellung der Insassen nach Art. 13 Abs. 2 Satz 2 PAG.
4. Die Prüfung der Zulassungsbescheinigung Teil I nach § 11 Abs. 6 FZV (Fahrzeugzulassungen-Verordnung).
5. Die Prüfung des Führerscheins nach § 4 Abs. 2 Satz 2 FeV (Fahrerlaubnis-Verordnung) i. V. m. StVG.

3. Kapitel. Gesetzessuche und Gesetzessystematik

Zusammenfassung

1. Die Polizei- und Sicherheitsbehörden benötigen für ein Tätigwerden eine normative **Aufgabeneröffnung** (Zuständigkeitsnorm) **und**, sofern ein Rechtseingriff erfolgt, aufgrund des Vorbehalts des Gesetzes eine **Befugnisnorm**.

[9] Dazu Rn. 247 ff.

2. **Der Schluss von der Aufgabe auf die Befugnis ist unzulässig.**
3. Zum Auffinden der richtigen Normen ist das **Regelungssystem** zu beachten, das sich im Polizei- und Sicherheitsrecht über drei Ebenen (Bund – Land – Gemeinde) erstreckt, sowie das Verhältnis von allgemeinem zum besonderen Sicherheitsrecht, das vom Grundsatz ***lex specialis derogat legi generali*** geprägt ist.
4. Die **Gesetzgebungskompetenz** für das Polizei- und Sicherheitsrecht liegt grundsätzlich **bei den Ländern**, Art. 30, 70 Abs. 1 GG. Lediglich in einzelnen, eng begrenzten Ausnahmen besteht eine Bundeskompetenz, z.B. für das Bundeskriminalamt oder die Bundespolizei.
5. Die **wesentlichen Vorschriften** für polizeiliche Rechtseingriffe zur Gefahrenabwehr auf der Grundlage des Polizeirechts finden sich im Landesrecht mit dem **PAG**, dem **POG** und dem **BayVersG**. Zur Strafverfolgung werden vor allem die bundesrechtlichen Regelungen der StPO und des OWiG relevant.
6. Die wesentlichen Vorschriften für das Sicherheitsrecht auf Landesebene sind das **LStVG** sowie das **BayVersG**. Bundesrechtliche Regelungen bestehen z.B. mit dem GastG oder der GewO.

A. Aufgabeneröffnung und Befugnisnorm

Im Polizei- und Sicherheitsrecht geht es regelmäßig um die Überprüfung der **Rechtmäßigkeit von polizeilichen oder sicherheitsbehördlichen Maßnahmen**. So ist in erster Linie einmal die Frage nach der Zuständigkeit zu klären. Dies erfolgt durch die **Aufgabenzuweisung**, innerhalb der die Behörde gehandelt haben muss und die zumeist ausdrücklich vom Gesetzgeber vorgenommen wird, vgl. Art. 2 PAG, Art. 6 LStVG. 91

Greift das sicherheitsrechtliche Handeln zudem in subjektive Rechte des Einzelnen ein, ist aufgrund des **Vorbehalts des Gesetzes**, Art. 20 Abs. 3 GG, Art. 3 Abs. 1 Satz 1 BV, eine gesetzliche Rechtsgrundlage erforderlich, die im Polizei- und Sicherheitsrecht als **Befugnisnorm** bezeichnet wird. Da die Aufgabeneröffnung nur die Zuständigkeit regelt, nicht jedoch auch Aussagen bzgl. der konkreten Maßnahmen enthält, die zur Abwehr der Gefahr zu treffen sind, ist die Aufgabeneröffnungsnorm für einen Rechtseingriff nicht ausreichend. Vielmehr gilt der Grundsatz, dass **von der Aufgabe nicht auf die Befugnis geschlossen** werden kann. Umgekehrt dagegen ist der Schluss von der Befugnis auf die Aufgabe zulässig, d.h. sobald eine Rechtsgrundlage für eine bestimmte Maßnahme oder als Generalbefugnisnorm gegeben ist, ist auch implizit der Aufgabenbereich derjenigen Behörde, welcher die Befugnis zugewiesen ist, eröffnet. 92

Als erste Schritte der Überprüfung einer sicherheitsrechtlichen Maßnahme steht man also vor der Aufgabe, die richtige Aufgabeneröffnungsnorm und bei einem Rechtseingriff noch die korrekte Befugnisnorm ausfindig zu machen. Dabei besteht die Schwierigkeit gerade im Polizei- und Sicherheitsrecht zum einen darin, dass aufgrund des Föderalismus ein **Regelungssystem auf mehreren Ebenen** (Bund – Land – Gemeinde) besteht, andererseits durch das Bestehen von **allgemeinem und besonderem Sicherheitsrecht** insbesondere auf der Landesebene der Grundsatz des *lex specialis derogat legi generali* zu beachten ist. Das Auffinden der einschlägigen Normen kann daher im Einzelfall Schwierigkeiten bereiten, die sich jedoch durch die Beachtung der nachfolgenden Ausführungen in den Griff bekommen lassen. 93

B. Die Gesetzgebungskompetenz für das Polizei- und Sicherheitsrecht

94 Als Grundlage für die Gesetzessuche und das Verständnis der Gesetzessystematik ist daher die Kenntnis der Kompetenzordnung, wie sie das Grundgesetz für den Bereich der Legislative in Bezug auf das Polizei- und Sicherheitsrecht vorsieht, unabdingbar.

I. Grundsatz: Gesetzgebungskompetenz der Länder, Art. 30, 70 Abs. 1 GG

95 Für das Recht der öffentlichen Sicherheit und Ordnung steht die ausschließliche **Gesetzgebungszuständigkeit den Ländern** zu. Dies ergibt sich aus **Art. 30, 70 Abs. 1 GG**, da das Grundgesetz dem Bund keine Gesetzgebungskompetenz auf diesem Gebiet verleiht.

96 Die Gesetzgebungszuständigkeit der Länder erstreckt sich damit auf das **gesamte präventiv-polizeiliche Rechtsgebiet**. Dazu zählen alle Eingriffsmaßnahmen, die der Abwehr oder Beseitigung von Gefahren oder Störungen für die öffentliche Sicherheit oder Ordnung dienen einschließlich der Verhütung oder Unterbindung von Straftaten oder Ordnungswidrigkeiten, wie auch die Polizeiorganisation und die Aufgabenzuweisung an die jeweiligen Landessicherheitsbehörden.

II. Bundeskompetenzen für eng begrenzte Ausnahmetatbestände

97 Lediglich für **einzelne, eng begrenzte Gebiete** der Gefahrenabwehr hat das Grundgesetz dem Bund die Gesetzgebungskompetenz eingeräumt. Dies gilt auf dem Gebiet des **Polizeirechts** für

- den Schutz der Bundesgrenzen durch die Bundespolizei nach Art. 73 Abs. 1 Nr. 5 GG
- der Abwehr von Gefahren des internationalen Terrorismus durch das Bundeskriminalpolizeiamt, soweit eine länderübergreifende Gefahr vorliegt, die Zuständigkeit einer Landespolizeibehörde nicht erkennbar ist oder die oberste Landesbehörde um eine Übernahme ersucht, Art. 73 Abs. 1 Nr. 9a GG,
- für die Zusammenarbeit des Bundes und der Länder in der Kriminalpolizei, Art. 73 Abs. 1 Nr. 10a GG,
- den Verfassungsschutz, Art. 73 Abs. 1 Nr 10b GG,
- den Schutz auswärtiger Belange der Bundesrepublik sowie
- die Errichtung eines Bundeskriminalpolizeiamtes und die internationale Verbrechensbekämpfung, Art. 73 Abs. 1 Nr. 10c GG.

98 Auf dem Gebiet des **Sicherheitsrechts** besteht die ausschließliche Gesetzgebungskompetenz für den Bereich der Freizügigkeit, das Passwesen, das Melde- und Ausweiswesen, die Ein- und Auswanderung und die Auslieferung, Art. 73 Abs. 1 Nr. 3 GG.

99 In den Bereich der **konkurrierenden Gesetzgebung** fallen

- das Personenstandswesen, Art. 74 Abs. 1 Nr. 2 GG,
- das Vereinsrecht, Art. 74 Abs. 1 Nr. 3 GG,
- das Aufenthalts- und Niederlassungsrecht der Ausländer, Art. 74 Abs. 1 Nr. 4 GG,
- die Angelegenheiten der Flüchtlinge und Vertriebenen, Art. 74 Abs. 1 Nr. 6 GG,
- Maßnahmen gegen gemeingefährliche und übertragbare Krankheiten, Art. 74 Abs. 1 Nr. 19 GG

– das Recht der Lebensmittel, Art. 74 Abs. 1 Nr. 20 GG sowie
– der Straßenverkehr und das Kraftfahrwesen, Art. 74 Abs. 1 Nr. 22 GG.

Daneben bestehen auch ungeschriebene Gesetzgebungskompetenzen, wie die Annexkompetenz zur Sicherung der Bahnhöfe nach Art. 73 Abs. 1 Nr. 6a GG. 100

Diese Kompetenzzuweisungen sind eng begrenzt und dürfen nicht über die in den Kompetenznormen zugewiesenen Aufgabenbereiche ausgebaut werden. So dürfen die Polizeien des Bundes z.B. nicht zu einer allgemeinen, mit den Landespolizeien konkurrierenden Bundespolizei ausgebaut werden und damit ihr Gepräge als Polizei mit begrenzten Aufgaben verlieren.[1] 101

III. Der Musterentwurf eines einheitlichen Polizeigesetzes (MEPolG)

Der Musterentwurf für ein einheitliches Polizeigesetz wurde am 25.11.1977 auf der Sitzung der Innenministerkonferenz des Bundes und der Länder verabschiedet. Ziel dieses Beschlusses war es, den aufgrund der historischen Entwicklung sich ergebenden und durch die Kompetenzen im Bereich des Polizei- und Sicherheitsrechts verstetigenden Unterschieden der Polizeisysteme zwischen den Ländern aber auch gegenüber dem Bund entgegenzuwirken. So sollte dieser die Grundlage für entsprechende Bundes- und Landesgesetze sein, um eine grenzüberschreitende Zusammenarbeit der Bundes- und Landespolizeien zu erleichtern. Der MEPolG wurde zu einem großen Teil durch das PAG vom 24.8.1978 umgesetzt.[2] 102

C. Die Rechtsvorschriften des Polizei- und Sicherheitsrechts

Vor dem Hintergrund dieser Kompetenzverteilung wird nun auch klar, dass die wesentlichen, für das Polizei- und Sicherheitsrecht bestehenden Normen solche des bayerischen Landesrechts sind. Im Folgenden wird ein Überblick über die wichtigsten Gesetze bzw. Normen gegeben. Dabei wird, wie auch in der Klausur zu fragen sein wird, zuerst eine Unterscheidung dahingehend vorgenommen, ob die Polizei oder eine andere Sicherheitsbehörde handelt. Als weiteres Unterscheidungskriterium wird auf die im Bundesstaat bestehenden zwei Ebenen der Normierung (Land – Bund) abgestellt. 103

I. Rechtsvorschriften des Polizeirechts

1. Landesrechtliche Normierungen in Bayern

a. Das Bayerische Polizeiaufgabengesetz (PAG)

Das PAG gilt für die im Vollzugsdienst tätigen Dienstkräfte der Polizei, mithin der **Polizei im eingeschränkt institutionellem Sinne**, Art. 1 PAG.[3] 104

Dabei richtet sich seine Grobgliederung an den **drei Handlungsebenen** der Primär- (Anordnungsebene), Sekundär- (polizeilicher Zwang) und der Tertiärebene (Kosten und Erstattung) aus. 105

---

[1] BVerfGE 97, 198 ff.

[2] Die Gesetzgebung zum Datenschutz hat in Bund und Ländern zu erneuter Rechtszersplitterung geführt. Daher hat die Innenministerkonferenz in ihrer Sitzung vom Dezember 2017 den Arbeitskreis II (Polizeichefs der Länder und des Bundes) mit der Ausarbeitung eines neuen Musterentwurfes für ein einheitliches Polizeigesetz beauftragt.

[3] Dazu Rn. 141 ff.

106 Hierfür normiert es in den **Allgemeinen Vorschriften** (I. Abschnitt) den **Aufgabenbereich** durch die Zuweisung der Aufgaben mit Art. 2 PAG und der Subsidiarität zu sonstigen Sicherheitsbehörden mit Art. 3 PAG.

Die **polizeilichen Handlungsgrundsätze** werden mit dem Grundsatz der Verhältnismäßigkeit, Art. 4 PAG, und der Ausübung von Ermessen, Art. 5 PAG, normiert.

Dem schließt sich die Regelung der Frage an, gegen wen die Maßnahme zu richten ist (Maßnahmerichtung bzw. Störerauswahl), Art. 7 bis 10 PAG.

107 Im II. Abschnitt werden die **Befugnisnormen** für polizeiliche **Primärhandlungen** in Form der Generalbefugnisnorm, Art. 11 PAG, und den Spezialbefugnisnormen der Art. 12 bis 29 PAG geregelt. Im III. Abschnitt befinden sich die Vorschriften für die Datenerhebung und -verarbeitung, Art. 30 bis 66 PAG.

108 Die **Standardbefugnisse** der **Art. 12 bis 66 PAG** werden auch typische oder typisierte Polizeibefugnisse genannt und haben Vorrang vor der Generalklausel, die lediglich greift, wenn eine konkrete Gefahr für die öffentliche Sicherheit oder Ordnung abzuwenden ist, ohne dass eine Standardsituation des polizeilichen Einschreitens vorliegt.[4] Der Name leitet sich daraus ab, dass der Gesetzgeber in diesen Vorschriften typische Situationen standardisiert geregelt hat. Innerhalb der Standardbefugnisse werden traditionell sechs **verschiedene Gruppen** nach der Art des polizeilichen Einschreitens unterschieden:

- **Erste Gruppe:** Eingriffsbefugnisse zur Identitätsbestimmung einer Person. Hierzu zählt das Auskunftsverlangen, Art. 12 PAG, die Identitätsfeststellung und die Prüfung von Berechtigungsscheinen, Art. 13 PAG, erkennungsdienstliche Maßnahmen, Art. 14 PAG, und die Vorladung, Art. 15 PAG.
- **Zweite Gruppe:** Platzverweisung, Art. 16 PAG.
- **Dritte Gruppe:** Gewahrsam, Art. 17 PAG, Verfahren und Behandlung bei Freiheitsentziehungen, Art. 18 bis 20 PAG.
- **Vierte Gruppe:** Durchsuchung, Art. 21 bis 23 PAG, Sicherstellung, Art. 25 PAG, Verwahrung, Verwertung, Vernichtung oder Herausgabe, Art. 26 bis 28 PAG.
- **Fünfte Gruppe:** Grenzpolizeiliche Befugnisse, Art. 13 Abs. 1 Nr. 5, Art. 29 PAG.
- **Sechste Gruppe:** Polizeiliche Datenerhebung und Datenverarbeitung, Art. 30 bis 66 PAG. Innerhalb dieser Gruppe kann wiederum unterschieden werden: Art. 30 und 31 PAG enthalten (allgemeine) Grundsätze; Art. 32 PAG stellt eine Generalklausel zur Datenerhebung dar; Art. 33ff. PAG enthalten Spezialbefugnisse zur Datenerhebung und Kontrollmechanismen; Art. 53ff. beinhalten Befugnisse zur Datenverarbeitung.

109 Im IV. Abschnitt geht es um die Frage, wie die Polizei anderen Behörden **Vollzugshilfe** leisten kann, Art. 67 bis 69 PAG.

110 Mit der **Sekundärebene** befasst sich der V. Abschnitt (polizeilicher Zwang), der sich wiederum in die allgemeinen Vollstreckungsvoraussetzungen, Art. 70 bis 76 PAG, und die besonderen Vollstreckungsvoraussetzungen der einzelnen Zwangsmittel, Art. 77 bis 86 PAG, untergliedern lässt. Dabei wird deutlich, dass die Polizei ihre Maßnahmen nur nach eigenen Rechtsvorschriften vollstreckt und ein Rückgriff auf allgemeine Vorschriften, wie das VwZVG, ausgeschlossen ist.

111 Die **Tertiärebene** ist im VI. Abschnitt mit den Art. 87 bis 90 PAG geregelt, welche Entschädigungs-, Erstattungs- und Ersatzansprüche normieren und die Vorschriften über das Staatshaftungsrecht ergänzen. Vorschriften über die Kostentragungspflicht von Polizeieinsätzen finden sich in den Art. 9, 72 und 93 PAG sowie im Kostengesetz (KostG) und der Polizeikostenverordnung (PolKV).

---

[4] Zum Verhältnis der Befugnisnormen zueinander Kapitel 14.

Abschnitt VII. enthält die **Schlussbestimmungen**, wovon insbesondere Art. 91 PAG vor dem Hintergrund des Zitiergebotes aus Art. 19 Abs. 1 Satz 2 GG relevant wird. 112

b. Das Bayerische Polizeiorganisationsgesetz (POG)

Das POG regelt die innere Organisation der Polizei des Freistaates Bayern. Insoweit ist sein Anwendungsbereich nicht, wie der des PAG, begrenzt, sondern es umfasst die **Polizei im** (uneingeschränkt) **institutionellem Sinne**, Art. 1 Abs. 1 POG. 113

Es enthält in Art. 1 Abs. 2 POG die Aussage, dass **Rechtsträger** der Polizei der Freistaat Bayern ist, was für die Passivlegitimation relevant wird. In Art. 3 Abs. 1 POG wird der **Grundsatz der Allzuständigkeit** niedergelegt, nach dem jeder im Vollzugsdienst tätige Beamte im gesamten Staatsgebiet des Freistaates Bayern die Aufgaben der Polizei wahrnehmen darf bzw. muss. 114

Die Art. 3 Abs. 2, Art. 4 bis 8 POG teilen die Polizei in örtliche und sachliche **Dienstbereiche** ein, die jedoch allein die Binnenorganisation betreffen und keine Außenwirkung zeitigen. 115

Art. 9 POG normiert die **Zusammenarbeit** der Polizei mit anderen Sicherheitsbehörden. Art. 12 POG stellt deklaratorisch klar, dass die VwGO auch für Maßnahmen der Polizei Anwendung findet. 116

c. Das Bayerische Versammlungsgesetz (BayVersG)

Das BayVersG normiert die Durchführung von **öffentlichen Versammlungen** und hält hierzu auch **Befugnisse der Polizei** bereit, Art. 24 Abs. 2 Satz 1 2. Hs. BayVersG i. V. m. z.B. Art. 12 Abs. 1, Art. 15 BayVersG. **Das BayVersG ist spezieller als das PAG**, sog. Polizeifestigkeit der Versammlung.[5] 117

Mit dem BayVersG nimmt der Bayerische Gesetzgeber seine Kompetenzen wahr, die ihm durch die Föderalismusreform I im Jahre 2006 übertragen worden sind. Insoweit löst das BayVersG für Bayern das Versammlungsgesetz des Bundes (BVersG) ab. 118

Das BayVersG ist in die allgemeinen Bestimmungen (Erster Teil), welche neben der Wiederholung von Grundrechten, Art. 1 BayVersG, Definitionen, Art. 2 BayVersG, und Rechte sowie Pflichten der Versammlungsteilnehmer und -leiter enthalten, Art. 2 bis 8 PAG. Daneben besteht bereits eine Befugnisnorm für die Polizei zur Anfertigung von Bild und Tonaufnahmen sowie aufzeichnungen, Art. 9 BayVersG. 119

Der Zweite Teil befasst sich mit der Regelung von **Versammlungen in geschlossenen Räumen**, Art. 10 bis 12 BayVersG, während der Dritte Teil **Versammlungen unter freiem Himmel** zum Gegenstand hat, Art. 13 bis 16 BayVersG. 120

Im Vierten Teil wird der **befriedete Bezirk** geregelt, Art. 17 bis 19 BayVersG, während der Fünfte Teil **Straf- und Bußgeldvorschriften**, Art. 20 bis 22 BayVersG, und der Sechste Teil **Schlussbestimmungen** enthält, Art. 23 bis 28 BayVersG. 121

d. Sonstige Rechtsvorschriften auf Landesebene

Im Bayerischen Pressegesetz wird der Polizei mit Art. 15 Abs. 2 BayPressG die Befugnis zur Beschlagnahme von Druckerzeugnissen eröffnet, was insbesondere vor dem Hintergrund von Art. 5 Abs. 1 GG, Art. 111 BV relevant werden kann. 122

Weitere Befugnisnormen finden sich z.B. im Bayrischen Psychisch-Kranken-Hilfe-Gesetz.[6]

---

[5] Dazu ausführlich Rn. 1859ff. sowie die Übersicht Rn. 1944.

[6] Z.B. Art. 15 Abs. 1 Satz 3 BayPsychKHG.

2. Bundesrechtliche Normierungen

a. Die Strafprozessordnung (StPO)

123 Die StPO regelt grundsätzlich die Strafverfolgung und eröffnet der Polizei hierzu im **repressiven Bereich** nicht nur die Aufgabe nach § 163 StPO, sondern auch die Befugnis, Anordnungen zu treffen, um die Verdunkelung der Sache zu verhüten und Auskunft von Behörden zu verlangen sowie Ermittlungen vorzunehmen. Daneben bestehen speziellere Eingriffsbefugnisse, z.B. zur Identitätsfeststellung nach § 163b StPO oder zur Sicherstellung nach § 94 Abs. 1 StPO. Bezüglich der Strafverfolgung ist die StPO **abschließend**, weshalb grundsätzlich nicht auf Regelungen z.B. des PAG zurückgegriffen werden darf.

124 Eine Ausnahme gilt für die Anwendung **unmittelbaren Zwangs**, Art. 78 bis 86 PAG, hinsichtlich dessen Art und Weise der Anwendung auf die Vorschriften des PAG zurückgegriffen werden darf, vgl. Art. 77 Abs. 1 PAG.

b. Das Ordnungswidrigkeitengesetz (OWiG)

125 Ähnlich wie die StPO bzgl. der Verfolgung von Straftaten normiert das OWiG die Aufgabe und die dafür erforderlichen Befugnisse der Polizei zur Verfolgung von Ordnungswidrigkeiten, die jedoch weitgehend denjenigen aus der StPO gleichen, § 53 OWiG. Die Polizei wird auch hier repressiv tätig.

c. Sonstige Rechtsvorschriften auf Bundesebene

126 Auf Bundesebene besteht noch das Bundespolizeigesetz (BPolG), das jedoch allein für die Bundespolizei gilt, § 1 Abs. 2 BPolG, sowie das Bundeskriminalamtgesetz (BKA-Gesetz).

II. Rechtsvorschriften des Sicherheitsrechts

1. Landesrechtliche Normierungen in Bayern

a. Das Landesstraf- und Verordnungsgesetz (LStVG)

127 Handelt nicht die Polizei, sondern eine allgemeine Sicherheitsbehörde, vgl. Art. 6 LStVG, dann ist grundsätzlich das LStVG als allgemeines Sicherheitsrecht anwendbar.

Das LStVG besteht eigentlich aus mehreren Regelungsgegenständen: dem **Landesstrafrecht** (Erster Teil, Art. 1 bis 5), dem **Sicherheitsrecht** (Zweiter bis Dritter Teil, Art. 6 bis 41 LStVG) und dem **Verordnungsrecht** (Vierter Teil, Art. 42 bis 53 LStVG).

128 Das **Landesstrafrecht** beinhaltet allgemeine Vorschriften über Straftaten und Ordnungswidrigkeiten, wobei das LStVG selbst keine Straftatbestände mehr enthält. Ordnungswidrigkeitentatbestände finden sich dagegen vereinzelt, wie in Art. 12 Abs. 3, Art. 24 Abs. 1 LStVG etc.

129 Das **Sicherheitsrecht** ist dabei ähnlich dem PAG aufgebaut und untergliedert sich in die Allgemeinen Vorschriften, Art. 1 bis 5 LStVG, der Aufgabeneröffnung, Art. 6 LStVG, der Generalbefugnisnorm in Art. 7 LStVG, den sicherheitsrechtlichen Handlungsgrundsätzen im Art. 8 LStVG, der Maßnahmerichtung, Art. 9 LStVG, sowie den Regelungen zur Entschädigung, Art. 11 LStVG.

130 Im Dritten Teil werden dagegen die Spezialbefugnisnormen für Einzelmaßnahmen sowie Ermächtigungsgrundlagen für den sicherheitsrechtlichen Verordnungserlass normiert.[7]

---

[7] Zur Systematik der Befugnisnormen und Ermächtigungsgrundlagen im LStVG Kapitel 40.

Hierunter befinden sich jedoch auch Ermächtigungsgrundlagen, die nicht der Abwehr von Gefahren dienen, sondern deren Ziel ein anderes ist. So wird durch z.B. Art. 28 LStVG der Schutz des Orts- und Landschaftsbildes sowie von Denkmälern verfolgt, so dass diese Norm letztlich keine sicherheitsrechtliche Komponente enthält. Es handelt sich hierbei jedoch um seltene Ausnahmen, vgl. auch Art. 29 LStVG.

Der Vierte Teil befasst sich mit dem **Verfahren zum Verordnungserlass**, Art. 42 **131** bis 53 LStVG, wobei die Verordnung nicht zwangsläufig sicherheitsrechtlichen Charakter haben muss, sondern die Normierungen vielmehr für alle Rechtsverordnungen Geltung beanspruchen.

Übergangs- und Schlussvorschriften finden sich dann im Fünften Teil, Art. 54 bis 62 **132** LStVG.

b. Sonstige Rechtsvorschriften auf Landesebene

Weitere sicherheitsrechtliche Bestimmungen enthalten z.B. das BayPresseG sowie die **133** BayBO.

2. Bundesrechtliche Normierungen

Bundesrechtliche Normierungen des Sicherheitsrechts finden sich im GastG, der **134** GewO, dem LFBG, dem BImSchG, dem VereinsG sowie dem VersG des Bundes, dem jedoch wegen des BayVersG keine nennenswerte Bedeutung für den bayerischen Rechtsraum mehr zukommt.

III. Weitere relevante Rechtsvorschriften

Ebenso relevant werden können insbesondere für die Sicherheitsbehörden das **135** BayVwZVG für die Vollstreckung, sofern nicht eine Bundesbehörde handelt, die nach dem BVwVG vollstreckt, während für die Bayerische Polizei das PAG in den Art. 70 bis 86 PAG speziellere Regelungen bereit hält. Ebenso ist das BayVwVfG anwendbar.

Klausurhinweis:

Zum Auffinden der richtigen Norm, sei es die Aufgabeneröffnungs- oder die Befugnisnorm, ist in **drei Schritten** vorzugehen:

1. **Schritt:** Zuerst muss die Frage geklärt werden, welche Behörde handelt. Dabei ist zu unterscheiden zwischen der **Polizei** (dann C. I.) **oder** einer **anderen Sicherheitsbehörde** (dann C. II.). Weiter ist innerhalb der Polizei zwischen Landes- (dann C. I. 1.) und Bundespolizeien (dann C. I. 2.) zu differenzieren.
2. **Schritt:** Als nächstes ist darauf Acht zu geben, in welchem Bereich die Behörde handelt. Dabei ist zwischen **repressiver und präventiver Tätigkeit** sowie zwischen den jeweiligen **Rechtsbereichen**, z.B. mit Bezug zu Presseerzeugnissen (BayPresseG) oder Versammlungen (BayVersG), zu unterscheiden.
3. **Schritt:** Ist das richtige Gesetz gefunden, ist **innerhalb des Gesetzes**, sofern mehrere Befugnisnormen zur Verfügung stehen, wie dies im PAG und dem LStVG, aber auch im BayVersG der Fall ist, die **richtige Befugnisnorm** auszuwählen.

Bei all diesen Schritten ist der Grundsatz ***lex specialis derogat legi generali*** zu beachten. So darf man auf die allgemeinere Norm keine Maßnahmen stützen, für die ein Spezialgesetz zur Verfügung steht.

Handelt dagegen eine **Bundesbehörde**, z.B. ein Beamter des Bundeskriminalamtes oder der Bundespolizei, dann ist das BKA-Gesetz oder das BPol-Gesetz einschlägig, für deren Maßnahmen jedoch die gleiche systematische Prüfungsabfolge anzuwenden ist, wie sie in diesem Lehrbuch für die Maßnahme der Bayerischen Vollzugspolizei als Standardfall der polizeirechtlichen Klausur dargestellt wird. Gleiches gilt für Maßnahmen der Sicherheitsbehörden nach anderen Gesetzen als dem LStVG.
Sobald Sie diese Systematik erfaßt haben, stellen auch Prüfungsfälle mit der Beteiligung außerbayerischer Polizeibehörden kein Problem mehr dar!

4. Kapitel. Polizeibegriffe

Zusammenfassung

1. Der **materielle Polizeibegriff** ist in **Art. 83 Abs. 1 BV** geregelt. Er beschreibt die Aufgabe, die öffentliche Sicherheit und Ordnung aufrecht zu erhalten, und umfasst alle Polizei- und Sicherheitsbehörden.
2. Der **institutionelle Polizeibegriff** ist in **Art. 1 Abs. 1 POG** normiert und umfasst jeden Beschäftigten bei der Bayerischen Polizei.
3. Der **eingeschränkt institutionelle Polizeibegriff** nach **Art. 1 PAG** umfasst allein die im Vollzugsdienst tätigen Beamten der bayerischen Polizei.

A. Der materielle Polizeibegriff

136 Der materielle Polizeibegriff beschreibt die Aufgabe, die öffentliche Sicherheit und Ordnung aufrecht zu erhalten und hierzu Gefahren abzuwehren sowie Störungen zu beseitigen. Im Gegensatz zum institutionellen Polizeibegriff des Art. 1 Abs. 1 POG sowie des eingeschränkt institutionellen Polizeibegriffs des Art. 1 PAG ist der materielle Polizeibegriff aus historischen Gründen weiter und erfasst nicht nur das Polizei-, sondern auch das Sicherheitsrecht, das vordringlich im LStVG geregelt ist. Dem materiellen Polizeibegriff, der in **Art. 83 Abs. 1 BV** geregelt ist, unterfallen daher neben den Polizeibehörden auch alle Sicherheitsbehörden, wie sie in Art. 6 LStVG normiert sind.[1] Man spricht insoweit auch von der **Polizei im funktionellen Sinne**.[2]

B. Der institutionelle Polizeibegriff

I. Der institiutionelle Polizeibegriff nach Art. 1 Abs. 1 POG

137 Nach Art. 1 Abs. 1 POG ist Polizei i.S.d. POG die gesamte Polizei des Freistaates Bayern. Hierunter fallen zunächst alle Polizeivollzugsbeamten i.S.v. Art. 1 PAG, mithin

[1] Dazu Rn. 1445 ff.
[2] VGH n.F. 21, 136 (137); Simnacher, BayVBl. 1964, 30 f.; a.A. Hoegner, BayVBl. 1969, 383.

jeder Beamte, der der Institution der Bayerischen Polizei angehört und vom Dienstherrn mit der Wahrnehmung der Aufgaben nach Art. 2 PAG betraut ist.

Darüber hinaus werden vom institutionellen Polizeibegriff jedoch auch sämtliche Polizeiverwaltungsbeamte sowie Tarifbeschäftigte (Arbeiter und Angestellte) erfasst, die bei der Institution der Bayerischen Polizei ihren Dienst verrichten. 138

II. Der eingeschränkt institutionelle Polizeibegriff nach Art. 1 PAG

In Art. 1 PAG hat der Gesetzgeber den Begriff der Polizei definiert[3], indem er ihn auf den Polizeivollzugsdienst beschränkt, der organisatorisch von der übrigen Verwaltung getrennt ist. Für die Bestimmung des Polizeibegriffs des PAG sind daher drei Kriterien entscheidend: 139

1. Die Polizei als Einrichtung des Freistaates Bayern

Nach der Kompetenzverteilung des GG[4] gehört die Polizei zur Exekutive des Landes und ist insoweit Teil der staatlichen Verwaltung des jeweiligen Landes. 140

Dies stimmt mit Art. 1 Abs. 2 POG überein, wonach Träger der Polizei der Freistaat Bayern ist. Dienstkräfte anderer Länder, des Bundes, europäischer oder internationaler Behörden sind daher keine Polizei i.S.d. Art. 1 PAG, sondern Sonderpolizeibehörden mit gesetzlich begrenztem Auftrag. Ihnen stehen daher Befugnisse des PAG grundsätzlich nicht zu. Ausnahmen müssen ausdrücklich geregelt sein und ergeben sich aus Art. 11 POG. Aufgrund der Verfassungsrechtslage ist der Landesgesetzgeber zu dieser Definition und Aufgabenzuweisung legitimiert.

2. Die institutionelle Beschränkung des Polizeibegriffs

Polizei ist nur, was organisatorisch zu dieser staatlichen Institution gehört. Art. 1 PAG knüpft insoweit an das POG an, das durch Gesetz die organisatorische Gliederung der Polizei des Freistaates Bayern hierarchisch festlegt. 141

Hiernach sind dem Bayerischen Innenministerium das Landeskriminalamt, das Polizeiverwaltungsamt und die Polizeipräsidien nachgeordnet. Diesen wiederum unterstehen Polizeiinspektionen der Schutz-, Kriminal- oder Verkehrspolizei bzw. Kriminalfachdezernate in den Großstädten. Sonstige Behörden außerhalb der staatlichen Institution Polizei unterfallen nicht dem Polizeibegriff des PAG, auch wenn sie umgangssprachlich noch immer so bezeichnet werden, z.B. Gewerbepolizei für das Gewerbeaufsichtsamt[5]. 142

3. Die funktionelle Beschränkung des Polizeibegriffs

Eine solche funktionelle Beschränkung des Polizeibegriffs des PAG wird durch Art. 2 PAG vorgenommen. Danach erstreckt sich die Tätigkeit der Polizei nur auf die Abwehr von Gefahren für die öffentliche Sicherheit oder Ordnung (Art. 2 Abs. 1 PAG) sowie auf die sonstigen Aufgaben, die der Polizei durch Gesetz ausdrücklich zugewiesen sind (Art. 2 Abs. 4 PAG). 143

Die Baupolizei beispielsweise zählt daher nicht zum Polizeibegriff des PAG.

---

[3] Ausführlich: Schmidbauer in: ders./Steiner, Art. 1 PAG Rn. 2ff.

[4] Art. 30, 70 Abs. 1 GG und Art. 73 Nr. 10a, 87 Abs. 1 Satz 2 GG sowie Art. 73 Nr. 5, 87 Abs. 1 Satz 2 GG.

[5] Vgl. Art. 77 PAG.

Klausurhinweis:

Art. 1 bis 8 POG bestimmen die interne Organisation der bayerischen Polizei. Unabhängig von dieser innerdienstlichen Gliederung gilt: Jeder bayerische Polizeibeamte ist im gesamten Staatsgebiet örtlich (Art. 3 Abs. 1 POG) und sachlich (Art. 2 PAG) zuständig, sogenannte **örtliche und sachliche Allzuständigkeit** der Bayerischen Polizei.

III. Exkurs: Polizeiliche Befugnisse für außerbayerische Polizei- und Zollbedienstete in Bayern

144 Nach Art. 11 Abs. 3 und Abs. 5 Satz 1 POG können Polizeibeamte anderer Bundesländer, des Bundes und des Zolls unter den dort genannten Voraussetzungen in Bayern Amtshandlungen vornehmen. Bedeutendste Fälle sind die Anforderung durch das Innenministerium oder das Vorliegen gegenwärtiger und erheblicher Gefahren.

Auch Bedienstete ausländischer Polizeibehörden können gemäß Art. 11 Abs. 5 Satz 2 POG Amtshandlungen in Bayern vornehmen, wenn ein völkerrechtlicher Vertrag dies vorsieht oder das Bayerische Innenministerium dem allgemein oder im Einzelfall vorher zustimmt.

145 Liegen die jeweiligen Voraussetzungen vor, haben die außerbayerischen Polizeibediensteten die gleichen Befugnisse wie die Bayerische Polizei, Art. 11 Abs. 4 Satz 1, Abs. 5 Satz 1 und Satz 2 POG. Insbesondere stehen ihnen zur Gefahrenabwehr die Befugnisse des PAG zu. Nach Art. 11 Abs. 4 POG unterliegen sie jedoch den Weisungen der Bayerischen Polizei und ihre Maßnahmen werden der örtlich und sachlich zuständigen bayerischen Polizeidienststelle zugerechnet. Rechtsschutz gegen Maßnahmen außerbayerischer Polizeibediensteter oder Schadensersatzansprüche wegen solcher Maßnahmen richten sich daher gegen die Bayerische Polizei[6]. Auf diese Weise ist sichergestellt, dass der Bürger keine Nachteile erleidet.

5. Kapitel. Verhältnis zwischen Polizei- und Sicherheitsbehörden

Zusammenfassung

1. Das Verhältnis zwischen Sicherheitsbehörden und Polizei bestimmt sich nach verschiedenen Vorschriften, z.B. Art. 3 PAG, Art. 9 Abs. 2 POG, Art. 10 LStVG.
2. Zur Gefahrenabwehr ist **grundsätzlich** die **Polizei** zuständig, Art. 2 Abs. 1 PAG.
3. Ausnahmsweise ist die Polizei **subsidiär zuständig**, soweit die Abwehr der Gefahr durch eine andere Behörde rechtzeitig tatsächlich und rechtlich möglich erscheint, **Art. 3 PAG**.
4. Eine Sicherheitsbehörde kann der Polizei nach **Art. 9 Abs. 2 POG Weisungen** erteilen, wodurch die Polizei wieder unmittelbar für die Gefahrenabwehr zuständig ist, ohne dass es auf Art. 3 PAG ankommt.
5. **Maßnahmen der Sicherheitsbehörden** schließen widersprechende Maßnahmen der Polizei aus, soweit sie auf dasselbe Ziel gerichtet sind, **Art. 10 LStVG**.

[6] Ausführlich: Schmidbauer, in: ders./Steiner, Art. 11 POG Rn. 12 ff.

Die Polizei besitzt **kein Monopol** für die Abwehr von Gefahren für die öffentliche Sicherheit oder Ordnung. Im Gegenteil! Da es sich hierbei um eine verfassungsrechtlich verankerte Staatsaufgabe handelt[1], darf die öffentliche Sicherheit und Ordnung bei keinem staatlichen Handeln von keiner öffentlich-rechtlichen Körperschaft außer Acht gelassen werden. Über diesen allgemeinen Verfassungsauftrag hinaus sind neben der Polizei die Sicherheitsbehörden der allgemeinen inneren Verwaltung[2] und bereichsspezifisch besondere Sicherheitsbehörden[3] mit der Aufgabe der Gefahrenabwehr vom Gesetzgeber betraut. Vor diesem Hintergrund regelt Art. 3 PAG das Verhältnis der Polizei zu anderen Behörden. 146

A. Subsidiarität nach Art. 3 PAG

Art. 3 PAG bestimmt, dass bei der Gefahrenabwehr für die Polizei der Grundsatz gilt, entweder liegt **Unaufschiebbarkeit oder Subsidiarität** vor. 147

I. Unaufschiebbarkeit der Gefahrenabwehr

Nach Art. 2 PAG ist die Polizei prinzipiell immer und überall zur Gefahrenabwehr zuständig, gemäß Art. 3 PAG jedoch grundsätzlich nur **in unaufschiebbaren Fällen,** in denen die Gefahrenabwehr durch eine andere Behörde nicht oder nicht rechtzeitig möglich ist. Unaufschiebbarkeit liegt vor, wenn das Einschreiten der Polizei nicht ohne Schaden für die öffentliche Sicherheit oder Ordnung zurückgestellt werden kann[4]. Dabei ist entscheidend, dass aus Sicht der Polizei ein rechtzeitiges und erfolgreiches Tätigwerden der zuständigen Behörde nicht erreichbar erscheint. Unaufschiebbarkeit setzt demnach voraus, dass aus der Sicht der Polizei im Zeitpunkt ihres Einschreitens ein Abwarten bis zum Eingreifen der zuständigen Behörde den Erfolg der Maßnahmen erschweren oder gar vereiteln würde, die zur Verhinderung eines drohenden Schadens notwendig sind[5]. 148

1. Unmöglichkeit der Gefahrenabwehr durch eine andere Behörde

Unmöglichkeit bedeutet, dass die andere Behörde nicht dazu imstande erscheint, die Gefahr für die öffentliche Sicherheit oder Ordnung erfolgreich abzuwehren. Unter Art. 3 PAG fällt sowohl die rechtliche als auch die tatsächliche Unmöglichkeit. 149

Rechtliche Unmöglichkeit liegt vor, wenn der anderen Behörde zwar durch formelles Gesetz die Aufgabe der Gefahrenabwehr übertragen wurde, sie aber nicht die notwendigen Befugnisse zur Beseitigung der Gefahr besitzt. Beispiel: Art. 7 Abs. 4 LStVG. In diesen Fällen ist es wieder Aufgabe der Polizei, die Gefahr mit ihren Befugnissen aus Art. 11 ff. PAG zu beseitigen. 150

Tatsächliche Unmöglichkeit bedeutet, dass einer erfolgreichen Gefahrenabwehr der anderen Behörde rein faktische Hindernisse entgegenstehen. Hierzu zählen beispielsweise: mangelnde Ausrüstung, z. B. technisches Gerät, Kommunikationstechnik, mangelhafte Ausbildung oder Fortbildung, z. B. Spezialkenntnisse einer neueren technischen Entwicklung, nicht ausreichende Personalstärke, z. B. zum Absperren eines größeren Geländes. 151

---

[1] Ausführlich: Schmidbauer, in: ders./Steiner, Art. 11 PAG Rn. 131 ff.

[2] Nach Art. 6 LStVG: Gemeinden, Landratsämter, Regierungen und Innenministerium.

[3] Beispiel: Landesamt für Umweltschutz

[4] Amtl. Begr. zum PAG 1954 und Schmidbauer, in: ders./Steiner, Art. 3 PAG Rn. 10; Honnacker/Beinhofer/Hauser, Art. 3 Rn. 2.

[5] Ebenso: VGH Mannheim, NJW 1990, 1618 f. = DVBl. 1990, 1045.

2. Nicht rechtzeitige Gefahrenabwehr durch eine andere Behörde

152 Spricht das Gesetz davon, dass die Gefahrenabwehr durch andere Behörden **nicht rechtzeitig** möglich ist, so ist dies der klassische Fall zeitlicher Unaufschiebbarkeit. Er liegt in allen Fällen vor, in denen durch Abwarten die erforderlichen Maßnahmen zur Gefahrenabwehr voraussichtlich erschwert oder gar vereitelt würden.

II. Subsidiarität

153 Subsidiarität bedeutet, dass eine Tätigkeit durch die Polizei zwar als eigene Aufgabe und eigenverantwortlich, jedoch nur hilfs- und ersatzweise für die Fälle wahrgenommen wird, in denen dies nicht von vornherein eine andere Behörde leisten kann. Art. 3 PAG legt demnach fest, dass die Polizei tätig wird, soweit ihr die Abwehr der Gefahr durch eine andere Behörde nicht oder nicht rechtzeitig möglich erscheint.

III. Art. 3 PAG als Rechtmäßigkeitsvoraussetzung polizeilichen Handelns

154 Mit seinem Regelungsinhalt bestimmt Art. 3 PAG eine allgemeine **Rechtmäßigkeitsvoraussetzung** polizeilichen Einschreitens. Die Nichtbeachtung führt zur Rechtswidrigkeit polizeilichen Handelns. Die Vorschrift überträgt jedoch keine Aufgaben und Befugnisse von der Polizei auf andere Behörden oder umgekehrt.

Klausurhinweis:

Da Art. 3 PAG Rechtmäßigkeitsvoraussetzung ist, ist er als eigener Prüfungspunkt nach der Aufgabeneröffnung gem. Art. 2 Abs. 1 PAG im Rahmen der formellen Rechtmäßigkeit – Zuständigkeit zu prüfen (→ Prüfungsschema Primärmaßnahme Nr. 1, Rn. 158 und Nr. 10 und 11, Rn. 1166f.).

155 Ein Verstoß gegen Art. 3 PAG liegt demnach vor, wenn aus der Sicht der Polizei im Zeitpunkt ihres Einschreitens nach den für sie erkennbaren Umständen die Gefahr mit Sicherheit ebenso schnell und erfolgreich durch eine andere Behörde hätte abgewehrt werden können. In diesem Fall ist das Handeln der Polizei rechtswidrig, da ihr bereits die sachliche Zuständigkeit fehlt.

156 In der Begründung ist ein Teil der Lit.[6] anderer Auffassung: Es fehle an der Notwendigkeit polizeilichen Tätigwerdens. Damit aber wird in unzulässiger Weise das Verhältnismäßigkeitsprinzip mit der formellen Zuständigkeit vermengt. Der Formfehler der fehlenden Zuständigkeit kann jedoch durch die andere Behörde, die eigentlich zuständig ist, geheilt werden, soweit es sich um eine Sicherheitsbehörde handelt[7]. Zwar ist Art. 45 BayVwVfG mangels Erwähnung der sachlichen Zuständigkeit nicht anwendbar[8]. Jedoch besteht die Besonderheit, dass eine Sicherheitsbehörde die Polizei nach Art. 9 Abs. 2 POG zu einer genau identischen Handlung anweisen kann. In einer

---

[6] Honnacker/Beinhofer/Hauser, Art. 3 Rn. 3.
[7] A. A. Heckmann, Rn. 87.
[8] ebenso BayVGH, BayVBl. 1997, 51.

solchen Anweisung liegt eine Heilung der fehlenden sachlichen Zuständigkeit, wenn die Sicherheitsbehörde ihr Ermessen ausgeübt hat. Für den Fall, dass die Polizei fälschlicherweise die Unaufschiebbarkeit ihrer Maßnahmen zur Gefahrenabwehr angenommen hat, die Sicherheitsbehörde aber anschließend die Polizei nach Art. 9 Abs. 2 POG anweist, die Gefahr abzuwehren, ist daher die Verletzung des Art. 3 PAG analog Art. 45 Abs. 1 Nr. 5 BayVwVfG unbeachtlich. Demgegenüber nimmt die **h. M.** auch für diesen Fall **Rechtswidrigkeit** an.

Klausurhinweis:

Lernen Sie in Zusammenhängen: Die Unaufschiebbarkeit von Maßnahmen nach Art. 3 PAG ist identisch mit derjenigen nach § 80 Abs. 2 Satz 1 Nr. 2 VwGO, so dass unaufschiebbare Anordnungen und Maßnahmen der Polizei, die aufgrund von Art. 3 PAG getroffen werden, regelmäßig zum Entfallen des Suspensiveffekts der Anfechtungsklage (und des Widerspruchs) führen.

B. System der Zuständigkeiten

Damit hat der Gesetzgeber für die Polizei folgendes System an Zuständigkeiten festgelegt: **157**

1. Die Polizei ist zur Gefahrenabwehr **prinzipiell immer** und ausnahmslos **zuständig**, Art. 2 PAG.

   Dies gilt für jede Gefahr und für jede Tages- und Nachtzeit.

2. Die Polizei ist **ausnahmsweise** jedoch nur **subsidiär zuständig**, soweit die Abwehr der Gefahr durch eine andere Behörde rechtzeitig möglich erscheint, Art. 3 PAG.

   Dies setzt voraus, dass der spezielle Sachverstand der anderen Behörde tatsächlich zur Verfügung steht und dass sich bereits zu Beginn des polizeilichen Einschreitens abzeichnet, die Gefahrenabwehr der anderen Behörde werde erfolgreich sein. Ob dies der Fall ist, entscheidet zunächst die Polizei, da sie regelmäßig vor Ort ist.

3. Die andere Behörde kann aber die subsidiäre Zuständigkeit der Polizei „durch **Weisung** gegenüber der Polizei" beseitigen, wenn es sich um eine Sicherheitsbehörde handelt, Art. 9 Abs. 2 POG. Die Polizei ist dann wieder unmittelbar zur Gefahrenabwehr berufen.
4. Maßnahmen der Sicherheitsbehörden schließen widersprechende Maßnahmen der Polizei aus, soweit sie auf dasselbe Ziel gerichtet sind, **Art. 10 LStVG**.

   Die Regelung des Art. 10 LStVG erfasst den Fall, dass die Sicherheitsbehörde bereits eine Maßnahme ergriffen hat. Hat hingegen die Polizei bereits vorher eine Maßnahme ergriffen, weist die Sicherheitsbehörde nach Art. 9 Abs. 2 POG die Polizei an, ihre Maßnahme aufzuheben. Anschließend erlässt sie ihre eigene Maßnahme[9].

---

[9] Str., weitergehend Kraft, in: Bengl/Berner/Emmerig, Anm. 2, wonach die widersprechende Maßnahme der Sicherheitsbehörde aufgrund des Art. 10 LStVG die polizeiliche Maßnahme zwar nicht nichtig, aber doch rechtswidrig macht. Dieser Lösung steht jedoch aus Art. 20 Abs. 3 GG der Grundsatz der Rechtssicherheit entgegen. Der betroffene Bürger darf sich im Rechtsstaat nicht gleichzeitig zwei vollziehbaren Verwaltungsakten gegenübersehen, die sich widersprechen.

Klausurhinweis:

Wer nach diesem Regelungssystem einmal zuständig ist, bleibt dies auch[10]. Eine Änderung der Zuständigkeit kann dann allein die Sicherheitsbehörde über eine Weisung nach Art. 9 Abs. 2 POG herbeiführen.

158 **Prüfungsschema 1: Sachliche Zuständigkeit der Polizei i.R.d. formellen Rechtmäßigkeit einer polizeilichen Maßnahme**

1. Aufgabeneröffnung nach Art. 2 Abs. 1 PAG
2. Subsidiarität nach Art. 3 PAG
3. Im Falle der Subsidiarität nach Art. 3 PAG: ggf. Weisung nach Art. 9 Abs. 2 PAG

6. Kapitel. Polizeiliche Zusammenarbeit, Handeln auf Weisung, Amtshilfe, Vollzugshilfe

Zusammenfassung

1. Die **Polizei** ist für ihr Handeln und Unterlassen grundsätzlich **selbst verantwortlich**, Art. 2 Abs. 1 und 4 PAG, Art. 12 Abs. 2, 3 Satz 2, Art. 11 Abs. 4 Satz 2 POG.
2. Nach **Art. 9 Abs. 1 POG** ist die Polizei verpflichtet, im Rahmen ihrer tatsächlichen und rechtlichen Möglichkeiten zur Gefahrenabwehr mit anderen Behörden zusammenzuarbeiten.
3. Wird die Landespolizei nach **Art. 9 Abs. 2 POG** durch die Sicherheitsbehörden im polizeilichen Aufgabenbereich **angewiesen**, ist die Polizei ungeachtet von Art. 3 PAG zuständig.
4. Die Polizei ist nach Art. 9 Abs. 1 POG, Art. 4 Abs. 1 BayVwVfG, Art. 35 Abs. 1 GG zur **Amtshilfe** verpflichtet. Hierunter versteht man ein polizeiliches Tätigwerden zugunsten einer anderen Behörde.
5. Sowohl bei einem Tätigwerden aufgrund von Weisungen als auch im Rahmen der Amtshilfe bleiben die Befugnisse der Polizei unverändert. **Richtiger Beklagter** ist in beiden Fällen der Freistaat Bayern als **Rechtsträger der Polizei**.
6. Ein Unterfall der Amtshilfe ist die **Vollzugshilfe**, welche die **Anwendung unmittelbaren Zwanges** durch die Polizei auf Ersuchen anderer Behörden ist, um die Maßnahmen dieser Behörden durchzusetzen.
7. Für die Rechtmäßigkeit der zu **vollziehenden Maßnahmen** ist die **ersuchende Behörde** verantwortlich, weshalb deren Träger passivlegitimiert ist. Für die **Durchführung** der Vollzugshilfe aber trägt die **Polizei** die Verantwortung und daher ist der Freistaat Bayern als deren Rechtsträger hierfür passivlegitimiert.

[10] Str., in der Lit. wird auch die Lösung vertreten, dass die Zuständigkeit von der Polizei auf die Sicherheitsbehörde übergeht, sobald die Subsidiarität nach Art. 3 PAG entfällt. Dem widerspricht aber Art. 9 Abs. 2 POG, der gerade auch diesen Fall regelt, wodurch vor allem für den betroffenen Bürger klare Verhältnisse geschaffen werden, Art. 20 Abs. 3, Art. 19 Abs. 4 GG.

PAG und POG beinhalten ein gesetzliches Regelungswerk, das festlegt, ob und in welchem Umfang sich Sicherheitsbehörden, andere Behörden und Gerichte bei der Erfüllung ihrer Aufgaben der Mithilfe der Polizei bedienen können. Abhängig von der jeweiligen Sachverhaltskonstellation sind hierfür gesetzliche Weisungsmöglichkeiten, Ersuchen um Amts-, Vollzugs- oder Rechtshilfe vorgesehen. Alles basiert auf der Grundlage der eigenen polizeilichen Verantwortlichkeit. **159**

A. Prinzip der polizeilichen Verantwortlichkeit aus Art. 12 Abs. 2, Abs. 3 Satz 2, Art. 11 Abs. 4 Satz 2 POG

Aus der gesetzlichen Regelung der Art. 2 Abs. 1 und Abs. 4 PAG sowie Art. 12 Abs. 2, Abs. 3 Satz 2, Art. 11 Abs. 4 Satz 2 POG lässt sich folgendes Prinzip ableiten: Die Bayerische **Polizei** ist für ihr Handeln und ihr Unterlassen prinzipiell **selbst verantwortlich.** Die Bayerische Polizei hat demnach für ihren Handlungs- und ihren Aufgabenbereich die Verantwortung. Sie muss hierfür und damit für jede ihrer Maßnahmen einstehen, wobei es keine Rolle spielt, welche Behörden an ihrem Einschreiten in welcher Form noch beteiligt waren. Auch Anregungen, Weisungen, Amts- oder Vollzugshilfeersuchen anderer Behörden ändern daran nichts. Diese Eigenverantwortlichkeit gilt also unabhängig davon, ob die Polizei in ihrem originären (Art. 2 Abs. 1 PAG) oder in einem übertragenen Aufgabenbereich (Art. 2 Abs. 4 PAG) tätig war und unabhängig davon, ob die Polizei eigeninitiativ oder auf Veranlassung einer anderen Behörde tätig wurde (z.B. Anregung, Weisung, Ersuchen um Amtshilfe, Vollzugshilfe oder Rechtshilfe). Stets verantwortet die Polizei ihre ergriffenen oder nicht ergriffenen Maßnahmen selbst. Ausnahmen bedürfen eines Gesetzes. Art. 12 Abs. 3 Satz 1 POG sieht eine solche Ausnahme für strafprozessuale Maßnahmen der Polizei vor. **160**

Auch ist die Bayerische Polizei verantwortlich, wenn zur Abwehr einer Gefahr für die öffentliche Sicherheit oder Ordnung Polizeivollzugsbeamte anderer Bundesländer in Bayern gehandelt haben (Art. 11 Abs. 4 Satz 2 POG), wenn Polizeivollzugsbeamte des Bundes oder Zollbeamte in Bayern gehandelt haben (Art. 11 Abs. 5 Satz 1 POG) oder wenn Bedienstete ausländischer Polizeibehörden in Bayern gehandelt haben (Art. 11 Abs. 5 Satz 2 POG). Diese Polizeibeamten haben grundsätzlich dieselben Befugnisse wie die Bayerische Polizei, Art. 4 Abs. 4 S. 1 POG. Im Gegenzug unterliegen sie der Weisunsbefugnis der zuständigen bayerischen Polizeidienststelle, Art. 4 Abs. 4 S. 2 POG. **161**

B. Zusammenarbeitspflicht zur Gefahrenabwehr nach Art. 9 Abs. 1 POG

Art. 9 Abs. 1 POG beinhaltet eine gesetzliche Verpflichtung für die Polizei, mit anderen Polizeidienststellen, mit den Sicherheitsbehörden und mit anderen Dienststellen, denen die Abwehr von Gefahren für die öffentliche Sicherheit oder Ordnung obliegt, zusammen zu arbeiten. **162**

Aus der Regelung folgt zunächst, dass es sich hierbei entweder um eine staatliche Dienststelle oder um eine Stelle handeln muss, der ein förmliches Gesetz oder ein vergleichbarer Rechtsakt eine entsprechende Aufgabe der Gefahrenabwehr übertragen hat. Unter diesen Voraussetzungen kommen für eine polizeiliche Zusammenarbeit bayerische, bundesdeutsche, europäische, internationale, aber auch ausländische Behörden in Betracht. **163**

Art. 9 Abs. 1 POG verpflichtet die Bayerische Polizei nicht nur zur Zusammenarbeit, sondern beinhaltet insoweit auch eine **Rechtsgrundlage** für diese Zusammen- **164**

arbeit. Die Rechtsgrundlage des Abs. 1 weist die Qualität eines förmlichen Gesetzes auf.

165 Aufgrund des verfassungsrechtlich verankerten Rechtsstaatsprinzips (Art. 20 Abs. 3 GG, Art. 3 Abs. 1 BV) steht die gesetzliche Verpflichtung zur Zusammenarbeit des Art. 9 Abs. 1 POG jedoch unter einem doppelten **Vorbehalt**: Die Pflicht reicht nur soweit, wie die **tatsächlichen Möglichkeiten** und die **rechtlichen Befugnisse** der Bayerischen Polizei gehen.

C. Weisungsrecht der Sicherheitsbehörden nach Art. 9 Abs. 2 POG

166 Art. 9 Abs. 2 POG räumt den Sicherheitsbehörden die Befugnis ein, den Dienststellen der Landespolizei Weisungen im polizeilichen Aufgabenbereich zu erteilen. Sicherheitsbehörden sind nach Art. 6 LStVG die Gemeinden, die Landratsämter und die Regierungen.[1] Ferner ist dort noch das Bayerische Staatsministerium des Innern genannt, das aber ohnehin oberste Führungsstelle der Bayerischen Polizei ist (Art. 1 Abs. 3 Satz 2 POG) und somit im Ergebnis weisungsbefugt gegenüber allen Sicherheits- und Polizeibehörden ist. Der Inhalt und die Tragweite des Art. 9 Abs. 2 POG ist heftig umstritten[2]. Im Ergebnis entfaltet das Weisungsrecht aus Art. 9 Abs. 2 POG eine erhebliche praktische Bedeutung, indem es die **Subsidiarität der polizeilichen Zuständigkeit nach Art. 3 PAG beseitigt**. Die Sicherheitsbehörde kann damit im Ergebnis über die Zuständigkeit der Polizei zur Gefahrenabwehr entscheiden.

Klausurhinweis:

Im Falle einer solchen Weisung ist also Art. 3 PAG nicht mehr zu prüfen, sondern es ist ein Hinweis auf die Weisung nach Art. 9 Abs. 2 POG ausreichend, welcher die subsidiäre Zuständigkeit der Polizei nach Art. 3 PAG beseitigt.

167 Weitergehend wird von Köhler[3] und Teilen der Literatur die Auffassung vertreten, dass die Weisung der Sicherheitsbehörde nach Art. 9 Abs. 2 POG die Polizei zum Einschreiten verpflichtet. Die Polizei habe insoweit keine Entscheidungskompetenz mehr. Rechtsfolge wäre nach dieser Ansicht, dass die polizeiliche Handlung der anweisenden Sicherheitsbehörde zugerechnet wird. Obwohl der Bürger die Weisung nicht kennt, wäre die Sicherheitsbehörde dann auch der richtige Beklagte, wenn der Bürger gegen die polizeiliche Maßnahme vorgehen will[4]. Jedoch begegnet dies durchgreifenden verfassungsrechtlichen Bedenken. Für den Rechtsschutz suchenden Bürger wird eine innerorganisatorische Weisung nicht erkennbar und darf daher die Verantwortlichkeit auch nicht verschieben. Denn dies würde gegen das rechtsstaatliche Prinzip der Rechtssicherheit (Art. 20 Abs. 3 GG, Art. 3 Abs. 1 BV) und gegen die Gewährleistung eines effektiven Rechtsschutzes (Art. 19 Abs. 4 GG) verstoßen[5].

168 Angewiesen werden können nach Art. 9 Abs. 2 POG nur Polizeidienststellen, aber keine Polizeibeamte. Die Weisung der Sicherheitsbehörde kann die gesetzlichen **Befugnisse** der Polizei nach Art. 11ff. PAG und nach sonstigen Spezialgesetzen **weder erweitern noch beschränken**. Die Weisung führt auch nicht zu einer Erweiterung

---

[1] Dazu ausführlich Rn. 1445ff.
[2] Ausführlich: Schmidbauer, in: ders./Steiner, Art. 9 POG Rn. 1ff.
[3] Köhler, BayVBl. 1996, 744 (749) m.w.N.
[4] So ausdrücklich Köhler, a.a.O., S. 750f.
[5] Ausführlich: Schmidbauer, in: ders./Steiner, Art. 9 POG Rn. 1ff.

der Befugnis der Sicherheitsbehörde um polizeiliche Befugnisse, die der Gesetzgeber der Sicherheitsbehörde nicht zugestanden hatte.

D. Amtshilfe

Unter Amtshilfe der Polizei ist ein **polizeiliches Tätigwerden zugunsten einer anderen Behörde** zu verstehen. Dabei leistet die Polizei innerhalb der bestehenden Zuständigkeiten und Befugnisse für die Erledigung der Hauptmaßnahme der anderen Behörde ergänzende Hilfe durch Teilmaßnahmen mit Komplementärfunktion[6]. **169**

I. Die Verpflichtung zur Amtshilfe

Die Verpflichtung bayerischer Polizeidienststellen zur Amtshilfe ergibt sich aus folgenden Vorschriften: **170**

1. Art. 9 Abs. 1 POG

Art. 9 Abs. 1 POG verpflichtet bayerische **Polizeidienststellen** zu gegenseitiger Amtshilfe und zu Amtshilfe gegenüber allen Behörden im In- und Ausland, denen die Abwehr von Gefahren für die öffentliche Sicherheit und Ordnung obliegt. **171**

2. Art. 4 Abs. 1 BayVwVfG

Art. 4 Abs. 1 BayVwVfG begründet eine Amtshilfepflicht bayerischer **Polizeidienststellen gegenüber** bayerischen **nichtpolizeilichen Dienststellen**, die keine Sicherheitsaufgaben wahrnehmen. Dabei gelten Art. 4ff. BayVwVfG auch für die Polizei, soweit das PAG keine Sonderregelungen enthält, wie z.B. für die Datenübermittlung nach Art. 55ff. PAG oder die Vollzugshilfe nach Art. 67ff. PAG. Gemäß Art. 2 Abs. 2 BayVwVfG gilt das BayVwVfG jedoch nicht für die Strafverfolgung und die Verfolgung oder Ahndung von Ordnungswidrigkeiten. **172**

Beispiel: Aufgrund des unerwartet hohen Andrangs bei der Veranstaltung leiht sich das Kulturamt von der Polizei Absperrbänder aus, um den Zugang zu regulieren. Art. 4 Abs. 1 BayVwVfG regelt auch den umgekehrten Fall: Die Polizei fordert von der Berufsfeuerwehr eine Drehleiter an, um die Verfolgung eines Verdächtigen fortführen zu können.

Schließlich liegt nach der Regelung des Art. 4 Abs. 2 BayVwVfG Amtshilfe nicht vor, wenn Behörden innerhalb eines bestehenden Weisungsverhältnisses Hilfe leisten oder wenn die Hilfeleistung in Handlungen besteht, die der ersuchten Behörde als eigene Aufgabe obliegen. **173**

3. Art. 35 Abs. 1 GG

Art. 35 Abs. 1 GG legt eine Amtshilfepflicht für **alle Behörden** im Verhältnis von **Bund und Ländern** bzw. zwischen den Ländern fest. **174**

II. Die Befugnisse der hilfeleistenden Behörde

Durch die Amtshilfe werden die Zuständigkeiten und die **Befugnisse** der ersuchenden Behörde und der Bayerischen Polizei **nicht verändert** und schon gar nicht erweitert. **175**

---

[6] Vom Grundsatz her ebenso: Stelkens/Bonk/Sachs, § 4 Rn. 14; vgl. ausführlich Schmidbauer, in: ders./Steiner, Art. 50 Rn. 6ff. und Art. 12 POG Rn. 129ff.

Jede Behörde bleibt für ihre Handlungen selbst- und eigenverantwortlich. Deshalb kann die ersuchende Behörde auch im Wege der Amtshilfe keine Maßnahmen erreichen, zu denen sie selbst nicht befugt ist[7]. Denn die Polizei unterstützt nur die Hauptmaßnahme.

III. Rechtsschutz gegen Amtshilfemaßnahmen

176 Gegen ein polizeiliches Tätigwerden in Amtshilfe kann sich der betroffene Bürger nur dann zur Wehr setzen, wenn er hiervon beschwert ist. Dies setzt voraus, dass die Amtshilfeleistung der Polizei im Sinne des § 44a Satz 2 VwGO Außenwirkung gegenüber dem Bürger gehabt hat. In diesen Fällen ist **richtiger Beklagter** gegen das polizeiliche Tätigwerden in Amtshilfe der Freistaat Bayern als **Träger der Bayerischen Polizei** nach Art. 1 Abs. 2 POG[8].

177 Will der Betroffene aber nicht gegen die Maßnahme, die die Polizei in Amtshilfe ergriffen hat, vorgehen, sondern gegen den zugrunde liegenden Verwaltungsakt (Hauptmaßnahme), ist der richtige Beklagte der Träger dieser Behörde.

E. Vollzugshilfe

178 Die Vollzugshilfe ist für Bayern in Art. 67 bis 69 PAG geregelt[9]. Sie legen die Voraussetzungen fest, bei deren Vorliegen die Polizei Vollzugshilfe leistet. Die genannten Vorschriften beinhalten jedoch keine Befugnis für polizeiliche Maßnahmen mit Eingriffscharakter.

I. Definition von Vollzugshilfe

179 **Vollzugshilfe** ist die **Anwendung unmittelbaren Zwanges** durch die Polizei auf Ersuchen anderer Behörden, um die Maßnahmen dieser Behörden durchzusetzen. Die Vollzugshilfe ist demnach ein Fall der Amtshilfe. Es gilt das oben Gesagte entsprechend.

II. Rechtsschutz gegen Vollzugshilfemaßnahmen

180 Für den Rechtsschutz ist zu beachten, dass die ersuchende Behörde für die **Rechtmäßigkeit** der zu vollziehenden Maßnahmen verantwortlich ist. Die öffentlich-rechtliche Körperschaft, die **Trägerin der ersuchenden Behörde** ist, ist insoweit **Klagegegnerin**.

181 Die Verantwortung für den **Vollzug** des unmittelbaren Zwanges und insbesondere die Art und Weise seiner Anwendung obliegt hingegen der **Polizei**[10]. Art. 12 Abs. 2 Satz 2 POG ändert daran nichts, da die genannte Vorschrift nur den Fall der Weisung durch eine Polizeidienststelle an eine andere Polizeidienststelle regelt[11].

182 Inwieweit die Polizei dabei eine Prüfungsbefugnis und damit auch Verantwortlichkeit hat, ist umstritten. Im Sinne eines effektiven Rechtsschutzes für den Bürger nach

---

[7] Vgl. BVerfG 1 BvR 1215/07 Urt. v. 24.4.2013, Abs.-Nr. 119.

[8] Zum Rechtsschutz vgl. weiter Schmidbauer, in: ders./Steiner, Art. 12 POG Rn. 44, 125 ff.

[9] Vgl. ausführlich Schmidbauer, in: ders./Steiner, Art. 50 PAG Rn. 1 ff.

[10] Strittig; vgl. ausführlich Schmidbauer, in: ders./Steiner, Art. 12 POG Rn. 125 ff. und Art. 50 PAG Rn. 57 ff.

[11] Vgl. Schmidbauer, in: ders./Steiner, Art. 12 POG Rn. 105 ff. m. w. N.; ebenso: Samper/Honnacker, POG, Art. 12 Anm. 11; abweichend aber: Honnacker/Beinhofer/Hauser, PAG, Art. 50 Rn. 13.

Art. 19 Abs. 4 GG muss die Polizei auch für die Maßnahmen, die sie in Vollzugshilfe durchführt, selbst verantwortlich sein. Dieses Ergebnis entspricht sowohl den Art. 67 ff. PAG als auch dem Art. 12 Abs. 2 und 3 POG.

Daraus folgt, dass die Polizei eigenverantwortlich folgende Punkte zu prüfen hat, **183**
wenn sie Maßnahmen in Vollzugshilfe ergreift:

- Erstens die Frage, ob der Grundverwaltungsakt, der durch die Vollzugshilfe vollstreckt werden soll, überhaupt vollziehbar ist (strittig). Er darf also weder nichtig noch aufgehoben sein, noch darf gegen ihn ein Rechtsmittel mit aufschiebender Wirkung eingelegt worden sein. Die Prüfung der Rechtmäßigkeit ist hingegen der Polizei entzogen.
- Zweitens die Frage, ob unmittelbarer Zwang im Rahmen der Vollzugshilfe überhaupt angewandt werden darf (strittig).
- Drittens schließlich die Frage, auf welche Art und Weise unmittelbarer Zwang im Rahmen der Vollzugshilfe angewandt wird (unstrittig).

Prüfungsschema 2: Rechtmäßigkeit von Vollzugshilfemaßnahmen **184**

1. Vollziehbarkeit des Grundverwaltungsaktes (str.).
2. Rechtmäßigkeit der Anwendung von Vollzugshilfe (str.).
3. Rechtmäßigkeit der Art und Weise der Vollzugshilfe (unmittelbarer Zwang).

Beispielfall 2 **185**

Der Gemeinderat beschließt den Ausschluss eines Bürgers B von der grundsätzlich öffentlich abzuhaltenden Gemeinderatssitzung, da dieser die Sitzung mehrfach erheblich gestört hat. B weigert sich jedoch, den Raum zu verlassen. Der Bürgermeister verständigt die Polizei und bittet diese, den B aus dem Raum zu entfernen.
Wie handelt die Polizei, wenn sie dem Ansinnen des Bürgermeisters nachkommt?

Lösung

Die Polizei wird den Ausschluss des B durch den Gemeinderat bei weiterer Weigerung mit unmittelbarem Zwang gem. Art. 71 Abs. 1 Nr. 3, Art. 75 PAG, durchsetzen. Dabei handelt die Polizei im Wege der Vollzugshilfe. Hierfür ist die Aufgabe nach Art. 2 Abs. 3 PAG eröffnet. Art. 67 ff. PAG eröffnen hierfür die Befugnisse des PAG.

7. Kapitel. Die Polizeirechtsklausur

Zusammenfassung

1. Eine besondere Herausforderung in der Polizeirechtsklausur besteht im **Auffinden sämtlicher polizeilicher Maßnahmen** des Sachverhalts. Hierzu sind einheitliche Lebenssachverhalte in ihre Bestandteile aufzuspalten.
2. Die Polizeirechtsklausur setzt den Bearbeiter in der Regel einem erhöhten Zeitdruck aus, dem jedoch mit der **richtigen Klausurtechnik und Schwerpunktsetzung** begegnet werden kann.

3. Die auch für die Argumentation in der Klausur **wesentlichen Grundsätze** sind:
   - der Grundsatz der **Effektivität** bzw. das Primat **der Gefahrenabwehr**
   - ***lex specialis derogat legi generali***
   - der **Grundsatz der Allzuständigkeit**, Art. 3 Abs. 1 POG
   - der **Grundsatz der Subsidiarität** polizeilichen Handelns, Art. 3 PAG
   - das **Verbot, von der Aufgabe auf die Befugnis zu schließen**
   - der **Bestimmtheitsgrundsatz**
   - der **Grundsatz** bzw. die Theorie **der unmittelbaren Verursachung**
   - der **Grundsatz der Verhältnismäßigkeit**
   - der **Grundsatz der ordnungsgemäßen Ermessensausübung**
   - das **Zitiergebot**, Art. 19 Abs. 1 Satz 3 GG bzw. Art. 45 Abs. 2 LStVG

A. Typische Aufgabenstellungen

186 Die Polizeirechtsklausur besteht, wie dies im Öffentlichen Recht regelmäßig der Fall ist, aus einer Ansammlung prozessualer und materiell-rechtlicher Probleme. Typische Konstellationen in der Klausur sind daher:
- Die Überprüfung der Rechtmäßigkeit oder die Aufhebung polizeilicher Maßnahmen, gleich auf welcher Ebene (Primär-, Sekundär-, Tertiärebene).[1]
- Den Erlass einer polizeilichen Maßnahme zu begehren.[2]

187 In der mit Abstand häufigsten ersten Variante besteht daher die vordringliche Aufgabe darin, die polizeilichen Maßnahmen im Text ausfindig zu machen und einer **rechtlichen Bewertung** zu unterziehen. Dabei werden regelmäßig nicht nur ein oder zwei, sondern eine Vielzahl polizeilicher Maßnahmen zu beurteilen sein. Die erste Schwierigkeit besteht daher darin, **sämtliche** polizeiliche Maßnahmen ausfindig zu machen. Dabei ist darauf zu achten, dass jedes Handeln eines Polizeibeamten eine rechtlich relevante, polizeiliche Maßnahme darstellen kann. So ist der gesamte Handlungsablauf zu untersuchen und auch einheitliche Lebenssachverhalte in die einzelnen polizeilichen Maßnahmen aufzuspalten, die dann einer rechtlichen Würdigung unterzogen werden.

188 **Beispielfall 3**

Die Polizisten POM Müller und PM Huber sehen bei ihrer Streifenfahrt eine verdächtige Person in einem Fahrzeug. Sie halten den PKW an und lassen sich die Ausweispapiere aushändigen.
Welche polizeilichen Maßnahmen wurden getroffen?

Lösung
Das Anhalten des PKW sowie die Identitätsfeststellung (jeweils Art. 13 Abs. 2 Satz 2 PAG) werden dem Bearbeiter als eingreifende Maßnahmen sofort ins Auge springen. Die volle Punktzahl wird jedoch nur erreicht, wenn auch die Streifenfahrt als polizeiliche Handlung erkannt und rechtlich gewürdigt wird. (Die Aufgabeneröffnung nach Art. 2 Abs. 1 PAG ist hierfür ausreichend, da eine Befugnisnorm mangels Rechtsbeeinträchtigung nicht erforderlich ist).[3]

[1] Dazu Kapitel 23, 26, 29.
[2] Dazu Kapitel 50.
[3] Rn. 327.

189 Neben dieser materiell-rechtlichen Beurteilung der polizeilichen Maßnahmen ist in der Polizeirechtsklausur regelmäßig auch ein **prozessualer Teil** zu bewerkstelligen. Da sich die meisten polizeilichen Maßnahmen bereits unmittelbar nach ihrer Ausführung erledigen, ist das am häufigste vorkommende Rechtsmittel die Fortsetzungsfeststellungsklage nach § 113 Abs. 1 Satz 4 VwGO analog.[4] Dabei ist darauf zu achten, dass jede polizeiliche Maßnahme mit einer eigenen FFK überprüft werden muss, so dass regelmäßig eine Klagenhäufung nach § 44 VwGO gegeben ist.

190 Allerdings ist die FFK eben nur dann einschlägig, wenn sich die Maßnahme bereits erledigt hat. Für alle anderen Maßnahmen, die noch fortdauern und deren Aufhebung begehrt wird, ist dagegen z.B. im Falle, dass die Maßnahme ein Verwaltungsakt ist, die Anfechtungsklage, § 42 Abs. 1 1. Alt. VwGO, zu erheben, was auch Auswirkungen auf den einstweiligen Rechtsschutz, der in dieser Konstellation dann nach § 80 Abs. 5 VwGO zu erfolgen hat, zeitigt.

191 **Beispielfall wie Nr. 3, Rn. 188**

Zu überprüfen sind eine Streifenfahrt, eine Identitätsfeststellung, eine Durchsuchung und eine Sicherstellung.

1. Die Streifenfahrt, die Identitätsfeststellung und die Durchsuchung haben sich bereits erledigt, so dass für diese jeweils die FFK nach § 113 Abs. 1 Satz 4 VwGO analog statthaft ist.
2. Die Sicherstellung dauert dagegen noch so lange an, bis die Sache wieder herausgegeben wird. Sie hat sich daher noch nicht erledigt und ist mit einer Anfechtungsklage nach § 42 Abs. 1 1. Alt. VwGO anzugreifen.
3. Da in diesem Fall wegen § 80 Abs. 2 Satz 1 Nr. 2 VwGO die Anfechtungsklage keine aufschiebende Wirkung hat, wäre zusätzlich ein Antrag nach § 80 Abs. 5 VwGO einzulegen.

192 Diese Konstellation, nach der mehrere, voneinander verschiedene polizeiliche Maßnahmen im Wege verschiedener Rechtsbehelfe zu überprüfen sind, stellt insbesondere für die Klausurtechnik eine besondere Herausforderung dar.

B. Herausforderungen für die Klausurtechnik

193 Die Tatsache, dass materiell-rechtliche Erwägungen zu verschiedenen polizeilichen Maßnahmen angestellt sowie regelmäßig eine oder mehrere Klagen bzw. Anträge geprüft werden müssen, hat zur Folge, dass mehr „Schreibarbeit" zu leisten ist, die in die Zeitplanung einzubeziehen ist. In Konsequenz dessen ist die Zeit, die für die Sachverhaltsanalyse und Gliederung zur Verfügung steht, verkürzt. Letztlich besteht also ein gewisser **Zeitdruck**. Eine erste Priorität besteht also darin, diesem Zeitdruck entgegenzuwirken.

194 Da sich ein großer Teil der Prüfung gerade im prozessualen Teil und durch die Schematisierung der Prüfung gerade im Polizei- und Sicherheitsrecht immer wiederholt (z.B. Eröffnung des Verwaltungsrechtswegs, Aufgabeneröffnung etc.), kann dem Zeitdruck zum einen dadurch begegnet werden, dass man auf eingeübte **Standardformulierungen** zurückgreift, ohne Zeit für Formulierungen in der Klausur zu ver-

[4] Dazu Kapitel 50.

lieren, weil man sich diese erst ausdenken muss. Dies ist in der Klausur insbesondere dort möglich, wo keine vertiefte Behandlung eines Problems erwartet wird.

195 **Beispiel**

„Der Verwaltungsrechtsweg ist eröffnet, da es sich bei den streitentscheidenden Gesetzen PAG und POG um Normen handelt, die Befugnisse enthalten, nach denen die Polizei dem Bürger im Rahmen eines Über-/Unterordnungsverhältnisses gegenübertritt, so dass es sich bei diesen um öffentlich-rechtliche Vorschriften handelt, sog. Subordinationstheorie. Überdies berechtigen und verpflichten die Normen einen Träger hoheitlicher Gewalt als solchen[5] sog. modifizierte Subjektstheorie, so dass auch aus diesem Grund eine öffentlich-rechtliche Streitigkeit vorliegt.“

196 Darüber hinaus kann die **Prüfung der** jeweiligen **prozessualen Anträge** soweit als möglich **zusammengefasst** werden. So kann bei einer Klagen- oder Antragshäufung nach § 44 VwGO (analog), wie sie im Polizeirecht aufgrund der verschiedenen Streitgegenstände regelmäßig vorliegt, die Zulässigkeitsprüfung von Rechtsbehelfen zusammen vorgenommen werden, sofern es sich um dieselben Rechtsbehelfe handelt. Eine Unterscheidung der Maßnahmen bei den einzelnen Prüfungspunkten erfolgt dann nur dort, wo eine differenzierte Betrachtung erforderlich ist, und natürlich in der Begründetheit, wo die Rechtmäßigkeit der einzelnen Maßnahmen überprüft wird. Ein derartiges Vorgehen **erspart** nicht nur **Zeit**, sondern **vermeidet** auch **Wiederholungen** und zeigt, dass der Bearbeiter/die Bearbeiterin Schwerpunkte setzen kann.

197 **Beispielfall wie Nr. 3, Rn. 188:**

Zu überprüfen sind eine Streifenfahrt, eine Identitätsfeststellung, eine Durchsuchung und eine Sicherstellung.

1. Die drei FFK nach § 113 Abs. 1 Satz 4 VwGO analog, die für die Überprüfung der Streifenfahrt, der Identitätsfeststellung und der Durchsuchung statthaft sind, s. o., können aufgrund der identischen Voraussetzungen ihrer Zulässigkeit zusammen geprüft werden. Dabei ist im Rahmen der Statthaftigkeit darauf einzugehen, dass drei Antragsgegenstände vorliegen. In der Begründetheit sind die Maßnahmen nach Erörterung der Passivlegitimation dagegen gesondert zu prüfen.
2. Die Anfechtungsklage gegen die noch andauernde Sicherstellung, s. o., ist dagegen getrennt von den FFK zu prüfen.

198 Auch in der Begründetheit bei der Überprüfung der einzelnen Maßnahmen kann man die Prüfung akzentuieren und so dem Zeitdruck und Wiederholungen vorbeugen: So bietet es sich an, die **erste Maßnahme ausführlich** und schulmäßig zu **prüfen** und dabei die wichtigsten Definitionen anzubringen.

199 Bei allen übrigen polizeilichen Maßnahmen derselben Gattung (also z.B. Primärmaßnahmen) wird dagegen bei Prüfungspunkten, die völlig identisch verlaufen, auf die erste Prüfung verwiesen (z.B. Handeln eines Polizeivollzugsbeamten, Art. 1 PAG; ört-

[5] Dieser Zusatz ist erforderlich, da ein Verwaltungsträger auch einmal privatrechtlich, z.B. durch zivilrechtlichen Vertrag, berechtigt und verpflichtet sein kann.

liche Zuständigkeit, Art. 3 Abs. 1 POG; Aufgabeneröffnung, Art. 2 PAG). Nur dort, wo sich die Prüfungen unterscheiden (z.B. Befugnisnorm; Aufgabeneröffnung, wenn sich z.B. die Zielsetzung der polizeilichen Maßnahme von präventiv auf repressiv ändert), erfolgt eine ausführliche Prüfung der konkreten Maßnahme.

C. Wichtige Grundsätze im Polizei- und Sicherheitsrecht

Im Folgenden werden die wesentlichen Grundsätze, die das Polizei- und Sicherheitsrecht prägen, dargestellt. Sie sind deshalb in der Klausur zu beachten und können als Argumentationshilfe herangezogen werden. Sie werden daher auch in diesem Lehrbuch an den jeweiligen Stellen wieder aufgegriffen: **200**

Der Grundsatz, der das gesamte Polizei- und Sicherheitsrecht bestimmt, ist derjenige der **Effektivität der Gefahrenabwehr** bzw. das **Primat der Gefahrenabwehr**. Dieser besagt, dass Ziel des polizeilichen oder sicherheitsrechtlichen Handelns nicht nur die Abwehr von Gefahren ist, Art. 2 Abs. 1 PAG, Art. 6 LStVG, sondern diese Abwehr effektiv erfolgen muss, da nur so ein ausreichender Rechtsgüterschutz gewährleistet werden kann. Der Gefahr ist also so zu begegnen, dass sie so schnell wie möglich mit größtmöglicher Sicherheit beendet wird. Dieser Grundsatz erstreckt sich damit einerseits auf die zeitliche Dimension polizeilichen Handelns, als auch auf die inhaltliche. Dieser Grundsatz zieht sich damit durch die gesamte Prüfung von polizeilichen und sicherheitsrechtlichen Maßnahmen. So wird er relevant bei der Auswahl der richtigen polizeilichen oder sicherheitsrechtlichen Maßnahme bereits auf der Ebene der Befugnisnormen, wie auch im Rahmen der Verhältnismäßigkeit, Art. 4 PAG, Art. 8 LStVG, und der Ausübung des Ermessens, Art. 5 PAG.[6] Aber auch bei der Auswahl des richtigen Maßnahmeadressaten (Störerauswahl), Art. 7f. PAG, Art. 9 LStVG,[7] und der Frage der Zuständigkeit nach Art. 6 LStVG (Mehrfachkompetenz)[8] ist dieser Grundsatz ausschlaggebend. **201**

Ebenso das gesamte Rechtsgebiet bestimmend ist der Grundsatz der Spezialität, sog. ***lex specialis derogat legi generali***.[9] Aufgrund der Systematik des Sicherheitsrechts und seiner Einteilung in einen besonderen und einen allgemeinen Teil wie auch aufgrund der verschiedenen Normebenen ist dieser Grundsatz in erster Linie für die Aufgabeneröffnung, Art. 2 Abs. 4 PAG, als auch für die richtige Wahl der Befugnisnorm, Art. 11 Abs. 4, Abs. 1 2. Hs. PAG, ausschlaggebend.[10] Auch wenn diese beiden Fragen geklärt sind, bleibt der Grundsatz relevant, da die allgemeinen Vorschriften z.B. der Störerauswahl nach Art. 7f. PAG, Art. 9 LStVG nur dann anwendbar sind, wenn sich die Maßnahmerichtung nicht bereits aus den spezialgesetzlichen Befugnisnormen ergibt (z.B. Platzverweis, Art. 16 PAG). **202**

Ferner besteht der **Grundsatz der örtlichen und sachlichen Allzuständigkeit** der Polizei.[11] So ist nach Art. 3 Abs. 1 POG jeder Vollzugspolizist im gesamten Staatsgebiet des Freistaates Bayern befugt, alle Aufgaben der Polizei wahrzunehmen. Örtliche Zuständigkeitsgrenzen sind daher nicht existent, was auch dem ersten Grundsatz (Primat der Gefahrenabwehr) geschuldet ist. Gleichfalls besteht eine sachliche Allzuständigkeit in diesem Bereich für die Aufgabenerfüllung, Art. 3 Abs. 1 POG i. V. m. Art. 2 PAG.[12] **203**

---

[6] Dazu Kapitel 13 und 39.
[7] Dazu Kapitel 12 und 38.
[8] Dazu Rn. 1455.
[9] Rachor, in: Lisken/Denninger, E 715.
[10] Dazu Rn. 91ff.
[11] Schmidbauer, in: ders./Steiner, Bayerisches Polizeiaufgabengesetz, Art. 3 POG Rn. 3ff.
[12] Dazu Rn. 224.

204 Ebenso die Zuständigkeit polizeilichen Handelns betrifft der **Grundsatz der Subsidiarität** polizeilichen Handelns, **Art. 3 PAG**.[13] Nach diesem ist das polizeiliche Tätigwerden subsidiär und die Polizei nur dann zuständig, wenn die Gefahr durch eine andere Behörde nicht oder nicht rechtzeitig abgewehrt werden kann.[14]

205 Ein weiterer Grundsatz besteht in dem **Verbot, von der Aufgabe auf die Befugnis zu schließen**.[15] Dies ergibt sich daraus, dass die Aufgabeneröffnung sich nur auf die Zuständigkeit der Sicherheitsbehörden bezieht. Für belastende Maßnahmen ist dagegen aufgrund des Vorbehalts des Gesetzes eine hinreichend bestimmte Rechtsgrundlage in Gestalt einer Befugnisnorm erforderlich, weshalb eine Aufgabeneröffnung allein nicht ausreicht. Umgekehrt ist dagegen ein Schluss von der Befugnisnorm auf die Aufgabeneröffnung selbstverständlich zulässig, da die Rechtsgrundlage impliziert, dass derjenige, dem die Rechtsgrundlage eingeräumt wurde, auch für dieses Handeln zuständig ist.

206 Der rechtsstaatliche **Grundsatz der Bestimmtheit** und die Wesentlichkeitstheorie, nach der alle grundrechtsrelevanten Maßnahmen durch den Gesetzgeber geregelt werden müssen, erlangt im Polizei- und Sicherheitsrecht vor allem in Bezug auf die Befugnisnormen Relevanz. So müssen die Befugnisnormen inhaltlich ausreichend bestimmt sein und die von ihnen gewährten Eingriffsrechte ausreichend umschrieben sein, was vor allem bzgl. der Generalklauseln, Art. 11 Abs. 1 PAG, Art. 7 Abs. 2 LStVG,[16] aber auch bzgl. Vorfeldbefugnissen, Art. 11 Abs. 3 PAG,[17] diskutiert wird. Aber auch für die Abgrenzung zwischen Standardbefugnisnormen und der Generalklausel[18] sowie für die Ermächtigungsgrundlage (sicherheitsrechtlicher) Verordnungen[19] ist dieser Grundsatz von entscheidender Bedeutung.

207 Mit Blick auf die Auswahl des richtigen Störers, Art. 7f. PAG, Art. 9 LStVG,[20] wird der **Grundsatz** bzw. die Theorie **der unmittelbaren Verursachung** relevant.[21] Die polizeiliche Maßnahme ist daher grundsätzlich gegen denjenigen zu richten, der die abzuwehrende Gefahr durch sein Handeln oder den Zustand einer Sache unmittelbar verursacht hat, mithin gegen denjenigen, der kausal für die Gefahr wurde. Ausreichend ist dabei die Mitursächlichkeit.[22]

208 Darüber hinaus gelten im Polizei- und Sicherheitsrecht auch die allgemein anerkannten **Grundsätze der Verhältnismäßigkeit**, Art. 4 PAG, Art. 8 LStVG, insbesondere das Übermaßverbot, und der **ordnungsgemäßen Ermessensausübung**, Art. 5 PAG.[23]

209 Letztlich ist noch das **Zitiergebot** zu beachten. Dieses folgt aus Art. 19 Abs. 1 Satz 2 GG und wird im PAG mit Art. 74, im LStVG mit Art. 58 umgesetzt. Das Zitiergebot kann zur Auslegung der Normen, insbesondere bzgl. der Frage, in welche Rechte aufgrund von Befugnisnormen eingegriffen werden darf, herangezogen werden. Beachte hierzu auch Art. 7 Abs. 4 LStVG.

---

[13] Holzner, in: BeckOK, PAG, Art. 3.
[14] Dazu Rn. 147ff., 312ff.
[15] Holzner, in: BeckOK, PAG, Art. 2 Rn. 2.
[16] BVerwGE 115, 189. Dazu ausführlich Rn. 474ff., 515ff., 1507.
[17] BVerfGE 113, 348; ThürVerfGH, DVBl. 2013, 111.
[18] Dazu Kapitel 14.
[19] Dazu Kapitel 42.
[20] Dazu Kapitel 12 und 38.
[21] Dazu Rn. 537ff.
[22] Welche Voraussetzungen darüber hinaus für die Störereigenschaft erforderlich sind, ist umstritten, dazu Rn. 537ff.
[23] Dazu Kapitel 13 und 39.

Aber auch für untergesetzliche Vorschriften, wie sicherheitsrechtliche Rechtsverordnungen, wird das Zitiergebot relevant, das einfachgesetzlich in Art. 45 Abs. 2 LStVG normiert ist und dessen Verhältnis zu Art. 80 Abs. 1 Satz 3 GG umstritten ist.[24] **210**

---

[24] Dazu Rn. 1597 ff.

Teil II. Polizeirecht

§ 1. Polizeiliche Primärmaßnahmen

8. Kapitel. Klausuraufbau einer polizeilichen Primärmaßnahme

Zusammenfassung

Sowohl der **bayerische Aufbau** als auch der **klassische Aufbau** sind **anerkannt** und können daher in der Klausur gewählt werden. Ein in der Klausur einmal gewähltes Schema ist dann auch konsequent durchzuhalten

Die Prüfung polizeilicher Primärmaßnahmen in der Klausur folgt fast immer einem einheitlichen Aufbauschema. Dabei existieren **zwei Varianten** dieses Schemas, unter denen Sie die **freie Wahl** haben und die daher im Folgenden dargestellt werden: 211

A. Der bayerische Aufbau

Der bayerische Aufbau der polizeilichen Primärmaßnahme folgt weitgehend dem Gesetz und führt zu folgendem Prüfungsschema: 212

Prüfungsschema 3: Die polizeiliche Primärmaßnahme – bayerischer Aufbau (Überblick) 213

1. Handeln der Polizei im eingeschränkt institutionellem Sinne, Art. 1 PAG

2. Zuständigkeit, Art. 3 Abs. 1 POG
- a. örtliche Allzuständigkeit, Art. 3 Abs. 1 POG
- b. sachliche Allzuständigkeit, Art. 3 Abs. 1 POG i. V. m. Art. 2 PAG

3. Aufgabeneröffnung, Art. 2 PAG
- a. Art. 2 Abs. 4 PAG i. V. m. Spezialgesetzen
- b. Art. 2 Abs. 3 PAG i. V. m. Art. 67–69 PAG – Vollzugshilfe
- c. Art. 2 Abs. 2 PAG
- d. Art. 2 Abs. 1 PAG

4. Art. 3 PAG – Subsidiarität zu sonstigen Sicherheitsbehörden

5. Befugnisnorm (nur bei Grundrechtseingriffen, Art. 20 Abs. 3 GG, Art. 3 Abs. 1 BV)
- a. Art. 11 Abs. 4 PAG i. V. m. Spezialgesetzen
- b. Art. 11 Abs. 1 2. Hs. i. V. m. Art. 12–65 PAG – Standardbefugnisse

c. Art. 11 Abs. 1 1. Hs., Abs. 2 Nr. 1–3 PAG – Generalklausel mit Voraustatbeständen
d. Art. 11 Abs. 1, Abs. 3 PAG – Generalklausel

6. Maßnahmerichtung (Störerauswahl)
a. Spezialregelungen in den Standardbefugnissen, z.B. Art. 16 Abs. 1 Satz 1 PAG
b. Allgemeine Regelungen
aa. Handlungsstörer, Art. 7 PAG
bb. Zustandsstörer, Art. 8 PAG
cc. Nichtstörer, Art. 10 PAG
c. Ermessensausübung in der Störerauswahl

7. polizeiliche Handlungsgrundsätze
a. Grundsatz der Verhältnismäßigkeit, Art. 4 PAG
aa. mildestes Mittel, Art. 4 Abs. 1 PAG
bb. Zweck-Mittel-Relation, Art. 4 Abs. 2 PAG
cc. (zeitliches) Übermaßverbot, Art. 4 Abs. 3 PAG
b. Ermessensausübung, Art. 5 PAG
aa. Entschließungsermessen, „ob“
bb. Auswahlermessen, „wie“

214 Der Vorteil dieses bayerischen Aufbaus besteht darin, dass er weitgehend dem Aufbau des PAG folgt und daher einfacher zu merken ist. Sein Nachteil besteht jedoch darin, dass er vom üblichen Prüfungsschema eines Verwaltungsaktes, wie es aus dem Allgemeinen Verwaltungsrecht bekannt ist, abweicht.

B. Der klassische Aufbau

215 Der klassische Aufbau einer polizeilichen Primärmaßnahme folgt dem klassischen Prüfungsschema für einen Verwaltungsakt:

216 **Prüfungsschema 4: Die polizeiliche Primärmaßnahme – klassischer Aufbau (Überblick)**

I. Rechtsgrundlage – Befugnisnorm (nur bei Grundrechtseingriffen, Art. 20 Abs. 3 GG, Art. 3 Abs. 1 BV)
1. Art. 11 Abs. 4 PAG i.V.m. Spezialgesetzen
2. Art. 11 Abs. 1 2. Hs. i.V.m. Art. 12–65 PAG – Standardbefugnisse
3. Art. 11 Abs. 1 1. Hs., Abs. 2 Nr. 1–3 PAG – Generalklausel mit Voraustatbeständen
4. Art. 11 Abs. 1, Abs. 3 PAG – Generalklausel

II. formelle Rechtmäßigkeit
1. Zuständigkeit
a. sachliche Zuständigkeit
aa. Polizei im eingeschränkt institutionellem Sinne, Art. 1 PAG

bb. Aufgabeneröffnung, Art. 2 PAG
(1) Art. 2 Abs. 4 PAG i.V.m. Spezialgesetzen
(2) Art. 2 Abs. 3 PAG i.V.m. Art. 50–52 PAG – Vollzugshilfe
(3) Art. 2 Abs. 2 PAG
(4) Art. 2 Abs. 1 PAG
cc. Art. 3 PAG – Subsidiarität zu sonst. Sicherheitsbehörden
b. örtliche Zuständigkeit, Art. 3 Abs. 1 POG

2. Verfahren
beachte Art. 28 Abs. 2 Nr.1 BayVwVfG; meist unproblematisch

3. Form
nur bei schriftlichen Verwaltungsakten ist eine Begründung erforderlich, Art. 39 Abs. 1 BayVwVfG; meist unproblematisch

III. materielle Rechtmäßigkeit
1. Subsumtion unter die Rechtsgrundlage
2. Maßnahmerichtung (Störerauswahl)
a. Spezialregelungen in den Standardbefugnissen, z.B. Art. 16 Abs. 1 Satz 1 PAG
b. Allgemeine Regelungen
aa. Handlungsstörer, Art. 7 PAG
bb. Zustandsstörer, Art. 8 PAG
cc. Nichtstörer, Art. 10 PAG
c. Ermessensausübung in der Störerauswahl

3. polizeiliche Handlungsgrundsätze
a. Grundsatz der Verhältnismäßigkeit, Art. 4 PAG
aa. mildestes Mittel, Art. 4 Abs. 1 PAG
bb. Zweck-Mittel-Relation, Art. 4 Abs. 2 PAG
cc. (zeitliches) Übermaßverbot, Art. 4 Abs. 3 PAG
b. Ermessensausübung, Art. 5 PAG
aa. Entschließungsermessen, „ob"
bb. Auswahlermessen, „wie"

Dieser Aufbau hat den Vorteil, dass er an bestehende Kenntnisse aus dem Allgemeinen Verwaltungsrecht anknüpft und sich daher in die allgemeine Dogmatik einfügt. 217

C. Stellungnahme

Beim Vergleich erkennen Sie, dass die Schemata zu einem inhaltlich identischen Ergebnis führen. Die beiden Varianten differieren vielmehr nur in der Logik des Aufbaus. Besteht der Vorteil der ersten Variante darin, dass sie sich am PAG orientiert, ist der Vorteil der zweiten Version, dass sie in völliger Übereinstimmung mit der ansonsten herrschenden Verwaltungsrechtsdogmatik steht. Ferner ermöglicht sie eine klarere Unterscheidung zwischen den Elementen der formellen und der materiellen Rechtmäßigkeit. 218

Klausurhinweis:

Da beide Varianten zum selben Ergebnis führen, können Sie sich in der Klausur für jedes Aufbauschema entscheiden. Diese Entscheidung bedarf in der Klausur auch keinerlei Begründung. Verfehlt wäre es daher, wenn Sie in der Klausur in die Diskussion um die Vor- und Nachteile der Schemata einsteigen und erklären würden, weshalb sie den ein oder anderen Prüfungsaufbau gewählt haben. So gilt auch hier, was bei allen anderen Klausurkonstellationen gilt: Aufbaufragen werden nicht diskutiert oder kommentiert, sondern ergeben sich aus dem gewählten Aufbau von selbst.
Wichtig ist dabei nur, dass sie die einmal getroffene Entscheidung dann auch konsequent durchhalten, also jede Primärmaßnahme dann nach demselben, von Ihnen gewählten Schema durchprüfen.

9. Kapitel. Formelle Rechtmäßigkeitsvoraussetzungen polizeilichen Handelns

Zusammenfassung

1. Bei der sachlichen Zuständigkeit ist zu prüfen, ob die **Polizei im eingeschränkt institutionellem Sinne** (Art. 1 PAG) im Rahmen ihres Aufgabenbereichs nach Art. 2 PAG gehandelt hat.
2. Ferner darf keine Subsidiarität zum Handeln anderer Sicherheitsbehörden vorliegen, Art. 3 PAG. Das heißt: Das Handeln der Polizei ist nur rechtmäßig, wenn die Gefahrenabwehr durch eine andere Behörde nicht oder nicht rechtzeitig möglich erscheint.
3. Die örtliche und sachliche Zuständigkeit ergibt sich aus Art. 3 Abs. 1 POG, Art. 2 PAG, sog. **Prinzip der örtlichen und sachlichen Allzuständigkeit** des Beamten der Bayerischen Polizei.
4. Eine Anhörung als Verfahrensvoraussetzung ist regelmäßig entbehrlich, Art. 28 Abs. 2 Nr. 1 BayVwVfG.
5. Da polizeiliche Maßnahmen in der Regel nicht schriftlich oder elektronisch ergehen, ist auch eine Begündung nicht erforderlich, vgl. Art. 39 Abs. 1 Satz 1 BayVwVfG.

219 In formeller Hinsicht unterscheiden sich die Rechtmäßigkeitsvoraussetzungen für polizeiliches Handeln nicht prinzipiell vom allgemeinen Verwaltungsrecht,[1] so dass ebenfalls grundsätzlich die Zuständigkeit, das Verfahren und die Form der Maßnahme zu prüfen sind. Allerdings ist zu beachten, dass wegen Art. 3 PAG regelmäßig von den Eilkompetenzen des Verwaltungsverfahrensrechts Gebrauch gemacht werden muss, was sich auf den Umfang der Prüfung in der Klausur auswirkt. Gleichzeitig bestehen mit den Art. 1 bis 3 PAG, Art. 3 POG besondere Zuständigkeitsvorschriften, die zu beachten sind. Im Einzelnen bedeutet dies:

[1] Grundsätzlich: Schmidbauer, in: ders./Steiner, Art. 12 POG Rn. 57ff.

A. Zuständigkeit

I. Sachliche Zuständigkeit

1. Polizei im eingeschränkt institutionellem Sinne, Art. 1 PAG

Im Rahmen der sachlichen Zuständigkeit ist zu fragen, ob ein **Polizeivollzugsbeamter**, also die Polizei im eingeschränkt institutionellem Sinne, Art. 1 PAG, gehandelt hat. Ist dies nicht der Fall, besteht keine sachliche Zuständigkeit nach dem PAG, da dieses nicht anwendbar ist. 220

Da nach dem PAG keine Zuständigkeit für den Erlass von Rechtsnormen z.B. in Gestalt von Rechtsverordnungen verliehen wird, ist jedenfalls dann, wenn es sich nicht um eine Einzelmaßnahme handelt, das PAG nicht anwendbar. Auch in diesem Fall ist an die Anwendbarkeit eines anderen Sicherheitsgesetzes zu denken. 221

Klausurhinweis:

Ist in der Klausur das PAG nicht einschlägig, da kein Polizist im eingeschränkt institutionellem Sinne gehandelt hat, sollten Sie daran denken, dass ein Handeln einer Sicherheitsbehörde nach dem LStVG in Betracht zu ziehen ist. Das LStVG wäre dann in der Klausur zu prüfen.

2. Eröffnung des Aufgabenbereichs, Art. 2 PAG

Ebenso muss die Aufgabe der Polizei nach Art. 2 PAG eröffnet sein.[2] Dabei ist Art. 2 Abs. 4 PAG i.V.m. Spezialgesetzen vorrangig zu prüfen, ehe die Aufgabeneröffnung nach Art. 2 Abs. 3 PAG i.V.m. Art. 67 bis 69 PAG für die Vollzugshilfe und anschließend diejenige zum Schutz privater Rechte nach Art. 2 Abs. 2 PAG und zum Schluss diejenige zur Abwehr von Gefahren für die öffentliche Sicherheit und Ordnung nach Art. 2 Abs. 1 PAG in Betracht kommt. Die letzte Vorschrift verlangt das Vorliegen einer konkreten oder abstrakten Gefahr für die öffentliche Sicherheit oder Ordnung. 222

3. Subsidiarität, Art. 3 PAG

Gem. Art. 3 PAG ist erforderlich für die Zuständigkeit der Polizei, dass die Abwehr der Gefahr durch eine andere Behörde nicht oder nicht rechtzeitig möglich erscheint, womit der Grundsatz der **Unaufschiebbarkeit** polizeilichen Handelns normiert ist. 223

II. Örtliche Zuständigkeit, Art. 3 Abs. 1 POG

Im Rahmen der örtlichen Zuständigkeit ist Art. 3 Abs. 1 POG zu beachten. Dieser regelt, dass jeder Polizeivollzugsbeamte in ganz Bayern zuständig ist, sog. **Prinzip der örtlichen Allzuständigkeit**. 224

---

[2] Dazu ausführlich Kapitel 10.

Klausurhinweis:

Aus Art. 3 Abs. 1 POG i. V. m. Art. 2 PAG ergibt sich der Grundsatz der **örtlichen und sachlichen Allzuständigkeit** der Bayerischen Polizei, nach dem jeder Polizeivollzugsbeamte für jede polizeiliche Aufgabe überall in Bayern zuständig ist.

B. Verfahren

225 Grundsätzlich gilt auch hier das Erfordernis der Anhörung vor dem Erlass eines belastenden Verwaltungsaktes, Art. 28 Abs. 1 BayVwVfG. Gerade im Polizeirecht ist jedoch zu beachten, dass von diesem Grundsatz dann eine Ausnahme gemacht wird, wenn Gefahr im Verzug ist, Art. 28 Abs. 2 Nr. 1 BayVwVfG. Dies ist dann der Fall, wenn durch die Anhörung selbst bei der Setzung einer äußerst kurzen Frist ein Zeitverlust in einem Umfang entsteht, dass die zur Gefahrenabwehr gebotene Maßnahme mit hoher Wahrscheinlichkeit nicht mehr rechtzeitig ergriffen werden könnte und so ihr Ziel verfehlen würde oder ihren Zweck nur noch eingeschränkt erreichen könnte.[3] Dies ist bei polizeilichen Gefahrenabwehrmaßnahmen regelmäßig der Fall.

Im Übrigen gelten die sonstigen Verfahrensvorschriften, z.B. Art. 20, 21 BayVwVfG.

C. Form

226 Art. 39 Abs. 1 Satz 1 BayVwVfG fordert eine schriftliche Begründung für den Fall, dass der Verwaltungsakt schriftlich oder elektronisch ergeht. Da die meisten polizeilichen Maßnahmen nicht schriftlich und auch nicht elektronisch ergehen, ist daher in diesen Fällen auch kein Begründungserfordernis gegeben.

Ein mündlicher Verwaltungsakt ist jedoch auf Verlangen schriftlich zu bestätigen, Art. 37 Abs. 2 Satz 2 BayVwVfG.

227 Es ergibt sich daher für die formelle Rechtmäßigkeit folgendes Prüfungsschema:

Prüfungsschema 5: Die polizeiliche Primärmaßnahme – formelle Rechtmäßigkeit

1. Zuständigkeit
- **a. sachliche Zuständigkeit**
  - aa. Polizei im eingeschränkt institutionellem Sinne, Art. 1 PAG
  - bb. Aufgabeneröffnung, Art. 2 PAG
  - cc. Art. 3 PAG – Subsidiarität zu sonst. Sicherheitsbehörden
- **b. örtliche Zuständigkeit, Art. 3 Abs. 1 POG**

---

[3] BVerwGE 68, 271; 45, 57.

2. **Verfahren**
Beachte Art. 28 Abs. 2 Nr. 1 BayVwVfG bei Gefahr im Verzug, was wegen Art. 3 PAG regelmäßig der Fall ist. In der Klausurprüfung ist dieser Punkt daher meist unproblematisch und kann ggf. entfallen.

3. **Form**
Nur bei schriftlichen oder elektronisch ergangenen Verwaltungsakten ist eine Begründung erforderlich, Art. 39 Abs. 1 BayVwVfG. Wegen Art. 3 PAG ergehen die meisten Verwaltungsakte der Polizei aber weder schriftlich noch elektronisch. In der Klausurprüfung ist auch dieser Punkt daher meist unproblematisch und kann ggf. entfallen.

10. Kapitel. Polizeiliche Aufgaben, Art. 2, 3 PAG

Zusammenfassung

1. **Art. 2 PAG** ist eine **sachliche Zuständigkeitsnorm**, welche durch Art. 3 Abs. 1 POG in örtlicher Hinsicht durch das Prinzip der Allzuständigkeit ergänzt wird.
2. Art. 2 PAG ist damit Bestandteil der formellen Rechtmäßigkeit und **berechtigt nicht zu** einem **Rechtseingriff**. Hierzu ist eine Befugnisnorm nötig. Daher ist auch der **Schluss von der Aufgabe auf die Befugnis verboten**.
3. Die Eröffnung der Aufgaben in Art. 2 **Abs. 4 und Abs. 3** PAG **gehen** derjenigen nach **Abs. 1 vor**. Art. 2 **Abs. 2** PAG enthält **keine eigene** Aufgabeneröffnung, sondern ordnet im Hinblick auf den nach Abs. 1 erfolgenden Individualrechtsgüterschutz dessen Subsidiarität durch weitere Voraussetzungen an.
4. Die Aufgabeneröffnung über Art. 2 **Abs. 4** PAG i. V. m. Spezialgesetzen erfasst sowohl den präventiven als auch den repressiven Bereich.
5. Die **Abgrenzung** zwischen **repressiven und präventiven Maßnahmen** ist wichtig für die Aufgabeneröffnung, die Befugnisnorm, das Bestehen von Ermessensspielräumen sowie für den Rechtsweg.
6. Die Abgrenzung von **doppelfunktionalen Maßnahmen** erfolgt nach der bisher h. M. aufgrund des Schwerpunkts der Maßnahme, sog. **Schwerpunkttheorie**. Dabei ist ein Haftbefehl ein Indiz für repressives Handeln. Nach der neueren Rspr. des BGH können jedoch repressive und präventive Maßnahmen nebeneinander vorliegen.
7. Die Aufgabe zur **Strafverfolgung** ist dabei über **§§ 161, 163 StPO** i. V. m. Art. 2 Abs. 4 PAG eröffnet.
8. Aufgabe der Polizei ist nach Art. 2 **Abs. 3** PAG auch, anderen Behörden und Gerichten auf deren Ersuchen hin **Vollzugshilfe** in Form unmittelbaren Zwangs zu leisten.
9. Art. 2 **Abs. 1** PAG weist der Polizei die Aufgabe der Gefahrenabwehr als deren Kernbereich zu, sofern eine **„allgemeine Gefahr"** vorliegt. Im Unterschied zur abstrakten Gefahr liegt diese bereits dann vor, wenn aus einer Sachlage nach allgemeiner Lebenserfahrung konkrete Gefahren im Einzelfall

entstehen können. Da keine hinreichende Wahrscheinlichkeit erforderlich ist, ist die allgemeine Gefahr mit der allgemeinen Gefahr des Lebens gleichzusetzen und regelmäßig gegeben.

10. Zweck von Art. 2 Abs. 1 PAG ist daher allein die **Abgrenzung polizeilichen Handelns mit präventiver Zielsetzung** von anderem, z.B. repressivem Handeln.
11. Die Subsidiarität polizeilichen Handelns nach **Art. 3 PAG** bezieht sich **nur auf** die Aufgabeneröffnung nach **Art. 2 Abs. 1 PAG**.
12. Sowohl die Eröffnung der Aufgabe nach Art. 2 PAG als auch diejenige der Subsidiarität nach Art. 3 PAG ist aus Sicht eines verständigen Durchschnittsbeamten ***ex ante et ex situatione*** festzustellen.
13. **Fehleinschätzungen wirken sich** dann **nicht** negativ **aus, sofern sie** auf einer vernünftigen und verständigen Würdigung aller Umstände beruhen, mithin **nicht vorwerfbar sind**. Vorwerfbare Fehleinschätzungen lassen dagegen die Handlungskompetenz der Polizei entfallen.

A. Die Funktion der polizeilichen Aufgabeneröffnung

I. Aufgabeneröffnung als sachliche Zuständigkeitsnorm

228 Art. 2 PAG definiert und weist der Polizei ihre Aufgaben in allgemeiner Form zu. Insoweit enthält Art. 2 PAG eine **sachliche Zuständigkeitsnorm**, welche durch Art. 3 Abs. 1 POG in örtlicher Hinsicht durch das Prinzip der Allzuständigkeit, nach dem jeder Beamte der bayerischen Polizei für das gesamte Staatsgebiet zuständig ist, ergänzt wird.

229 Die Eröffnung der Aufgabe und das Handeln der Polizei innerhalb dieses Aufgabenbereichs sind daher Voraussetzung für die **(formelle) Rechtmäßigkeit** polizeilicher Maßnahmen. Handelt die Polizei, ohne dass ihre Aufgaben eröffnet sind, oder überschreitet sie den ihr zugewiesenen Aufgabenbereich, ist die polizeiliche Maßnahme rechtswidrig.[1] Dabei ist unerheblich, ob das polizeiliche Handeln eigeninitiativ oder auf Weisung oder Bitten hin erfolgt oder ob es sich um eine Amts- oder Vollzugshilfe handelt.

230 Dabei ist auch **unerheblich, ob** durch die Maßnahmen **in Rechte eingegriffen wird** oder nicht, da in beiden Fällen die Aufgabeneröffnung gegeben sein muss. Der Aspekt des Rechtseingriffs wird dagegen relevant für die Frage nach dem Vorliegen einer ausreichenden Befugnisnorm.

II. Verhältnis von Aufgabeneröffnung und Befugnisnorm

231 Das Erfordernis einer Rechtsgrundlage für belastende Maßnahmen sowie die **Trennung von Aufgabe und Befugnis** sind Folge des liberalen Polizeibegriffs und Errungenschaften des 19. Jahrhunderts, wie sie insbesondere seit dem Kreuzberg-Urteil des PrOVG[2] anerkannt sind. Diese Trennung wird auch im PAG mit Art. 2 PAG einerseits und den Art. 11ff. PAG andererseits streng durchgehalten.

---

[1] Schmidbauer, in: ders./Steiner, Art. 2 PAG Rn. 1.
[2] Dazu Rn. 13ff.

Da die Aufgabeneröffnung die Zuweisung einer Zuständigkeit enthält und daher einen Aspekt der **formellen Rechtmäßigkeit** polizeilichen Handelns zum Gegenstand hat, trifft sie keine Aussagen über die konkrete Erfüllung dieser Aufgabe und die Frage, welche konkreten Maßnahmen die Polizei im Einzelfall ergreifen darf, um die Aufgabe zu erfüllen. Daher ist für die Aufgabeneröffnung unerheblich, ob die Maßnahme in Rechte eingreift oder nicht. Für nicht in Rechte eingreifende Maßnahmen ist daher die Eröffnung der Aufgaben erforderlich, aber auch ausreichend. 232

Wird durch die zur Aufgabenerfüllung ergriffenen Maßnahmen dagegen **in Rechte Dritter eingegriffen**, ist aufgrund des dem Rechtsstaatprinzip zu entnehmenden Grundsatzes des Vorbehalts des Gesetzes, Art. 20 Abs. 3 GG, Art. 3 Abs. 1 BV, immer zusätzlich zur Aufgabeneröffnung eine Rechtsgrundlage bzw. **Befugnisnorm** erforderlich, welche die Voraussetzungen, die Intensität und den Umfang des Rechtseingriffs normiert.[3] 233

Beispielfall 4[4] 234

POM Huber und PM Meier verteilen am Hauptbahnhof Broschüren, in denen über Sekten aufgeklärt wird. Gleichzeitig sprechen sie eine Gruppe Jugendlicher an, die sich im Eingangsbereich der ebenfalls am Hauptbahnhof befindlichen Niederlassung der Scientology-Bewegung aufhält, und legen dieser nahe, sich vor dieser Sekte in Acht zu nehmen und möglichst den Bereich der Niederlassung zu meiden.
Sind für die polizeilichen Maßnahmen Befugnisnormen erforderlich?

Lösung

Befugnisnormen sind dann erforderlich, wenn in subjektive Rechte eingegriffen wird, Art. 20 Abs. 3 GG, Art. 3 Abs. 1 BV. Die polizeilichen Maßnahmen sind die Verteilung der Broschüre sowie die Warnung der Jugendlichen. Beide Maßnahmen stellen Realakte dar, durch die Informationen gegeben werden.

1. Eine bloße Informationsgabe erfordert mangels Eingriffscharakter keine Befugnisnorm. Da die Verteilung der Broschüre allgemein gegen Sekten gerichtet ist, kommt ihr keine grundrechtsrelevante Wirkung zu. Für das polizeiliche Tätigwerden ist daher keine Befugnisnorm nötig. Ausreichend ist vielmehr die allgemeine Aufgabeneröffnung nach Art. 2 Abs. 1 PAG.
2. Etwas anderes gilt dann, wenn durch die Informationsgabe ein bestimmter Lenkungszweck intendiert ist, mithin ein bestimmtes Verhalten des Informationsadressaten bezweckt wird. Durch die Warnung der Jugendlichen vor der Scientology-Bewegung besteht eine zumindest mittelbare Grundrechtswirkung gegenüber dieser, so dass die Maßnahme zusätzlich zur Aufgabeneröffnung auch von einer Befugnisnorm gedeckt sein muss.[5]

Vorfeldmaßnahmen wie Datensammlungen etc. haben i.d.R. Eingriffscharakter und erfordern dementsprechend eine Befugnisnorm, die den Anforderungen der Normenklarheit und Verhältnismäßigkeit genügt. 235

---

[3] Schmidbauer, in: ders./Steiner, Art. 2 PAG Rn. 4f.; Holzner, in: BeckOK, PAG, Art. 2 Rn. 20.
[4] Zu dieser Problematik siehe auch die Ausführungen zur Gefährderansprache, Rn. 463ff.
[5] Zu Warnungen der Bundesregierung die viel kritisierte Entscheidung BVerfGE 105, 279, 303ff. – Osho.

236 So wird der **Unterschied zwischen Aufgabeneröffnung und Befugnisnorm** deutlich: Handelt es sich bei der Aufgabenerfüllung nach Art. 2 PAG um eine Zuständigkeitsnorm, die nicht zu Rechtseingriffen berechtigt, ist eine Befugnisnorm als Rechtsgrundlage Voraussetzung für die belastenden Maßnahmen der Polizei. Letztere umschreibt daher konkret, welche Maßnahmen getroffen werden können.

237 Daher ist der **Schluss von der Aufgabe auf die Befugnis unzulässig**, da die Aufgabeneröffnung aufgrund ihrer Unbestimmtheit im Hinblick auf die Anordnung von Maßnahmen (*„Gefahren […] abzuwehren"*) nicht zu einem konkreten Rechtseingriff legitimiert. Umgekehrt impliziert jede Befugnisnorm immer auch die Eröffnung der Aufgabe für den von der Befugnisnorm gedeckten Rechtseingriff. Der Schluss von der Befugnisnorm auf die Aufgabeneröffnung ist daher zulässig.

238 **Beispielfall 5**

Die Polizei soll Druckwerke mit strafbarem Inhalt beschlagnahmen.
Ist die Aufgabe hierzu eröffnet?

Lösung

1. Druckwerke unterfallen aufgrund ihres erhöhten Schutzes über Art. 5 Abs. 1 GG, Art. 111 BV dem speziellen Sicherheitsrecht in Form des bayerischen Pressegesetzes (BayPresseG). Daher könnte die Aufgabe nach Art. 2 Abs. 4 PAG i. V. m. dem BayPresseG eröffnet sein.
2. Im BayPresseG findet sich jedoch keine Aufgabeneröffnungsnorm für die Polizei.
3. Allerdings ist die Polizei nach Art. 15 Abs. 2 Satz 1 BayPresseG berechtigt, Druckwerke strafbaren Inhalts vorläufig zu beschlagnahmen. Zwar handelt es sich hierbei um eine Befugnisnorm, jedoch kann aufgrund dieser auch auf die Zuständigkeit der Polizei für die Beschlagnahme und damit auf die Aufgabeneröffnung rückgeschlossen werden. Die Aufgabe der Polizei ist damit nach Art. 2 Abs. 4 PAG i. V. m. Art. 15 Abs. 2 Satz 1 BayPresseG für die Beschlagnahme eröffnet.

B. Zur Systematik von Art. 2 und 3 PAG

239 **Art. 2 Abs. 1 PAG** definiert die **Abwehr von Gefahren** für die öffentliche Sicherheit oder Ordnung als originären Aufgabenbereich der Polizei, während **Art. 2 Abs. 2 PAG** eine Einschränkung dieses Aufgabenbereichs im Hinblick auf den subsidiären **Schutz von privaten Rechten** unter den dort angeführten Voraussetzungen enthält. Weiter besteht die Aufgabe der Polizei, anderen Behörden und Gerichten auf deren Ersuchen hin **Vollzugshilfe** zu leisten, **Art. 2 Abs. 3 PAG**.

240 **Art. 2 Abs. 4 PAG** enthält eine **Öffnungsklausel**, nach der die Polizei auch diejenigen Aufgaben zu erfüllen hat, die ihr durch andere Rechtsvorschriften zugewiesen sind. Besondere Relevanz kommt insoweit den repressiven Aufgaben zu, welche die Polizei aufgrund ihrer Doppelfunktionalität im Rahmen der Strafverfolgung und der Ahndung von Ordnungswidrigkeiten zu erfüllen hat.[6]

---

[6] Dazu Rn. 252ff.

Zu beachten ist dabei, dass die Aufgabeneröffnung durch speziellere Rechtsnormen über Art. 2 Abs. 4 PAG den anderen Tatbeständen vorgeht. Auch ist nicht auf die allgemeine Aufgabenzuweisung der Gefahrenabwehr nach Art. 2 Abs. 1 PAG abzustellen, wenn die Aufgabe der Polizei bereits durch ein Vollzugshilfegesuch eröffnet ist, Art. 2 Abs. 3 PAG, wie auch der Schutz privater Rechte Einschränkungen unterliegt, Art. 2 Abs. 2 PAG, die nicht in Art. 2 Abs. 1 PAG genannt sind. **241**

Die Aufgabeneröffnung nach Art. 2 PAG ist immer im Zusammenhang mit dem in **Art. 3 PAG** normierten **Grundsatz der Subsidiarität** polizeilichen Handelns zu sehen. Hiernach wird die Polizei nur dann tätig, wenn eine andere (Sicherheits-)Behörde nicht oder nicht rechtzeitig die Gefahr abwenden kann. **242**

Der Grundsatz der Subsidiarität gilt allerdings **nur für** die von **Art. 2 Abs. 1 PAG** zugewiesenen Aufgaben. Dies ergibt sich bereits daraus, dass die spezialgesetzliche Aufgabenzuweisung über Art. 2 Abs. 4 PAG auch gegenüber Art. 3 PAG vorrangig ist und damit die allgemeinere Norm des Art. 3 PAG verdrängt. Ebenfalls impliziert die Anforderung von Vollzugshilfe i. S. v. Art. 2 Abs. 3 PAG die Erforderlichkeit polizeilichen Handelns i. S. v. Art. 3 PAG. **243**

Art. 2 Abs. 2 PAG enthält dagegen nach hier vertretener Auffassung eine Konkretisierung der Anforderungen an den Schutz privater Rechte nach Art. 2 Abs. 1 PAG in Form von Subsidiaritätsanforderungen, indem er normiert, dass die Polizei nur dann tätig wird, wenn gerichtlicher Schutz nicht rechtzeitig zu erlangen ist oder andernfalls die Verwirklichung des Rechts vereitelt oder wesentlich erschwert wird. Es handelt sich bei ihm daher nicht um eine eigene Aufgabeneröffnung, sondern eine Konkretisierung von Art. 2 Abs. 1 PAG. Aber auch hierfür besteht aufgrund der Subsidiaritätsanforderungen für die Anwendung von Art. 3 PAG kein Bedürfnis mehr. **244**

Diese Auffassung wird nunmehr durch die Gesetzesänderung im Rahmen des PAG-Neuordnungsgesetzes gestützt, nach der durch den Wortlaut *„Im Rahmen ihrer Aufgaben nach Abs. 1"* klargestellt wird, dass die Polizei private Rechte nur im Rahmen der Gefahrenabwehr nach Art. 2 Abs. 1 PAG schützt und nicht losgelöst hiervon ist.[7] **245**

Für die **Klausur** ergibt sich daher folgendes Prüfungsschema: **246**

Prüfungsschema 6: Die polizeiliche Aufgabeneröffnung, Art. 2 PAG

1. Art. 2 Abs. 4 PAG i. V. m. Spezialgesetzen
2. Art. 2 Abs. 3 PAG i. V. m. Art. 67–69 PAG – Vollzugshilfe
3. Art. 2 Abs. 1 PAG
4. Art. 2 Abs. 2 PAG
5. Im Falle des Art. 2 Abs. 1 PAG: Art. 3 PAG – Subsidiarität
6. Im Falle des Art. 3 PAG: ggf. Art. 9 Abs. 2 POG – Weisung einer Sicherheitsbehörde.

C. Die Aufgabeneröffnung nach Art. 2 PAG

I. Aufgabeneröffnung durch Spezialgesetze, Art. 2 Abs. 4 PAG

Nach Art. 2 Abs. 4 PAG hat die Polizei auch die Aufgaben zu erfüllen, die ihr durch andere Rechtsvorschriften übertragen sind. **247**

---

[7] Gesetzentwurf zur Neuordnung des bayerischen Polizeirechts (PAG-Neuordnungsgesetz) vom 30.1.2018, LT.-Drs. 17/20425, S. 40.

248 **Rechtsvorschriften** können sowohl formelle Gesetze als auch Rechtsverordnungen sein. Eine Rechtsverordnung muß freilich den Voraussetzungen des Art. 80 Abs. 1 S. 2 GG genügen. Es kann sich sowohl um Bundes- als auch um Landesregelungen sowie um europäische Rechtsvorschriften handeln. Eine Aufgabenübertragung an die Polizei durch eine autonome Satzung beispielsweise einer Kommune oder einer sonstigen Selbstverwaltungskörperschaft ist hingegen nur dann zulässig, wenn sich die Satzung ihrerseits auf eine hinreichend bestimmte gesetzliche Ermächtigungsgrundlage stützen kann.

249 Dabei ist diese Aufgabenzuweisung nicht auf **präventive** Maßnahmen beschränkt, sondern umfasst auch die Aufgabeneröffnung im **repressiven** Bereich.

250 Diese Aufgaben stehen selbstständig neben denjenigen, die der Polizei nach Art. 2 Abs. 1 PAG zugewiesen sind. Die übertragene Aufgabe ergibt sich dabei bereits unmittelbar aus der jeweiligen Rechtsvorschrift selbst, nicht dagegen aus Abs. 4. Dabei ist ausreichend, dass die Rechtsvorschriften Befugnisse der Polizei normieren, da von diesen auf die Eröffnung auch der mit diesen Befugnissen verfolgten Aufgaben geschlossen werden kann.[8]

251 Bei einer **Aufgabenkollision** entscheidet die Polizei nach pflichtgemäßem Ermessen, welche Aufgabe von ihr vorrangig zu erfüllen ist. Kein Ermessensspielraum der Polizei im Hinblick auf die Frage, welche Aufgabe zu erfüllen ist, besteht dagegen dann, wenn eines der bedrohten Rechtsgüter gegenüber dem anderen höherwertig ist. Sind beide Rechtsgüter dagegen annähernd gleichwertig, ist dem Schutz eines der Rechtsgüter Vorrang einzuräumen und demjenigen des anderen Rechtsguts dann nachzukommen, sobald es die Lage und die polizeilichen Kapazitäten gestatten.

Besondere Bedeutung erlangt diese Konstellation bei einer Kollision von präventiven mit repressiven polizeilichen Aufgaben. Da es **keinen generellen Vorrang der Repression vor der Prävention** gibt, hat in diesen Fällen die Polizei eine Abwägung anzustellen.

1. Aufgabeneröffnung im repressiven Bereich

252 Aufgrund der **Doppelfunktionalität** der Polizei zählt neben der Prävention auch die Repression zu ihren Hauptaufgaben. Die Polizei hat daher Straftaten sowie Ordnungswidrigkeiten zu verfolgen und aufzuklären und entweder selbst zu ahnden (bei Ordnungswidrigkeiten) oder das Ermittlungsergebnis der Staatsanwaltschaft zu übermitteln.

a. Aufgabe der Strafverfolgung

253 Zur Verfolgung von Straftaten besteht eine Aufgabeneröffnung über die **§§ 161, 163 StPO** i. V. m. Art. 2 Abs. 4 PAG.

254 **Beispielfall 6**

Die Polizei nimmt die Personalien von zwei Bankräubern auf.
Ist die Aufgabe der Polizei hierzu eröffnet?

Lösung

Bei der Maßnahme handelt es sich um eine repressive Maßnahme, da sie der Strafverfolgung dient. Die Aufgabe der Polizei ist daher nach Art. 2 Abs. 4 PAG i. V. m. § 163 StPO eröffnet.

aa. Die Doppelfunktionalität der Polizei

255 Infolge der **Doppelfunktionalität** der Polizei treffen in den weitaus überwiegenden Fällen polizeilichen Handelns präventive und repressive Zielrichtungen ein und dersel-

---

[8] Vgl. z.B. Art. 15 Abs. 2 Satz 1 BayPressG und Beispielfall 5, Rn. 238.

ben Handlung aufeinander.[9] So kann z.B. eine Durchsuchung oder Beschlagnahme der Gefahrenabwehr wie auch der Strafverfolgung dienen. Die korrekte Einordnung einer solchen Maßnahme ist dabei nicht leicht, jedoch unerlässlich für folgende Beurteilungen:

So hängt, wie gesehen, die Frage, nach welcher Norm die Aufgabe der Polizei eröffnet ist, an dieser Einordnung, also ob Art. 2 Abs. 4 PAG i.V.m. z.B. § 163 StPO oder Art. 2 Abs. 1 PAG einschlägig ist. **256**

Gleichfalls ist die Einordnung für die Wahl der richtigen Befugnisnorm relevant.[10] **257**

Und auch auf die Ermessensausübung im Hinblick auf das Tätigwerden der Polizei zeitigt die Einordnung Auswirkungen. **258**

So gilt im Recht der Gefahrenabwehr grundsätzlich das **Opportunitätsprinzip**, so dass der Polizei ein Entschließungsermessen bzgl. der Frage, ob sie überhaupt zur Gefahrenabwehr tätig wird, zukommt. Dieses ist nur bei gewichtigen Rechtsgütern wie Leben oder körperlicher Unversehrtheit auf Null reduziert und verdichtet sich damit zu einer Pflicht zum Einschreiten.[11] **259**

Dagegen herrscht bei der Strafverfolgung das **Legalitätsprinzip** vor, §§ 163 Abs. 1, 152 Abs. 2 StPO, nach dem Verfolgungszwang besteht. Die Polizei ist damit verpflichtet, beim Bestehen zureichender Anhaltspunkte für das Vorliegen einer Straftat einzuschreiten, den Straftäter zu verfolgen, die Straftat aufzuklären sowie das Ermittlungsergebnis unverzüglich an die Staatsanwaltschaft zu übersenden. **260**

Daneben ist die Einordnung noch für die **Gesetzgebungskompetenz** relevant, die für das Recht der Strafverfolgung als konkurrierende Gesetzgebungskompetenz beim Bund, Art. 74 Abs. 1 Nr. 1 GG, für die Gefahrenabwehr dagegen bei den Ländern liegt, Art. 30, 70 Abs. 1 GG. **261**

Insbesondere relevant wird die Frage, ob ein repressives oder präventives Handeln vorliegt, jedoch für die Eröffnung des richtigen **Rechtswegs**, da Maßnahmen zur Strafverfolgung **Justizverwaltungsakte** und nach **§ 23 Abs. 1 EGGVG** den ordentlichen Gerichten zugewiesen sind, während die präventiven polizeilichen Maßnahmen **Verwaltungsakte** oder Realakte darstellen, die grundsätzlich von den Verwaltungsgerichten überprüft werden, **§ 40 Abs. 1 VwGO**, Art. 12 Abs. 1 POG.[12] **262**

bb. Vorliegen mehrerer Maßnahmen, sog. Maßnahmenbündel

Die Behandlung und dogmatische Einordnung derartiger Gemengelagen ist noch nicht vollständig geklärt. Es empfiehlt sich jedoch folgendes Vorgehen:[13] **263**

Um eine Zuordnung vorzunehmen, ist bei Vorliegen mehrerer Maßnahmen, sog. **Maßnahmenbündel**, dieses in seine Bestandteile und die einzelnen Handlungen aufzuspalten. Diese Einzelmaßnahmen sind dann getrennt voneinander zu bewerten.

Beispielfall 7 **264**

Eine Gruppe von Hausbesetzern besetzt ein Haus in der Hoffnung, dadurch ihren politischen Forderungen zur Durchsetzung zu verhelfen. Der Eigentümer ruft die Polizei und stellt Strafantrag wegen Hausfriedensbruchs. Die Polizei kommt, trägt die Hausbesetzer aus dem Haus, nimmt anschließend die Personalien auf und vernimmt sie zu Person und Sache. Handelt die Polizei präventiv oder repressiv?

---

[9] Denninger, in: Lisken/Denninger, D 194; Schmidbauer, in: ders./Steiner, Art. 12 POG Rn. 9ff.
[10] Dazu Kapitel 3.
[11] Dazu Rn. 741ff.
[12] Denninger, in: Lisken/Denninger, D 194; Schmidbauer, in: ders./Steiner, Art. 12 POG Rn. 12.
[13] Dazu auch Rn. 2003ff.

Lösung

Bei den Maßnahmen gegen die Hausbesetzer handelt es sich um ein Maßnahmebündel, das in diesem Fall ohne weiteres in seine Bestandteile – Wegtragen, Aufnahme der Personalien, Vernehmung zu Person und Sache – aufgespalten werden kann, so dass die einzelnen Maßnahmen voneinander getrennt beurteilt werden können:

1. Das Wegtragen ist nicht erforderlich, um der Strafanzeige nachzukommen und den Hausfriedensbruch zu ahnden. Es erfolgt jedoch, um den Rechtsbruch durch den Hausfriedensbruch, der ein Dauerdelikt darstellt, und damit die Störung der öffentlichen Sicherheit zu beenden und wird daher mit präventiver Zielrichtung durchgeführt. Die Aufgabeneröffnung richtet sich daher nach Art. 2 Abs. 1 PAG.
2. Da die Aufnahme der Personalien nicht erforderlich ist, um die Störung der öffentlichen Sicherheit (Hausfriedensbruch) zu unterbinden, wird sie mit repressiver Zielrichtung durchgeführt, um dem gestellten Strafantrag nachzukommen. Die Aufgabe ist daher nach Art. 2 Abs. 4 PAG i. V. m. § 163 StPO eröffnet.
3. Gleiches gilt für die Vernehmung zu Person und Sache. Auch hierfür ist die Aufgabe nach Art. 2 Abs. 4 PAG i. V. m. § 163 StPO eröffnet.

cc. Die Schwerpunkttheorie

265 Ist eine Aufspaltung dagegen nicht möglich, so liegt eine **echte doppelfunktionale Maßnahme** vor.[14] Bei diesen ist nach der bisher h. M.[15] aus der Sicht eines verständigen Betrachters auf den Schwerpunkt der Maßnahme abzustellen, sog. **Schwerpunkttheorie**,[16] also darauf, was nach dem objektiven Gesamteindruck das Ziel der Maßnahme war. Ausschlaggebend ist also, ob sich die Maßnahme nach einem verobjektivierten Empfängerhorizont eines außenstehenden Dritten als eher präventiv oder repressiv ausgerichtet darstellt.[17]

266 **Beispielfall 8**

Polizist P ertappt den mit Haftbefehl gesuchten Taschendieb D auf frischer Tat in der Fußgängerzone und nimmt ihn in Gewahrsam.
Handelt es sich bei der Ingewahrsamnahme um eine präventive oder repressive Maßnahme?

Lösung

Da es sich bei der Ingewahrsamnahme um eine einzige Maßnahme handelt, liegt kein Maßnahmenbündel vor. Es ist daher darauf abzustellen, wie sich die Ingewahrsamnahme nach einem verobjektivierten Empfängerhorizont für einen außenstehenden Dritten darstellt.

[14] Denninger, in: Lisken/Denninger, D 194.
[15] Ausführlich und kritisch Schmidbauer, in: ders./Steiner, Art. 12 POG Rn. 9 ff.
[16] Knemeyer, Rn. 122; a. A. Schmidbauer, in: ders./Steiner, Art. 12 POG Rn. 16.
[17] Zum Ganzen Schmidbauer, in: ders./Steiner, Art. 12 POG Rn. 9 ff.

1. Für die Einordnung als Präventivmaßnahme spricht, dass D „auf frischer Tat" ertappt wird, was darauf hindeutet, dass weitere Diebstähle in der Fußgängerzone durch die Ingewahrsamnahme verhindert werden sollen.
2. Dieser Aspekt kann jedoch auch für eine repressive Zielrichtung fruchtbar gemacht werden, da D bereits die Schwelle zur versuchten Strafbegehung überschritten hat, die nach § 242 Abs. 2 StGB strafbewährt ist. Es kann sich bei der Ingewahrsamnahme daher auch um eine Strafverfolgungsmaßnahme handeln.

Ausschlaggebend für die Einordnung ist damit, dass D bereits mit Haftbefehl gesucht ist, also die Polizei den Auftrag hat, ihn der Strafverfolgung zuzuführen. Ein Haftbefehl ist daher grundsätzlich ein Indiz für repressives Handeln.
Im Ergebnis sprechen damit die besseren Gründe für eine Einordnung der Ingewahrsamnahme als strafverfolgende Tätigkeit, so dass die Aufgabe hierzu nach Art. 2 Abs. 4 PAG i. V. m. § 163 StPO eröffnet ist.

Die Meinungen hierzu sind vielfältig. Eine Abgrenzung danach, auf welche Rechtsgrundlage die Polizei ihre Maßnahme stützt, oder danach, auf welche Rechtsgrundlage die Maßnahme am ehesten gestützt werden kann, kann nicht überzeugen, da für den Bürger nicht ersichtlich ist, weshalb er Adressat der Maßnahme ist. Insbesondere die zweite Meinung ist für die Beurteilung des richtigen Rechtsweges irrelevant und würde dem Bürger vor der Wahl des Rechtsschutzes eine Rechtsprüfung abverlangen. Beide Meinungen führen daher zu Rechtsunsicherheit und sind abzulehnen. **267**
Wieder andere stellen auf die **Sicht des Polizeibeamten** vor seinem Einschreiten[18] **oder** auf den von ihm mit seiner Maßnahme **verfolgten und gewollten Zweck**[19] ab.[20]

Nach der neueren Rechtsprechung des BGH können repressive und präventive Maßnahmen nebeneinander vorliegen.[21] Der BGH stellt in seinem Urteil fest, dass es weder einen allgemeinen Vorrang der Strafprozessordnung gegenüber dem Gefahrenabwehrrecht gibt, noch einer umgekehrt besteht. So kann die Polizei auch während eines bereits laufenden Ermittlungsverfahrens aufgrund präventiver Ermächtigungsgrundlagen zum Zwecke der Gefahrenabwehr tätig werden. Ob auf präventivpolizeilicher Grundlage gewonnene Beweise im Strafverfahren verwendet werden dürfen, bestimmt sich nach § 161 Abs. 2 Satz 1 StPO. **268**

Weitere Konstellationen, in denen diese Abgrenzung relevant wird, sind: Abgrenzung des Haftgrunds der Wiederholungsgefahr nach § 112a StPO zum Unterbindungsgewahrsam nach Art. 17 Abs. 1 Nr. 2 und 3 PAG; Unterscheidung erkennungsdienstlicher Maßnahmen und die Aufbewahrung entsprechender Unterlagen nach § 81b 2. Alt. StPO von derjenigen nach Art. 14 Abs. 1 Nr. 2 PAG. **269**

Klausurhinweis:

Für die Einordnung doppelfunktionaler Maßnahmen ist daher grundsätzlich in **zwei Schritten** vorzugehen:
1. Schritt: Beim Vorliegen eines Maßnahmenbündels ist dieses in seine einzelnen Bestandteile aufzuspalten; die jeweiligen Einzelmaßnahmen sind dann getrennt voneinander einer rechtlichen Beurteilung zuzuführen.

---

[18] Knemeyer, Rn.122.
[19] Schenke, in: Steiner/Brinktrine § 2 Rn. 436.
[20] Zum Ganzen Schmidbauer, in: ders./Steiner, Art. 12 POG Rn. 9ff.
[21] BGH, Urt. v. 26.4.2017 – 2 StR 247/16.

2. Schritt: Ist eine solche Aufspaltung nicht möglich, ist nach der bisher h.M. entsprechend der Schwerpunkttheorie auf den verobjektivierten Empfängerhorizont abzustellen. Ein Haftbefehl ist dabei Indiz für das Vorliegen repressiven Handelns. Nach der neueren Rechtsprechung des BGH können repressive und präventive Maßnahmen jedoch nebeneinander vorliegen.[22]

b. Aufgabe der Verfolgung von Ordnungswidrigkeiten

270 Die Aufgabe der Verfolgung von Ordnungswidrigkeiten wird der Polizei nach § 53 Abs. 1 OWiG zugewiesen.

271 Dabei gilt nicht das Legalitätsprinzip, sondern das **Opportunitätsprinzip**, so dass die Verfolgung und Aufklärung von Ordnungswidrigkeiten im pflichtgemäßen Ermessen der Polizei liegt, §§ 47 Abs. 1, 53 Abs. 1 OWiG. Neben der Aufgabeneröffnung weist das OWiG der Polizei dieselben Befugnisse zu, die diese bei der Verfolgung von Straftaten hat, § 46 Abs. 2 OWiG. Ebenfalls ist die Polizei zuständig für Verwarnungen, § 57 Abs. 2 OWiG.

2. Aufgabeneröffnung im präventiven Bereich

272 Weitere Aufgabeneröffnungen sind v.a. im präventiven Bereich zahlreich und finden sich in den jeweiligen Spezialgesetzen, von denen die Nachfolgenden nur eine Auswahl darstellen:

a. Versammlungen: Beschränkung, Verbot, Auflösung

273 Die Polizei kann Versammlungen beschränken oder auflösen, Art. 12 Abs. 2, Art. 15 Abs. 3 BayVersG, jeweils i.V.m. Art. 24 Abs. 2 Satz 1 BayVersG, sowie Bild- und Tonaufnahmen oder -aufzeichnungen anfertigen, Art. 9 BayVersG.[23]

b. Beschlagnahme von Presseerzeugnissen

274 Die Polizei ist zu einer vorläufigen Beschlagnahme eines Druckwerks mit Ausnahme von Zeitungen und Zeitschriften auch ohne richterliche Anordnung befugt, wenn dieses einen strafbaren Inhalt aufweist oder gegen Art. 7 BayPresseG verstößt, Art. 15 Abs. 2 BayPresseG.[24]

c. Unterbringung psychisch Kranker

275 Die Polizei kann in unaufschiebbaren Fällen psychisch Kranke einem Arzt vorführen, Art. 15 Abs. 1 Satz 3 BayPsychKHG, und vorläufig unterbringen, Art. 12 BayPsychKHG.

d. Ermittlungen gegen Vereine

276 Die Polizei ermittelt gegen Vereine, § 4 VereinsG, und ordnet vorläufige Maßnahmen gegen Ersatzorganisationen an, § 8 Abs. 2 Satz 3 VereinsG i.V.m. Art. 3 Abs. 1 AGVereinsG.

e. Lebens- und Futtermittelsicherheit

277 Bei Gefahr im Verzug kann die Polizei Grundstücke, Betriebsräume, Wohnräume und Transportmittel während der üblichen Betriebs- und Geschäftszeiten betreten,

---

[22] Zur neueren Rechtsprechung des BGH bzgl. der parallelen Anwendung von StPO und PAG Rn. 2026.

[23] Dazu Rn. 1887 ff. und 1897 ff.

[24] Zur Polizeifestigkeit des Presserechts Bünnigmann, JuS 2016, 894 ff.

Einrichtungen besichtigen, Auskünfte einholen und geschäftliche Unterlagen einsehen, § 42 Abs. 2 LFGB. Bei dringenden Gefahren darf das Betreten der vorbezeichneten Räumlichkeiten sowie die Wohnräume der zur Auskunft verpflichteten Person auch außerhalb der Geschäftszeiten betreten werden.

f. Jugendschutz

Der Vollzug des Jugendschutzgesetzes (JuSchG) ist Aufgabe der Polizei, Art. 55 Abs. 1 AGSG. Daher hat die Polizei die Aufgabe (und Befugnis), Kinder oder Jugendliche, die sich an einem Ort aufhalten, an dem eine unmittelbare Gefahr für deren körperliches, geistiges oder seelisches Wohl besteht, zum Verlassen des Ortes anzuhalten, einem Erziehungsberechtigten zuzuführen oder sie in die Obhut des Jugendamtes zu geben, §§ 1, 8 JuSchG. **278**

g. Ausweiskontrolle

Korrespondierend zur Pflicht nach § 1 Abs. 1 Satz 1 Personalausweisgesetz vom 18.6.2009[25], Personalausweise vorzuzeigen, hat die Polizei die Aufgabe, Kontrollen von Personalausweisen durchzuführen und kann diese zur Vorbereitung der Einziehung sicherstellen, § 6a PAuswG. Eine Mitführungspflicht ist nicht angeordnet. **279**

II. Aufgabeneröffnung zur Vollzugshilfe, Art. 2 Abs. 3 PAG

Nach Art. 2 Abs. 3 PAG ist die Polizei mit der Aufgabe der Vollzugshilfe für Behörden und Gerichte betraut. **280**

Nach der Legaldefinition in Art. 1 Abs. 2 BayVwVfG sind **Behörden** Stellen, die Aufgaben der öffentlichen Verwaltung wahrnehmen. **Gerichte** sind dagegen unabhängige, nicht nach Billigkeit, sondern nach Recht entscheidende, verfasste Spruchkörper zur verbindlichen Entscheidung von Rechtsstreitigkeiten.[26] **281**

Die Vollzugshilfe ist näher geregelt in den **Art. 67 bis 69 PAG** sowie in **Art. 37 BayVwZVG** und erstreckt sich **allein** auf die **Anwendung unmittelbaren Zwangs** gem. Art. 70, 75 und 77 ff. PAG[27] zur Durchsetzung von Maßnahmen der vorbezeichneten Behörden oder Gerichte. Ist dagegen eine Hilfeleistung gewünscht, die nicht in Form des unmittelbaren Zwangs erfolgen soll, kommt die Amtshilfe in Betracht. Besondere Bedeutung erlangt die Vollzugshilfe für die Vorführung von Personen und die Unterstützung des Gerichtsvorsitzenden bei der Aufrechterhaltung der Ordnung in der Sitzung, Art. 67 Abs. 2 PAG. **282**

Abzugrenzen ist die Vollzugshilfe von der Amtshilfe und der Zusammenarbeit.[28] **283**
Die **Amtshilfe** wird in Art. 35 GG, Art. 4 bis 8 BayVwVfG normiert und liegt vor, wenn Handlungen rechtlicher oder tatsächlicher Art auf das Ersuchen einer Behörde durch eine andere Behörde zur Unterstützung einer Amtshandlung der ersuchenden Behörde im Einzelfall vorgenommen werden.[29] Im Fall der Amtshilfe bedarf es daher nicht zwingend eines bereits durch die ersuchende Behörde erlassenen Verwaltungsaktes, welcher von der Polizei mittels unmittelbaren Zwangs vollstreckt werden soll. Vielmehr können Leistungen jeglicher Art Gegenstand der Amtshilfe sein.[30] Die Pflicht zur Amtshilfe bleibt neben der zur Vollzugshilfe bestehen, Art. 67 Abs. 4 PAG.[31] Ausgeschlossen ist **284**

---

[25] PAuswG, BGBl. I S. 1346, zuletzt geändert durch Gesetz vom 18.7.2017 (BGBl. I S. 2745).
[26] Schmidbauer, in: ders./Steiner, Art. 2 PAG Rn. 39.
[27] Dazu Kapitel 25.
[28] Dazu Kapitel 6.
[29] Ramsauer, in: Kopp/Ramsauer, VwVfG, § 4 Rn. 10.
[30] Vgl. Ramsauer, in: Kopp/Ramsauer, VwVfG, § 4 Rn. 13.
[31] A. A. Honnacker/Beinhofer/Hauser, Art. 2 Rn. 32, der die Vollzugshilfe als Unterfall zur Amtshilfe ansieht.

die Amtshilfe beim Vorliegen von Weisungsverhältnissen und bei Handlungen, die der ersuchten Behörde als eigene Aufgaben obliegen.

285 Eine **Zusammenarbeit** der Polizei mit anderen Sicherheitsbehörden, wie dem Bayerischen Landesamt für Verfassungsschutz oder nach Art. 9 Abs. 1 POG mit anderen Sicherheitsbehörden i. S. v. Art. 6 LStVG, stellt eine besondere Aufgabe nach Art. 2 Abs. 4 PAG dar.

286 **Beispielfall 9**

Da der schulpflichtige S seit einer Woche unentschuldigt nicht mehr am Unterricht teilnimmt, hat die zuständige Kreisverwaltungsbehörde auf Antrag der Schule den Schulzwang nach Art. 118 Abs. 1 BayEUG angeordnet. Allerdings hat die Kreisverwaltungsbehörde keine ausreichenden Kapazitäten an Beauftragten, um den S der Schule zwangsweise nach Art. 118 Abs. 1 Satz 2 BayEUG zuzuführen.
Was kann sie machen?

Lösung
Die Kreisverwaltungsbehörde kann an die Polizei ein Vollzugshilfeersuchen richten, um den S der Schule durch unmittelbaren Zwang, der durch Art. 118 Abs. 2 BayEUG ausdrücklich zugelassen wird, zuzuführen. Die Aufgabe der Polizei wäre dann nach Art. 2 Abs. 3 PAG eröffnet.

III. Aufgabeneröffnung zur Gefahrenabwehr, Art. 2 Abs. 1 PAG

287 Originäre Aufgabe der Polizei und damit **Kernbereich** der polizeilichen Tätigkeit ist die Abwehr von Gefahren für die öffentliche Sicherheit oder Ordnung, welche ihr nach Art. 2 Abs. 1 PAG als Aufgabe zugewiesen wird. Insoweit konkretisiert Art. 2 Abs. 1 PAG einfachgesetzlich den verfassungsrechtlichen Schutzauftrag aus Art. 99 BV und den Grundrechten.[32] Art. 2 Abs. 1 PAG stellt dabei die **allgemeine Aufgabenzuweisung im präventiven Bereich** dar.

288 Der Gesetzgeber definiert das Aufgabenfeld der Polizei nach Art. 2 Abs. 1 PAG durch **drei Kriterien**:
– den Gefahrenbegriff (allgemein oder im Einzelfall bestehende Gefahr)[33],
– die polizeilichen Schutzgüter (öffentliche Sicherheit oder Ordnung)[34] und
– die Tätigkeit (Abwehr der Gefahr)[35].

Klausurhinweis:

Daher ist man versucht, bereits an dieser Stelle in die Prüfung dieser Tatbestandsmerkmale einzusteigen und z.B. die verschiedenen Gefahrenbegriffe zu erörtern und sich mit den Schutzgütern der öffentlichen Sicherheit und Ordnung auseinanderzusetzen.
Ein solches Vorgehen bringt jedoch nicht nur den Nachteil mit sich, dass die Prüfung der polizeilichen Maßnahme **kopflastig** wird – die Aufgabeneröffnung betrifft ja die sachliche Zuständigkeit der Polizei –, sondern sie ist letztlich für die Aufgabeneröffnung auch nicht erforderlich.

---

[32] Dazu Rn. 33 ff.
[33] Dazu Rn. 289 ff., 299 ff. und 375 ff.
[34] Dazu Rn. 420 ff.
[35] Dazu Rn. 442 ff.

1. Die „allgemeine" Gefahr

In Abgrenzung zu den Befugnisnormen, bei denen regelmäßig eine konkrete Gefahr erforderlich ist, um den Rechtseingriff zu legitimieren, rechtfertigt die Aufgabenzuweisung ja gerade keinen Rechtseingriff und erfordert damit auch keine konkrete Gefahr. Zwar ist bei deren Vorliegen die Aufgabe ebenfalls eröffnet, ausreichend ist jedoch auch das Vorliegen einer **„allgemeinen" Gefahr**. 289

Dabei wird diese allgemeine Gefahr zuweilen mit der **abstrakten Gefahr** gleichgesetzt.[36] Kennzeichen der abstrakten Gefahr ist allerdings nicht nur die abstrakte Möglichkeit, dass eine konkrete Gefahr im Einzelfall eintritt, sondern dass auch eine hinreichende Wahrscheinlichkeit hierfür besteht.[37] In Anwendung dieser Gleichsetzung bestehen jedoch Schwierigkeiten, die Zuständigkeit für bestimmte, typische polizeiliche Handlungen zu begründen. 290

Beispielfall wie Nr. 4, Rn. 234 291

Wie im Beispielfall 4 verteilen POM Huber und PM Meier am Hauptbahnhof Broschüren, in denen über Sekten aufgeklärt wird.
Ist die Aufgabe hierzu eröffnet?

Lösung
Da eine konkrete Gefahr für die öffentliche Sicherheit nicht besteht, wäre die Aufgabe nur dann eröffnet, wenn eine allgemeine Gefahr bestehen würde. Fordert man hierfür das Bestehen einer Sachlage, aus der nach der allgemeinen Lebenserfahrung mit hinreichender Wahrscheinlichkeit eine konkrete Gefahr im Einzelfall entstehen kann (= abstrakte Gefahr), würde vorliegend die Aufgabe zur Verteilung der Broschüre nicht eröffnet sein, da eine solch hinreichende Wahrscheinlichkeit nicht besteht.

Beispielfall 10 292

POM Huber und PM Müller befinden sich auf Streifenfahrt.
Ist die Aufgabe hierzu eröffnet?

Lösung
Auch hier würde man, sollte man eine abstrakte oder konkrete Gefahr einfordern, nicht zur Aufgabeneröffnung gelangen, da keine hinreichende Wahrscheinlichkeit für das Entstehen einer konkreten Gefahr oder gar einer Rechtsgutsverletzung gegeben ist.

Wie gesehen führt die Gleichsetzung von allgemeiner und abstrakter Gefahr dazu, dass bestimmte polizeiliche Handlungen, wie das Verteilen von Broschüren oder die einfache Streifenfahrt, nicht mehr von der Aufgabeneröffnung gedeckt wären, was abzulehnen ist. 293

---

[36] Vgl. 2.2 VollzB.
[37] Schmidbauer, in: ders./Steiner, Art. 11 PAG Rn. 44.

294 Aus diesem Grunde fasst man die allgemeine Gefahr i. S. v. Art. 2 Abs. 1 PAG weiter als die abstrakte Gefahr.[38] Danach liegt eine **allgemeine Gefahr** bereits dann vor, **wenn aus einer Sachlage nach allgemeiner Lebenserfahrung konkrete Gefahren im Einzelfall entstehen können.**[39] Im Unterschied zur abstrakten Gefahr ist nun keine hinreichende Wahrscheinlichkeit für das Eintreten der konkreten Gefahr und auch keine Gefahrenlage, die sich auf ein bestimmtes Schutzgut konkretisiert, mehr erforderlich. Da dies für gewöhnlich der Fall ist, kann die allgemeine Gefahr auch mit der **allgemeinen Gefahr des Lebens** gleichgesetzt werden, womit eine Aufgabeneröffnung regelmäßig gegeben ist.

295 Da durch ein derart weites Tatbestandsmerkmal der allgemeinen Gefahr keine sinnvolle inhaltliche Begrenzung der Aufgabenzuweisung mehr erfolgt, liegt der Schwerpunkt von Art. 2 Abs. 1 PAG auf der Abwehr einer Gefahr. Der **Aussagegehalt** von Art. 2 Abs. 1 PAG liegt damit darin, der Polizei generell **präventives Handeln** zuzuweisen.[40] Das Handeln der Polizei, für das sie nach Art. 2 Abs. 1 PAG zuständig ist, muss daher auf die Abwehr von Gefahren abzielen und ist von solchen Handlungen **abzugrenzen**, die nicht mit präventiver Intention vorgenommen werden, wie z.B. **wohlfahrtsstaatliches oder repressives Handeln**, für die evtl. eine Aufgabeneröffnung nach Art. 2 Abs. 4 PAG in Betracht kommt.

296 **Ausschlaggebend für die Aufgabeneröffnung ist daher, dass die polizeiliche Handlung mit präventiver Zielrichtung erfolgt.**[41] Insoweit reduziert sich der Prüfungspunkt der Aufgabeneröffnung auf diese Feststellung und deckt damit auch das gesamte Vorfeld der Gefahrenabwehr ab. Natürlich mitumfasst ist der engere Begriff der abstrakten Gefahr.

297 **Beispielfall wie Nr. 4, Rn. 234**

Wie im Beispielfall 4 verteilen POM Huber und PM Meier am Hauptbahnhof Broschüren, in denen über Sekten aufgeklärt wird.
Ist die Aufgabe hierzu eröffnet?

Lösung

Voraussetzung wäre nach Art. 2 Abs. 1 PAG, dass die Polizei zur Abwehr einer allgemeinen (Lebens-)Gefahr gehandelt hätte. Dies ist der Fall, wenn die Handlungen mit präventiver Zielrichtung ausgeführt worden wären. Da die Polizeibeamten Broschüren verteilen, um über die Gefahren, die von Sekten ausgehen, aufzuklären, liegt eine präventive Zielsetzung vor, womit die Aufgabe nach Art. 2 Abs. 1 PAG eröffnet ist.

298 **Beispielfall wie Nr. 10, Rn. 292**

Wie im Beispielfall 10 sind die Polizeibeamten Huber und Müller auf Streifenfahrt.
Ist die Aufgabe hierzu eröffnet?

---

[38] Knemeyer, Rn. 63 f.
[39] 2.2 VollzB.
[40] Schmidbauer, in: ders./Steiner, Art. 2 PAG Rn. 2, 6 ff.; Holzner, in: BeckOK, PAG, Art. 2 Rn. 3.
[41] Berner/Köhler/Käß, Art. 2 Rn. 3, 42.

Lösung
Auch hier erfolgt die Streifenfahrt mit der Intention, bestehende Gefahren zu erkennen und zu vermeiden und daher mit präventiver Zielsetzung, so dass auch hierfür die Aufgabe nach Art. 2 Abs. 1 PAG eröffnet ist.

Klausurhinweis:

In der Klausur ist daher ausreichend, festzustellen, dass die Polizei zur Abwehr einer allgemeinen (Lebens-)Gefahr gehandelt hat, damit der Aufgabenbereich nach Art. 2 Abs. 1 PAG eröffnet ist.
Die übrigen Definitionen von Gefahrenbegriffen sowie der Schutzgüter öffentliche Sicherheit und Ordnung sind daher erst bei der Befugnisnorm anzubringen. Ein solches Vorgehen wird nicht nur der reduzierten Funktion der Aufgabenzuweisung gerecht, sondern vermeidet auch einen kopflastigen Aufbau in der Klausur.
Ist dagegen das Schutzgut, zu dessen Schutz die Polizei präventiv tätig wird, bereits absehbar, dann kann dies kurz dargelegt und den Schutzgütern der öffentlichen Sicherheit oder Ordnung zugeordnet werden. Alle weiteren Ausführungen sind dann im Rahmen der Befugnisnorm anzustellen.

2. „Im Einzelfall bestehenden Gefahren"

Ebenfalls die Aufgabe der Polizei eröffnet eine im Einzelfall bestehende Gefahr, 299
mithin eine **konkrete Gefahr**. Eine konkrete Gefahr liegt vor, wenn eine Sachlage besteht, die nach allgemeiner Lebenserfahrung bei ungehindertem Verlauf des objektiv zu erwartenden Geschehens im Einzelfall mit hinreichender Wahrscheinlichkeit zu einer Verletzung der Schutzgüter der öffentlichen Sicherheit oder Ordnung führt.[42]

Ob eine solche konkrete Gefahr vorliegt, ist im Rahmen einer, vom jeweiligen 300
Polizeibeamten anzustellenden Prognose über den zu erwartenden Geschehensablauf (Kausalverlauf) zu beurteilen. Diese Prognoseentscheidung ist in dem Zeitpunkt zu treffen, in dem der Polizeibeamte/die Polizeibeamtin darüber zu befinden hat, ob seine Aufgabe zur Gefahrenabwehr eröffnet ist. Sie ist daher ***ex ante et ex situatione*** anzustellen.

Abzustellen ist dabei auf die Sicht eines **verständig handelnden, gewissenhaften,** 301
besonnenen und sachkundigen Durchschnittsbeamten.[43] Dieser hat für die Beurteilung, ob seine Aufgabe eröffnet ist, die in der zur Verfügung stehenden Zeit und der gegebenen Situation verfügbaren Informationen in seine Prognoseentscheidung einzubeziehen, wobei Sonderwissen etwa in Form besonderer Lebenserfahrung oder technischem Regelwissen in die Prognose einfließen kann.[44]

---

[42] 2.2 VollzB.
[43] Denninger, in: Lisken/Denninger, D 42 ff.
[44] BVerwG DVBl. 1979, 877 ff.

IV. Aufgabeneröffnung zum Schutz privater Rechte, Art. 2 Abs. 2 PAG

302 Nach Art. 2 Abs. 2 PAG obliegt der Schutz privater Rechte der Polizei nach dem PAG nur dann, wenn gerichtlicher Schutz nicht rechtzeitig zu erlangen ist und wenn ohne polizeiliche Hilfe die Verwirklichung des Rechts vereitelt oder wesentlich erschwert werden würde. Insoweit ist ihm die Aussage zu entnehmen, dass der Schutz privater Rechte grundsätzlich nicht Aufgabe der Polizei ist, soweit und solange der Rechtsschutz anderweitig erfolgen kann.

1. Verhältnis zu Art. 2 Abs. 1 PAG

303 Da **Individualrechtsgüter Bestandteil der öffentlichen Sicherheit** und damit bereits geschützte Rechtsgüter i. S. v. Art. 2 Abs. 1 PAG sind, stellt sich die Frage, in welchem Verhältnis Abs. 2 zu Abs. 1 steht. Die Beantwortung dieser Frage hängt maßgeblich davon ab, ob unter den Begriff der öffentlichen Sicherheit auch **Individualrechtsgüter** fallen, **die keinen strafrechtlichen Schutz genießen.**

304 Dies bejaht die wohl h. M. zu Recht.[45] Hierfür spricht zum einen, dass es keinen Grund gibt, Individualrechtsgüter, die keinen strafrechtlichen Schutz genießen, aus dem Tatbestand der öffentlichen Sicherheit auszugrenzen und daher aus dem Anwendungsbereich des Art. 2 Abs. 1 PAG auszunehmen. Und auch der Wortlaut von Art. 2 Abs. 2 PAG, der den Schwerpunkt auf die Anordnung der Subsidiarität legt, spricht für diese Lösung.

305 In Konsequenz dessen bleibt für eine eigenständige Aufgabeneröffnung nach Art. 2 Abs. 2 PAG kein Anwendungsbereich mehr. Art. 2 Abs. 2 PAG ist daher **keine eigene Aufgabeneröffnung** zu entnehmen. Vielmehr beschränkt sich seine Aussage darauf, dass er durch die **Subsidiaritätsanordnung** den Schutz privater Rechte nach Art. 2 Abs. 1 PAG begrenzt.

306 Nach a. A. erschöpft sich der Individualrechtsgüterschutz über Abs. 1 darin, dass allein strafrechtlich geschützte Individualrechtsgüter als Bestandteil der Rechtsordnung zum Schutzgut der öffentlichen Sicherheit zählen, während alle nicht strafrechtlich geschützten Individualrechtsgüter aus dem Bereich der öffentlichen Sicherheit auszunehmen seien, so dass Art. 2 Abs. 2 PAG im Hinblick auf diese Individualrechtsgüter eine eigenständige Qualität als Aufgabeneröffnungsnorm zukäme. In diesem Sinne wird Art. 2 Abs. 2 PAG als Erweiterung des Aufgabenbereichs nach Art. 2 Abs. 1 PAG verstanden, so dass jenem eigenständige Bedeutung zukäme und Abs. 2 eine neben Abs. 1 stehende Aufgabeneröffnungsnorm sei, die den Aufgabenbereich der Polizei erweitere.[46]

Klausurhinweis:

Für die Klausur und auch in der Praxis ist diese Streitfrage aufgrund des umfassenden strafrechtlichen Individualrechtsgüterschutzes selten von Bedeutung. In der Regel liegt bereits ein Fall der Gefahr für die Unversehrtheit der Rechtsordnung und damit eine Aufgabeneröffnung nach Art. 2 Abs. 1 PAG vor.

307 Die **Begrenzung** des Art. 2 Abs. 2 PAG greift allerdings **nur für** diejenigen **Individualrechtsgüter, die nicht unter dem besonderen Schutz der Rechtsordnung stehen**, da andernfalls nicht nur der Schutz des Individualrechtsguts zu gewährleisten ist,

[45] Denninger, in: Lisken/Denninger, D 28, Holzner, in: BeckOK, PAG, Art. 2 Rn. 24.
[46] Berner/Köhler/Käß, Art. 2 Rn. 58; Honnacker/Beinhofer/Hauser, Art. 2 Rn. 29.

sondern auch derjenige der Rechtsordnung und daher eine Begrenzung zur Abschwächung des polizeirechtlichen Schutzes der Rechtsordnung führen würde. Stellt also die Gefährdung oder Verletzung des Individualrechtsguts gleichzeitig eine Gefährdung oder Verletzung der öffentlichen Sicherheit dar, da die Gefährdung oder Verletzung gleichzeitig den Tatbestand einer Straftat oder Ordnungswidrigkeit erfüllt oder sonst gegen eine öffentlich-rechtliche Rechtsvorschrift verstößt, erfolgt die Aufgabeneröffnung durch Art. 2 Abs. 1 PAG, ohne dass die Beschränkung nach Art. 2 Abs. 2 PAG eingreift.

2. Voraussetzungen

Der Schutz privater Rechte wird von Abs. 2 dahingehend eingeschränkt, dass die Polizei nur **subsidiär** tätig werden darf, wenn 308
- gerichtlicher Schutz nicht rechtzeitig zu erlangen ist sowie
- ohne polizeiliche Hilfe die **Verwirklichung des Rechts vereitelt** oder wesentlich erschwert werden würde.

Klausurhinweis:

Aufgrund des ausdifferenzierten und weitgehend lückenlosen Rechtsschutzsystems insbesondere in der ZPO ist die 1. Variante sehr selten. Aber auch die 2. Variante ist aufgrund des umfangreichen Not- und Selbsthilferechts im BGB, z.B. nach § 227 BGB, §§ 229, 230 BGB, von untergeordneter Bedeutung.

Hauptanwendungsfall von Abs. 2 ist der **Schutz des** verfassungsrechtlich durch Art. 14 GG und Art. 103 BV garantierten **Eigentums**, das weit zu verstehen ist und zu dem neben dem zivilrechtlichen Eigentum nach den §§ 903 ff. BGB auch dingliche Rechte, wie der Nießbrauch nach §§ 1030 ff. BGB oder Pfandrechte, §§ 1201 ff. BGB, gerechnet werden.[47] Keine Aufgabe der Polizei ist es dagegen, streitige Rechtsverhältnisse zu klären.[48] 309

Zur Sicherung privater Rechte kommen typischerweise die Identitätsfeststellung nach Art. 13 Abs. 1 Nr. 6 PAG, die Sicherstellung einer Sache, um den Eigentümer oder den rechtmäßigen Inhaber der tatsächlichen Gewalt vor Verlust oder Beschädigung einer Sache zu schützen, Art. 25 Nr. 2 PAG, sowie die Beseitigung der Gefährdung oder Störung privater Rechte im Wege der unmittelbaren Ausführung nach Art. 11 Abs. 1 i.V.m. Art. 9 Abs. 1 PAG in Betracht. 310

Beispielfall 11 311

In Regensburg besteht wegen eines bevorstehenden Unwetters die Gefahr, dass die Donau aufgrund der erwarteten heftigen Regenschauer über die Ufer tritt und einen Teil der Innenstadt überschwemmt. PM Huber sieht, dass im Bereich des Überschwemmungsgebietes noch Fahrzeuge stehen. Da es bereits zu regnen beginnt, stellt er die Fahrzeuge sicher und lässt sie in die Polizeigarage schleppen.
Nach welcher Vorschrift ist die Aufgabe der Polizei eröffnet?

---

[47] BVerfGE 52, 1 ff.; Schmidbauer, in: ders./Steiner, Art. 2 PAG Rn. 35; Berner/Köhler/Käß, Art. 2 Rn. 51; Honnacker/Beinhofer/Hauser, Art. 2 Rn. 28; Holzner, in: BeckOK, PAG, Art. 2 Rn. 31.

[48] Vgl. OVG Münster DVBl. 1968, 759 = DÖV 1968, 692; Berner/Köhler/Käß, Art. 2 Rn. 56.

Lösung
Die Aufgabeneröffnung richtet sich nach Art. 2 Abs. 1 PAG, da das Eigentum der Eigentümer an den Fahrzeugen durch die bevorstehende Überschwemmung gefährdet ist und damit eine Gefahr für die öffentliche Sicherheit in Gestalt eines Individualrechtsgutes besteht.
Allerdings ist die Beschädigung des Eigentums durch höhere Gewalt nicht durch die Rechtsordnung geschützt, weshalb die Einschränkung des Art. 2 Abs. 2 PAG eingreift. Da jedoch gerichtlicher Rechtsschutz nicht sinnvoll ist und ohne polizeiliches Handeln die Rechtsbeeinträchtigung eintreten würde, ist die Aufgabe der Polizei eröffnet.

D. Subsidiarität polizeilichen Handelns, Art. 3 PAG

312 Da die Gefahrenabwehr grundsätzlich Aufgabe des Staates ist und nicht nur der Polizei, sondern auch allen anderen Sicherheitsbehörden, insbesondere denjenigen nach Art. 6 LStVG, wie Behörden und Einrichtungen des Staates generell vorbehalten ist, regelt Art. 3 PAG das **Verhältnis der Polizei zu diesen Sicherheitsbehörden**. Dabei ordnet er die Subsidiarität polizeilichen Handelns an, soweit die Gefahr durch eine andere Behörde nicht oder nicht rechtzeitig abgewehrt werden kann. Insofern ist Art. 3 PAG ebenso wie Art. 2 PAG als Zuständigkeitsnorm anzusehen mit der Folge, dass polizeiliche Handlungen, die unter Missachtung des Subsidiaritätsgrundsatzes ergehen, rechtswidrig sind. Aufgaben oder Befugnisse werden durch sie jedoch nicht eröffnet.

313 Neben Art. 3 PAG ist für das Verhältnis der Polizei zu sonstigen Sicherheitsbehörden auch noch **Art. 10 BayLStVG** zu beachten, nach dem Maßnahmen der Sicherheitsbehörden, die aufgrund des LStVG ergehen, widersprechende Maßnahmen der Polizei ausschließen und der auf das Weisungsrecht der Sicherheitsbehörden gegenüber der Polizei nach **Art. 9 Abs. 2 BayPOG** verweist.[49]

I. Anwendungsbereich – Abwehr von Gefahren

314 Die Anordnung der Subsidiarität polizeilichen Handelns nach Art. 3 PAG gilt grundsätzlich für die **Abwehr von Gefahren**. Insoweit bezieht sie sich auf die Aufgabenzuweisung nach **Art. 2 Abs. 1 PAG** sowie deren Einschränkung nach Art. 2 Abs. 2 PAG. Nicht dagegen von der Anordnung der Subsidiarität erfasst werden die Aufgabeneröffnung aufgrund eines Vollzugshilfeersuchens nach Art. 2 Abs. 3 PAG und die Zuständigkeitszuweisungen an die Polizei durch andere, außerhalb des PAG stehende Rechtsnormen über Art. 2 Abs. 4 PAG.

315 Erfolgt also eine Aufgabenzuweisung an die Polizei durch speziellere Normen, ist die Polizei ausschließlich zuständig, ohne dass es auf die Frage der effektiven Gefahrenabwehr durch andere Behörden ankommt. Die Subsidiarität greift nur dann wieder ein, wenn sich aus den spezielleren Aufgabeneröffnungs- oder Befugnisnormen etwas anderes ergibt.[50]

---

[49] Dazu Kapitel 5.
[50] Berner/Köhler/Käß, Art. 2 Rn. 65, Art. 3 Rn. 1; Schmidbauer, in: ders./Steiner, Art. 2 PAG Rn. 44, 87.

II. Andere Behörden

Nach dem weiten Behördenbegriff des Art. 1 Abs. 2 BayVwVfG sind Behörden Stellen, die Aufgaben der öffentlichen Verwaltung wahrnehmen. Hierzu zählen insbesondere 316

- die in **Art. 6 LStVG** genannten **Sicherheitsbehörden**: Gemeinden, Landratsämter, Bezirksregierungen sowie das Staatsministerium des Innern, wobei Letzteres oberste Führungsstelle der bayerischen Polizei ist, Art. 2 POG;
- **sonstige Behörden oder juristische Personen des öffentlichen Rechts** des Freistaates Bayern oder der Bundesrepublik Deutschland, denen die Aufgabe der Gefahrenabwehr durch formelles Gesetz zugewiesen wurde.

Nicht unter den Behördenbegriff fallen dagegen Behörden der EU, die aufgrund des Grundsatzes der Subsidiarität für die Abwehr von Gefahren regelmäßig ausscheiden. 317

III. Abwehr von Gefahren durch andere Behörden

Erforderlich für die Subsidiarität der Polizei ist, dass die andere Behörde für die Abwehr von Gefahren für die öffentliche Sicherheit oder Ordnung aufgrund einer gesetzlichen Aufgabenzuweisung zuständig ist. Auch hier ist es möglich, neben einer expliziten Aufgabenzuweisung von einer der jeweiligen Behörde verliehenen Befugnis auf deren Aufgabe zu schließen. 318

IV. Abwehr von Gefahren nicht oder nicht rechtzeitig möglich

Die polizeiliche Zuständigkeit tritt jedoch nur dann zurück, wenn die Abwehr von Gefahren durch die anderen Behörden nicht oder nicht rechtzeitig möglich ist, mithin die **Gefahrenabwehr unmöglich oder unaufschiebbar** ist.[51] Dies erfordert der Grundsatz der Effektivität der Gefahrenabwehr, nach dem bloße Zuständigkeiten nicht dazu führen dürfen, dass eine Gefahr nicht effektiv abgewehrt werden kann. 319

Unmöglichkeit der Gefahrenabwehr durch die andere Behörde besteht, wenn die andere Behörde zur erfolgreichen Gefahrenabwehr nicht im Stande ist. Dies kann aus rechtlichen oder tatsächlichen Gründen der Fall sein.[52] 320

Unaufschiebbarkeit der Gefahrenabwehr liegt vor, wenn das Einschreiten der Polizei nicht ohne Schaden für die öffentliche Sicherheit oder Ordnung zurückgestellt werden kann, mithin ein Abwarten bis zum Eingreifen einer anderen zuständigen Behörde die Gefahrenabwehr erschweren oder vereiteln würde.[53] 321

Typische Fälle sind die Notwendigkeit der Gefahrenabwehr außerhalb der Dienstzeiten der eigentlich zuständigen Behörde, insbesondere an Wochenenden und Feiertagen oder zur Nachtzeit.

---

[51] Berner/Köhler/Käß, Art. 2 Rn. 7.

[52] Schmidbauer, in: ders./Steiner, Art. 3 PAG Rn. 10. Dazu Rn. 149.

[53] VGH Mannheim NJW 1990, 1618 = DVBl. 1990, 1045. Zum Problem der Subsidiarität bei Dauerverwaltungsakten Koehl, BayVBl. 2008, 365 ff.

Klausurhinweis:

Lernen Sie in Zusammenhängen: Die Unaufschiebbarkeit von Maßnahmen nach Art. 3 PAG ist identisch mit derjenigen nach § 80 Abs. 2 Satz 1 Nr. 2 VwGO, so dass unaufschiebbare Anordnungen und Maßnahmen der Polizei, die aufgrund von Art. 3 PAG getroffen werden, regelmäßig zum Entfallen des Suspensiveffekts der Anfechtungsklage (und des Widerspruchs) nach § 80 Abs. 2 Satz 1 Nr. 2 VwGO führen.

V. Entscheidung über das Vorliegen der Subsidiarität

322 Die Voraussetzungen von Art. 3 PAG sind nach dem Wortlaut (*„ihr [...] erscheint“*) ebenso wie diejenigen von Art. 2 Abs. 1 PAG von der Polizei ***ex ante et ex situatione***, also im Zeitpunkt des Einschreitens von einem verständigen Durchschnittsbeamten zu beurteilen.[54]

323 Der Polizei kommt insoweit ein **Einschätzungsspielraum** zu. Fehleinschätzungen sind dann zu beanstanden, wenn sie **offensichtlich** von unzutreffenden Voraussetzungen ausgegangen sind, die im Zeitraum der Entscheidung erkennbar waren. Voraussetzung ist damit, dass sich die effektive Gefahrenabwehr durch die andere Behörde bereits zu Beginn des polizeilichen Einschreitens abzeichnet.

324 Kommt dagegen die Polizei zu dem Entschluss, dass sie **nur subsidiär zuständig** ist, unterrichtet sie die aus ihrer Sicht zuständige Behörde formlos, der dann die Abwehr der Gefahr obliegt. Ein Tätigwerden der Polizei zur Gefahrenabwehr ist in diesem Falle rechtswidrig.[55] Die Maßnahmen von diesen Sicherheitsbehörden schließen dann widersprechende Maßnahmen der Polizei aus, Art. 10 Abs. 1 LStVG.

Klausurhinweis:

Denken Sie daran, dass im Falle der Subsidiarität ein polizeiliches Tätigwerden nicht generell ausgeschlossen, sondern in folgenden Fällen noch möglich und damit in der Klausur abprüfbar ist:
- Die Polizei wird von der zur Gefahrenabwehr zuständigen Stelle um **Vollzugshilfe** gebeten, Art. 2 Abs. 3 PAG, **Art. 67 ff. PAG**.
- Die Polizei wird von der zuständigen Behörde um **Amtshilfe** nach **Art. 3 ff. BayVwVfG** ersucht.
- Die subsidiäre Zuständigkeit der Polizei nach Art. 3 PAG wird durch **Weisungen** an die Polizei nach **Art. 9 Abs. 2 POG** beseitigt, sofern es sich bei der zuständigen Behörde um eine Sicherheitsbehörde i. S. v. Art. 6 LStVG handelt (vgl. hierzu auch Art. 10 Satz 2 LStVG).

Im letzten Fall wird die Polizei dann wieder unmittelbar zuständig. Da die Weisung lediglich die Beschränkung der Subsidiarität des Art. 3 PAG aufhebt, müssen alle anderen Voraussetzungen der Rechtmäßigkeit des polizeilichen Handelns vorliegen.[56]

---

[54] Berner/Köhler/Käß, Art. 3 Rn. 12. Dazu Rn. 152.
[55] Schmidbauer, in: ders./Steiner, Art. 3 PAG Rn. 16.
[56] Zu diesen, neben Art. 3 PAG bestehenden Normen, die das Verhältnis zwischen der Polizei zu den übrigen Sicherheitsbehörden regeln, vgl. bereits Kapitel 5.

E. Rechtsfolge der Aufgabeneröffnung

Ist die Aufgabe nach Art. 2 Abs. 1 PAG eröffnet, kommt der Polizei **Handlungskompetenz** zur Abwehr der Gefahr zu. Das polizeiliche Handeln muss eine präventive Intention verfolgen und darf nicht mit überwiegend repressiver Zielrichtung erfolgen. **325**

In den übrigen Fällen von Art. 2 PAG hat sie die dort vorgesehenen Aufgaben zu erfüllen, mithin nach Art. 2 Abs. 3 PAG Vollzugshilfe zu leisten und im Falle von Art. 2 Abs. 4 PAG die in den Spezialgesetzen vorgesehenen Aufgaben zu erfüllen. **326**

Die Polizei kann sämtliche Maßnahmen allein aufgrund der Aufgabeneröffnung nach Art. 2 PAG treffen, die keinen Rechtseingriff darstellen. Eine Befugnisnorm ist in diesen Fällen nicht erforderlich. Hierzu zählen bloße Informationsgaben in Form von Hinweisen, Ratschlägen, Auskünften, Beratungen, Aufklärungen und Belehrungen, sofern mit ihnen keine Lenkungswirkung verbunden ist;[57] ebenso Streifenfahrten und -gänge in Uniform oder Zivil,[58] sowie eine Hilfeleistung in Not- und Unglücksfällen. **327**

Für Maßnahmen mit Eingriffswirkung benötigt die Polizei dagegen eine Befugnisnorm.

F. Fehleinschätzungen

Sowohl das Vorliegen der Voraussetzungen nach Art. 2 Abs. 1 PAG als auch diejenigen nach Art. 3 PAG sind vom Polizeibeamten *ex ante et ex situatione* zu beurteilen und setzen mithin eine Prognoseentscheidung voraus. Da sich eine Prognose immer auf einen zukünftigen Verlauf bezieht, sind Prognoseentscheidungen typischerweise auch fehleranfällig, so dass sich die Frage stellt, welche Folgen eine irrtümliche Annahme der Aufgabeneröffnung bzw. des Nichtvorliegens der Subsidiarität nach sich zieht. **328**

Nimmt die Polizei irrtümlicherweise an, dass ihre Aufgabe eröffnet, Art. 2 Abs. 1 PAG, bzw. ihr Einschreiten gegenüber dem Handeln anderer Behörden nicht subsidiär ist, Art. 3 PAG, und hat sie ihrer Einschätzung eine **vernünftige und verständige Würdigung** aller Umstände, die für die Beurteilung wesentlich und im Zeitpunkt der Entscheidung erkennbar waren, zugrunde gelegt, bleibt die Maßnahme mit Blick auf die Zuständigkeit der Polizei **rechtmäßig**. **329**

Geht dagegen die Polizei von **offensichtlich unzutreffenden Voraussetzungen** aus oder berücksichtigt sie wesentliche Umstände, die im Zeitpunkt der Entscheidung bereits vorlagen und erkennbar waren, nicht, handelt die Polizei außerhalb ihres Zuständigkeitsbereichs und damit **rechtswidrig**. **330**

Klausurhinweis:

Die unverschuldete Fehleinschätzung vermag allerdings nur in Bezug auf die Zuständigkeitsnormen der Art. 2 Abs. 1 und Art. 3 PAG zu deren Annahme führen. Die Fehleinschätzung bezieht sich jedoch **nicht** auf § 80 Abs. 2 Satz 1 Nr. 2 VwGO, weshalb der **Suspensiveffekt** von Rechtsmitteln nicht aufgehoben ist, sondern es bei der Grundnorm des § 80 Abs. 1 VwGO bleibt. Und auch für die Tertiärebene sind Fehlprognosen irrelevant.[59]

---

[57] Zur Gefährderansprache bzw. zum Gefährderanschreiben Rn. 463ff.
[58] VGH Mannheim, DÖV 1989, 169ff.
[59] Dazu Rn. 1269.

11. Kapitel. Die polizeiliche Generalklausel, Art. 11 PAG

Zusammenfassung

1. **Zweck** der Generalklausel des Art. 11 Abs. 1 und 2 PAG ist es, **Schutzlücken**, die durch eine unvollständige Normierung von Gefahrenlagen in den Spezialbefugnisnormen entstehen, zu **schließen** und so einen umfassenden Rechtsgüterschutz zu gewährleisten.
2. Die Generalbefugnisnormen sind nur dann anwendbar, **wenn keine spezielleren Befugnisnormen einschlägig sind**. Ist ein Sachverhalt dagegen nicht tatbestandsmäßig i.S.e. Standardbefugnisnorm, ist ein Rückgriff auf die Generalklausel für solche sog. atypischen Maßnahmen nur dann zulässig, sofern die Maßnahme, die aufgrund der Generalklausel ergriffen werden soll, nicht vergleichbar einer Standardmaßnahme ist.
3. Bei Art. 11 Abs. 1 – allgemeine Generalklausel – und Abs. 2 PAG – Generalklausel mit Voraustatbeständen – handelt es sich um zwei **eigenständige Eingriffsbefugnisse**.
4. Eine **konkrete Gefahr** besteht, wenn eine Sachlage vorliegt, die nach allgemeiner Lebenserfahrung bei ungehindertem Verlauf des objektiv zu erwartenden Geschehens im Einzelfall mit hinreichender Wahrscheinlichkeit zu einer Verletzung der Schutzgüter der öffentlichen Sicherheit oder Ordnung führt. Eine Störung der öffentlichen Sicherheit oder Ordnung besteht dagegen dann, wenn sich die Gefahr verwirklicht hat und eine Verletzung der Schutzgüter bzw. ein Schaden bereits eingetreten ist und noch andauert.
5. Zur Beurteilung der Voraussetzungen der Eingriffsbefugnisse hat der Polizeibeamte eine **Prognose** über den zu erwartenden Geschehensablauf ***ex ante et ex situatione*** anzustellen. Abzustellen ist dabei auf die Sicht eines verständig handelnden, gewissenhaften Durchschnittsbeamten.
6. Bestehen Unsicherheiten bei dieser Gefahrenprognose, können die **Fallgruppen** des Gefahrenverdachts und der Fehleinschätzung (Anscheins- und Putativgefahr) vorliegen.
7. Beim **Gefahrenverdacht** ist zweifelhaft, ob überhaupt eine Gefahr vorliegt. Der Gefahrenverdacht eröffnet die Aufgabe und Befugnis, Gefahrerforschungsmaßnahmen durchzuführen. Dabei handelt es sich regelmäßig um vorläufige Maßnahmen zur Ergründung, ob eine Gefahr für eines der Schutzgüter vorliegt.
8. Als **Anscheinsgefahr** wird eine Situation bezeichnet, in der die bestehende Sachlage bei verständiger Würdigung aller vorliegenden Tatsachen subjektiv als Gefahr eingeschätzt wird, obgleich eine solche objektiv nicht gegeben ist. Es handelt sich dabei um eine unverschuldete Fehleinschätzung, da der Irrtum nach verständiger *ex ante et ex situatione*-Sicht unvermeidbar ist. Auf Primär- und Sekundärebene wird die Anscheinsgefahr einer konkreten Gefahr gleichgestellt, so dass polizeiliche Maßnahmen aufgrund dieser Einschätzung ergriffen werden dürfen.
9. Eine **Putativgefahr** liegt vor, wenn der handelnde Polizeibeamte von dem Vorliegen einer Gefahr ausgeht, obgleich eine solche nicht besteht und ein gewissenhafter, besonnener und sachkundiger Amtswalter in der Entschei-

dungssituation bei verständiger Würdigung des Sachverhalts und der vorhandenen und verfügbaren Informationen auch nicht von einer Gefahrenlage ausgehen durfte. Es handelt sich dabei um eine verschuldete Fehleinschätzung, weshalb die ergriffenen Maßnahmen rechtswidrig sind.

10. **Schutzgüter** sind die öffentliche Sicherheit und Ordnung, die als eigene Tatbestände ausgestaltet sind, wobei der Tatbestand der öffentlichen Ordnung als Auffangtatbestand zu demjenigen der öffentlichen Sicherheit subsidiär ist.
11. Unter **öffentlicher Sicherheit** versteht man die Unversehrtheit der Rechtsordnung und der verfassungsmäßigen Ordnung, die Unversehrtheit von bestimmten Individualrechtsgütern und Gemeinschaftsgütern, wobei unter letztere insbesondere das Funktionieren des Staates und seiner Einrichtungen fallen.
12. Die **öffentliche Ordnung** beinhaltet die Gesamtheit der ungeschriebenen Verhaltensregeln für das Verhalten des einzelnen in der Öffentlichkeit, deren Befolgung nach den jeweils herrschenden sozialen und ethischen Anschauungen als unerlässliche Voraussetzung eines geordneten menschlichen Zusammenlebens innerhalb eines bestimmten Gebiets angesehen wird.
13. Maßnahmen, die aufgrund der Generalklausel ergriffen werden, müssen notwendig sein, um die Gefahr abzuwehren, und dürfen nicht Standardmaßnahmen gleichen. Dabei wirkt der **Bestimmtheitsgrundsatz** begrenzend im Hinblick auf die Grundrechtsintensität der Maßnahmen.
14. **Gefährderansprachen** und **Gefährderanschreiben** entfalten dann eine, den Vorbehalt des Gesetzes auslösende Grundrechtsintensität, wenn mit ihnen eine verhaltenslenkende Wirkung intendiert ist, und können auf die Generalklausel gestützt werden.
15. Bei einem **Suizid** können ebenfalls Maßnahmen auf die Generalklausel gestützt werden, sofern keine vorrangigen Standardmaßnahmen greifen. Dabei ist der Tatbestand der öffentlichen Sicherheit einschlägig, da der Entschluss, sich das Leben zu nehmen, regelmäßig nicht freiverantwortlich gefasst wird und so von der staatlichen Schutzpflicht überlagert wird.
16. Zweifel an der **Verfassungsmäßigkeit der Generalklausel** im Hinblick auf deren Bestimmtheit können ausgeräumt werden, da diese durch die jahrzehntelange Rspr. und Lit. inhaltlich konkretisiert und präzisiert wurde und so mit dem Rechtsstaatsprinzip vereinbar ist.
17. In Art. 11 Abs. 3 PAG ist die **Generalklausel für Vorfeldmaßnahmen** normiert.
18. Art. 11 Abs. 3 PAG unterscheidet sich von den Generalklauseln nach Art. 11 Abs. 1 und 2 PAG dadurch, dass die **Anforderungen an die Wahrscheinlichkeit abgesenkt** werden, dafür jedoch der Umfang der **geschützten Rechtsgüter eingeschränkt** wird. Die Generalklausel für Vorfeldmaßnahmen konkretisiert daher den Grundsatz, nach dem die Anforderungen, die an den Grad der Wahrscheinlichkeit gestellt werden, umso geringer sein können, je bedeutsamer das gefährdete Rechtsgut und je höher der zu erwartende Schaden ist.
19. Durch Art. 11 Abs. 3 PAG werden die Generalklauseln der Art. 11 Abs. 1 und 2 PAG ergänzt. Ebenso ist er Auffangtatbestand für Maßnahmen bei Vorliegen einer drohenden Gefahr, sofern nicht eine Spezialbefugnisnorm einschlägig ist.

20. Eine **drohende Gefahr** stellt eine eigene Gefahrenkategorie dar. Sie ist gegeben, wenn im Einzelfall in absehbarer Zeit Angriffe von erheblicher Intensität oder Auswirkung zu erwarten sind, wobei sich diese Erwartung aus dem individuellen Verhalten der Person, aus Vorbereitungshandlungen oder aus solchen in Zusammenhang mit weiteren Tatsachen, die den Schluss auf ein seiner Art nach konkretisiertes Geschehen zulassen.
21. Die Generalklausel für Vorfeldmaßnahmen berechtigt die Polizei zu **Abwehrmaßnahmen und Gefahrerforschungseingriffen**.

331 Für Rechtseingriffe ist die Aufgabeneröffnung allein nicht ausreichend, sondern es ist eine Befugnisnorm erforderlich. Dabei ist aus der Vielzahl der Befugnisnormen, die sich sowohl im 2. Abschnitt des PAG, als auch in anderen Gesetzen finden, die für die zu rechtfertigende Maßnahme richtige herauszufinden. Einen Anhaltspunkt hierfür gibt Art. 11 PAG.[1]

A. Systematik von Art. 11 PAG

332 Art. 11 Abs. 1 und 2 PAG sind **Kernvorschriften** des PAG. Sie enthalten mehrere grundlegende Normierungen:[2]

- So beinhalten sie die polizeiliche **Generalklausel**. Dabei unterliegt **Abs. 1** als allgemeine Generalklausel keinen weiteren Einschränkungen, während **Abs. 2** eine **Generalklausel mit Voraustatbeständen** enthält, welche die Anforderungen des Abs. 1 konkretisieren und eigenständige Eingriffsbefugnisse enthalten.
- Des weiteren enthält Abs. 1 eine **Legaldefinition** des Begriffs der „Gefahr". Da diese jedoch sehr allgemein gehalten ist, ist sie für die Klausur nur der Ausgangspunkt der Prüfung.
- Letztlich trifft Art. 11 in Abs. 1 2. Hs. und in Abs. 4 PAG noch Regeln zum **Verhältnis** der Generalklausel zu spezielleren Befugnisnormen innerhalb und außerhalb des PAG und normiert damit den Grundsatz der Spezialität, sog. *lex specialis derogat legi generali*.[3]

B. Zweck der Generalklausel

333 Nach dem Grundsatz des Vorbehalts des Gesetzes bedürfen polizeiliche Maßnahmen, die in Grundrechte eingreifen, einer Rechtsgrundlage in Form eines formellen Gesetzes, während nach dem Grundsatz des Vorrangs des Gesetzes das Vorgehen der Polizei gesetzeskonform sein muss.[4]

334 Da der Gesetzgeber nicht sämtliche Gefahrenlagen abschließend vorhersehen und normieren kann, können die Vorschriften der Art. 12 ff. PAG sowie auch diejenigen anderer sicherheitsrechtlicher Normierungen nicht die ganze Bandbreite bestehender Gefahren für die öffentliche Sicherheit oder Ordnung abdecken. So bleiben Schutzlücken insbesondere in atypischen Konstellationen bestehen.

---

[1] Rachor, in: Lisken/Denninger, E 714 ff.
[2] Dazu Berner/Köhler/Käß, Art. 11 Rn. 2; Holzner, in: BeckOK, PAG, Art. 11 Rn. 18 ff.
[3] Dazu Kapitel 14.
[4] BVerfGE 8, 274 (325).

Zweck der Generalklausel des Art. 11 Abs. 1 und 2 PAG ist es, diese **Schutzlücken** durch die Normierung einer Befugnis, die an möglichst geringe Voraussetzungen anknüpft, **zu schließen** und so einen umfassenden Rechtsgüterschutz zu gewährleisten. Ihr kommt daher Auffangfunktion für Sachverhalte zu, die nicht durch eine speziellere Befugnisnorm abgedeckt sind.[5] Dabei wirft gerade dieses Verhältnis die Fragen auf, wieweit die Spezialbefugnisnormen greifen bzw. in welchem Umfang sie Sperrwirkung besitzen.[6] Gleichzeitig unterliegt die Generalbefugnisnorm aufgrund ihrer niedrigen Eingriffsschwelle Bedenken im Hinblick auf ihre Verfassungsmäßigkeit.[7] 335

C. Anwendbarkeit der Generalklausel

I. Verhältnis zu spezielleren Befugnisnormen

Art. 11 PAG enthält neben der Generalklausel auch Aussagen zu deren Anwendbarkeit. So beinhaltet er Subsidiaritätsvorschriften und normiert, dass gegenüber spezialgesetzlichen Befugnisnormen außerhalb des PAG, Art. 11 Abs. 4 Satz 1 PAG, diejenigen des PAG subsidiär sind, Art. 11 Abs. 4 Satz 2 PAG. Ebenso trifft er in Art. 11 Abs. 1 2. Hs. PAG die Aussage, dass die Standardbefugnisnormen in den Art. 12ff. PAG gegenüber der Generalklausel spezieller sind. Beide Aussagen ergeben sich bereits aus dem Grundsatz *lex specialis derogat legi generali* und sind daher nur deklaratorisch.[8] 336

In Folge dessen kann auf die Generalklausel nur dann zurückgegriffen werden, wenn keine Spezialbefugnisnormen aus anderen Gesetzen einschlägig sind und auch diejenigen der Art. 12ff. PAG nicht greifen. 337

Letztlich ist auch die Generalklausel nach Art. 11 Abs. 2 PAG aufgrund ihrer umfangreicheren Vorgaben gegenüber Art. 11 Abs. 1 PAG spezieller. Für die Klausur ergibt sich daher folgendes Prüfungsschema: 338

Prüfungsschema 7: Die polizeirechtlichen Befugnisnormen[9] 339

1. Art. 11 Abs. 4 PAG i. V. m. spezialgesetzlichen Befugnisnormen
2. Art. 11 Abs. 1 2. Hs. i. V. m. Art. 12ff. PAG – Standardbefugnisnormen
3. Art. 11 Abs. 2 PAG – Generalklausel mit Voraustatbeständen
4. Art. 11 Abs. 1 PAG – allgemeine Generalklausel

II. Fehlende oder unvollständige Befugnisnormen

Enthalten **Rechtsvorschriften**, nach denen die Aufgabe der Polizei i. V. m. Art. 2 Abs. 4 PAG eröffnet ist,[10] **keinerlei Befugnisnormen**, kann die Polizei nach den Befugnisnormen des PAG handeln. Gleiches gilt für den Fall, in dem die Befugnisnormen 340

[5] Zur Bedeutung der Norm Schmidbauer, in: ders./Steiner, Art. 11 PAG Rn. 6ff.
[6] Dazu Kapitel 14.
[7] Dazu Rn. 474ff.
[8] Berner/Köhler/Käß, Art. 11 Rn. 9; Honnacker/Beinhofer/Hauser, Art. 11 Rn. 14.
[9] Die folgende Darstellung orientiert sich an diesem Klausuraufbau.
[10] Dazu Rn. 247ff.

durch die spezialgesetzlichen Rechtsvorschriften nur **unvollständig** geregelt sind. Denn ein Schluss von der Eröffnung der Aufgabe auf die Befugnis ist unzulässig.

341 So hält das PAG **Befugnisnormen** bereit, **die gerade auf diese Situation** einer Aufgabeneröffnung durch andere Rechtsvorschriften ohne gleichzeitiger Eröffnung von Befugnissen **abstellen**: z.B. Art. 13 Abs. 3 (Aushändigung von Berechtigungsscheinen), Art. 17 Abs. 2 (Ingewahrsamnahme von Minderjährigen zum Jugendschutz), Art. 21 Abs. 2 (Durchsuchung von Personen aus Anlass der Feststellung ihrer Identität oder ihres Festhaltens aufgrund anderer Rechtsnormen), Art. 25 Nr. 3 i.V.m. Art. 21 Abs. 1 Nr. 1 und Art. 22 Abs. 1 Nr. 1 (Sicherstellung von Sachen bei festgehaltenen Personen sowie Durchsuchung der Personen und derartiger Sachen), Art. 29 (Befugnisse für Aufgaben der Grenzkontrolle und Sicherung von Anlagen), Art. 60 Abs. 1 (unmittelbarer Zwang zur Aufgabenerfüllung und Durchsetzung von Befugnissen aus anderen Rechtsnormen).

Hinweis:

Einmal angenommen, Sie haben sich nicht die Mühe gemacht, die Vorschriften nachzulesen: Denken Sie tatsächlich, dass Sie ohne Gesetzeslektüre brauchbare Kenntnisse im Polizei- und Sicherheitsrecht erwerben können?

342 Bedeutung erlangt diese Konstellation neben dem Versammlungsrecht[11] insbesondere für die **Straf- bzw. Ordnungswidrigkeitenverfolgung**, welche der Polizei aufgrund ihrer Doppelfunktionalität[12] neben der Prävention ebenfalls zukommt. Normiert die StPO lediglich das strafprozessuale Gerichtsverfahren abschließend, kann sich die Polizei im Rahmen der Strafverfolgung auch auf Befugnisse des PAG stützen, sofern die StPO keine abschließenden Befugnisnormen bereithält. Insbesondere kann sich die Polizei zur Durchsetzung repressiver Aufgaben der Zwangsvorschriften der Art. 70ff. PAG bedienen.

343 Die Befugnisse des PAG stehen der Polizei jedoch dann nicht zu, wenn der Aufgabeneröffnung nach der anderen Rechtsnorm zu entnehmen ist, dass der Normgeber der Polizei die Befugnisse aus dem PAG gerade nicht eröffnen wollte.[13]

Klausurhinweis:

Die Prüfung von Art. 11 PAG erfolgt damit ähnlich derjenigen der Aufgabeneröffnung nach Art. 2 PAG. So ist bei einer Aufgabeneröffnung nach Art. 2 Abs. 4 PAG i.V.m. Spezialgesetzen grundsätzlich nach Art. 11 Abs. 4 PAG zu prüfen, ob in diesen Spezialgesetzen auch eine Befugnisnorm besteht, ehe auf diejenigen des PAG zurückgegriffen werden kann.
Dagegen mündet die allgemeine Aufgabeneröffnung nach Art. 2 Abs. 1 PAG regelmäßig in die Prüfung einer Befugnisnorm nach den Art. 12ff. i.V.m. Art. 11 Abs. 1 2. Hs. PAG oder den Generalklauseln nach Art. 11 Abs. 2 und 1 PAG, da eine spezialgesetzliche Befugnis gerade nicht gegeben ist, aus der daher auch nicht auf die Aufgabeneröffnung i.S.v. Art. 2 Abs. 4 PAG geschlossen werden kann. Art. 11 Abs. 4 PAG setzt daher eine Aufgabeneröffnung nach Art. 2 Abs. 4 PAG voraus, während eine Aufgabeneröffnung nach Art. 2 Abs. 4 PAG auch zur Prüfung der Befugnisnormen des PAG führen kann.

---

[11] Dazu Kapitel 48.
[12] Dazu Rn. 252ff.
[13] Berner/Köhler/Käß, Polizeiaufgabengesetz, 20. Aufl. 2010, Art. 11 Rn. 36; Holzner, in: BeckOK, PAG, Art. 11 Rn. 16.

D. Spezialgesetzliche Befugnisse aus anderen Rechtsvorschriften, Art. 11 Abs. 4 PAG

Ehe die Generalklauseln des Art. 11 Abs. 1 und 2 PAG einschlägig sind, ist zu prüfen, ob der Polizei nicht aus anderen Rechtsnormen außerhalb des PAG Befugnisse eröffnet werden, die der Generalklausel gegenüber spezieller sind, Art. 11 Abs. 4 PAG. Insoweit wird eine Parallele zu Art. 2 Abs. 4 PAG erreicht. 344

Beispiele für derartige Befugnisnormen sind Art. 12 BayPsychKHG; Art. 12, 15 PAG i. V. m. Art. 24 Abs. 2 Satz 1 BayVersG; Art. 15 Abs. 2 BayPresseG.

Ein **Hauptanwendungsfall** sind die Befugnisse, welche die StPO der Polizei für die **Verfolgung von Straftaten** und über § 46 Abs. 2 OWiG auch für die Verfolgung von **Ordnungswidrigkeiten** eröffnet.[14] Diese sind sehr zahlreich. 345

Beispiele für Begfugnisse, welche die Polizei nach der StPO erhält, sind die Vernehmung von Zeugen, § 58 Abs. 1 StPO, die Gegenüberstellung, § 58 Abs. 2 StPO, die körperliche Untersuchung, Blutentnahme sowie andere körperliche Eingriffe, § 81a, 81c, 81g StPO, die Durchführung erkennungsdienstlicher Maßnahmen, § 81b StPO, die Sicherstellung und Beschlagnahme von Beweisgegenständen, §§ 94 i. V. m. 98 Abs. 1 StPO, den Einsatz technischer Mittel ohne Wissen des Betroffenen, § 100c StPO, die Durchsuchung beim Verdächtigen, §§ 102 StPO i. V. m. 105 StPO, sowie bei anderen Personen, § 103 StPO i. V. m. § 105 StPO, die Beschlagnahme von Zufallsfunden, § 108 StPO, die Versiegelung von Papieren, § 110 Abs. 2 StPO, der Einsatz verdeckter Ermittler, § 110a StPO, die Errichtung von Kontrollstellen, § 111 Abs. 2 StPO, die Sicherstellung und Beschlagnahme von bestimmten beweglichen Sachen, §§ 111b, 111c i. V. m. 111e, 111f StPO, die vorläufige Festnahme, § 127 Abs. 1 und 2 StPO, die Ausschreibung zur Festnahme oder Ermittlung, §§ 131 f. StPO, die Vernehmung und Vorladung von Beschuldigten, § 163a StPO, die Feststellung der Identität, § 163b StPO, das Festhalten zur Identitätsfeststellung, § 163c StPO, die Netzfahndung, § 163d StPO, das Festhalten von Störern, § 164 StPO.

Gegen **Versammlungen**, die den besonderen Schutz von Art. 8 GG, Art. 113 BV genießen, kann von deren Beginn bis zu deren Ende nur auf Grundlage des BayVersG vorgegangen werden, das dem PAG vorgeht, sog. Polizeifestigkeit der Versammlung, und das mit Art. 12, 15 BayVersG speziellere Befugnisnormen enthält.[15] 346

E. Standardbefugnisnormen, Art. 11 Abs. 1 2. Hs. i. V. m. Art. 12 ff. PAG

Art. 11 Abs. 1 Hs. 2 PAG ordnet an, dass die polizeilichen Maßnahmen auf die Generalbefugnisnorm nur gestützt werden können, *„soweit nicht die Art. 12 bis 65 die Befugnisse der Polizei besonders regeln"*. Vorrangig zur Abwehr von Gefahren heranzuziehen sind daher die **Standardbefugnisnormen der Art. 12 ff. PAG**. In den Art. 12 ff. PAG hat der Gesetzgeber Eingriffe für häufig vorkommende Lebenssituationen oder Eingriffe von besonderer Grundrechtsintensität typisiert geregelt, sog. **Standardmaßnahmen** bzw. typische oder typisierte Maßnahmen. 347

Ist ein Sachverhalt bereits mit Blick auf die Standardmaßnahmen **tatbestandsmäßig**, können die Maßnahmen nur auf die jeweilige Spezialbefugnisnorm gestützt

---

[14] Bzgl. der Vollstreckung kann die Polizei dagegen auf die Art. 70 ff. PAG zurückgreifen, Schmidbauer, in: ders./Steiner, Art. 11 PAG Rn. 107; a.A. OLG Dresden, NJW 2001, 3643, zu § 81a StPO.

[15] Dazu Kapitel 48.

werden, während ein Rückgriff auf die polizeiliche Generalklausel ausgeschlossen ist.[16] Die Standardbefugnisnorm normiert den Sachverhalt abschließend und entfaltet eine **Sperrwirkung** bzgl. Sachverhalt und Rechtsfolgen, *lex specialis derogat legi generali*.[17]

348 Ist ein Sachverhalt dagegen **nicht tatbestandsmäßig** i.S.e. Standardbefugnisnorm, ist ein **Rückgriff auf die Generalklausel für** solche sog. **atypischen Maßnahmen** zulässig, sofern die Maßnahme, die aufgrund der Generalklausel ergriffen werden soll, nicht vergleichbar einer Standardmaßnahme ist.[18]

F. Tatbestand der Generalklauseln, Art. 11 Abs. 1 und 2 PAG

I. Generalklausel mit Voraustatbeständen, Art. 11 Abs. 2 PAG

1. Verhältnis zu Art. 11 Abs. 1 PAG

349 Art. 11 Abs. 2 PAG konkretisiert die Generalklausel des Abs. 1 inhaltlich und umschreibt die Voraussetzungen der Befugnisnorm.[19] Insoweit trägt seine konkretisierende Funktion zur Klarstellung bei und dient als Auslegungshilfe. Dabei enthält Abs. 2 eine **eigenständige Eingriffsbefugnis**, bei welcher der Gesetzgeber drei typische Fälle ausdrücklich normiert hat, sog. **Voraustatbestände**.[20] Auf die Generalklausel in Abs. 1 ist daher erst subsidiär zurückzugreifen, wenn der Einzelfall nicht unter die speziellere Generalklausel mit Voraustatbeständen des Abs. 2 zu fassen ist.

Nach einer a. A. handelt es sich bei Abs. 2 um keine eigenständige Rechtsgrundlage, sondern allein um Konkretisierungen von Abs. 1.[21] Letztlich führen beide Ansichten zum selben Ergebnis.

Klausurhinweis:

Da die weitaus meisten Lebenssituationen bereits durch die Standardbefugnisnormen der Art. 12ff. PAG und vor allem durch die weite Fassung der Generalklausel mit Voraustatbeständen des Art. 11 Abs. 2 PAG erfasst sind, ist ein Rückgriff auf die Generalklausel des Art. 11 Abs. 1 PAG nur in seltenen Fällen angezeigt.

2. Der Tatbestand von Art. 11 Abs. 2 PAG

a. Verhütung oder Unterbindung von Straftaten, Ordnungswidrigkeiten oder verfassungsfeindlichen Handlungen (Abs. 2 Satz 1 Nr. 1)

350 Die ureigenste Aufgabe der Polizei ist es, Straftaten zu verhindern und damit nicht nur eine Störung der öffentlichen Sicherheit, sondern auch die Notwendigkeit repressiver Maßnahmen zu verhindern. Dem trägt die Befugnisnorm des Art. 11 Abs. 2 Satz 1 Nr. 1 PAG Rechnung.

---

[16] Schmidbauer, in: ders./Steiner, Art. 11 PAG Rn. 10; Holzner, in: BeckOK, PAG, Art. 11 Rn. 5.
[17] Kapitel 14.
[18] Schmidbauer, in: ders./Steiner, Art. 11 PAG Rn. 10; Holzner, in: BeckOK, PAG, Art. 11 Rn. 6. Dazu Kapitel 14.
[19] Schmidbauer, in: ders./Steiner, Art. 11 PAG Rn. 4.
[20] Honnacker/Beinhofer/Hauser, Art. 11 Rn. 2; a. A. Berner/Köhler/Käß, Art. 11 Rn. 21; offengelassen von Schmidbauer in: ders./Steiner, PAG, Art. 11 Rn. 85.
[21] Berner/Köhler/Käß, Art. 11 Rn. 5ff.

Art. 11 Abs. 2 Satz 2 bis 4 PAG enthalten für die jeweiligen, den Tatbestand der Befugnisnorm erfüllenden und zu unterbindenden Handlungen **Legaldefinitionen**: 351

aa. Straftaten und Ordnungswidrigkeiten

Hiernach sind **Straftaten** rechtswidrige Taten, die den Tatbestand eines Strafgesetzes verwirklichen, Art. 11 Abs. 2 Satz 2 PAG, und **Ordnungswidrigkeiten** rechtswidrige Taten, die den Tatbestand einer Ordnungswidrigkeit verwirklichen, Art. 11 Abs. 2 Satz 3 PAG. 352

Für das Vorliegen von Straftaten bzw. von Ordnungswidrigkeiten ist daher lediglich die **objektive Tatbestandsmäßigkeit** i.S.e. Straf- bzw. Ordnungswidrigkeitentatbestands erforderlich, ohne dass ein Rechtfertigungsgrund vorliegt. 353

Da es im Rahmen der Prävention um die Effektivität der Abwehr von Gefahren geht, kommt es im Unterschied zum Straf- und Ordnungswidrigkeitenrecht nicht auf die Verwirklichung der subjektiven Tatseite, ein Verschulden bzw. die Schuldfähigkeit, auf Strafausschließungsgründe oder auf Strafverfolgungshindernisse an. So können Gefahren auch von z.B. Schuldunfähigen verursacht werden, denen im Rahmen der Gefahrenabwehr zu begegnen ist, während bei der Strafverfolgung die Einsichtsfähigkeit in das eigene Handeln relevant wird. 354

Beispielfall 12 355

Der Geisteskranke G läuft mit einem Messer bewaffnet durch die Fußgängerzone und sticht wahllos auf Passanten ein.
Kann die Polizei Maßnahmen gegen ihn aufgrund von Art. 11 Abs. 2 Satz 1 Nr. 1 PAG ergreifen?

Lösung
Da die Messerattacken den objektiven Tatbestand der gefährlichen Körperverletzung bzw. den Versuchstatbestand erfüllen, §§ 223, 224 StGB bzw. §§ 223 Abs. 2, 224 Abs. 2, 22ff. StGB, können Maßnahmen gegen G zur Vermeidung bzw. Unterbindung der Straftaten auf Art. 11 Abs. 2 Satz 1 Nr. 1 PAG gestützt werden. Die Tatsache, dass evtl. strafrechtliche Schuldunfähigkeit oder ein Schuldminderungsgrund, §§ 21f. StGB, vorliegen, ist für die Präventivmaßnahme, die immer an der Effektivität der Gefahrenabwehr ausgerichtet sein muss, irrelevant.

bb. Verfassungsfeindliche Handlungen

Verfassungsfeindliche Handlungen sind nach Art. 11 Abs. 2 Satz 4 PAG solche, die darauf gerichtet sind, die verfassungsmäßige Ordnung der Bundesrepublik Deutschland oder eines ihrer Länder auf verfassungswidrige Weise zu stören oder zu ändern, ohne den Tatbestand einer Straftat oder Ordnungswidrigkeit zu verwirklichen.[22] 356

Den gleichen Inhalt weist Art. 7 Abs. 5 LStVG auf.

Zur **verfassungsmäßigen Ordnung** zählen „die Achtung vor den im Grundgesetz konkretisierten Menschenrechten sowie das demokratische Prinzip mit der Verantwortlichkeit der Regierung, das Mehrparteienprinzip und das Recht auf verfassungsmäßige Bildung und Ausübung einer Opposition".[23] 357

---

[22] Schmidbauer, in: ders./Steiner, Art. 11 PAG Rn. 88.
[23] BVerwG, NJW 1993, 3213 (3215); BayVGH, BayVBl. 1994, 439ff.

358 Da verfassungsfeindliche Handlungen bereits tatbestandsmäßig i. S. v. **strafrechtlichen Normen** sein können, vgl. §§ 80 ff. StGB, fällt das polizeiliche Einschreiten bereits unter Art. 11 Abs. 2 Satz 1 Nr. 1 1. Alt. PAG, so dass der Alternative der verfassungsfeindlichen Handlung, die ihr Wortlaut *„ohne eine Straftat oder Ordnungswidrigkeit zu verwirklichen"* bereits als subsidiären Auffangtatbestand ausweist, nur für die Fälle des fehlenden straf- oder ordnungswidrigkeitenrechtlichen Schutzes eigenständige Bedeutung zukommt.

359 **Beispielfall 13**

Der rechtsradikale Verein V will jedes Jahr am 9. November an der Feldherrnhalle in München zum Gedenken an den Hitler-Putsch im Jahre 1923 einen Kranz niederlegen. Aufgrund welcher Befugnisnorm kann die Polizei hiergegen vorgehen?

Lösung

Da die Kranzniederlegung keinen objektiven Tatbestand eines Straf- oder Ordnungswidrigkeitengesetzes erfüllt, diese jedoch dem positiven Gedenken an das menschenverachtende Unrechtsregime des Nationalsozialismus dient, kann die Polizei Maßnahmen auf Art. 11 Abs. 2 Satz 1 Nr. 1 2. Alt. PAG stützen.

360 Verfassungsfeindliche Umtriebe können damit von der Polizei verhütet und unterbunden werden. Dies beinhaltet jedoch **nicht** das **Verbot verfassungsfeindlicher Vereinigungen** i. S. v. Art. 9 Abs. 3 GG, Art. 113 Abs. 2 BV, das dem jeweiligen Innenminister zukommt, wie auch nicht das Verbot **verfassungswidriger Parteien**, das dem BVerfG nach Art. 21 Abs. 2 Satz 2 GG vorbehalten ist, sog. Parteienprivileg. Erst im Anschluss an ein Verbot kann die Polizei gegen die Vereinigung bzw. Partei vorgehen, da dann ein Verstoß gegen § 20 VereinsG – bei einem vollziehbaren Verbot – oder gegen die §§ 84 ff. StGB – bei einem unanfechtbaren Verbot – vorliegt und damit wieder Art. 11 Abs. 2 Satz 1 Nr. 1 1. Alt. PAG greift.

cc. Konkrete Gefahr

361 Es muss eine **konkrete Gefahr** dafür bestehen, dass der objektive Tatbestand der Straf- oder Ordnungswidrigkeitennorm erfüllt oder die verfassungsfeindliche Handlung begangen wird.

dd. Verhüten oder Unterbinden

362 Ein **Verhüten** der genannten Handlungen erfolgt dann, wenn deren Verwirklichung bevorsteht, sie also konkret droht und sich bereits in ihren Umrissen abzeichnet, die Verwirklichung jedoch noch nicht begonnen hat und die Polizei diese verhindert.[24]

Insoweit geht diese Variante davon aus, dass die Verwirklichung des objektiven Tatbestands der Strafnorm bzw. der Ordnungswidrigkeitennorm oder der verfassungsfeindlichen Handlung noch nicht begonnen hat und erst recht keine Vollendung oder gar Beendigung der Straf- oder Ordnungswidrigkeit vorliegt. Ist also ein Versuch einer Straftat nicht strafbewehrt, fällt die Verhinderung der weiteren Ausführung unter diese Alternative.

363 Ein **Unterbinden** der vorbezeichneten Handlungen ist dagegen dann gegeben, wenn bereits damit begonnen wurde, den objektiven Tatbestand zu verwirklichen und deren Beendigung verhindert wird.[25]

---

[24] Honnacker/Beinhofer/Hauser, Art. 11 Rn. 19.
[25] Schmidbauer, in: ders./Steiner, Art. 11 PAG Rn. 86; Holzner, in: BeckOK, PAG, Art. 11 Rn. 114.

Ein Unterbinden kommt dabei also von Beginn der Straftat bzw. Ordnungswidrigkeit bzw. bei Strafbarkeit des Versuchs ab Eintritt in das Versuchsstadium bis zur Beendigung des Deliktes in Betracht. Eine Vollendung hindert die weitere Unterbindung dagegen nicht.

ee. Verhältnis zur Strafverfolgung und Ahndung von Ordnungswidrigkeiten

Da Art. 11 Abs. 2 Satz 1 Nr. 1 PAG auf Straftaten und Ordnungswidrigkeiten abstellt, stellt sich die Frage nach seinem Verhältnis zu repressiven Maßnahmen. Dabei schließen sich diese grundsätzlich nicht aus. Vielmehr ist die Prävention von Straftaten und Ordnungswidrigkeiten von einer eventuell erfolgenden Strafverfolgung unabhängig. Da die Vermeidung von Verletzungen von Schutzgütern grundsätzlich der Ahndung derartiger Verletzungen vorgeht,[26] **geht** auch die **Gefahrenabwehrmaßnahme** einer eventuellen Strafverfolgung oder Ahndung von Ordnungswidrigkeiten **vor**. 364

b. Beseitigung von Zuständen, die durch Handlungen nach Nr. 1 verursacht wurden (Abs. 2 Satz 1 Nr. 2)

Ist eine Handlung nach Art. 11 Abs. 2 Satz 1 Nr. 1 PAG bereits beendet, ist eine Verhütung oder Unterbindung nicht mehr möglich. Bestehen jedoch ihre Folgen fort, verleiht Art. 11 Abs. 2 Satz 1 Nr. 2 PAG der Polizei die Eingriffsbefugnis, diese Zustände zu beseitigen. Voraussetzung ist, dass der objektive Tatbestand der Straftat oder Ordnungswidrigkeit oder eine verfassungsfeindliche Handlung vorliegt.[27] 365

Als **Zustand** wird die Beschaffenheit oder Eigenschaft oder örtliche Belegenheit einer Sache oder die Eigenschaft einer Person angesehen, mithin grundsätzlich jede tatsächliche Situation, die durch die Handlungen nach Nr. 1 verursacht wurde.[28] Nicht erforderlich ist, dass der Zustand selbst gefährlich ist. Ausreichend ist, dass er durch die rechtswidrige Tat verursacht wurde und die Rechtsordnung diesen Zustand missbilligt, was regelmäßig gegeben ist, wenn der Zustand auf die Begehung des objektiven Tatbestands einer Straftat bzw. Ordnungswidrigkeit oder einer verfassungsfeindlichen Handlung zurückzuführen ist. 366

Unter **Beseitigung** des Zustands wird grundsätzlich jede Beendigung des missbilligten Zustands verstanden. Insofern ist die Beseitigung ein Unterfall der Unterbindung.[29] 367

c. Abwehr von Gefahren oder Beseitigung von Zuständen in Bezug auf qualifizierte Rechtsgüter (Abs. 2 Satz 1 Nr. 3)

Nach Art. 11 Abs. 2 Satz 1 Nr. 3 PAG hat die Polizei die Befugnis, Individualrechtsgüter wie Leben, Gesundheit oder die Freiheit der Person sowie Sachen, deren Erhaltung im öffentlichen Interesse geboten erscheint, zu schützen. 368

In diesem Teil der Generalklausel wird noch das traditionelle Polizeistrafrecht sichtbar, das an strafbarem oder verbotenem Verhalten von Menschen anknüpfte.[30]

Das **Leben** einer Person ist bedroht, wenn deren Tötung bevorsteht. 369

Die **Gesundheit** der Person fällt unter den Schutzbereich des Grundrechts auf körperliche Unversehrtheit, Art. 2 Abs. 2 Satz 1 GG, Art 100 BV i. V. m. 101 BV, die dann 370

---

[26] BVerfGE 30, 336 (350); 39, 1 (42, 44 f.).
[27] Dazu bereits unter Rn. 352 ff., 356 ff.
[28] Schmidbauer, in: ders./Steiner, Art. 11 PAG Rn. 99.
[29] Honnacker/Beinhofer/Hauser, Art. 11 Rn. 27.
[30] Dazu bereits Rn. 18 ff.

bedroht ist, wenn zu besorgen ist, dass ihre körperliche, geistige oder seelische Integrität beeinträchtigt wird.[31]

371 Die **Freiheit** der Person umfasst die körperliche Bewegungsfreiheit, Art. 2 Abs. 2 Satz 2 GG.

372 **Sachen**, deren Erhaltung im öffentlichen Interesse geboten erscheint, sind in Abgrenzung zum Menschen grundsätzlich nicht nur bewegliche und unbewegliche Sachen, sondern auch Tiere.[32] Ein **öffentliches Interesse** an der Erhaltung der Sache besteht, wenn die Sache öffentlichen Zwecken dient. Aber auch private Sachen, die in einer besonderen Beziehung zur Allgemeinheit von erheblicher Bedeutung stehen, fallen hierunter.

Beispiele sind insbesondere dem Wohl der Allgemeinheit dienende Einrichtungen, wie Krankenhäuser, Altenheime, Versorgungseinrichtungen, Entsorgungsbetriebe, für das Gemeinschaftsleben wichtige Industriebetriebe, aber auch Museen, kulturhistorische Bauwerke und Kunstwerke.

373 Eine **Bedrohung** dieser Rechtsgüter liegt dann vor, wenn eine konkrete Gefahr gegeben ist.[33]

Klausurhinweis:

Ist der Zustand einer Sache, der die Gefahr verursacht, auf die Handlung eines Menschen zurückzuführen, ist nach h. M. Art. 11 Abs. 2 Nr. 1 oder Nr. 2 PAG vorrangig vor Art. 11 Abs. 2 Nr. 3 PAG anzuwenden, so dass sich der Anwendungsbereich von Nr. 3 auf Gefahren, die durch Naturereignisse, Tiere oder durch den Zustand einer Sache hervorgerufen werden, verengt.[34]

II. Generalklausel des Art. 11 Abs. 1 PAG

374 Voraussetzung für die atypische Maßnahme nach Art. 11 Abs. 1 PAG ist das Vorliegen einer im einzelnen Fall bestehenden Gefahr für die öffentliche Sicherheit oder Ordnung. Insoweit ist der Tatbestand denkbar weit gefasst.

1. Im einzelnen Fall bestehende Gefahr – konkrete Gefahr

a. Legaldefinition des Gefahrenbegriffs

375 Art. 11 Abs. 1 PAG enthält eine Legaldefinition für den Begriff der „Gefahr". Dabei beschränkt sich sein Aussagegehalt darauf, dass als „Gefahr" i.S.d. PAG immer *„eine im einzelnen Fall bestehende Gefahr"*, mithin eine **konkrete Gefahr**, gegeben sein muss. Gleichfalls muss die Gefahr immer für das Schutzgut der öffentlichen Sicherheit oder Ordnung bestehen. Wird also in den folgenden Vorschriften des PAG auf eine „Gefahr" abgestellt, ohne diese näher zu bestimmen, kommt die Legaldefinition von

[31] Schmidbauer, in: ders./Steiner, Art. 11 PAG Rn. 101; Holzner, in: BeckOK, PAG, Art. 11 Rn. 122.
[32] Berner/Köhler/Käß, Art. 11 Rn. 33.
[33] Dazu Rn. 376 f.
[34] Berner/Köhler/Käß, Art. 11 Rn. 26; Honnacker/Beinhofer/Hauser, Art. 11 Rn. 31; a. A. Schmidbauer, in: ders./Steiner, Art. 11 PAG Rn. 104.

Art. 11 Abs. 1 PAG zur Anwendung, weshalb in diesen Fällen immer eine konkrete Gefahr für die öffentliche Sicherheit oder Ordnung erforderlich ist.

Dabei ist zu beachten, dass es auch Befugnisnormen gibt, bei denen keine konkrete Gefahr, z.B. Art. 13 Abs. 1 Nr. 5 PAG – Schleierfahndung,[35] oder nicht einmal eine abstrakte Gefahr als Voraussetzung für den Eingriff erforderlich ist, z.B. Art. 32 Abs. 2 PAG – Datenerhebung.[36]

b. Konkrete Gefahr und Störung

Eine **konkrete Gefahr** besteht, wenn eine Sachlage vorliegt, die nach allgemeiner Lebenserfahrung bei ungehindertem Verlauf des objektiv zu erwartenden Geschehens im Einzelfall mit hinreichender Wahrscheinlichkeit zu einer Verletzung der Schutzgüter der öffentlichen Sicherheit oder Ordnung führt.[37] **376**

Eine Verletzung der Schutzgüter ist dabei gleichzusetzen mit einem Schaden an diesen. Erforderlich ist daher eine gewisse **Schadensgeneigtheit** der Sachlage. Nicht ausreichend ist es daher für die Annahme einer konkreten Gefahr, dass bloße Unannehmlichkeiten, Unbequemlichkeiten oder Belästigungen zu erwarten sind (z.B. Geläut von Kuhglocken; stilles Betteln). **377**

Eine **Störung** der öffentlichen Sicherheit oder Ordnung besteht dagegen dann, wenn sich die Gefahr verwirklicht hat und eine Verletzung der Schutzgüter bzw. ein Schaden bereits eingetreten ist und noch andauert. Auch die Störung der öffentlichen Sicherheit oder Ordnung ist tatbestandsmäßig i. S. v. Art. 11 Abs. 1 PAG, wenn sie auch nicht erforderlich ist. Dies ergibt sich aus einem *argumentum a minore ad maius*[38] sowie aus der konkretisierenden Formulierung in Abs. 2, der von „unterbinden" und „beseitigen" spricht. **378**

Unerheblich ist dabei, ob die Störung im Geltungsbereich des PAG eintritt, da ausreichend für die Tatbestandsmäßigkeit ist, dass die Gefahr in dessen Geltungsbereich entsteht.[39]

c. Prognoseentscheidung

Da es sich bei der Frage des Vorliegens der Tatbestandsmerkmale von Art. 11 Abs. 1 PAG um eine Vorhersage künftiger Ereignisse handelt, hat der Polizeibeamte eine Prognose über den zu erwartenden Geschehensablauf anzustellen. Diese Prognoseentscheidung ist in dem Zeitpunkt zu treffen, in dem der Polizist darüber zu befinden hat, ob und ggf. wie er gegen die Gefahr einschreiten wird. Sie ist daher ***ex ante et ex situatione*** anzustellen. Abzustellen ist dabei auf die Sicht eines verständig handelnden, gewissenhaften, besonnenen und sachkundigen **Durchschnittsbeamten.**[40] Lebenserfahrung oder technisches Regelwissen können in die Prognose einfließen. **379**

Dabei muss sich die **Wahrscheinlichkeit des Schadenseintritts** auf hinreichend gesicherte Anhaltspunkte stützen lassen. Eine solche Wahrscheinlichkeit liegt dann vor, wenn die objektive Möglichkeit des Schadenseintritts besteht, was insbesondere dann der Fall ist, wenn ein allgemein anerkannter, abstrakter Erfahrungssatz, nach dem ein **380**

---

[35] Rn. 835 ff.
[36] Dazu Kapitel 22.
[37] BVerfG 120, 274 (328 f.).
[38] Sog. Erst-recht-Schluss.
[39] Berner/Köhler/Käß, Art. 2 Rn. 23; Schmidbauer, in: ders./Steiner, Art. 11 PAG Rn. 37; a. A. Mokros, POLIZEI-heute 1998, 20 ff.
[40] Holzner, in: BeckOK, PAG, Art. 11 Rn. 24 ff.

Schadenseintritt als wahrscheinlich gilt, auf den zu entscheidenden Sachverhalt angewandt werden kann.[41]

Klausurhinweis:

Dabei gilt die „Je-desto"-Faustformel: **Je bedeutsamer das gefährdete Rechtsgut und je höher der zu erwartende Schaden ist, desto geringer können die Anforderungen sein, die an den Grad der Wahrscheinlichkeit gestellt werden.**[42]

381 Schwächt sich der Grad der Wahrscheinlichkeit des Schadenseintritts durch die zeitliche Vorverlagerung von polizeilichen Maßnahmen ab, wie dies im Bereich der Vorfeldermittlung der Fall ist, oder besteht keinerlei Zusammenhang mehr zu einem Schadenseintritt, so wird dies dadurch ausgeglichen, dass dem Rang des Schutzguts und der Gefährlichkeit der Gefährdungshandlung höheres Gewicht beigemessen wird.[43]

d. Abweichungen vom prognostizierten Kausalverlauf

382 Typischerweise entziehen sich derartige Prognoseentscheidungen einer genauen Berechnung bzw. Vorhersage. Die Tatsache, dass sich im Nachhinein herausstellt, dass sich die prognostizierte Gefahr nicht verwirklicht hat und daher keine Störung eingetreten ist, vermag die **Rechtmäßigkeit** der polizeilichen Prognose und die aufgrund dieser Prognose ergriffene polizeiliche Maßnahme **nicht** zu **beseitigen**. Insoweit **verbietet sich** eine ***ex post*-Betrachtung**,[44] da andernfalls eine effektive Gefahrenabwehr nicht mehr möglich wäre.

383 Da Prognoseentscheidungen aufgrund ihrer Zukunftsgerichtetheit immer auch fehleranfällig sind, können **Fehleinschätzungen** erfolgen.[45]

2. Weitere Gefahrenbegriffe

384 Neben der konkreten Gefahr und der bereits bei Art. 2 PAG kennengelernten allgemeinen Gefahr bestehen eine Vielzahl weiterer Gefahrenbegriffe.

Klausurhinweis:

Es ist nicht erforderlich, dass Sie sämtliche im Polizeirecht geläufigen Gefahrenbegriffe kennen – es sind schlicht zu viele. Die wichtigsten, deren Kenntniss jedoch erwartet wird, sind im Folgenden angeführt.

385 Die verschiedenen Gefahrenbegriffe zeichnen sich zumeist dadurch aus, dass sie Unterschiede im Hinblick auf die Wahrscheinlichkeit des Schadenseintritts oder Qualifikationen in Bezug auf die Schutzgüter oder Auswirkungen der Gefahr beschreiben und können daher auch in dieser Hinsicht kategorisiert werden.

---

[41] Schmidbauer in: ders./Steiner, Art. 11 PAG Rn. 25 m. w. N.

[42] BVerfGE 100, 313 (375f., 392); 110, 33 (60); BVerfG, NJW 2005, 2603 (2609); NJW 1970, 1890 (1892).

[43] Dazu unter Rn. 390, 491ff.

[44] BVerwG, NJW 1975, 2158 (2159).

[45] Dazu ausführlich Rn. 406ff.

a. Abstrakte Gefahr

Eine abstrakte Gefahr liegt vor, wenn nach generell-abstrakter Betrachtungsweise unter Zugrundelegung der allgemeinen Lebenserfahrung oder den Erkenntnissen fachkundiger Stellen eine Sachlage mit hinreichender Wahrscheinlichkeit eintreten kann, die im Falle ihres Eintritts eine konkrete Gefahr darstellt.[46] Im Gegensatz zur konkreten Gefahr wird bei der abstrakten Gefahr nicht der Einzelfall mit der dazugehörigen konkreten Lebenssituation beurteilt, sondern **allgemeine Erwägungen für generelle Fälle** in typisierter Form angestellt. 386

Eine abstrakte Gefahr reicht grundsätzlich für den Erlass von abstrakt-generellen Regelungen in Form ordnungsbehördlicher Rechtsverordnungen aus.[47] Für das Ergreifen einer **konkreten Einzelmaßnahme** aufgrund einer Befugnisnorm reicht das Vorliegen einer abstrakten Gefahr dagegen **nicht**, so dass sie auch nicht tatbestandsmäßig i.S.d. Generalklausel des Art. 11 Abs. 1 PAG ist. 387

Nach dem BayVerfGH fallen unter den Tatbestand der Schleierfahndung, Art. 13 Abs. 1 Nr. 5 PAG, und die daran gekoppelten Befugnisse zur Durchsuchung von Personen, Art. 21 Abs. 1 Nr. 3 PAG, und von Sachen, Art. 22 Abs. 1 Nr. 4 PAG, Orte, denen eine **erhöhte abstrakte Gefahr** zukommt.[48] Ausreichend, aber auch erforderlich sind tatsächliche Anhaltspunkte oder Indizien, welche die Einschätzung einer erhöhten Gefährdung für ein Schutzgut rechtfertigen.[49] 388

b. Allgemeine Gefahr

In Anlehnung an Art. 2 Abs. 1 PAG wird – wie bereits gesehen[50] – als allgemeine Gefahr eine Sachlage verstanden, bei der nach allgemeiner Lebenserfahrung und ungehindertem Fortgang das Eintreten einer konkreten Gefahr für die Schutzgüter möglich ist. Sie entspricht damit der allgemeinen Gefahr des Lebens. 389

c. Drohende Gefahr

Zwar deutet die Begrifflichkeit „drohende" Gefahr auf eine zeitliche Qualifikation des Gefahrenbegriffs hin, letztlich wurde sie jedoch nur als Synonym für eine konkrete Gefahr herangezogen.[51] Mittlerweile wurde der Begriff der drohenden Gefahr in Anlehnung an die Rechtsprechung des BVerfG[52] in Art. 11 Abs. 3 PAG legaldefiniert und ist Tatbestandsmerkmal der in Abs. 3 normierten Generalklausel für Vorfeldmaßnahmen[53] sowie zahlreicher Befugnisnormen des PAG.[54] Dabei handelt es sich um Fallgestaltungen, in denen der prognostizierte Kausalverlauf nicht bis zum Ende konkret feststeht, weil beispielsweise nicht vorhergesehen werden kann, wann oder wo der Schaden am Schutzgut eintritt. Damit die Polizei in solchen Fällen Maßnahmen ergreifen kann, verlangt Art. 11 Abs. 3 PAG durch das Tatbestandsmerkmal der drohenden Gefahr, dass aufgrund von Tatsachen aus dem individuellen Verhalten einer Person 390

---

46 BVerwG, NJW 1970, 1890 (1892).

47 Dazu Kapitel 42.

48 BayVerfGH, Urt. v. 7.2.2006 – Vf. 69-VI-04.

49 Berner/Köhler/Käß, Art. 2 Rn. Rn. 37.

50 Dazu bereits Rn. 289 ff.

51 Schmidbauer, in: ders./Steiner, Art. 11 PAG Rn. 54; Holzner, in: BeckOK, PAG, Art. 11 Rn. 38.

52 BVerfGE 141, 220 (272 Rn. 112).

53 Dazu Rn. 478 ff.

54 Z.B. die Identitätsfeststellung nach Art. 13 Abs. 1 Nr. 1b PAG, die Ergreifung erkennungsdienstlicher Maßnahmen nach Art. 14 Abs. 1 Nr. 3 PAG, die Verhängung eines Platzverweises, Kontaktverbotes oder – ebenfalls neu – eines Aufenthaltsgebotes nach Art. 16 Abs. 1 Satz 1 Nr. 2, Abs. 2 Satz 1 PAG, die Fertigung offener Ton- und Bildaufzeichnungen nach Art. 33 Abs. 2 Satz 1 Nr. 1a PAG oder die Anordnung einer elektronischen Aufenthaltsüberwachung nach Art. 32a Abs. 1 Satz 1 PAG, sog. Fußfessel, sowie die sich hieraus ergebenden Möglichkeiten der Ingewahrsamnahme nach Art. 17 Abs. 1 Nr. 3 bis 5 PAG.

oder aus Vorbereitungshandlungen Angriffe von erheblicher Intensität oder Auswirkung auf bedeutende Rechtsgüter zu erwarten sind.

d. Qualifikation in Bezug auf die Wahrscheinlichkeit der Gefahr bzw. des Schadenseintritts (zeitliche Dimension)

391 Durch bestimmte Gefahrenbegriffe wird die zeitliche Dimension des Schadenseintritts konkretisiert.

aa. Gegenwärtige Gefahr

392 Eine gegenwärtige Gefahr liegt vor, wenn die Einwirkung des schädigenden Ereignisses bereits begonnen hat oder wenn diese Einwirkung unmittelbar oder in allernächster Zeit mit einer **an Sicherheit grenzenden Wahrscheinlichkeit** bevorsteht.[55]

393 Voraussetzung für die Annahme einer gegenwärtigen Gefahr ist es, dass der zum Schadenseintritt führende **Kausalverlauf** nicht nur absehbar, sondern **bereits in Gang gesetzt** ist.[56] Der Wahrscheinlichkeitsgrad des Schadenseintritts wird in zeitlicher Hinsicht konkretisiert und angehoben. Eine gegenwärtige Gefahr liegt daher immer dann vor, wenn bereits eine Störung eingetreten ist.

394 Eine gegenwärtige Gefahr als Qualifikation zur konkreten Gefahr berechtigt zu Maßnahmen nach Art. 11 Abs. 1 PAG. Daneben fordert das PAG das Vorliegen einer gegenwärtigen Gefahr als tatbestandliche Voraussetzung z.B. in den Art. 10 Abs. 1 Nr. 1, Art. 23 Abs. 2, Art. 25 Nr. 1, Art. 81 Abs. 2, Art. 83 Abs. 2 Satz 2, Abs. 3 Satz 2, Abs. 4 Satz 2, Art. 84 Abs. 1 Nr. 1 ein.

bb. Gefahr im Verzug

395 Gefahr im Verzug besteht dann, wenn der **Erfolg der polizeilichen Maßnahme gefährdet** würde, wenn zuvor eine Anrufung eines Richters oder die Einschaltung sonstiger Sicherheitsbehörden erfolgen würde.[57] Das Vorliegen von Gefahr im Verzug ist unabhängig von der Wertigkeit des Betroffenen Rechtsguts oder Schadens. Um die Regelzuständigkeiten der ursprünglich vorgesehenen Stellen nicht auszuhebeln, ist der Begriff eng auszulegen.[58]

396 Gefahr im Verzug wird z.B. für Art. 24 Abs. 1 S. 1 PAG, sowie für Datenerhebungsvorschriften gefordert. Darüber hinaus rekurrieren Art. 13 Abs. 2 GG und strafprozessuale Befugnisse, z.B. § 81a Abs. 2 StPO, § 100 Abs. 1 StPO, § 127 Abs. 2 StPO, § 163d Abs. 2 StPO, auf diesen Begriff.

cc. Latente Gefahr

397 Unter latenter Gefahr versteht man eine Situation, aus der sich durch das Hinzutreten weiterer Handlungen oder Umstände erst in der Zukunft möglicherweise eine konkrete Gefahr ergeben kann. Da damit bei der latenten Gefahr eine hinreichende Wahrscheinlichkeit des Schadenseintritts fehlt, handelt es sich bei dieser nicht um eine konkrete Gefahr, so dass sie **für die Tatbestandsmäßigkeit** von Befugnisnormen **ausscheidet**.

e. Qualifikation in Bezug auf die Schutzgüter

aa. Gefahr für Gesundheit, Leib oder Leben

398 Eine Gefahr für die ausgewählten Individualrechtsgüter Gesundheit, Leib oder Leben stellt eine Qualifikation der konkreten Gefahr für die öffentliche Sicherheit im Hinblick auf die Schutzgüter dar.

---

[55] Denninger, in: Lisken/Denninger, D 39.
[56] Denninger, in: Lisken/Denninger, D 39.
[57] BVerfGE 103, 142 (153f.); 51, 97 (111); BVerwGE 28, 285 (291).
[58] OLG München, Beschl. v. 20.3.2015 – 34 Wx 173/13; OLG Bamberg, NZV 2010, 310.

In Anlehnung an das Strafrecht liegt eine **Gefahr für die Gesundheit** dann vor, wenn das Wohlbefinden nicht unerheblich beeinträchtigt wird, mithin die Begehung einer nicht nur leichten Körperverletzung zu befürchten ist.[59] 399

Eine Gefahr für die Gesundheit fordern z.B. Art. 11 Abs. 2 Satz 1 Nr. 3, Art. 25 Nr. 3a PAG.

Eine **Gefahr für den Leib** erfordert dagegen eine befürchtete Beeinträchtigung der körperlichen Unversehrtheit durch eine nicht nur einfache Körperverletzung, während eine **Gefahr für das Leben** besteht, wenn eine Tötung zu befürchten ist.[60] 400

Eine solche Gefahr für Leib oder Leben fordert das PAG z.B. in Art. 11 Abs. 2 Satz 1 Nr. 3, Art. 15 Abs. 3 Nr. 1, Art. 17 Abs. 1 Nr. 1, Art. 21 Abs. 2, Abs. 3, Art. 23 Abs. 1 Satz 1 Nr. 3, Art. 23 Abs. 2, Art. 25 Nr. 3b (Leben), Art. 81 Abs. 2, Art. 83 Abs. 2 S. 2, Abs. 3 Satz 2, Abs. 4 Satz 2, Art. 84 Abs. 1 Nr. 1 ein.

bb. Gefahr für die Freiheit von Personen

Eine Gefahr für die Freiheit einer Person liegt vor, wenn die körperliche Bewegungsfreiheit gefährdet ist.[61] 401

Diese wird z.B. in Art. 11 Abs. 2 S. 1 Nr. 3, Art. 15 Abs. 3 Nr. 1, Art. 23 Abs. 1 S. 1 Nr. 3 PAG als Voraussetzung aufgestellt.

cc. Gefahr für Sachen von bedeutendem Wert

Eine Beschränkung und damit Qualifikation des Rechtsgutes auf Sachen erfolgt z.B. mit Art. 11 Abs. 2 S. 1 Nr. 3, Art. 23 Abs. 1 Nr. 3, Art. 23 Abs. 2 PAG. Sachen sind dabei solche nach §§ 90, 90a BGB. 402

dd. Erhebliche Gefahr

Eine erhebliche Gefahr besteht dann, wenn eine Sachlage existiert, aufgrund der eine **konkrete Gefahr für ein bedeutsames Rechtsgut** besteht.[62] Als bedeutsame Rechtsgüter anerkannt sind Leben, Leib/Gesundheit, Freiheit, Eigentum, nicht unwesentliche Vermögenswerte, andere strafrechtlich geschützte Güter wie auch Gefahren für den Bestand des Staates und seiner Einrichtungen, die als erheblich angesehen werden. 403

Eine erhebliche Gefahr vermag den Tatbestand der Generalklausel zu erfüllen. Ausdrücklich vorausgesetzt wird sie z.B. in Art. 10 Abs. 1 Nr. 1 PAG.

ee. Dringende Gefahr

Dringend ist eine Gefahr bereits dann, wenn es sich um eine konkrete Gefahr für ein gewichtiges Rechtsgut handelt,[63] womit **Übereinstimmung zur erheblichen Gefahr** besteht.[64] Eine zeitliche Qualifikation, wie es der Wortsinn „dringend" nahelegt, ist dagegen nicht erforderlich. 404

Eine dringende Gefahr wird z.B. in Art. 23 Abs. 3 PAG gefordert, ebenso in Art. 13 Abs. 4 Satz 1, Abs. 7 GG.

---

[59] Holzner, in: BeckOK, PAG, Art. 11 Rn. 47.

[60] Holzner, in: BeckOK, PAG, Art. 11 Rn. 49.

[61] Schmidbauer, in: ders./Steiner, Art. 11 PAG Rn. 51; Holzner, in: BeckOK, PAG, Art. 11 Rn. 51.

[62] Schmidbauer, in: ders./Steiner, Art. 11 PAG Rn. 48; Holzner, in: BeckOK, PAG, Art. 11 Rn. 53.

[63] BVerfGE 47, 31 (40); Denninger, in: Lisken/Denninger D 64; Schmidbauer, in: ders./Steiner, Art. 11 PAG Rn. 49.

[64] Dazu Rn. 403.

ff. Gemeine Gefahr

405 Eine gemeine Gefahr bezeichnet eine Situation, in der für eine unbestimmte **Vielzahl von Personen** oder für **erhebliche Sachwerte eine konkrete Gefahr** vorliegt.[65]

Eine gemeine Gefahr wird z.B. für Art. 13 Abs. 4 Satz 1 GG gefordert.

f. Unsicherheiten in der Gefahrenprognose

406 Aufgrund der Erforderlichkeit einer in die Zukunft gerichteten Prognoseentscheidung *ex ante et ex situatione* kann es zu Unsicherheiten in der Gefahrenprognose kommen. Zu unterscheiden sind insoweit **zwei Fallgruppen**:
- der **Gefahrenverdacht**, bei dem unklar ist, ob überhaupt eine Gefahr vorliegt, und
- die **Fehleinschätzungen**, bei denen eine Gefahr zwar angenommen wird, letztlich aber keine vorliegt.

aa. Gefahrenverdacht

407 Ein bloßer Gefahrenverdacht liegt vor, wenn aufgrund der Zukunftsgerichtetheit der Prognoseentscheidung trotz verständiger Würdigung der im Zeitpunkt der polizeilichen Entscheidung vorliegenden Tatsachen und Kenntnisse **zweifelhaft** ist, ob überhaupt eine **Gefahr besteht**, obgleich nicht zuverlässig ausgeschlossen werden kann, dass keine Gefahr vorliegt.[66] Es bestehen also beim entscheidenden Polizeibeamten **Wissensdefizite, die keine endgültige Gefahrenprognose erlauben.** Dabei können sich die Unsicherheiten auf das Vorliegen des Sachverhalts wie auch des zu erwartenden Kausalverlaufs beziehen.[67]

408 Der Gefahrenverdacht wird auf Primär- und Sekundärebene und damit auch im Rahmen von Art. 11 Abs. 1 PAG grundsätzlich **der konkreten Gefahr gleichgestellt**, da die Aufklärung von Gefahren den ersten Schritt zur Gefahrenabwehr darstellt. Er berechtigt jedoch nur zu **Gefahrerforschungseingriffen.**[68] Erst wenn sich der Gefahrenverdacht erhärtet hat, können Gefahrenabwehrmaßnahmen ergriffen werden, da ein solcher sog. begründeter Gefahrenverdacht nach h. M. einer konkreten Gefahr gleichgestellt wird.[69]

409 **Beispielfall 14**

Aufgrund der erhöhten Terrorgefahr bestreifen Polizeibeamte verstärkt den Münchner Hauptbahnhof. Dabei entdeckt der Polizeibeamte P am Bahnsteig einen vermeintlich herrenlosen Koffer. Er beobachtet diesen eine Zeit lang und spricht mit einem Standbetreiber, der bestätigt, dass der Koffer bereits seit geraumer Zeit dort abgestellt ist.
Besteht für P die Möglichkeit zu handeln?

---

[65] Denninger, in: Lisken/Denninger, D 64.
[66] Denninger, in: Lisken/Denninger, D 49.
[67] Denninger, in: Lisken/Denninger, D 49.
[68] Dazu Rn. 451 ff.
[69] Denninger, in: Lisken/Denninger, D 49, 52; Schmidbauer, in: ders./Steiner, Art. 11 PAG Rn. 39; Holzner, in: BeckOK, PAG, Art. 11 Rn. 61.

Lösung
Vorliegend kennt P den Umstand, dass ein Koffer am Bahnsteig steht, der keiner Person zugeordnet werden kann. Er weiß jedoch nicht, ob der Koffer z.B. Sprengstoff enthält. Auch nach verständiger Würdigung aller im Zeitpunkt der polizeilichen Entscheidung vorliegenden Tatsachen und Kenntnisse durch einen verständigen Polizeibeamten ist daher zweifelhaft, ob von dem Koffer eine Gefahr ausgeht. Es liegt jedoch aufgrund der Umstände ein hinreichender Gefahrenverdacht vor, welcher einer konkreten Gefahr i.S.v. Art. 11 Abs. 1 PAG gleichgestellt ist, so dass zur Erforschung, ob der Koffer Sprengstoff enthält, sog. Gefahrerforschungseingriffe erfolgen können.

Beispielfall 15 410

Ein Chemieunternehmen leitet giftige Abwässer in den nahe gelegen Fluss ein. Es ist jedoch nicht bekannt, in welchem Umfang die Einleitung erfolgte und welchen Schaden diese verursacht hat.
Liegt ein Gefahrenverdacht vor?

Lösung
1. Da bereits klar ist, dass eine Einleitung von giftigen Abwässern erfolgte, ist bekannt, dass eine Gefahr vorliegt. Unbekannt ist dagegen allein das Ausmaß der Gefahr. Es liegt daher kein Gefahrenverdacht vor, sondern eine konkrete Gefahr, so dass aufgrund dieser Situation Gefahrenabwehrmaßnahmen ergriffen werden können.
2. Im Rahmen der Verhältnismäßigkeit ist dabei zu berücksichtigen, dass das Ausmaß der Gefahr unklar ist, so dass vor der Ergreifung umfangreicher Gefahrenabwehrmaßnahmen zuerst das Ausmaß der Gefahr erforscht werden muss, sofern es die Dringlichkeit der Gefahrenabwehr erlaubt.

Weitere **Beispiele** für das Vorliegen eines Gefahrenverdachts sind die vermeintliche Kontamination 411 eines Baugrundstückes mit Chemikalien, da beim Aushub stark verfärbte Erde zum Vorschein kam; Ungewissheit über die Bausubstanz eines alten Hauses im Hinblick auf eine Einsturzgefahr.

bb. Anscheinsgefahr

Als Anscheinsgefahr wird eine Situation bezeichnet, in der die bestehende Sachlage 412 von der Polizei bei verständiger Würdigung aller im Zeitpunkt der polizeilichen Entscheidung vorliegenden Tatsachen subjektiv als Gefahr eingeschätzt wird, obgleich eine solche objektiv nicht gegeben ist.[70] Es handelt sich dabei um eine **unverschuldete Fehleinschätzung**, da der Irrtum nach verständiger *ex ante et ex situatione*-Sicht unvermeidbar ist, d.h. aus der Sicht eines gewissenhaften, besonnenen und sachkundigen Amtswalters in der Entscheidungssituation bei verständiger Würdigung des Sachverhalts und der vorhandenen und verfügbaren Informationen von einer Gefahrenlage auszugehen sein durfte.[71]

---

[70] OVG Münster, NJW 1980, 138ff.
[71] Schmidbauer, in: ders./Steiner, Art. 11 PAG Rn. 41; Holzner, in: BeckOK, PAG, Art. 11 Rn. 62ff.

413 Im Hinblick auf **Primär- und Sekundärmaßnahmen** wird die Anscheinsgefahr zur Gewährleistung einer effektiven Gefahrenabwehr **einer konkreten Gefahr** im polizeirechtlichen Sinne **gleichgestellt**, so dass polizeiliche Maßnahmen aufgrund dieser Einschätzung ergriffen werden dürfen und diese bei Vorliegen der weiteren Voraussetzungen rechtmäßig sind.[72]

414 Auf der **Tertiärebene** (Kostenfrage) ist dagegen nicht mehr die *ex ante et ex situatione*-Sicht ausschlaggebend, sondern eine objektive Beurteilung der Ausgangslage i.S.e. *ex post*-Betrachtung maßgeblich. Aus diesem Grunde dürfen vom „Anscheinsstörer" nur dann Kosten erhoben werden, wenn diesem der **Anschein zugerechnet** werden kann, mithin dieser den Anschein in vorwerfbarer Weise hervorgerufen hat. Umgekehrt steht dem Anscheinsstörer ähnlich dem Nichtstörer evtl. ein Entschädigungs- bzw. Schadensersatzanspruch zu, wenn er die Fehleinschätzung nicht in vorwerfbarer Weise verursacht hat.[73]

415 **Beispielfall 16**

An einem heißen Hochsommertag entdeckt Polizist P in einem in der Sonne geparkten, verschlossenen Auto auf dem Rücksitz einen „Säugling". Nachdem er das Fenster des Wagens eingeschlagen und den „Säugling" geborgen hat, erkennt er, dass es ich bloß um eine täuschend echt aussehende Puppe handelt.
Ist der Polizeibeamte zum Eingreifen berechtigt? Können Kosten für die Maßnahme erhoben werden?

Lösung

Zum Eingreifen ist der Polizeibeamte berechtigt, wenn eine konkrete Gefahr bestand.

1. Nach objektiver Beurteilung liegt jedoch keine konkrete Gefahr vor, da eine Gesundheits-/Lebensschädigung des Säuglings gerade nicht bevorsteht, weil es sich nur um eine Puppe handelt.
2. Der Polizeibeamte wäre zum Eingreifen jedoch auch befugt gewesen, wenn seine Fehleinschätzung unverschuldet erfolgt wäre, sog. Anscheinsgefahr. Eine solche liegt dann vor, wenn der Irrtum nach verständiger *ex ante et ex situatione*-Sicht unvermeidbar gewesen wäre. Da die Puppe täuschend echt aussah, war auch für einen verständigen Durchschnittsbeamten nicht erkennbar, dass es sich nicht um einen lebenden Säugling handelt, mithin die Fehleinschätzung unverschuldet. In einem solchen Fall wird auf der Primärebene aufgrund des Grundsatzes der Effektivität der Gefahrenabwehr die Anscheinsgefahr einer konkreten Gefahr gleichgestellt, so dass der Polizeibeamte zum Eingreifen berechtigt ist. Sein Handeln ist daher rechtmäßig.
3. Auf der Tertiärebene ist dagegen zu unterscheiden, ob der Anscheinsstörer die Anscheinsgefahr verursacht bzw. nach der Rspr. sogar schuldhaft erweckt hat, was vorliegend zu bejahen ist, so dass Ersatzansprüche nach Art. 87 Abs. 2 PAG analog ausscheiden und Kosten für die polizeiliche Maßnahme erhoben werden dürfen.

---

[72] BayVGH, BayVBl. 1997, 634.
[73] Dazu Rn. 1269.

cc. Putativgefahr

Eine Putativgefahr liegt vor, wenn der handelnde Polizeibeamte vom Vorliegen einer Gefahr ausgeht, obgleich eine solche nicht besteht und ein gewissenhafter, besonnener und sachkundiger Amtswalter in der Entscheidungssituation bei verständiger Würdigung des Sachverhalts und der vorhandenen und verfügbaren Informationen auch nicht von einer Gefahrenlage ausgehen durfte.[74] Es handelt sich dabei um eine **verschuldete Fehleinschätzung**, da der Irrtum vermeidbar gewesen wäre.[75] **416**

Da das Ziel, eine effektive Gefahrenabwehr sicherzustellen, bei einer verschuldeten Fehleinschätzung gerade nicht erreichbar ist, stellt die Putativgefahr entgegen ihrer Bezeichnung gerade **keine Gefahr im polizeirechtlichen Sinne** dar, so dass weder die Eröffnung der Aufgabe noch der Tatbestand einer Befugnisnorm erfüllt sind. Die aufgrund der Fehleinschätzung des Vorliegens einer Gefahr ergriffenen **Maßnahmen sind rechtswidrig**.[76] **417**

Da auf der Tertiärebene Kosten nur für rechtmäßige Handlungen erhoben werden können, besteht für denjenigen, der durch einen rechtswidrigen Polizeieinsatz in Anspruch genommen wird, **keine Kostentragungspflicht**. Vielmehr kann dieser als Nichtstörer Entschädigungs- und Schadensersatzansprüche nach Art. 87 Abs. 2 PAG, § 839 BGB geltend machen.[77] **418**

Beispielfall 17 **419**

Auf offener Straße ruft eine Frau um Hilfe, die gerade von einem Mann mit einem Messer bedroht wird. Polizist P greift sofort ein und überwältigt den Mann. Das unmittelbar neben der Szene aufgebaute Kamerateam hat er nicht wahrgenommen. Der Regisseur ist außer sich vor Wut.
Ist der Polizeibeamte zum Eingreifen berechtigt? Können Kosten für die Maßnahme erhoben werden?

Lösung

Zum Eingreifen ist der Polizeibeamte berechtigt, wenn eine konkrete Gefahr bestand.

1. Da nach objektiver Beurteilung eine Gesundheits-/Lebensschädigung der Frau gerade nicht bevorsteht, weil es sich nur um eine Filmszene handelt, liegt objektiv keine konkrete Gefahr vor.
2. Der Polizist wäre zum Eingreifen jedoch auch befugt gewesen, wenn seine Fehleinschätzung unverschuldet erfolgt wäre, sog. Anscheinsgefahr. Eine solche liegt jedoch nur dann vor, wenn der Irrtum nach verständiger *ex ante et ex situatione*-Sicht unvermeidbar gewesen wäre. Dies ist abzulehnen, da vorliegend der Polizeibeamte bei verständiger Würdigung hätte erkennen müssen, dass es sich um Dreharbeiten an einem Filmset handelt.
3. Infolge dessen liegt eine verschuldete Fehleinschätzung, sog. Putativgefahr, vor, die den Polizeibeamten nicht zum Eingreifen berechtigt. Sein Handeln ist daher rechtswidrig.

---

[74] Denninger, in: Lisken/Denninger, D 50.
[75] Schmidbauer, in: ders./Steiner, Art. 11 PAG Rn. 42f.; Holzner, in: BeckOK, PAG, Art. 11 Rn. 64ff.
[76] Schmidbauer, in: ders./Steiner, Art. 11 PAG Rn. 41.
[77] Dazu Rn. 1269.

4. Aufgrund der Rechtswidrigkeit der polizeilichen Maßnahme bestehen auf der Tertiärebene Entschädigungsansprüche nach Art. 87 Abs. 2 PAG. Kosten dürfen keine erhoben werden.[78]

3. Die Schutzgüter

420 Die konkrete Gefahr muss für die öffentliche Sicherheit oder Ordnung bestehen, so dass dies die maßgeblichen Schutzgüter sind.

a. Die öffentliche Sicherheit

421 Unter öffentlicher Sicherheit versteht man die **Unversehrtheit der Rechtsordnung** und der **verfassungsmäßigen Ordnung**, die Unversehrtheit von bestimmten **Individualrechtsgütern** und **Gemeinschaftsgütern**.[79]

Der Begriff der öffentlichen Sicherheit ist daher sehr weit gefasst, was das Ziel verfolgt, einen effektiven Schutz durch die Abwehr von Gefahren zu ermöglichen und effektiv auf Bedrohungen reagieren zu können.

aa. Die Unversehrtheit der Rechtsordnung

422 Zur Rechtsordnung zählt die Gesamtheit der Rechtsvorschriften, die verfassungsmäßig erlassen worden sind und in Geltung stehen. Die Unversehrtheit der Rechtsordnung ist bereits dann bedroht, wenn eine konkrete Gefahr der Verletzung einer derartigen Rechtsnorm besteht.[80]

423 Nicht ausschlaggebend ist dagegen, ob das von der Norm geschützte Rechtsgut selbst konkret gefährdet ist. Ebenso nicht relevant ist eine evtl. von der Norm geforderte subjektive Tatseite, wie Vorsatz oder Einsichts- bzw. Schuldfähigkeit.

424 Aufgrund der hohen Normdichte ist diese **Fallgruppe** die mit Abstand **praxisrelevanteste**. So können über die polizeiliche Generalklausel des Art. 11 Abs. 1 PAG auch Verpflichtungen aus anderen Rechtsnormen durchgesetzt werden, sofern diese keine eigenständige Befugnisnorm für die Durchsetzung der von ihnen angeordneten Pflichten oder verhängten Verbote enthalten.

Derartige Pflichten bzw. Verbote enthalten z.B. die BayBO, das BayStrWG, die GewO, das WHG und das BayWG. So sind auch die Vorschriften über den Gemeingebrauch und Sondernutzungen im Straßenrecht als Bestandteil der Rechtsordnung polizeilich durchzusetzen.

425 Besondere Relevanz kommt auch dem **Strafrecht**, das im StGB und den Nebengesetzen eine Vielzahl von Verbotstatbeständen enthält, und dem **Ordnungswidrigkeitenrecht** zu. Steht zu befürchten, dass eine Straftat oder Ordnungswidrigkeit begangen wird, so ist neben der ggf. bestehenden konkreten Gefahr für ein Individualrechtsgut immer auch eine konkrete Gefahr für die Unversehrtheit der Rechtsordnung aufgrund des bevorstehenden Normenverstoßes gegeben. Bei bereits begonnener, aber noch nicht vollendeter Straftat kann die Polizei daher präventiv und repressiv tätig werden.[81]

---

[78] Dazu Kapitel 29.
[79] Denninger, in: Lisken/Denninger, D 16ff.
[80] Denninger, in: Lisken/Denninger, D 17.
[81] Vgl. Beispielfall 8, Rn. 266.

Dabei ist insbesondere für das Strafrecht zu beachten, dass sich sein Geltungsbereich nicht nur im deutschen Hoheitsgebiet erschöpft, sondern aufgrund des **aktiven Personalitätsprinzips** immer dann greift, wenn die Tat im Ausland begangen wird, am Tatort mit Strafe bedroht ist bzw. keiner Strafgewalt unterliegt und der Täter zur Zeit der Tat Deutscher war, ist oder nach der Tat geworden ist, § 7 Abs. 2 Nr. 1 StGB. Für das Polizeirecht bedeutet dies, dass eine Gefahr für die öffentliche Sicherheit auch dann gegeben ist und damit die Möglichkeit zur Gefahrenabwehr auch nach Art. 11 Abs. 1 PAG besteht, wenn zu befürchten ist, dass ein Deutscher im Ausland Straftaten begehen wird. Insoweit ist die Polizei befugt, derartige Auslandsstraftaten bereits in Bayern, also im Anwendungsbereich des PAG, zu verhindern. 426

Beispielfall 18 427

Der polizeibekannte und in die polizeiliche Datei gewaltbereiter Hooligans aufgenommene H möchte zu einem Fußballspiel ins benachbarte Österreich reisen. Es bestehen Anhaltspunkte dafür, dass H dort an gewalttätigen Ausschreitungen teilnehmen möchte.
Was kann die Polizei tun?

Lösung

1. Da zu befürchten steht, dass H zum Zweck der Begehung von Straftaten im Ausland ausreisen würde und daher eine Gefahr für die öffentliche Sicherheit darstellen wird, kann die Polizei bereits im Vorfeld seine Abreise gestützt auf Art. 11 Abs. 2 Satz 1 Nr. 1 PAG unterbinden.
2. Ebenso möglich ist die Anordnung, dass sich H innerhalb eines bestimmten Zeitrahmens oder zu einem bestimmten Zeitpunkt auf der Polizeidienststelle einfindet und sich durch ein gültiges Personaldokument ausweist, sog. **Meldeanordnung** nach Art. 16 Abs. 2 Satz 2 PAG, wobei die Häufigkeit der Meldepflicht variieren und auch mehrmals am Tag bestehen kann. Dabei kommt es nicht darauf an, dass der Adressat bereits strafrechtlich in Erscheinung getreten ist.[82] Ausreichend ist, dass der Adressat zur Hooligan-Szene gehört, da für diese Szene typisch ist, dass die Gewaltbereitschaft bereits aus der homogenen Gruppe heraus indiziert und gesteigert wird.[83]

Zur Verhinderung der Begehung von Straftaten oder Ordnungswidrigkeiten im Ausland kann die Meldeauflage ergänzt werden durch den **Entzug des Reisepasses** bzw. der Ausstellung eines nicht zu Auslandsreisen berechtigenden Ersatzdokuments nach § 6a i. V. m. § 2 Abs. 2 BundespersonalausweisG i. V. m. §§ 7 Abs. 1 Nr. 1, 10 PassG, so dass der Betroffene nicht mehr zum Verlassen des Bundesgebietes berechtigt ist. 428

bb. Die Unversehrtheit der verfassungsmäßigen Ordnung

Bestandteil der öffentlichen Ordnung ist auch die Unversehrtheit der verfassungsmäßigen Ordnung.[84] Zu dieser zählen die in Geltung stehenden Verfassungsbestimmungen des **GG** und der **BV**. 429

Die verfassungsmäßige Ordnung ist ein neben der Rechtsordnung **eigenständiges Schutzgut.** Dies ergibt sich bereits aus einer Zusammenschau von Art. 11 Abs. 2 Satz 1 Nr. 1 3. Alt. PAG und Art. 11 Abs. 2 Satz 4 PAG, wonach eine Handlung als verfassungsfeindlich gilt und damit abzuwehren ist, *„die darauf gerichtet ist, die verfassungsmäßige Ordnung der Bundesrepublik Deutschland oder eines ihrer Länder auf verfassungswidrige Weise zu stören oder zu ändern, ohne eine Straftat oder Ordnungswidrigkeit zu* 430

---

[82] BayVGH, Urt. v. 9.6.2006 – 24 CS 06.1521.
[83] VG Würzburg, Beschl. v. 20.6.2006 – W 5 S. 06.596; VG Ansbach, Beschl. v. 9.2.2006 – AN 5 S. 06.02003.
[84] Holzner, in: BeckOK, PAG, Art. 11 Rn. 71.

verwirklichen". Die verfassungsmäßige Ordnung erschöpft sich damit nicht in dem, was strafrechtlich sanktioniert ist, sondern weist einen darüber hinausgehenden Gehalt auf.[85]

cc. Individualrechtsgüter

431 Zum Schutzgut der öffentlichen Ordnung zählen auch Individualrechtsgüter wie **Leben, Gesundheit, Freiheit, Eigentum, Vermögen** und **Ehre**.[86] Nicht erforderlich ist, dass der Schutz des Individualrechtsgutes im öffentlichen Interesse liegt. Vielmehr reicht ein subjektives Interesse aus, so dass das Polizeirecht in diesem Fall den Schutz von Individualinteressen übernimmt.[87]

Klausurhinweis:

In den meisten Fällen, in denen ein Individualrechtsgut gefährdet ist, liegt bereits eine Gefahr für die Unversehrtheit der Rechtsordnung vor, da die meisten Individualrechtsgüter strafrechtlichen Schutz genießen, z.B. Leben, §§ 211 ff. StGB, Gesundheit, §§ 223 f., 249 ff. StGB, Freiheit, §§ 232 ff. StGB, Eigentum, §§ 242 ff., 303 ff. StGB, Vermögen, §§ 249 ff., 257 ff., 263 ff. StGB, Ehre, §§ 164, 185 ff. StGB.

432 **Eigenständige Bedeutung** erlangt diese Alternative daher nur in den Fällen, in denen ein Schutz über die Rechtsordnung nicht erfolgt. Dies ist z.B. bei der Verhinderung unfreiwilliger Obdachlosigkeit[88] oder einer Selbsttötung aufgrund einer staatlichen Schutzpflicht aus Art. 2 Abs. 2 GG, Art. 99 Satz 1 BV der Fall, gegenüber der die freiverantwortliche Entscheidung des **Suizidenten** nach Art. 2 Abs. 1 GG, Art. 101 BV zurücktritt, da in diesen Fällen nicht mit vollständiger Freiverantwortlichkeit zu rechnen ist.[89]

Nicht hierunter fällt dagegen jede Form der **Selbstgefährdung** z.B. durch verschiedene Sportarten, da diese regelmäßig vom Selbstbestimmungsrecht aus Art. 2 Abs. 1 GG, Art. 101 BV gedeckt ist.

Klausurhinweis:

Lernen Sie in Zusammenhängen: Wie bereits ausgeführt, besteht in diesen Fällen des Individualrechtsgüterschutzes die Subsidiarität polizeilichen Handelns nach Art. 2 Abs. 2 PAG, nach dem der Polizei der Schutz privater Rechte nach dem PAG nur dann obliegt, wenn gerichtlicher Schutz nicht rechtzeitig zu erlangen ist und wenn ohne polizeiliche Hilfe die Verwirklichung des Rechts vereitelt oder wesentlich erschwert werden würde.

dd. Gemeinschaftsgüter – das Funktionieren des Staates und seiner Einrichtungen

433 Die von der öffentlichen Sicherheit umfassten Gemeinschaftsgüter enthalten das Funktionieren des Staates und seiner grundlegenden Einrichtungen.[90] Dazu zählen

---

[85] Schmidbauer, in: ders./Steiner, Art. 11 PAG Rn. 66 f. m. w. N.

[86] Denninger, in: Lisken/Denninger, D 28.

[87] Holzner, in: BeckOK, PAG, Art. 11 Rn. 72 ff.

[88] Berner/Köhler/Käß, Art. 11 Rn. 31, mit der Einschränkung, dass nur die Notunterbringung vor dem Hintergrund des Grundsatzes der Subsidiarität der Polizei, Art. 3 PAG, gedeckt ist; zur Handlungspflicht VGH Kassel, NJW 1984, 2305.

[89] Dazu Beispielfall 20, Rn. 437.

[90] BVerfGE 69, 315 (352); BayVerfGH, BayVBl. 1990, 685 (689); BayVerfGH 4, 194 ff.; Schmidbauer, in: ders./Steiner, Art. 11 PAG Rn. 57; VGH Mannheim, NJW 1984, 507 (508 f.); VGH BW, DVBl. 1987, 153 (154); Berner/Köhler/Käß, Art. 2 Rn. 4.

staatliche Einrichtungen, wie **Behörden und Organe**, aber auch z.B. Gebäude und **Veranstaltungen** des Staates. Deren **Funktionsfähigkeit und ordnungsgemäßer Betrieb** ist zu schützen. Umfasst sind daher staatliche Veranstaltungen auch außerhalb der Dienstgebäude, wie Staatsbesuche, Truppenvereidigungen, militärische Übungen, als auch die Tätigkeit der Polizei selbst.[91]

Klausurhinweis:

Auch hier wird der Schutz überwiegend bereits durch Rechtsvorschriften, wie dem Tatbestand des Friedens- und Hochverrats, §§ 80ff. StGB, des Widerstands gegen Vollstreckungsbeamte, § 113 StGB, des Hausfriedensbruchs durch unberechtigten Aufenthalt, § 123 StGB, sowie der Nötigung bei Behinderung der Aufgabenerfüllung von Behörden z.B. durch Sitzblockaden, §§ 105ff., 240 StGB, gewährleistet, so dass regelmäßig die Befugnis zur Abwehr einer Gefahr für die Unversehrtheit der Rechtsordnung gegeben ist.

Beispielfall 19 434

Gegen den auf Schloss Elmau stattfindenden G 7-Gipfel entrollen einige Demonstranten in Sicht- und Hörweite des Veranstaltungsortes Transparente unter lautem Pfeifen mit Trillerpfeifen, um sich Gehör zu verschaffen. Einige der Demonstrationsteilnehmer legen sich auf die Zufahrtsstraßen, um die Zufahrt der Gipfelteilnehmer zu blockieren.
Kann die Polizei aufgrund der Generalklausel des PAG eingreifen, nachdem sie die Versammlung rechtmäßig aufgelöst hat?

Lösung

1. Die Transparente und Trillerpfeifen sind lediglich Mittel, um die eigene Meinung in den Vordergrund der öffentlichen Wahrnehmung zu rücken und Aufmerksamkeit zu generieren und daher durch Art. 5 Abs. 1 GG, Art. 110 Abs. 1 BV geschützt. Die Lärmeinwirkung oder das Entrollen von Transparenten stellt daher keine Störung oder Gefährdung der staatlichen Veranstaltung dar, so dass auch keine Gefahr für die öffentliche Sicherheit in Form der Funktionsfähigkeit des Staates vorliegt. Eine Eingriffsgrundlage nach dem PAG besteht nicht.
2. Anders ist dies bei der Sitzblockade. Hierbei handelt es sich nicht mehr allein um die Kundgabe einer Meinung bzw. um deren akkustische Unterstützung, sondern um den Versuch, die staatliche Veranstaltung durch die Blockade von Zufahrtswegen zu stören, wenn nicht gar zu verhindern. Da hierdurch jedoch bereits der Tatbestand der Nötigung nach § 240 StGB erfüllt ist, kann die Polizei bereits aufgrund der Verletzung der Rechtsordnung eingreifen.

b. Die Öffentliche Ordnung

aa. Schutzumfang der öffentlichen Ordnung

Weiteres Schutzgut von Art. 11 Abs. 1 PAG ist die öffentliche Ordnung. Unter öffentlicher Ordnung versteht man die ***„Gesamtheit der ungeschriebenen Verhaltens-*** 435

[91] Berner/Köhler/Käß, Art. 2 Rn. 4.

***regeln** für das Verhalten des einzelnen in der Öffentlichkeit, deren Befolgung nach den jeweils herrschenden sozialen und ethischen Anschauungen als unerlässliche Voraussetzung eines geordneten menschlichen Zusammenlebens innerhalb eines bestimmten Gebiets angesehen wird".*[92] Abzustellen ist insoweit auf einen **gesellschaftlichen Minimalkonsens** des für ein geordnetes Zusammenleben Erforderlichen, der jedoch stetem Wandel unterliegt.[93]

Unter den Tatbestand der öffentlichen Ordnung fallen z.B. die öffentliche Herabwürdigung von Minderheiten oder Randgruppen oder die Verletzung religiöser Gefühle anderer, sofern diese geeignet ist, eine Störung des inneren Friedens nach sich zu ziehen.[94]

Klausurhinweis:

Der Tatbestand der öffentlichen Ordnung ist nur schwer zu fassen, weshalb auch Zweifel an seiner Verfassungsmäßigkeit bestehen. Nichtsdestotrotz bildet er nicht nur in der Praxis eine notwendige Auffangfunktion und beschäftigt die Gerichte, sondern ist infolgedessen auch regelmäßig klausurrelevant.

bb. Verhältnis zum Tatbestand der öffentlichen Sicherheit

436 Das Schutzgut der öffentlichen Ordnung ist als **eigener Tatbestand** konzipiert und steht selbständig neben dem der öffentlichen Sicherheit. Insoweit kann dem Wortlaut, nachdem beide Tatbestände in verschiedenen Normen durch ein „und" (Art. 6 LStVG) bzw. durch ein „oder" (Art. 2 Abs. 1, Art. 11 Abs. 1 PAG) miteinander verbunden sind, keine maßgebliche Bedeutung beigemessen werden.[95] Dabei ist das Verhältnis beider Tatbestände so zu verstehen, dass die Eröffnung der Befugnis zumeist bereits auf die erste Alternative der Gefahr für die öffentliche Sicherheit gestützt werden kann und diese daher vorrangig anzuwenden ist, während ein Rückgriff auf den Tatbestand der öffentlichen Ordnung grundsätzlich nur **subsidiär** in Frage kommt. So wird der Tatbestand der öffentlichen Ordnung dann relevant, wenn eine Gefahr für ein Rechtsgut besteht, das gerade nicht dem weiten Anwendungsbereich der öffentlichen Sicherheit unterfällt. Insoweit nimmt die Alternative der öffentlichen Ordnung die Funktion eines **Auffangtatbestands** wahr.

437 **Beispielfall 20**

A kommt seine derzeitige Lebenssituation ausweglos vor und möchte sich mit einem Seil erhängen. Gerade noch rechtzeitig entdeckt ihn der Polizeibeamte P und nimmt ihn ab.
Ist P zum Eingreifen berechtigt?

Lösung

Zum Eingreifen ist der Polizeibeamte berechtigt, wenn eine konkrete Gefahr für die öffentliche Sicherheit oder Ordnung besteht. Dabei ist fraglich, ob eine

---

[92] BVerfGE 69, 315 (352); vgl. VerfGH 4, 194 ff.
[93] Zur Kritik am Begriff der öffentlichen Ordnung Denninger, in: Lisken/Denninger, D 36 ff., sowie zur Notwendigkeit des Auffangtatbestandes Schmidbauer, in: ders./Steiner, Art. 11 PAG Rn. 80 f.
[94] Schmidbauer, in: ders./Steiner, Art. 11 PAG Rn. 82.
[95] Zum Streitstand Schmidbauer, in: ders./Steiner, Art. 11 PAG Rn. 73 f.

Selbsttötung unter den Tatbestand der öffentlichen Sicherheit oder Ordnung gefasst werden kann.

1. Teilweise wird vertreten, dass ein Suizid sittenwidrig ist und daher den Tatbestand der öffentlichen Ordnung erfüllt.[96]
2. Allerdings ist das Recht auf Selbsttötung nach zwar umstrittener, aber wohl überwiegender Meinung grundsätzlich vom Schutzbereich der allgemeinen Handlungsfreiheit, Art. 2 Abs. 1 GG, Art. 101 BV, sowie dem Recht auf Leben, des Art. 2 Abs. 2 Satz 1 GG, Art. 100 i. V. m. 101 BV umfasst.[97] Da ein grundrechtlich geschütztes Verhalten jedoch nicht gegen die guten Sitten verstößt, kann ein Eingreifen nicht auf eine Gefahr für die öffentliche Ordnung gestützt werden.
3. Dennoch besteht durch den Suizidversuch bereits die Gefährdung eines Individualrechtsgutes. Aber auch eine solche Selbstgefährdung ist grundsätzlich grundrechtlich gewährleistet. Allerdings ist davon auszugehen, dass die psychischen Probleme eines Suizidenten derart gewichtig sind, dass **keine freiverantwortliche Entscheidung** mehr erfolgen kann, dem eigenen Leben ein Ende zu setzen, und damit die staatliche Schutzpflicht für das Leben aus Art. 2 Abs. 2 Satz 1 GG, Art. 100 i. V. m. 101 BV, Art. 99 Satz 1 BV, das Recht auf freiverantwortliche Selbstgefährdung nach Art. 2 Abs. 1 GG, Art. 100 i. V. m. 101 BV überwiegt. Insoweit liegt eine konkrete Gefahr für die öffentliche Sicherheit vor, die den Auffangtatbestand der öffentlichen Ordnung verdrängt. P ist daher zum Eingreifen befugt.[98]

Klausurhinweis:

Es kommt also im Gegensatz zum Strafrecht im Polizeirecht nicht auf den *point of no return* an, an dem der Suizident das Geschehen aus der Hand gibt. Vielmehr ist aufgund der vorher besreits bestehenden Gefährdung des Individualrechtsgutes Leben ein Eingreifen zur Gefahrenabwehr möglich.

cc. Grundrechtliche Aufladung der öffentlichen Ordnung

Aufgrund der Weite des Tatbestands der öffentlichen Ordnung wird diese immer wieder herangezogen, um durch eine Konkretisierung und Aufladung aufgrund von Grundrechten Eingriffsbefugnisse der Polizei zu generieren. Hierbei ist jedoch Vorsicht geboten und es bedarf einer besonders sorgfältigen Prüfung: 438

So wurde insbesondere bei **Laserdromen/Paintball-Spielen** angenommen, dass ein Verstoß gegen die Menschenwürde vorliegt, indem der Teilnehmer zum Objekt der inszenierten Tötungshandlung wird. Überzeugt bereits die Wertung mit Blick auf die Objektformel[99] nicht, da eine Veranstaltung von Paintball-Spielen unter Beachtung eines Regelwerks Wettkampfcharakter hat und damit nicht gegen die Menschenwürde verstößt,[100] wäre es selbst bei der Annahme eines Verstoßes gegen die 439

---

[96] Berner/Köhler/Käß, Art. 11 Rn. 28, Art. 2 Rn. 17.
[97] Str., dazu Di Fabio, in: Maunz/Dürig/Herzog/Scholz, Art. 2 Abs. 2 Satz 1 Rn. 36.
[98] Dazu Rn. 469 ff.
[99] BVerfGE 63, 332 (337); 87, 209 ff.
[100] BayVGH, BayVBl. 2013, 435 ff.; DVBl. 2013, 525 ff.; BVerwG, NVwZ 2002, 598 ff.; dazu auch und EuGH, NVwZ 2004, 1471 ff.

Menschenwürde konsequenter, eine Gefahr für die öffentliche Sicherheit anzunehmen.

440 Ebenso wird der Tatbestand der öffentlichen Ordnung diskutiert, um ein Verbot von **Flatrate-Partys** zu ermöglichen. Dies ist jedoch nicht erforderlich, da aufgrund eines drohenden Verstoßes gegen § 9 Abs. 1 Nr. 1 JuSchG i.V.m. § 28 Abs. 1 Nr. 10 JuSchG, sofern Jugendliche nicht von der Veranstaltung ausgeschlossen sind, § 28 Abs. 1 Nr. 9 GastG i.V.m. § 20 Nr. 2 GastG sowie evtl. bestehender Gesundheitsgefahren und Ausschreitungen wegen des zu erwartenden übermäßigen Alkoholkonsums ein Verbot bereits aufgrund des Tatbestands der öffentlichen Sicherheit ergehen kann.

441 Aber auch im Versammlungsrecht wurde ein **Verbot rechtsradikaler Versammlungen** gestützt auf den Tatbestand der öffentlichen Ordnung nach § 15 Abs. 1 BVersG (bzw. Art. 15 Abs. 1 BayVersG) diskutiert, was insbesondere in der Rechtsprechung höchst umstritten war.[101] Dieser Streit hat sich nunmehr entschärft, da mit § 130 Abs. 4 StGB eine Regelung besteht, deren Verletzung ein Verbot bereits aufgrund des Tatbestands der öffentlichen Sicherheit ermöglicht.[102]

G. Rechtsfolgen: notwendige Maßnahmen

I. Umfang des Handlungsinstrumentariums

442 Die Generalklausel berechtigt grundsätzlich zum Eingriff in Grundrechte durch **atypische Maßnahmen**.

443 Die **Rechtsqualität** der Maßnahme ist dabei nicht vorgegeben, so dass Art. 11 Abs. 1 und 2 PAG sowohl zum Erlass von Verwaltungsakten als auch zur Vornahme von Realakten berechtigt. Für abstrakt-generelle Regelungen in Form von Rechtsverordnungen bieten Art. 11 Abs. 1 und 2 PAG dagegen keine Ermächtigungsgrundlage.

II. Grenzen des Handlungsinstrumentariums

444 Aufgrund Art. 11 Abs. 1 und 2 PAG können jedoch nicht beliebige Maßnahmen ergriffen werden. Vielmehr bestehen auch im Rahmen der Generalklausel bestimmte Grenzen, innerhalb derer sich die Maßnahmen bewegen müssen.

1. Notwendigkeit der Maßnahme

445 So enthält bereits der Wortlaut von Art. 11 Abs. 1 PAG die Begrenzung, dass die Maßnahme notwendig sein muss. Dies ist dann der Fall, wenn die Gefahr nicht auf andere Weise abgewehrt werden kann, als durch eben diese Maßnahme. Nicht notwendig ist die Maßnahme dagegen, wenn sie für die Abwehr der Gefahr völlig ungeeignet ist oder die Gefahr bereits behoben und die Maßnahme damit überflüssig wird.[103] Letztlich handelt es sich bei der Frage der Notwendigkeit um diejenige nach der Verhält-

---

[101] Vgl. dazu OVG Münster, NJW 2001, 2111; 2001, 2113; 2001, 2114; DVBl. 2001, 1624 = NJW 2001, 2986; OVG Münster, NVwZ 2002, 737; BVerfG, DVBl. 2001, 897 ff. = NJW 2001, 2069.

[102] Dazu Beispielfall 78, Rn. 1943.

[103] Berner/Köhler/Käß, Art. 11 Rn. 12; Honnacker/Beinhofer/Hauser, Art. 11 Rn. 4.

nismäßigkeit der Maßnahme, die einen allgemeinen polizeilichen Handlungsgrundsatz darstellt.[104]

2. Keine Standardmaßnahmen

Ebenfalls können Maßnahmen nicht auf die Generalklausel gestützt werden, für welche die Art. 12ff. PAG Spezialbefugnisnormen enthalten und die daher zu den Standardmaßnahmen zu rechnen sind.[105] 446

So kann z.B. ein Platzverweis nur unter den Voraussetzungen des Art. 16 Abs. 1 PAG erfolgen, nicht dagegen aufgrund Art. 11 Abs. 1 und 2 PAG.

3. Keine Grenze durch Eingriffsintensität

Wie gesehen entfalten die Standardbefugnisnormen eine Sperrwirkung bzgl. der von 447
ihnen normierten polizeilichen Maßnahmen, die allein aufgrund von Standardbefugnisnormen ergriffen werden dürfen und nicht auf die Generalbefugnisnorm gestützt werden können. Darüber hinaus ist den Standardbefugnisnormen jedoch keine Aussage zu entnehmen, insbesondere nicht zur Eingriffsintensität der polizeilichen Maßnahmen, die aufgrund der Generalklausel ergriffen werden können. Eine **hohe Eingriffsintensität** von atypischen Maßnahmen, die auf Art. 11 Abs. 1 oder 2 PAG gestützt werden, ist also **nicht** bereits deshalb **ausgeschlossen**, weil sie diejenige einer vergleichbaren Standardmaßnahme übersteigt.

Insoweit bleibt es bei dem **Grundsatz der Effektivität der Gefahrenabwehr**, 448
nach dem sich die Intensität des Grundrechtseingriffs an dem für die Abwehr der Gefahr Verhältnismäßigen ausrichtet. So dürfen zur Abwehr unvorhergesehener Gefahren auch grundrechtsintensive Maßnahmen von höherer Eingriffsintensität ergriffen werden, um Gesetzeslücken im PAG zu schließen und einen effektiven Rechtsgüterschutz zu gewährleisten.[106]

4. Grundsatz des Vorbehalts des Gesetzes – Bestimmtheitsgrundsatz

Begrenzungen ergeben sich jedoch aus dem Grundsatz des Vorbehalts des Gesetzes 449
insoweit, als grundrechtsintensive Maßnahmen höherer Eingriffsintensität, sofern sie nicht nur vorläufiger Natur sind, oder andere Maßnahmen, die häufiger ergriffen werden, dem Regelungsvorbehalt des parlamentarischen Gesetzgebers unterliegen und einer hinreichend bestimmten und normklaren Regelung durch ein formelles Gesetz bedürfen.[107] Dabei gilt, dass **je grundrechtsintensiver die Maßnahme** ist, **desto bestimmter die Regelung** sein muss, freilich unter Berücksichtigung des Grundsatzes der Rechtsklarheit.

So obliegt es der Entscheidung des parlamentarischen Gesetzgebers, auf die tatsächlichen Entwick- 450
lungen zu reagieren. Dieser kann nun entweder eine entsprechende Rechtsgrundlage für die besonders grundrechtsintensive Maßnahme in Form einer Standardbefugnisnorm schaffen, oder aber untätig bleiben und dadurch die grundrechtsintensive Maßnahme dem permanenten Handlungsrepertoire der Polizei entziehen.[108] So konnte z.B. die Datenerhebung der Polizei nicht auf die Generalklausel gestützt werden.[109]

---

[104] Dazu Kapitel 13 und 39.
[105] Dazu Kapitel 14.
[106] Ausführlich Schmidbauer, in: ders./Steiner, Art. 11 PAG Rn. 3.
[107] BVerfG, Beschl. v. 8.11.2012 – 1 BvR 22/12, Rn. 25.
[108] BVerfG, Beschl. v. 8.11.2012 – 1 BvR 22/12, Rn. 25.
[109] BayVerfGH, BayVBl. 1985, 652ff.

III. Einzelfälle

1. Gefahrenverdacht und Gefahrerforschungseingriff

451 Bei Vorliegen eines **Gefahrenverdachts** muss sich der Polizeibeamte von Amts wegen Klarheit über das Bestehen oder Nichtbestehen einer Gefahr i. S. v. Art. 2 Abs. 1 PAG und damit der Eröffnung der Aufgaben verschaffen. So zählen zu diesen Aufgaben eben auch die Erforschung von Gefahren, sog. **Gefahrerforschung**.

452 Bei der Gefahrerforschung gilt grundsätzlich der allgemeine Untersuchungsgrundsatz, Art. 24 BayVwVfG. Da jedoch auch bei der Gefahrerforschung der Schluss von der Aufgabe auf die Befugnis unzulässig ist, bedürfen Maßnahmen, mit denen die Unsicherheiten in der Gefahrenprognose beseitigt werden können und das Vorliegen einer Gefahr aufgeklärt werden kann, einer Befugnisnorm, sofern die Maßnahme in Grundrechte eingreift. Derartige **Gefahrerforschungseingriffe** kann die Polizei daher auf die Generalklausel des Art. 11 Abs. 2 Satz 1 Nr. 1 oder 3 PAG stützen. Ebenso können hierauf gestützt **Sicherungsmaßnahmen** für das betroffene Schutzgut, dessen Beeinträchtigung zu besorgen ist, getroffen werden.[110]

453 Aus Gründen der Verhältnismäßigkeit dürfen jedoch **keine endgültigen Maßnahmen** getroffen werden, es sei denn, es ist aufgrund von Dringlichkeit keine weitere Gefahrerforschung mehr möglich[111] oder der Gefahrerforschungseingriff ist selbst eine endgültige Maßnahme,[112] wie dies beispielsweise bei der Identitätsfeststellung und nach Art. 13 Abs. 1 Nr. 1 PAG der Fall ist.

454 Die Frage, ob derartige Gefahrerforschungseingriffe getroffen werden und welcher Art und Umfang sie sind, steht im (Ermittlungs-)**Ermessen** des handelnden Polizeibeamten. Im Rahmen der Ermessensausübung sind jedoch die Wertigkeit des vermeintlich bedrohten Rechtsgutes und die Qualität der Gefahr, der es eventuell ausgesetzt ist, zu berücksichtigen. Dabei gilt, dass **je höherrangiger das** möglicherweise beeinträchtigte **Rechtsgut und je intensiver die Bedrohung** ist, **desto rascher** und nachhaltiger **die Gefahrenaufklärung** zu erfolgen hat, wobei auch eine Ermessensreduktion auf Null möglich ist.[113]

455 **Beispielfall wie Nr. 14, Rn. 409**

Lösung

1. P befragt zuerst den Standbetreiber. Diese Befragung stellt lediglich eine Informationsbeschaffung dar und keinen Rechtseingriff, so dass keine Befugnisnorm erforderlich ist und diese im Rahmen der allgemeinen Untersuchungspflicht vorgenommen werden kann, Art. 24 BayVwVfG.
2. Da vorliegend der Verdacht besteht, dass der Koffer Sprengmittel enthält und damit das vermeintlich gefährdete Rechtsgut mit Leib und Leben der Passanten höchstrangig ist, besteht eine Ermessensreduktion auf Null, so dass der P handeln muss.

---

[110] Holzner, in: BeckOK, PAG, Art. 11 Rn. 171 ff.

[111] Vgl. BVerwGE 12, 87 ff. – Endivien-Salat; Denninger, in: Lisken/Denninger, D 49; a. A. Schmidbauer, in: ders./Steiner, Bayerisches Polizeiaufgabengesetz, Art. 11 PAG Rn. 39.

[112] Schmidbauer, in: ders./Steiner, Art. 11 PAG Rn. 39.

[113] Dazu Rn. 741 f.

3. Hierzu muss er als Sicherungsmaßnahme den Bahnhof absperren, um zu verhindern, dass Personen an Leib und Leben durch eine eventuelle Explosion zu Schaden kommen.
4. Gleichzeitig hat er als Gefahrerforschungsmaßnahme abzuklären, ob der Koffer tatsächlich Sprengmittel enthält. Hierzu kann er z.B. die Technische Sondergruppe (TSG) des Bayerischen Landeskriminalamtes anfordern, die mit Spezialgerät den Koffer untersucht, Art. 11 Abs. 2 Satz 1 Nr. 1 und 3 PAG.

Stellt die Polizei nach weiterer Aufklärung des Sachverhalts oder Kausalverlaufs **456** das Nichtbestehen einer Gefahr fest, sind die Ermittlungen sowie die getroffenen Maßnahmen unverzüglich zu beenden bzw. rückgängig zu machen.[114] Die als spezielle Maßnahmen zur Erforschung des Vorliegens einer Gefahr veranlassten Gefahrerforschungseingriffe werden jedoch nicht rechtswidrig, auch wenn sich herausstellt, dass eine Gefahr nicht vorliegt und sich der **Gefahrenverdacht nicht bewahrheitet**. Weitere Maßnahmen wären aufgrund des Fehlens einer Gefahr dagegen unzulässig.

Für den Betroffenen besteht in diesem Fall die Möglichkeit der Folgenbeseitigung mittels eines **457** Folgenbeseitigungsanspruchs, der auf § 113 Abs. 1 Satz 2 VwGO gestützt werden kann. Auf Tertiärebene liegt dagegen das Kostenrisiko beim Staat, wenn der Gefahrenverdacht von dem von der Gefahrerforschungsmaßnahme Betroffenen nicht zu vertreten ist.

Stellt sich aufgrund der Gefahrerforschungsmaßnahme heraus, dass der Aufgabenbereich einer an- **458** deren Behörde eröffnet ist, hat die Polizei ihre Ermittlungen einzustellen und die zuständige Behörde über den Stand der Ermittlungen zu informieren.

Beispielfall wie Nr. 14, Rn. 409 **459**

Aufgrund der Untersuchung des Koffers stellt sich heraus, dass dieser keinen Sprengstoff, sondern nur Wäsche enthält.
Wie hat die Polizei vorzugehen? Sind die bisherigen Maßnahmen rechtmäßig?

Lösung
1. Die Untersuchung als Gefahrerforschungseingriff sowie die Absperrung des Geländes als Sicherungsmaßnahme sind einzustellen. Der Koffer ist in Verwahrung zu nehmen, bis der Eigentümer ermittelt ist, Art. 25 Nr. 2 PAG.
2. Die Untersuchung des Koffers sowie die Absperrmaßnahme ist jedoch nicht rechtswidrig, nur weil sich im Nachhinein herausgestellt hat, dass keine Gefahr bestand. Beide Maßnahmen bleiben rechtmäßig (*ex ante et ex situatione*-Sicht).

Umstritten ist, ob bei einem Gefahrenverdacht der potentielle Verursacher in Anspruch genommen **460** werden kann oder ob dieser nur zur Duldung von Gefahrerforschungseingriffen verpflichtet ist.

Beispiele finden sich insbesondere im besonderen Sicherheitsrecht. So stellt sich die Frage, ob bei **461** einer vermuteten Bodenkontamination mit gefährlichen Stoffen der Eigentümer lediglich die Untersuchungsmaßnahmen der Behörde zu dulden hat, oder ob er selbst in Anspruch genommen werden kann, abzuklären, ob der Boden verunreinigt ist. Im Bodenschutzrecht wurde diese Situation durch § 9 Abs. 2 BBodSchR normiert. Besteht nach diesem *„auf Grund konkreter Anhaltspunkte der hinreichen-*

[114] Holzner, in: BeckOK, PAG, Art. 11 Rn. 171 ff.

de Verdacht einer schädlichen Bodenveränderung oder einer Altlast", dann ermöglicht dieser, dass die Behörde anordnen kann, dass die Verantwortlichen durch die Behörde für „*die notwendigen Untersuchungen zur Gefährdungsabschätzung*" herangezogen werden.

462 Relevant wird diese Diskussion für die **Kostentragungspflicht**, da durch derartige Gefahrerforschungseingriffe hohe Kosten verursacht werden können. Die h. M. erachtet es zu Recht für zulässig, den potentiellen Verantwortlichen auch für die Kostentragungspflicht heranzuziehen.[115]

2. Gefährderansprache und Gefährderanschreiben

463 Unter Gefährderansprache bzw. Gefährderanschreiben versteht man, dass sich die Polizei an einen potentiellen Störer wendet, indem sie ihm **Informationen** über bevorstehende Ereignisse und über die bestehende Rechtslage, insbesondere über erlaubtes und unerlaubtes Verhalten, gibt und ihn darauf hinweist, dass die Polizei Gesetzesverstöße verhindern oder unterbinden wird.[116] Bei der Gefährderansprache bzw. dem Gefährderanschreiben handelt es sich mangels Regelungswirkung um **Realakte**, während Verwaltungsaktqualität besteht, sofern sie Verhaltenspflichten auferlegen.[117]

464 Dabei stellt sich die Frage, ob für eine Gefährderansprache oder ein Gefährderanschreiben eine Befugnisnorm erforderlich ist, denn grundsätzlich ist in der reinen Informationsgabe kein Eingriff in Grundrechte zu erblicken. Allerdings ist anerkannt, dass bei einer Informationsgabe, mit der Lenkungswirkung erzielt werden soll, insbesondere jedoch bei Warnungen, ein Eingriff zumindest in die allgemeine Handlungsfreiheit vorliegt. Dies ist auch bei der Gefährderansprache bzw. dem Gefährderanschreiben der Fall, da die **Intention**, mit **der** die **Polizei** an den potentiellen Störer herantritt, diejenige ist, ihn zu einem bestimmten Verhalten – dem Unterlassen der Begründung einer Gefahr für die öffentliche Sicherheit oder Ordnung im besten Fall durch ein Abstandnehmen von der beabsichtigten Handlung oder Unterlassung – zu bewegen, so dass ein **Rechtseingriff** gegeben und eine Rechtsgrundlage erforderlich ist.

465 Ebenfalls ist ein Rechtseingriff in den Fällen gegeben, in denen der so Angesprochene von der Ausübung bestimmter Rechte, insbesondere demjenigen der Demonstrationsfreiheit, abgehalten wird.[118] Völlig unstreitig ist dies für die Fälle, in denen dem Störer ein bestimmtes Verhalten in Form eines Tuns oder Unterlassens auferlegt wird oder die Ansprache mit einer Drohung verbunden ist.[119]

466 Gestützt werden kann die Gefährderansprache bzw. das Gefährderanschreiben auf die Generalbefugnisnorm des **Art. 11 Abs. 2 Satz 1 Nr. 1 oder 3 PAG**.

467 Angewandt wird sie insbesondere bei zu erwartenden Ausschreitungen bei Fußballspielen oder Versammlungen, Seriendelikten, insbesondere Einbruch und Brandstiftung, bei häuslicher oder sexueller Gewalt und Jugendgewalt.[120]

---

[115] VGH BW, VBlBW 1995, 64 (66); OVG NW, DVBl. 1996, 1444 (1445).
[116] Gränlich, in: Lisken/Denninger, E 229ff.; Schmidbauer, in: ders./Steiner, Art. 11 PAG Rn. 216.
[117] VGH Kassel, BeckRS 2012, 46297; Hebeler, NVwZ 2011, 1364 (1365); Kießling, DVBl. 2012, 1210ff.; Graulich, in: Lisken/Denninger, E 231.
[118] OVG Lüneburg, NJW 2006, 391; a. A. Schmidbauer, in: ders./Steiner, Bayerisches Polizeiaufgabengesetz, Art. 2 PAG Rn. 20b; zweifelnd Berner/Köhler/Käß, Art. 2 Rn. 4.
[119] Schmidbauer, in: ders./Steiner, Art. 11 PAG Rn. 216, Art. 2 Rn. 20b.
[120] Vgl. die Aufzählung bei Schmidbauer, in: ders./Steiner, Art. 2 PAG Rn. 20a.

Beispielfall 21[121] 468

A ist ein politischer Aktivist, gegen den in den Jahren 1999 bis 2006 mehrere strafrechtliche Ermittlungsverfahren wegen Landfriedensbruch und Widerstands gegen Vollstreckungsbeamte eingeleitet wurden, die jedoch alle eingestellt wurden. An Demonstrationen im Ausland hat sich A bislang nicht beteiligt. Dennoch befürchtet die Polizeiinspektion, dass A anlässlich eines bevorstehenden EU-Gipfels in Brüssel an gewalttätigen Demonstrationen und Auseinandersetzungen mit der belgischen Polizei teilnehmen wird, weshalb sie an ihn ein Schreiben mit folgendem Inhalt richtet: „Der Polizei ist bekannt, dass Sie im Zusammenhang mit versammlungsrechtlichen bzw. demonstrativen Aktionen polizeilich in Erscheinung getreten sind. Daher ist es nicht auszuschließen, dass Sie auch in Zukunft an demonstrativen Ereignissen teilnehmen werden. Für den Mai 2019 sind demonstrative Aktionen gegen den EU-Gipfel in Brüssel geplant. Da es bei gleich gelagerten Aktionen in der Vergangenheit zu erheblichen gewaltsamen Ausschreitungen kam, ist auch während dieses EU-Gipfels damit zu rechnen. Um zu vermeiden, dass Sie sich der Gefahr präventiver polizeilicher oder strafprozessualer Maßnahmen aus Anlass der Begehung von Straftaten im Rahmen der demonstrativen Aktionen aussetzen, legen wir Ihnen hiermit nahe, sich nicht an den oben genannten Aktionen zu beteiligen.“
Ist das Schreiben materiell rechtmäßig?

Lösung

1. Das Schreiben, das als Gefährderanschreiben zu qualifizieren ist, könnte sich auf Art. 11 Abs. 2 Satz 1 Nr. 1 PAG stützen lassen.
   Eine konkrete Gefahr für die öffentliche Sicherheit oder Ordnung liegt vor, da eine Verletzung der Rechtsordnung durch die Begehung von Straftaten im Zuge der Demonstration im Ausland nach allgemeiner Lebenserfahrung bei ungehindertem Verlauf des objektiv zu erwartenden Geschehens mit hinreichender Wahrscheinlichkeit eintreten wird.
2. Problematisch ist allerdings die Maßnahmerichtung. So könnte die Maßnahme nur dann gegen A gerichtet werden, wenn er Verhaltensstörer i. S. v. Art. 7 Abs. 1 PAG ist. Hierfür bestehen jedoch keine hinreichenden Anhaltspunkte. So wurden zum einen die zwar vom Tatbild einschlägigen Ermittlungsverfahren gegen A allesamt eingestellt. Zum anderen liegen diese bereits 13 Jahre zurück. Letztlich hat A bislang auch noch keine derartigen Auslandsaktivitäten entwickelt, so dass keine Anhaltspunkte vorliegen, dass die Gefahr von A ausgeht.

Das Gefährderanschreiben ist daher rechtswidrig.

3. Selbstgefährdung und Suizidversuch

Gewährt das Grundrecht auf Leben und die allgemeine Handlungsfreiheit grundsätzlich die Möglichkeit, seinem Leben ein Ende zu setzen,[122] besteht die Besonderheit bei einem Suizid darin, dass er regelmäßig in einer psychischen Ausnahmesituation ins Werk gesetzt wird[123] und daher **zweifelhaft** ist, **ob** der Entschluss **freiverantwortlich** gefasst wird oder sich der Suizident in einem die freie Willensbestimmung ausschlie- 469

[121] Vertiefungshinweis: NdsOVG, NJW 2006, 391.
[122] Str., dazu Di Fabio, in: Maunz/Dürig/Herzog/Scholz, Art. 2 Rn. 36.
[123] Schmidbauer, in: ders./Steiner, 11 PAG Rn. 139; Berner/Köhler/Käß, Art. 11 Rn. 28.

ßenden Zustand befindet. In letztem Fall wird das Recht auf Selbsttötung von der **staatlichen Schutzpflicht** zur Erhaltung des Lebens aus Art. 2 Abs. 2 Satz 1 GG **überlagert**. Da insoweit für den zur Gefahrenabwehr berufenen Polizisten *ex ante et ex situatione* nicht erkennbar ist, welche der vorgenannten Situationen vorliegt, gleichzeitig aber mit dem Suizidversuch eine konkrete Gefahr für eines der höchsten Rechtsgüter besteht, die in ihrer Verwirklichung endgültig ist, ist wegen dieser Irreversibilität der Selbsttötung grundsätzlich anzunehmen, dass die Schutzpflicht des Staates überwiegt und erfüllt werden muss. Dabei ist die Polizei aufgrund einer **Ermessensreduktion auf Null** zum Einschreiten verpflichtet.

470 Maßnahmen zur Verhinderung eines Suizides sind jedoch nur dann auf die Generalklausel zu stützen, wenn die **Spezialbefugnisnormen** zur Gefahrenabwehr nicht ausreichen. Hiernach kann der Suizident durchsucht werden, Art. 21 Abs. 1 Nr. 1 und 2 PAG, seine Wohnung betreten und durchsucht werden, § 23 Abs. 1 Satz 1 Nr. 1 PAG, er in Schutzgewahrsam genommen, Art. 17 Abs. 1 Nr. 1 PAG, sowie gefesselt werden, Art. 82 Nr. 3 PAG.[124]

471 An Stelle des Schutzgewahrsams kann eine diesem gegenüber vorrangig anzuordnende **sofortige vorläufige Unterbringung** nach Art. 12 BayPsychKHG verfügt werden. Voraussetzung für die Unterbringung psychisch Kranker ist jedoch, dass der Suizident aufgrund psychischer Krankheit oder Störung nicht im Vollbesitz seiner geistigen Kräfte ist, was durch eine medizinische Untersuchung geklärt werden muss, Art. 14 Abs. 3 Satz 1 BayPsychKHG.[125]

472 Alle übrigen zur Abwehr des Suizides erforderlichen Maßnahmen können dagegen auf **Art. 11 Abs. 2 Satz 1 Nr. 3 PAG** gestützt werden. Auf den Tatbestand der Gefährdung der öffentlichen Ordnung, Art. 11 Abs. 1 PAG, dessen Anwendung sehr zweifelhaft ist, braucht daher nicht zurückgegriffen werden.[126]

4. Weitere typische Anwendungsbereiche für die Generalklausel

473 Von der Generalklausel weiter gedeckt sind Anordnungen, die Hände hochzunehmen, stehenzubleiben, die Reichskriegsflagge auf einer rechtsextremistischen Veranstaltung oder Ansammlung einzuholen,[127] ein verbotswidrig geparktes Fahrzeug wegzufahren – da hier kein Platzverweis nach Art. 16 PAG vorliegt, weil die Anordnung nicht auf eine Ortsveränderung einer Person gerichtet ist –, eine Schlägerei einzustellen, Warnungen vor verdeckten Geschwindigkeitskontrollen zu unterlassen,[128] die vorübergehende zwangsweise Unterbringung von Obdachlosen in freistehendem Wohnraum.

H. Verfassungsmäßigkeit der Generalklauseln

474 Der weite Eingriffstatbestand der Generalklausel lässt verschiedentlich Zweifel an der Verfassungsmäßigkeit insbesondere mit Blick auf den **Grundsatz der Bestimmtheit** aufkommen, da für den Normadressaten und den Bürger nicht erkennbar werde, welchen Inhalt die Norm habe und zu welchen Maßnahmen sie berechtige.[129]

475 Dennoch ist die polizeiliche Generalklausel **mit dem Rechtsstaatsprinzip vereinbar**, da durch die jahrzehntelange Rechtsprechung und Literatur die Befugnisnorm

---

[124] Schmidbauer, in: ders./Steiner, Art. 11 PAG Rn. 136 ff.

[125] Ergibt die Untersuchung, dass die Voraussetzungen für eine sofortige vorläufige Unterbringung nicht vorliegen, ist die Unterbringung zu beenden, Art. 14 Abs. 4 Satz 1 BayPsychKHG.

[126] Dazu Beispielfall 20, Rn. 437.

[127] OVG Münster, NJW 1994, 2909.

[128] OVG Münster, NJW 1997, 1596; vgl. aber auch LG Tübingen, JZ 1979, 447; OLG Celle, NZV 1989, 405.

[129] Berner/Köhler/Käß, Art. 2 Rn. 4 m. w. N.

inhaltlich konkretisiert und präzisiert wurde.[130] Insbesondere ist eine weit gefasste Generalklausel unabdingbar, um Gefahren effektiv und vollumfänglich abzuwehren. Andernfalls wäre man auf die Standardbefugnisse beschränkt, welche der Gesetzgeber zur Verfügung stellt und die naturgemäß nur lückenhaft sind. So gestatten Generalklauseln, *„auf unvorhergesehene Gefahrensituationen auch mit im Grunde genommen näher regelungsbedürftigen Maßnahmen vorläufig zu reagieren, und ermöglichen so dem Gesetzgeber, eventuelle Regelungslücken zu schließen. Dies ist – bei Beachtung strenger Verhältnismäßigkeitsanforderungen – verfassungsrechtlich nicht zu beanstanden.“*[131]

Begrenzungen ergeben sich jedoch insoweit aus dem Grundsatz des Vorbehalts des Gesetzes, da grundrechtsintensive Maßnahmen höherer Eingriffsintensität eine hinreichend bestimmte und normklare Spezialbefugnisnorm in Gestalt eines formellen Gesetzes erfordern, sofern sie nicht nur vorläufiger Natur sind oder selten ergriffen werden. Insoweit gilt: **Je geringfügiger der Grundrechtseingriff ist, desto niedriger sind grundsätzlich die verfassungsrechtlichen Anforderungen an die Bestimmtheit der dafür maßgeblichen Norm.**[132] 476

Gleiches gilt für den Tatbestand der öffentlichen Ordnung, der nach h. M. ebenfalls verfassungskonform ist, da er inhaltlich bestimmbar ist.[133] Er wurde insbesondere durch die Rechtsprechung und Literatur jahrelang ausformuliert, so dass er eine vor dem Hintergrund des Bestimmtheitsgrundsatzes ausreichende Konkretisierung und Konturierung erlangt hat und eine willkürliche Anwendung nicht mehr zu befürchten ist. 477

Klausurhinweis:

Die Frage der Verfassungsmäßigkeit der Generalklausel ist in der Klausur grundsätzlich nicht anzusprechen, da sie allgemein anerkannt ist. Nur wenn der Sachverhalt ausdrücklich einen Hinweis auf diese Problematik enthält, sollte zumindest kurz darauf eingegangen werden.

I. Die Generalklausel für Vorfeldmaßnahmen, Art. 11 Abs. 3 PAG

I. Hintergrund und Zielsetzung

Die Terroranschläge auf dem Breitscheidplatz in Berlin, am OEZ in München sowie in Ansbach und Würzburg 2016 und 2017 trugen maßgeblich zu einem subjektiven Unsicherheitsgefühl der Bevölkerung bei und führten zu einer von den Sicherheitsbehörden als erhöht eingestuften Gefährdungslage.[134] Der Bayerische Gesetzgeber hat nunmehr als erster Landesgesetzgeber auf diese erhöhte Bedrohungslage reagiert und die PAG-Novelle vom 24.7.2017 verabschiedet, die am 1.8.2017 in Kraft getreten ist.[135] Kern dieser PAG-Novelle ist die Einführung des Tatbestandes der sog. „drohenden 478

[130] H. M., BVerfGE 54, 143 (144 f.); Schmidbauer, in: ders./Steiner, Art. 11 PAG Rn. 109; Holzner, in: BeckOK, PAG, Art. 11 Rn. 135; Berner/Köhler/Käß, Art. 11 Rn. 16.

[131] BVerfG, Beschl. v. 8.11.2012 – 1 BvR 22/12, Rn. 25.

[132] BayVerfGH 47, 207 (217); vgl. auch BayVerfGH 47, 241; BVerfGE 59, 104 (114); 84, 133 (149).

[133] Z.B. Berner/Köhler/Käß, Art. 2 Rn. 11; Schmidbauer, in: ders./Steiner, Art. 11 PAG Rn. 81; zweifelnd Denninger, in: Lisken/Denninger, D 36 ff.

[134] Bayerisches Staatsministerium des Innern, für Bau und Verkehr, Verfassungsschutzbericht Bayern 2016, S. 26.

[135] Gesetz zur effektiveren Überwachung gefährlicher Personen vom 24.7.2017 (GVBl 13/2017 S. 388; BayRS 2012-1-1-I , 204-1-I , 2011-2-I).

Gefahr" als Voraussetzung für verschiedene Befugnisse, die ebenfalls teils neu eingeführt wurden und sich derzeit auf dem Prüfstand des BVerfG und des BayVerfGH befinden.[136]

479 Ziel der Novelle ist es, durch die Änderungen in Art. 11 PAG Befugnisse auch im Vorfeld der konkreten Gefahr zu eröffnen, um der terroristischen Gefährdung präventiv in effektiver Weise begegnen zu können.

II. Anwendungsbereich der Generalklausel für Vorfeldmaßnahmen

1. Verhältnis zu den Generalklauseln des Art. 11 Abs. 1 und 2 PAG

480 Art. 11 Abs. 3 Satz 1 PAG enthält selbst eine Aussage zu seinem Anwendungsbereich und zu seinem Verhältnis zu den Generalklauseln nach Art. 11 Abs. 1 und 2 PAG. So normiert er, dass er *„unbeschadet der Abs. 1 und 2"* anwendbar ist, so dass die Generalklausel für Vorfeldmaßnahmen neben die Generalklauseln der Art. 11 Abs. 1 und 2 PAG tritt.

481 Dies ergibt sich auch daraus, dass die Generalklausel für Vorfeldmaßnahmen andere **Tatbestandsvoraussetzungen** enthält, als dies bei den Generalklauseln nach Art. 11 Abs. 1 und 2 PAG der Fall ist. So unterscheidet sich Art. 11 Abs. 3 PAG von den Art. 11 Abs. 1 und 2 PAG, indem für ersteren durch das Erfordernis der „drohenden Gefahr" der Wahrscheinlichkeitsmaßstab abgesenkt ist, während für letztere eine konkrete Gefahr erforderlich ist.[137]

Insoweit ist der Gesetzgeber nicht den Weg gegangen, das Tatbestandsmerkmal der konkreten Gefahr zu erweitern, sondern er führt eine neue Gefahrenkategorie ein.[138]

482 Gleichzeitig ist der Umfang der **geschützten Rechtsgüter** ein anderer: Ist er in Art. 11 Abs. 1 PAG nur durch den Begriff „öffentliche Sicherheit und Ordnung" umschrieben und wird er in Art. 11 Abs. 2 PAG konkretisiert,[139] erfolgt bei Art. 11 Abs. 3 PAG eine Einschränkung auf *„bedeutende Rechtsgüter"*, die in Art. 11 Abs. 3 Satz 2 PAG legaldefiniert werden.[140]

483 Insoweit unterscheidet sich die Generalklausel für Vorfeldmaßnahmen nach Art. 11 Abs. 3 PAG von den bisherigen Generalklauseln wie folgt: Im Hinblick auf die Anforderung an die Gefahr ist bzgl. der Wahrscheinlichkeit der Anwendungsbereich erweitert. Bzgl. der zu erwartenden Handlung – also Angriffe von erheblicher Intensität oder Auswirkung – und mit Blick auf die bedrohten Rechtsgüter, welche bedeutend nach Art. 11 Abs. 3 Satz 3 PAG sein müssen, ist der Anwendungsbereich dagegen eingeschränkt.

Klausurhinweis:

Letztlich wird durch diese Normierung von Eingriffsbefugnissen auch für das Vorfeld, durch welche die Anforderungen an die Wahrscheinlichkeit der Rechtsgutsverletzung abgesenkt und gleichzeitig die geschützten Rechtsgüter qualifiziert

[136] Zur „drohenden Gefahr" bereits Rn. 392.
[137] Dazu Rn. 376 f.
[138] Dazu Holzner, DÖV 2018, 946 ff. und Rn. 501, 517.
[139] Dazu Schmidbauer, in: ders./Steiner, Art. 11 PAG Rn. 12, 84; Holzner, in: BeckOK, PAG, Art. 11 Rn. 98.
[140] Dazu Rn. 503 ff.

werden, der Grundsatz konkretisiert, nach dem die Anforderungen, die an den Grad der Wahrscheinlichkeit gestellt werden, umso geringer sein können, je bedeutsamer das gefährdete Rechtsgut und je höher der zu erwartende Schaden ist.[141]

Bzgl. der eröffneten **Befugnisse** ist zwischen Art. 11 Abs. 3 PAG und Art. 11 Abs. 1 sowie 2 PAG ein weitgehender **Gleichlauf** zu erkennen. So können nach Art. 11 Abs. 3 PAG ebenso wie bei Art. 11 Abs. 1 und 2 PAG **Abwehrmaßnahmen** mit Eingriffscharakter ergriffen werden, um zu verhindern, dass sich die drohende Gefahr zu einer konkreten entwickelt. Ebenso können jedoch auch **Gefahrerforschungseingriffe** aufgrund von Art. 11 Abs. 3 PAG vorgenommen werden. Eine derartige Möglichkeit hatte die Polizei nach bisheriger Rechtslage jedoch bereits dann, wenn ein sog. Gefahrenverdacht vorlag. Durch Art. 11 Abs. 3 PAG können nun ebenfalls bei Bestehen einer drohenden Gefahr Maßnahmen zur Aufklärung des Sachverhalts ergriffen werden. Insoweit werden nicht nur die Voraussetzungen für derartige Gefahrerforschungseingriffe nun gesetzlich normiert, sondern diese auch enger gefasst, als dies bislang gestützt auf Abs. 2 der Fall war.[142] **484**

Für sonstige Gefahrerforschungseingriffe bleibt es dagegen bei der Regelung des Art. 11 Abs. 2 PAG und der Auslegung durch die h. M., wie dies Art. 11 Abs. 3 PAG mit seinem Wortlaut *„unbeschadet der Absätze 1 und 2"* zum Ausdruck bringt.

Das Verhältnis von Art. 11 Abs. 3 PAG zu Art. 11 Abs. 1 und 2 PAG stellt sich daher wie folgt dar: **485**

Sowohl für die Abwehrmaßnahmen als auch für die Gefahrerforschungseingriffe wird die Generalklausel des Art. 11 Abs. 1 und 2 PAG nicht auf das Gefahrenvorfeld erstreckt, sondern durch Art. 11 Abs. 3 PAG für eine bestimmte Fallgruppe ergänzt und enger gefasst.[143]

Dieses Ergebnis wird auch gesetzessystematisch gestützt, da, sollten in Art. 11 Abs. 3 PAG lediglich Befugnisse geregelt werden, die bei Vorliegen einer konkreten Gefahr eröffnet sind, der Tatbestand des Art. 11 Abs. 3 PAG nicht erforderlich wäre.[144]

2. Verhältnis zu spezielleren Befugnisnormen

Auch bei der Generalbefugnisnorm für Vorfeldmaßnahmen richtet sich deren Verhältnis zu anderen Befugnisnormen nach dem allgemeinen Grundsatz *lex specialis derogat legi generali.* **486**

Dennoch enthalten Art. 11 Abs. 3 und 4 PAG deklaratorische Aussagen zum Verhältnis der Befugnisnormen zueinander. So gilt Art. 11 Abs. 4 Satz 1 PAG aufgrund seiner systematischen Stellung auch für die Generalklausel für Vorfeldmaßnahmen, so dass Befugnisnormen außerhalb des PAG gegenüber Art. 11 Abs. 3 PAG vorrangig anwendbar sind. **487**

Derzeit sind jedoch keine Befugnisnormen außerhalb des PAG bekannt, die eine „drohende Gefahr" voraussetzen und damit die Subsidiaritätsregelung des Art. 11 Abs. 4 PAG auslösen.

Ebenso wie Art. 11 Abs. 1 2. Hs. PAG trifft Art. 11 Abs. 3 Satz 1 2. Hs. PAG die Aussage, dass die Standardbefugnisnormen in den Art. 12ff. PAG gegenüber der Generalklausel spezieller sind. **488**

---

[141] BVerfGE 100, 313 (375f., 392); 110, 33 (60); BVerfG, NJW 2005, 2603 (2609); NJW 1970, 1890 (1892).

[142] Hierzu Denninger, in: Lisken/Denninger, D 49; Schmidbauer, in: ders./Steiner, Art. 11 PAG Rn. 39; Holzner, in: BeckOK, PAG, Art. 11 Rn. 139ff.; ders., DÖV 2018, 946 (948).

[143] Holzner, DÖV 2018, 946 (948).

[144] Holzner, DÖV 2018, 946 (948).

Eine Aussage zum Subsidiaritätsverhältnis ergibt jedoch nur dann Sinn, wenn die Standardbefugnisnorm ebenfalls eine „drohende Gefahr" voraussetzt, da sich andernfalls die Subsidiaritätsfrage nicht stellt.

489 In Folge dessen kann auf die Generalklausel für Vorfeldmaßnahmen nur dann zurückgegriffen werden, wenn keine Spezialbefugnisnormen aus anderen Gesetzen einschlägig sind und auch diejenigen der Art. 12ff. PAG nicht greifen.

490 **Prüfungsschema 8: Die polizeirechtlichen Befugnisnormen bei Bestehen einer „drohenden Gefahr"**

1. Art. 11 Abs. 3 Satz 1 2. Hs. i. V. m. Art. 12ff. PAG – Standardbefugnisnormen, die eine „drohende Gefahr" voraussetzen (s. o.)
2. Art. 11 Abs. 3 PAG – Generalklausel für Vorfeldmaßnahmen

III. Tatbestandsvoraussetzungen

1. Drohende Gefahr

a. Definition

491 Eine „drohende Gefahr" wurde bislang – wenn überhaupt – nur als Synonym für eine konkrete Gefahr herangezogen.[145] Nunmehr wird sie als eigenständiges Tatbestandsmerkmal in das PAG aufgenommen, wobei die Begrifflichkeit dem BKA-Gesetz-Urteil des BVerfGs entlehnt ist.[146]

492 Nach der nunmehr in Art. 11 Abs. 3 Satz 1 PAG eingeführten Legaldefinition liegt eine „drohende Gefahr" dann vor, *„wenn im Einzelfall […] in absehbarer Zeit Angriffe von erheblicher Intensität oder Auswirkung zu erwarten sind"*. Diese Erwartung ergibt sich aus dem individuellen Verhalten einer Person oder aus Vorbereitungshandlungen für sich oder zusammen mit weiteren bestimmten Tatsachen, die den Schluss auf ein seiner Art nach konkretisiertes Geschehen zulassen.[147]

aa. im Einzelfall

493 Dies bedeutet, dass eine konkret-individuelle Betrachtung und Einschätzung der besonderen Situation vorgenommen werden muss. Eine bloß abstrakte Einschätzung ist nicht ausreichend.

bb. Angriffe in absehbarer Zeit von erheblicher Intensität oder Auswirkung

494 Der Angriff muss in absehbarer Zeit zu erwarten sein. Er muss daher noch nicht begonnen haben und auch noch nicht unmittelbar bevorstehen. Ebenso muss auch noch keine konkrete Gefährdung der Schutzgüter gegeben sein. Ausreichend ist vielmehr, dass eine solche Gefährdung durch den Angriff in einem überschaubaren Zeitraum wahrscheinlich ist.[148]

495 Der Angriff selbst darf nicht bloß unerheblich sein. Er muss daher eine höhere Schwelle überschreiten, um tatbestandsmäßig i. S. v. Art. 11 Abs. 3 PAG zu sein. Dabei

[145] Dazu bereits Rn. 390.
[146] BVerfGE 141, 220 (272 Rn. 112).
[147] Dazu Holzner, in: BeckOK, PAG, Art. 11 Rn. 150ff.
[148] Holzner, in: BeckOK, PAG, Art. 11 Rn. 153.

sind bei dieser Bewertung die Durchführung des Angriffs, welche eine besondere Intensität erreichen muss, oder die Auswirkungen des Angriffs, welche erheblich sein müssen, zu berücksichtigen, da sich aus diesen Aspekten die besondere Gefährlichkeit des Angriffs ergeben kann.[149] Hierbei sind die Auswirkungen des Angriffs erheblich, wenn z.B. ein Schaden von besonderem Umfang zu erwarten ist.

Sowohl der Angriff, der in seiner Durchführung erhebliche Intensität erreicht, als auch derjenige, der besondere Auswirkungen zeitigt, muss sich auf ein in Art. 11 Abs. 3 PAG genanntes Schutzgut beziehen.

cc. Grundlagen für die Erwartung

Grundlage für die Erwartung derartiger Angriffe kann zum einen das **individuelle Verhalten** einer Person darstellen. Dieses kann die konkrete Wahrscheinlichkeit eines solchen Angriffs begründen. Zwar ist in diesem Fall ein konkretes Geschehen noch nicht erkennbar, jedoch kann das Verhalten einer Person die Annahme begründen, dass eine konkrete Wahrscheinlichkeit besteht, dass diese Person in überschaubarer Zukunft Straftaten begehen wird.[150] 496

Dies soll dann der Fall sein, wenn die Person in einem ausländischen terroristischen Ausbildungslager geschult wurde. In diesen Fällen ist ein repressives Vorgehen gegen den Störer auch aufgrund der §§ 89a, 91 StGB möglich.

Ebenso für die Einschätzung herangezogen werden können **Vorbereitungshandlungen** sowie Vorbereitungshandlungen zusammen mit weiteren bestimmten Tatsachen, die den Schluss auf ein seiner Art nach konkretisiertes Geschehen zulassen. 497

b. Abgrenzung zu anderen Gefahrenbegriffen

aa. abstrakte Gefahr

Eine abstrakte oder allgemeine Gefahr liegt vor, wenn nach generell-abstrakter Betrachtungsweise unter Zugrundelegung der allgemeinen Lebenserfahrung eine Sachlage mit hinreichender Wahrscheinlichkeit eintreten kann, die im Falle ihres Eintritts eine konkrete Gefahr darstellt.[151] Im Gegensatz zur konkreten Gefahr wird bei der abstrakten Gefahr nicht der Einzelfall mit der dazugehörigen konkreten Lebenssituation beurteilt, sondern allgemeine Erwägungen für generelle Fälle in typisierter Form angestellt.[152] 498

Von dieser abstrakten Gefahr unterscheidet sich die drohende Gefahr dadurch, dass diese auf ein **individuelles Verhalten** einer Person oder auf **Vorbereitungshandlungen** abstellt. Sie nimmt insoweit einen konkreten Lebenssachverhalt in Bezug und verbleibt damit nicht, wie die abstrakte Gefahr, im Bereich des bloß Hypothetischen.[153] 499

bb. konkrete Gefahr

Die konkrete Gefahr setzt eine Sachlage voraus, die nach allgemeiner Lebenserfahrung bei ungehindertem Verlauf des objektiv zu erwartenden Geschehens im Einzelfall mit hinreichender Wahrscheinlichkeit zu einer Verletzung der Schutzgüter der öffentli- 500

[149] Holzner, in: BeckOK, PAG, Art. 11 Rn. 153.
[150] Holzner, in: BeckOK, PAG, Art. 11 Rn. 155.
[151] BVerwG, NJW 1970, 1890 (1892).
[152] Schmidbauer, in: ders./Steiner, Art. 2 PAG Rn. 9.
[153] Holzner, DÖV 2018, 946 (947); a. A. *Heidebach*, https://bayrvr.de/2017/03/13/der-gesetzentwurf-zur-effektiveren-ueber-wachung-gefaehrlicher-personen-wider-rechtsstaatliche-kernsaetze-des-polizeirechts, aufgerufen am 24.6.2018.

chen Sicherheit oder Ordnung führt.[154] Erforderlich ist eine gewisse Schadensgeneigtheit der konkret bestehenden Sachlage.

501 Da auch bei der drohenden Gefahr in Gestalt des individuellen Verhaltens einer Person oder von Vorbereitungshandlungen auf eine konkrete Sachlage abgestellt wird, nähert sich diese der konkreten Gefahr an. Allerdings liegt bei der drohenden Gefahr gerade noch **keine hinreichend konkretisierte Tatsachenlage** vor, aufgrund der ein Schaden für ein Rechtsgut wahrscheinlich wird. So sind bei der drohenden Gefahr im Unterschied zur konkreten Gefahr die **Anforderungen an** die Vorhersehbarkeit des Kausalverlaufs und damit an das **Wahrscheinlichkeitsurteil reduziert**, da ausreichend ist, dass aufgrund der konkreten Anhaltspunkte Angriffe wahrscheinlich sind. Insoweit handelt es sich bei der „drohenden Gefahr" um eine **neue Gefahrenkategorie**, die der Gesetzgeber einführt.[155]

cc. Gefahrenverdacht

502 Beim Gefahrenverdacht liegen bereits Wissensdefizite in Bezug auf den Sachverhalt oder den Kausalverlauf vor, die keine endgültige Gefahrenprognose erlauben,[156] während bei der drohenden Gefahr ein **konkreter Sachverhalt** in Bezug genommen wird und auf dieser Grundlage eine Gefahrenprognose erfolgt, bei der jedoch geringere Anforderungen an die Vorhersehbarkeit des Kausalverlaufs gestellt werden.[157]

2. Für ein bedeutendes Rechtsgut

503 Die drohende Gefahr muss für ein bedeutendes Rechtsgut bestehen. Als bedeutend normiert Art. 11 Abs. 3 Satz 2 PAG den Bestand oder die Sicherheit des Bundes oder eines Landes, Nr. 1, das Leben, die Gesundheit oder die Freiheit, Nr. 2, die sexuelle Selbstbestimmung, Nr. 3, erhebliche Eigentumspositionen, Nr. 4, oder Sachen, deren Erhalt im besonderen öffentlichen Interesse liegt, Nr. 5. Dabei ist die Aufzählung abschließend.

504 Der **Bestand oder die Sicherheit des Bundes oder eines Landes** sind dann gefährdet, wenn deren Freiheit von fremder Botmäßigkeit aufgehoben wird, deren staatliche Einheit beseitigt oder ein zu ihr gehörendes Gebiet abgetrennt wird, vgl. § 92 Abs. 1 StGB.[158] Dabei ist zu berücksichtigen, dass ein Störer im Hinblick auf den Bestand oder die Sicherheit des Bundes oder Landes regelmäßig tatbestandsmäßig i.S.d. Strafrechtsvorschriften der §§ 81 ff. StGB handeln dürfte.

505 Dieses Tatbestandsmerkmal findet sich auch als Schutzgut für die Tätigkeit des Verfassungsschutzes, vgl. Art. 73 Nr. 10b GG. Die Abgrenzung zwischen polizeilichem Handeln zur Abwehr einer (drohenden) Gefahr für den Bestand oder die Sicherheit des Bundes oder eines Landes und der Tätigkeit des Verfassungsschutzes liegt darin, dass letztere auf die Sammlung und Auswertung von Auskünften, Nachrichten und sonstigen Unterlagen über verfassungsfeindliche Bestrebungen beschränkt sind, und diesen polizeiliche Befugnisse zur Abwehr einer (drohenden) Gefahr gerade nicht zustehen, vgl. Art. 2 Abs. 1 BayVerfSchG, § 8 Abs. 2 und 3 BVerfSchG.

506 Die **sexuelle Selbstbestimmung** ist gefährdet, wenn die Dispositionsfähigkeit über die eigene Sexualität durch Übergriffe begrenzt wird, wie dies insbesondere bei den in den §§ 174 bis 184j StGB der Fall ist.[159]

---

[154] BVerfG 120, 274 (328 f.).
[155] Dazu Holzner, in: BeckOK, PAG, Art. 11 Rn. 158 ff.; ders., DÖV 2018, 946 (947 ff.).
[156] Schmidbauer, in: ders./Steiner, Art. 11 PAG Rn. 39.
[157] Holzner, DÖV 2018, 946 (948).
[158] Fischer, StGB, 65. Aufl. 2018, § 92 Rn. 2.
[159] Fischer, StGB, 65. Aufl. 2018, §§ 174 ff.

Erhebliche Eigentumspositionen sind jedenfalls solche, deren Gefährdung und Beschädigung im Hinblick auf deren Wert, aber ggf. auch mit Blick auf deren besondere Bedeutung in z.B. historischer oder kultureller Sicht nicht als Bagatelle anzusehen ist. 507

Bzgl. der geschützten Rechtsgüter **Leben**, **Gesundheit**, **Freiheit** sowie **Sachwerte,** deren Erhaltung im öffentlichen Interesse geboten erscheint, besteht ein Gleichlauf zu Art. 11 Abs. 2 Satz 1 Nr. 3 PAG, weshalb auf die dortigen Ausführungen verwiesen werden kann.[160] 508

IV. Rechtsfolgen

Liegt nun eine drohende Gefahr für ein bedeutendes Rechtsgut i.S.v. Art. 11 Abs. 3 PAG vor, so kann die Polizei nach Art. 11 Abs. 3 Satz 1 PAG die **notwendigen Maßnahmen** treffen, *„um den Sachverhalt aufzuklären und die Entstehung einer Gefahr für ein bedeutendes Rechtsgut zu verhindern"*. 509

Mit Blick auf die eröffneten Befugnisse ist daher zwischen Art. 11 Abs. 3 PAG und Art. 11 Abs. 1 sowie Abs. 2 PAG ein weitgehender Gleichlauf zu erkennen.[161]

1. Abwehrmaßnahmen

So wie bei Art. 11 Abs. 1 und 2 PAG können auch nach Art. 11 Abs. 3 PAG **Abwehrmaßnahmen mit Eingriffscharakter** ergriffen werden, um zu verhindern, dass sich die drohende Gefahr zu einer konkreten entwickelt. 510

Derartige, in den Kausalverlauf eingreifende Maßnahmen sind nach bisheriger Polizeirechtsdogmatik grundsätzlich nur beim Vorliegen einer konkreten Gefahr eröffnet,[162] so dass in dieser Hinsicht der Gesetzgeber Neuland betritt. 511

Ergriffen werden können auch in diesem Vorfeld Maßnahmen verschiedener Eingriffsintensität, sofern dies zur Abwehr der drohenden Gefahr erforderlich ist und eine spezialgesetzliche Normierung fehlt. Insoweit ist ein besonderes Augenmerk auf die Verhältnismäßigkeit der Maßnahmen zu richten. 512

2. Gefahrerforschungseingriffe

Durch Art. 11 Abs. 3 PAG können jedoch nicht nur Abwehrmaßnahmen, sondern auch solche zur **Aufklärung des Sachverhalts** ergriffen werden. 513

Derartige Gefahrerforschungseingriffe konnten nach der bislang h.M. von der Polizei gestützt auf Art. 11 Abs. 2 Nr. 1 und 3 PAG vorgenommen werden.[163] Zwar war dies aufgrund des Wortlauts der Vorschriften umstritten, wurde jedoch im Hinblick auf die Effektivität der Gefahrenabwehr als zulässig erachtet. Dabei konnte auch in Rechte eingegriffen werden. Voraussetzung war dabei, dass an Stelle einer konkreten Gefahr zumindest ein sog. Gefahrenverdacht vorlag.[164] Mit Art. 11 Abs. 3 PAG werden **Gefahrerforschungseingriffe** nunmehr gesetzlich geregelt. Dabei werden nicht nur die Voraussetzungen für derartige Gefahrerforschungseingriffe nun gesetzlich normiert, sondern diese auch enger gefasst, als dies bislang gestützt auf Absatz 2 der Fall war.[165] Für sonstige Gefahrerforschungseingriffe bleibt es dagegen bei der Regelung des Art. 11 Abs. 2 PAG und der Auslegung durch die h.M., wie dies Absatz 3 mit seinem Wortlaut *„unbeschadet der Absätze 1 und 2"* zum Ausdruck bringt. 514

---

160 Dazu Rn. 398ff., 401, 402.

161 Holzner, DÖV 2018, 946 (948).

162 Berner/Köhler/Käß, Art. 2 Rn. 22.

163 Denninger, in: Lisken/Denninger, D 49; Schmidbauer, in: ders./Steiner, Art. 11 PAG Rn. 39, jeweils m.w.N.

164 Dazu Rn. 451ff.

165 Hierzu Denninger, in: Lisken/Denninger, D 48; Schmidbauer, in: ders./Steiner, Art. 11 PAG Rn. 39.

Klausurhinweis:

Letztlich besteht also bzgl. der eröffneten Befugnisse ein weitgehender Gleichlauf zwischen den Generalklauseln.

V. Verfassungsmäßigkeit der Generalklausel für Vorfeldmaßnahmen

515 Durch den Begriff der „drohenden Gefahr" werden Befugnisse der Polizei ins Gefahrenvorfeld vorverlagert. Sind die bisherigen Befugnisse allesamt an eine zumindst konkrete Gefahr gebunden, stellt sich bei jener Vorverlagerung die grundsätzliche Frage, ob eine solche verfassungskonform ist.[166] Dabei berührt diese Fragestellung den Kern des Polizei- und Sicherheitsrechts. Denn dessen Aufgabe ist es, den Rahmen herzustellen, innerhalb dessen die Freiheitsrechte verwirklicht werden können und damit das Spannungsfeld, das zwischen Freiheit und Sicherheit besteht, aufzulösen. Dieses Spannungsfeld ergibt sich daraus, dass Freiheit ohne Sicherheit nicht denkbar ist, während gleichzeitig zur Gewährleistung der Freiheit andere Freiheitsrechte beschränkt werden müssen. Infolge dessen führt die Verbesserung der Sicherheit für viele Bürger zur intensiveren Beeinträchtigung derjenigen Personen, die von den staatlichen Eingriffen aufgrund polizeilicher Eingriffsbefugnisse betroffen sind. Auf der Basis der Freiheitsgrundrechte der Verfassung ist es daher Aufgabe des Gesetzgebers, hier einen gerechten Ausgleich zu finden.

516 Dieser Ausgleich erfolgt im Polizei- und Sicherheitsrecht durch den Begriff der „Gefahr". Der Begriff der Gefahr bringt dabei eine Erheblichkeitsschwelle zum Ausdruck, ab der eine Rechtsbeeinträchtigung zum Schutz bestimmter Rechtsgüter legitim ist. Diese Erheblichkeitsschwelle wird jedoch in Gestalt der „konkreten Gefahr" auf eine *„im Einzelfall bestehende Gefahr"* für bestimmte Rechtsgüter angehoben.[167] Eine abstrakte Gefahr ist dagegen nicht ausreichend.

517 Eine „drohende Gefahr" unterscheidet sich von den bislang bekannten Kategorien der z.B. konkreten und abstrakten Gefahr grundlegend, weshalb es sich bei ihr um eine **neue Gefahrenkategorie** handelt, bei der die Voraussetzungen hinsichtlich der Wahrscheinlichkeit des Kausalverlaufs abgesenkt sind.[168] Die Einführung neuer Gefahrenkategorien wird weder durch das GG noch durch die BV gesperrt, da beide keine Vorgaben zu einem System der Gefahrenbegriffe im Polizeirecht enthalten.

518 So führt das BVerfG im BKA-Gesetz-Urteil dazu aus: *„Der Gesetzgeber ist von Verfassungs wegen aber nicht von vornherein für jede Art der Aufgabenwahrnehmung auf die Schaffung von Eingriffstatbeständen beschränkt, die dem tradierten sicherheitsrechtlichen Modell der Abwehr konkreter, unmittelbar bevorstehender oder gegenwärtiger Gefahren entsprechen. Vielmehr kann er die Grenzen für bestimmte Bereiche mit dem Ziel schon der Straftatenverhütung auch weiter ziehen, indem er die Anforderungen an die Vorhersehbarkeit des Kausalverlaufs reduziert."*[169]

---

[166] Diese Frage ist Gegenstand von mehreren Verfassungsklagen vor dem BVerfG und BayVerfGH. In seiner Entscheidung vom 7.3.2019, Az.: Vf. 15-VII-18, lehnte der BayVerfGH den Erlass einer einstweiligen Anordnung ab, da die erhobene Popularklage gegen die Neuerungen des PAG zum Teil offensichtlich keine Erfolgsaussichten hat, insbesondere mit Blick auf die Rüge des Gebots der Normklarheit. In Bezug auf das Tatbestandsmerkmal der „drohenden Gefahr" sowie dem polizeilichen Präsentivgewahrsam nach Art. 20 Nr. 3 Satz 3 PAG hat der BayVerfGH die Erfolgsaussichten der Popularklage als offen angesehen. Zu dieser Frage auch Holzner, DÖV 2018, 946 (949 ff.).

[167] Schmidbauer, in: ders./Steiner, Art. 11 PAG Rn. 21 ff.

[168] Dazu bereits Rn. 501; Holzner, DÖV 2018, 946 (949 ff.).

[169] BVerfGE 141, 220 (272 Rn. 112).

Es ist daher dem Gesetzgeber nicht durch die Verfassungen verwehrt, durch die Einführung neuer Gefahrenkategorien die Eingriffsschwelle vor das Bestehen einer konkreten Gefahr vorzuverlagern, bei denen sich *„der zum Schaden führende Kausalverlauf noch nicht mit hinreichender Wahrscheinlichkeit vorhersehen lässt“*.[170] Eine solch neue Gefahrenkategorie führt der Gesetzgeber durch die „drohende Gefahr“ ein und übernimmt selbst den Begriff vom BVerfG. **519**

Im Hinblick auf die Ausgestaltung des Tatbestandes der „drohenden Gefahr“ lehnt sich der Gesetzgeber ebenfalls eng an die Rspr. des BVerfG an. So führt das BVerfG zur Eingriffsschwelle aus, dass *„die Eingriffsgrundlagen auch dann eine hinreichend konkretisierte Gefahr in dem Sinne verlangen, dass zumindest tatsächliche Anhaltspunkte für die Entstehung einer konkreten Gefahr für die Schutzgüter entstehen.“*[171] In Abweichung zur konkreten Gefahr reicht daher für die Vorverlagerung aus, dass der Störer z.B. in einem Ausbildungslager auf Anschläge vorbereitet wird. Ebenfalls genügen Tatsachen, die *„den Schluss auf ein wenigstens seiner Art nach konkretisiertes und zeitlich absehbares Geschehen zulassen“*.[172] Beide Alternativen nimmt der Gesetzgeber mit seiner Formulierung in Art. 11 Abs. 2 Satz 1 Nr. 2 PAG nahezu wortgleich auf.[173] **520**

Liegen derartige Tatsachen nicht vor, sind Maßnahmen dennoch möglich, wenn *„das individuelle Verhalten einer Person die konkrete Wahrscheinlichkeit begründet, dass sie solche Straftaten in überschaubarer Zukunft begehen“*.[174] Diese Voraussetzungen erhielten wortgleich in Art. 11 Abs. 3 Satz 1 Nr. 1 PAG Einzug. Die vom BVerfG geforderte zeitliche Dimension zwischen konkretisiertem Sachverhalt und den zu erwartenden Angriffen bringt der Gesetzgeber durch die Einschränkung *„in absehbarer Zeit“* zum Ausdruck.[175] **521**

Weiter nimmt das BVerfG aufgrund der Vorverlagerung der Befugnisse eine Eingrenzung auf der Ebene der zu schützenden Rechtsgüter vor. So verlangt es eine „drohende Gefahr“ für ein *„überragend wichtiges Rechtsgut“*, was der Gesetzgeber durch den Katalog von *„bedeutenden Rechtsgütern“* aufgreift. Dabei sind all diese Rechtsgüter von überragender Wichtigkeit, was auch für die Eigentumspositionen der Nr. 4 gilt, da diese durch die Einschränkung auf „erhebliche“ verfassungskonform sind. **522**

Eine Absenkung der Anforderungen an die Wahrscheinlichkeit des Kausalverlaufs durch die Kategorie der „drohenden Gefahr“ ist damit aufgrund der Konkretisierung des Geschehens durch ein individuelles Verhalten oder sonstige bestimmte Tatsachen verfassungskonform. **523**

Art. 11 Abs. 3 PAG erfasst nicht allein die Abwehr von terroristischen Gefahren, obgleich die Entscheidung des BVerfG zum BKA-Gesetz ausschließlich zur Abwehr von terroristischen Gefährdungen mittels Überwachungsmaßnahmen ergangen ist. Dennoch wirkt sich dies nicht auf die Wirksamkeit von Art. 11 Abs. 3 PAG aus. So darf der Gesetzgeber auch anderen Gefahren mit demselben Instrumentarium begegnen und damit auch die Generalklausel des Art. 11 Abs. 3 PAG weiter fassen, als dies dem Urteil des BVerfG zu entnehmen ist.[176] **524**

Die Befugnisse, die Art. 11 Abs. 3 PAG im Falle einer „drohenden Gefahr“ eröffnet, sind ebenfalls verfassungskonform. Mit Blick auf die Befugnis zu **Gefahrerforschungseingriffen** ist zu beachten, dass bereits die BV mit Art. 99 und das GG mit **525**

---

[170] BVerfGE 141, 220 (272 Rn. 112).
[171] BVerfGE 141, 220 (272 Rn. 112).
[172] BVerfGE 141, 220 (272 Rn. 112).
[173] Holzner, DÖV 2018, 946 (949).
[174] BVerfGE 141, 220 (272 Rn. 112).
[175] Holzner, DÖV 2018, 946 (950).
[176] Holzner, DÖV 2018, 946 (950).

den sich hieraus ergebenden Pflichten des Staates zur effektiven Gefahrenabwehr eine Gefahrenaufklärung einfordern.[177] Denn die Gefahrenaufklärung ist der erste Schritt zur Gefahrenabwehr und letztere ohne hinreichend valide Prognose über den Kausalverlauf und damit den Schadenseintritt nicht möglich.[178]

526 Darüber hinaus handelt es sich bei den geschützten Rechtsgütern um solche von hohem Rang, weshalb auch aus diesem Grunde unter Berücksichtigung rechtsstaatlicher Aspekte nicht erforderlich ist, abzuwarten, bis eine konkrete Gefährdung dieser Rechtsgüter eintritt, ehe Abwehrmaßnahmen ergriffen werden dürfen. Vielmehr ist die Abwehr bereits im Stadium der „drohenden Gefahr" zulässig.[179]

527 Gestützt wird dieses Argument insbesondere in den Fällen, in denen durch das Zuwarten mit Abwehrmaßnahmen eine Minderung der Abwehrmöglichkeiten eintritt, was z.B. bei einem raschen Übergang von Vorbereitungshandlungen hin zur Tatausführung gerade bei terroristischen Gefährdern möglich ist. In diesem Fall wäre ein Zuwarten mit Gefahrenabwehrmaßnahmen angesichts der Bedeutung der Rechtsgüter verfassungswidrig, da es dem verfassungsrechtlichen Schutzauftrag widersprechen würde. Da die PAG-Novelle von 2017 auch das legitime Ziel verfolgt, terroristischen Angriffen effektiv zu begegnen, würde auch dieses durch ein Zuwarten mit Gefahrenabwehrmaßnahmen verfehlt. Kommt der Staat jedoch seiner Pflicht zur effektiven Gewährleistung der inneren Sicherheit nicht nach, wird das Gewaltmonopol und als dessen Kehrseite die Legitimität des Staates grundlegend in Frage gestellt.[180]

528 **Beispielfall 22**

Der Syrienheimkehrer A hat im dortigen Kriegsgebiet in einem Ausbildungslager für Terroristen des Islamischen Staates den Umgang mit der AK-47 Kalaschnikow sowie mit Handgranaten und Sprengstoff gelernt. Nach seiner Rückkehr nach Deutschland postet er in sozialen Netzwerken, dass er den Ungläubigen einen schweren Schlag versetzen wird mit hunderten Toten. Er begibt sich in einen Baumarkt und eine Apotheke, um die für einen Bombenbau notwendigen Untensilien zu besorgen.
Ist die Polizei zum Eingreifen berechtigt?

Lösung

1. Nach Art. 11 Abs. 1 PAG ist die Polizei nicht zum Eingreifen berechtigt, da noch keine konkrete Gefahr für ein polizeiliches Schutzgut vorliegt. Es besteht noch keine Sachlage, die nach allgemeiner Lebenserfahrung bei ungehindertem Verlauf des objektiv zu erwartenden Geschehens im Einzelfall mit hinreichender Wahrscheinlichkeit zu einer Verletzung der Schutzgüter der öffentlichen Sicherheit oder Ordnung führen wird. So ist insbesondere die erforderliche Schadensgeneigtheit der Situation nicht gegeben, da unklar ist, wann und wo A zur Verwirklichung seiner Absichten ansetzen wird.
2. Allerdings könnte die Polizei gem. Art. 11 Abs. 3 PAG zum Einschreiten berechtigt sein. Voraussetzung ist, dass eine drohende Gefahr für ein qualifiziertes Rechtsgut bestehen würde.
   a. Eine drohende Gefahr setzt voraus, dass im Einzelfall in absehbarer Zeit Angriffe von erheblicher Intensität oder Auswirkung durch A zu erwarten sind.

---

[177] Jarass, in: ders./Pieroth, Vorb. vor Art. 1 Rn. 8; Holzner, Art. 99 Rn. 2.
[178] Holzner, Art. 99 Rn. 20.
[179] So Staatsminister Hermann im Rahmen der 1. Lesung im Bayerischen Landtag, Vorläufiges Plenarprotokoll 17/102 vom 25.4.2017, S. 9041.
[180] Vgl. BVerfGE 49, 23 (56f.); 49, 89 (139); Jellinek, S. 246ff.; Holzner, Art. 99 Rn. 1.

Durch das Verhalten des A – Ausbildung in einem Ausbildungslager, Ankündigung eines Anschlags, Besorgung von Utensilien für den Bombenbau – ist zu erwarten, dass A in absehbarer Zeit seinen Plan in die Tat umsetzen wird, ohne dass dieser bereits begonnen hat oder unmittelbar bevorsteht. Dass insoweit Ort und Zeitpunkt der Tat noch nicht hinreichend konkretisiert sind und daher Unsicherheiten im Hinblick auf den Kausalverlauf bestehen, ist aufgrund der tatsächlich gegebenen Anhaltspunkte unerheblich und reicht für die Annahme einer drohenden Gefahr i. S. v. Art. 11 Abs. 3 PAG aus.

b. Da Unsicherheiten im Kausalverlauf bestehen, muss im Gegenzug die drohende Gefahr für ein überragend wichtiges Rechtsgut i. S. v. Art. 11 Abs. 3 Satz 2 PAG bestehen, um ein polizeiliches Einschreiten zu ermöglichen. Dies ist vorliegend ebenfalls gegeben, denn sollte es A gelingen, seinen Plan umzusetzen, wären das Leben und die Gesundheit einer unbestimmten Anzahl von Menschen, Nr. 2, gegebenenfalls erhebliche Eigentumspositionen, Nr. 4, oder gar Sachen, deren Erhalt im besonderen öffentlichen Interesse liegen, Nr. 5, gefährdet.

Aus diesem Grunde ist die Polizei berechtigt, Maßnahmen gegen A zu ergreifen. Sie kann diesen z.B. nach Art. 36 Abs. 1 Nr. 1 PAG längerfristig observieren.

Beispielfall 23 529

Der gehörnte und in seiner Ehre gekränkte Ehemann E hat angekündigt, es seiner Ehefrau heimzuzahlen und sie schwer zu mißhandeln.
Ist die Polizei zum Eingreifen berechtigt?

Lösung

1. Eine konkrete Gefahr für ein polizeiliches Schutzgut nach Art. 11 Abs. 1 PAG besteht nicht, da im Hinblick auf Ort und Zeit keine schadensgeneigte Situation besteht. Daher besteht keine Sachlage, die nach allgemeiner Lebenserfahrung bei ungehindertem Verlauf des objektiv zu erwartenden Geschehens im Einzelfall mit hinreichender Wahrscheinlichkeit zu einer Verletzung der Schutzgüter der öffentlichen Sicherheit oder Ordnung führen wird.
2. Allerdings könnte die Polizei gem. Art. 11 Abs. 3 PAG zum Einschreiten berechtigt sein, wenn eine drohende Gefahr für ein qualifiziertes Rechtsgut besteht.
   a. Eine drohende Gefahr besteht vorliegend, da durch die Ankündigung des E, die Ehefrau zu mißhandeln, zu erwarten ist, dass er dieses Vorhaben in absehbarer Zeit umsetzen wird. Die Unsicherheiten im Kausalverlauf, indem Ort und Zeitpunkt der Tat noch nicht hinreichend konkretisiert sind, sind aufgrund der tatsächlich bestehenden Anhaltspunkte unerheblich.
   b. Die drohende Gefahr besteht auch für ein überragend wichtiges Rechtsgut i. S. v. Art. 11 Abs. 3 Satz 2 Nr. 2 PAG, da die Gesundheit der Ehefrau, ggf. sogar das Leben derselben durch den Angriff des E beeinträchtigt würden.

Aus diesem Grunde ist die Polizei berechtigt, Maßnahmen gegen E zu ergreifen.

12. Kapitel. Maßnahmerichtung und polizeiliche Verantwortlichkeit, Art. 7, 8, 10 PAG

Zusammenfassung

1. Die polizeiliche Maßnahme zur Abwehr der Gefahr ist grundsätzlich gegen denjenigen zu richten, der für diese Gefahr verantwortlich ist, sog. **Störer**.
2. Als Störer kennt das Gesetz grundsätzlich den **Handlungs-**, Art. 7 PAG, und den **Zustandsstörer**, Art. 8 PAG.
3. Verantwortlich ist nach der **Theorie der unmittelbaren Verursachung** derjenige, der nach einer wertenden Betrachtung in der Kausalkette die unmittelbare, letzte steuerbare Ursache setzt.
4. Dabei ist eine wertende Betrachtung anzustellen, in die auch z.B. einfließt, ob eine Handlung grundrechtlich geschützt ist.
5. Eine **Ausnahme** von der Theorie der unmittelbaren Verursachung stellt die Rechtsfigur des Zweckveranlassers dar.
6. **Zweckveranlasser** ist eine Person, die durch ihr Verhalten eine Situation herbeiführt, in der zwangsläufig von Dritten eine Gefahr ausgeht, wobei sie diese Gefahr bezweckt, sie zumindest in Kauf nimmt oder verkennt, dass ihr Verhalten ein gefahrbegründendes Verhalten anderer nach sich zieht.
7. Obgleich Störer nach der Theorie der unmittelbaren Verursachung in diesem Falle die Dritten sind, wird der Zweckveranlasser als Handlungsstörer i. S. v. Art. 7 PAG angesehen.
8. Als **„latenter Störer"** wird eine Person bezeichnet, deren rechtmäßiges Verhalten erst später durch Hinzutreten weiterer, außerhalb dieser Person liegender Umstände zur Gefahr wird. Der „latente Störer" ist kein Störer i. S. v. Art. 7 oder 8 PAG.
9. Die Störereigenschaft wird auf Primär- und Sekundärebene ***ex ante et ex situatione*** beurteilt. Auf Tertiärebene dagegen ist eine ***ex post***-Betrachtung anzustellen.
10. Die allgemeinen Vorschriften der Art. 7ff. PAG sind gegenüber spezielleren Vorschriften zur Störerhaftung **subsidiär**. Solche können sich insbesondere aus den Spezialbefugnisnormen des PAG ergeben.
11. **Handlungsstörer** ist jede Person, die durch ihr Verhalten oder ihren Zustand eine Gefahr verursacht.
12. Anknüpfungspunkt für die Handlungsstörereigenschaft ist das **Verhalten** oder der **Zustand** einer Person. Besondere Vorschriften bestehen dagegen für die aufsichtspflichtige Person als polizeirechtlich Verantwortlichen, Art. 7 Abs. 2 PAG, und den Verrichtungsherrn, Art. 7 Abs. 3 PAG.
13. **Zustandsstörer** ist jede Person, die Inhaber der tatsächlichen Gewalt über eine Sache ist, von der eine Gefahr ausgeht, Art. 8 Abs. 1 PAG, die Eigentümer oder anders an der Sache berechtigt ist, Art. 8 Abs. 2 PAG, oder das Eigentum an der Sache aufgegeben hat, sog. Dereliktion, Art. 8 Abs. 3 PAG.
14. Anknüpfungspunkt für die Zustandsstörereigenschaft ist damit die **tatsächliche Sachherrschaft**, eine **Berechtigung** an der Sache oder die **vormalige Eigentümerstellung**.

15. **Grenzen** der Zustandsstörerschaft bestehen in **Art. 8 Abs. 2 Satz 1 PAG**, wenn die tatsächliche Sachherrschaft ohne oder gegen den Willen des Berechtigten ausgeübt wird, sowie verfassungsrechtlich aufgrund **Art. 14 Abs. 1 GG**, aus dem eine Deckelung der Kosten für die Primär- und Sekundärmaßnahmen in Höhe des Verkehrswerts der Sache abgeleitet wird.
16. Zwischen Handlungs- und Zustandsstörerschaft besteht kein Spezialitätsverhältnis. So können Personen beiden Kategorien zugeordnet werden, sog. **Doppelstörer**, wie auch mehrere Personen den verschiedenen Kategorien zugeordnet werden können. Im letzteren Falle besteht ein **Auswahlermessen** der Polizei im Hinblick auf die Inanspruchnahme des Störers, das unter dem Primat der Effektivität der Gefahrenabwehr steht.
17. Ebenfalls dem Störer gleichgestellt ist der **Anscheinsstörer**, gegen den daher Primär- und Sekundärmaßnahmen gerichtet werden können. Kosten können von einem Anscheinsstörer dagegen nur dann erhoben werden, wenn dieser den Anschein in zurechenbarer Weise verursacht hat. Andernfalls hat der Anscheinsstörer Ersatzansprüche nach Art. 87 Abs. 2 PAG analog.
18. Ein **„Putativstörer"** ist kein Störer und kann daher mangels Gefahr nicht in Anspruch genommen werden. Wird er trotzdem Adressat polizeilicher Maßnahmen, bestehen Ersatzansprüche nach Art. 87 Abs. 2 PAG.
19. **Hoheitsträger** sind zwar grundsätzlich an das Polizei- und Sicherheitsrecht gebunden, sog. materielle Polizeipflichtigkeit, können jedoch nicht Adressat polizeilicher Maßnahmen sein, womit sie nicht formell polizeipflichtig sind. Die Polizei kann daher nur in Fällen nach Art. 3 PAG für den Hoheitsträger die Gefahr im Rahmen einer unmittelbaren Ausführung nach Art. 9 PAG abwehren.
20. **Nichtstörer** können nur in den engen Grenzen des Art. 10 PAG in Anspruch genommen werden und können für die erlittenen Schäden Ausgleich nach Art. 87 Abs. 1 PAG verlangen.

A. Polizeiliche Verantwortlichkeit

I. Der Begriff des Störers

Die polizeiliche Maßnahme zur Abwehr der Gefahr ist grundsätzlich gegen denjenigen zu richten, der für diese Gefahr verantwortlich ist, sog. **Störer**. **530**

Wegen des Grundsatzes der Effektivität der Gefahrenabwehr trifft die polizeiliche Verantwortlichkeit daher grundsätzlich auch juristische Personen oder Hoheitsträger.[1]

Grund hierfür ist, dass bei der Frage der Maßnahmerichtung bereits diejenige nach der Befugnisnorm beantwortet ist, mithin eine polizeiliche Maßnahme vorliegt, die in subjektive Rechte eingreift. Derartige Rechtseingriffe dürfen jedoch nach dem **Rechtsstaatsprinzip** und der Grundrechtsdogmatik, insbesondere derjenigen der Grundrechtsschranken, nur in die Rechtssphäre desjenigen vorgenommen werden, der für die Gefahr verantwortlich ist, mithin in die Sphäre des Störers. Die Vorschriften zur Störerauswahl begrenzen damit den Adressatenkreis aus rechtsstaatlichen Gründen auf die für die Gefahr **Verantwortlichen**.[2] **531**

---

[1] Dazu Rn. 663 ff.
[2] Dazu Denninger, in: Lisken/Denninger, D 68 ff.

532 Die Verantwortlichkeit für das Bestehen einer Gefahr kann sich nun entweder aufgrund des Verhaltens einer Person ergeben, sog. **Handlungs- oder Verhaltensstörer**, Art. 7 PAG, oder aufgrund eines Zustands von Sachen, wobei Maßnahmeadressat dann derjenige ist, der die tatsächliche Gewalt über die Sache innehat, sog. **Zustandsstörer**, Art. 8 PAG.

533 Soll eine Person polizeilich in Anspruch genommen werden, die weder für ein Verhalten i.S.d. Art. 7 PAG noch für den Zustand einer Sache i.S.d. Art. 8 PAG verantwortlich ist, ist zu unterscheiden:

534 – Ist eine Person für die Gefahr nicht verantwortlich, sog. **Nichtstörer**, darf eine polizeiliche Maßnahme grundsätzlich auch nicht gegen diese gerichtet werden.[3] Nur ausnahmsweise, wenn die Gefahr auf andere Weise nicht abgewendet werden kann, darf die Polizei die Maßnahme auch gegen einen Nichtstörer richten, Art. 10 PAG, sog. **polizeilicher Notstand.**[4]

535 – Neben dem Nichtstörer kennt das Gesetz noch **dritte Personen**. Sie werden beispielsweise ausdrücklich in Art. 31 Abs. 2 Satz 2 PAG erwähnt.

536 Problematisch ist dabei die rechtsdogmatische Einordnung von Personen, deren Identität die Polizei nach Art. 13 Abs. 1 PAG feststellen darf. Entweder handelt es sich um einen Störer, wenn man das polizeiliche Einschreiten zur Identitätsfeststellung als gesetzlich definierten Fall des Gefahrenverdachtes begreift, was vorzugswürdig erscheint. Oder aber man erkennt an, dass der Gesetzgeber den Verantwortlichen in Art. 13 PAG selbst definiert hat und die Polizei mit dieser Norm zu einem Einschreiten gegen Unbekannt befugt.

Klausurhinweis:

Die Art. 7, 8 und 10 PAG bestimmen lediglich, gegen wen die Polizei ihre Maßnahmen richten darf. Befugnisnormen stellen sie dagegen keine dar. Die jeweilige Maßnahme der Polizei muss sich also auf eine andere Norm als Befugnisnorm stützen lassen.

II. Die Theorie der unmittelbaren Verursachung

537 Da grundsätzlich nur der polizeilich Verantwortliche Adressat der polizeilichen Maßnahme sein kann, stellt sich die Frage, wann eine derartige Verantwortlichkeit im polizeirechtlichen Sinne vorliegt.

538 Da es im Gegensatz zur strafrechtlichen Verantwortlichkeit im Polizei- und Sicherheitsrecht allein um die **effektive Abwehr von Gefahren** geht, sind Kriterien wie Einsichtsfähigkeit oder Verschulden nicht ausschlaggebend.[5]

539 Die polizeiliche Verantwortlichkeit erfordert eine Ursächlichkeit i.S.e. **Kausalität**. Zur Ermittlung dieser Kausalität sind jedoch die aus dem Zivil- und Strafrecht bekannten Kategorien der Äquivalenz und Adäquanz unzureichend.

540 So wäre nach der Äquivalenztheorie im Sinne der *conditio sine qua non*-Formel jeder Störer, der eine Ursache gesetzt hätte, die nicht hinweggedacht werden könnte, ohne dass die konkrete Gefahr, um

---

[3] Denninger, in: Lisken/Denninger, D 143.
[4] Berner/Köhler/Käß, Art. 10 Rn. 1.
[5] Vgl. Beispielfall 12, Rn. 355.

deren Abwehr es geht, entfallen würde. Hiernach müssten auch Personen als Störer behandelt werden, die keine unmittelbare Beziehung zur Gefahr mehr aufweisen, wie z.B. der Hersteller von Waffen, mit denen die Gefahr ausgelöst wird, weshalb die Äquivalenztheorie zu weit ist.[6]

Aber auch die Adäquanztheorie, nach der eine Bedingung für das Entstehen der Gefahr nich völlig außerhalb jeglicher Lebenswahrscheinlichkeit liegen darf, ist dagegen zu eng und daher nicht geeignet, die Störereigenschaft im Polizeirecht zu begründen, da das Polizeirecht im Sinne der Effektivität der Gefahrenabwehr gerade auch denjenigen Gefahren wirksam begegnen können muss, die auf einem atypischen Geschehensablauf basieren. 541

Im Polizei- und Sicherheitsrecht gilt daher die **Theorie der unmittelbaren Verursachung**. Hiernach ist nur derjenige verantwortlich, der nach einer **wertenden Betrachtung** in der Kausalkette die **unmittelbare, letzte steuerbare Ursache** setzt. Hierdurch wird gerade bei einem Zusammenwirken mehrerer, nacheinander geschalteter Ursachen die Fokussierung auf die letzte, die Gefahr realisierende Ursache möglich. 542

Die Theorie der unmittelbaren Verursachung ermöglicht nur Aussagen im Hinblick auf die Frage, wer Störer ist. Das Verhältnis von mehreren Störern zueinander wird von ihr dagegen nicht gelöst.[7]

Eine m.M. in der Literatur hält darüber hinaus einen Wertungszusammenhang zwischen der Ursache und der Gefahr für erforderlich, sog. **Theorie vom Wertungszusammenhang**, bzw. fordert mit selbem Ergebnis einen Rechtswidrigkeitszusammenhang, sog. **Theorie von der rechtswidrigen bzw. inadäquaten Verursachung.**[8] Durch den Wertungsmaßstab Lebenserfahrung oder Rechtsordnung sollen sicherheitsrechtlich erhebliche von unerheblichen Ursachen abgegrenzt werden.[9] 543

Zu Recht wurde in der Literatur die Einführung eines derartigen Wertungszusammenhangs abgelehnt. Andernfalls könnte der Grundsatz der Effektivität der Gefahrenabwehr nicht mehr eingehalten werden, da die Beurteilung von derartigen Wertungs- oder Rechtszusammenhängen aus der aktuellen Gefahrensituation zumeist nicht möglich ist, sondern die Polizei ihre Entscheidung nur auf erkennbare Tatsachen stützen kann.[10]

Ebenfalls aufgrund ihrer unzureichenden Praktikabilität nicht durchgesetzt haben sich: 544

a. die Theorie von der „rechts- bzw. polizeiwidrigen Erfolgsverursachung", wonach derjenige Verhaltensstörer ist, der eine normativ begründete Rechtspflicht verletzt.[11] Ungelöstes Problem dieser Theorie sind die Fälle, in denen für das sicherheitsrechtlich relevante Verhalten einer Person (noch) keine regulierenden Rechtsnormen bestehen; 545

b. die Theorie der „Sozialadäquanz", wonach derjenige Verhaltensstörer ist, dessen Handlungen sich nicht mehr als sozialadäquat bewerten lassen.[12] Ungelöstes Problem bei dieser Theorie ist, wer nach welchem Maßstab beurteilt, ob die soziale Adäquanz überschritten ist. 546

1. Wertende Betrachtung

Da die Theorie der unmittelbaren Verursachung eine wertende Betrachtung zur Grundlage erhebt, fließen in die Beurteilung der Verursachung insbesondere normative Wertungen ein. So kann z.B. grundrechtlich geschütztes, rechtmäßiges Handeln grundsätzlich keine Störerhaftung begründen. Insoweit werden Rechtstatsachen als reine Tatsachen behandelt. 547

So ist der sich in Notwehr nach § 32 StGB Verteidigende nicht Störer im Sinne polizeilicher Verantwortlichkeit.

---

[6] Schmidbauer, in: ders./Steiner, 4. Aufl. 2014, Art. 7 PAG Rn. 9.

[7] Dazu Rn. 648 ff.

[8] Götz, § 9 Rn. 12.

[9] Pietzcker, DVBl 1984, 457 ff.

[10] Schmidbauer, in: ders./Steiner, Art. 7 PAG Rn. 9.

[11] Pietzcker, DVBl 1984, 457 (458); Schnur, DVBl 1962, 1 (3); Schmelz, BayVBl. 2001, 550 ff.

[12] Hurst, AöR 1958, 43 (75 ff.); Muckel, DÖV 1998, 18 ff.

548 **Beispielfall 24**

Der Vermieter V kündigt seinem Mieter M, da dieser bereits mit mehr als drei Monatsmieten im Rückstand ist, und lässt die Wohnung nach einer erfolgreichen Räumungsklage rechtmäßig durch den Gerichtsvollzieher räumen. M droht damit die Obdachlosigkeit. Da bereits der Winter eingebrochen ist, weist die Polizei den M in seine bisherige Wohnung des V zwangsweise ein.
Kann die Einweisung gegen V als Störer gerichtet werden?

Lösung
Die Obdachlosigkeit im Winter stellt grundsätzlich eine Gefahr für das Leben und die körperliche Unversehrtheit des M dar. Da diese Obdachlosigkeit Folge der Kündigung durch den V ist, ist dieser im Sinne strenger Kausalität auch ursächlich für die Gefahr. Dennoch kann V nicht als Störer im Sinne polizeilicher Verantwortung in Anspruch genommen werden, da er lediglich seine zivilrechtlichen Rechte ausübt und damit rechtmäßig handelt. Die Einweisung kann daher nur gegen V als Nichtstörer nach Art. 10 PAG gerichtet werden.

2. Der Zweckveranlasser

549 Aber auch Wertungen im Hinblick auf die Ursachensetzung fließen in die Beurteilung im Rahmen der Theorie der unmittelbaren Verursachung ein.

a. Definition des Zweckveranlassers

550 Ein **Zweckveranlasser** ist eine Person, die durch ihr Verhalten eine Situation herbeiführt, in der zwangsläufig von Dritten eine Gefahr ausgeht.[13] Nach umstrittener, jedoch h. M. ist neben diesem objektiven Tatbestand auch eine subjektive Komponente erforderlich.[14] So ist für die Inanspruchnahme als Störer notwendig, dass der Zweckveranlasser das gefahrbegründende Verhalten anderer bewusst auslösen will.[15] Er muss dieses bezwecken, es zumindest in Kauf nehmen oder verkennen, dass sein Verhalten ein gefahrbegründendes Verhalten anderer nach sich zieht.

551 Auf ein subjektives Element stellt auch Nr. 7.3 VollzBek ab, in dem sie den Zweckveranlasser als eine Person definiert, die durch ihr Verhalten eine Situation absichtlich herbeiführt, in der zwangsläufig von Dritten eine Gefahr ausgeht.

552 Insoweit weicht die Figur des Zweckveranlassers von der Theorie der unmittelbaren Verursachung ab, nach der ein subjektives Element nicht erforderlich ist. Dies ist auch konsequent, da der eigentliche Störer, also derjenige, der sich gefahrbegründend aufgrund der Handlung des Zweckveranlassers verhält, nach wie vor polizeilicher Handlungsadressat ist, ohne dass es auf dessen Willen ankommt. Durch die Figur des Zweckveranlassers wird dagegen diese Störerhaftung ausgeweitet, so dass ein begrenzendes Korrektiv in Form der subjektiven Komponente gefordert werden kann.

553 Die h. M. behandelt den **Zweckveranlasser als Handlungsstörer** nach Art. 7 PAG.[16] Zwar wird die Gefahr erst durch das Hinzutreten des Handelns des Dritten begründet, so dass grundsätzlich nach der Theorie der unmittelbaren Verursachung diese Personen die zeitlich letzte Ursache setzen. Dennoch beherrscht der Zweckveranlasser

---

[13] Erbel, JuS 1985, 257 ff.; Berner/Köhler/Käß, Art. 7 Rn. 5.
[14] Berner/Köhler/Käß, Art. 7 Rn. 5; Schmidbauer, in: ders./Steiner, Art. 7 PAG Rn. 10.
[15] BayVGH, BayVBl. 1979, 629 (631).
[16] Pieroth/Schlink/Kniesel, § 9 Rn. 27 ff.; Schmidbauer, in: ders./Steiner, Art. 7 PAG Rn. 10 f.

durch sein Tun die Situation und setzt im Rahmen des Geschensablaufes in tatsächlicher Hinsicht die Ursache, die zur Entstehung der Gefahr führt. Dieser Umstand wird im Rahmen der Theorie der unmittelbaren Verursachung durch eine wertende Betrachtung berücksichtigt, die das Gesamtgeschehen im Blick hat.

Ein Teil der Literatur lehnt die Lehre vom Zweckveranlasser ab.[17] Sie versteht das Unmittelbarkeitskriterium bei der Verursachung allein als letzte Ursache in der zeitlichen Abfolge vor dem Entstehen der Gefahr. Folgt man dieser Ansicht, ist der Zweckveranlasser kein Verhaltensstörer, da er nicht die zeitlich letzte Ursache für das Entstehen der Gefahr gesetzt hat. Er könnte daher polizeilich nur unter den zusätzlichen Voraussetzungen des Art. 10 PAG als nichtverantwortliche Person in Anspruch genommem werden. Dies wird jedoch der Tatsache nicht gerecht, dass der Zweckveranlasser die entscheidende Person im Hintergrund ist, die den Geschehensablauf in Gang setzt, der letztlich die Gefahr entstehen läßt. **554**

Beispielfall 25[18] **555**

Der Inhaber eines Geschäfts G veranstaltet nach dem Motto „sex sells" in seinem Schaufenster einen Striptease junger Damen, um auf seine Produkte aufmerksam zu machen, so dass es vor dem Geschäft zu einer Menschenansammlung kommt, die zu Verkehrsbehinderungen führt.
Können polizeiliche Maßnahmen gegen G ergriffen werden?

Lösung
Maßnahmen können gegen G dann angeordnet werden, wenn dieser Störer i. S. v. Art. 7 oder 8 PAG ist.

1. Dies wäre zwar nach der Äquivalenz- und der Adäquanztheorie der Fall, die jedoch als zu weitgehend bzw. zu eng gefasst nicht auf das Polizei- und Sicherheitsrecht anwendbar sind.
2. Nach der Theorie der unmittelbaren Verursachung ist Störer nur derjenige, der die letzte, steuerbare Ursache setzt. Dies wäre im vorliegenden Fall die Menschenmenge. Da jedoch im Rahmen dieser Theorie eine wertende Betrachtung anzustellen ist, ist der gesamte Sachverhalt einer Beurteilung zu unterziehen. Hiernach ist Hauptursache für die Ansammlung und damit die Störung der G als Zweckveranlasser, da dieser das Verhalten der Passanten steuert und die Ansammlung bewusst in Kauf nimmt.

Die Maßnahmen können daher gegen den G als Handlungsstörer i. S. v. Art. 7 PAG gerichtet werden.

Beispielfall 26[19] **556**

Die Kurkapelle spielt erneut das Borkum-Lied, zu dem die Kurgäste regelmäßig einen antisemitischen Text anstimmen.
Können polizeiliche Maßnahmen gegen die Kurkapelle ergriffen werden?

---

[17] Muckel, DÖV 1998, 18ff.; Honnacker/Beinhofer/Hauser, Art. 7 Rn. 4; Berner/Köhler/Käß, Art. 7 Rn. 5.
[18] Vgl. auch PrOVGE 40, 216ff.; 85, 270ff.
[19] PrOVGE 80, 176ff.

Lösung
Auch hier ist im Rahmen der Theorie der unmittelbaren Verursachung eine wertende Betrachtung anzustellen, so dass eine wesentliche Ursache für die antisemitischen Äußerungen die Störung der Kurkapelle als Zweckveranlasser ist. Daher können Maßnahmen gegen die Kapelle als Handlungsstörer gerichtet werden.

557 Die Polizei hat daher bei Vorliegen eines Zweckveranlassers ein **Auswahlermessen**, ob sie gegen den Störer (Menschenansammlung, Kurgäste) oder gegen den Zweckveranlasser vorgeht.

558 Ist jedoch die Betätigung des Zweckveranlassers grundrechtlich geschützt, ist ein Vorgehen nur gegen den unmittelbaren Störer ermessensfehlerfrei bzw. gegen den Zweckveranlasser nur unter den Bedingungen des polizeilichen Notstandes, Art. 10 PAG.[20]

b. Abgrenzung zum Anlassgeber

559 Abzugrenzen ist der Zweckveranlasser vom bloßen Veranlasser, der auch Anlassgeber genannt wird. Der bloße Veranlasser ist **kein Verhaltensstörer**, da sein Verhalten unter normalen Umständen nicht zu einer Gefahr führt.[21]

560 **Beispielfall 27**

Der Inhaber eines Geschäfts G bietet in seinem Kaufhaus so günstige Sonderangebote an, daß es auf der Zufahrtsstraße vor der Einfahrt zum Supermarkt zu einem größeren Verkehrsstau kommt.
Können polizeiliche Maßnahmen gegen G ergriffen werden?

Lösung
Maßnahmen können gegen G dann angeordnet werden, wenn dieser Störer i. S. v. Art. 7 PAG ist.

1. Nach der Theorie der unmittelbaren Verursachung ist Störer nur derjenige, der die letzte, steuerbare Ursache setzt. Dies ist im vorliegenden Fall die Menschenmenge.
2. Eventuell könnte es sich bei G jedoch um einen Zweckveranlasser handeln. Dies wäre der Fall, wenn er die Störung durch die Passanten bezweckt oder zumindest in Kauf genommen hätte. Hiervon kann jedoch nicht ausgegangen werden. Denn das Bereithalten von Sonderangeboten führt bei normalem, objektiv zu erwartendem Geschehensablauf gerade nicht dazu, dass sich vor dem Geschäft ein Verkehrsstau aufgrund des großen Andrangs entwickelt. Dies ist bei der Veranstaltung eines Striptease im Schaufenster anders.[22]

G ist damit nur Anlassgeber, nicht jedoch Störer, so dass polizeiliche Maßnahmen nicht nach Art. 7 PAG gegen ihn gerichtet werden können.

---

[20] Dazu Rn. 673 ff.
[21] Schmidbauer, in: ders./Steiner, Art. 7 PAG Rn. 10; kritisch Lege, VerwArch 1988, 71 (81).
[22] Vgl. Beispielfall Nr. 25, Rn. 555.

Weitere **Beispiele** für eine bloße Veranlassung, die keine Verhaltensverantwortlichkeit nach sich zieht, sind: Veranstalter von Demonstrationen, Großsportereignissen, Popkonzerten oder Open Airs, soweit sie die allgemein geltenden Rechtsvorschriften beachten. 561

3. Der „latente Störer"

Noch umstritten ist, ob vom Grundsatz der Unmittelbarkeit der Verursachung eine weitere Ausnahme unter dem Gesichtspunkt des „latenten Störers" gemacht werden muß. 562

Als „latenter Störer" wird eine Person bezeichnet, deren rechtmäßiges Verhalten erst später durch hinzutreten weiterer, außerhalb dieser Person liegender Umstände zur Gefahr wird.[23] 563

Nach der h.M. ist der „latente Störer" noch kein Störer.[24] Sobald jedoch die weiteren Umstände eintreten, wird er zum Störer, da er die Gefahr unmittelbar verursacht hat, indem er die maßgebende Ursache gesetzt hat, die durch das später hinzutretende Verhalten Dritter zum Entstehen der Gefahr geführt hat. 564

Klassische Beispiele aus der Rechtsprechung sind der „Schweinemäster-Fall", bei dem sich die Störung der Nachbarn durch die Geruchsbelästigung erst durch die herannahende Bebauung ergibt. 565

Klausurhinweis:
Beide Entscheidungen sind freilich heute vorrangig nach Immissionsschutzrecht zu lösen, so dass die Problematik des latenten Störers in der polizeilichen Praxis aufgrund des Subsidiaritätsgrundsatzes des Art. 3 PAG regelmäßig kaum mehr eine Rolle spielt.

III. Polizeiliche Verantwortlichkeit auf den verschiedenen Ebenen polizeilichen Handelns

Die polizeiliche Verantwortlichkeit ist nicht nur für die Primärebene wichtig, sondern auch für die Sekundärebene sowie die für die Frage der Kostenerstattung. So wird grundsätzlich derjenige, der auf Primärebene als Störer in Anspruch genommen wurde, auch auf den anderen beiden Ebenen als solcher behandelt. So kann gegen den Störer, gegen den die Primärmaßnahme ergeht, diese selbstverständlich auch vollstreckt werden sowie von ihm Kosten für die Gefahrenbeseitigung erhoben werden, während der Störer selbst keinerlei Ersatz- oder Entschädigungsansprüche geltend machen kann. 566

Zu beachten ist jedoch, dass die Verantwortlichkeit auf der Primär-, Sekundär- und Tretiärebene zum Teil nach verschiedenen Kriterien beurteilt wird. So sind auf der **Primär- und Sekundärebene** aufgrund des Grundsatzes der Effektivität der Gefahrenabwehr eine ***ex ante et ex situatione***-Betrachtung aus der Sicht eines verständigen Durchschnittsbeamten ausschlaggebend. 567

Aufgrund dieser Prognoseentscheidung kann es zu Fehleinschätzungen kommen. So ist eine Person, die für einen verständnisvollen Durchschnittsbeamten den Eindruck erweckt, durch ihr Verhalten oder den Zustand einer Sache für eine Gefahr verantwortlich zu sein, obgleich dies objektiv nicht der Fall ist, als sog. Anscheinsstörer anzusehen, der auf der Primär- und Sekundärebene aufgrund des 568

---

[23] Zur latenten Gefahr Rn. 397.
[24] Schmidbauer, in: ders./Steiner, Art. 7 PAG Rn. 12.

Grundsatzes der Effektivität der Gefahrenabwehr dem Störer gleichgestellt wird.[25] Für polizeiliche Primär- und Sekundärmaßnahmen muss daher die Störereigenschaft weder beim Handlungs- noch beim Zustandsstörer objektiv gegeben sein.

569 Dagegen greift der Grundsatz der Effektivität der Gefahrenabwehr auf der **Tertiärebene** gerade nicht. Vielmehr wird die Frage, ob bzw. von wem Kosten erhoben werden bzw. Ersatz- oder Entschädigungsansprüche bestehen nach **objektiven Kriterien** beurteilt. Ausschlaggebend ist daher eine ***ex post***-Betrachtung.[26]

570 Relevant wird dies vor allem in den Fällen, in denen eine Fehleinschätzung erfolgt und jemand als Störer behandelt wird, obgleich er für die Gefahr nicht verantwortlich ist, wie dies bei der Inanspruchnahme eines Anscheinsstörers sowie eines vermeintlich für eine Putativgefahr Verantwortlichen der Fall sein kann.[27]

B. Anwendungsbereich

571 Ebenso wie bei der Aufgabeneröffnung nach Art. 2 Abs. 4 PAG, und den Befugnisnormen nach Art. 11 Abs. 4 PAG, ist auch bei der polizeilichen Verantwortlichkeit die Gesetzessystematik zu beachten. So handelt es sich bei den Art. 7 und 8 PAG um **allgemeine Bestimmungen** der Maßnahmerichtung, die jedoch **von spezielleren Vorschriften verdrängt** werden, Art. 7 Abs. 4, Art. 8 Abs. 4 PAG.[28] Besteht also eine speziellere Norm, aus der sich die Maßnahmerichtung ergibt, kann nicht mehr auf die Art. 7 und 8 PAG zurückgegriffen werden. Derartige speziellere Normen stellen insbesondere einige Standardbefugnisnormen dar, aus denen sich zum Teil ergibt, gegen wen die Maßnahme zu richten ist.

572 So ergibt sich bereits aus Art. 13 Abs. 1 Nr. 2 bis 5 PAG, dass die Identität derjenigen Personen, die sich an einem der bezeichneten Orte aufhalten, festgestellt werden darf. Ein Rückgriff auf Art. 7 und 8 PAG ist daher nicht mehr notwendig. Gleiches gilt für den Platzverweis etc. nach Art. 16 PAG, die Durchsuchung von Personen, Art. 21 PAG, sowie für die Durchsuchung von Sachen, Art. 22 PAG, und die Sicherstellung, Art. 25 PAG, bei denen sich der Maßnahmeadressat ebenfalls unmittelbar aus der Vorschrift ergibt, da sich insbesondere die letzten beiden naturgemäß gegen den Inhaber der tatsächlichen Gewalt richten.

Auch bei anderen Rechtsvorschriften, die sich vor allem in den Fachgesetzen des besonderen Sicherheitsrechts finden, kann sich die Störereigenschaft unmittelbar aus der Rechtsnorm ergeben, wie z.B. § 62 AuslG oder §§ 5, 22 BImSchG.

573 Hauptanwendungsbereich der Art. 7 und 8 PAG sind daher **atypische Maßnahmen**, die auf die Generalklauseln des Art. 11 Abs. 1, 2 und Abs. 3 PAG gestützt werden. Aber auch bei einigen Standardbefugnissen, z.B. bei Art. 13 Abs. 1 Nr. 1 und 6 PAG sowie Art. 25 Nr. 1 PAG, sind die Art. 7 ff. PAG heranzuziehen.

C. Verantwortlichkeit für das Verhalten von Personen, Art. 7 PAG

574 Geht eine Gefahr von einer Person aus, so regelt Art. 7 PAG, wer in diesem Fall Adressat polizeilicher Maßnahmen ist. Dabei ist der Grundfall derjenige des Handlungsstörers, Art. 7 Abs. 1 PAG.

---

[25] Dazu Rn. 657 f.
[26] Dazu Kapitel 28 und 29.
[27] Dazu Rn. 1269.
[28] Honnacker/Beinhofer/Hauser, Art. 7 Rn. 1, 20; Schmidbauer, in: ders./Steiner, Art. 7 PAG Rn. 18 f. m. w. N.

I. Definition des Handlungsstörers

Nach Art. 7 Abs. 1 PAG sind polizeiliche Maßnahmen gegen die Person zu richten, die eine Gefahr verursacht. Handlungsstörer ist demnach jede Person, die durch ihr Verhalten oder ihren Zustand eine Gefahr verursacht i.S.d. Theorie der unmittelbaren Verursachung.[29] 575

II. Personen als Handlungsstörer

Personen i.S.d. Art. 7 PAG können natürliche und juristische Personen sein. 576

1. Natürliche Personen

Natürliche Personen sind alle Menschen, ohne Rücksicht auf Alter oder sonstige körperliche oder geistige Veranlagungen. 577

Für die polizeirechtliche Verantwortlichkeit spielen Schuldfähigkeit, Verschulden oder Zurechnungsfähigkeit keine Rolle.[30] Einzig und allein Art. 83 PAG macht hiervon eine Ausnahme für den Fall des polizeilichen Schußwaffengebrauchs gegen eine Person, die ihrem äußeren Eindruck nach noch nicht 14 Jahre alt ist.

Stets ist in all diesen Fällen aber zu prüfen, ob nach Art. 7 Abs. 2 PAG nicht noch zusätzlich eine Störerhaftung einer aufsichts- oder betreuungspflichtigen Person hinzutritt.

2. Juristische Personen des Privatrechts

Ebenfalls von der Polizei als Handlungsstörer in Anspruch genommen werden können juristische Personen des Privatrechts. 578

Nach Art. 11 Nr. 1 BayVwVfG können auch juristische Personen an einem Verwaltungsverfahren beteiligt sein.

Polizeiliche Verfügungen sind dabei an das jeweils zuständige Vertretungsorgan zu richten, bei einer GmbH z.B. an den Geschäftsführer. Aufgrund der Notwendigkeit einer effektiven Gefahrenabwehr muß es jedoch auch schon genügen, wenn die polizeiliche Anordnung in den Empfangsbereich der Verantwortungssphäre des Empfängers gelangt. Demgemäß ist es auch im Hinblick auf das Bestimmtheitsgebot des Art. 37 Abs. 1 BayVwVfG nicht schädlich, wenn die polizeiliche Verfügung die Rechtsform der juristischen Person, z.B. GmbH & Co KG, nicht genau benennt, da sie beispielsweise aufgrund der gebotenen Eile bei der Gefahrenabwehr nicht so schnell feststellbar war.[31] 579

III. Anknüpfungspunkte für die polizeiliche Verantwortlichkeit

1. Das Verhalten der Person

Art. 7 Abs. 1 PAG knüpft die polizeirechtliche Verantwortlichkeit an das Verhalten einer Person. Das Verhalten einer Person umfaßt willentliches **Tun** oder **Unterlassen**. Dabei reicht jedoch nicht jegliches Unterlassen aus, sondern es muss, um die Abgrenzung zur Zustandsverantwortlichkeit zu ermöglichen, eine Handlungspflicht bestehen, 580

---

[29] Dazu Pieroth/Schlink/Kniesel, § 9 Rn. 5.

[30] Vgl. Beispielfall 12, Rn. 355.

[31] Berner/Köhler/Käß, Art. 7 Rn. 2.

die durch das Unterlassen verletzt wird.[32] Dabei kann sich die Handlungspflicht aus dem Öffentlichen Recht, dem Strafrecht aber auch aus dem Zivilrecht[33] ergeben.

581 Demgemäß kann schon allein die Duldung eines polizeiwidrigen Zustandes die Verantwortlichkeit als Verhaltensstörer nach Art. 7 Abs. 1 PAG begründen, wenn eine rechtliche Pflicht zu einem aktiven Handeln besteht, die Gefahr zu beseitigen oder zu vermindern.

582 **Beispielfall 28**

Die Eltern weigern sich, ihr 6jähriges Kind in die Schule zu schicken, da sie es lieber zu Hause unterrichten.
Können die Eltern polizeirechtlich in Anspruch genommen werden?

Lösung
Nach Art. 37 Abs. 1 Satz 1 BayEUG ist das 6-jährige Kind schulpflichtig. Aus diesem Grunde sind auch die Eltern verpflichtet, das Kind in die Schule zu schicken. Da sie dies unterlassen, verstoßen sie durch dieses Untätigwerden gegen die vorbezeichnete Pflicht und gelten daher als Handlungsstörer, die Adressat polizeilicher Maßnahmen sein können.

2. Der Zustand der Person

583 Neben dem Verhalten kann die polizeirechtliche Verantwortlichkeit im Sinne einer Handlungsstörereigenschaft nach Art. 7 Abs. 1 PAG auch durch den Zustand einer Person begründet werden. Darunter fällt jede Befindlichkeit eines Menschen, die „ohne willensmäßiges Dazutun" eine Gefahr verursacht.[34]

Z.B. ein Betrunkener liegt auf der Fahrbahn; nach einem Unfall läuft ein Beteiligter im Schock auf die Autobahn.

584 Weitere Zustände, bei denen ein willentliches Handeln fehlt und die zu dieser Kategorie zählen, sind z.B. Bewegungsunfähigkeit, Bewußtlosigkeit, Drogenrausch und Krankheit. Dem Zustand einer Person kommt daher als Anknüpfungspunkt für die Verhaltensverantwortung eine Auffangfunktion zu. Art. 9 Abs. 1 Satz 1 LStVG regelt dies ausdrücklich, ohne dass zu Art. 7 Abs. 1 PAG inhaltliche Unterschiede bestehen würden.

IV. Gesetzlich geregelte Sonderfälle des Handlungsstörers

585 In einigen Sonderfällen hat der Gesetzgeber selbst Inhalt und Umfang der Verantwortlichkeit des Handlungsstörers geregelt.

1. Die aufsichtspflichtige Person als polizeirechtlich Verantwortlicher, Art. 7 Abs. 2 PAG

586 Wie bereits gesehen, kommt es auf ein Verschulden oder die Einsichtsfähigkeit des Störers nicht an, um die polizeilichen Maßnahmen gegen ihn richten zu können, da eine effektive Gefahrenabwehr auch gegen Gefahren möglich sein muss, die unverschuldet oder ohne die Einsichtsfähigkeit bestehen.[35]

---

[32] BayVGH, BayVBl. 1996, 437 (438); BayVBl. 1997, 502.
[33] A. A. zur Handlungspflicht aus dem Zivilrecht, jedoch nicht überzeugend Kugelmann, S. 265 Rn. 37.
[34] Honnacker/Beinhofer/Hauser, Art. 7 Rn. 6.
[35] Vgl. Beispielfall 12, Rn. 355.

Allerdings hält Art. 7 Abs. 2 PAG Regelungen bereit, die für den Fall fehlender Einsichtsfähigkeit oder fehlenden Verschuldens **zusätzlich** greifen. So ist nach Art. 7 Abs. 2 PAG neben dem Störer auch jede Person polizeirechtlich verantwortlich, die zur Aufsicht über den Störer verpflichtet ist. Der Aufsichtspflichtige ist auch dann verantwortlich, wenn er die Gefahr nicht selbst verursacht und wenn er die Aufsichtspflicht nicht schuldhaft verletzt hat.[36] 587

a. Aufsichtspflicht aus rechtlichen Gründen

Die Aufsichtspflicht besteht zumeist aus rechtlichen Gründen. Dies gilt zunächst für alle Personen, die noch nicht 14 Jahre alt sind, also gemäß § 19 StGB, § 12 Abs. 1 OWiG noch nicht strafmündig und nur nach Maßgabe des § 828 BGB deliktsfähig sind. Bei ihnen ergibt sich die Aufsichtspflicht aus dem Personensorgerecht nach §§ 1626ff., 1705ff. BGB, aus der Betreuung von Minderjährigen nach §§ 1773ff. BGB, aus sonstigen bürgerlich-rechtlichen Vorschriften (z.B. für Hausbedienste) oder auch aus öffentlich-rechtlichen Vorschriften (z.B. für Lehrkräfte). 588

b. Faktische Aufsichtpflicht

Ausreichend ist jedoch auch, wenn die Aufsichtspflicht rein faktisch besteht. Dies ergibt sich aus der gesetzlichen Regelungsintention einer möglichst intensiven Gefahrenabwehr. Deshalb knüpft das Polizeirecht die Verantwortlichkeit auch an rein faktische Beziehungen an. Wie berechtigt dies ist, zeigen die juristischen Schwierigkeiten bei der Abgrenzung zwischen Rechtsgeschäft und Gefälligkeitsverhältnis. Beides kann daher die Störereigenschaft nach Art. 7 Abs. 2 PAG begründen. 589

c. Betreuung

Der Betreuer, der nach §§ 1896ff. BGB für Erwachsene bestellt wurde, kann ebenfalls neben dem Betreuten von der Polizei in Anspruch genommen werden, wenn er zur Besorgung aller Angelegenheiten bestellt wurde. Nach Art. 7 Abs. 2 Satz 2 PAG bleibt er jedoch auch dann polizeipflichtig, wenn sein Aufgabenkreis nicht die in § 1896 Abs. 4 BGB (kommunikative Angelegenheiten) und § 1905 BGB (Sterilisation) bezeichneten Angelegenheiten umfaßt. 590

Eine subsidiäre Betreuerverantwortlichkeit in dem Sinne, dass auf den Betreuer erst dann zurückgegriffen werden darf, wenn dessen Name und Anschrift ohnehin bekannt sind, da Nachforschungen gegen das allgemeine Persönlichkeitsrecht verstießen,[37] besteht dagegen nicht. Eine solche Auffassung lässt sich weder auf den Wortlaut von Art. 7 Abs. 2 PAG stützen, noch mit dessen Zweck vereinbaren, dass auch in den Fällen von Betreuung eine effektive Abwehr von Gefahren durch die Inanspruchnahme eines einsichtsfähigen Störers die Gefahr abgewendet werden kann. 591

2. Polizeirechtliche Verantwortlichkeit des Verrichtungsherrn, Art. 7 Abs. 3 PAG

Nach Art. 7 Abs. 3 PAG ist auch der Verrichtungsherr (Geschäftsherr) polizeirechtlich verantwortlich, wenn eine Person, die er zu einer Verrichtung bestellt, bei Ausführung dieser Verrichtung und nicht nur bei deren Gelegenheit eine Gefahr verursacht. 592

Der Geschäftsherr ist damit neben dem Störer verantwortlich, da jener auf diesen aufgrund seiner Stellung und Weisungsbefugnis einwirken und somit ggf. die Gefahr beheben kann. 593

---

[36] Honnacker/Beinhofer/Hauser, Art. 7 Rn. 8f.
[37] Honnacker/Beinhofer/Hauser, Art. 7 Rn. 7.

594 Entsprechend der Intention des Gesetzgebers wird der Anwendungsbereich des Art. 7 Abs. 3 PAG weit ausgelegt. Verrichtungsherr ist zunächst jeder, dem vertraglich eine solche Stellung eingeräumt wurde, beispielsweise der Arbeitgeber oder der Lehrherr. Die Fälle des Verrichtungsgehilfen nach § 831 BGB fallen ebenso darunter wie die des Erfüllungsgehilfen nach § 278 BGB. Die Stellung kann sich auch aus öffentlichem Recht ergeben, so dass auch der Dienstvorgesetzte eines Beamten in Betracht kommt. Selbst die tatsächliche Übernahme eines Geschäftes entsprechend den Vorgaben einer anderen Person macht diese Person zum Verrichtungsherrn und damit zu einem zusätzlichen polizeirechtlich Verantwortlichen.[38]

595 Eine Exkulpationsmöglichkeit nach § 831 Abs. 1 Satz 2 BGB besteht für den Geschäftsherrn nicht, da Verschulden für die Verantwortlichkeit des Störers keine Rolle spielt.

V. Rechtsnachfolge

596 Bezüglich der Frage, ob ein Rechtsnachfolger in die polizeilichen Pflichten des Rechtsvorgängers eintritt, enthält das PAG keine Aussagen. Letztlich ist diese Frage sowohl in Rechtsprechung als auch Literatur umstritten.[39] Für die Beurteilung dieser Frage relevant sind jedoch folgende Differenzierungen:
- Geht es um den Übergang einer abstrakten oder einer konkreten Polizeipflicht?
- Liegt ein Fall der Gesamtrechtsnachfolge oder der Einzelrechtsnachfolge vor?

1. Abstrakte oder konkrete Polizeipflicht

a. Die abstrakte Polizeipflicht

597 Unter **abstrakter Polizeipflicht** versteht man die generelle polizeiliche Verantwortlichkeit. Diese besteht aufgrund des Gesetzes und ist noch nicht durch Verwaltungsakt auf den Einzelfall konkretisiert worden. Abstrakte Polizeipflicht meint damit die allgemeine Möglichkeit, Adressat einer belastenden polizeilichen Verfügung sein zu können.

598 Die abstrakte Polizeipflicht ist Ausdruck der gesetzmäßigen Unterworfenheit des Bürgers unter die rechtmäßig ausgeübte Staatsgewalt, sog. ***status passivus***.[40] Diese trifft also jeden einzeln und **kann** somit **nicht** mit befreiender Wirkung auf einen anderen **übertragen werden**.

b. Die konkrete Polizeipflicht

599 Unter **konkreter Polizeipflicht** versteht man dagegen die spezielle polizeiliche Verantwortlichkeit, wie sie sich aus einer polizeilichen Verfügung gegenüber dem einzelnen ergibt. Insoweit wird die abstrakte Polizeipflicht auf den Einzelfall konkretisiert.

600 Eine Nachfolge in derartig konkretisierte polizeiliche Pflichten aufgrund der Handlungsstörerschaft ist **umstritten**.

601 Zum Teil wird davon ausgegangen, dass eine solche Nachfolge aufgrund der „Höchstpersönlichkeit" der konkreten Polizeipflichtigkeit nicht möglich ist, mithin die gegenüber dem Rechtsvorgänger erlassenen Maßnahmen nicht gegen den Rechtsnach-

[38] Damit scheidet lediglich der Besteller eines Werkes (§§ 631 ff. BGB) im Regelfall aus der polizeirechtlichen Verantwortlichkeit nach Art. 7 Abs. 3 PAG aus, da dieser keine Beeinflussungsmöglichkeit hat.

[39] Denninger, in: Lisken/Denninger, D 123 ff.; Götz, § 9 Rn. 81; Steiner, in: ders./Steiner, 2014, Art. 8 PAG Rn. 10; Pieroth/Schlink/Kniesel, 8. Aufl. 2014, § 9 Rn. 49 ff.

[40] Denninger, in: Lisken/Denninger, D 124.

folger wirken.[41] Begründet wird dies damit, dass es sich bei den polizeilichen Anordnungen um Ermessensentscheidungen handelt, in welche die jeweiligen Besonderheiten des Einzelfalls einfließen und die daher nicht auf andere Personen übertragbar sind.[42]

Die mittlerweile wohl h. M. geht dagegen davon aus, dass eine Nachfolge grundsätz- **602**
lich möglich ist, diese jedoch davon abhängt, ob es um eine **unvertretbare oder vertretbare Handlungspflicht** geht.[43]

aa. Ist die Handlungspflicht **unvertretbar**, d.h. sie kann nur höchstpersönlich durch **603**
den Störer und Adressat der Maßnahme erfüllt werden, **scheidet eine Rechtsnachfolge** denknotwendig **aus.**[44]

bb. Handelt es sich dabei um eine **vertretbare Verpflichtung**, ist grundsätzlich die **604**
Rechtsnachfolge möglich. Sie hängt in diesen Fällen jedoch davon ab, ob eine Nachfolge aufgrund einer **Gesamtrechtsnachfolge oder** aufgrund einer **Einzelrechtsnachfolge** besteht.[45]

2. Gesamtrechtsnachfolge oder Einzelrechtsnachfolge

Liegt also eine vertretbare Handlungspflicht vor, kann sie grundsätzlich auch der **605**
Rechtsnachfolger erfüllen, so dass zumindest aus diesen Gründen eine Rechtsnachfolge nicht grundsätzlich ausgeschlossen ist. Dabei stellt sich die Frage, wie genau die Rechtsnachfolge in rechtlicher Hinsicht vonstatten geht:

Tritt ein Rechtsnachfolger durch **Gesamtrechtsnachfolge**, sog. Universalsukzessi- **606**
on, in die Rechtsstellung seines Vorgängers ein, so geht auch die vertretbare Handlungspflicht auf ihn über.[46]

Beispielfall 29 **607**

Erbonkel O hat wieder ordnungswidrig geparkt und wurde abgeschleppt. Die Kosten hierfür wurden ihm gegenüber durch Kostenbescheid erhoben.
Ist der Erbe E nach dem Tod des O dazu verpflichtet, die Kosten zu tragen?

Lösung

1. Die Verpflichtung des Erbonkels zur Kostentragung ist nicht höchstpersönlich und stellt somit eine vertretbare Handlungspflicht dar. Diese geht auf den E gem. Universalsukzession nach § 1922 BGB über, weshalb E in die Verpflichtung des Erbonkels eintritt. Hiernach ist E zur Kostentragung im selben Umfang wie O verpflichtet.
2. Dieser Verpflichtung kann E entgehen, indem er von der Möglichkeit der Haftungsbeschränkung auf den Nachlass nach § 1975 BGB Gebrauch macht.

Besteht dagegen keine Universalsukzession, tritt der Rechtsnachfolger nur dann in **608**
die polizeiliche Handlungspflicht ein, wenn dies **speziell gesetzlich angeordnet** ist.[47]

Beispiel: § 4 Abs. 3 Satz 1 BBodSchG.

---

[41] Schmidbauer, in: ders./Steiner, Art. 8 PAG Rn. 10.
[42] Schmidbauer, in: ders./Steiner, Art. 8 PAG Rn. 10.
[43] Denninger, in: Lisken/Denninger, D 128 m. w. N.
[44] Pieroth/Schlink/Kniesel, § 9 Rn. 49; Schmidbauer, in: ders./Steiner, Art. 8 PAG Rn. 9.
[45] Pieroth/Schlink/Kniesel, § 9 Rn. 49 ff.
[46] Pieroth/Schlink/Kniesel, § 9 Rn. 58; Schmidbauer, in: ders./Steiner, Art. 8 PAG Rn. 10.
[47] Schmidbauer, in: ders./Steiner, Art. 8 PAG Rn. 9.

Klausurhinweis:

Das Problem der Rechtsnachfolge wird sich entweder bzgl. Maßnahmen der Tertiärebene ergeben oder aber schon aufgrund der zeitlichen Dimension Fragen des Sicherheitsrechts betreffen.

D. Verantwortlichkeit für den Zustand von Sachen, Art. 8 PAG

I. Definition des Zustandsstörers

609 Als Zustandsstörer bezeichnet man diejenigen Personen, die
- Inhaber der tatsächlichen Gewalt über eine Sache sind, von der eine Gefahr ausgeht, Art. 8 Abs. 1 PAG,
- Eigentümer oder anders an der Sache berechtigt sind, Art. 8 Abs. 2 PAG, oder
- das Eigentum an der Sache aufgegeben haben, sog. Dereliktion, Art. 8 Abs. 3 PAG.

610 Diese Haftung rechtfertigt sich aus dem Umstand, dass die Person auch wirtschaftlicher Nutznießer der Vorteile dieser Sache ist bzw. im Falle der Dereliktion war. Die Haftung des Zustandsstörers ist daher als einfachgesetzliche Verwirklichung der verfassungsmäßig konstituierten Sozialpflichtigkeit des Eigentums, Art. 14 Abs. 1 Satz 2 und Abs. 2 GG, Art. 103 Abs. 2 BV. Es handelt sich insoweit um eine verfassungsmäßige Inhalts- und Schrankenbestimmung, Art. 14 Abs. 1 Satz 2 GG, Art. 103 Abs. 2 i. V. m. 158 Abs. 1 BV.

II. Begriff der Sache

611 Sachen im polizeirechtlichen Sinne sind **bewegliche und unbewegliche körperliche Gegenstände** und **Tiere**. Das PAG knüpft dabei an die Bestimmung der Sache durch § 90 BGB an. Tiere sind wie Sachen im Sinne des Art. 8 Abs. 1 PAG zu behandeln.[48]

612 Ob Gefahren von einer Sache ausgehen, bestimmt sich formal nach dem Zusammenhang zwischen Sache und Gefahr. Dabei ist unerheblich, ob der Zusammenhang räumlich oder sachlich besteht. Ebensowenig ist erforderlich, dass die Sache selbst eine besondere Gefährlichkeit aufweist oder der Zustandsverantwortliche auf die Sache eingewirkt hat. Auch das Walten von Naturkräften oder ein Handeln Dritter schließt die Zustandsverantwortlichkeit nicht aus. Demnach kann die Gefahr von der dauernden Beschaffenheit der beweglichen oder unbeweglichen Sache (z.B. gefährliches Tier) ebenso ausgehen, wie von einer vorübergehenden Eigenschaft (z.B. gelockerter Fels) oder der spezifischen Lage, in der sich eine an sich nicht gefährliche Sache befindet (z.B. verbotswidrig abgestellter PKW).

613 Damit eine Gefahr von der Sache ausgeht genügt es, wenn sie durch einen Dritten als Handlungsstörer verursacht und lediglich durch die Sache vermittelt wird.

614 **Beispielfall 30**

Ein Tanklaster stürzt von der Straße auf ein anliegendes Grundstück, wo Benzin ins Erdreich einsickert.
Wer kommt als Adressat polizeilicher Maßnahmen in Betracht?

[48] Vgl. § 90a Satz 3 BGB.

Lösung
Als Handlungsstörer kann der Lkw-Fahrer Adressat polizeilicher Maßnahmen sein. Ebenso in Betracht kommen aber auch Anordnungen gegenüber dem Lkw-Halter sowie auch gegenüber dem Grundstückseigentümer, die beide Zustandsstörer sind. Denn zum einen geht die Gefahr vom LKW aus, zum anderen jedoch auch vom nunmehr kontaminierten Grundstück.

III. Anknüpfungspunkte für die polizeiliche Verantwortlichkeit

1. Die tatsächliche Sachgewalt, Art. 8 Abs. 1 PAG

Geht die Gefahr von einer Sache aus, bestimmt Art. 8 Abs. 1 PAG den Inhaber der tatsächlichen Sachherrschaft als Zustandsverantwortlichen und damit zum Adressaten polizeilicher Maßnahmen, da dieser über die **tatsächlichen Einwirkungsmöglichkeiten** auf die Sache verfügt.[49] **615**

Ob sie dazu auch berechtigt ist, spielt für die polizeirechtliche Verantwortlichkeit keine Rolle. Im Interesse der Effektivität der Gefahrenabwehr hat der Gesetzgeber die Verantwortlichkeit des Inhabers der Sachherrschaft als verschuldensunabhängige Garantenstellung konzipiert. Sie hat nicht zur Voraussetzung, dass der störende Zustand der Sache mit Wissen und Willen des Sachherrn herbeigeführt wurde. **616**

Die Zustandshaftung des Inhabers der tatsächlichen Sachgewalt endet mit der Aufgabe der tatsächlichen Gewalt über die Sache, von der die Gefahr ausgeht, da ab diesem Moment keine Einwirkungsmöglichkeit mehr besteht. **617**

2. Die Eigentümerstellung oder ähnliche Berechtigung, Art. 8 Abs. 2 PAG

Nach Art. 8 Abs. 2 Satz 1 PAG können polizeiliche Maßnahmen auch gegen den Eigentümer oder einen anderen – dinglich oder schuldrechtlich[50] – Berechtigten gerichtet werden. **618**

Der Begriff des **Eigentümers** im Polizeirecht unterscheidet sich nicht von dem zivilrechtlichen. Er umfasst alle Eigentumsformen und damit auch Gesamthands- und Bruchteilseigentum, §§ 1008ff. BGB, Sicherungseigentum, z.B. §§ 929, 158 Abs. 1 BGB oder §§ 929, 158 Abs. 2 BGB, sowie Eigentumsanwartschaften als wesensgleiches Minus, z.B. aufgrund Vormerkung, §§ 883ff. BGB. **619**

Sonstige **dingliche Berechtigungen** ergeben sich ebenfalls aus dem Zivilrecht und bestehen z.B. für den Pfandnehmer oder Erbbauberechtigten. **620**

Eine **schuldrechtliche Berechtigung** kann sich aus Vertrag oder vertragsähnlichem Recht ergeben, wie dies z.B. beim Mieter, § 535 Abs. 1 BGB, oder Pächter, § 581 Abs. 2 BGB, der Fall ist. **621**

Maßgeblich für die Eigentümer- oder Berechtigtenstellung ist der **Zeitpunkt des polizeilichen Eingriffs**. **622**

3. Die vormalige Eigentümerstellung, Art. 8 Abs. 3 PAG

Neben dem Eigentümer trifft jedoch auch den letzten Eigentümer die Zustandsverantwortlichkeit, wenn dieser sein Eigentum an der Sache aufgegeben hat, sog. Derelik- **623**

---

[49] Berner/Köhler/Käß, Art. 8 Rn. 4.
[50] Anders insoweit Art. 9 Abs. 2 Satz 2 LStVG, dazu Kapitel 38.

tion.[51] Der ursprüngliche Eigentümer kann sich also seiner Verantwortlichkeit nicht allein durch den Akt der Eigentumsaufgabe entziehen. Ziel ist es, eine lückenlose polizeiliche Ansprechbarkeit zu gewährleisten.

624 Dabei ist **unerheblich**, ob die Gefahr von der Sache bereits vor der Dereliktion ausgegangen ist oder erst nach dieser entstand. Wird die Gefahr erst durch die Eigentumsaufgabe verursacht, begründet Art. 7 PAG zusätzlich die Verantwortung des Eigentümers als Handlungsstörer.

625 Art. 8 Abs. 3 PAG knüpft an die §§ 928, 959 BGB an und bezieht sich auf bewegliche und unbewegliche Sachen. Zu beachten sind auch § 960 BGB (Herrenlosigkeit wilder Tiere) und § 961 BGB (Herrenlosigkeit von Bienenschwärmen).

626 Die polizeiliche Verantwortung des ursprünglichen Eigentümers endet erst, wenn ein Dritter sich die herrenlose Sache angeeignet hat.

627 **Beispielfall 31**

A hatte aus Südamerika eine Baby-Phyton mitgebracht und diese am Zoll vorbeigeschmuggelt. Da das Tier immer größer wird und A nicht mehr genug Platz in seinem kleinen Terrarium hat, setzt er die Schlange eines Nachts im Englischen Garten aus.
Nach welchen Vorschriften können polizeiliche Maßnahmen gegen A gerichtet werden?

Lösung

1. Die Phyton stellt eine Gefahr für die öffentliche Sicherheit dar. Da A sein Eigentum an dieser Phyton, die nach § 90a BGB rechtlich wie eine Sache behandelt wird, durch Dereliktion aufgegeben hat, ist sie herrenlos geworden. Dennoch endet die polizeiliche Verantwortlichkeit von A nicht durch diese Dereliktion, sondern er kann weiterhin Adressat von polizeilichen Maßnahmen sein, Art. 8 Abs. 3 PAG.
2. Gleichzeitig wird die Gefahr durch das Aussetzen der Phyton begründet, so dass neben der Zustandsverantwortlichkeit A auch Handlungsstörer nach Art. 7 Abs. 1 PAG ist.

IV. Grenzen der Zustandsverantwortlichkeit

628 Grenzen der Zustandsverantwortlichkeit können sich sowohl aus einfachrechtlichen als auch aus verfassungsrechtlichen Gründen ergeben.

1. Grenzen der Verantwortlichkeit des Eigentümers, Art. 8 Abs. 2 Satz 2 PAG

629 Gemäß Art. 8 Abs. 2 Satz 2 PAG können polizeiliche Maßnahmen dann nicht gegen den Berechtigten gerichtet werden, wenn der Inhaber der **tatsächlichen Gewalt** diese **ohne den Willen des Eigentümers** oder Berechtigten **ausübt**. Das Gesetz entbindet den Eigentümer von der polizeirechtlichen Verantwortlichkeit, wenn seine Haftung dazu führen würde, dass er den gegen ihn gerichteten Sachherrschaftswillen eines Dritten mit Gewalt durchbrechen müßte. Dies ist immer dann der Fall, wenn der Ei-

[51] Götz, 2013, § 9 Rn. 68f.; Honnacker/Beinhofer/Hauser, Art. 8 Rn. 14; Schmidbauer, in: ders./Steiner, Art. 8 PAG Rn. 7f.

gentümer die Sachherrschaft über seine Sache ohne seinen Willen verliert, beispielsweise durch Diebstahl, § 242 StGB, unbefugten Gebrauch, § 248 b StGB, Raub, § 249 StGB, oder vergleichbare strafbare Handlungen.[52]

Nicht ausreichend ist hingegen ein lediglich **abredewidriger Gebrauch** der Sache ohne Wissen des Eigentümers oder Berechtigten.[53] Bringt der Inhaber der tatsächlichen Gewalt über die Sache, die ihm vom Eigentümer oder Berechtigten überlassen wurde, in einen störenden Zustand, so ist der Inhaber der tatsächlichen Gewalt Verhaltensstörer, der Eigentümer bzw. Berechtigte bleibt aber Zustandsstörer.[54] Diese Rechtsprechung entspricht dem Zweck einer effektiven Gefahrenabwehr. **630**

Beispielfall 32 **631**

Student S leiht sich von seinem Vater V dessen Maybach aus und parkt diesen in der Fußgängerzone.
Kann V in die Pflicht genommen werden?

Lösung
V bleibt Zustandsstörer, auch wenn er sich darauf beruft, dass S den Wagen gegen seinen Willen in der Fußgängerzoge abgestellt hat. Denn V kann auch während des abredewidrigen Gebrauchs aufgrund seiner vertraglichen zivilrechtlichen Vereinbarungen[55] jederzeit auf S einwirken.

Da diese Einwirkungsmöglichkeit jedoch z.B. in dem Falle, in dem dem Eigentümer die Sache aufgrund einer Straftat entzogen wurde, fehlt, rechtfertigt sich die Abweichung, wie sie in Art. 8 Abs. 2 Satz 2 PAG normiert wird. **632**

Gibt der Inhaber der tatsächlichen Gewalt, der diese ohne den Willen des Eigentümers oder Berechtigten ausgeübt hat, die Sachherrschaft wieder auf oder verliert er sie, so wird der Eigentümer oder andere Berechtigte sofort wieder für die Sache verantwortlich.[56] Dies ist im Interesse der lückenlosen polizeilichen Verantwortlichkeit konsequent. **633**

2. Verfassungsrechtliche Grenze

In der Diskussion befinden sich die Grenzen der Zustandsverantwortlichkeit unter verfassungsrechtlichen Gesichtspunkten. Erwogen wird eine Begrenzung der Haftung aus Art. 14 GG sowie aus dem Verhältnismäßigkeitsgrundsatz. **634**

Handelt es sich bei der Zustandsstörerverantwortlichkeit um eine verfassungsmäßige Inhalts- und Schrankenbestimmung, Art. 14 Abs. 1 Satz 2 GG, die an die Eigentümerstellung anknüpft, so werden aus Art. 14 Abs. 1 GG Haftungsbegrenzungen für die Fälle abgeleitet, in denen die Gefahr, die von den jeweiligen Sachen ausgeht, durch Ereignisse entstanden ist, die vom Eigentümer nicht beeinflusst werden konnten. **635**

---

[52] Honnacker/Beinhofer/Hauser, Art. 8 Rn. 13; Schmidbauer, in: ders./Steiner, Art. 8 PAG Rn. 5.
[53] A. A. Berner/Köhler/Käß, Art. 8 Rn. 11.
[54] BayVGH, BayVBl. 1979, 309; BayVBl. 1989, 438, für die Halterhaftung bei Kraftfahrzeugen.
[55] So kann es sich um ein Gefälligkeitsverhältnis, aufgrund des hohen Wertes des Maybach jedoch auch um ein mit bestehendem Rechtsbindungswillen geschlossenes Leihverhältnis handeln.
[56] Schmidbauer, in: ders./Steiner, Art. 8 PAG Rn. 7a.

Dies soll bei Kriegsfolgen, wie z.B. Fliegerbomben, und Naturereignissen, wie z.B. Erdrutschen, aber auch sonstigen Ereignissen, wie z.B. Altlasten oder Tankwagenunfällen, der Fall sein.

636 Die Literatur will in diesen Fällen entweder die Zustandsverantwortlichkeit auf die reine Duldungspflicht bei der Gefahrenbeseitigung beschränken oder – unter Anerkennung der Zustandsverantwortlichkeit dem Grunde nach – zumindest den Wert der störenden Sache als Obergrenze der Kostenhaftung festlegen.[57] Dabei wird insbesondere geltend gemacht, eine strikte Handhabung der Vorschriften über die Zustandshaftung nach Art. 8 PAG lege dem Eigentümer einseitig und unverhältnismäßig Lasten unter Verletzung von Art. 14 GG auf.

637 Die Rechtsprechung stellt die grundsätzliche Haftung des Eigentümers eines Grundstückes als Zustandsstörer nach Art. 8 Abs. 2 PAG, der nicht zugleich Verhaltensstörer ist, nicht in Frage. Das BVerfG[58] verpflichtet aber die zuständigen Stellen zu einem angemessenen Ausgleich der Verantwortlichkeit zwischen dem Handlungsstörer, dem Zustandsstörer und der Allgemeinheit. Dabei wird in Einzelfällen die **Kostenhaftung** unter Zumutbarkeitsgesichtspunkten **eingeschränkt**.[59]

Klausurhinweis:

Dies bedeutet, das auf der Primär- und Sekundärebene wie gewohnt gegen den Eigentümer vorgegangen werden kann, ohne dass Einschränkungen bestehen. Insoweit wird dem Grundsatz der Effektivität der Gefahrenabwehr Rechnung getragen.
Auf der Tertiärebene dagegen gilt dieser Grundsatz nicht, so dass sich hier die Einschränkungen auswirken. So sind bei der Frage, wer die Kosten in welcher Höhe zu tragen hat, die Begrenzungen zu berücksichtigen.[60]

638 Dabei ist die Belastung mit der vollständigen Kostentragung dann **unzumutbar**, wenn

- die Gefahr nicht dem Risikobereich des Zustandsverantwortlichen entstammt, was z.B. bei Naturereignissen oder bei Kriegsfolgelasten in Form von Blindgängern der Fall ist, und
- die Kostenbelastung den Verkehrswert der Sache (abzüglich der Nutzungsvorteile nach der Sanierung) übersteigt oder die Sache wesentlicher Teil des Vermögens des Betroffenen ist.

639 **Zumutbarkeit** der vollen Kostentragungspflicht liegt dagegen vor, wenn dem Eigentümer das Risiko beim Erwerb bekannt oder fahrlässig unbekannt war.

640 Über die Kostentragungspflicht muss bereits zusammen mit der Anordnung der Maßnahme entschieden werden. Eine nachträgliche Anordnung der Kostentragungspflicht für den Eigentümer ist unzulässig, was zur Anfechtbarkeit der gesamten polizeilichen Maßnahme führt.[61]

641 Die **Lastengerechtigkeit** bei den Kosten vermag die Polizei über die Ausübung des ihr nach Art. 7 und 8 PAG zustehenden Ermessens zu erreichen.

[57] Dazu Götz, § 9 Rn. 58 ff.
[58] BVerfGE 102, 1 ff.
[59] BVerfGE 102, 1 (21).
[60] Dazu Kapitel 28 und 29.
[61] NdsOVG, NVwZ-RR 2006, 397, 398.

V. Rechtsnachfolge

Bzgl. der Zustandsverantwortlichkeit stellt sich ebenfalls die Frage, ob diese auch gegen den Rechtsnachfolger wirkt und dieser in die Verantwortlichkeit des Rechtsvorgängers eintritt. Und auch hier werden die Kriterien, wie sie bereits bei der Rechtsnachfolge in die Handlungsverantwortlichkeit aufgezeigt worden sind, relevant.[62] Demnach ist zu differenzieren zwischen abstrakter und konkreter Polizeipflicht sowie zwischen Gesamtrechts- und Einzelrechtsnachfolge. **642**

1. Die abstrakte Polizeipflicht

Im Gegensatz zur Handlungsverantwortlichkeit unterliegt bei der Zustandsverantwortlichkeit nicht das Verhalten, sondern der Zustand einer Sache der abstrakten Polizeipflicht.[63] Da also die abstrakte Polizeipflicht an die Sache geknüpft ist, geht diese mit dem Erwerb der Sache automatisch kraft Gesetzes an den neuen Eigentümer über. Dabei ist nicht ausschlaggebend, ob die Gefahr bei dem Erwerb bereits bestand oder erst später eintritt. **643**

Auf die Differenzierung zwischen Einzel- und Gesamtrechtsnachfolge kommt es nicht an, da die abstrakte Polizeipflicht in der Person des Rechtsnachfolgers neu entsteht. **644**

2. Die konkrete Polizeipflicht

Bei der konkreten Polizeipflicht wird die abstrakte Polizeipflicht auf das jeweilige Objekt konkretisiert. Da somit auch die konkrete Polizeipflicht **sachbezogen** ist, **geht** sie auf den Rechtsnachfolger **über**, ohne dass es auf die Frage von Universal- und Singularsukzession ankäme.[64] **645**

Dabei wird die Frage der Rechtsnachfolge nicht deswegen bedeutungslos, weil die Zustandsverantwortlichkeit in jedem Eigentümer neu entsteht. Vielmehr behält sie ihre Bedeutung für die Frage, in welchem Umfang die Zustandsverantwortlichkeit auch den neuen Eigentümer oder Inhaber der Sachherrschaft trifft.[65] **646**

Nach a. A. ist auch bei der Zustandsverantwortlichkeit ein besonderer Grund für den Übergang der konkreten Polizeipflicht erforderlich, der in der Gesamtrechtsnachfolge zu sehen sein kann, wenn der neue Eigentümer oder Inhaber der Sachherrschaft unabhängig von den Umständen des Einzelfalls zur Behebung der Gefahr oder zur Duldung derartiger Maßnahmen verpflichtet werden könnte.[66] **647**

E. Das Verhältnis der Verantwortlichkeiten

Zwischen der Handlungs- und der Zustandsstörerschaft besteht kein Spezialitätsverhältnis. Art. 7 und 8 PAG schließen einander nicht aus, sondern sind nebeneinander anwendbar. Dies hat zur Folge, dass es Konstellationen gibt, in denen eine Person beide Störereigenschaften aufweist, wie auch mehrere Personen im Hinblick auf eine Gefahr unterschiedlichen Störerkategorien zugeordnet werden können. **648**

---

[62] Dazu Rn. 596 ff.
[63] Zum Begriff der abstrakten Polizeipflicht bereits Rn. 597 f.
[64] BVerwG, NVwZ 2006, 928; BayVGH, BayVBl. 1983, 21; VGH BW, BRS Bd. 32, 1977, Nr. 180, S. 335 (337).
[65] Denninger, in: Lisken/Denninger, D 127.
[66] Gallwas/Lindner/Wolff, Bayerisches Polizei- und Sicherheitsrecht, 4. Aufl. 2015, Rn. 531.

I. Der Doppelstörer

649 Ist ein und dieselbe Person für eine Gefahr sowohl aufgrund ihres Verhaltens, als auch aufgrund der Inhaberschaft der tatsächlichen Gewalt über eine, die Gefahr verursachende Sache, dann ist sie sowohl als Handlungs- als auch als Zustandsstörer verantwortlich, sog. **Doppelstörer**.[67]

650 **Beispielfall 33**

Hundehalter H hetzt seinen Dobermann auf die vor seinem Haus lärmenden Kinder. Wie ist H für die Gefahr verantwortlich?

Lösung

1. Die polizeiliche Maßnahme gemäß Art. 11 Abs. 2 Nr. 1 PAG kann sich gegen H als Verantwortlichen nach Art. 7 Abs. 1 PAG richten, da er den Hund auf die Kinder hetzt und er daher Handlungsstörer ist.
2. Gleichzeitig ist er jedoch auch für die Gefahr nach Art. 8 Abs. 1 PAG verantwortlich, da er Halter des Dobermanns ist und daher für die Gefahr, die von seinem Hund ausgeht, verantwortlich ist.

Insoweit ist H Doppelstörer.

Klausurhinweis:

In der Klausur müssen Sie auf beide Aspekte der Störereigenschaft eingehen, um die volle Punktzahl zu erhalten.

II. Mehrheit von Verantwortlichen

651 Für die Gefahr können jedoch auch mehrere Personen verantwortlich sein.[68]

So können bzgl. einer Gefahr **mehrere Personen Handlungsstörer** sein. Folge ist, dass sich die Maßnahmen der Polizei gegen alle Handlungsstörer zur Behebung der Gefahr richten müssen, es sei denn, es reicht aus, einen Tatbeitrag zu unterbinden.

Beispiel: Schlagen mehrere Hooligans auf eine Person ein, dann handelt es sich bei allen beteiligten Hooligans um Handlungsstörer, so dass die Maßnahmen gegen alle gerichtet werden müssen, um die Gefahr zu beenden.

652 Ebenso kann sich die Verantwortlichkeit für die Gefahr aus der Inhaberschaft der tatsächlichen Gewalt ergeben, die mehrere Personen ausüben, mithin mehrere Personen als **Zustandsverantwortliche** vorhanden sind und daher Maßnahmeadressat sein können.

Wie im Beispielfall 33, Rn. 650, in dem nun Halter das Ehepaar H ist.

---

[67] Pieroth/Schlink/Kniesel, § 9 Rn. 87, 92; Denninger, in: Lisken/Denninger, D 130f.
[68] Dazu Denninger, in: Lisken/Denninger, D 129ff.

Ebenso können mehrere Personen **sowohl** als **Handlungs- als auch Zustandsstörer** polizeilich verantwortlich sein. 653

Dabei gilt, dass in dem Fall, in dem die Heranziehung nur eines Störers für die Abwehr der Gefahr ausreichend ist, die Polizei bzgl. der Maßnahmerichtung ein **(Auswahl-)Ermessen** hat, welchen Störer sie zur Gefahrenabwehr heranzieht. Dabei ist die Polizei weitgehend frei in ihrer Entscheidung. Sie muss jedoch den **Grundsatz der Effektivität der Gefahrenabwehr** berücksichtigen, d.h. denjenigen Störer zur Gefahrenbehebung heranziehen, durch dessen Inanspruchnahme die Gefahr am effektivsten, mithin vollständig und am schnellsten beseitigt werden kann. 654

Beispielfall wie Nr. 32, Rn. 631 655

Gegen wen kann die Polizei Maßnahmen ergreifen?

Lösung

1. Die polizeiliche Maßnahme (z.B. das Gebot, das Fahrzeug wegzufahren) kann sich gegen S als Verantwortlichen nach Art. 7 Abs. 1 PAG richten, da dieser den Maybach verbotswidrig in der Fußgängerzone abstellt und daher Handlungsstörer ist.
2. Gleichzeitig kann jedoch auch V Maßnahmeadressat sein, da dieser als Fahrzeughalter für die Gefahr, die von seinem Maybach ausgeht, als Zustandsstörer nach Art. 8 Abs. 1 PAG verantwortlich ist.
3. Da zwischen der Handlungs- und der Zustandsstörerschaft kein Spezialitätsverhältnis besteht, hat die Polizei nach pflichtgemäßem (Auswahl-)Ermessen zu entscheiden, gegen welchen Störer sie ihre Maßnahmen richtet. Ist daher S noch vor Ort und kann auch ohne weiteres ausfindig gemacht werden, so sprechen die besseren Gründe für die Inanspruchnahme des S als Handlungsstörer, da dieser den verbotswidrigen Zustand am schnellsten abstellen und daher die Gefahrenabwehr am effektivsten vornehmen kann.

Abwandlung:

Nicht S, sondern V stellt den Maybach vorschriftswidrig ab.

Lösung

Nun ist V sowohl Handlungs- als auch Zustandsstörer.

F. Weitere Rechtsfiguren

Weitere Störerbegriffe korrespondieren mit bestimmten Gefahrenbegriffen:[69] 656

I. Der Anscheinsstörer

Sowohl beim Vorliegen einer **Anscheinsgefahr** ist derjenige, von dem die (vermeintliche) Gefahr ausgeht, der sog. Anscheinsstörer.[70] Tatsächlich verursacht der An- 657

[69] Dazu Rn. 384 ff.

[70] Pieroth/Schlink/Kniesel, § 9 Rn. 20 ff.; Berner/Köhler/Käß, Art. 7 Rn. 13.

scheinsstörer zwar keine Gefahr, dennoch wird er auf **Primär- und Sekundärebene** einem Störer nach Art. 7 und/oder 8 PAG gleichgestellt, da aufgrund des Grundsatzes der Effektivität der Gefahrenabwehr bei einer unverschuldeten Fehleinschätzung auch eine Gefahrenabwehr erfolgen können muss.[71]

658 Lediglich auf **Tertiärebene** ist zu unterscheiden, ob der Anscheinsstörer den Anschein einer Gefahr in zurechenbarer Weise verursacht und diesen damit zu verantworten hat oder nicht. Im ersten Fall ist der Anscheinsstörer kostentragungspflichtig, im zweiten Fall hat er ggf. Entschädigungsansprüche nach Art. 87 Abs. 1 PAG analog.[72]

II. Der „Putativstörer"

659 Besteht eine „Putativgefahr", so liegen die Eingriffsvoraussetzungen der Polizei nicht vor. Es gibt daher auch keinen „Putativstörer", gegen den Primär- oder Sekundärmaßnahmen rechtmäßiger Weise gerichtet werden könnten. Ein „Putativstörer" ist damit ein Nichtstörer und kann aufgrund des Fehlens einer Gefahr nicht in Anspruch genommen werden.[73]

660 Der „Putativstörer" ist daher anspruchsberechtigt nach Art. 87 Abs. 2 PAG und nicht kostentragungspflichtig.

III. Der latente Störer

661 Von einem „latenten Störer" spricht man, wenn eine Person eine Situation verursacht, die sich jedoch nur unter dem Hinzutreten weiterer Umstände zur Gefahr entwickelt.[74] Es besteht daher durch das Verhalten oder den Zustand, für den die Person verantwortlich ist, von Anfang an eine erhöhte Gefahrentendenz, die sich durch absehbare Veränderung der Umstände zur Gefahr oder Störung aktualisiert.

Beispiel: Der Schweinemäster, der aufgrund der Geruchsemissionen erst durch eine heranrückende Bebauung zum Störer werden würde, ist ein latenter Störer.

662 Solange die Schwelle zur Gefahr noch nicht überschritten ist, gilt der latente Störer als Nichtstörer. Erst wenn die Gefahr aufgrund des Hinzutretens weiterer Umstände entsteht, ist der latenter Störer als Störer i.S.d. PAG anzusehen.

Klausurhinweis:

Lernen Sie in Zusammenhängen: Wenn Sie die Definitionen der Anscheins-, Putativ- und latenten Gefahr beherrschen, können Sie bzgl. der jeweiligen Rechtsfigur auf Störerebene auf dieses Wissen zurückgreifen. So vermeiden Sie doppeltes Lernen.

---

[71] Berner/Köhler/Käß, Art. 7 Rn. 13.
[72] Dazu Rn. 1269, 1322.
[73] Pieroth/Schlink/Kniesel, § 9 Rn. 24ff.; Berner/Köhler/Käß, Art. 7 Rn. 14.
[74] Schmidbauer, in: ders./Steiner, Art. 7 PAG Rn. 12.

G. Polizeipflichtigkeit von Hoheitsträgern

Zur Polizeipflicht von Hoheitsträgern enthält das PAG keinerlei Aussage. In Rede stehen dabei alle Träger öffentlicher Verwaltung, wie die juristischen Personen des öffentlichen Rechts, insbesondere Bund, Länder und Gemeinden, aber auch beliehene Rechtssubjekte, soweit sie Hoheitsaufgaben wahrnehmen, wie z.B. der Sachverständige des TÜV. Mit hierher gehören auch schlicht hoheitliche Aufgaben und die Wahrnehmung von Verwaltungsaufgaben in den Formen des Privatrechts. **663**

Grundsätzlich ist davon auszugehen, dass aufgrund der Bindung aller Staatsgewalt an Recht und Gesetz, Art. 20 Abs. 3 GG, Art. 3 Abs. 1 BV, alle Hoheitsträger auch an das Polizei- und Sicherheitsrecht gebunden sind. Dies gilt nicht nur für die Hoheitsträger auf Landes-, sondern auch auf Bundesebene. Insoweit gilt auch das PAG für diese Hoheitsträger mit der Folge, dass auch ein Hoheitsträger für eine Gefahr, die er verursacht, verantwortlich ist.[75] Mithin liegt eine **materielle Polizeipflichtigkeit** des Hoheitsträgers vor. Der Hoheitsträger kann Störer im Sinne des Polizeirechts sein.[76] **664**

Zu berücksichtigen ist dabei, dass die zur Wahrnehmung der hoheitlichen Aufgaben verliehenen Befugnisse die allgemeinen Pflichten modifizieren können, wie dies mit § 35 StVO für die Teilnahme der Polizei im Straßenverkehr der Fall ist. **665**

Eine sog. **formelle Polizeipflicht** von Hoheitsträgern, nach der die Polizei die Befugnis hat, gegen einen Hoheitsträger, der als Störer eine Gefahr für die öffentliche Sicherheit oder Ordnung verursacht hat, vorzugehen, ist dagegen umstritten. **666**

Nach einer m.M. wird die formelle Polizeipflicht von Hoheitsträgern für den Fall bejaht, dass auch nach einem Hinweis durch die Polizei, die Gefahr selbst zu beseitigen, die Polizei tätig werden müsse, sofern eine konkrete Gefahr durch eine andere Behörde nicht oder nicht rechtzeitig abgewehrt wird, Art. 3 PAG, und daher der aus den Grundrechten resultierende Schutzauftrag zur Gefahrenabwehr überwiege und durch einen Unterlassungsanspruch nicht ausreichend erfüllt wäre.[77] **667**

Die ganz h.M. lehnt dagegen eine solche formelle Polizeipflicht ab, da insoweit das klassische Über-/Unterordnungsverhältnis, das für derartige Eingriffsbefugnisse konstitutiv ist und zwischen Polizei und Bürger ohne Frage besteht, nicht vorliegt.[78] Darüber hinaus liegt es nicht in der Kompetenz der Polizei, Anordnungen mit Blick auf die Aufgabenerfüllung anderer Hoheitsträger zu erlassen. **668**

Der Betroffene kann gegen den störenden Hoheitsträger, der nach Art. 20 Abs. 3 GG, Art. 3 Abs. 1 BV ebenfalls an Recht und Gesetz gebunden ist, einen Unterlassungsanspruch gestützt auf Art. 2 Abs. 2, 14 GG, Art. 100 i. V. m. 101 BV, Art. 193 BV, geltend machen und diesen gegebenenfalls gerichtlich durchsetzen.[79] **669**

Etwas anderes gilt dagegen, wenn das Handeln der Polizei zur Abwehr der Gefahr aufgrund **Eilbedürftigkeit** nötig ist, da der betroffene Hoheitsträger noch keine Ent- **670**

---

[75] BVerwGE 29, 52; Schmidbauer, in: ders./Steiner, Art. 11 PAG Rn. 114; Holzner, in: BeckOK, Art. 11 PAG Rn. 191.

[76] BVerwGE 29, 52; Schmidbauer, in: ders./Steiner, Art. 11 PAG Rn. 114; Holzner, in: BeckOK, Art. 11 PAG Rn. 191.

[77] Schmidbauer, in: ders./Steiner, Art. 11 PAG Rn. 115 f.

[78] BVerwGE 29, 52; Scholler/Broß, Rn. 115.

[79] Schmidbauer, in: ders./Steiner, Art. 11 PAG Rn. 116 m. w. N.

scheidung getroffen hat und diese auch nicht mehr rechtzeitig ergehen könnte oder die getroffene Entscheidung zur Gefahrenbeseitigung unzureichend ist und eine Entscheidungskorrektur z.B. im Wege der Aufsicht nicht möglich ist. In diesen Fällen ist die Polizei befugt, an Stelle des Hoheitsträgers Maßnahmen zur Gefahrenabwehr nach **Art. 9 Abs. 1 PAG** zu ergreifen.[80] Insoweit überwiegt der Grundsatz der Effektivität der Gefahrenabwehr die Kompetenzordnung.

671 Dabei hat die Polizei im Rahmen ihrer Ermessensentscheidung dem Grundsatz der Rücksichtnahme zwischen den Hoheitsträgern zu entsprechen und einen **angemessenen Interessenausgleich** herzustellen. So sind in die Ermessensausübung einerseits die Funktionsfähigkeit des Hoheitsträgers sowie die Kompetenzordnung, andererseits das Ausmaß der Gefahr sowie diejenige der gefährdeten Rechtsgüter einzustellen. Überwiegt der Schutz des gefährdeten Rechtsguts, ist die Polizei befugt, die Maßnahme zu ergreifen.[81] Der Polizei kommt in solchen Fällen allerdings eine **Informationspflicht** gegenüber dem Hoheitsträger zu.

Klausurhinweis:

Der Unterschied zwischen der materiellen Polizeipflichtigkeit, die abgelehnt wird, und einer unmittelbaren Ausführung nach Art. 9 PAG liegt darin, dass bei erster die Polizei dem Hoheitsträger gegenüber Anordnungen trifft, während sie im letzten Fall den Hoheitsträger nicht zu einem eigenen Tun, Dulden oder Unterlassen anhält, sondern selbst die Gefahr abwehrt.

672 Auf die dargestellte Abwägung kommt es dagegen **nicht** an, wenn die jeweilige Gefahr auf **nichthoheitlichem Handeln** der Behörde beruht oder der Eingriff nicht die hoheitliche Aufgabenwahrnehmung der anderen Behörde betrifft. Dies ist z.B. im Rahmen erwerbswirtschaftlicher oder fiskalischer Tätigkeiten der Fall. Die Polizei darf dann ohne weiteres Maßnahmen erlassen.

H. Inanspruchnahme nicht verantwortlicher Personen, Art. 10 PAG

673 Ausnahmsweise kann die Effektivität der Gefahrenabwehr die Inanspruchnahme von Nichtverantwortlichen fordern, sog. **polizeilicher Notstand**. Da dies eine Ausnahme vom Grundsatz darstellt, dass Maßnahmeadressat regelmäßig der für eine Gefahr Verantwortliche ist, ist diese Inanspruchnahme von Nichtstörern nicht nur subsidiär zur Störerhaftung, sondern der Tatbestand der Inanspruchnahme selbst eng zu begrenzen. Diese Begrenzungen erfolgen durch Art. 10 PAG, der grundsätzlich drei Voraussetzungen aufstellt:[82]

So muss

- eine erhöhte Gefährdungslage durch das Vorliegen einer gegenwärtigen erheblichen Gefahr bestehen, Art. 10 Abs. 1 Nr. 1 PAG,
- eine anderweitige Gefahrenabwehr unmöglich sein, Art. 10 Abs. 1 Nr. 2 und 3 PAG, und
- die Inanspruchnahme für den Nichtstörer zumutbar sein.

Diese Voraussetzungen müssen **kumulativ** vorliegen.

---

[80] Schmidbauer, in: ders./Steiner, Art. 11 PAG Rn. 116.
[81] Schmidbauer, in: ders./Steiner, Art. 11 PAG Rn. 116.
[82] Dazu ausführlich Schmidbauer, in: ders./Steiner, Art. 10 PAG Rn. 8ff.

I. Gegenwärtige und erhebliche Gefahr, Art. 10 Abs. 1 Nr. 1 PAG

Eine gegenwärtige, erhebliche Gefahr liegt vor, wenn die Einwirkung des schädigenden Ereignisses bereits begonnen hat oder wenn diese Einwirkung unmittelbar oder in allernächster Zeit mit einer an Sicherheit grenzenden Wahrscheinlichkeit bevorsteht und hiervon ein bedeutsames Rechtsgut, wie Leben, Leib/Gesundheit, Freiheit, Eigentum, nicht unwesentliche Vermögenswerte, andere strafrechtlich geschützte Güter wie auch der Bestand des Staates und seiner Einrichtungen, betroffen ist.[83] **674**

Dabei ist Voraussetzung, dass der zum Schadenseintritt führende Kausalverlauf nicht nur absehbar, sondern bereits in Gang gesetzt ist.[84] Insoweit liegt durch das Erfordernis der Gegenwärtigkeit und Erheblichkeit eine Konkretisierung in zeitlicher Hinsicht und mit Blick auf das Schutzgut vor. **675**

Letztlich muss der drohende Schaden ein derart hohes Gewicht haben, dass das Interesse an der Beseitigung der Gefahr das Interesse des Unbeteiligten, nicht in Anpruch genommen zu werden, überwiegt. Dabei besteht bei Gefahren für Leib und Leben sowie die Gesundheit eine Vermutung für ein überwiegendes Interesse an der Gefahrenbeseitigung. **676**

II. Unmöglichkeit anderweitiger Gefahrenabwehr, Art. 10 Abs. 1 Nr. 2 und 3 PAG

Vorrangig in Anspruch zu nehmen sind im Polizeirecht immer der Störer nach Art. 7 und/oder Art. 8 PAG. Ist eine solche Inanspruchnahme nicht möglich, bleibt der Polizei noch die Möglichkeit der unmittelbaren Ausführung nach Art. 9 PAG, nach der sie für den jeweiligen Störer, der gerade nicht erreichbar ist, handelt und die Gefahr an dessen Stelle abwendet.[85] **677**

Erst in dem Fall, in dem weder der Störer erreichbar, noch eine unmittelbare Ausführung nach Art. 9 PAG möglich ist, darf eine Inanspruchnahme des Nichtstörers nach Art. 10 PAG erfolgen. **678**

Insoweit wird der Polizei **kein Ermessensspielraum** zwischen der Inanspruchnahme des Störers, der unmittelbaren Ausführung und der Inanspruchnahme eines Nichtstörers eröffnet, sondern das Vorgehen nach Art. 10 PAG ist *ultima ratio*. **679**

III. Zumutbarkeit, Art. 10 Abs. 1 Nr. 4 PAG

Der Nichtstörer darf nur in Anspruch genommen werden, wenn er selbst **keiner erheblichen Gefahr** ausgesetzt wird oder **höherwertige Pflichten** verletzen würde.[86] **680**

Einer erheblichen Gefahr ist er dann ausgesetzt, wenn ihm durch die polizeiliche Maßnahme die Beeinträchtigung in einem der Schutzgüter droht, zu deren Schutz er von der Polizei gerade in Anspruch genommen werden sollte.

---

[83] Honnacker/Beinhofer/Hauser, Art. 10 Rn. 5; Schmidbauer, in: ders./Steiner, Art. 10 PAG Rn. 10.

[84] Schmidbauer, in: ders./Steiner, Art. 10 PAG Rn. 9.

[85] Dazu Kapitel 27.

[86] Schmidbauer, in: ders./Steiner, Art. 10 PAG Rn. 23.

681 Bei der Abwägung, ob ein Nichtstörer in Anspruch genommen werden soll, hat die Polizei daher auch die **Grundrechte des Nichtstörers** einzustellen. Insbesondere dann, wenn ein Störer seine Grundrechte zulasten derjenigen des Nichtstörers ausübt, sind die Grundrechte des Nichtstörers regelmäßig als höherwertig anzusehen.

682 **Beispielfall 34**

Das Satiremagazin M bringt in seiner Monatsausgabe Karikaturen des Propheten Mohammed heraus. Dagegen regt sich enormer Widerstand, der zu gewalttätigen Demonstrationen gegen diese Ausgabe führt.
Kann die Ausgabe des M untersagt werden?

Lösung
Eine Inanspruchnahme des M ist, unterstellt es handelt sich bei ihm nicht um einen Zweckveranlasser, nur nach den Grundsätzen des Art. 10 PAG möglich. Dabei ist insbesondere im Rahmen von Art. 10 Abs. 1 Nr. 4 PAG zu berücksichtigen, dass die Herausgabe der Karikaturen grundsätzlich von Art. 5 Abs. 3 GG, Art. 111 BV, geschützt ist. Aufgrund dieses grundrechtlichen Schutzes wäre es unzumutbar, die Ausgabe des M allein aufgrund der zu erwartenden Demonstrationen zu untersagen. Dies gilt insbesondere vor dem Hintergrund, dass gewaltsame Demonstrationen keinen Schutz über Art. 8 Abs. 1 GG, Art. 113 BV genießen.[87]

683 Weitere Beispiele sind ein Glasverbot, das sich an die Gastwirte der Innenstadt während der Zeit des Karnevals richtet, um zu vermeiden, dass es Verletzungen durch Glasscherben gibt; Versammlungen, die aufgrund von Gegendemonstrationen verboten werden, weil ein Fall des sog. polizeilichen Notstands vorliegt;[88] die Einweisung von Obdachlosen bei unfreiwilliger Obdachlosigkeit gegenüber dem Vermieter. Hierbei sind zwei sicherheitsrechtliche Verfügungen von Nöten: die Einweisungsverfügung gegenüber dem Obdachlosen als Störer sowie die Sicherstellung der Wohnung gegen den Vermieter als Nichtstörer.[89]

IV. Zeitliche Begrenzung, Art. 10 Abs. 2 PAG

684 Die Maßnahmen gegen den Nichtstörer sind auch zeitlich begrenzt. So dürfen sie nur aufrecht erhalten werden, solange die Abwehr der Gefahr nicht auf andere Weise möglich ist. Insoweit müssen auch nach Inanspruchnahme des Nichtstörers Alternativlösungen gesucht werden, um den Nichtstörer möglichst bald wieder aus der Maßnahme zu entlassen.

V. Rechtsstellung des Nichtstörers

685 Wird eine Nichtstörer für die Abwehr einer Gefahr in Anspruch genommen, so können Maßnahmen der Polizei gegen ihn gerichtet werden. In diesem Fall erhält der Nichtstörer einen **Entschädigungsanspruch** nach Art. 87 Abs. 1 PAG.

686 Des weiteren ist denkbar, dass der Nichtstörer zur Abwehr der Gefahr in der Weise herangezogen wird, dass er auf Anordnung der Polizei gewisse Handlungen vorzuneh-

[87] Dazu Rn. 1733 ff.
[88] Dazu Rn. 1942.
[89] Dazu Beispielfall 24, Rn. 548.

men hat. In diesem Falle ist er als **Beamter im haftungsrechtlichen Sinne** nach Art. 34 GG i.V.m. § 839 BGB anzusehen, so dass Schäden, die er in Ausführung der ihm auferlegten Verpflichtung einem anderen zufügt, der Sicherheitsbehörde, die den Nichtstörer in Anspruch genommen hat, zugerechnet werden.

13. Kapitel. Polizeiliche Handlungsgrundsätze, Art. 4, 5 PAG

Zusammenfassung

1. Polizeiliche Handlungsgrundsätze sind der Grundsatz der **Verhältnismäßigkeit**, Art. 4 PAG, und derjenige der **pflichtgemäßen Ermessensausübung,** Art. 5 PAG.
2. Der Grundsatz der Verhältnismäßigkeit hat **Verfassungsrang,** Art. 20 Abs. 3 GG, Art. 3 Abs. 1 BV, und wird in Art. 4 PAG einfachgesetzlich konkretisiert.
3. Als allgemeine Norm tritt Art. 4 PAG gegenüber spezielleren Aussagen zur Verhältnismäßigkeit, wie sie in einigen Befugnisnormen getroffen werden, zurück.
4. Die Verfolgung eines **legitimen Zwecks** ergibt sich dabei bereits aus der Aufgabenerfüllung nach Art. 2 Abs. 1 PAG in Form der **Gefahrenabwehr.**
5. Die polizeiliche Maßnahme muss rechtlich und tatsächlich **möglich**, **erforderlich** sowie auch **angemessen** sein.
6. Hat die polizeiliche Maßnahme ihren Zweck erreicht oder wird ersichtlich, dass der Zweck nicht erreichbar ist, so ist sie sofort einzustellen, sog. **zeitliches Übermaßverbot**, Art. 4 Abs. 3 PAG.
7. Ob eine polizeiliche Maßnahme verhältnismäßig ist, bestimmt sich aus der Beurteilung ***ex ante et ex situatione***.
8. Das polizeiliche Mittel, das zur Gefahrenabwehr angewandt wird, muss **hinreichend bestimmt** sein, Art. 5 Abs. 2 Satz 1 PAG.
9. Ein Verstoß gegen den Verhältnismäßigkeitsgrundsatz führt zur **Rechtswidrigkeit** der polizeilichen Maßnahme.
10. Der Polizei kommt im Rahmen der Gefahrenabwehr ein Ermessen zu, sog. **Opportunitätsprinzip**. Im Rahmen der Strafverfolgung gilt dagegen das **Legalitätsprinzip**, wonach die Polizei zum Handeln verpflichtet ist.
11. Im Rahmen der Gefahrenabwehr kommt der Polizei daher ein Ermessen zu, ob sie tätig wird, sog. **Entschließungsermessen**, und wie sie tätig wird, sog. **Auswahlermessen**.
12. Die Ausübung des Ermessens hat **pflichtgemäß** zu erfolgen, d.h. es sind alle relevanten Gesichtspunkte, insbesondere mögliche Grundrechtsbeeinträchtigungen, die sich aufgrund der Maßnahme ergeben können, in die Abwägung einzustellen.
13. Als vom Gericht überprüfbare **Ermessensfehler** kommen daher, wie auch im Allgemeinen Verwaltungsrecht, Ermessensnichtgebrauch, Ermessensüberschreitung sowie Ermessensmissbrauch in Betracht.
14. Im Falle einer **polizeilichen Aufgabenkollision** ist eine Priorisierung der einzelnen Aufgaben nach pflichtgemäßem Ermessen vorzunehmen.

15. Grundsätzlich besteht daher nur ein **Anspruch auf ermessensfehlerfreie Entscheidung**. In besonderen Fällen kann das **Ermessen** jedoch **auf Null reduziert** sein, so dass die Polizei zum Einschreiten verpflichtet ist.
16. Korrespondierend zu dieser Verpflichtung, einzuschreiten, entsteht unter bestimmten Voraussetzung ein **Anspruch auf polizeiliches Einschreiten**: Voraussetzung ist, dass das begehrte Handeln der Polizei rechtmäßig ist, die Befugnisnorm, auf die sich die Maßnahme stützt, dem Schutz subjektiver Rechte dient, dem betroffenen Rechtsgut ein besonders hoher Rang zukommt, die drohende Gefahr von besonderer Intensität ist sowie das Einschreiten für die Polizei möglich ist und keine Ausschlussgründe bestehen. In diesem Fall ist das **Entschließungsermessen** auf Null **reduziert**.
17. Unter bestimmten Voraussetzungen kann auch das **Auswahlermessen reduziert** sein, so dass nur eine Maßnahme rechtmäßig ergriffen werden kann.

A. Grundsatz der Verhältnismäßigkeit, Art. 4 PAG

I. Verfassungsrechtliche Grundlagen

687 Der Grundsatz der Verhältnismäßigkeit, wie er in Art. 4 PAG seine einfachgesetzliche Ausgestaltung erfährt, will den Bürger vor staatlicher Willkür schützen und leitet sich aus dem **Rechtsstaatsprinzip**, Art. 20 Abs. 3 GG, Art. 3 Abs. 1 BV, sowie den Grundrechten ab.[1] Er hat somit Verfassungsrang. Dieser versucht, staatliches Handeln daraufhin einzugrenzen, dass Eingriffe nur dann erfolgen, wenn dies notwendig erscheint und dann auch nur im Rahmen des unbedingt erforderlichen Ausmaßes, sog. Übermaßverbot. Daher erlangt dieser Grundsatz in erster Linie im Rahmen der Grundrechtsdogmatik und der Eingriffsverwaltung Relevanz, indem die Exekutive bei ihren eingreifenden Maßnahmen widerstreitende Individualinteressen sowohl untereinander als auch mit kollidierenden Gemeinschaftsinteressen auszugleichen hat. Dies gilt insbesondere im Polizeirecht, das zur klassischen Eingriffsverwaltung zählt und für das das Preußische Oberverwaltungsgericht bereits im 19. Jahrhundert den Grundsatz der Verhältnismäßigkeit erstmals entwickelt hat,[2] der nunmehr einfachgesetzlich in Art. 4 PAG normiert ist.

II. Allgemeine Prüfung

688 Allgemein gilt daher, dass eine Maßnahme dann verhältnismäßig ist, wenn sie einen legitimen Zweck verfolgt, das Mittel zur Erreichung dieses Zwecks geeignet ist, kein milderes, gleich geeignetes Mittel ergriffen werden kann und die Anwendung im Einzelfall angemessen ist.[3]

---

[1] Jarass, in: ders./Pieroth, Vorb. vor Art. 1 Rn. 8; Holzner, Art. 3 Rn. 65.
[2] Dazu Rn. 17.
[3] Maurer/Waldhoff, § 10 Rn. 50 ff.; Jarass, in: ders./Pieroth, Art. 20 Rn. 112 ff.; Holzner, Art. 3 Rn. 65.

Ein **legitimer Zweck** liegt damit vor, wenn das Ziel der Maßnahme ausdrücklich 689
einfachgesetzlich oder verfassungsrechtlich vorgegeben oder zumindest nicht missbilligt wird.

Geeignet ist die Maßnahme, wenn sie zur Erreichung des Zwecks nicht völlig 690
ungeeignet ist, mithin dessen Erreichung in irgendeiner Weise gefördert wird. Dabei besteht ein erheblicher Einschätzungsspielraum, weshalb Maßnahmen nur dann evident ungeeignet sind, wenn die Förderung der Zweckerreichung evident unmöglich ist.

Die Maßnahme ist **erforderlich**, wenn es im Hinblick auf die Zweckerreichung 691
kein gleich geeignetes Mittel gibt, das in die Rechte des Betroffenen weniger intensiv eingreift.

Angemessen ist das Mittel dagegen, wenn im Rahmen einer Abwägung zwischen 692
dem, mit dem Mittel angestrebten Vorteil und dem, mit dem Eingriff verbundenen Nachteil kein offensichtliches Missverhältnis besteht.

Klausurhinweis:

Die Prüfung von Art. 4 PAG folgt grundsätzlich dem, aus dem Staatsrecht und dem Allgemeinen Verwaltungsrecht bekannten Schema, wird jedoch an einigen Stellen modifiziert, dazu sogleich. Gerade diese Modifizierungen sind es jedoch, die in der Klausur verdeutlichen, ob der Bearbeiter die Besonderheiten des Polizeirechts verstanden hat.

III. Anwendbarkeit – Gesetzliche Spezialvorschriften

Art. 4 PAG enthält die Anordnung, dass alle polizeilichen Maßnahmen den 693
Grundsatz der Verhältnismäßigkeit zu beachten haben. Bei ihm handelt es sich daher um eine **allgemeine Vorschrift**, die daher auch nur dann anwendbar ist, wenn keine spezielleren Vorschriften konkretere Aussagen zur Verhältnismäßigkeit treffen. So bestehen polizeiliche Befugnisse, bei denen der Gesetzgeber der Polizei in besonderer Weise die Beachtung des Grundsatzes der Verhältnismäßigkeit auferlegt.

Hierzu zählen insbesondere die Regelungen zur Inanspruchnahme nicht verantwortlicher Perso- 694
nen, Art. 10 Abs. 1 Nr. 4 PAG, der zeitlichen Festlegung einer Vorladung, Art. 15 Abs 2 Satz 2 PAG, zur Dauer der Freiheitsentziehung, Art. 20 PAG, zum Betreten und Durchsuchen von Wohnungen zur Nachtzeit, Art. 23 Abs. 2 bis 3 PAG, zur Herausgabe sichergestellter Sachen, Art. 28 Abs. 1 PAG, zur Anwendung unmittelbaren Zwangs, Art. 75 Abs. 1 Satz 2 PAG, sowie speziell zum Schusswaffengebrauch, Art. 83 bis 86 PAG.

Aber auch die Generalklausel enthält eine Aussage zur Verhältnismäßigkeit, wenn Sie anordnet, dass die „notwendigen Maßnahmen" zu treffen sind, Art. 11 Abs. 1 PAG.

In all diesen Fällen tritt Art. 4 PAG bezüglich der in den Spezialbefugnisnormen 695
geregelten Verhältnismäßigkeitsaspekte zurück bzw. ist bezüglich der übrigen Tatbestandsvoraussetzungen des Art. 4 PAG lediglich ergänzend heranzuziehen.[4]

[4] Schmidbauer, in: ders./Steiner, Art. 4 PAG Rn. 3.

IV. Tatbestandsmerkmale des Art. 4 PAG

696 Art. 4 PAG wiederholt und konkretisiert das Verhältnismäßigkeitsprinzip auf der Ebene des einfachen Gesetzes für das polizeiliche Tätigwerden und unterstreicht so seine Bedeutung insbesondere für die klassische Eingriffsverwaltung, zu der das Polizei- und Sicherheitsrecht zählt. Dabei greift Art. 4 PAG drei bedeutsame Gesichtspunkte des Verhältnismäßigkeitsprinzips auf:

- Abs. 1: die **Geeignetheit** der Maßnahme und den Grundsatz der geringstmöglichen Beeinträchtigung **(Erforderlichkeit)**.
- Abs. 2: den Grundsatz der Verhältnismäßigkeit im engeren Sinne **(Angemessenheit)**.
- Abs. 3: den Grundsatz der kürzestmöglichen Maßnahmedauer **(zeitliches Übermaßverbot)**.

Art. 4 PAG legt aber weder eine Prüfungsreihenfolge fest, noch läßt er Rückschlüsse auf die Bedeutung der von ihm geregelten Aspekte des Übermaßverbotes zu.[5]

Klausurhinweis:

Wie Sie sehen, enthält Art. 4 PAG im Unterschied zum Prüfungsschema der Verhältnismäßigkeit, das Sie aus dem Staatsrecht und dem Allgemeinen Verwaltungsrecht kennen, kaum Unterschiede, sondern hebt lediglich bestimmte Einzelheiten in besonderer Weise heraus.
Ein **wesentlicher Unterschied** liegt jedoch darin, dass ein **legitimes Ziel** nicht in Art. 4 PAG genannt ist. Diese Prüfung erübrigt sich im Polizeirecht, da bereits mit der Bejahung der Aufgabeneröffnung nach **Art. 2 Abs. 1 PAG** und der Tatsache, dass die Polizei zur Abwehr von Gefahren für die öffentliche Sicherheit und Ordnung tätig wird, klar ist, dass die polizeilichen Maßnahmen diesem Ziel dienen und dieses Ziel auch legitim ist, da es bereits aus der Verfassung abgeleitet werden kann, vgl. Art. 99 Satz 1 BV und die Grundrechte des GG.[6]

1. Möglichkeit der Maßnahme, Art. 4 Abs. 1 PAG

697 Nach Art. 4 Abs. 1 PAG hat die Polizei diejenigen Maßnahmen zu treffen, die möglich und geeignet sind.

698 **Möglich** ist eine Maßnahme dann, wenn sie vom Adressaten der Maßnahme sowohl **rechtlich** als auch **tatsächlich** erbracht werden kann. Bestehen also tatsächliche oder rechtliche Hindernisse für die Befolgung der Maßnahme, liegt bereits Unmöglichkeit vor, so dass die polizeiliche Maßnahme rechtswidrig und sogar nichtig ist, Art. 44 Abs. 2 Nr. 4, 5 und 6 BayVwVfG.

699 **Tatsächliche Unmöglichkeit** liegt vor, wenn dem Adressaten der Maßnahme die Befolgung objektiv oder subjektiv nicht möglich ist. Dabei liegt subjektives Unvermögen dann vor, wenn die Unmöglichkeit nur in der Person des Betroffenen begründet ist.[7]

---

[5] Schmidbauer, in: ders./Steiner, Art. 4 PAG Rn. 3.
[6] Dazu bereits Rn. 33 ff.
[7] Pieroth/Schlink/Kniesel, § 10 Rn. 18.

Das bloße wirtschaftliche Unvermögen begründet keine tatsächliche Unmöglichkeit.[8] Dies gilt insbesondere für den Fall, dass die Kostenfolge einer Maßnahme das Vermögen eines Adressaten übersteigt.

Beispielfall 35 700

Der Polizeibeamte P ordnet gegenüber dem Rollstuhlfahrer R an, dass dieser sich von diesem Platz zu entfernen habe, obgleich keine geeigneten Rampen vorhanden sind.
Ist die Maßnahme verhältnismäßig?

Lösung
Die Anordnung des P ist nicht verhältnismäßig, da das Verlassen des Ortes für R subjektiv Unmöglich ist.

Rechtliche Unmöglichkeit liegt zunächst in allen Fällen strafrechtlicher Verbote 701 nach Art. 44 Abs. 2 Nr. 5 BayVwVfG vor. Ferner ist sie gegeben, wenn der Ausführung der Maßnahme rechtliche Vorschriften entgegenstehen, die nicht durch polizeiliche Befugnisse aufgehoben werden können.[9] Denn die Polizei darf dem Adressaten kein rechtswidriges Verhalten aufgeben. Hingegen liegt keine rechtliche Unmöglichkeit vor, wenn lediglich zivilrechtliche Pflichten des Adressaten entgegenstehen.[10] Denn derartige zivilrechtliche Hindernisse kann die Polizei durch ihre gesetzlichen Befugnisse stets beseitigen.

Beispielfall 36 702

Der Polizeibeamte P ordnet gegenüber dem betrunkenen Trinker T an, dass dieser sein auf dem Behindertenparkplatz geparktes Auto wegfahren soll.
Ist die Maßnahme verhältnismäßig?

Lösung
Die Anordnung des P ist nicht verhältnismäßig, da das Wegfahren des Pkw durch den betrunkenen T den Straftatbestand des § 316 StGB erfüllen würde und damit zwar tatsächlich möglich, aber rechtlich verboten ist, Art. 4 Abs. 1 PAG. Die Anordnung ist daher nichtig, Art. 44 Abs. 2 Nr. 5 BayVwVfG.

Beispielfall 37 703

Die Polizei ordnet gegenüber dem Inhaber der tatsächlichen Gewalt A die Herausgabe einer Sache an, die im gesamthänderisch gebundenen Miteigentum des A und B steht.
Ist die Maßnahme verhältnismäßig?

---

[8] Götz, § 11 Rn. 22.
[9] Pieroth/Schlink/Kniesel, § 10 Rn. 20.
[10] Götz, § 11 Rn. 21.

Lösung
Die Anordnung der Polizei ist dann verhältnismäßig, wenn dem A die Herausgabe der Sache auch rechtlich möglich ist.

1. Da die Sache im Gesamthandseigentum von A und B steht, könnte A die Sache nur gemeinschaftlich mit B herausgeben, da er ansonsten dessen Eigentumsrecht verletzen würde.
2. Diese zivilrechtliche Begrenzung der Verfügungsbefugnis kann jedoch durch die Polizei überwunden werden, indem sie gegenüber dem zivilrechtlich Verfügungsberechtigten eine Duldungsverfügung erlässt, so dass der zum Handeln verpflichtete Adressat A die polizeiliche Anordnung rechtmäßig ausführen kann.

704 Eine Befugnis zum Eingriff des Adressaten in Rechtsgüter Dritter kann sich ebenfalls aus § 228 BGB (Notstand) ergeben, so dass eine polizeiliche Duldungsverfügung nicht erforderlich ist.

2. Geeignetheit der Maßnahme, Art. 4 Abs. 1 PAG

705 Die polizeiliche Maßnahme ist dann geeignet, wenn sie das mit ihr verfolgte **Ziel erreicht oder** deren Erreichung **fördert**. Da Ziel der polizeilichen Maßnahme die Abwehr von Gefahren für die öffentliche Sicherheit oder Ordnung ist, muss die Maßnahme die Gefahrenabwehr in irgendeiner Weise zumindest fördern.

Ist die Maßnahme zur Zielerreichung ungeeignet, weil sie dem Adressaten etwas abverlangt, was diesem unmöglich ist, so liegt bereits Unmöglichkeit der Maßnahme vor.[11]

706 Grundsätzlich gebietet der Grundsatz der effektiven Gefahrenabwehr, dass die Polizei dasjenige Mittel anwendet, dass die Gefahr am effektivsten beseitigt. Dennoch ist es **nicht ungeeignet** und damit rechtswidrig, ein **weniger effektives Mittel** zu ergreifen, sofern dieses die Zielerreichung in irgendeiner Weise fördert.

3. Erforderlichkeit der Maßnahme, Art. 4 Abs. 1 PAG

707 Die Erforderlichkeit der Maßnahme besteht dann, wenn von mehreren gleich geeigneten Maßnahmen diejenige ergriffen wurde, die den Einzelnen und die Allgemeinheit am wenigsten beeinträchtigt. Insoweit ist sie gegeben, wenn **kein gleich effektives**, jedoch in die Rechte des einzelnen oder der Allgemeinheit **weniger eingreifendes Mittel** zur Verfügung steht. Steht bei der Geeignetheit die Auswahl des Mittels mit Blick auf den Zweck im Mittelpunkt, geht es nun um die Relation des Mittels im Hinblick auf die anderen belastenden Möglichkeiten.

708 Voraussetzung ist jedoch, dass diese alternativen Möglichkeiten bei der Erreichung des von der Polizei verfolgten Zwecks gleich wirksam sind. Nur wenn dies der Fall ist, dürfen sie überhaupt in die Betrachtung miteinbezogen werden. Von mehreren gleich geeigneten Maßnahmen darf die Polizei nur diejenige ergreifen, die den Einzelnen und die Allgemeinheit am wenigsten beeinträchtigen.[12]

---

[11] Schmidbauer, in: ders./Steiner, Art. 4 PAG Rn. 10.
[12] Schmidbauer, in: ders./Steiner, Art. 4 PAG Rn. 12.

Beispielfall 38 709

Ein herrenloser Kampfhund fällt auf offener Straße in der Fußgängerzone Passanten an. Die herbeigerufene Polizeistreife kann den Hund entweder mit der Dienstwaffe erschießen oder mit dem mitgeführten Betäubungsgewehr lähmen. Das Betäubungsmittel wirkt jedoch erst in drei Minuten.
Wäre eine Tötung des Hundes verhältnismäßig?

Lösung
Die Tötung des Hundes wäre verhältnismäßig, wenn sie erforderlich wäre. Dies ist dann der Fall, wenn es zur Tötung kein gleich geeignetes, milderes Mittel gäbe. Ein solch milderes Mittel könnte vorliegend in der Betäubung des Hundes liegen, da dieser in betäubtem Zustand zwar noch am Leben wäre, jedoch keinen weiteren Schaden anrichten könnte.
Dennoch ist die Betäubung im vorliegenden Fall kein gleich geeignetes Mittel, da die Wirkung erst nach 3 Minuten eintritt. In dieser Zeit bleibt die Gefahr für die Passanten ungemindert bestehen, während die Tötung die Gefahr mit sofortiger Wirkung beheben würde.
Die Tötung ist damit das effektivere Mittel und folglich zur Gefahrenabwehr erforderlich. Die Tötung des Kampfhundes ist verhältnismäßig.

Der Grundsatz der Erforderlichkeit hebt jedoch die Polizeipflichtigkeit des Störers nicht auf. So 710
wäre es verfehlt, wenn sich der Störer unter Berufung auf die Erforderlichkeit auf Kosten der Allgemeinheit seiner Polizeipflichtigkeit entledigen könnte. Insoweit verdrängt der Grundsatz der Erforderlichkeit nicht den Grundsatz, dass der Störer selbst auf seine Kosten zur Gefahrenabwehr herangezogen werden kann.

Aus dem Gebot des geringstmöglichen Eingriffs heraus kann die Polizei gehalten sein, polizeiliche 711
Maßnahmen gegen den Betroffenen nicht offen, sondern verdeckt zu ergreifen. Dies gilt beispielsweise dann, wenn ein offenes polizeiliches Vorgehen der Polizei bei der Gefahrenabwehr zwar nutzt, dem Betroffenen aber Nachteile beispielsweise bei seinem Arbeitgeber einbringt.

Ebenso im Rahmen der Erforderlichkeit der Maßnahme anzuführen ist die **Ersetzungsbefugnis** des Betroffenen nach **Art. 5 Abs. 2 Satz 2 PAG**. Hiernach ist es dem Betroffenen auf Antrag zu gestatten, ein anderes ebenso wirksames Mittel anzuwenden, sofern die Allgemeinheit dadurch nicht stärker beeinträchtigt wird. Insofern handelt es sich bei Art. 5 Abs. 2 Satz 2 PAG um eine Konkretisierung des Verhältnismäßigkeitsprinzips, auch wenn er in systematischem Zusammenhang mit der Vorschrift über die ordnungsgemäße Ermessensausübung steht. 712

Voraussetzung dafür ist, dass der Betroffene Adressat einer polizeilichen Maßnahme 713
ist, das andere Mittel ebenso wirksam ist, wie die Maßnahme der Polizei, sowie ein Antrag, der keiner Form bedarf.[13]

Beispielfall 39 714

Der volltrunkene Trinker T bietet den Polizisten an, sich von seinem noch fahrtauglichen Kumpel nach Hause fahren zu lassen, um damit die Sicherstellung der Autoschlüssel zu vermeiden.
Wäre eine Sicherstellung der Autoschlüssel rechtmäßig?

---

[13] Berner/Köhler/Käß, Art. 5 Rn. 9.

Lösung
Eine Sicherstellung der Autoschlüssel wäre nicht verhältnismäßig, da der Betroffene T mit der Möglichkeit, sich von einem Fahrtauglichen nach Hause fahren zu lassen, ein Mittel anbietet, das die Trunkenheitsfahrt ebenso effektiv vermeidet wie die Sicherstellung der Autoschlüssel, wobei die Allgemeinheit nicht stärker beeinträchtigt würde. Insoweit ist die Nachhausefahrt vom Polizisten zu gestatten, Art. 5 Abs. 2 Satz 2 PAG.

4. Angemessenheit der Maßnahme, Art. 4 Abs. 2 PAG

715 Der Erfolg des polizeilichen Eingriffs zum Schutz der öffentlichen Sicherheit oder Ordnung muß in einem angemessenem und ausgewogenem Verhältnis zur Schwere und Tragweite des Eingriffs in ein Grundrecht stehen. Insoweit ist eine **Schaden-Nutzen-Bilanz** zu erstellen. Verboten sind daher Maßnahmen, deren Nachteil erkennbar außer Verhältnis zum angestrebten Erfolg stehen.[14]

Klausurhinweis:

Daraus folgt: **Je wichtiger das Gemeinschaftsgut und je größer seine Bedrohung ist, desto weiter kann auch der polizeiliche Eingriff gehen.**

716 Die Abwägungsentscheidung hat sich an den Wertentscheidungen des demokratisch legitimierten Gesetzgebers und vor allem an den Wertentscheidungen der BV und des GG zu orientieren. Dabei sind die eingestellten Belange für sich zu gewichten und miteinander und gegeneinander abzuwägen.

717 Ebenfalls in die Abwägung einzustellen sind die Hypothesen, welche Folgen ein Unterlassen polizeilicher Maßnahmen nach sich ziehen würde. Außer Acht zu bleiben hat dabei der finanzielle oder logistische Aufwand der Polizei.[15]

5. Zeitliches Übermaßverbot, Art. 4 Abs. 3 PAG

718 Art. 4 Abs. 3 PAG regelt einen Unterfall von Art. 4 Abs. 2 PAG, indem er eine zeitliche Grenze für die polizeiliche Maßnahme festlegt. So muss die polizeiliche Maßnahme sofort eingestellt werden, wenn sie ihren Zweck erreicht hat oder ersichtlich wird, dass der Zweck nicht erreichbar ist.[16]

719 Dies ist der Fall, wenn die Gefahr für die öffentliche Sicherheit oder Ordnung abgewehrt ist oder wenn sich herausstellt, dass die Gefahr für die öffentliche Sicherheit oder Ordnung durch die Maßnahme nicht abgewehrt oder vermindert werden kann. Wird diese zeitliche Grenze überschritten, ist die Maßnahme rechtswidrig.

6. Beurteilungszeitpunkt

720 Die Beurteilung, ob die Maßnahme verhältnismäßig ist, erfolgt, wie regelmäßig im Rahmen der Primär- und Sekundärebene, aufgrund einer in die Zukunft gerichteten

[14] Schmidbauer, in: ders./Steiner, Art. 5 Rn. 15.
[15] Honnacker/Beinhofer/Hauser, Art. 4 Rn. 3; Schmidbauer, in: ders./Steiner, Art. 4 PAG Rn. 16.
[16] Berner/Köhler/Käß, Art. 4 Rn. 6.

Prognoseentscheidung ***ex ante et ex situatione*** (Kapitel). Abzustellen ist daher wieder auf einen verständigen Durchschnittsbeamten. Auch hier greift der Grundsatz der Effektivität der Gefahrenabwehr. Ergeben sich jedoch im Nachhinein Anhaltspunkte, welche die Maßnahme als unverhältnismäßig erscheinen lassen, so wird die Maßnahme nicht rechtswidrig. Allerdings hat der Polizeibeamte seine Maßnahme anzupassen oder zu widerrufen.[17]

V. Bestimmtheit der Maßnahme, Art. 5 Abs. 2 Satz 1 PAG

Der gesamte Art. 5 Abs. 2 PAG, und damit auch Satz 1, ist eine Konkretisierung des Verhältnismäßigkeitsprinzips. Denn er normiert, dass sich die Polizei nur eines **hinreichend bestimmten Mittels** zur Abwehr der Gefahr bedienen darf. Hieraus werden zwei Aussagen abgeleitet: 721

1. Die Polizei darf **nicht mehrere Mittel gleichzeitig** anwenden, um deren Wirksamkeit zu erproben. Hintergrund ist, dass der Rechtseingriff in die Handlungsfreiheit des Betroffenen auf das absolut unerlässliche Maß begrenzt bleiben muss. Reicht also zur Abwehr einer Gefahr ein Mittel aus, so dürfen nicht mehrere Mittel angewendet werden.[18] 722
2. Dieses gewählte Mittel muß jedoch **hinreichend bestimmt** sein, was bereits aus Art. 37 Abs. 1 BayVwVfG und dem Rechtsstaatsprinzip, Art. 20 Abs. 3 GG, Art. 3 Abs. 1 BV, folgt.[19] Auch hier steht der Schutz des Maßnahmeadressaten im Vordergrund, für den eindeutig erkennbar sein muss, welches Tun, Dulden oder Unterlassen die Polizei von ihm verlangt. 723

VI. Folgen eines Verstoßes gegen Art. 4 PAG

Verstößt eine Maßnahme gegen den Grundsatz der Verhältnismäßigkeit, dann ist sie **rechtswidrig**. Stellt sich im Verlauf der Maßnahme heraus, dass sie nicht verhältnismäßig ist, dann bleibt die bisherige Anwendung der Maßnahme rechtmäßig. Für den Fortgang ist die Maßnahme jedoch an die neuen Einschätzungen anzupassen, was auch eine vollständige Einstellung der Maßnahme beinhalten kann. 724

B. Polizeiliche Ermessensausübung, Art. 5 Abs. 1 PAG

Nach Art. 5 Abs. 1 PAG hat die Polizei mit Blick auf ihr Einschreiten zur Gefahrenabwehr ein Ermessen, das sie pflichtgemäß betätigen muss. Das heißt, dass die Polizei auch in dem Fall, in dem die Voraussetzungen einer Befugnisnorm des PAG vorliegen, grundsätzlich nicht verpflichtet ist, Maßnahmen zur Gefahrenabwehr zu ergreifen. 725

Dies zeigt sich bereits in der Formulierung der Generalklausel des Art. 11 Abs. 1 PAG, nach der die Polizei die notwendigen Maßnahmen treffen „kann".

---

[17] Art. 49 BayVwVfG.

[18] Schmidbauer, in: ders./Steiner, Art. 5 PAG Rn. 15.

[19] Jarass, in: ders./Pieroth, Art. 20 Rn. 82ff.; Holzner, Art. 3 Rn. 30ff., 38.

I. Legalitäts- und Opportunitätsprinzip

726 Im Bereich der Gefahrenabwehr und speziell im PAG nach Art. 5 Abs. 1 PAG kommt der Polizei also ein Ermessen zu, ob sie die Gefahr abwehrt, sog. **Opportunitätsprinzip**.[20] Dieses gilt nach § 47 Abs. 1 OWiG auch für die Verfolgung von Ordnungswidrigkeiten.

727 Außerhalb dieses Bereiches der Gefahrenabwehr kann für die Polizei allerdings ein Handlungszwang bestehen, mithin das **Legalitätsprinzip** gelten, wenn der Gesetzgeber dies angeordnet hat.[21] In diesen Fällen ist die Polizei zum Einschreiten verpflichtet. Ein Ermessen kommt ihr in diesen Fällen nicht zu.

Wichtigster Fall des Legalitätsprinzips ist die **Strafverfolgung**. Nach §§ 152 Abs. 2, 163 StPO besteht für die Staatsanwaltschaft und die Polizei ein Verfolgungszwang, so dass sie gegen jeden Verdächtigen einschreiten und ermitteln müssen.

Ein Verstoß gegen das Legalitätsprinzip ist nach §§ 258, 258a StGB strafbar.

Außer der Strafverfolgung gibt es noch weitere Fälle, in denen das Gesetz die Polizei zum Einschreiten verpflichtet, z.B. § 12 GeschlechtskrankheitenG.

II. Arten des Ermessens

728 Kommt der Polizei ein Ermessen zu, so eröffnen sich ihr grundsätzlich zwei Arten von Ermessen:

729 Zum einen kann die Polizei entscheiden, **ob** sie überhaupt zur Abwehr einer Gefahr tätig wird. Da ihr insoweit bzgl. ihres Entschlusses, tätig zu werden, die Wahlmöglichkeit eingeräumt wird, spricht man vom sog. **Entschließungsermessen**.

730 Hat sie sich dagegen entschlossen, zur Gefahrenabwehr tätig zu werden, so kann sie sich zum anderen entscheiden, **wie** genau sie der Gefahr begegnen will. Da sie insoweit die Auswahl zwischen den verschiedenen Gefahrenabwehrmaßnahmen hat, spricht man vom sog. **Auswahlermessen.**

731 In beiden Fällen ist jedoch eine Ermessensreduktion denkbar.[22]

III. Pflichtgemäße Ermessensausübung

732 Bzgl. der Ausübung des Ermessens enthält Art. 5 Abs. 1 PAG keine Direktiven. Er stellt lediglich die Anforderung auf, dass die Ausübung pflichtgemäß erfolgen muss, was jedoch nur der Normierung eines allemeinen Grundsatzes entspricht. So kann für die Ausübung des Ermessens auf Art. 40 BayVwVfG zurückgegriffen werden.[23]

733 Dabei kommt dem Ziel polizeilichen Handelns zur Gefahrenabwehr und dem Grundsatz der Effektivität der Gefahrenabwehr besonderes Gewicht zu. Ermessensleitend und -begrenzend in die Ermessensausübung eingestellt werden müssen jedoch auch die beeinträchtigten Grundrechte der Betroffenen.

---

[20] Honnacker/Beinhofer/Hauser, Art. 5 Rn. 3; Schmidbauer, in: ders./Steiner, Art. 5 PAG Rn. 3.
[21] Honnacker/Beinhofer/Hauser, Art. 5 Rn. 14; Schmidbauer, in: ders./Steiner, Art. 5 PAG Rn. 2.
[22] Dazu Rn. 741 ff.
[23] Ramsauer, in: Kopp/Ramsauer, § 40 Rn. 1 ff.

In die Ermessensentscheidung einzustellen und miteinander abzuwägen sind damit die Folgen eines polizeilichen Einschreitens sowie diejenigen einer Untätigkeit. Dabei gilt erneut: **Je intensiver die Störung** der öffentlichen Sicherheit oder Ordnung und **je schutzwürdiger das gefährdete Rechtsgut** ist, **desto enger ist der Ermessensspielraum** der Polizei. 734

IV. Ermessensfehler

Räumt das Gesetz der Polizei für eine Maßnahme einen Ermessensspielraum ein, so unterliegt die betreffende Entscheidung nur noch einer **eingeschränkten verwaltungsgerichtlichen Kontrolle**. Die Verwaltungsgerichte dürfen dann nicht darüber urteilen, ob die polizeiliche Maßnahme zweckmäßig war, sondern sind auf die Rechtmäßigkeit der Ermessensausübung beschränkt, § 114 Satz 2 VwGO. 735

Derartige, aus dem Allgemeinen Verwaltungsrecht und Verwaltungsprozessrecht geläufige Ermessensfehler sind nach der Ermessensfehlerlehre die Folgenden:[24]

1. Ermessensnichtgebrauch bzw. Ermessensausfall, -unterschreitung

Eine Ermessensnichtgebrauch liegt vor, wenn die Polizei von dem ihr zustehenden Ermessen **keinen Gebrauch gemacht** hat. Keine Rolle spielt dabei, ob dies aus Nachlässigkeit, Bequemlichkeit oder mangelnden Rechtskenntnissen erfolgt ist. 736

So liegt ein Ermessensnichtgebrauch z.B. dann vor, wenn sich ein Polizeibeamter irrtümlich für verpflichtet hält, den in der privaten Hofeinfahrt unerlaubt abgestellten Pkw nach Art. 25 PAG abschleppen zu lassen.

Der Fehler, sein Ermessen nicht zu gebrauchen, ist nur dann unbeachtlich, wenn für das polizeiliche Einschreiten ausnahmsweise eine Ermessensreduktion auf Null vorliegt.[25]

2. Ermessensüberschreitung

Eine Ermessensüberschreitung ist gegeben, wenn die Polizei eine **Rechtsfolge** wählt, **die gegen** die spezielle Ermessensnorm, andere **Rechtsvorschriften** oder Grundrechte **verstößt**.[26] Hierunter fallen zumeist Fehler der Polizei bei der Ausübung des Auswahlermessens (wie?), insbesondere die mangelnde Einhaltung der gesetzlichen Grenzen der Befugnisnorm. 737

Beispiel: Die Polizei nimmt eine Person ohne richterliche Genehmigung für 72 Stunden nach Art. 17 PAG in Gewahrsam.

3. Ermessensmißbrauch bzw. Ermessensfehlgebrauch

Ermessensmißbrauch ist gegeben, wenn die polizeiliche Entscheidung nicht der Gefahrenabwehr dient, sondern auf **sachfremden Erwägungen** beruht.[27] Dies ist der Fall, wenn sich der Polizeibeamte bei seiner Entscheidungsfindung nicht von Ziel und Zweck der gesetzlichen Vorschrift hat leiten lassen, beispielsweise private oder persönliche Interessen verfolgt oder die im konkreten Fall bedeutsamen öffentlichen oder privaten Belange nicht hinreichend in die Abwägung einbezogen hat. Welche Erwägungen sachgemäß und bedeutsam sind, ergibt sich aus der Gesetzesnorm, die das 738

---

[24] Maurer/Waldhoff, § 7 Rn. 19ff.; Schmidbauer, in: ders./Steiner, Art. 5 PAG Rn. 12.
[25] Dazu Rn. 741ff.
[26] Maurer/Waldhoff, § 7 Rn. 20; Schmidbauer, in: ders./Steiner, Art. 5 PAG Rn. 11.
[27] Maurer/Waldhoff, § 7 Rn. 22; Schmidbauer, in: ders./Steiner, Art. 5 PAG Rn. 13.

Ermessen einräumt. Orientiert an dieser Norm hat die Polizei ihr Ermessen stets pflichtgemäß auszuüben.

Beispiele: Da die Party von seinem Sohn veranstaltet wird, unternimmt der Polizeibeamte nichts gegen die überlaute Musik in der Nacht. Sein Kollege schleppt das rechtswidrig auf dem Behindertenparkplatz stehende Fahrzeug nicht ab, da es seiner Frau gehört.

Bei einem Einschreiten der Polizei zur Gefahrenabwehr ist die Berücksichtigung fiskalischer Überlegungen regelmäßig ermessensfehlerhaft.

Klausurhinweis:

Art. 5 Abs. 2 PAG enthält keine Regelungen zur Ermessensausübung, sondern eine Konkretisierung des Verhältnismäßigkeitsprinzips. Achten Sie daher in der Klausur auf dessen Einordnung im Prüfungsaufbau.

V. Sonderfall: kollidierende polizeiliche Aufgaben

739 Ein Sonderfall bildet die Konstellation, in der gleichzeitig mehrere Aufgaben der Polizei zur Erledigung anstehen, die Polizei aber z.B. aus logistischen oder personellen Gründen nicht in der Lage ist, alle Einsätze parallel durchzuführen, sog. kollidierende polizeiliche Aufgaben. In diesem Fall muss eine Entscheidung getroffen werden, welche Einsätze zurückgestellt werden.[28] Diese **Priorisierung** muss ebenfalls nach pflichtgemäßem Ermessen erfolgen. Dabei stellen ebenfalls die Intensität der Gefahr oder Störung sowie die Wertigkeit des betroffenen Rechtsguts die entscheidenden Gesichtspunkte dar, wie auch die Frage, wo die Folgen eines Nichteinschreitens oder eines verzögerten Einschreitens der Polizei schwerer wiegen.

740 **Beispielfall 40**

Während nur noch eine Streifenwagenbesatzung zur Verfügung steht, wird gleichzeitig ein Banküberfall und ein Handtaschenraub gemeldet. Der Streifenwagen fährt zur Bank.
Ist die Entscheidung der Polizei ermessensfehlerhaft?

Lösung

Die Entscheidung wäre ermessensfehlerhaft, wenn die Priorisierung der Aufgaben fehlerhaft wäre. Da vorliegend ein Fall von kollidierenden polizeilichen Aufgaben vorliegt, sind die kollidierenden Aufgaben im Rahmen einer Ermessensentscheidung zu priorisieren. Dabei ist die Entscheidung, den Banküberfall vorrangig vor dem Handtaschenraub zu begegnen, nicht anzugreifen, da ein höherer Schaden für das Rechtsgut zu befürchten ist.

[28] Schmidbauer, in: ders./Steiner, Art. 5 PAG Rn. 7.

VI. Ermessensreduktion auf Null – Anspruch auf polizeiliches Einschreiten

1. Recht auf ermessensfehlerfreie Entscheidung und Ermessensreduktion auf Null

Da das Einschreiten der Polizei grundsätzlich in deren Ermessen liegt und der Polizei insoweit ein Entschließungs- und Auswahlermessen zukommt, besteht im Regelfall lediglich ein subjektiv-öffentliches **Recht auf fehlerfreie Ermessensausübung** aller im konkreten Fall in ihren Rechten, Rechtsgütern oder rechtlich geschützten Interessen Gefährdeten.[29] Das Ermessen der Polizei ist grundsätzlich auch verwaltungsgerichtlicher Kontrolle im Rahmen der Ermessensfehlerlehre zugänglich, § 114 Satz 2 VwGO.[30] 741

Daneben besteht jedoch auch die Möglichkeit, dass sich der Ermessensspielraum der Polizei so weit verengt, dass lediglich ein Einschreiten in einer bestimmten Form als rechtmäßige Alternative verbleibt, sog. **Ermessensreduktion auf Null**.[31] 742

2. Anspruch auf polizeiliches Einschreiten

a. Grundsätzliche Zulässigkeit

Ob aus einer Ermessensreduktion auf Null auch ein **Anspruch auf polizeiliches Handeln** abgeleitet werden kann, war umstritten, ist nunmehr aber gelöst: Entgegen einer früher vertretenen Auffassung, nach der ein Anspruch auf polizeiliches Einschreiten nicht besteht, da die Pflichten der Polizei den Interessen der Allgemeinheit, nicht jedoch dem Schutz von individuellen Interessen galten,[32] ist heute allgemein anerkannt, dass ein Anspruch auf polizeiliches Einschreiten **grundsätzlich möglich** ist.[33] So wandelt sich bei der Ermessensreduktion auf Null die Ermessensentscheidung in eine gebundene Entscheidung um, auf die ein einklagbarer Anspruch besteht. 743

b. Voraussetzungen

Ein solcher Anspruch auf polizeiliches Einschreiten setzt damit zuerst eine **Ermessensreduktion** im Hinblick auf das **Entschließungsermessen** voraus. Dieses liegt bei folgenden Voraussetzungen vor:[34] 744

aa. Das **begehrte Handeln** der Polizei muss **rechtmäßig** sein. Es muss sich also auf eine Befugnisnorm stützen lassen und den polizeilichen Handlungsgrundsätzen entsprechen, insbesondere verhältnismäßig sein. 745

bb. Die Befugnisnorm, auf die sich die Maßnahme stützt, dient dem **Schutz subjektiver Rechte** und nicht nur dem Wohl der Allgemeinheit. Dies ist insbesondere dann der Fall, wenn Individualrechtsgüter betroffen sind, die vom Schutzgut der öffentlichen Sicherheit umfasst sind, bzw. die Norm ein subjektives Recht für einen von der Allgemeinheit abgrenzbaren Personenkreis gewährt, sog. Schutznormtheorie. 746

---

[29] Holzner, in: BeckOK, PAG, Art. 11 Rn. 186.
[30] Schenke/Ruthig, in: Kopp/Schenke, § 113 Rn. 7 ff.
[31] BVerwGE 11, 95 (97), zum Anspruch auf baupolizeiliches Einschreiten.
[32] Vgl. z.B. OVG Münster, OVGE 6, 43 (51).
[33] BVerwGE 11, 95 (97); 37, 112 (113); BVerwG, DVBl 1969, 586; OVG Berlin, NJW 1980, 2484 m. w. N.; VGH Kassel, NJW 1984, 2305; OVG Lüneburg, DVBl 1976, 719.
[34] Dazu auch OVG Berlin, NJW 1980, 2484; HessVGH, NJW 1984, 2305.

747 cc. Das polizeiliche Einschreiten kann nur aufgrund eines **qualifizierten Rechtsguts** erfolgen. So muss dem betroffenen Rechtsgut des Einzelnen ein besonders hoher Rang zukommen, um in der Werteordnung der Verfassung ein polizeiliches Einschreiten zu legitimieren. Dies ist insbesondere bei den höchsten Rechten auf Leben, körperliche Unversehrtheit und persönliche Freiheit der Fall.

748 dd. Es bedarf einer **qualifizierten Gefahr**, die dem Rechtsgut drohen muss: Die Gefahr bzw. Störung, die mit dem polizeilichen Einschreiten behoben werden soll, muss im Hinblick auf Ausmaß und Schwere von besonderer Intensität sein.

749 ee. Das Einschreiten der Polizei muss objektiv möglich sein, sog. Grundsatz des *ultra posse nemo obligatur*.

750 ff. Es dürfen keine Ausschlussgründe für einen Anspruch vorliegen, wie z.B. Duldungspflichten des Betroffenen oder die Zumutbarkeit der Gefahr.

Klausurhinweis:

Auch hier können Sie Parallelen zu anderen Rechtsgebieten ziehen. So kommt der Frage nach dem Drittschutz einer Norm insbesondere beim Nachbarrechtsschutz im Baurecht Bedeutung zu. Zur Beurteilung der Frage, ob eine Norm drittschützenden Charakter aufweist, kommt es ebenfalls u.a. darauf an, ob die Norm ein subjektives Recht gewährt, mithin nicht nur der Allgemeinheit zu dienen bestimmt ist, sog. **Schutznormtheorie**.

751 Zu beachten ist, dass damit lediglich das **Entschließungsermessen reduziert** und ein **Anspruch auf polizeiliches Einschreiten** gegeben ist, ohne dass damit bereits auch vorgegeben ist, welche konkreten Maßnahmen die Polizei zu ergreifen hat. Aber auch bzgl. des **Auswahlermessens** besteht die Möglichkeit der Ermessensreduktion auf Null, so dass die Polizei lediglich eine Maßnahme treffen kann, die rechtmäßig ist. Hierfür bestehen allerdings hohe Voraussetzungen, weshalb die Reduktion des Auswahlermessens unter Reduzierung des Handlungsinstrumentariums der polizeilichen Maßnahmen nur ausnahmsweise in Betracht kommt.

752 Ein solcher Anspruch ist grundsätzlich durch die in der VwGO bereitgestellten **Rechtsschutzmöglichkeiten** gerichtlich durchzusetzen. Ist der Anspruch auf den Erlass eines Verwaltungsakts gerichtet, so sind die Verpflichtungsklage, § 42 Abs. 1 2. Alt. VwGO, sowie im einstweiligen Rechtsschutz der Antrag nach § 123 VwGO statthaft. Ist der Anspruch auf die Vornahme eines Realaktes gerichtet, ist die allgemeine Leistungsklage sowie im einstweiligen Rechtsschutz ebenfalls der Antrag nach § 123 VwGO statthaft.[35]

753 **Prüfungsschema 9: Anspuch auf polizeiliches Einschreiten**

Die begehrte polizeiliche Primärmaßnahme muss rechtmäßig sein, d.h. die Voraussetzungen müssen vorliegen.[36]

I. Rechtsgrundlage – Befugnisnorm (nur bei Grundrechtseingriffen, Art. 20 Abs. 3 GG, Art. 3 Abs. 1 BV)

---

[35] Vgl. auch VG Hamburg, NJW 2012, 2536.
[36] Dazu das Prüfungsschema Nr. 10, Rn. 1166.

II. formelle Rechtmäßigkeit, insb. Zuständigkeit
1. sachliche Zuständigkeit
a. Polizei im eingeschränkt institutionellen Sinne, Art. 1 PAG
b. Aufgabeneröffnung, Art. 2 PAG
c. Art. 3 PAG – Subsidiarität zu sonst. Sicherheitsbehörden

2. örtliche Zuständigkeit, Art. 3 Abs. 1 POG

III. materielle Rechtmäßigkeit
1. Subsumtion unter die Rechtsgrundlage
2. Maßnahmerichtung (Störerauswahl)
a. Spezialregelungen in den Standardbefugnissen, z.B. Art. 16 Satz 1 PAG
b. Allgemeine Regelungen
aa. Handlungsstörer, Art. 7 PAG
bb. Zustandsstörer, Art. 8 PAG
cc. Nichtstörer, Art. 10 PAG
c. Ermessensausübung bei der Störerauswahl

IV. polizeiliche Handlungsgrundsätze
1. Grundsatz der Verhältnismäßigkeit, Art. 4 PAG
a. mildestes Mittel, Art. 4 Abs. 1 PAG
b. Zweck-Mittel-Relation, Art. 4 Abs. 2 PAG
c. zeitliches Übermaßverbot, Art. 4 Abs. 3 PAG

2. Ermessensausübung, Art. 5 PAG
a. Entschließungsermessen, „ob" – Ermessensreduktion auf Null
Voraussetzungen:
aa. Befugnisnorm, auf die sich die Maßnahme stützt, dient dem Schutz subjektiver Rechte (Schutznormtheorie)
bb. geschütztes Rechtsgut ist qualifiziert (z.B. Leben, körperliche Unversehrtheit, persönliche Freiheit)
cc. qualifizierte Gefahr für das o.g. Rechtsgut
dd. Einschreiten der Polizei ist objektiv möglich
ee. keine Ausschlussgründe (z.B. Duldungspflichten)
b. Auswahlermessen, „wie"
rglm. keine Ermessensreduktion auf Null
Ausnahme: wenn nur eine Maßnahme zur Abwehr der Gefahr erfolgversprechend ist

14. Kapitel. Standardbefugnisse und Generalklausel

Zusammenfassung

1. Die Generalklausel ist gegenüber Spezialbefugnisnormen gemäß dem Grundsatz *lex specialis derogat legi generali* **nur subsidiär** anwendbar.

2. Der Rückgriff auf die Generalklausel ist nur dann zulässig, wenn der **Tatbestand** der Spezialbefugnisnorm **nicht einschlägig** ist und die **Maßnahme**, die aufgrund der Generalklausel ergriffen werden soll, **nicht** mit derjenigen **identisch** ist, die durch die Spezialbefugnisnorm angeordnet wird.
3. Die Spezialbefugnisnormen können jedoch auch in dem Fall, in dem sie keine Sperrwirkung entfalten, die Anwendung der Generalbefugnisnorm **modifizieren**.

754 Art. 11 Abs. 1 2. Hs. PAG normiert, dass die polizeilichen Maßnahmen auf die Generalbefugnisnorm nur gestützt werden können, *„soweit nicht die Art. 12 bis 65 die Befugnisse der Polizei besonders regeln"*. Vorrangig zur Abwehr von Gefahren heranzuziehen sind daher die Spezialbefugnisnormen der Art. 12ff. PAG, in denen der Gesetzgeber Eingriffe für häufig vorkommende Lebenssituationen oder Eingriffe von besonderer Grundrechtsintensität typisiert geregelt hat, sog. **Standardmaßnahmen** bzw. typische oder typisierte Maßnahmen.[1]

755 Die Standardbefugnisnormen normieren den Sachverhalt abschließend und entfalten eine **Sperrwirkung** bzgl. **Sachverhalt und Rechtsfolgen**, *lex specialis derogat legi generali*. Dies bedeutet, dass der Rückgriff auf die Generalklausel in zwei Fällen ausgeschlossen ist:

756 **1. Fall:** Der Sachverhalt ist bereits mit Blick auf die **Standardmaßnahmen tatbestandsmäßig**.

Die Maßnahmen können allein auf die Spezialbefugnisnorm gestützt werden. Der Rückgriff auf die Generalbefugnisnorm ist ausgeschlossen; es können weder der Standardmaßnahme ähnliche, noch völlig andere Maßnahmen auf die Generalbefugnisnorm gestützt werden.[2]

757 **2. Fall:** Der Sachverhalt ist zwar nicht tatbestandsmäßig, aber die **Rechtsfolge**, die auf die Generalklausel gestützt werden soll, ist mit derjenigen, die die Spezialbefugnis normiert, identisch.

Auch hier ist ein Rückgriff auf die polizeiliche Generalklausel ausgeschlossen, um eine der typisierten Maßnahme aufgrund der Standardbefugnisnorm ähnliche Maßnahme zu treffen.[3]

758 Diesem allgemeinen Grundsatz des *lex specialis derogat legi generali* verleiht Art. 11 Abs. 1 2. Hs. PAG Ausdruck. Er ist insoweit nur **deklaratorisch**.

759 Ein **Rückgriff** auf die Generalklausel für sog. atypischen Maßnahmen ist daher nur dann **zulässig**, wenn:
- der Sachverhalt **nicht tatbestandsmäßig** im Sinne einer Standardbefugnisnorm ist **und**
- die **Maßnahme**, die aufgrund der Generalklausel ergriffen werden soll, einer Standardmaßnahme **nicht vergleichbar** ist.[4]

760 Insoweit wird auch der Bestimmtheitsgrundsatz für die Abgrenzung relevant, da die Bestimmtheit der Spezialbefugnis über ihren Anwendungsbereich und damit auch über denjenigen der Generalklausel mitentscheidet.

---

[1] Holzner, in: BeckOK, PAG, Art. 11 Rn. 5f.
[2] Holzner, in: BeckOK, PAG, Art. 11 Rn. 5.
[3] Honnacker/Beinhofer/Hauser, Art. 11 Rn. 14.
[4] Holzner, in: BeckOK, PAG, Art. 11 Rn. 5f.; Schmidbauer, in: ders./Steiner, Art. 11 PAG Rn. 10; Berner/Köhler/Käß, Art. 11 Rn. 11.

Beispielfall 41 761

Der bereits mehrfach wegen Drogendelikten verurteilte Dealer und Drogenabhängige D erhält vom Polizeibeamten P die Anweisung, den Marktplatz, auf dem immer häufiger mit Drogen gedealt wird, für die nächsten zwei Monate nicht zu betreten. Ziel der Maßnahme ist es, einer Verfestigung der offenen Drogenszene entgegenzuwirken.
Ist die Anordnung von einer Befugnisnorm gedeckt?

Lösung
Da D verboten wird, sich für einen längeren Zeitraum von zwei Monaten am Marktplatz aufzuhalten, liegt ein sog. **Aufenthaltsverbot** vor. Dabei ist fraglich, ob für ein solches eine Befugnisnorm vorliegt.

1. Bis zur PAG-Reform 2017 war Art. 16 PAG – Platzverweis – nicht einschlägig, da das Verbot nicht nur kurz befristet (vgl. Art. 16 Satz 1 2. Alt. PAG „vorübergehend"), sondern auf längere Zeit angelegt war.
2. Der bayerische Gesetzgeber hatte – anders als z.B. im Nds. SOG mit § 17 Abs. 4 – das Aufenthaltsverbot auch nicht ausdrücklich in den Katalog der Standardbefugnisse aufgenommen.
3. In Betracht kam daher die Generalklausel des Art. 11 Abs. 2 Satz 1 Nr. 1 PAG. Damit stellte sich die Frage, ob neben der Spezialbefugnis zum Platzverweis ein längeres und damit grundrechtsintensiveres Aufenthaltsverbot auf die Generalklausel gestützt werden konnte, oder ob die Standardbefugnisnorm des Art. 16 PAG Sperrwirkung entfaltete.
   a. Für eine solche Sperrwirkung sprach, dass der grundsätzliche Maßnahmeinhalt – Verbot des Betretenes eines bestimmten Ortes – bereits durch Art. 16 Satz 1 2. Alt. PAG vom Gesetzgeber geregelt und zu vermuten war, dass er länger als nur vorübergehend dauernde Betretungsverbote nicht legitimieren wollte. Gestützt wurde dies auch darauf, dass ein Aufenthaltsverbot aufgrund der längeren Dauer nicht nur einen relativ geringen Eingriff in Art. 2 Abs. 1 GG, Art. 101 BV, wie dies beim Platzverweis der Fall ist, beinhaltet, sondern grundrechtsintensiver ist und auch einen Rechtseingriff in Art. 11 GG, Art. 109 Abs. 1 BV nach sich ziehen kann. Daher wurde die Sperrwirkung in der Lit. teilweise angenommen.[5]
   b. Gegen eine solche Sperrwirkung und damit auch gegen die vorgenannten Argumente war anzuführen, dass Ziel des Betretungsverbotes nach Art. 16 Satz 1 PAG regelmäßig die Beseitigung einer nur kurzfristig bestehenden Gefahr ist, die eben durch das kurzzeitige Freiräumen von Örtlichkeiten durch den nur kurzfristigen Platzverweis zusammen mit dem vorläufigen Betretungsverbot behoben werden konnte, während mit dem längerfristigen Aufenthaltsverbot eine **nicht nur kurzfristig andauernden Gefahr**, bei der eine Verstetigung zu befürchten oder bereits eingetreten war, wie dies z.B. bei einer offenen Drogenszene oder bei Großschadensereignissen der Fall sein konnte, abgewehrt werden sollte.[6] Insoweit war bereits die vollständige Deckungsgleichheit des Tatbestands des Betretungsverbots einerseits und des Aufenthaltsverbots andererseits zu verneinen. Aus diesem Grund entfaltete

[5] Graulich, in: Lisken/Denninger, E 447ff.
[6] Holzner, BeckOK, PAG, Art. 11 Rn. 198ff.; Schmidbauer, in: ders./Steiner, Art. 11 PAG Rn. 167ff.

Art. 16 Satz 1 2. Alt. PAG **keine Sperrwirkung**, so dass das Aufenthaltsverbot auch unter Beiziehung der Judikatur des BayVGH auf die Generalklausel gestützt würde.[7]
Die besondere Eingriffsintensität konnte über strenge Verhältnismäßigkeitsanforderungen abgefedert werden, war aber für sich genommen kein Grund, Maßnahmen aufgrund von Art. 11 Abs. 1 und 2 PAG auszuschließen.

c. Gegen die Inbeschlagnahme der Rspr. des BayVGH konnte jedoch angeführt werden, dass sie zu einem von einer Sicherheitsbehörde ausgesprochenen Aufenthaltsverbot gestützt auf Art. 7 LStVG ergangen ist und sich mangels einer Art. 16 PAG vergleichbaren Spezialbefugnisnorm im LStVG die Frage nach der Sperrwirkung im LStVG gerade nicht gestellt hat. Damit war fraglich, ob zu Art. 11 PAG dieselbe Judikatur ergangen wäre.

4. Durch die PAG-Novelle 2017[8] wurde in **Art. 16 Abs. 2 Satz 1 Nr. 2a PAG** das **Aufenthaltsverbot** normiert, so dass diese Befugnisnorm heranzuziehen ist und sich die Problematik des Rückgriffs auf die Generalklausel damit erledigt hat.

762 Aber auch im Bereich des Sicherheitsrechts kann sich die Frage nach der Sperrwirkung von Spezialbefugnisnormen gegenüber der Generalklausel stellen:

763 **Beispielfall – wie Nr. 41, Rn. 761**

Das Verbot wird nun durch das Landratsamt verhängt.

Lösung

Hier kann das Verbot auf die Generalklausel des Art. 7 Abs. 2 Nr. 1 LStVG gestützt werden. Insbesondere besteht keine Sperrwirkung durch Art. 26 Abs. 1 LStVG, da sich dessen Schutzzweck auf die Verhinderung von Gefahren, die vom Grundstück selbst ausgehen, beschränkt, während im vorliegenden Fall die Gefahr von D ausgeht.

764 Dennoch kann auch in diesen Fällen, in denen außerhalb des Tatbestands und der Rechtsfolge der Spezialbefugnisnorm eine Sperrwirkung gerade nicht vorliegt, die Spezialbefugnisnorm zu **Modifikationen** der Maßnahmen, die aufgrund der Generalbefugnis getroffen werden, führen.

---

[7] BayVGH BayVBl. 2006, 671 ff.; BayVBl. 2001, 529 ff.; NVwZ 2000, 454 ff., zu Art. 7 BayLStVG; Schmidbauer, in: ders./Steiner, Art. 11 Rn. 167 ff.; Holzner, BeckOK, PAG, Art. 11 Rn. 200; Berner/Köhler/Käß, Art. 16 Rn. 5; einschränkend Gusy, Rn. 281 ff.; jeweils noch zu Art. 16 PAG a. F.; Hecker, NVwZ 2016, 1301 ff.

[8] Gesetz zur effektiveren Überwachung gefährlicher Personen vom 24.7.2017 (GVBl. 13, S. 388).

15. Kapitel. Auskunftsverlangen, Art. 12 PAG, und Vorladung, Art. 15 PAG

Zusammenfassung

1. Die Befugnis, Auskunft zu verlangen, ist in Art. 12 PAG geregelt.
   a. Grundsätzlich ist vor der Polizei **niemand zu einer Aussage verpflichtet**, es sei denn es liegt ein Fall des Art. 12 PAG vor.
   b. Nach Art. 12 Satz 1 und 2 PAG besteht eine **Auskunftspflicht** der betroffenen Person.
   c. Die Auskunftspflicht nach Art. 12 Satz 1 PAG bezieht sich auf **personenbezogene Daten**. Voraussetzung ist, dass die Person sachdienliche Angaben machen kann, die zur Erfüllung einer bestimmten polizeilichen Aufgabe i. S. v. Art. 2 PAG erforderlich sind.
   d. Bei Nichtbeachtung kann die Identität der Person nach Art. 13 Abs. 1 Nr. 1 PAG festgestellt werden. Ebenso ist die Nichtauskunft bußgeldbewehrt.
   e. Nach Art. 12 Satz 2 PAG besteht eine Aussagepflicht nur dann, wenn **gesetzliche Handlungspflichten** bestehen. Solche können sich z.B. aus einer Garantenstellung nach § 13 StGB oder einer Hilfeleistungspflicht nach § 323c StGB ergeben.
   f. Nach Art. 12 Satz 3 PAG besteht eine **Anhaltebefugnis** zum Zweck des Auskunftsverlangens.
2. Die Vorladung ist in Art. 15 PAG normiert.
   a. Durch sie gibt die Polizei dem Betroffenen auf, zu einem bestimmten Zeitpunkt an einem bestimmten Ort zu erscheinen. Sie dient als flankierende Maßnahme der Durchsetzung von Auskunftsrechten oder der Durchführung erkennungsdienstlicher Maßnahmen.
   b. Die Voraussetzungen der Vorladung sind, dass entweder zu erwarten ist, dass die Person sachdienliche Angaben für die Erfüllung einer bestimmten polizeilichen Aufgabe machen kann, Art. 15 Abs. 1 Nr. 1 PAG, oder sie zur Durchführung erkennungsdienstlicher Maßnahmen oder einer elektronischen Aufenthaltsüberwachung erforderlich ist, Art. 15 Abs. 1 Nr. 2 PAG.
   c. Die Vorladung kann unter den Voraussetzungen des Art. 15 Abs. 3 PAG zwangsweise durchgesetzt werden, sog. **Vorführung.** In diesem Fall haben die allgemeinen und besonderen Vollstreckungsvoraussetzungen des unmittelbaren Zwangs vorzulegen.
   d. Informationen, welche unter Verstoß gegen verbotene Vernehmungsmethoden nach § 136a StPO gewonnen wurden, unterliegen einem Verwertungsverbot, Art. 15 Abs. 4 PAG.

Der Gesetzgeber hat der Polizei in **Art. 12 PAG** eine Befugnis für **Befragungen** eingeräumt. Als Grundsatz gilt: **Vor der Polizei ist niemand zu einer Aussage verpflichtet.** Davon gibt es zwei Ausnahmen, soweit dies zur Erfüllung polizeilicher Aufgaben erforderlich ist: 765

– Nach Art. 12 Satz 1 PAG müssen folgende Daten zur Person angegeben werden: Name, Vorname, Tag und Ort der Geburt, Wohnanschrift und Staatsangehörigkeit. Sonstige Aussagen müssen nicht gemacht werden.

– Gemäß Art. 12 Satz 2 PAG hat die Polizei die Befugnis, eine Person in der Sache zu befragen, soweit für sie gesetzliche Handlungspflichten bestehen. Dies ist der Fall, wenn die befragte Person aufgrund eines Gesetzes verpflichtet ist, Gefahren von einer anderen Person abzuwehren. Beispiel: Garantenpflicht aufgrund Gesetzes. Die Polizei darf dann Personen befragen, aber die Auskunftspflicht nicht zwangsweise durchsetzen.

766 **Art. 15 PAG** gibt der Polizei die Befugnis zur **Vorladung**. Das Gesetz erkennt drei Fälle an, in denen es zur Erfüllung polizeilicher Aufgaben erforderlich ist, dass eine Person auf der Polizeidienststelle erscheint. Die Polizei darf eine Person vorladen, entweder um eine bestimmte präventiv-polizeiliche Aufgabe zu erfüllen, um erkennungsdienstliche Maßnahmen vorzunehmen oder eine elektronische Aufenthaltsüberwachung durchzuführen.

A. Auskunftsverlangen, Art. 12 PAG

I. Entstehungsgeschichte und Existenzberechtigung der Vorschrift

767 Art. 12 PAG verdankt seine Entstehung dem Volkszählungsurteil des Bundesverfassungsgerichts[1]. Der bayerische Gesetzgeber nahm die Überlegungen zum Recht auf informationelle Selbstbestimmung zum Anlass, der Polizei eine Befugnis zur Datenerhebung auch gegen den Willen des Betroffenen in einem eng begrenzten Bereich zu geben, in dem die Polizei eine Person offen befragen kann und der Befragte zur vollständigen und wahrheitsgemäßen Antwort verpflichtet ist. Dass ein derartiger Rechtseingriff einer gesetzlichen Grundlage bedarf ist unbestritten.

768 Ein Teil der Literatur[2] glaubt aus dem zitierten Volkszählungsurteil des BVerfG zudem herleiten zu müssen, dass jede Kommunikation der Polizei mit dem Bürger einer gesetzlichen Grundlage bedürfe. Lediglich die rein passive (!) Entgegennahme von Information durch die Polizei, bei der der Bürger aus eigener Initiative zur Polizei kommt, und das rein private (!) Gespräch zwischen Polizeibeamten und Bürger könne hiervon ausgenommen werden.

Diese Auffassung ist abzulehnen. Sie findet weder im Gesetz noch in der Verfassung einen Anhaltspunkt, übrigens auch nicht im Volkszählungsurteil des BVerfG. Sie ist vielmehr Ausfluss einer maßlosen „Datenerhebungsphobie". Demgegenüber ist von der geltenden Rechtslage auszugehen, wonach das Rechtsstaatsprinzip des Grundgesetzes eine gesetzliche Befugnisnorm für jeden Rechtseingriff verlangt. Bei einem Gespräch, das eine Person freiwillig führt, bei dem sie zu keinen Auskünften verpflichtet ist und keinerlei hoheitlichen Anordnungen ausgesetzt ist, liegt auch kein Rechtseingriff vor. Für ein solches Gespräch bedarf die Polizei folglich auch keiner gesetzlichen Befugnis. Es bleibt dabei: Was jeder Bürger tun darf, sich mit seinen Mitmenschen höflich zu unterhalten, das darf auch der Polizeibeamte ohne gesetzliche Grundlage tun.

II. Befugnisse des Art. 12 PAG

769 Art. 12 PAG gibt der Polizei die Möglichkeit, sach- und personenbezogene Informationen zu erlangen, die sie zur Gefahrenabwehr benötigt. Man kann ihn als **Urvorschrift polizeilicher Datenerhebungen** bezeichnen. Er befasst sich mit der Befragung[3] von Personen durch die Polizei als Mittel zur Wahrnehmung polizeilicher Aufgaben. Diese notwendige und gängige Praxis der Polizei ist seit dem Volkszählungsurteil des BVerfG in

[1] BVerfG, Urt. v. 15.12.1983 BVerfGE 65, 1 ff.
[2] Rachor, in: Lisken/Denninger, F 157 ff.
[3] Ausführlich: Schmidbauer, PAG, Art. 12 Rn. 3 ff.

die juristische Diskussion geraten. Ein beachtlicher Teil der Literatur glaubt aus dem genannten Urteil herleiten zu müssen, dass ein Befragen durch die Polizei stets ein Eingriff in das Recht auf informationelle Selbstbestimmung sei und folglich stets einer gesetzlichen Grundlage bedarf. Der Gesetzgeber ist dieser Auffassung insoweit gefolgt, als er der Polizei mit Art. 12 PAG für bestimmte Fälle eine Rechtsgrundlage für Befragungen eingeräumt hat. Inhaltlich ist dabei zu unterscheiden:

1. Befugnis aus Art. 12 Satz 1 und 2 PAG

Art. 12 Satz 1 und Satz 2 PAG geben der Polizei die rechtliche **Befugnis**, an Personen **Fragen zu stellen** und diese Fragen mit der Anordnung an die betroffenen Personen zu verbinden, diese Fragen auch zu beantworten. Gleichzeitig wird diese polizeiliche Befugnis inhaltlich eng beschränkt: in Satz 1 auf Angaben der Personalien und in Satz 2 auf Angaben zur Sache, soweit gesetzliche Handlungspflichten bestehen. 770

Darüber hinausgehende Fragen der Polizei sind rechtmäßig, soweit sie sich im Rahmen der polizeilichen Aufgabenzuweisung nach Art. 2 PAG bewegen. Sie lösen jedoch keine Pflicht zur Beantwortung aus, was die Polizei in Zweifelsfällen auch klarstellen muss. Da die Beantwortung freiwillig ist, liegt kein Rechtseingriff vor und es bedarf auch keiner Rechtsgrundlage[4]. 771

Freiwillige Gespräche ohne Rechtseingriff bedürfen dagegen keiner gesetzlichen Regelung, selbst wenn der Polizeibeamte im Laufe des Gespräches Fragen stellt. Der Wert eines solchen Gespräches zwischen Bürgern und Polizei kann für die Gefahrenabwehr gar nicht hoch genug eingeschätzt werden. Aufgrund einer erfolgreichen Überzeugungsarbeit der Polizei sollte es im Idealfall freiwillig zustande kommen. Denn sehr oft ist die Beantwortung dieser Fragen erst die Voraussetzung dafür, dass die Polizei den Verdacht auf Vorliegen einer konkreten Gefahr gewinnen bzw. zerstreuen kann. 772

2. Personenbezogene Datenerhebung

Gleichzeitig legt Art. 12 Satz 1 und Satz 2 PAG dem Befragten im beschriebenen Umfang eine **Pflicht zur Beantwortung** auf. Es handelt sich insoweit in der Tat um eine personenbezogene Datenerhebung durch die Polizei, die auch gegen den Willen des Betroffenen erfolgen kann und daher einer gesetzlichen Eingriffsbefugnis bedarf. Freilich stellt die Befragung einer Person, bewertet nach ihrer Eingriffstiefe, die unterste Schwelle einer personenbezogenen Datenerhebung dar. 773

3. Anhaltebefugnis

Art. 12 Satz 3 PAG gibt der Polizei die Befugnis, die Person für die Dauer der Befragung anzuhalten. 774

III. Voraussetzungen für eine Befragung zur Person

Art. 12 Satz 1 PAG gibt der Polizei die Befugnis, eine Person zu befragen, wenn anzunehmen ist, dass sie sachdienliche Angaben machen kann, die zur Erfüllung einer bestimmten polizeilichen Aufgabe erforderlich sind. 775

Der **Annahme der Polizei** müssen keine Tatsachen zugrunde liegen. Sie darf aber auch nicht willkürlich sein, Art. 3 Abs. 1 GG. Es müssen somit Indizien dafür sprechen, dass die befragte Person **Angaben**, also eine Aussage machen kann. Die Angaben müssen zudem sachdienlich sein **zur Erfüllung einer bestimmten polizeilichen Aufgabe.** Die Aufgabe muss im Rahmen der gesetzlichen Vorgabe des Art. 2 PAG liegen. Fördern 776

[4] Str., vgl. unten Rn. 784f.

die Angaben die Erfüllung der polizeilichen Aufgabe, kann die Befragung mit dem Ziel der Gefahrenabwehr an jedem Ort und zu jeder Zeit stattfinden.

777 Art. 12 PAG regelt auch den möglichen **Personenkreis** einer polizeilichen Befragung. Er gibt der Polizei die Befugnis, jede Person zu befragen, von der sie die benötigten Angaben erwarten darf. Art. 12 PAG beinhaltet eine **eigenständige Bestimmung des Adressaten**. Folglich müssen für eine Inanspruchnahme der Person mit Fragen durch die Polizei die Voraussetzungen der Art. 7, 8 oder 10 PAG nicht vorliegen. Art. 12 PAG geht den drei genannten Vorschriften vor[5]. Die Polizei kann daher nach Art. 12 PAG Personen befragen, die Handlungsstörer i.S.d. Art. 7 PAG, Zustandsstörer i.S.d. Art. 8 PAG, Nichtverantwortliche i.S.d. Art. 10 PAG oder andere Betroffene (Dritte) sind, also am fraglichen Geschehen gänzlich Unbeteiligte.

IV. Verpflichtung zur Angabe der Personalien

778 Als Rechtsfolge der polizeilichen Befugnis legt Art. 12 Satz 1 PAG der betroffenen Person die Verpflichtung auf, **Angaben zur Person zu machen.** Art 12 Satz 1 PAG benennt ausdrücklich und abschließend alle Daten, die zur Person angegeben werden müssen: Name, Vorname, Tag und Ort der Geburt, Wohnanschrift und Staatsangehörigkeit. Sonstige Aussagen müssen nicht gemacht werden.

779 Dass auch für die Datenerhebung das **Erforderlichkeitsprinzip** nach Art. 4 gilt, ist unbestritten. Nicht gefolgt werden kann jedoch der Auffassung von Käß[6], dass die Notwendigkeit der Angabe der Staatsangehörigkeit unter diesem Gesichtspunkt besonders zu prüfen ist, da sie nicht immer zu den unerlässlichen Identifikationsdaten gehört. Diese Auffassung berücksichtigt weder die neu gewonnene Reisefreiheit in den osteuropäischen Ländern, noch den Wegfall der Grenzkontrollen innerhalb der Schengen-Mitgliedsstaaten aufgrund des SDÜ, noch die Internationalisierung von Straftätern und Straftaten.

780 Art. 12 Satz 1 PAG begründet jedoch keine Pflicht, Ausweispapiere (z.B. Personalausweis, Reisepass) mit sich zu führen oder sie gar der Polizei auszuhändigen.

V. Rechtsfolgen der Nichtbeachtung des Art. 12 Satz 1 PAG

781 Macht die befragte Person keine Angaben, obwohl sie hierzu nach Art. 12 Satz 1 PAG verpflichtet ist, oder macht sie unvollständige, unzutreffende oder unglaubwürdige Angaben, so kann dies zwei gesetzliche Rechtsfolgen auslösen.

1. Identitätsfeststellung

782 Die Polizei ist befugt, die Identität der befragten Person nach **Art. 13 Abs. 1 Nr. 1 PAG** festzustellen. Unter den Voraussetzungen des Art. 13 Abs. 2 Satz 3 PAG kann die Polizei die betroffene Person auch festhalten und zur nächsten Polizeidienststelle mitnehmen. Bleiben trotz der Maßnahmen nach Art. 13 PAG Zweifel an der Identität der Person, ist die Polizei befugt, erkennungsdienstliche Maßnahmen nach Art. 14 Abs. 1 Satz 1 Nr. 2 PAG vorzunehmen.

2. Ordnungswidrigkeit

783 Ferner handelt die befragte Person ordnungswidrig. Denn gemäß § 111 OWiG handelt ordnungswidrig, wer einer zuständigen Behörde oder einem zuständigen Amts-

---

[5] Vgl. Art. 7 Abs. 4, Art. 8 Abs. 4 und Art. 10 Abs. 3 PAG.
[6] Käß, in: Berner/Köhler/Käß, PAG, Art. 12 Rn. 5.

träger über seinen Vor-, Familien- oder Geburtsnamen, den Ort oder Tag seiner Geburt, seinen Familienstand, seinen Beruf, seinen Wohnort, seine Wohnung oder seine Staatsangehörigkeit eine unrichtige Angabe macht oder die Angabe verweigert. Die Polizei kann gegen die befragte Person, die sich weigert, Angaben zu machen, folglich eine Ordnungswidrigkeitsanzeige erstatten. Das Verhalten kann mit einer Geldbuße geahndet werden. Die Zuständigkeit hierfür ergibt sich aus §§ 1, 9 Abs. 3 ZuVOWiG.

VI. Keine Aussagepflicht vor der Polizei, Art. 12 Satz 2 PAG

Art. 12 Satz 2 PAG legt zunächst als **gesetzgeberische Grundentscheidung** fest, 784
dass **keine Auskunftspflicht in der Sache gegenüber der Polizei**[7] besteht. Die Polizei besitzt damit aus Art. 12 Satz 2 PAG auch keine generelle Befugnis, von einer Person Angaben zur Sache zu verlangen.

VII. Ausnahme: Verpflichtung zu Angaben in der Sache

Art. 12 Satz 2 PAG gibt jedoch der Polizei ausnahmsweise die Befugnis, eine Person 785
in der Sache zu befragen, soweit für sie **gesetzliche Handlungspflichten** bestehen. Dies bedeutet, dass die befragte Person aufgrund eines Gesetzes ausdrücklich verpflichtet ist, Gefahren von einem bestimmten Rechtsgut abzuwehren. Meist handelt es sich dabei um Leben oder Gesundheit einer anderen Person.

1. Gesetzliche Handlungspflichten

Gesetzliche Handlungspflichten zur Gefahrenabwehr ergeben sich insbesondere aus 786
folgenden Vorschriften:

a. Garantenstellung nach § 13 StGB

Eine Garantenstellung i.S.d. § 13 StGB kann entstehen kraft Gesetzes (z.B. § 1353 787
BGB für Ehegatten), aufgrund vorausgehenden Tuns (z.B. Ausheben einer Grube verpflichtet zur Absicherung), aufgrund tatsächlicher Übernahme (z.B. Aufsichtspflicht des Kindermädchens), aufgrund einer Gefahrengemeinschaft (z.B. gemeinsame Bergtour) oder aufgrund der alleinigen Sachherrschaft (z.B. Gastwirt für seine Einrichtung, seine Speisen und seine Getränke).

b. Hilfeleistungspflicht nach § 323 c StGB

Eine solche Hilfeleistungspflicht nach § 323 c StGB besteht bei Unglücksfällen, ge- 788
meiner Gefahr oder Not.

c. Pflicht zur Anzeige geplanter Straftaten nach § 138 StGB

Die Pflicht zur Anzeige geplanter Straftaten ergibt sich aus § 138 StGB und bezieht 789
sich auf die dort abschließend aufgeführten Straftaten.

2. Angaben in der Sache

Liegt eine derartige gesetzliche Handlungspflicht der befragten Person vor, so hat die 790
Polizei die Befugnis, von ihr auch Angaben in der Sache zu verlangen. Angaben in der Sache sind alle Auskünfte der befragten Person, die nach Ansicht der Polizei der Ge-

---

[7] Ausführlich: Schmidbauer, PAG, Art. 12 Rn. 15ff.

fahrenabwehr dienlich sein können. Die Angaben müssen **vollständig und wahrheitsgetreu** sein.

791 Ob Art. 12 Satz 2 PAG lediglich feststellt, dass die Auskunftspflicht der befragten Person gegenüber der Polizei Teil ihrer gesetzlichen Handlungspflicht[8] ist oder ob Art. 12 Satz 2 PAG jede gesetzliche Handlungspflicht für den Fall ihres Bestehens um eine Auskunftspflicht gegenüber der Polizei ergänzt (wofür Gesetzessystematik und Gesetzgebungskompetenz sprechen), ist rechtlich ohne weitere Bedeutung.

792 **Beispielfall 42**

T nimmt in einer Bank mehrere Geiseln. Die Polizei befragt dessen Freundin F zu seiner umfangreichen Waffensammlung. Zu Recht?

Lösung

T begeht eine Geiselnahme nach § 239b StGB. Aus diesem Grunde besteht für die Freundin eine Auskunftspflicht gegenüber der Polizei nach § 138 Satz 1 Nr. 6 StGB, weshalb die Polizei diese nach Art. 12 Satz 2 PAG zur Waffensammlung befragen kann und die Freundin die Auskunft nicht verweigern darf.

793 Ebenso kann die Polizei bei einer Entführung (§ 237 StGB) oder einem erpresserischen Menschenraub (§ 239 a StGB) von der Mutter des Entführers verlangen, den Umgang und die Aufenthaltsorte ihres Sohnes anzugeben.

3. Verhältnis zu Art. 19 Abs. 1 Satz 2 PAG

794 **Art. 12 Satz 2 PAG** ist, soweit sein Anwendungsbereich geht, eine **Spezialregelung gegenüber Art. 19 Abs. 1 Satz 2 PAG**. Art. 19 Abs. 1 Satz 2 PAG legt nämlich den gesetzlichen Grundsatz fest, dass Aussagen vor der Polizei freiwillig erfolgen. Als seltene Ausnahme hiervon bestimmt Art. 12 Satz 2 PAG unter engen Voraussetzungen eine gesetzliche Verpflichtung, vor der Polizei Angaben zur Sache zu machen. Eine Pflicht vor der Polizei zu erscheinen, kennt das PAG ebenfalls nur ausnahmsweise unter den engen Voraussetzungen des Art. 15 PAG.

795 Eine Zeugenpflicht, die die Pflicht zum Erscheinen und zur Aussage mitumfasst, gibt es daher nur vor Gericht, vergleiche beispielsweise § 98 VwGO, §§ 373ff. ZPO, §§ 51, 161 a, 52ff. StPO. Nach § 163a Abs. 3 Satz 1 StPO ist der Beschuldigte verpflichtet auf Ladung vor der Staatsanwaltschaft zu erscheinen.

4. Keine Zeugnisverweigerungsrechte

796 Die Zeugnisverweigerungsrechte der StPO (§§ 52 bis 55 StPO) **gelten nicht** für den Bereich der Gefahrenabwehr. Sie können auch nicht analog oder ihrem Rechtsgedanken nach angewandt werden, da es nicht um eine Strafverfolgung des Befragten geht, sondern um die Abwehr einer Gefahr. Auch stellt Art. 12 Satz 2 PAG hinsichtlich der Auskunftspflicht in der Sache eine abschließende Spezialregelung dar. Entgegen der Ansicht von *Schenke*[9] kann daher auch Art. 26 Abs. 2 Satz 4 i.V.m. Art. 65 Abs. 1 Satz 2 BayVwVfG nicht herangezogen werden.

---

[8] So Honnacker/Beinhofer/Hauser, Art. 12 Rn. 7.

[9] Schenke, Rn. 70a.

5. Beweisverwertungsverbot bei Übergang von der Gefahrenabwehr zur Strafverfolgung

Erfolgt ein Übergang von der Gefahrenabwehr zur Strafverfolgung, hat dies freilich **797** zur Folge, dass für die zur Gefahrenabwehr gemachten Aussagen ein absolutes Beweisverwertungsverbot im Strafverfahren besteht. Denn die Zeugnisverweigerungsrechte der StPO dürfen durch ihre Nichtanwendbarkeit im Bereich der Gefahrenabwehr nicht ausgehöhlt werden und es darf auch nicht gegen den Rechtssatz des Strafverfahrens verstoßen werden, dass niemand verpflichtet ist, gegen sich selbst auszusagen. Art. 40 Abs. 2, Art. 39 Abs. 2 PAG i.V.m. § 161 Abs. 2 StPO geben zwar eine Befugnis, Daten der Gefahrenabwehr zur Strafverfolgung zu verwenden. Voraussetzung ist jedoch eine **hypothetische Datenneuerhebung**, d.h. dass die Polizei die Daten auch nach den Befugnissen der StPO hätte erheben dürfen[10]. Eine Datenerhebung nach der StPO erfordert aber, dass die befragte Person von der Polizei über ihr Zeugnisverweigerungsrecht gesetzeskonform belehrt wurde. Dies ist nicht der Fall. Da die Polizei die betroffene Person zum Zwecke der Gefahrenabwehr befragt, steht ihr hierbei kein Zeugnisverweigerungsrecht zu. Aufgrund der fehlenden gesetzlichen Voraussetzungen nach der StPO kann ihre Aussage auch nicht in das Strafverfahren eingebracht und dort verwertet werden. Das Gericht muss daher zur Wahrung seiner Rechte aus der StPO ein absolutes Beweisverwertungsverbot[11] annehmen, da andernfalls das PAG die Rechte aus der StPO aushöhlen würde. Umgekehrt aber kann ein Zeugnisverweigerungsrecht aus der StPO nicht die Aussagepflicht aus dem PAG beschränken oder gar beseitigen, da die StPO nicht die Befugnisse des PAG aushöhlen darf. Vielmehr stehen die polizeilichen Befugnisse aus PAG und StPO nebeneinander. Dieser Ansicht hat sich nunmehr auch der BGH[12] angeschlossen. Danach gibt es weder einen allgemeinen Vorrang der Strafprozessordnung gegenuber dem Gefahrenabwehrrecht noch umgekehrt. Die Polizei kann auch während eines bereits laufenden Ermittlungsverfahrens aufgrund präventiver Ermächtigungsgrundlagen zum Zwecke der Gefahrenabwehr tätig werden. Ob auf präventiv-polizeilicher Grundlage gewonnene Beweise im Strafverfahren verwendet werden dürfen, bestimmt sich nach § 161 Abs. 2 Satz 1 StPO.

B. Die Vorladung, Art. 15 PAG

I. Zweck der Vorladung

Mit der Vorladung kann die Polizei einer Person vorgeben, sich zu einem **bestimmten Zeitpunkt** an einem **bestimmten Ort einzufinden**. Dabei ist der Ort **798** zumeist eine Polizeidienststelle. Zweck einer Vorladung ist es, die Befragung von Personen im Rahmen eines Auskunftsverlangens nach Art. 12 PAG oder erkennungsdienstliche Maßnahmen nach Art. 14 PAG durchzuführen. Voraussetzung ist daher, dass die Person verpflichtet ist, Auskunft zu erteilen oder erkennungsdienstliche Maßnahmen über sich ergehen zu lassen. Die Vorladung ist daher eine rein **flankierende Maßnahme** und ordnet selbst keinerlei zusätzliche Pflichten, wie z.B. Auskunftspflichten, für den Betroffenen an.

---

[10] Vgl. grundsätzlich BVerfG, Urt. v. 20.4.2016, 1 BvR 966/09 und 1 BvR 1140/09.

[11] Grundsätzlich zum Beweisverwertungsverbot im Strafverfahren BGHSt 36, 214.

[12] BGH, Urt. v. 26.4.2017 – 2 StR 247/16.

799 Bei der Vorladung handelt es sich um einen **Verwaltungsakt**, Art. 35 Satz 1 BayVwVfG, dessen Regelungsgegenstand Ort und Zeit des Erscheinens sind. Sie greift daher in die allgemeine Handlungsfreiheit, Art. 2 Abs. 1 GG, Art. 101 BV, ein.

II. Voraussetzungen für eine Vorladung, Art. 15 Abs. 1 und 2 PAG

1. Möglichkeit von sachdienlichen Angaben zur Erfüllung einer polizeilichen Aufgabe, Art. 15 Abs. 1 Nr. 1 PAG

800 Liegen Tatsachen vor, welche die Annahme rechtfertigen, dass die Person sachdienliche Angaben machen kann, welche für die Erfüllung einer bestimmten polizeilichen Aufgabe erforderlich ist, so kann sie von der Polizei nach Art. 15 Abs. 1 Nr. 1 PAG vorgeladen werden. Dies ist dann der Fall, wenn die Angaben, welche vom Betroffenen erwartet werden, für die Aufgabenerfüllung hilfreich sein können. Das Bestehen einer Auskunftspflicht nach Art. 12 Satz 2 PAG ist nicht erforderlich.

801 Dabei muss die Vorladung selbst verhältnismäßig sein. Dies ist insbesondere dann der Fall, wenn sie erforderlich ist, um die Information zu erheben. Bestehen dagegen andere, weniger in die Rechte des Betroffenen eingreifende Möglichkeiten, den Betroffenen zu befragen, scheidet die Erforderlichkeit der Vorladung aus. Eine Vorladung scheidet auch aus, wenn den Betroffenen keine Auskunftspflicht trifft und er bereits signalisiert hat, dass er zu einer Aussage nicht bereit ist.

2. Durchführung erkennungsdienstlicher Maßnahmen oder einer elektronischen Aufenthaltsüberwachung, Art. 15 Abs. 1 Nr. 2 PAG

802 Ebenso kann ein Betroffener vorgeladen werden, wenn dies zur Durchführung erkennungsdienstlicher Maßnahmen erforderlich ist, Art. 15 Abs. 1 Nr. 2, 1. Alt. PAG. Insoweit verweist Art. 15 Abs. 1 Nr. 2 PAG auf Art. 14 Abs. 1 PAG. Liegen dessen Voraussetzungen vor und können die erkennungsdienstlichen Maßnahmen nicht vor Ort vorgenommen werden, ist eine Vorladung zulässig.

803 Gleiches gilt für die Durchführung der elektronischen Aufenthaltsüberwachung, Art. 15 Abs. 1 Nr. 2, 2. Alt. PAG, der auf Art. 34 PAG Bezug nimmt. So kann der Betroffene vorgeladen werden, damit die technischen Überwachungsmittel, insbesondere die am Bein des Betroffenen zu befestigende „Fußfessel" und gegebenenfalls das zugehörige Mobiltelefon, angelegt oder überprüft werden[13]. Erforderlich ist auch in diesem Fall, dass die Voraussetzungen der elektronischen Aufenthaltsüberwachung nach Art. 34 PAG gegeben sind.

3. Weitere Voraussetzungen, insbesondere die Form der Vorladung

804 Die Vorladung kann schriftlich oder mündlich erfolgen, Art. 15 Abs. 1 PAG. Ebenso soll sie den Grund der Vorladung angeben, Art. 15 Abs. 2 Satz 1 PAG.

805 Darüber hinaus hat die Polizei im Rahmen ihres Ermessens zu berücksichtigen, dass die Vorladung aufgrund des gewählten Zeitpunkts des angeordneten Erscheinens für den Betroffenen keine unzumutbare Härte darstellt. Aus diesem Grunde sind bei der Anordnung der Vorladung der Beruf sowie die sonstigen Lebensverhältnisse des Betroffenen zu berücksichtigen, Art. 15 Abs. 2 Satz 2 PAG. Da es sich hierbei um eine gesetzliche Wertung handelt, welche die Ermessensausübung vorgibt und damit be-

---

[13] Art. 15 Abs. 1 Nr. 2 PAG, eingefügt durch das PAG-Neuordnungsgesetz vom 18. Mai 2018, GVBl. S. 301 ff.

stimmt, sog. intendiertes Ermessen („sollen"), darf die Polizei nur in begründeten Ausnahmefällen hiervon abweichen.

III. Zwangsweise Durchsetzung, Art. 15 Abs. 3 PAG

Liegen die Voraussetzungen für eine Vorladung vor und leistet der Betroffene der **806** Vorladung ohne hinreichenden Grund keine Folge, so kann sie unter den Voraussetzungen des Art. 15 Abs. 3 PAG zwangsweise durchgesetzt werden.

Die vom Gesetzgeber als verhältnismäßig anerkannten Gründe für die zwangsweise **807** Durchsetzung der Vorladung sind in den Art. 15 Abs. 3 Nr. 1 und 2 PAG normiert. Eine zwangsweise Durchsetzung ist daher zur Abwehr einer konkreten oder drohenden Gefahr für Leben, Leib oder Freiheit einer Person, Nr. 1, sowie zur Durchführung erkennungsdienstlicher Maßnahmen oder zur Durchführung der elektronischen Aufenthaltsüberwachung, Nr. 2, möglich.

Dabei ist von Bedeutung, dass Art. 14 Abs. 1 Nr. 4 PAG erkennungsdienstliche **808** Maßnahmen von der Voraussetzung abhängig macht, dass eine konkrete oder drohende Gefahr für ein bedeutendes Rechtsgut besteht.

Neben den in Art. 14 Abs. 2 PAG normierten Voraussetzungen der zwangsweisen **809** Durchsetzung ist erforderlich, dass die **allgemeinen Voraussetzungen des polizeilichen Zwangs** nach Art. 70 ff. PAG vorliegen. Insbesondere muss die Vorladung daher entweder bestandskräftig oder sofort vollziehbar i. S. v. § 80 Abs. 2 Satz 1 Nr. 4 VwGO sein.

Für die zwangsweise Durchsetzung kommen insbesondere die Zwangsmittel des **810** **Zwangsgeldes**, Art. 71 Abs. 1 Nr. 2, Art. 73 PAG, sowie **unmittelbarer Zwang**, Art. 71 Abs. 1 Nr. 3, Art. 75 PAG, in Betracht, deren besondere Voraussetzungen ebenfalls vorliegen müssen.[14]

Klausurhinweis:

Die Zwangsmittel dürfen lediglich zur Erzwingung der Vorladung, also des Erscheinens des Betroffenen an einem bestimmten Ort zu einem bestimmten Zeitpunkt eingesetzt werden. Nicht erzwungen werden darf dagegen, dass der Betroffene auf die Fragen eine Antwort oder eine bestimmte Antwort gibt.

Die zwangsweise Durchsetzung der Vorladung nennt man **Vorführung**. Diese greift **811** zusätzlich zu den vorbezeichneten Grundrechten auch in die Freiheit der Person, Art. 2 Abs. 2 Satz 2 GG, Art. 102 BV, ein. Da sich bei ihr jedoch lediglich um eine Freiheitsbeschränkung handelt, ist eine richterliche Entscheidung nach Art. 104 Abs. 2 Satz 1 GG entbehrlich.

Anders ist dies, wenn die Vorführung derart lange dauert, dass sie von einer Freiheitsbeschränkung zur Freiheitsentziehung wird. In diesem Falle aktiviert sich der Richtervorbehalt und es ist eine Entscheidung des Richters erforderlich, die gegebenenfalls nachträglich eingeholt werden kann.

IV. Unzulässige Vernehmungsmittel, Art. 15 Abs. 4 PAG

Art. 15 Abs. 4 PAG verweist auf § 136a StPO. Hiernach ist es auch im Rahmen ei- **812** ner Vorladung verboten, Mittel anzuwenden, die im strafrechtlichen Ermittlungsver-

---

[14] Siehe Kapitel 25.

fahren zur Erhebung von Informationen im Rahmen einer Vernehmung verboten sind. Ein Verstoß gegen dieses Verbot führt zu einem Verwertungsverbot bezüglich der erlangten Erkenntnisse.

813 Das Verbot bestimmter Vernehmungsmittel greift jedoch nicht nur im Rahmen der Vorladung, sondern es ist aufgrund allgemeiner verfassungsrechtlicher Wertungen als allgemeiner Grundsatz für jegliche Informationserhebung anwendbar.

16. Kapitel. Identitätsfeststellung, Art. 13 PAG, und erkennungsdienstliche Behandlung, Art. 14 PAG

Zusammenfassung

1. Art. 13 PAG befugt die Polizei zu **Identitätsfeststellungen**. Die Rechtsdogmatik unterscheidet dabei folgende Feststellungsgründe:
   a. Art. 13 Abs. 1 Nr. 1 PAG Identitätsfeststellung zur Abwehr einer konkreten Gefahr oder einer drohenden Gefahr für ein bedeutendes Rechtsgut.
   b. Art. 13 Abs. 1 Nr. 2–5 PAG Identitätsfeststellung im Rahmen von Vorfeldbefugnissen, die an die Gefährlichkeit bzw. Gefährdung eines Ortes anknüpfen. Adressat der polizeilichen Identitätsfeststellung kann dabei jedermann sein, auch ein Nichtstörer. Es handelt sich um Fälle der Gefahrerforschung.
   c. Art. 13 Abs. 1 Nr. 5 PAG gibt die Befugnis zu ereignis- und verdachtsunabhängigen Identitätsfeststellungen im Zusammenhang mit überregionalen Verkehrswegen (Schleierfahndung).
   d. Art. 13 Abs. 1 Nr. 6 PAG Identitätsfeststellung zum Schutz privater Rechte.
2. Art. 14 PAG gibt der Polizei die Befugnis zur **erkennungsdienstlichen Behandlung**.
   a. Nach Art. 14 Abs. 1 Nr. 1 PAG ist dies zunächst der Fall, wenn eine Identitätsfeststellung nach Art. 13 PAG auf andere Weise nicht oder nur unter erheblichen Schwierigkeiten möglich ist.
   b. Art. 14 Abs. 1 Nr. 2 PAG befugt die Polizei zu erkennungsdienstlichen Maßnahmen, wenn Zweifel an der Identität der Person bestehen.
   c. Nach Art. 14 Abs. 1 Nr. 3 PAG darf die Polizei erkennungsdienstliche Maßnahmen ergreifen, wenn dies zur vorbeugenden Bekämpfung von Straftaten erforderlich ist.
   d. Art. 14 Abs. 1 Nr. 4 PAG befugt die Polizei zu erkennungsdienstlichen Maßnahmen, wenn dies zur Abwehr einer konkreten Gefahr oder einer drohenden Gefahr für ein bedeutendes Rechtsgut erforderlich ist.
   e. Die Abgrenzung des Art. 14 PAG zu § 81b 2. Alt. StPO ist umstritten.

A. Identitätsfeststellung nach Art. 13 PAG

814 Eine der wesentlichen Grundvoraussetzungen erfolgreicher Gefahrenabwehr durch die Polizei ist es, Personen zu identifizieren. Insoweit ist die Identitätsfeststellung eine polizeiliche Maßnahme, deren präventive Wirkung gar nicht hoch genug eingeschätzt werden kann. Gelingt es der Polizei einen Störer aus der Anonymität der Masse herauszureißen und seine Identität als Person festzustellen, ist die Gefahr in den allermeisten

Fällen bereits abgewehrt. Denn es fällt leicht in der Anonymität den Mut aufzubringen, gegen Gesetze zu verstoßen, solange man glaubt, unerkannt zu bleiben und für seine Taten nicht zur Verantwortung gezogen zu werden. Wenn der Mensch in der Vorstellung lebt, dass niemand erfahren wird, wer dies getan hat, ist er zu den größten Grausamkeiten fähig. Dagegen sind die allerwenigsten bereit, Verantwortung für ihre Taten zu übernehmen und für das einzustehen, was sie getan haben. Daher verlässt so manchen Störer häufig auch der Mut, sobald er weiß, dass er als Person von der Polizei identifiziert ist und deswegen für seine Taten auch zur Rechenschaft gezogen werden kann.

Sinn!

Inhaltlich bedeutet Identitätsfeststellung, dass die Polizei in die Lage versetzt wird, eine Person zu individualisieren. Hierfür kann die Polizei nach Art. 13 PAG gleichsam in einem ersten Schritt die Personalien der Person feststellen. Dazu zählen Name und Vorname, Geburtsort und -datum sowie die Anschrift seiner Wohnung. **815**

Die Identitätsfeststellung dient dabei vor allem dazu, dass sofortige und spätere Maßnahmen der Polizei an den richtigen Adressaten gerichtet werden können. Sie ist deswegen vom Gesetzgeber als typisierte polizeiliche Maßnahme ausgestaltet worden und kann ihrerseits Anknüpfungspunkt für eine Vielzahl von polizeilichen Folgemaßnahmen sein. **816**

Art. 13 Abs. 1 PAG legt die Voraussetzungen fest, unter denen die Polizei eine Identitätsfeststellung durchführen darf. Die Rechtsdogmatik unterscheidet dabei folgende Arten von Feststellungsgründen: **817**

I. Identitätsfeststellung nach Art. 13 Abs. 1 Nr. 1 PAG zur Gefahrenabwehr

Die Befugnis des Art. 13 Abs. 1 Nr. 1 a) und b) PAG erlaubt die Identitätsfeststellung, wenn die Feststellung der Identität einer Person durch die Polizei zur Abwehr einer Gefahr oder einer drohenden Gefahr für ein bedeutendes Rechtsgut geeignet und erforderlich ist. Nicht notwendig ist dabei, dass allein die Identitätsfeststellung diese Voraussetzungen erfüllt. Vielmehr können sich auch polizeiliche Folgemaßnahmen an die Identitätsfeststellung anschließen, die dann voraussichtlich die Gefahr endgültig abwehren. **818**

II. Identitätsfeststellung nach Art. 13 Abs. 1 Nr. 2 PAG an gefährlichen Orten

Art. 13 Abs. 1 Nr. 2 PAG gibt der Polizei die Befugnis, die Identität einer Person festzustellen, die sich an einem gefährlichen Ort aufhält. **819**

1. Gefährliche Orte

Bezüglich der Gefährlichkeit des entsprechenden Ortes muss keine Gewissheit bestehen. Entscheidend ist vielmehr die polizeiliche Lagebeurteilung, der eine Prognoseentscheidung immanent ist. Was ein gefährlicher Ort ist, definiert der Gesetzgeber selbst. Er macht dies dadurch, dass er die Vorgänge benennt, die sich nach polizeilichen Erkenntnissen an diesen Orten zu ereignen pflegen. Deswegen wurden diese Orte früher auch anschaulich verrufene Orte genannt. **820**

a. Orte, die Kriminelle nutzen, Art. 13 Abs. 1 Nr. 2a PAG

Dabei muss die für diese Qualifizierung erforderliche Prognoseentscheidung der Polizei auf tatsächlichen Anhaltspunkten beruhen. Sie liegen vor, wenn aufgrund objekti- **821** ver Kriterien, die einer Nachprüfung zugänglich sind, sich am betreffenden Ort die in Frage stehenden Vorgänge erfahrungsgemäß zu ereignen pflegen.

822 Nach Abs. 1 Nr.2 a, aa) fallen darunter Orte, an denen Straftaten verabredet, vorbereitet oder verübt werden. Zu denken ist beispielsweise an Rauschgift-, Waffenhandel oder Hehlerei.

823 Abs. 1 Nr. 2 a, bb) erfasst alle Orte, an denen sich Personen ohne die erforderliche Aufenthaltserlaubnis treffen. Ausländer i.S.d. Art. 116 GG benötigen für die Einreise und den Aufenthalt in der Bundesrepublik Deutschland einen Aufenthaltstitel.

Vgl. hierzu das AufenthG und zwischen- oder überstaatliche Abkommen, z.B. Schengener Durchführungsübereinkommen.

824 Gemäß Abs. 1 Nr. 2 a, cc) gehören dazu Orte, an denen sich Straftäter verbergen. Gemeint sind alle Treffpunkte und Verstecke von Angehörigen der kriminellen Szene. Straftaten müssen dort weder geplant noch begangen worden sein.

b. Orte, an denen Personen der Prostitution nachgehen, Art. 13 Abs. 1 Nr. 2b PAG

825 Ferner kann die Polizei nach Art. 13 Abs. 1 Nr. 2b PAG die Identität einer Person feststellen, wenn sie sich an einem Ort aufhält, an dem Personen der Prostitution nachgehen. Die Vorschrift erfasst dabei unabhängig vom Geschlecht der Prostituierten jegliche sexuelle Handlung, die für eine geldwerte Gegenleistung erbracht wird. Ein derartiger Ort zieht jedoch geradezu magisch Kriminelle an, die vor allem in Prostituierten, aber auch in Freiern leichte Opfer ihrer Straftaten sehen. Die Identitätsfeststellung dient der Gefahrenabwehr zugunsten von Prostituierten, Freiern und unbeteiligten Dritten. Die polizeiliche Maßnahme ist daher unabhängig davon, dass der Gesetzgeber die Prostitution nunmehr als legal eingestuft hat. Straflos war sie ja bisher schon gewesen.

c. Orte, die als Unterkunft oder dem sonstigen, auch vorübergehenden Aufenthalt von Asylbewerbern und unerlaubt Aufhältigen dienen

826 Schließlich darf die Polizei auch die Identität einer Person feststellen, die sich an einem Ort befindet, der als Unterkunft oder für den sonstigen Aufenthalt von Asylbewerbern oder von Personen dient, die sich hier unerlaubt aufhalten, Art. 13 Abs. 1 Nr. 2c PAG. Hiermit soll die Polizei in die Lage versetzt werden, Gefahren abzuwehren, die diesen Personen drohen oder von diesen Personen ausgehen. Hierzu zählen beispielsweise Brandanschläge auf Asylbewerberwohnheime oder Rauschgifthandel in Asylbewerberwohnheimen durch Asylbewerber selbst oder außenstehende Rauschgifthändler.

827 Die Identitätsfeststellung an gefährlichen Orten nach Art. 13 Abs. 1 Nr. 2 PAG ist auch die Rechtsgrundlage für die polizeiliche **Razzia**. Bei einer Razzia handelt es sich um die gleichzeitige Identitätsfeststellung einer Vielzahl von Personen, die sich alle an einem Ort aufhalten. Sie wird von der Polizei überraschend und schlagartig vorgenommen, damit sich kein Betroffener vorher entfernen kann. Aber auch für die Razzia müssen die aufgezeigten Eingriffsvoraussetzungen vorliegen. Das heißt nach den polizeilichen Erkenntnissen müssen tatsächliche Anhaltspunkte gegeben sein, dass sich an dem betreffenden Ort mindestens einer der genannten Vorgänge zu ereignen pflegt. Entgegen der Darstellung in so manchem Fernsehkrimi genügen demnach bloße Vermutungen der Polizei nicht. Insbesondere ist eine Razzia ohne tatsächliche Anhaltspunkte zur reinen Ausforschung rechtlich unzulässig.

2. Aufenthalt an einem solchen Ort

828 Voraussetzung ist allein der Aufenthalt an einem derartigen Ort. Insbesondere muss keine Störereigenschaft vorliegen. Denn schon die bloße Wahrscheinlichkeit, an diesen Orten einen Störer aufzugreifen und damit eine Straftat zu verhindern, rechtfertigt die Personenfeststellung.

Beispielfall 43 829

Die Polizei hat tatsächliche Erkenntnisse, dass in einer einschlägig bekannten Neonazi-Kneipe in der Vergangenheit des Öfteren Treffen abgehalten wurden, bei denen Angriffe gegen Ausländer verabredet wurden. Als die Polizei Hinweise erhält, dass in absehbarer Zeit wieder mit Übergriffen zu rechnen ist, betritt sie eines Abends die Wirtschaft (beachte die Rechtsgrundlage des Art. 23 Abs. 3 PAG) und stellt die Personalien der anwesenden Gäste fest. Davon ist auch der friedliche Besucher X betroffen, der mit den Neonazis nichts im Sinn hat.
Ist die Identitätsfeststellung rechtmäßig?

Lösung
Eine Identitätsfeststellung bei X kann sich auf Art. 13 Abs. 1 Nr. 2a aa. und bb. PAG stützen, da die Neonazi-Kneipe ein Ort ist, an dem nach tatsächlichen Erkenntnissen Personen Straftaten verabreden und sich ggf. aufgrund der bereits erfolgten Angriffe auf Ausländer auch Personen verbergen, die Straftaten verübt haben. Dass X keine Straftaten verabredet und auch selbst keine Straftaten verübt hat, ist nicht ausschlaggebend, da die Maßnahmerichtung nicht von einer Störereigenschaft nach Art. 7 oder 8 PAG abhängt. Vielmehr genügt allein die bloße Anwesenheit des X an dem gefährlichen Ort.

III. Identitätsfeststellung nach Art. 13 Abs. 1 Nr. 3 PAG an gefährdeten Orten

Art. 13 Abs. 1 Nr. 3 PAG gibt der Polizei die Befugnis, die Identität einer Person an 830 einem **gefährdeten Ort** festzustellen. Voraussetzung hierfür sind zunächst Tatsachen, die die Annahme rechtfertigen, dass in oder an Objekten dieser Art Straftaten begangen werden sollen, die Personen in diesen Objekten oder deren Umgebung oder die Objekte selbst unmittelbar gefährden. Auch hier ist keine Gewissheit erforderlich. Entscheidend ist vielmehr die polizeiliche Lagebeurteilung hinsichtlich des Ereignisses, die sich auf Tatsachen stützen muss.

Die Vorschrift dient dem **Objekt- und Personenschutz**. Sie ist eine Reaktion auf 831 die zunehmende terroristische Bedrohung seit Beginn der 70er Jahre des 20. Jahrhunderts. Sie trägt der Abhängigkeit und Verletzlichkeit der modernen Industriegesellschaft Rechnung, in der niemand mehr unabhängig für sich allein existieren kann. Selbst lebensnotwendige Versorgungs- und Entsorgungsleistungen können kurzfristig nicht ersetzt werden. Gibt es in diesem Bereich Totalausfälle, bedroht dies sehr schnell auch die Existenz einzelner Menschen.

Beispiele: Das Gesetz nennt ausdrücklich Versorgungsanlagen oder -einrichtungen. Hierzu zählt 832 alles, was der Versorgung mit Strom, Wasser oder Gas dient, freilich nicht nur. Auch die Versorgung mit Heizkraft zählt dazu. Beispiele sind Kraftwerke, Heizkraftwerke, Fernwärmeeinrichtungen, Raffinerien, Pipelines, Wasserwerke und Wasserschutzgebiete. Ferner nennt das Gesetz Verkehrsanlagen oder -einrichtungen und öffentliche Verkehrsmittel. Dazu zählen Züge, Busse, Taxen, die dazugehörigen Bahnhöfe und Haltepunkte, Flughäfen und alle Einrichtungen, die dem öffentlichen Personenverkehr dienen. Schließlich nennt das Gesetz noch ausdrücklich Amtsgebäude. Dies sind Verwaltungsgebäude von öffentlich-rechtlichen Körperschaften, gleichgültig ob es sich dabei um Bund, Länder oder Gemeinden handelt. Aber auch Verwaltungen der europäischen Union oder der Vereinten Nationen sind nicht ausgeschlossen. Zu guter Letzt werden noch andere gefährdete Objekte aufgeführt. Das Objekt wird also durch das Gefährdungsereignis für eine Identitätsfeststellung entsprechend qualifiziert. Zu denken ist an Rundfunk- und Fernsehanstalten, Verlagshäuser, diplomatische oder konsularische Vertretungen oder die Wohnung einer gefährdeten Person, auf die ein Anschlag verübt werden soll.

IV. Identitätsfeststellung nach Art. 13 Abs. 1 Nr. 4 PAG an polizeilichen Kontrollstellen

833 Art. 13 Abs. 1 Nr. 4 PAG gibt die Befugnis zur Identitätsfeststellung an Kontrollstellen. **Kontrollstellen** sind polizeiliche Sperren, an denen Personen angehalten werden, um ihre Identität zu prüfen und sie selbst und ihre mitgeführten Sachen zu durchsuchen. Die Befugnis zur Durchsuchung von Personen ergibt sich dabei aus Art. 21 Abs. 2 PAG, zur Durchsuchung der Sachen aus Art. 22 Abs. 1 Nr. 6 PAG. Dabei kann die Kontrollstelle von der Polizei eingerichtet werden, um Straftaten i. S. v. § 100a StPO oder Art. 20 Abs. 1 Nr. 1 und 3, Abs. 2 Nr. 5 bis 7 BayVersG zu verhindern. Die Kontrollstelle auf polizeigesetzlicher Grundlage darf aber nicht allein der Fahndung nach Straftätern dienen. Denn zur Verfolgung begangener Straftaten gibt § 111 StPO eine abschließende Rechtsgrundlage für die Errichtung einer Kontrollstelle.

Beispiel: Bei einer Demonstration werden Ausschreitungen von einem kleinen Kreis teilnehmender gewaltbereiter Chaoten befürchtet. Im Vorfeld der Demonstration wird daher eine Kontrollstelle nach Art. 13 Abs. 1 Nr. 4 PAG eingerichtet.

834 Die Bezugnahme auf die Straftaten nach § 100 a StPO zeigt, dass der Gesetzgeber die Kontrollstellen auch als Bekämpfungsinstrumentarium gegen Terrorismus und organisierte Kriminalität gedacht hat. In diesen Bereichen war die Lage freilich noch nicht derart zugespitzt, als dass Art. 13 Abs. 1 Nr. 4 PAG größere Bedeutung hätte erlangen müssen.

V. Identitätsfeststellung nach Art. 13 Abs. 1 Nr. 5 PAG zur Schleierfahndung und Grenzkontrolle

835 Art. 13 Abs. 1 Nr. 5 PAG gibt der Polizei die Befugnis zur Identitätsfeststellung an der Grenze, im Grenzgebiet und auf Durchgangsstraßen.

1. Grenzkontrollen

836 Traditionellerweise beinhaltet die Vorschrift die Rechtsgrundlage zur Grenzkontrolle. Im Gesetzestext findet dies seinen Niederschlag in der Alternative „zur Verhütung oder Unterbindung der unerlaubten Überschreitung der Landesgrenze". Dies spielt noch heute bei der Wiederaufnahme der Grenzkontrollen an den EU-Binnengrenzen nach dem Schengener Grenzkodex eine Rolle.

In diesen Fällen nimmt die Bayerische Polizei[1] nach Art. 13 Abs. 1 Nr. 5 PAG an den Grenzübergängen Grenzkontrollen unter der Einsatzleitung der an sich zuständigen Bundespolizei wahr[2].

2. Identitätsfeststellung im Grenzgebiet, sog. Schleierfahndung

a. verdachtsunabhängige Kontrollen

837 Weiter gibt Art. 13 Abs. 1 Nr. 5 PAG die Möglichkeit zur Identitätsfeststellung im Grenzgebiet bis zu einer Tiefe von 30 Kilometern sowie auf Durchgangsstraßen und

---

[1] Zuständig ist die Bayerische Landespolizei, vgl. Art. 4 Abs. 3, Art. 5 POG.

[2] Vgl. § 2 Abs. 2 BPolG; an den Flughäfen Nürnberg und Memmingen und an den sonstigen zugelassenen Verkehrslandeplätzen ist die Grenzkontrolle aufgrund eines entsprechenden Abkommens eine originäre Aufgabe der Bayerischen Polizei.

in öffentlichen Einrichtungen des internationalen Verkehrs. Dies ist die Rechtsgrundlage für die **ereignis- und verdachtsunabhängige Kontrolle**[3], die sogenannte **Schleierfahndung.** Hierdurch erhält die Polizei die Befugnis, die Identität einer Person festzustellen, ohne dass diese Person Störer sein muss, ohne dass ein Ereignis vorliegen muss, das mit dieser Person in Zusammenhang steht und ohne dass sich gegen diese Person irgendein polizeilicher Verdacht richten muss. Voraussetzung ist lediglich, dass die Identitätsfeststellung der Bekämpfung der grenzüberschreitenden Kriminalität dient und dass sich die betroffene Person auf Durchgangsstraßen oder in öffentlichen Einrichtungen des internationalen Verkehrs aufhält. Die Schleierfahndung hat im Laufe der Zeit auf europäischer Ebene eine unterschiedliche Bewertung erfahren.

b. Durchgangsstraßen

Als Durchgangsstraßen nennt das Gesetz ausdrücklich Bundesautobahnen, Europastraßen und andere Straßen von erheblicher Bedeutung für den grenzüberschreitenden Verkehr. Zu den öffentlichen Einrichtungen des internationalen Verkehrs zählt die Literatur[4] beispielsweise Flughäfen, Bahnhöfe, Busbahnhöfe, Raststätten, Parkplätze an Durchgangsstraßen oder Bundeswasserstraßen. 838

c. Verfassungsmäßigkeit der Schleierfahndung

aa. Ein Teil des Schrifttums[5] hat die Schleierfahndung als verfassungswidrig kritisiert. Sie verstoße gegen das Verhältnismäßigkeitsprinzip. Sie gehe sowohl in ihrer räumlichen Erstreckung als auch in ihrer Erfassung von Nichtstörern und Unverdächtigen zu weit. Außerdem eröffne sie der Polizei auch noch alle Möglichkeiten zur Durchsetzung der Identitätsfeststellung. Das Landesverfassungsgericht Mecklenburg-Vorpommern[6] hat sich für das dortige Polizeirecht diese Kritik zu eigen gemacht und konsequenterweise die einschlägige Regelung im Polizeigesetz von Mecklenburg-Vorpommern in entscheidenden Teilen für nichtig erklärt. 839

bb. Die **h. M.** in der Literatur[7] ist dieser Auffassung zu Recht nicht gefolgt und erachtet die Schleierfahndung für **verfassungskonform**. Ebenso hat der Bayerische Verfassungsgerichtshof[8] die gesetzlichen Regelungen des Art. 13 Abs. 1 Nr. 5, Abs. 2 PAG als mit der Bayerischen Verfassung vereinbar angesehen. 840

(1) Die ereignis- und verdachtsunabhängige Identitätskontrolle greift nach Ansicht des Bayerischen Verfassungsgerichtshofes zwar in das Grundrecht der allgemeinen Handlungsfreiheit und in das Grundrecht auf informationelle Selbstbestimmung ein, Art. 100, 101 BV. Diese Rechte werden jedoch nur innerhalb der Schranken der Gesetze gewährleistet. Diese Schranken hat der Gesetzgeber mit Art. 13 Abs. 1 Nr. 5 PAG nach Ansicht des BayVerfGH in verfassungskonformer Weise gezogen: 841

(2) Art. 13 Abs. 1 Nr. 5 Abs. 2 PAG liegt innerhalb der **Gesetzgebungskompetenz** der Länder, da er die präventive Tätigkeit (Gefahrenabwehr) der Polizei regelt, insbesondere die vorbeugende Bekämpfung von Straftaten. 842

(3) Die verwendeten **unbestimmten Rechtsbegriffe** genügen dem Bestimmtheitserfordernis, das sich aus dem Rechtsstaatsprinzip und den Grundrechten 843

---

[3] Ausführlich: Schmidbauer, PAG, Art. 13 Rn. 15 ff.
[4] Vgl. Heckmann Rn. 326 f.
[5] Vgl. Lisken, NVwZ 1998, 22 ff.
[6] Landesverfassungsgericht Mecklenburg-Vorpommern, DÖV 2000, 71.
[7] Vgl. Kingreen/Poscher, in: Pieroth/Schlink/Kniesel, § 14 Rn. 42; Heckmann Rn. 326 f.
[8] BayVefGH, Entsch. v. 28.3.2003, DVBl. 2003, 863 ff.

ableiten lässt. Insbesondere ist der Begriff der Durchgangsstraße mit den üblichen rechtlichen Auslegungsmethoden bestimmbar. Die Gerichte sind daher auch in der Lage, die polizeiliche Anwendung des Art. 13 Abs. 1 Nr. 5 PAG zu kontrollieren. Dies gilt auch für den Begriff der grenzüberschreitenden Kriminalität. Er stellt auf ein bestimmtes objektivierbares Verhalten einer Person ab. Es bedarf daher keiner enumerativen Aufzählung von Delikten in einem Straftatenkatalog.

844 (4) Die Regelung des Art. 13 Abs. 1 Nr. 5 PAG wahrt auch den Grundsatz der **Verhältnismäßigkeit**, an den das Rechtsstaatsprinzip und die Grundrechte den Gesetzgeber binden. Sie dient einem **legitimen Zweck**, nämlich der Bekämpfung der grenzüberschreitenden Kriminalität. Die Legitimität folgt aus der Verpflichtung des Staates zum Schutz seiner Bürger. Zu diesen Gefahren zählen beispielsweise der großflächige und grenzüberschreitende Bandendiebstahl, Wohnungseinbruch, Rauschgift- oder Waffenhandel. Die teilweise auch in den Medien bekanntgemachten Erfolge der Schleierfahndung sprechen insoweit eine eindeutige Sprache.

(a) Angesichts des in Europa erfolgten Grenzkontrollabbaus ist Art. 13 Abs. 1 Nr. 5 PAG eine **geeignete Maßnahme** der Gefahrerforschung. Sie dient in präventiver Hinsicht dazu, die Polizei in die Lage zu versetzen, durch einen Abgleich der festgestellten Identität mit polizeilichen Datenbeständen nach Maßgabe des Art. 43 PAG eine von der kontrollierten Person möglicherweise ausgehende oder sonst mit ihr zusammenhängende Gefahr durch weitergehende Maßnahmen abzuwehren. Die Aufhebung der Anonymität bewegt ferner eine Vielzahl potentieller Störer, auf geplante Aktivitäten zu verzichten. Schließlich entfaltet eine Befugnis zur Identitätsfeststellung eine vom einzelnen Aufgriff unabhängige generalpräventive Wirkung.

(b) Die gesetzliche Regelung ist **erforderlich**, da ein weniger beeinträchtigendes Mittel nicht zur Verfügung steht.

(c) Der Verhältnismäßigkeitsgrundsatz verlangt ferner, dass die Einbußen an grundrechtlich geschützter Freiheit in einem **angemessenen Verhältnis** zu dem mit dem polizeilichen Eingriff verfolgten legitimen Zwecken stehen. Als Bewertungskriterium hierfür ist die Gestaltung der Einschreitschwellen, die Zahl der Betroffenen und die Intensität der Beeinträchtigungen heranzuziehen. Die Identitätskontrolle nach Art. 13 PAG greift nur geringfügig in die allgemeine Handlungsfreiheit und in das Recht auf informationelle Selbstbestimmung ein. Der Eingriff erschöpft sich in einem Angehalten und Befragt werden sowie in der Verpflichtung ein mitgeführtes Ausweispapier zur Prüfung auszuhändigen. Darüber hinausgehende Maßnahmen beruhen auf anderen Rechtsnormen. Dies gilt insbesondere für eine eventuelle Speicherung der erhobenen Daten nach Art. 54ff. PAG. Der Gesetzgeber hat die Eingriffsziele des polizeilichen Handelns ausdrücklich festgelegt. Dadurch ist die Polizei verpflichtet, ihren Kontrollen entsprechende Lageerkenntnisse und einschlägiges polizeiliches Erfahrungswissen zu Grunde zu legen, auch ohne dass dies einer gesonderten Erwähnung im Gesetzestext bedürfte.

Maßnahmen der Gefahrenvorsorge sind beispielsweise im Gesundheits-, Arbeits- oder Umweltschutz seit langem anerkannt. Ist die Gefahren- oder Risikoquelle einer konkreten Gefahr bekannt, richten sich die gesetzlichen Anforderungen im Regelfall nur an den Störer. Dagegen gibt es zwischen den ereignis- und verdachtsunabhängig kontrollierten Personen und der

Gefahr, der die Vorsorge gilt, keinen Zusammenhang. Eine verfassungsrechtlich begründete Forderung nach einem solchen Zurechnungszusammenhang macht jedoch von vornherein nur dort Sinn, wo die Gefahr nicht gleichsam anonym ist. Art. 13 Abs. 1 Nr. 5 dient jedoch dazu, in einem örtlich festgelegten Raum mit größerem abstrakten Gefahrenpotential zu erforschen, ob eine auch personell konkretisierbare und damit zurechenbare Gefahr besteht. Diese Einschränkung der Grundrechte ist für den Einzelnen aufgrund der Gemeinschaftbezogenheit und Gemeinschaftsgebundenheit der Person auch verhältnismäßig.

(5) Darüber hinaus lässt sich zur Diskussion in der Literatur über die **Gesetzgebungskompetenz** feststellen: 845

(a) Die Schleierfahndung beinhaltet eine Materie des Polizeirechts, die in den Händen der Länder liegt, Art. 30, 70 GG. Eine Befugnis zur Bekämpfung der grenzüberschreitenden Kriminalität fällt insbesondere nicht unter Art. 73 Nr. 5 GG. Diese Ermächtigungsgrundlage umfasst „die Sicherheit der Grenzen" und in diesem Zusammenhang die polizeiliche Kontrolle des grenzüberschreitenden Verkehrs an der Grenze und im Grenzraum. Auf der Ermächtigungsgrundlage des Art. 73 Nr. 5 GG wurde das Bundespolizeigesetz erlassen, das der Bundespolizei folgerichtig die entsprechende Aufgabenstellung[9] zuweist. Dagegen bleibt die Kontrolle der Kriminalität, die die Staatsgrenzen überschreitet, Aufgabe der Polizeien der Länder.

Das BVerfG[10] hat diese Zuständigkeitsabgrenzung als verfassungsrechtliche Grenzziehung fixiert und zum Prüfungsmaßstab gemacht: Die Bundespolizei darf nicht zu einer allgemeinen, mit den Landespolizeien konkurrierenden Polizei ausgebaut werden. Der bayerische Gesetzgeber verfügt also über die Regelungskompetenz für die ereignis- und verdachtsunabhängige Kontrolle.

(b) Art. 22 Schengener Grenzkodex[11] verbietet den Mitgliedstaaten des Schengener Vertragswerkes und damit auch der Bundesrepublik Deutschland grundsätzlich Grenzkontrollen innerhalb des Schengenraumes. Hiergegen wird schon deswegen nicht verstoßen, weil die Personenkontrolle nach Art. 13 Abs. 1 Nr. 5 PAG nicht aus Anlass des beabsichtigten Grenzübertrittes erfolgt. Der Abbau der Grenzkontrollen durch das Schengener Durchführungsübereinkommen hat bewirkt, dass der bis dahin vorhandene Fahndungsfilter Grenze weggefallen ist. Diese Entscheidung des Bundesgesetzgebers blieb nicht ohne Folgen für die öffentliche Sicherheit und Ordnung. Der Abbau der Grenzkontrollen begünstigte eine rasch anwachsende international verflochtene Kriminalität und eine ständig steigende Mobilität der Straftäter. Der für die Gefahrenabwehr zuständige Landesgesetzgeber musste auf diese Entwicklung reagieren, wollte er seinem verfassungsrechtlichen Schutzauftrag gerecht werden.

Die Mobilität der modernen Straftäter, der Transport inkriminierter Güter und von Tatwerkzeugen wurde daher im Polizeigesetz zu Recht zum Fahndungsansatz gemacht. Art. 13 Abs. 1 Nr. 5 PAG gibt mobilen Fahndungsgruppen der Polizei einen wirksamen Ansatz zur Bekämpfung der grenzüberschreitenden Kriminalität.

---

[9] Vgl. § 2 Abs. 2 Nr. 2 lit. b, Nr. 3 BPolG.
[10] BVerfG, NVwZ 1998, 495 ff.
[11] VO (EU) 2016/399.

846 (6) Der EuGH[12] hat die Schleierfahndung im Grundsatz als mit europäischen Recht vereinbar angesehen.

847 (7) Die Einstellung der EU-Kommission zur Schleierfahndung hat sich erheblich gewandelt. Noch vor wenigen Jahren hatte die EU-Kommission gegen Deutschland ein Vertragsverletzungsverfahren eingeleitet, in dem überprüft wurde, ob Rechtsvorschriften der Schleierfahndung den freien Personen- und Warenverkehr behindern könnten. Seit Frühjahr 2017 empfiehlt die EU-Kommission ausdrücklich allen Mitgliedsstaaten, eine Schleierfahndung einzuführen, um die Wiedereinführung von Binnengrenzkontrollen zu vermeiden.

VI. Identitätsfeststellung nach Art. 13 Abs. 1 Nr. 6 PAG zum Schutz privater Rechte

848 Schließlich erlaubt Art. 13 Abs. 1 Nr. 6 PAG der Polizei die Identitätsfeststellung zum Schutz privater Rechte. Hier liegt eine polizeiliche Aufgabe vor, aber nur unter den Voraussetzungen des Art. 2 Abs. 2 PAG. Dies bedeutet: Erstens darf dem Bürger durch Anrufung der Zivilgerichte kein rechtzeitiger gerichtlicher Schutz seiner privaten Rechte selbst möglich sein. Und zweitens müsste ohne ein Eingreifen der Polizei die Verwirklichung des Rechts vereitelt oder wesentlich erschwert sein. Art. 13 Abs. 1 Nr. 6 PAG ist die in der polizeilichen Praxis häufigste Standardmaßnahme der Polizei zum Schutz privater Rechte. Dies leuchtet unmittelbar ein, bedeutet doch die Kenntnis der Identität des Schuldners oft eine wesentliche Voraussetzung zur Rechtsdurchsetzung.

849 **Beispielfall 44**

Bei einem Verkehrsunfall kann der Verursacher A dem Geschädigten B weder Ausweispapiere noch den Führerschein oder den Zulassungsschein des KfZ vorzeigen. B ruft die Polizei, da dies für ihn die einzige Möglichkeit ist festzustellen, ob die Angaben des A der Wahrheit entsprechen oder ob er das Fahrzeug etwa gestohlen hat.
Welche Maßnahme kann die Polizei ergreifen?

Lösung
Die Polizei kann die Identität des Unfallverursachers nach Art. 13 Abs. 1 Nr. 6 PAG feststellen.

850 **Beispielfall 45**

A verwechselt an der Garderobe einer Gaststätte einen wertvollen Ledermantel mit seinem eigenen Mantel. Er ist der irrigen Annahme, seinen eigenen Mantel in den Händen zu halten. Deshalb ist er gegenüber B, der seinen Mantel in den Händen des A erkennt, weder zum Manteltausch noch zur Herausgabe der Personalien bereit.
Was kann die von B gerufene Polizei unternehmen?

[12] EuGH, Urt.v. 20.6.2017, Az. C-9/15.

Lösung
Die polizeiliche Aufgabe ist gemäß Art. 2 Abs. 2 PAG eröffnet.
1. Die Polizei kann zum einen den Mantel, an dem die Eigentumsverhältnisse strittig sind, nach Art. 25 Nr. 2 PAG sicherstellen.
2. Zum anderen steht der Polizei in derartigen Fallkonstellationen die Möglichkeit der Identitätsfeststellung nach Art. 13 Abs. 1 Nr. 6 PAG offen.

VII. Instrumentarium zur Identitätsfeststellung nach Art. 13 Abs. 2 PAG

Während Art. 13 Abs. 1 PAG festlegt, unter welchen Voraussetzungen die Polizei die Identität einer Person feststellen darf, regelt Art. 13 Abs. 2 PAG, welche Maßnahmen sie ergreifen kann, um dieses Ziel zu erreichen. Als **Generalklausel** innerhalb des Abs. 2 erklärt Art. 13 Abs. 2 Satz 1 PAG zunächst, dass die Polizei hierfür alle erforderlichen Maßnahmen treffen kann. In Konkretisierung dieser allgemeinen Befugnis stellt Art. 13 Abs. 2 Satz 2 bis 4 PAG für den Regelfall ein abgestuftes Instrumentarium zur Verfügung. **851**

1. Befugnis zum Anhalten und Befragen, Art. 13 Abs. 2 Satz 2 PAG

Die erste Stufe stellt nach Art. 13 Abs. 2 Satz 2 PAG das **Anhalten** und das **Befragen** zur Person dar. Dabei kann die Polizei verlangen, dass mitgeführte Ausweispapiere vorgezeigt, dem Polizeibeamten zur Prüfung ausgehändigt und Kleidungsstücke sowie Gegenstände, die eine Identitätsfeststellung verhindern oder erschweren, abgenommen werden. **852**

2. Befugnis zum Festhalten, Art. 13 Abs. 2 Satz 3 PAG

Weigert sich der Betroffene, können Maßnahmen der zweiten Stufe ergriffen werden. Nach Art. 13 Abs. 2 Satz 3 PAG kann er an Ort und Stelle kurzfristig **festgehalten** werden. Dies kann die Polizei durch unmittelbaren Zwang nach Art. 75, 77 ff. PAG durchsetzen. **853**

3. Befugnis zum Durchsuchen, Art. 13 Abs. 2 Satz 4 PAG

Die dritte Stufe tritt ein, wenn sich der Festgehaltene nicht ausweisen kann oder nicht ausweisen will und sich die Identität entweder nicht auf andere Weise oder nur unter erheblichen Schwierigkeiten feststellen lässt. Dann kann die Polizei gemäß Art. 13 Abs. 2 Satz 4 PAG den Betroffenen sowie die von ihm mitgeführten Sachen **durchsuchen**. **854**

4. Befugnis zum Verbringen zur und Festhalten auf der Polizeidienststelle, Art. 13 Abs. 2 Satz 3 PAG

Führt auch dies zu keinem Erfolg oder bestehen Zweifel an der Echtheit der Ausweispapiere, hat die Polizei als vierten Schritt die Befugnis den Betroffenen, dessen Identität festgestellt werden soll, **zur Polizeidienststelle zu verbringen und ihn dort festzuhalten, Art. 13 Abs. 2 Satz 3 PAG.** Dort kann die Echtheit der Papiere **855** überprüft werden. Es können auch erkennungsdienstliche Maßnahmen nach Art. 14 Abs. 1 PAG durchgeführt werden. Das Verbringen zur Polizeidienststelle und das Festhalten auf der Polizeidienststelle stützt sich auf die Rechtsgrundlage des Art. 13 Abs. 2 Satz 3 PAG und wird als **Sistierung** bezeichnet. Sie hat aber zur zusätzlichen Voraussetzung, dass die ergriffenen polizeilichen Maßnahmen nur von kurzer Dauer sind. Darunter ist im Regelfall ein Zeitraum von einer Stunde zu verstehen, der bei widrigen Umständen auch überschritten werden kann.

Beispiele: weite Entfernung zur Polizeidienststelle, Verkehrsstau, ausländisches Ausweispapier, das eine Rückfrage erfordert.

856 Solange das Festhalten einschließlich des Verbringens zur Polizeidienststelle lediglich kurzfristig andauert, stellt dies nur eine Freiheitsbeschränkung nach Art. 2 Abs. 2 Satz 2, Art. 104 Abs. 1 GG dar, aber keine Freiheitsentziehung gemäß Art. 2 Abs. 2 Satz 2, Art. 104 Abs. 2 bis 4 GG. Für die kurzfristige Freiheitsbeschränkung ist demnach keine vorherige richterliche Entscheidung erforderlich. Dies ist die Kehrseite der Tatsache, dass eine Verpflichtung zum Mitführen von Ausweispapieren nur in Ausnahmefällen besteht. Die Überprüfung der Identität durch die Polizei ist aufgrund der Einwohnermeldedateien und moderner EDV-Systeme regelmäßig innerhalb kurzer Zeit abgeschlossen.

857 Dauert die Festhaltung durch die Polizei länger, handelt es sich um eine **Freiheitsentziehung** (Art. 104 Abs. 2 GG, Art. 17, 18 Abs. 1 PAG). Es gelten hierfür die verfassungsrechtlichen Garantien der Art. 18, 19 PAG. Die Polizei hat eine richterliche Entscheidung einzuholen. Dies beugt einem Missbrauch durch die Polizei vor.

858 **Beispiel:** Die Polizei hat vor einem Kraftwerk eine Person angehalten, die sich dafür interessiert hat, wie die Zugangssperren zu überwinden sind. Die Person macht gegenüber der Polizei keinerlei Angaben. Die Durchsuchung ergibt, dass sie auch kein Ausweispapier bei sich hat. Die Polizei verbringt die Person zur Dienststelle (Art. 13 Abs. 2 Satz 3 PAG), will ihre Identität feststellen und führt eine erkennungsdienstliche Behandlung durch (Art. 14 Abs. 1 Satz 1 PAG). Jedoch ist ein Abgleich der Fingerabdrücke aktuell nicht möglich, denn das Computersystem des BKA weist eine Störung auf, die erst im Laufe des morgigen Tages wieder behoben werden kann. Will die Polizei die Person dennoch solange auf der Dienststelle behalten, handelt es sich bei der Festhaltung nach Art. 13 Abs. 2 Satz 2 PAG um eine Freiheitsentziehung, wofür die Polizei eine richterliche Entscheidung einholen muss. Wie lange die betroffene Person festgehalten werden kann, ist eine Frage des Verhältnismäßigkeitsprinzips.

Klausurhinweis:

Die Anordnungen, stehen zu bleiben, Personalien anzugeben, mitgeführte Ausweispapiere auszuhändigen und mit zur Dienststelle zu kommen, sind jeweils für sich als Verwaltungsakte der Polizei, Art. 35 Satz 1 BayVwVfG, zu qualifizieren. Sie können nach Art. 70ff. PAG im Wege des Verwaltungszwanges durchgesetzt werden und ggf. im Wege von Anfechtungsklage bzw. Fortsetzungsfeststellungsklage überprüft werden.

Dagegen sind das reine Festhalten der Person und die Durchsuchung von Personen und Sachen als Realakte zu bewerten, die durch die allgemeine Leistungsklage bzw. Feststellungsklage gerichtlich überprüft werden können.[13]

[13] Dazu Kapitel 25.

VIII. Prüfung von Berechtigungsscheinen nach Art. 13 Abs. 3 PAG

Art. 13 Abs. 3 PAG schließlich befugt die Polizei zur Prüfung von Berechtigungsscheinen. Dazu gehören beispielsweise die Zulassungsbescheinigung für ein KfZ (§ 11 Fahrzeug-Zulassungsverordnung – FZV), die Reisegewerbekarte (§ 55 GewO) oder der Waffenschein (§ 10 Abs. 4 Satz 1 WaffG). **859**

B. Erkennungsdienstliche Maßnahmen nach Art. 14 PAG

Um eine Person sicher identifizieren zu können, genügt die Namensangabe der betreffenden Person gegenüber der Polizei nicht. Häufig reicht hierfür nicht einmal ein Personaldokument, wenn es nur ein wenig scharfes Lichtbild enthält oder die Gefahr besteht, dass das Dokument zwar echt, aber der Inhalt falsch ist[14]. Daher wurden als Reaktion auf die verheerenden Terroranschläge vom 11. September 2001 in den USA durch Gesetz in die deutschen Personaldokumente nunmehr auch biometrische Merkmale aufgenommen. In einer Rechtsverordnung ist festgelegt, dass dies ein digitalisiertes Lichtbild und die Fingerabdrücke der beiden Zeigefinger sind. **860**

Zur sicheren Identifizierung einer Person ergreift die Polizei erkennungsdienstliche Maßnahmen, im polizeilichen Sprachgebrauch kurz ED-Maßnahmen genannt. Sie sind in Art. 14 Abs. 2 PAG beispielhaft aufgezählt: das Fertigen von Lichtbildern und Fingerabdrücken, die Feststellung körperlicher Merkmale und Messungen. **861**

I. Befugnisnormen zur Strafverfolgung und Gefahrenabwehr

Zur Strafverfolgung enthalten §§ 81b, 163b StPO die Befugnis, erkennungsdienstliche Maßnahmen durchzuführen. Für präventivpolizeiliche Zwecke enthält Art. 14 PAG die entsprechende Befugnisnorm. **862**

1. Abgrenzung der Normen

Bei Abgrenzung der beiden Normenkomplexe bereitet § 81b 2. Alt. StPO besondere Schwierigkeiten. Während nämlich nach der 1. Alternative ED-Maßnahmen für die Zwecke der Durchführung der Strafverfahrens möglich sind, dürfen nach der 2. Alternative des § 81b StPO für die Zwecke des Erkennungsdienstes Lichtbilder und Fingerabdrücke aufgenommen sowie Messungen und ähnliche Maßnahmen vorgenommen werden. **863**

Demgemäß hält ein Teil der Literatur[15] die fragliche Vorschrift für verfassungswidrig. Die **Rechtsprechung**[16] und andere Stimmen der Literatur[17] hingegen sehen die Gesetzgebungsbefugnis als Annexkompetenz zur Sicherung des Strafverfahrensrechts gerade noch als gegeben an und bejahen folglich die **Verfassungsmäßigkeit**. Über den Anwendungsbereich und die Verfassungsmäßigkeit dieser Vorschrift gibt es in der Literatur einen heftigen Streit. Vor dem Hintergrund der schwer überschaubaren Vielfalt der Meinungsäußerungen sind folgende Fragen zu unterscheiden: **864**

a. § 81b 2. Alt. StPO erlaubt die Aufnahme von Lichtbildern und Fingerabdrücken zum Zwecke des Erkennungsdienstes. Dies sind zunächst erkennungsdienstliche **865**

---

[14] So hat die Terrororganisation Islamistischer Staat (IS) nach Medienangaben über 200.000 echte syrische Blanko-Ausweisdokumente erbeutet, vgl. Die Welt vom 20.12.2015.

[15] Dreier, JZ 1987, 1013.

[16] BVerwG, DÖV 1990, 117.

[17] Würtenberger/Heckmann, Rn. 343 ff.

Maßnahmen zum Zweck der künftigen Strafverfolgung, was nach Rechtsprechung des BVerfG[18] unter die Gesetzgebungskompetenz des Strafverfahrensrechts fällt, die dem Bund zusteht. Insoweit ist die Vorschrift unbestritten verfassungsmäßig.

866 b. Ein Teil der Lit.[19] ist aber der Auffassung, dass § 81b 2. Alt. StPO **auch materielles Polizeirecht** enthält. Danach würde die Vorschrift auch erkennungsdienstliche Behandlungen zur Gefahrenabwehr erlauben.

aa. Für materielles Gefahrenabwehrrecht fehlt dem Bund aber die Gesetzgebungskompetenz. Nach Art. 30, 70 GG sind hierfür die Länder zuständig. Daher ist § 81b 2. Alt. StPO insoweit verfassungswidrig.

bb. Entgegen Schenke[20] ist damit auch Art. 31 GG auf das Verhältnis zwischen § 81b 2. Alt. StPO und Art. 14 PAG nicht anwendbar, da nur kompetenzgemäßes Bundesrecht widersprechendes Landesrecht bricht.

cc. Eine abweichende Meinung in Rechtsprechung[21] und Literatur hält § 81b 2. Alt. StPO für verfassungsmäßig, da die Regelung in engem Sachzusammenhang mit dem Strafverfahrensrecht steht, wofür eine Bundeskompetenz nach Art. 74 Abs. 1 Nr. 1 GG besteht. Insofern hätte der Bund eine Annexkompetenz für den Erkennungsdienst.

dd. Auf der Grundlage dieser Auffassung des § 81b 2. Alt. StPO vermeiden Rechtsprechung und Literatur das Verdikt der Verfassungswidrigkeit der polizeigesetzlichen Befugnisnormen für eine erkennungsdienstliche Behandlung. Nach ihrer Ansicht ist § 81b 2. Alt. StPO nicht abschließend. Die Regelungen des Art. 14 PAG gehen dann über diese Vorschrift hinaus. Art. 14 PAG erlaubt beispielsweise nicht nur erkennungsdienstliche Maßnahmen gegenüber Beschuldigten, sondern auch gegenüber Strafunmündigen, Kindern und bereits rechtskräftig Verurteilten. Folgt man der These von der Verfassungsmäßigkeit des § 81b 2. Alt. StPO aufgrund Sachzusammenhangs, ist diese Auffassung konsequent.

867 c. Auf der Grundlage der Rechtsprechung des BVerfG[22] und des BGH[23] ergibt sich jedoch eine überzeugende **Abgrenzung**:

aa. § 81b 2. Alt. StPO gibt der Polizei die Befugnis, eine Person erkennungsdienstlich zu behandeln, um künftige Strafverfahren zu sichern. Die Vorsorge für die Verfolgung künftiger Straftaten gehört zum Strafverfahrensrecht und fällt in die Bundeskompetenz.

bb. Art. 14 PAG hingegen gibt der Polizei die Befugnis zur erkennungsdienstlichen Behandlung einer Person, um künftige Straftaten zu verhindern. Die Vorsorge für die Verhinderung künftiger Straftaten ist Polizeirecht und fällt in die Länderkompetenz.

cc. Im Übrigen sind nach der neueren Rechtsprechung des BGH[24] die beiden Vorschriften § 81b StPO und Art. 14 PAG nebeneinander anwenbar.

2. Eingriffsvoraussetzungen für erkennungsdienstliche Maßnahmen

868 Art. 14 PAG sieht folgende **Fallkonstellationen** für erkennungsdienstliche Maßnahmen vor:

a. Identitätsfeststellung auf andere Weise nicht möglich, Art. 14 Abs. 1 Nr. 1 PAG

869 Nach Art. 14 Abs. 1 Nr. 1 PAG ist dies zunächst der Fall, wenn eine Identitätsfeststellung auf andere Weise nicht oder nur unter erheblichen Schwierigkeiten möglich

[18] BVerfG, Urt. v. 27.7.2005, NJW 2005, 1192ff. – Niedersächsische TKÜ.
[19] Meyer-Goßner, StPO § 81b Rn. 3.
[20] Schenke, in: Steiner, Besonderes Verwaltungsrecht.
[21] BVerwGE 66, 192 = NJW 1983, 772; DÖV 1990, 117; BayVGH BayVBl. 1993, 211.
[22] BVerfG, Urt. v. 27.7.2005, NJW 2005, 1192ff. – Niedersächsische TKÜ.
[23] BGH, Urt. v. 26.4.2017 – 2 StR 247/16.
[24] BGH, Urt. v. 26.4.2017 – 2 StR 247/16.

ist. Nicht zu Unrecht wurde die Maßnahme daher in der Lit.[25] als „gesteigerte Ausprägung“ der Identitätsfeststellung bezeichnet. Folgende Voraussetzungen müssten dabei erfüllt sein:

- Die Polizei darf nach Art. 13 PAG eine Identitätsfeststellung durchführen. Das heißt, eine Identitätsfeststellung muss nach Art. 13 PAG rechtlich zulässig sein.
- Ferner muss diese Identitätsfeststellung mit den herkömmlichen Mitteln des Art. 13 Abs. 2 PAG nicht oder nur eingeschränkt möglich sein.
- Schließlich ist auch das Übermaßverbot zu beachten. Danach scheiden ED-Maßnahmen im vorliegenden Zusammenhang aus, wenn der Anlass für die beabsichtigte ED-Maßnahme und die Eingriffstiefe der ED-Maßnahme in keinem ausgewogenem Verhältnis stehen.

b. Zweifel über die Person oder die Staatsangehörigkeit, Art. 14 Abs. 1 Nr. 2 PAG

Nach Art. 14 Abs. 1 Nr. 2 PAG darf die Polizei erkennungsdienstliche Maßnahmen 870
durchführen, um die Identität einer Person zu sichern. Dies setzt voraus:

- Die Polizei hat eine Identitätsfeststellung nach Art. 13 PAG durchgeführt.
- Trotz dieser Maßnahme bleiben Zweifel über die Person oder deren Staatsangehörigkeit. Derartige Zweifel können beispielsweise dadurch entstehen, dass die von der Polizei festgestellte Identität der betroffenen Person bisher noch nie in Erscheinung getreten oder aber widersprüchlich ist.

c. Zur vorbeugenden Bekämpfung von Straftaten, Art. 14 Abs. 1 Nr. 3 PAG

Gemäß Art. 14 Abs. 1 Nr. 3 PAG darf die Polizei erkennungsdienstliche Maßnah- 871
men ergreifen, wenn dies zur vorbeugenden Bekämpfung von Straftaten erforderlich ist. Voraussetzung ist, dass

- der Betroffene verdächtig ist, eine Tat begangen zu haben, die mit Strafe bedroht ist
- wegen der Art und Ausführung der Tat die Gefahr einer Wiederholung besteht und
- sich die Wiederholungsgefahr durch das Vorhandensein der erkennungsdienstlichen Unterlagen voraussichtlich reduziert.

d. Zur Abwehr einer Gefahr oder einer drohenden Gefahr für ein bedeutendes Rechtsgut, Art. 14 Abs. 1 Nr. 4 PAG

Nach Art. 14 Abs. 1 Nr. 4 PAG darf die Polizei erkennungsdienstliche Maßnahmen 872
ergreifen, wenn dies zur Abwehr einer Gefahr oder einer drohenden Gefahr für ein bedeutendes Rechtsgut erforderlich ist. Diese Vorschrift tritt eigenständig neben Art. 14 Abs. 1 Nr. 3 PAG. Das Rechtsgut kann also sowohl durch eine Straftat als auch durch straflose Handlung in Gefahr sein. Im Unterschied zu Art. 14 Abs. 1 Nr. 3 PAG muss nicht der Verdacht einer bereits begangenen Straftat bestehen.

Die erkennungsdienstliche Behandlung muss aber zur Gefahrenabwehr erforderlich 873
sein. Dies ist der Fall, wenn sie voraussichtlich dazu beitragen wird, die Rechtsgutsverletzung zu verhindern. Damit hat der Gesetzgeber den Erkenntnissen der kriminologischen Forschung[26] Rechnung getragen, wonach weniger die Höhe der Strafe als vielmehr das Entdeckungsrisiko eine Person davon abhält, eine Straftat zu begehen.

---

[25] Heckmann, Rn. 337; Möller, Rn. 299.
[26] Lösel, in: Schöch/Lehle, S. 187 ff.

Klausurhinweis:

Die Zweckbestimmung der gewonnenen Daten und die Dauer ihrer Speicherung haben sich streng am Grundsatz der Verhältnismäßigkeit nach Art. 4 PAG zu orientieren. In die dort geforderte Abwägung sind jedoch auch die Rechte der potentiellen künftigen Opfer mit einzubeziehen. Die gesetzlichen Regelungen hierzu finden sich in Art. 54 PAG.

3. Molekulargenetische Untersuchungen, Art. 14 Abs. 3, 4 PAG

874 Nach Art. 14 Abs. 3, 4 PAG darf die Polizei in Ergänzung des bestehenden erkennungsdienstlichen Instrumentariums dem Betroffenen Körperzellen entnehmen und diese zur Feststellung des DNA-Identifizierungsmusters molekulargenetisch untersuchen.

875 1. Diese molekulargenetische Untersuchung zur erkennungsdienstlichen Behandlung ist aber an strenge Voraussetzungen gebunden:

a) Andere erkennungsdienstliche Maßnahmen dürfen nicht hinreichend sein, d.h. sie führen zu keiner ausreichenden Individualisierung der Person.

b) Die erkennungsdienstliche Behandlung mittels molekulargenetischer Untersuchung muss zur Abwehr der Gefahr für ein bedeutendes Rechtsgut erforderlich sein.

c) Die Entnahme der Körperzellen kann durch eine einfache körperliche Untersuchung (z.B. Abstrich mit einem Wattestäbchen) oder durch einen körperlichen Eingriff (z.B. Blutentnahme) erfolgen. Sollen die Körperzellen durch einen körperlichen Eingriff gewonnen werden, muss dieser von einem Arzt nach den Regeln der ärzlichen Kunst durchgeführt werden, Art. 14 Abs. 3 Satz 2 PAG. Unter körperlichem Eingriff versteht man hierbei jede Entnahmemethode, die mit einer wenn auch noch so geringfügigen Verletzung des Körpers einhergeht, mithin also die körperliche Integrität verletzt wird, z.B. durch Blutentnahmen.
Kein körperlicher Eingriff ist daher die Gewinnung von DNA-Material durch Eindringen in natürliche Körperöffnungen, z.B. durch einen Abstrich der (Mundhöhlen-) Schleimhaut. Ein derartiges Eindringen ist lediglich eine einfache körperliche Untersuchung und kein körperlicher Eingriff.

d) Jede polizeiliche Maßnahme also sowohl die Entnahme von Körperzellen durch Untersuchung oder Eingriff als auch die Feststellung des Identifizierungsmusters stehen unter einem Richtervorbehalt, Art. 14 Abs. 3 Satz 4 PAG. Nur bei Gefahr im Verzug können sie durch den Leiter des Landeskriminalamts oder eines Polizeipräsidiums nach Art. 36 Abs. 4 Satz 2 PAG angeordnet werden bzw. durch eine Person, auf welche die Anordnungsbefugnis delegiert wurde, Art. 36 Abs. 4 Satz 3 PAG.

876 2. Nach Art. 14 Abs. 3 Satz 3 PAG sind die Körperzellen nach der Untersuchung unverzüglich zu vernichten, sofern keine Möglichkeit besteht, sie nach anderen Rechtsvorschriften aufzubewahren.

Eine derartige Aufbewahrungsmöglichkeit besteht zum Beispiel nach der Strafprozessordnung, wenn die entnommenen Körperzellen vor Vernichtung aufgrund einer strafprozessualen Beschlagnahme und daher nach § 81a Abs. 3 StPO aufbewahrt werden dürfen.

877 3. Die erkennungsdienstlichen Unterlagen, wozu gegebenenfalls auch das Ergebnis der Untersuchung der Körperzellen fällt, sind nach Art. 14 Abs. 5 PAG zu vernichten, sobald die Voraussetzungen der erkennungsdienstlichen Maßnahme entfallen sind.

4. Durch diese Regelung wird Klarheit in Bezug auf die bislang umstrittene Frage geschaffen, ob präventivpolizeiliche DNA-Untersuchungen auf Grundlage der polizeilichen Generalklausel zulässig sind.[27] Gleichzeitig wird der bestehenden Grundrechtsrelevanz einer derartigen Maßnahme sowie der zu strafprozessualen Fragestellungen ergangenen Rechtsprechung[28] Rechnung getragen und ein Gleichlauf mit den expliziten Regelungen insbesondere in den §§ 81eff. StPO hergestellt[29]. 878
5. Zu unterscheiden von Art. 14 Abs. 3, 4 PAG ist der Fall des Art. 32 Abs. 1 Sätze 2 und 3 PAG, wonach DNA-Spurenmaterial von unbekannten Personen untersucht werden darf, das im Rahmen von anderweitigen Gefahrenabwehrmaßnahmen aufgefunden wird. 879

Beispiel: Im Rahmen einer Wohnungsdurchsuchung nach Art. 23, 24 PAG stellt die Polizei Sprengstoff zum Bau einer Bombe sicher, Art. 25 PAG. Das DNA-Spurenmaterial auf der Sprengstoffverpackung darf die Polizei nach Art. 32 Abs. 1 Sätze 2 und 3 PAG untersuchen.

17. Kapitel. Platzverweis, Aufenthalts- und Meldeanordnung, Kontaktverbot, Art. 16 PAG

Zusammenfassung

1. Der Platzverweis nach Art. 16 Abs. 1 PAG ist ein Verwaltungsakt i. S. v. Art. 35 Satz 1 BayVwvfG.
2. Er ist zur Abwehr einer **konkreten oder drohenden Gefahr** zulässig; ebenso kann er angeordnet werden, wenn Hilfsdienste behindert werden.
3. Im Rahmen des Platzverweises können **Entfernungsgebote** sowie **Betretungsverbote** ausgesprochen werden.
4. Der Platzverweis kann nur **zeitlich und örtlich begrenzt** angeordnet werden. Er kann die Richtung, nicht aber den Endpunkt des Entfernens vorgeben.
5. Der **Adressatenkreis** ist Art. 16 Abs. 1 Satz 1 PAG zu entnehmen.
6. Die Durchsetzung kann durch z.B. **unmittelbaren Zwang**, Art. 70, 77ff. PAG erfolgen.
7. Bei Vorliegen einer konkreten Gefahr oder einer drohenden Gefahr für ein bedeutendes Rechtsgut kann die Polizei nach Art. 16 Abs. 2 Satz 1 Nr. 1 PAG einer Person verbieten, zu bestimmten Personen Kontakt zu suchen oder aufzunehmen, sog. **Kontaktverbot**.
8. Nach Art. 16 Abs. 2 Satz 1 Nr. 2 lit. a und b PAG kann die Polizei **Aufenthaltsverbote** und **Aufenthaltsgebote** anordnen, die zeitlich und inhaltlich genau zu bestimmen sind.
9. Unter denselben Voraussetzungen wie Aufenthaltsge- und verbote kann die Polizei nach Art. 16 Abs. 2 Satz 2 PAG auch Meldeanordnungen erlassen.

---

[27] Bejahend, wenn auch auf äußere Merkmale begrenzend Schmidbauer, Art. 11 Rn. 184ff. PAG, m. w. N.

[28] Vgl. BVerfG, NJW 1996, 45; BVerfG, NJW 2001, 879; BVerfG, NJW 2001, 2320.

[29] Amtliche Begründung des Gesetzentwurfs zur Neuordnung des bayerischen Polizeirechts (PAG-Neuordnungsgesetz) vom 30.1.2018, LT.-Drs. 17/20425, S. 41.

880 Art. 16 PAG befugt die Polizei, einen **Platzverweis (Art. 16 Abs. 1 S. 1 PAG)** zu erteilen. Dies bedeutet: Die Polizei darf eine anwesende Person von einem Ort weg verweisen oder einer Person, die erst kommen will, das Betreten eines Ortes verbieten. Voraussetzung hierfür ist, dass diese Anordnung zur Abwehr einer konkreten Gefahr erforderlich erscheint. Der Platzverweis erfasst alles, was die Person mit sich führt oder womit sie gekommen ist. Allerdings muss der Platzverweis zeitlich befristet sein. Er kann also nicht auf Dauer ausgesprochen werden.

881 Zudem hat der Gesetzgeber Art. 16 PAG um die Befugnisse ergänzt[1], dass die Polizei **Kontaktverbote (Art. 16 Abs. 2 S. 1 Nr. 1 PAG)** sowie **Aufenthalts- und Meldeanordnungen (Art. 16 Abs. 2 S. 1 Nr. 2 a und b PAG)** erlassen darf. Diese polizeilichen Maßnahmen wurden bislang – soweit sie nicht von Art. 16 PAG umfasst waren – auf die polizeiliche Generalklausel des Art. 11 PAG gestützt. Sie haben sich insbesondere bei der Verhinderung von Gewaltdelikten bewährt[2]. Der Gesetzgeber hat aus der Vorgehensweise der Praxis die Konsequenzen gezogen, diese Maßnahmen als standardisierte Vorgehensweise der Polizei anerkannt und in Art. 16 PAG speziell geregelt.

882 Schließlich hat der Gesetzgeber nun auch die **Meldeanordnung (Art. 16 Abs. 2 S. 2 PAG)** als standardisierte Eingriffsmaßnahme geregelt[3].

A. Platzverweis, Art. 16 Abs. 1 PAG

I. Praktische Bedeutung und rechtsdogmatische Überlegungen

883 In der Praxis ist der Platzverweis für die Polizei eine häufige und sehr hilfreiche Eingriffsbefugnis. Die Anordnung, einen bestimmten Platz vorübergehend zu verlassen, ist für den Betroffenen zumeist von geringer Eingriffsintensität. Dennoch ist sie für die Polizei wertvoll und von nicht zu unterschätzender Bedeutung. Vor allem hilft sie, eine Situation zu deeskalieren, zerstrittene Parteien zu trennen und erhitzte Gemüter zu beruhigen. Während also die Platzverweisung in der polizeilichen Praxis häufig und wichtig ist, ist die bisherige rechtsdogmatische Durchdringung dieses Rechtsinstitutes eher dürftig. Dies führt zu Unsicherheiten bei der Reichweite der Eingriffsbefugnis[4]. Rechtsdogmatischer Ausgangspunkt aller Überlegungen ist, dass der Gesetzgeber die Platzverweisung nur an die Voraussetzungen der konkreten Gefahr bzw. der drohenden Gefahr und der Erforderlichkeit ihrer Abwehr geknüpft hat. Mit dieser flexiblen Fassung trägt der Gesetzgeber der notwendigen Anwendungsbreite eines Platzverweises Rechnung. Die tatbestandliche Weite wird in zweierlei Hinsicht kompensiert.

- Der Platzverweis darf nicht auf Dauer, sondern nur **zeitlich befristet** sein.
- Der Platzverweis muss **zur Gefahrenabwehr** erforderlich sein. Dabei gelten die Grundsätze des Verhältnismäßigkeitsprinzips, insbesondere: Je größer der möglicherweise eintretende Schaden ist, desto geringer müssen für ein polizeiliches Einschreiten die Anforderungen für die Wahrscheinlichkeit des Gefahreneintrittes sein.

884 Diese rechtsdogmatische Struktur hat zur Folge, dass die Polizei den Art. 16 Abs. 1 PAG in weitem Umfang als Hilfsmittel nutzen kann, wenn es darum geht, eine Situation zu entschärfen oder einer dritten Person zu helfen.

---

[1] Gesetz zur effektiveren Überwachung gefährlicher Personen vom 24. Juli 2017, GVBl. S. 388.
[2] Für die Bekämpfung häuslicher Gewalt vgl. bereits Schmidbauer, BayVBl. 2002, 257 ff.
[3] PAG-Neuordnungsgesetz vom 18.5.2018, GVBl. S. 301.
[4] Vgl. Maass, NVwZ 1985, 153; Berner/Köhler/Käß, Art. 16 Rn. 1; Honnacker/Beinhofer/Hauser, Art. 16 Rn. 4, 6.

II. Anwendbarkeit von Art. 16 Abs. 1 PAG

Art. 16 Abs. 1 PAG ist grundsätzlich **örtlich und zeitlich unbeschränkt** anwendbar. Insbesondere kann die Polizei Platzverweise sowohl im Freien als auch in geschlossenen Räumen erteilen. Lediglich in zwei Fällen gibt es über den Wortlaut hinaus schärfere Voraussetzungen für eine **Anwendbarkeit des Art. 16 PAG:** 885

- Wenn ein Platzverweis in einer Wohnung erteilt wird, ist Art. 13 GG zu beachten[5]. Die Beachtung des Art. 13 GG ist freilich bereits durch das vorhergehende Betreten der Wohnung sichergestellt, zu dem die Polizei nur unter den verschärften Voraussetzungen des Art. 23 PAG befugt ist.
- In einer Versammlung schließt Art. 8 GG i. V. m. dem BayVersG die Anwendbarkeit des PAG und damit auch die Möglichkeit aus, einen Platzverweis zu erteilen.

III. Rechtsnatur des Platzverweiseses

Der Platzverweis ist als **Verwaltungsakt i.S.d. Art. 35 BayVwVfG** zu qualifizieren. Denn Anordnungen nach Art. 16 PAG erfüllen alle Kriterien der genannten Vorschrift. Wird eine Menschenmenge des Platzes verwiesen, richtet sich der Verwaltungsakt gegen eine unbestimmte Vielzahl von Personen. Er ergeht dann in der Form der Allgemeinverfügung gemäß Art. 35 Satz 2 BayVwVfG. 886

IV. Formelle Voraussetzungen des Platzverweises

Für den Platzverweis schreibt das Gesetz **keine Form** vor. In der Praxis ergeht der Platzverweis selten schriftlich, meistens mündlich, aber auch durch Zeichen (z. B. Winken, Deuten oder Zeigen) und schließlich auch durch konkludentes Handeln (z. B. Querstellen eines Polizeieinsatzfahrzeuges). 887

V. Materielle Voraussetzungen

1. Gefahrenabwehr als materielle Voraussetzung des Platzverweises, Art. 16 Abs. 1 Satz 1 PAG

a. Abwehr einer konkreten Gefahr

Ein Platzverweis nach **Art. 16 Abs. 1 Satz 1 Nr. 1 PAG** ist nur zur Abwehr einer Gefahr zulässig. Abs. 1 Satz 1 Nr. 1 hat damit die gesamten Eingriffsvoraussetzungen des Art. 11 Abs. 1 PAG übernommen[6]. Voraussetzung ist nach Art. 16 Abs. 1 Satz 1 Nr. 1 PAG das **Bestehen einer konkreten Gefahr** für die öffentliche Sicherheit oder Ordnung. Eine Platzverweisung kann demnach erteilt werden, gleichgültig wovon die Gefahr ausgeht, ob also von Menschen, Sachen, Naturereignissen, natürlichen oder künstlichen Geschehensabläufen, bzw. wofür die Gefahr besteht, solange es sich um ein Schutzgut der öffentlichen Sicherheit oder Ordnung handelt. 888

---

[5] Schmidbauer, in: ders./Steiner, Art. 16 PAG Rn. 40.
[6] Vgl. hierzu Schmidbauer, Art. 11 PAG Rn. 9 ff.

b. Abwehr einer drohenden Gefahr

889 Nach **Art. 16 Abs. 1 Satz 1 Nr. 2 PAG** ist ein Platzverweis ferner zur **Abwehr einer drohenden Gefahr** zulässig. Damit bezieht sich die Vorschrift auf Art. 11 Abs. 3 PAG. Die Polizei erhält die Befugnis, drohende Gefahren abzuwehren, also Platzverweise in Situationen zu erteilen, die zwar zeitlich der konkreten Gefahr vorgelagert sind, da die Polizei noch nicht weiß, wann oder wo genau der Schaden eintritt, aber in denen die Gefahren bedeutenden Rechtsgütern des Art. 11 Abs. 3 Satz 2 PAG aufgrund des konkreten Verhaltens einer Person oder aufgrund von konkreten Vorbereitungshandlungen drohen.

c. Platzverweis zur Hilfeleistung, Art. 16 Abs. 1 Satz 2 PAG

890 Art. 16 Abs. 1 Satz 2 PAG hebt einen Sonderfall der Platzverweisung ausdrücklich hervor, da es sich hierbei um die besonders wichtige Situation handelt, in der andere Menschen Hilfe benötigen. Es geht um den Fall, dass Feuerwehr, Hilfs- oder Rettungsdienste sich im Einsatz befinden und andere Personen, z.B. Neugierige und Schaulustige, diesen Einsatz behindern. Satz 2 legt dabei auch fest, dass Personen – sei es auch nur durch ihre bloße Anwesenheit oder die bloße Anwesenheit ihrer Fahrzeuge – den Einsatz behindern, Störer i.S.d. Art. 7 und 8 PAG und keineswegs Unbeteiligte nach Art. 10 PAG sind.

2. Der Inhalt des Platzverweises

891 Inhaltlich stellt ein Platzverweis die Anordnung der Polizei an eine Person dar, sich von einem Ort zu entfernen **(Entfernungsgebot)** oder einen Ort nicht zu betreten **(Betretungsverbot).** Die Notwendigkeit, den Ort mit genauen Grenzen zu bestimmen, folgt aus Art. 37 Abs. 1 BayVwVfG.

a. Entfernungsgebot

892 Wird eine Person vorübergehend von einem Ort verwiesen, so hat sie ihren Platz zu verlassen und sich von dem Ort, an dem sie sich befindet, zu entfernen. Das Entfernungsgebot ist die Anordnung der Polizei, dass sich die betroffene Person aktiv von ihrem Platz wegzubewegen hat.

Beispiel: Die Polizei räumt an der Unfallstelle die Straße, um die Landung eines Rettungshubschraubers zu ermöglichen.

b. Betretungsverbot

893 Wird einer Person vorübergehend das Betreten eines Ortes verboten, so wird ihr untersagt, sich an den Platz zu begeben, den sie gerade aufsuchen will.

Das Betretungsverbot ist die Rechtsgrundlage der **Polizeiabsperrung.** Diese kann ausgeführt werden durch die Anordnung von Polizeibeamten, quergestellte Dienstfahrzeuge, durch Flatterleinen (meist rot/weiß mit der Aufschrift Polizeiabsperrung) oder durch jede andere konkludente Handlung.

894 **Beispielfall 46**

Auf einem Fabrikgelände hat sich eine Explosion ereignet und es besteht die Gefahr, dass es zu weiteren Explosionen kommen kann, da auf dem Fabrikgelände mehrere Behälter mit Chemikalien gelagert werden.
Was kann die Polizei tun?

Lösung
Die Polizei kann das Fabrikgelände gem. Art. 16 Abs. 1 Satz 1 Nr. 1 PAG weiträumig absperren, um eine weitere Gefährdung von Personen, welche sich auf das Gelände begeben wollen, zu verhindern.

Weitere Beispiele: Die Polizei sperrt den Einsatzort der Geiselnahme weiträumig ab. Die Polizei **895** sperrt den Ort des Verkehrsunfalls oder den Tatort zur Spurensicherung ab. Die Polizei richtet einen Sicherheitsbereich bei Staatsbesuchen oder für gefährdete Veranstaltungen ein.

3. Vorübergehende Maßnahme

Nach Art. 16 Abs. 1 Satz 1 kann die Platzverweisung durch die Polizei **nur vor- 896 übergehend** erfolgen. Dies bedeutet, die Anordnung muss zeitlich befristet sein. Aus Art. 4 Abs. 3 PAG folgt, dass die Anordnung nur so lange dauern darf, bis die Gefahrenabwehr als Zweck des Platzverweises erreicht ist oder sich zeigt, dass sie nicht erreicht werden kann.

Demgegenüber wird in der Lit. die Meinung vertreten, dass das Tatbestandsmerkmal **897** „vorübergehend“ eine Beschränkung auf eine geringe Dauer, allenfalls auf wenige Stunden, beinhaltet[7]. Dies vermag nicht zu überzeugen, da diese Meinung sich nicht auf den Wortlaut des Gesetzes stützen kann und dem Sinn des Art. 16 PAG zuwiderläuft.

Beispiele: **898**
(1.) Ein Großbrand wütet über mehrere Tage, die Polizei hat die Befugnis zum Platzverweis aus Art. 16 Abs. 1 PAG. Das Tatbestandsmerkmal „vorübergehend“ liegt vor, da der Zeitraum bestimmbar ist: bis der Brand gelöscht wurde.
(2.) Ist jedoch ein Betretungsverbot für einen längeren Zeitraum erforderlich, um die Begehung von Straftaten zu verhindern, kann die Polizei ein Aufenthaltsverbot nach Art. 16 Abs. 2 S. 1 Nr. 2 a) PAG anordnen. So erhält der Rauschgifthändler ein Aufenthaltsverbot von 6 Monaten für die Partymeile.
(3.) Ist ein Betretungsverbot für einen längeren unbestimmbaren Zeitraum erforderlich und droht keine Begehung von Straftaten, findet sich die Rechtsgrundlage für diese polizeiliche Anordnung in Art. 11 Abs. 1 PAG[8]. Dies ist der Fall, wenn beispielsweise das Grundstück voraussichtlich mehrere Monate nach vergrabener Kriegsmunition abgesucht werden muss.
(4.) Art. 11 Abs. 1 PAG ist auch die Rechtsgrundlage für ein Betretungsverbot auf Dauer, wenn keine Begehung von Straftaten droht. Dies ist beispielsweise der Fall, wenn auf dem Grundstück illegal radioaktiv verseuchtes Material abgelagert wurde.

4. Richtung des Entfernens

Für die Richtung des Entfernens bei einer Platzverweisung gilt Folgendes: Wenn es **899** die Abwehr der Gefahr zwingend erfordert, ist die Polizei nach Art. 16 Abs. 1 PAG auch befugt, der Person, die sie des Platzes verweist, die Richtung ihres Entfernens vorzuschreiben. Dies folgt aus dem Zweck des Art. 16 Abs. 1 PAG, der der Polizei eine Rechtsgrundlage zum vorübergehenden Entfernen von Personen geben will, um eine Gefahrensituation zu bereinigen. Die Eingriffsbefugnis orientiert sich daher an der Gefahrenlage.

---

[7] Berner/Köhler/Käß, PAG, Art. 16 Rn. 1.
[8] Vgl. Schmidbauer, in: ders./Steiner, Art. 11 PAG Rn. 167.

900 Demgegenüber lehnt ein Teil der Literatur die Befugnis zu einer derartigen Anordnung nach Art. 16 Abs. 1 PAG ab[9]. Ebenfalls wird die Ansicht vertreten, dass nach Art. 16 Abs. 1 PAG eine Person nicht in eine bestimmte Richtung geschickt werden dürfe[10]. Sie könne jedoch so lange des Platzes verwiesen werden, bis ihr nur noch die Entfernung in der gewünschten Richtung übrig bleibe. Beide Meinungen vermögen nicht zu überzeugen. Während die erste Ansicht Art. 16 Abs. 1 PAG ohne Notwendigkeit über seinen Wortlaut hinaus einschränkt, ist die zweite Ansicht gekünstelt, ohne dass hierfür ein Bedürfnis besteht.

Nachdem der Wortlaut zu keiner derartigen Beschränkung des Art. 16 Abs. 1 PAG zwingt, entscheidet über seine Auslegung Sinn und Zweck der Vorschrift. Wenn die Abwehr der Gefahr es erforderlich macht, kann die Polizei die Richtung des Entfernens vorschreiben[11].

901 Art. 16 Abs. 1 PAG gibt der Polizei jedoch **keine Rechtsgrundlage, um** der Person, die des Platzes verwiesen werden soll, **einen Zielpunkt** ihres Entfernens **vorschreiben zu können**.

Beispielsweise ist keine Anordnung möglich, sich vom Ort einer Ansammlung weg in ein Fußballstadion zu begeben. Schon der Wortlaut des Art. 16 Abs. 1 PAG lässt nur eine Wegverweisung, aber kein Hinverweisen auf einen Zielpunkt zu. Darüber hinaus wäre dies als Festhalten an einem bestimmten Ort und damit als Ingewahrsamnahme zu qualifizieren, die nur unter den Voraussetzungen des Art. 17 PAG zulässig ist.

902 **Beispielfall 47**

Die Absturzstelle eines Flugzeuges ist nur über zwei Straßen zu erreichen. Die eine Straße wird zur Anfahrt der Rettungsfahrzeuge benutzt. Mittlerweile haben sich dutzende Schaulustige an der Unfallstelle versammelt, welche die Rettungsarbeiten behindern.
Was kann die Polizei tun?

Lösung
Die Polizei kann die Schaulustigen gem. Art. 16 Abs. 1 Satz 1 Nr. 1 PAG des Platzes verweisen. Dabei kann sie diesen auch die Richtung vorgeben, in die sie sich entfernen müssen. Insoweit kann die Polizei den Schaulustigen gegenüber anordnen, den Unfallort auf der zweiten Straße zu verlassen, die nicht für die Rettungsfahrzeuge benutzt wird. Ein Endziel, das die Schaulustigen zu erreichen haben, kann die Polizei nicht vorgeben.

VI. Der Adressat des Platzverweises

903 Nach welchen Vorschriften sich der Adressat eines Platzverweises bestimmt, ist **umstritten**. Nach e. A. ist der Adressat eines Platzverweises aus den allgemeinen Vorschriften der Art. 7, 8 und 10 PAG zu beurteilen. Begründet wird diese Auffassung damit, dass Art. 16 PAG ebenso wie Art. 11 PAG nur auf die Abwehr der Gefahr abgestellt ist[12].

904 Nach einer a. A. ist der Adressatenkreis eines Platzverweises dem Art. 16 PAG selbst zu entnehmen[13]. Sie führen hierfür ins Feld, dass weder Art. 16 Abs. 1 Satz 1 noch Satz 2 PAG voraussetzen, dass die Gefahr von der Person ausgeht, die weggewiesen

[9] Berner/Köhler/Käß, PAG, Art. 16 Rn. 1.
[10] Honnacker/Beinhofer/Hauser, PAG, Art. 16 Rn. 3.
[11] Ausführlich: Schmidbauer, in: ders./Steiner, Art. 16 PAG Rn. 26ff.
[12] Honnacker/Beinhofer/Hauser, PAG, Art. 16 Rn. 6; ebenso Nr. 16.2 VollzBek.
[13] Berner/Köhler/Käß, PAG, Art. 16 Rn. 2.

werden soll. Die absichtlich weite Fassung des Art. 16 PAG wolle gerade schwierige Subsumierungen unter den Begriff der Verantwortlichkeit entbehrlich machen.

Zu beachten ist, dass beide Ansichten zum gleichen Ergebnis führen, wenn die Person, die des Platzes verwiesen werden soll, die Gefahr zwar nicht selbst verursacht hat, aber doch verstärkt. Dies kann bereits durch bloße Anwesenheit geschehen. 905

Beispiel: Schaulustige bei einem Unfall, die den Zufahrtsweg für Notarzt und Feuerwehr blockieren. Dies sind Störer i.S.d. Art. 7 PAG und keineswegs Nichtbeteiligte, gegen die nur unter den Voraussetzungen des Art. 10 PAG vorgegangen werden kann.

VII. Die Durchsetzung der Platzverweisung

Die **Nichtbeachtung** einer Platzverweisung durch die Polizei nach Art. 16 PAG ist **nicht straf- oder bußgeldbewehrt**. Die Polizei ist jedoch befugt, einen Platzverweis nach Art. 16 PAG durch **unmittelbaren Zwang** gemäß Art. 70, 77 ff. PAG durchzusetzen.[14] Häufigstes Beispiel ist das Zurückdrängen betroffener Personen. Schließlich gibt die Nichtbeachtung einer Platzverweisung der Polizei die Befugnis, die betreffende Person **in Gewahrsam zu nehmen,** Art. 17 Abs. 1 Nr. 3 PAG. Die Nichtbeachtung eines Entfernungsgebotes oder eines Ortsverbotes wird zur Tatbestandsvoraussetzung der polizeilichen Ingewahrsamnahme. 906

VIII. Verfassungsmäßigkeit von Art. 16 Abs. 1 PAG

Der Platzverweis ist ein verfassungsrechtlich zulässiger Eingriff in das **Grundrecht der körperlichen Bewegungsfreiheit** nach **Art. 2 Abs. 2 Satz 2 GG**. Art. 16 entspricht in verfassungskonformer Weise dem Gesetzesvorbehalt des Art. 2 Abs. 2 Satz 3 GG. 907

Bei Platzverweisen im Zusammenhang mit **Versammlungen** beeinflusst **Art. 8 GG** die Eingriffsbefugnis aus Art. 16. Es ist daher zu unterscheiden[15]: 908

- **Personen auf dem Weg zur Versammlung**: Ein Platzverweis nach Art. 16 Abs. 1 PAG ist zulässig, solange er nicht bewirkt, dass die Teilnahme an der Versammlung völlig verhindert wird.
- **Teilnehmer während einer stattfindenden Versammlung**, solange sie nicht ausgeschlossen sind und sich somit auf die Versammlungsfreiheit berufen können: Ein Platzverweis nach Art. 16 Abs. 1 PAG ist unzulässig, da sich polizeiliche Maßnahmen gegen das Stattfinden oder die Durchführung der Versammlung nur auf das BayVersG stützen können.[16]
- **Personen, die nicht Versammlungsteilnehmer sind**, die aus der Versammlung ausgeschlossen wurden, oder Personen nach Auflösung oder Beendigung der Versammlung: Ein Platzverweis nach Art. 16 Abs. 1 PAG ist unbeschränkt zulässig.

In den Schutzbereich des Grundrechts auf **Freizügigkeit** nach **Art. 11 GG** greift ein Platzverweis nicht ein, da er nur eine vorübergehende Maßnahme darstellt. Art. 11 GG schützt nämlich die Wohnsitzbegründung und die Wahl des alltäglichen Lebensschwerpunktes[17]. Die Freizügigkeit ist aber nicht im Sinn einer allgemeinen Bewe- 909

---

[14] Dazu Kapitel 25.

[15] Bestätigend: BVerfG, NVwZ 2005, 80 f.; ebenso: Schmidbauer, in: ders./Steiner, Art. 16 PAG Rn. 38.

[16] Dazu Rn. 1859 ff.

[17] BVerfGE 2, 152; 8, 97; 29, 194; 76, 74.

gungsfreiheit zu verstehen. Diese wird nämlich allein von Art. 2 Abs. 2 Satz 2 GG geschützt[18].

B. Kontaktverbot, Art. 16 Abs. 2 Satz 1 Nr. 1 PAG

910 Bei Vorliegen einer konkreten Gefahr oder einer drohenden Gefahr für ein bedeutendes Rechtsgut kann die Polizei nach Art. 16 Abs. 2 Satz 1 Nr. 1 PAG einer Person verbieten, zu bestimmten Personen Kontakt zu suchen oder aufzunehmen. Solche Kontaktverbote werden vor allem bei Fällen von Gewalt im sozialen Nahraum oder Stalking angeordnet. Sie kommen aber auch in Betracht, wenn die betroffene Person Kontakt zu anderen gefährlichen Personen oder Gruppierungen sucht, etwa um konspirativ die Begehung von Straftaten vorzubereiten oder zu planen.

C. Aufenthaltsanordnungen, Art. 16 Abs. 2 Satz 1 Nr. 2 PAG

911 Nach Art. 16 Abs. 2 Satz 1 Nr. 2 PAG kann die Polizei Aufenthaltsanordnungen erlassen.
- Nach lit. a ist ein **Aufenthaltsverbot** zulässig: Die Polizei darf einer Person verbieten, sich an einen bestimmten Ort oder in ein bestimmtes Gebiet zu begeben.
- Nach lit. b ist ein **Aufenthaltsgebot** zulässig: Die Polizei darf einer Person verbieten, ihren Wohn- oder Aufenthaltsort oder ein bestimmtes Gebiet zu verlassen.

912 Der **Inhalt** der Aufenthaltsanordnung ist von der Polizei **örtlich genau zu beschränken**. Dies ergibt sich bereits aus dem Wortlaut des Art. 16 Abs. 2 Satz 1 PAG, der den Regelungsbereich ausdrücklich auf „bestimmte" Orte oder Gebiete erstreckt.

913 Ferner ist der Inhalt der Aufenthaltsanordnung **in zeitlicher Hinsicht** exakt zu bestimmen. Gemäß Art. 16 Abs. 2 Satz 3 PAG dürfen die Anordnungen die Dauer von drei Monaten nicht überschreiten und können bei Fortbestehen der Anordnungsvoraussetzungen um jeweils nicht mehr als drei Monate verlängert werden.

914 Die Polizei darf eine **Ausnahmeerlaubnis** für den Einzelfall erteilen. Eine solche kommt insbesondere in Betracht, wenn zu besorgen steht, dass die Aufenthaltsanordnung an die betroffene Person unzumutbare Anforderungen stellt oder ihr die Wahrnehmung berechtigter Interessen unmöglich macht. Durch die Ausnahmeerlaubnis der Polizei soll der betroffenen Person beispielsweise ermöglicht werden, weiterhin Arzt, Rechtsanwalt, soziale Einrichtungen oder Behörden aufzusuchen oder Gerichtstermine wahrzunehmen.

915 Schließlich muss die Aufenthaltsanordnung dem Gebot der **Verhältnismäßigkeit** nach Art. 4 PAG genügen.

916 Bei Aufenthaltsgeboten und Aufenthaltsverboten handelt es sich **nicht** um **freiheitsentziehende Maßnahmen,** so dass sie auch nicht unter Richtervorbehalt stehen. Der Betroffene kann die Aufenthaltsanordnung vielmehr im Verwaltungsrechtsweg durch eine Anfechtungsklage nach § 42 Abs. 1 Hs. 1 VwGO gerichtlich überprüfen lassen, gegebenenfalls auch durch vorläufigen Rechtsschutz nach §§ 80 Abs. 5, 80 Abs. 2 Nr. 2 VwGO. Nach der Rechtsprechung ist unter Freiheit der Person die körperliche Freiheit, der Schutz vor Verhaftungen, Festnahmen, Ingewahrsamnahmen und ähnlichen Eingriffen zu verstehen, so dass entsprechend beschränkte

---

[18] H. M.; vgl. Kunig, in: v. Münch/Kunig, Art. 11 Rn 13; Antoni, in: Seifert/Hömig, GG, Art. 11 Rn. 3.

Maßnahmen wie eine Aufenthaltsanordnung zwar keine Freiheitsentziehung, aber einen Grundrechtseingriff in die allgemeine Handlungsfreiheit darstellen[19]. Soweit das grundrechtlich geschützte Recht auf Freizügigkeit nach Art. 11 Abs. 2 GG bzw. Art. 109 BV durch die Möglichkeit der Anordnung von Aufenthaltsgeboten oder Aufenthaltsverboten nach Art. 16 Abs. 2 Satz 1 Nr. 2 PAG tangiert ist, ist durch die gesetzliche Regelung gewährleistet, dass solche von Vorneherein nur in Betracht kommen können, wenn die Rechtsgutsgefährdung mit der drohenden Begehung von Straftaten einhergeht. Damit werden die Anforderungen des Art. 11 Abs. 2 GG erfüllt.

Dies schließt jedoch nicht aus, dass derartige Ge- und Verbote auch Anlass für die Anordnung einer **917**
Elektronischen Aufenthaltsüberwachung nach Art. 34 PAG und bei deren Nichtbeachtung auch einer Ingewahrsamnahme sein können. In diesem Rahmen können sie dann auch Teil der richterlichen Anordnung sein, vgl. Art. 34 Abs. 1 Satz 2 PAG.

D. Platzverweis bzw. Aufenthaltsanordnungen bei häuslicher Gewalt

Auf der Rechtsgrundlage des Art. 16 Abs. 1 bzw. Abs. 2 Satz 1 Nr. 1b PAG ist auch **918**
der vorübergehende Platzverweis bzw. ein (längerdauerndes) Aufenthaltsverbot eines Wohnungsinhabers aus seiner eigenen Wohnung zulässig, soweit dies zur Abwehr einer gegenwärtigen erheblichen Gefahr erforderlich ist. Diese Voraussetzungen sind bei Gewalttaten im **sozialen Nahraum** (häuslicher Gewalt) erfüllt, bei denen aufgrund der Umstände des Einzelfalles eine Fortsetzung der Gewalt zu befürchten ist[20]. Für **Stalking-Fälle** gilt das Gleiche.

Wie die polizeilichen Erfahrungen zeigen, beruhigt der Platzverweis die Gemüter, trägt zur Dees- **919**
kalation bei und verhindert auf diese Weise weitere Gewalttaten. Es handelt sich um eine zeitlich befristete Krisenintervention, die dem Opfer die Möglichkeit verschafft, in Ruhe und ohne das Risiko von Gewalttätigkeiten Entscheidungen zu treffen[21]. Er ist für den Angreifer das mildere Mittel gegenüber der Ingewahrsamnahme, die bei Nichtbeachtung in Betracht zu ziehen ist, Art. 17 Abs. 1 Nr. 3 PAG.

Über den Wortlaut des Art. 16 PAG hinaus setzt ein polizeiliches Einschreiten im **920**
sozialen Nahraum eine **gegenwärtige erhebliche Gefahr** voraus. Dies ergibt sich zum einen aus Art. 23 Abs. 1 Satz 1 Nr. 3, Abs. 2 PAG. Denn nur bei Vorliegen einer gegenwärtigen erheblichen Gefahr darf die Polizei nach den genannten Vorschriften eine Wohnung ohne Einwilligung des Inhabers betreten und durchsuchen. Das Erfordernis einer gegenwärtigen erheblichen Gefahr ergibt sich zudem in diesen Fällen aus dem Grundrecht der Unverletzlichkeit der Wohnung gemäß Art. 13 GG. Es beschränkt demnach über Art. 23 PAG die Möglichkeit eines Platzverweises bzw. einer Aufenthaltsanordnung nach Art. 16 PAG, wenn sich die Maßnahme gegen einen Wohnungsinhaber richtet. Bei Vorliegen einer gegenwärtigen Gefahr für Leib, Leben oder Freiheit einer Person oder für Sachen von bedeutendem Wert, kann allerdings auch der Wohnungsinhaber selbst aus seiner Wohnung verwiesen werden. Dieses Ergebnis hält auch einer verfassungsrechtlichen Überprüfung stand, da der Schutzbereich des Grundrechts der Unverletzlichkeit der Wohnung keinen Freibrief ausstellt, Gewalt gegen sonstige Personen anzuwenden, die sich rechtmäßig in der Wohnung aufhalten.

---

[19] Vgl. etwa BayVGH, Beschluss vom 18.2.1999, Gz. 24 CS 98.3198, VG München Beschluss vom 5.6.2015, Az. M 7 S 15.2222 m. w. N.

[20] Vgl. Schmidbauer, BayVBl. 2002, 257 ff.

[21] BVerfG, NJW 2002, 2225 ff.

921 Bei Gewalttätigkeiten im sozialen Nahraum endet die konkrete Gefahr voraussichtlich in dem Zeitpunkt, in dem nach dem GewaltschutzG eine **Eilverfügung vor den Zivilgerichten** gegen den Störer ergehen wird oder ergangen wäre, wenn das Opfer diese Möglichkeit wahrgenommen hätte. Der Platzverweis bzw. das Aufenthaltsverbot soll dabei dem Opfer auch die Gelegenheit geben, frei von Gewalt oder drohender Gewalt über die eigene Lage und die bestehenden rechtlichen Möglichkeiten nachzudenken. Wann eine derartige Eilverfügung der Zivilgerichte ergehen kann, hängt von verschiedenen Faktoren ab, beispielsweise inwieweit ein Wochenende oder Feiertage bevorstehen, inwieweit Rechtsanwälte oder Gerichte erreichbar und belastet sind. Darüber hinaus sind die Entfernung zum Gericht und sonstige örtliche Besonderheiten zu berücksichtigen. Der Zeitraum innerhalb dessen eine gerichtliche Verfügung nach dem Gewaltschutzgesetz ergehen kann, kann erfahrungsgemäß zwischen zehn und vierzehn Tagen betragen. Daher dürfte es rechtmäßig sein, den Platzverweis auf eine Zeitdauer von zehn Arbeitstagen anzuordnen, sofern keine Besonderheiten in zeitlicher Hinsicht gegeben sind. Stellt sich während dieser Zeitspanne heraus, dass diese Frist zu kurz oder zu lang angesetzt ist, hat sie die Polizei zu verlängern oder zu verkürzen.

E. Meldeanordnung, Art. 16 Abs. 2 Satz 2 PAG

922 Nach **Art. 16 Abs. 2 Satz 2 PAG** kann die Polizei unter den Voraussetzungen eines Kontaktverbotes nach Art. 16 Abs. 2 Satz 1 Nr. 1 PAG (s. o.) anordnen, dass eine Person in bestimmten zeitlichen Abständen bei einer Polizeidienststelle persönlich erscheint, sog. **Meldeanordnung**.

923 Damit wird eine bislang auf Art. 11 Abs. 1 PAG gestützte und bewährte Maßnahme ausdrücklich als standardisierte Eingriffsbefugnis in den Kanon der Spezialbefugnisnormen aufgenommen.

924 Zweck der Meldeanordnung ist es, Verursacher von Gefahren von ihrem gefährdenden Tun räumlich und zeitlich abzuhalten. Besondere Praxisrelevanz weist dieses sicherheitsbehördliche Instrument insbesondere bei der Überwachung von Hooligans, potenziellen Sexualstraftätern sowie islamistischen Gefährdern auf.

925 Die Meldeanordnung unterliegt ebenfalls der zeitlichen Grenze von maximal drei Monaten mit einer Verlängerungsmöglichkeit um weitere drei Monate, Art. 16 Abs. 2 Satz 3 PAG.

Klausurhinweis:

Die Meldeanordnung steht meistens im Zusammenhang mit weiteren Maßnahmen nach Art. 16 PAG, welche den Aufenthalt des Störers betreffen.

Die Anordnung von Meldeauflagen nach Art. 7 Abs. 2 LStVG bleibt von der polizeilichen Befugnis der Meldeanordnung unberührt.

18. Kapitel. Gewahrsam, Art. 17 bis 20 PAG

Zusammenfassung

1. Art. 17 PAG beinhaltet eine Rechtsgrundlage, um eine Person in Gewahrsam zu nehmen.
2. Art. 17 Abs. 1 Nr. 1 PAG erlaubt die Gewahrsamnahme zum Schutz einer Person.
3. Wichtigster Fall in der Praxis ist Art. 17 Abs. 1 Nr. 2 PAG. Die Vorschrift gibt der Polizei die Befugnis, eine Person in Sicherheitsgewahrsam (**Unterbin-**

dungsgewahrsam) zu nehmen. Zweck des polizeilichen Handelns ist es, die Begehung einer rechtswidrigen Tat (sog. **Präventivgewahrsam**) oder deren Fortsetzung (sog. **Repressivgewahrsam**) zu verhindern.
4. Art. 17 Abs. 1 Nr. 3 PAG erlaubt die Gewahrsamnahme bei einer konkreten Gefahr für ein bedeutendes hochrangiges Rechtsgut. Eine drohende Gefahr genügt nicht.
5. Bei Art. 17 Abs. 1 Nr. 4 PAG dient die Gewahrsamnahme der Durchsetzung eines Platzverweises oder einer Aufenthaltsanordnung.
6. Art. 17 Abs. 1 Nr. 5 PAG regelt den Fall der Nichtbefolgung von Anordnungen im Zusammenhang mit einer elektronischen Aufenthaltsüberwachung (Fußfessel).
7. Aufgrund eigener Befugnis kann die Polizei eine Person nicht länger als **48 Stunden** (genauer: 47 Stunden und 59 Minuten) in Gewahrsam nehmen. Innerhalb dieser Frist bestimmt sodann allein der **Richter** die höchstzulässige Dauer der Freiheitsentziehung, Art. 20 Satz 2 PAG. Sie darf nicht mehr als drei Monate betragen und kann jeweils um längstens drei Monate verlängert werden, Art. 20 Satz 3 PAG.
8. Art. 18, Art. 19 und Art. 92 PAG regeln das polizeiliche und gerichtliche Verfahren sowie die örtliche Zuständigkeit des Gerichts.
9. Art. 12 BayPsychKHG ist lex specialis gegenüber Art. 17 PAG.
10. Von der Ingewahrsamnahme, die eine **Freiheitsentziehung** beinhaltet, ist die **Freiheitsbeschränkung zu unterscheiden**. Darunter ist die kurzfristige Anhaltung einer Person durch die Polizei zu verstehen, um eine andere polizeiliche Maßnahme durchzuführen, z.B. Identitätsfeststellung. Für eine Freiheitsbeschränkung gelten nicht Art. 17ff. PAG. Ihre Rechtmäßigkeit wird vielmehr von den Gerichten inzident im Rahmen der Rechtmäßigkeitsprüfung der eigentlich durchgeführten polizeilichen Maßnahme überprüft, also z.B. im Rahmen der gerichtlichen Prüfung der Rechtmäßigkeit der Identitätsfeststellung. Dauert die Freiheitsbeschränkung zu lange, wird sie zur Freiheitsentziehung und ist sodann an den Vorschriften der Art. 17ff. PAG zu prüfen.

A. Regelungsgehalt und Anwendungsbereich der Vorschrift

I. Regelungsgehalt

Art. 17 PAG gibt der Polizei die Befugnis, eine Person in Gewahrsam zu nehmen, wenn dies erforderlich ist, um bestimmte qualifizierte Gefahren abzuwenden. Gewahrsamnahme nach Art. 17 PAG bedeutet, dass die Polizei einer Person die **Freiheit entzieht und** ihren **Aufenthaltsort bestimmt**. 926

Aufgrund eigener Befugnis kann die Polizei eine Person nicht länger als 48 Stunden (genauer: 47 Stunden und 59 Minuten) in Gewahrsam nehmen. Der Richter kann die Zeitdauer des Gewahrsams jeweils um längstens drei Monate verlängern. 927

Die Ingewahrsamnahme ist unabhängig von Alter, körperlicher oder geistiger Verfassung, Schuld- oder Einsichtsfähigkeit der betroffenen Person zulässig. Insbesondere kann der verlängerte Gewahrsam nach Art. 20 Satz 1 Nr. 3, Satz 2 PAG auch gegenüber Minderjährigen angeordnet werden. Entscheidend ist vielmehr allein die Not- 928 wendigkeit der Ingewahrsamnahme zur Abwehr einer Gefahr für die im Gesetz genannten herausgehobenen Rechtsgüter. Die Befugnis aus Art. 17 PAG ist ein schwerer Rechtseingriff der Polizei. Entsprechend gewichtig muss das zu schützende Rechtsgut sein, von dem es eine Gefahr abzuwenden gilt.

II. Anwendungsbereich

929 Es gibt eine Reihe von Vorschriften, die Vorrang vor einer Anwendung des Art. 17 PAG haben:

- Dazu gehört insbesondere die unaufschiebbare sofortige vorläufige Unterbringung psychisch Kranker durch die Polizei nach Art. 12 BayPsychKHG.
- Zudem zählen hierzu der vorläufige Gewahrsam zur Sicherung der Abschiebeanordnung der Ausländerbehörde nach §§ 62 Abs. 5, 58 AufenthG, die Abschiebehaft nach § 62 Abs. 3 AufenthG, Zurückschiebung nach § 57 AufenthG und die Durchsetzung der Verlassenspflicht nach § 59 AsylG.

930 Art. 17 PAG gibt die Befugnis der Gewahrsamnahme zur Abwehr einer Gefahr. Demgegenüber dienen § 127 Abs. 2 und Abs. 1 StPO, § 163b Abs. 1 StPO, § 163b Abs. 1 StPO und § 163b Abs. 1 StPO der Strafverfolgung und sind neben dem PAG anwendbar[1].

Der Gewahrsam auf Ersuchen einer Verwaltungsbehörde stellt regelmäßig einen Fall von Vollzugshilfe nach Art. 2 Abs. 3, Art. 67 ff. PAG dar. Die Befugnis der ersuchenden Behörde zur Ingewahrsamnahme muss sich dabei aus einer Vorschrift außerhalb des PAG ergeben.

B. Inhalt des Gewahrsams

931 Gewahrsam bedeutet, dass die Polizei einer Person ihre **Freiheit entzieht**, sie in Verwahrung nimmt und **daran hindert, sich zu entfernen**. Entscheidend ist der tatsächliche Entzug der Freiheit, d.h. das Verhindern des Sich-Entfernens und das Bestimmen des Aufenthaltsortes durch die Polizei. Die Polizei entzieht dem Betroffenen die Freiheit gegen oder ohne seinen Willen oder im Zustand der Willenlosigkeit. Begibt sich eine Person freiwillig in die Obhut der Polizei, liegt kein Rechtseingriff vor. Die Eingriffsgrundlage des Art. 17 PAG ist dann entbehrlich.

Beispiel: Ein Zeuge lässt sich vor Berufskilliern des organisierten Verbrechens schützen.

932 Eine bestimmte **Form** der Ingewahrsamnahme ist hingegen nicht vorgeschrieben.

I. Recht zur Aufenthaltsbestimmung

933 Art. 17 PAG gibt der Polizei die Befugnis, durch Hoheitsakt ein Rechtsverhältnis zu begründen, kraft dessen eine Person verwahrt wird. Daraus ergibt sich sowohl das Recht zur **Aufenthaltsbestimmung** als auch die Pflicht zur **Fürsorge**.

934 Regelfall ist, dass die betroffene Person in die Arrestzelle der Polizeidienststelle eingeschlossen wird. Sind die Arrestzellen bereits belegt, kommt z.B. auch das Einsperren in einen geeigneten Büroraum in Betracht. Jedoch ist die Verwahrung in einem abgeschlossenen Raum nicht vorgeschrieben.

[1] Vgl. zur sog. Gemengelage Kapitel 10 und 50 und BGH, Urt. v. 26.4.2017 – 2 StR 247/16.

Als **Beispiel** kann die Anordnung der Polizei genannt werden, einen bestimmten Ort nicht zu verlassen. Dies ist eine Gewahrsamnahme. Auch für eine derartige polizeiliche Anordnung müssen daher die Eingriffsvoraussetzungen des Art. 17 PAG vorliegen. 935

II. Die Einschließung

Der Gewahrsam kann daher auch in der Form der **Einschließung** erfolgen. Darunter ist zu verstehen, dass die Polizei insbesondere bei einer Massenveranstaltung unter freiem Himmel eine Vielzahl von Personen umstellt und an einem bestimmten Ort festhält. Fälle in der Praxis sind insbesondere die Einschließung von Störern, die sich aus einer aufgelösten gewalttätigen Versammlung nicht entfernen oder die Einschließung randalierender Gruppen von Fußballrowdies. Umgangssprachlich wird dies auch als **Einkesselung** bezeichnet. 936

Die Durchsetzung des Gewahrsams durch die Anwendung unmittelbaren Zwanges stützt sich auf Art. 75, 77 PAG.

Bei einer **Versammlung** ist jedoch zu beachten, dass die Polizei als erstes die Versammlung nach Art. 15 Abs. 1 und 4 BayVersG auflösen und zweitens den Versammlungsteilnehmern faktisch die Möglichkeit geben muss, die Versammlung auch tatsächlich zu verlassen. Erst dann darf die Polizei die nunmehrige Ansammlung umstellen und auf diese Weise nach Art. 17 Abs. 1 Nr. 2 PAG in Gewahrsam nehmen. 937

Erfolgt bei einer Massenveranstaltung eine Einschließung, hat die Polizei im Rahmen ihrer Möglichkeiten umgehend die notwendigen logistischen Voraussetzungen zu schaffen, insbesondere hygienische Vorkehrungen zu treffen. Unterlässt sie dies, hat dies zwar nicht die Rechtswidrigkeit des Gewahrsams zur Folge, kann aber zu Schadensersatzansprüchen wegen Verstoßes gegen die Obhutspflicht im Gewahrsam führen. 938

III. Abgrenzung zur Freiheitsbeschränkung

Von der Ingewahrsamnahme, die eine **Freiheitsentziehung** beinhaltet, ist die bloße **Freiheitsbeschränkung** zu **unterscheiden.** Hierunter versteht man das kurzfristige Anhalten einer Person durch die Polizei, um eine anderweitige polizeiliche Maßnahme durchführen zu können. Beispielsweise ist mit einer Identitätsfeststellung zwangsläufig eine Freiheitsbeschränkung verbunden. Die Befugnis der Polizei, die Identität einer Person festzustellen, beinhaltet auch die Befugnis, die Person hierfür anzuhalten. Diese Unterscheidung hat Auswirkungen auf das anzuwendende Verfahren. Für eine Freiheitsbeschränkung gelten nicht die Art. 17ff. PAG. Ihre Rechtmäßigkeit wird vielmehr von den Gerichten inzident im Rahmen der Rechtmäßigkeitsprüfung der eigentlich durchgeführten polizeilichen Maßnahme überprüft, also z.B. im Rahmen der gerichtlichen Überprüfung der Rechtmäßigkeit der Identitätsfeststellung. Ein Missbrauch durch die Polizei wird dadurch ausgeschlossen, dass eine – gemessen an der von der Polizei beabsichtigten Maßnahme – überlange Freiheitsbeschränkung als Freiheitsentziehung zu qualifizieren[2] und sodann am Maßstab der Art. 17ff. PAG zu prüfen ist. 939

[2] Vgl. Schmidbauer, in: ders./Steiner, Art. 18 PAG Rn. 6ff., BVerwGE 62, 325; BGHZ 82, 261.

IV. Verfassungskonformität des Art. 17 PAG

940 Art. 17 PAG erfüllt die verfassungsrechtlichen Anforderungen des Art. 2 Abs. 2 Satz 2 GG. Es handelt sich um ein formelles Gesetz, das Rechtsgrundlage einer Freiheitsentziehung ist und deren Voraussetzungen festlegt. Für eine solche Freiheitsentziehung fordern Art. 104 Abs. 2 Satz 3 GG und Art. 102 Abs. 2 BV spätestens am Ende des Tages nach dem Ergreifen eine richterliche Entscheidung. Dem tragen Art. 18, 20 PAG Rechnung. Die genannten Vorschriften genügen den verfassungsrechtlichen Anforderungen.

C. Schutzgewahrsam, Art. 17 Abs. 1 Nr. 1 PAG

941 Art. 17 Abs. 1 Nr. 1 PAG gibt der Polizei die Befugnis, eine Person in Schutzgewahrsam zu nehmen. Zweck des polizeilichen Handelns ist die Rettung der Person. Sie soll überleben oder unverletzt bleiben. Daher setzt der Gewahrsam voraus:

I. Gefahr für Leib oder Leben

942 Erforderlich ist das Vorliegen einer **konkreten Gefahr**, d.h. einer Gefahr, die im Einzelfall besteht[3]. In Gefahr sein muss entweder das Leben oder der Leib, d.h. es muss eine erhebliche Verletzung der Gesundheit drohen. Die Gefahr muss jedoch nicht gegenwärtig sein. Andernfalls müsste die Polizei warten, ohne dass sie zum Schutz der hochwertigen Rechtsgüter rechtzeitig tätig werden kann.

II. Erforderlichkeit zum Schutz der Rechtsgüter

943 Der Polizeigewahrsam muss **zum Schutz** der Rechtsgüter Leib oder Leben **erforderlich** sein. Das Gesetz selbst nennt zunächst zwei Beispiele, in denen dies regelmäßig der Fall ist.

944 1. Die Person befindet sich erkennbar in einem die freie Willensbestimmung ausschließenden Zustand. Sie kann entweder gar keinen eigenen Willen mehr bilden oder vermag nicht mehr nach ihrem Willen zu handeln.

Beispiele sind Trunkenheit oder Bewusstlosigkeit.

945 2. Als alternativen Beispielfall nennt das Gesetz, dass sich die Person sonst **in hilfloser Lage befindet**. Dabei braucht sie sich gerade nicht in einem die freie Willensbestimmung ausschließenden Zustand zu befinden. Entscheidend ist vielmehr, dass sie nicht mehr mit eigener Kraft der Gefahr entgehen kann.

Beispiele: körperlich Gebrechliche, alte Menschen oder Kinder.

946 3. Hat sich die Person freiwillig in die Gefahr begeben, hat die Polizei sorgfältig zu prüfen, ob überhaupt eine hilflose Lage vorliegt. Das freiwillige Hineinbegeben in eine Gefahr für Leib und Leben begründet solange keine konkrete Gefahr i.S.d. Art. 17 Abs. 1 PAG, als es sich im Rahmen des erlaubten Risikos eines sozialtypischen Verhaltens bewegt. Als Beispiel hierfür kann das Bergsteigen genannt werden, auch wenn es sich um eine schwierige Wand handelt, oder Gleitschirmfliegen. Diese

[3] Vgl. die Legaldefinition in Art. 11 Abs. 1 PAG.

Grenze wird überschritten, wenn bei normalem Verlauf der Dinge mit großer Wahrscheinlichkeit eine schwere Verletzung oder gar der Tod eintreten würde.

Beispiel hierfür ist Gleitschirmfliegen bei unberechenbaren Sturmböen.

4. Wird die Gefahr für Leib oder Leben durch das Handeln eines Dritten verursacht, ist die Polizei gehalten, gegen den Dritten einzuschreiten. Nur wenn dies aussichtslos erscheint, ist der Gewahrsam zum Schutz der Person erforderlich. **947**

Beispiel: Aufgebrachte „Fußballfans" wollen den Schiedsrichter verprügeln. Sind genügend Kräfte anwesend, hat die Polizei gegen die Randalierer vorzugehen. Ist nur eine Streife vor Ort, kann der Schiedsrichter in Gewahrsam genommen werden, um die Lage zu entschärfen.

D. Sicherheitsgewahrsam, Art. 17 Abs. 1 Nr. 2 PAG

Art. 17 Abs. 1 Nr. 2 PAG gibt der Polizei die Befugnis, eine Person in Sicherheits- **948**
gewahrsam zu nehmen. Zweck des polizeilichen Handelns ist es, die Begehung einer rechtswidrigen Tat (sog. **Präventivgewahrsam**) oder deren Fortsetzung (sog. **Repressivgewahrsam**) zu verhindern. Beides wird in der Lit. auch als **Unterbindungsgewahrsam** bezeichnet[4]. Trotz dieser Terminologie ist aber das Ziel des Einschreitens stets präventiv. Zu beachten ist:

I. Straftat oder Ordnungswidrigkeit

Es muss eine **Straftat oder Ordnungswidrigkeit** in Frage stehen. Vergleiche in- **949**
soweit die **Legaldefinitionen in Art. 11 Abs. 2 Satz 2 und Satz 3 PAG**.

Unter **Straftat** ist die Verwirklichung des objektiven Tatbestandes einer Strafrechts- **950**
norm zu verstehen. Gleiches gilt für die Ordnungswidrigkeit.

Klausurhinweis:

Es ist weder ein Verschulden der handelnden Person noch eine Vorwerfbarkeit erforderlich! Es können also auch schuldunfähige Personen in Gewahrsam genommen werden. Ziel der Maßnahme ist ja nicht Bestrafung, sondern Verhinderung der rechtswidrigen Tat insbesondere Verhinderung des Schadenseintritts.[5]

Die **Ordnungswidrigkeit muss von erheblicher Bedeutung** für die Allgemein- **951**
heit sein.

In der Literatur wurde verschiedentlich bezweifelt, ob die Verhütung oder Unterbindung einer **952**
Ordnungswidrigkeit überhaupt einen Gewahrsam zu rechtfertigen vermag. Denn Verhaftung und vorläufige Festnahme sind zur Erforschung einer Ordnungswidrigkeit gemäß §§ 53 Abs. 1 Satz 2, 46 Abs. 3 Satz 1 OWiG unzulässig. Darüber hinaus muss ihr Unrechtsgehalt die Ahndung mit einer Geldbuße zulassen, § 1 Abs. 1 OWiG. Ebenso werden ferner Bedenken im Hinblick auf die EMRK vorgetragen, soweit der Gewahrsam lediglich zur Verhinderung oder Unterbindung von Ordnungswidrigkeiten angewandt wird[6].

---

[4] Honnacker/Beinhofer/Hauser, Art. 17 Rn. 5.
[5] Vgl. Beispielfall 12, Rn. 355 und Beispielfall 48, Rn. 965.
[6] Graulich, in: Lisken/Denninger, E 508 f.

953 Diese Bedenken können aber **nicht überzeugen**. Zur Verhinderung einer rechtswidrigen Tat und zur Schadensverhütung ist es zulässig und sinnvoll, schärfere Maßnahmen zu ergreifen als zur Ahndung eines bereits begangenen Delikts. Darüber hinaus hat die Polizei ohnehin nach Art. 4 Abs. 1 PAG nach Möglichkeit weniger einschneidende Maßnahmen zu ergreifen. Bei einer Verkehrsordnungswidrigkeit reicht beispielsweise regelmäßig die Sicherstellung des Fahrzeuges oder des Zündschlüssels aus.

Auch eine Verletzung der EMRK ist zu verneinen: Wann eine Ordnungswidrigkeit von erheblicher Bedeutung für die Allgemeinheit ist, hängt von dem geschützten Rechtsgut ab. Die Höhe der angedrohten Geldbuße ist demgegenüber lediglich ein weiteres Indiz.

954 Eine zunehmend größere Bedeutung gewinnen die zahlreichen Ordnungswidrigkeitentatbestände auf dem Gebiet des Umweltschutzes[7]. Der Zweck dieser Vorschriften besteht darin, die Allgemeinheit vor drohenden Gefahren zu schützen, deren Auswirkungen die Lebensqualität sehr oft erheblich beeinträchtigen können und die zu dauernden gesundheitlichen Schäden führen können.

Klausurhinweis:

Allgemein lässt sich sagen: Zur Verhinderung und Verhütung einer Ordnungswidrigkeit ist ein polizeilicher Gewahrsam vor allem dann zulässig, wenn der betreffende Tatbestand ein Rechtsgut schützt, das unsere Verfassung als bedeutsam bewertet oder wenn die Folgen der Ordnungswidrigkeit in ganz erheblichem Maße gemeinschaftswidrig oder sozialschädlich sind.

II. Es steht die Begehung oder Fortsetzung einer Straftat oder Ordnungswidrigkeit bevor

955 Ferner muss die **Begehung** oder **Fortsetzung** einer Straftat oder Ordnungswidrigkeit bevorstehen. Die Polizei muss also Grund zur Annahme haben, dass eine Person eine rechtswidrige Tat vollbringen wird, die den objektiven Tatbestand eines Strafgesetzes oder einer Ordnungswidrigkeit verwirklicht.

956 Hiermit verlangt das Gesetz vom Polizeibeamten eine **Prognoseentscheidung.** Zur Erleichterung dieser Prognoseentscheidung hat der Gesetzgeber in Art. 17 Abs. 1 Nr. 2a bis c PAG Anhaltspunkte gegeben. Bei deren Vorliegen sieht der Gesetzgeber selbst die Annahme der bevorstehenden Begehung oder Fortsetzung einer Straftat oder Ordnungswidrigkeit als gegeben an. An diese legislativen Prognosehilfen[8] sind Polizeibeamte und Richter gebunden. Es ist also zunächst stets zu prüfen, ob eines der in Art. 17 Abs. 1 Nr. 2a bis c PAG genannten Kriterien vorliegt[9].

1. Bekenntnis zur Begehung der Tat, Art. 17 Abs. 1 Nr. 2a PAG

957 Nach Art. 17 Abs. 1 Nr. 2a PAG sieht der Gesetzgeber die erforderliche Annahme der Begehung oder Fortsetzung der Tat als erfüllt an, wenn die betreffende Person sich zur Begehung der Tat bekennt. Dies kann auf drei verschiedene Arten geschehen.
– Ankündigung, d.h. Information über vorhandene Absichten.
– Aufforderung, d.h. Animation, Aufstacheln oder Anspornen.

[7] Genannt seien nur BImSchG, BayImSchG, NatSchG, BayNatSchG, WHG, BayWG.
[8] Schmidbauer, in: ders./Steiner, Art. 17 PAG Rn. 37ff.
[9] Vgl. Rn. 969ff.

– Mitführen von Transparenten, sonstigen Gegenständen oder mehreren Flugblättern, die zum Verteilen bestimmt sind, wenn darauf zum Begehen von Straftaten aufgefordert wird.

2. Fund von Waffen oder sonstigen Gegenständen, Art. 17 Abs. 1 Nr. 2b PAG

Nach Abs. 1 Nr. 2b sieht der Gesetzgeber die erforderliche Annahme der Begehung oder Fortsetzung der Tat als erfüllt an, wenn 958
- Waffen, Werkzeuge oder sonstige Gegenstände aufgefunden werden.
- diese Gegenstände ersichtlich **zur Begehung von Straftaten** oder Ordnungswidrigkeiten von erheblicher Bedeutung für die Allgemeinheit **bestimmt** sind. Das Gesetz fordert damit objektive Anhaltspunkte für den Verwendungszweck der Gegenstände.

  Beispiel: Dietrich als Einbruchswerkzeug.

- der Fund bei der betreffenden Person erfolgt ist.

Der Fund bei einer Begleitperson reicht nur aus, wenn objektive Kriterien dafür sprechen, dass der Betroffene Kenntnis davon hatte, dass die Begleitperson solche Gegenstände mit sich führt.

3. Wiederholungsgefahr, Art. 17 Abs. 1 Nr. 2c PAG

Nach Abs. 1 Nr. 2c sieht der Gesetzgeber die erforderliche Annahme der Begehung oder Fortsetzung der Tat als erfüllt an, wenn Wiederholungsgefahr besteht. Eine solche liegt in folgenden Fällen vor: 959

a. Die betreffende Person wurde mehrfach als Störer bei der Begehung von Ordnungswidrigkeiten (Art. 11 Abs. 2 Satz 2, 3 PAG) von erheblicher Bedeutung für die Allgemeinheit oder von Straftaten betroffen. Zudem muss dies aus „vergleichbarem Anlass" geschehen sein. Dies stellt auf die Gleichwertigkeit im Unwertgehalt der Taten ab, z.B. Gewalttaten. Dass die Person bei der Begehung der Taten betroffen wurde, bedeutet, dass sie noch nicht unbedingt rechtskräftig verurteilt sein muss. 960

b. Schließlich muss nach den Umständen eine Wiederholung dieser Verhaltensweise zu erwarten sein. Das Gesetz erfordert insoweit eine Prognose über das künftige Tun des Betroffenen. Dies muss sich beispielsweise aus dem konkreten Verhalten der Person oder ihrem Umfeld ergeben. Beispiel: Ein Fußballfan, der bereits als Gewalttäter in Erscheinung getreten ist, fährt zu einem Ort, an dem zwei verfeindete Fanclubs eine Schlägerei verabredet haben. 961

4. Sonstige Fälle

Liegen keine der dargestellten legislativen Prognosehilfen vor, besteht die für den Gewahrsam erforderliche Gefahr nur dann, wenn im konkreten Einzelfall aufgrund tatsächlicher Anhaltspunkte zu befürchten ist, dass die in Frage stehende Person eine rechtswidrige Handlung begehen wird, die den objektiven Tatbestand eines Strafgesetzes oder einer Ordnungswidrigkeit verwirklicht. Bei der Wahrscheinlichkeitsprognose sind nach dem Verhältnismäßigkeitsgrundsatz an die Annahme der Begehung oder Fortsetzung einer Straftat oder Ordnungswidrigkeit umso geringere Anforderungen zu stellen, je größer oder folgenschwerer der eintretende Schaden wäre[10]. 962

---

[10] Vgl. BVerfG, Urt. v. 27.7.2005, Abs.-Nr. 148ff.; Schmidbauer, in: ders./Steiner, Art. 11 PAG Rn. 35ff.

Beispiele für rechtmäßigen Sicherheitsgewahrsam: Im Kofferraum des angehaltenen Fahrzeuges werden Einbruchswerkzeuge gefunden. Der betrogene Ehemann trifft Anstalten, um die Wohnungstür seines Nebenbuhlers aufzubrechen.

5. Unmittelbares Bevorstehen der Straftat oder Ordnungswidrigkeit

963 **Unmittelbar bevor** steht die Begehung oder Fortsetzung der Straftat oder Ordnungswidrigkeit, wenn die Handlung sofort oder aber zumindest in allernächster Zeit zu erwarten ist.

III. Unerlässlichkeit zur Verhinderung der Straftat bzw. Ordnungswidrigkeit

964 Der Gewahrsam muss **unerlässlich** sein, um die Straftat oder Ordnungswidrigkeit zu verhindern. Die Unerlässlichkeit betont nachdrücklich den Grundsatz der Erforderlichkeit. Angesichts der Schwere des Eingriffs kommt Art. 4 PAG hier besondere Bedeutung zu. Insbesondere ist genau zu prüfen, ob nicht mildere Maßnahmen ausreichend sind. Nicht selten besteht die Alternative in einer Sicherstellung. Jedoch müssen die milderen polizeilichen Maßnahmen denselben Erfolg versprechen wie die Freiheitsentziehung. Straftat oder Ordnungswidrigkeit dürfen noch nicht beendet sein.

965 **Beispielfall 48**

Der 10-jährige J hat sich über eine schlechte Note geärgert und will sich nun dadurch abreagieren, dass er – wie angekündigt – Pflastersteine von der Autobahnbrücke werfen will. Was kann die Polizei unternehmen?

Lösung

Die Polizei kann ihn nach Art. 17 Abs. 1 Nr. 2a PAG in Präventivgewahrsam nehmen. Dabei ist es Ziel des polizeilichen Vorgehens, sein Vorhaben zu verhindern und ihn der Obhut seiner Eltern zu übergeben, nicht dagegen, ihn zu bestrafen. Aus diesem Grunde ist es unerheblich, dass er aus strafrechtlicher Sicht schuldunfähig ist.

E. Gewahrsam bei Gefahr für bedeutende hochrangige Rechtsgüter, Art. 17 Abs. 1 Nr. 3 PAG

966 Art. 17 Abs. 1 Nr. 3 PAG gibt der Polizei die Befugnis, eine Person in Gewahrsam zu nehmen bei einer Gefahr für bedeutende hochrangige Rechtsgüter. Hiermit hat der Gesetzgeber einen Gewahrsamsgrund für den Fall geschaffen, dass eine Person diese Rechtsgüter gefährdet.

967 Voraussetzung ist zunächst das Vorliegen einer **konkreten Gefahr**. Dies ergibt sich aus der Legaldefinition der Gefahr in Art. 11 Abs. 1 PAG. Die Gefahr muss zudem **für ein bedeutendes hochrangiges Rechtsgut** bestehen. Art. 17 Abs. 1 Nr. 3 PAG nimmt insoweit auf einen Teil der in Art. 11 Abs. 3 Satz 2 PAG genannten bedeutenden Rechtgüter Bezug. Da die Ingewahrsamnahme gefährlicher Personen ein tiefgreifender Grundrechtseingriff der Polizei ist, muss eine Gefahr für hochrangige Rechtsgüter bestehen.

Eine Gefahr für eine erhebliche Eigentumsposition reicht daher nicht aus. Art. 11 Abs. 3 Satz 2 Nr. 4 PAG ist folgerichtig nicht zitiert. Durch diesen strikten Rechtsgüterbezug wird das polizeiliche Handlungsziel der Gefahrenabwehr besonders betont. Da der Gewahrsam aufgrund des Verhältnismäßigkeitsprinzips *ultima ratio* ist, sind vorher niederschwellige Maßnahmen zu prüfen, z.B. erkennungsdienstliche Maßnahmen, Art. 14 Abs. 1 Nr. 3 PAG, oder ein Kontakt- oder Aufenthaltsverbot bzw. ein Aufenthaltsgebot nach Art. 16 Abs. 2 PAG. Auf diese Weise wird dem Betroffenen auch die Notwendigkeit der Beachtung konkreter Ge- und Verbote i.S.d. Rspr. des BVerfG[11] und des EGMR hinreichend verdeutlicht. 968

F. Gewahrsam zur Durchsetzung eines Platzverweises und einer Aufenthaltsanordnung, Art. 17 Abs. 1 Nr. 4 PAG

Damit die Polizei ihre Anordnungen, die in der Regel Verwaltungsakte gem. Art. 35 Satz 1 BayVwVfG sind, durchsetzen kann, hält das PAG die Zwangsmittel der Art. 53ff. PAG bereit. Art. 17 Abs. 1 Nr. 4 PAG enthält eine praktisch bedeutsame Ausnahme. 969

Kommen Personen einer polizeilichen Anordnung nach Art. 16 PAG nicht nach, können sie in Gewahrsam genommen werden, was mit unmittelbarem Zwang (Art. 75, 77ff. PAG) vollstreckt werden kann. Im Ergebnis bedeutet dies, dass die Polizei die Anordnung einer Freiheitsbeschränkung nach Art. 16 PAG, die unbeachtet geblieben ist, durch eine Freiheitsentziehung durchsetzen[12] kann. 970

Die Polizei muss einen **Platzverweis** oder eine **Aufenthaltsanordnung** nach Art. 16 PAG ausgesprochen haben, die bestandskräftig ist. Die betreffende Person hat dem Platzverweis der Polizei nicht Folge geleistet. 971

Beispiel: Bei einem besetzten Gebäude machen sich die Störer einen Spaß daraus, aufgrund des Platzverweises der Polizei das Gebäude durch die eine Tür zu verlassen und es sofort durch die andere wieder zu betreten.

Der Gewahrsam muss für die **Duchsetzung** des Platzverweises oder der Aufenthaltsanordnung **unerlässlich** sein. Unerlässlich fordert eine besonders strenge Beachtung des ohnehin gültigen Verhältnismäßigkeitsgrundsatzes. Die Durchsetzung des Platzverweises muss notwendig sein und zur Erreichung dieses Zieles darf kein milderes Mittel zur Verfügung stehen. Die Prüfung dieser Kriterien im Einzelfall ist ein verfassungsrechtlich gebotener Ausgleich zur Schwere des Eingriffs. 972

Fraglich ist, ob es das Merkmal der Unerlässlichkeit fordert, dass die Polizei zunächst versucht haben muss, den Platzverweis des Art. 16 PAG mit unmittelbarem Zwang nach Art. 70, 75, 77ff. PAG zu vollstrecken. Aufgrund der Schwere des Eingriffes ist der Gewahrsam sicher die Maßnahme, die die Polizei zuletzt ergreifen darf. In Anlehnung an den Rechtsgedanken des Art. 75 Abs. 1 Satz 1 PAG darf die Ingewahrsamnahme aber auch schon dann ausgesprochen werden, wenn die Anwendung eines Zwangsmittels zur Vollstreckung des Platzverweises von vornherein keinen Erfolg verspricht. 973

Da der Gewahrsam die Nichtbeachtung des Platzverweises ersetzen soll, ist er an die zeitlichen Schranken des Art. 16 PAG gebunden. Daher kann es sich nur um eine vorübergehende Maßnahme handeln. 974

---

[11] BVerfG, Beschl. v. 18.4.2016, 2 BvR1833/12 m.w.N.

[12] Beachte zur Gesetzessystematik: Der Gewahrsam ist keine Sekundärmaßnahme des Platzverweises. Es handelt sich bei Art. 17 Abs. 1 Nr. 4 PAG vielmehr um eine eigenständige originäre Maßnahme. Dies bedeutet: Beide Anordnungen können nach Art. 70ff. PAG vollstreckt werden. Abs. 1 Nr. 4 setzt freilich zusätzlich voraus, dass die Durchsetzung von Art. 16 PAG erfolglos erscheint.

G. Gewahrsam bei Missachtung einer Anordnung zur elektronischen Aufenthaltsüberwachung, Art. 17 Abs. 1 Nr. 5 PAG

975 Art. 17 Abs. 1 Nr. 5 PAG bestimmt die Nichtbefolgung einer Anordnung im Zusammenhang mit der elektronischen Aufenthaltsüberwachung nach Art. 34 PAG zum Gewahrsamsgrund.

Beispiel: Der Betroffene versucht sich der elektronischen Fußfessel zu entledigen oder will sich der polizeilichen Überwachung entziehen, indem er die Batterie nicht auflädt. Er hat es hier selbst in der Hand, die Ingewahrsamnahme durch Beachtung der Anordnung zu vermeiden.

H. Gewahrsam gefährdeter Jugendlicher und Entwichener, Art. 17 Abs. 2 und 3 PAG

976 Art. 17 Abs. 2 PAG erlaubt, Minderjährige nach § 2 BGB, die sich der Obhut des Sorgeberechtigten entzogen haben, in Gewahrsam zu nehmen bis ein Sorgeberechtigter oder ein Beamter des Jugendamtes gefunden ist.

Art. 17 Abs. 3 PAG hingegen setzt für ein Einschreiten der Polizei voraus, dass die betroffene Person aus amtlichem Gewahrsam der Vollzugsbehörde entwichen ist oder sich ohne Erlaubnis außerhalb der Vollzugsanstalt aufhält[13].

J. Verfahren bei Gewahrsam, Art. 18 bis 20 PAG

977 Art. 104 Abs. 2 GG legt fest, dass ein unabhängiger Richter über Zulässigkeit und Fortdauer der polizeilichen Freiheitsentziehung entscheiden muss. Einzelheiten hierzu regelt Art. 18 PAG.

I. Anordnung durch den Richter, Art. 18 PAG

978 Die Entscheidung des Richters über die Ingewahrsamnahme einer Person ist unverzüglich, also ohne sachlich begründeter Verzögerung, herbeizuführen, Art. 18 Abs. 1 Satz 1 PAG. Einer richterlichen Entscheidung bedarf es nur dann nicht, wenn sie erst nach Beendigung der polizeilichen Freiheitsentziehung ergehen würde, Art 18 Abs. 1 Satz 6 PAG. Ohne richterliche Entscheidung darf der polizeiliche Gewahrsam nicht länger als bis zum Ende des Tages nach dem Ergreifen andauern.

979 Darüber hinaus normiert Art. 18 Abs. 1 Satz 2 bis 5 PAG nunmehr das Vorgehen bei Personen, die aufgrund Alkohol-, Betäubungsmittel- oder Medikamentenkonsums rauschbedingt nicht in der Lage sind, den Gegenstand der richterlichen Anhörung zu erfassen und zu der Feststellung der entscheidungserheblichen Tatsachen beizutragen. In diesen Fällen kann der Richter die vorgeschriebene persönliche Anhörung maximal bis zum Ablauf des Tages nach der Festnahme hinausschieben. Um dennoch eine länger andauernde Freiheitsentziehung ohne richterliche Anhörung zu vermeiden, ordnen die Sätze 4 und 5 an, dass spätestens nach Ablauf des Tages nach der Festnahme zwingend eine erneute richterliche Entscheidung herbeizuführen ist, für die nach Art. 92 Abs. 1 Satz 1 i. V. m. § 420 Abs. 1 Satz 1 FamFG grundsätzlich eine persönliche Anhörung erforderlich ist, wobei davon auszugehen ist, dass sich zu diesem Zeitpunkt der Rauschzustand gelegt hat und sich damit der Gewahrsamsgrund in den meisten Fällen erledigt haben dürfte.

---

[13] Graulich, in: Lisken/Denninger, E 11, bemängelt die Gesetzgebungskompetenz des Landes. Dies überzeugt nicht, da das Ziel des polizeilichen Handelns der Schutz der Bevölkerung vor dem Entwichenen ist. Ebenso: Heckmann, Rn. 366 und Schenke, Rn. 143.

Die Regelungen des Art. 18 PAG finden nur dann Anwendung, wenn eine Person auf Grund von Art. 13 Abs. 2 Satz 3, Art. 15 Abs. 3 oder Art. 17 PAG festgehalten wird. Damit setzt Art. 18 PAG ebenso wie Art. 19 PAG eine **Freiheitsentziehung** nach dem PAG voraus. Sie ist von einer Freiheitsbeschränkung nach Zweck, Dauer, Umständen und Intensität der Einschränkung der Bewegungsfreiheit abzugrenzen[14]. 980

Liegt lediglich eine **Freiheitsbeschränkung** mit einer nur kurzfristigen Einschränkung der Bewegungsfreiheit des Betroffenen durch die Polizei vor, so überprüft das Gericht deren Rechtmäßigkeit inzident im Rahmen der Haupteingriffsmaßnahme. 981

3. Art. 18 PAG sowie der neu eingefügte Art. 92 PAG regelt gleichzeitig sowohl für die Polizei als auch für das Gericht die Verfahrensfragen bis zur rechtskräftigen richterlichen Entscheidung. Für gerichtliche Entscheidungen nach dem PAG gelten die Vorschriften des Gesetzes über das Verfahren in Familiensachen und in Angelegenheiten der freiwilligen Gerichtsbarkeit (FamFG) entsprechend, Art. 92 Abs. 1 Satz 1 PAG. Dabei sind zwei Fälle grundlegend zu unterscheiden: 982

1. Die betroffene Person wird von der Polizei noch festgehalten, Art. 18 Abs. 1, 92 Abs. 2 Satz 2 Nr. 1 PAG

Hier ist eine möglichst schnelle Entscheidung des Richters geboten, wann der polizeiliche Gewahrsam wieder aufgehoben werden muss. Zuständiges Gericht nach Art. 18 Abs. 1, 92 Abs. 2 Satz 2 Nr. 1 PAG ist daher das Amtsgericht, in dessen Bezirk die Freiheitsentziehung vollzogen wird. Die Polizei hat nach Art. 18 Abs. 1 Satz 1 PAG von sich aus eine richterliche Entscheidung herbeizuführen[15]. Zuständig hierfür ist die Polizeidienststelle, deren Beamter die betreffende Person in Gewahrsam genommen hat. Der Richter entscheidet, ob (1) der bisherige Gewahrsam durch die Polizei rechtmäßig war und (2) ob und wie lange der Gewahrsam noch fortdauern soll. 983

Die höchstzulässige Dauer der Freiheitsentziehung darf nicht länger als drei Monate betragen. Sie kann jeweils um längstens drei Monate verlängert werden, Art. 20 Satz 3 PAG. 984

2. Die Person wurde aus dem Gewahrsam entlassen, Art. 18 Abs. 2, 92 Abs. 2 Satz 2 Nr. 2 PAG

Wurde die betroffene Person von der Polizei **bereits wieder** aus dem Gewahrsam **entlassen**, bevor eine gerichtliche Entscheidung erging,[16] hat der Richter auf Antrag des Entlassenen unter den gesetzlich festgelegten Voraussetzungen die Rechtswidrigkeit oder Rechtmäßigkeit des Gewahrsams festzustellen. Nunmehr ist die Eilbedürftigkeit der richterlichen Entscheidung entfallen. Zuständiges Gericht nach Art. 18 Abs. 2 Satz 2, 92 Abs. 2 Satz 2 Nr. 2 PAG ist daher das Amtsgericht, in dessen Bezirk die Person in Gewahrsam genommen wurde. Insbesondere ist das Bestehen eines **berechtigten Interesses** Zulässigkeitsvoraussetzung. 985

II. Behandlung festgehaltener Personen, Art. 19 PAG

Art. 19 PAG regelt die Behandlung der festgehaltenen Person[17]. Ihr dürfen nur die Beschränkungen auferlegt werden, die der Zweck der Freiheitsentziehung erfordert. 986

---

[14] Vgl. im Detail oben Rn. 939 ff.

[15] Vgl. im Detail Schmidbauer, in: ders./Steiner, Art. 18 PAG Rn. 14 ff.

[16] Vgl. ausführlich Schmidbauer, in: ders./Steiner, Art. 18 PAG Rn. 48 ff.

[17] Zur Verpflichtung dem Betroffenen die Möglichkeit zu geben, sich zumindest einmal am Tag zu reinigen: BayVGH Urt. v. 27.1.2012 – 10 B 08.2849.

III. Dauer der Freiheitsentziehung, Art. 20 PAG

987 Der Zeitpunkt der Entlassung richtet sich allein nach Art. 20 PAG. Der Entlassungszeitpunkt kann durch Art. 18 PAG nicht hinaus geschoben werden. Liegen die Voraussetzungen des Art. 20 PAG vor, ist die in Gewahrsam genommene Person zu entlassen, selbst wenn das Verfahren des Art. 18 PAG noch mitten im Laufen ist. Insbesondere ist die betroffene Person selbst dann unverzüglich zu entlassen, wenn der Richter noch nicht entschieden haben sollte.

K. Befugnis zu Nacheile und Festhaltung

988 In Deutschland sind bayerische Polizeibeamte außerhalb Bayerns zu einer Ingewahrsamnahme nach den Polizeigesetzen des jeweiligen Bundeslandes befugt.

Außerhalb Deutschlands haben bayerische Polizeibeamte eine Befugnis zur Festhaltung in Fällen der Nacheile nach Art. 41 Schengener Durchführungsübereinkommen (SDÜ). Unter Nacheile ist dabei zu verstehen, dass die Polizei eine Person verfolgt, die auf frischer Tat bei einem Kapitaldelikt oder einer auslieferungsfähigen Straftat betroffen wurde oder die aus der Untersuchungs- oder Strafhaft geflohen ist. In der Republik Österreich ist die polizeiliche Nacheile für bayerische Polizeibeamte weder räumlich noch zeitlich begrenzt.

Umgekehrt haben die Polizeibediensteten aller angrenzenden Staaten nach Art. 41 SDÜ die Befugnis, eine verfolgte Person in der Bundesrepublik Deutschland festzuhalten bis sie an die örtlich zuständige Polizei übergeben werden kann.

19. Kapitel. Durchsuchungs- und Betretungsrechte, Art. 21 bis 24 PAG

Zusammenfassung

1. Art. 21 PAG gibt der Polizei die Befugnis zur Durchsuchung von Personen, Art. 22 PAG zur Durchsuchung von Sachen, Art. 23 PAG zum Betreten und Durchsuchen von Wohnungen.
2. Art. 21 Abs. 1 PAG hält verschiedene Befugnisse zur Durchsuchung von Personen bereit.
3. Mit der **Durchsuchung** wird nach bestimmten Gegenständen am menschlichen Körper, in seinen ohne weiteres zugänglichen natürlichen Körperöffnungen (Mund, Nase, Ohren) und in seiner Bekleidung gesucht.
4. In **Abgrenzung zur Untersuchung**, die auf Art. 11 Abs. 1, Abs. 2 PAG gestützt wird, beinhaltet diese die Suche nach Gegenständen im Körperinneren.
5. Greift der Beamte zielgerichtet auf einen Gegenstand am Körper zu, so handelt es sich nicht um eine Durchsuchung, sondern um eine **Sicherstellung**.
6. Die Durchsuchung von Sachen ist in Art. 22 PAG geregelt.
7. Nach Art. 22 Abs. 2 PAG hat der Inhaber der tatsächlichen Gewalt das Recht, bei der Durchsuchung der Sache anwesend zu sein. Es handelt sich dabei um eine reine **Ordnungsvorschrift**. Ebenso ist die Polizei verpflichtet, dem Inhaber auf Verlangen eine Bescheinigung über die Durchsuchung und ihren Grund auszustellen, Art. 22 Abs. 3 PAG.
8. Das Betreten und Durchsuchen von Wohnungen ist in Art. 23 PAG normiert.
9. **Wohnung** i.S.d. Art. 23 PAG sind alle abgeschlossenen Räumlichkeiten, die zum ständigen freiwilligen Aufenthalt von Menschen bestimmt und geeignet

sind und auch tatsächlich als solche genutzt werden. Geschützt sind auch Nebenräume der Wohnung, Arbeits-, Betriebs- und Geschäftsräume und schließlich auch noch befriedetes Besitztum.

10. Durchsuchung bedeutet das **ziel- und zweckgerichtete Suchen staatlicher Organe nach Personen oder Sachen**, die sich in einer Wohnung befinden, oder zur Ermittlung eines Sachverhalts, um aufzuspüren, was der Inhaber der Wohnung von sich aus nicht offenlegen oder herausgeben will.
11. Ebenso darf die Wohnung betreten werden, also der Polizeibeamte darf **sich in die Wohnung begeben oder in die Wohnung eindringen.**
12. Die Anordnungsbefugnis zur Durchsuchung von Wohnungen liegt grundsätzlich beim Richter und nur bei Gefahr im Verzug bei der Polizei, Art. 24 Abs. 1 Satz 1 PAG.
13. Der Wohnungsinhaber hat das Recht, bei der Durchsuchung anwesend zu sein. Ist dies nicht der Fall, sind Zeugen hinzuzuziehen, Art. 24 Abs. 2 PAG. Der Durchsuchungsgrund ist Bekanntzugeben, Art. 24 Abs. 3 PAG. Art. 24 Abs. 2 bis 5 PAG sind reine Ordnungsvorschriften.

A. Durchsuchung von Personen, Art. 21 PAG

Art. 21 PAG räumt der Polizei die Befugnis ein, Personen zu durchsuchen. Diese **989** Befugnis dient ausschließlich der Gefahrenabwehr und ist eine Hilfsmaßnahme der Polizei. D. h. sie unterstützt die Durchführung einer anderen polizeilichen Maßnahme. Dies kommt auch im Gesetz selbst durch die zahlreichen Verweisungen insbesondere auf Art. 13 und 25 PAG zum Ausdruck. Sie machen die Vorschrift unübersichtlich und schwer subsumierbar. Andererseits führt gerade dies das Zusammenwirken der Standardbefugnisse des PAG anschaulich vor Augen. Polizeiliche Einsatzlagen sind häufig komplex. Neben Art. 21 Abs. 1 PAG stellt Art. 13 Abs. 2 Satz 4 PAG eine selbstandige Durchsuchungsbefugnis mit eigenständigen Voraussetzungen dar. Art. 21 PAG unterscheidet folgende Voraussetzungen:

I. Durchsuchung zur Sicherstellung von Sachen, Art. 21 Abs. 1 Nr. 1 PAG

Art. 21 Abs. 1 Nr. 1 PAG gibt der Polizei die Befugnis, eine Person zu durchsuchen, **990** wenn Tatsachen die Annahme rechtfertigen, dass sie Sachen mit sich führt, die nach Art. 25 PAG sichergestellt werden dürfen. Es müssen konkrete Tatsachen vorliegen, die sich auf die betreffende Person beziehen, die durchsucht werden soll. Sie können sich aus Zeugenaussagen, eigenen Wahrnehmungen der Polizei, z.B. Beobachtungen bei einer Observation oder früheren Erkenntnissen, ergeben. Bloße Vermutungen der Polizei reichen demnach für eine Durchsuchung nicht aus. Andererseits muss keine Gewissheit vorliegen. Art. 21 Abs. 1 Nr. 1 PAG nimmt sodann auf Art. 25 PAG Bezug und befugt zur Durchsuchung nach allen Sachen, die sichergestellt werden können. Typischer Beispielsfall ist die Durchsuchung nach Waffen, Art. 21 Abs. 1 Nr. 1 i. V. m. Art. 25 Abs. 1 Nr. 1a und Nr. 3 PAG.

II. Durchsuchung bei Hilflosigkeit, Art. 21 Abs. 1 Nr. 2 PAG

991 Art. 21 Abs. 1 Nr. 2 PAG befugt die Polizei, eine Person zu durchsuchen, die erkennbar nicht mehr nach ihrem Willen handeln kann oder sich sonst in hilfloser Lage befindet. Ziel der Durchsuchung kann sein, die Identität der Person festzustellen und Gefahren von ihr abzuwehren.

Beispiele: Bewusstlosigkeit, Schock.

III. Durchsuchung bei Vorliegen einer drohenden Gefahr für ein bedeutendes Rechtsgut, Art. 21 Abs. 1 Nr. 3 PAG

992 Art. 21 Abs. 1 Nr. 3 PAG befugt die Polizei eine Person zu durchsuchen, wenn eine drohende Gefahr im Sinne des Art. 11 Abs. 3 Satz 1 PAG für ein bedeutendes Rechtsgut des Art. 11 Abs. 3 Satz 2 PAG vorliegt.

IV. Durchsuchung an gefährlichen Orten, in Grenzgebieten oder auf internationalen Verkehrswegen, Art. 21 Abs. 1 Nr. 4 PAG

993 Art. 21 Abs. 1 Nr. 3 PAG befugt die Polizei zu Durchsuchungen an polizeirelevanten Örtlichkeiten, um konkrete Gefahren abzuwehren. Er bestimmt diese durch eine Verweisung auf Art. 13 Abs. 1 Nr. 2 (gefährliche Orte) und Nr. 5 PAG (Bereiche des internationalen Verkehrs).

994 Art. 21 Abs. 1 Nr. 3 PAG fordert als Voraussetzung der Durchsuchung, dass sich die betreffende Person an einem der genannten Orte aufhält. In Art. 21 Abs. 1 Nr. 3 PAG finden folglich auch die Personenkontrollen an Flughäfen und an der Grenze ihre Rechtsgrundlage.

995 Da die Durchsuchung ein schwerwiegenderer Rechtseingriff als eine bloße Identitätsfeststellung ist, spricht dies dafür, dass nach der Rspr. des BayVerfGH[1] als zusätzliche Einschreitschwelle eine **erhöhte abstrakte Gefahr** erforderlich ist.

V. Durchsuchung bei Aufenthalt in gefährdeten Objekten oder in deren Nähe, Art. 21 Abs. 1 Nr. 4 PAG

996 Art. 21 Abs. 1 Nr. 4 PAG befugt die Polizei, jede Person zu durchsuchen, die sich in einem gefährdeten Objekt oder in dessen Nähe aufhält, wenn Tatsachen vorliegen, die die Annahme rechtfertigen, dass in oder an diesen Objekten Straftaten begangen werden sollen. Es muss sich zunächst um ein gefährdetes Objekt i.S.d. Art. 13 Abs. 1 Nr. 3 PAG handeln. Der Gesetzgeber zielt damit vor allem auf Versorgungs- und Entsorgungsanlagen, überlebenswichtige Einrichtungen und Objekte, die Ziel von Anschlägen sein könnten. Die Person, die durchsucht werden soll, muss sich in einem solchen Objekt oder in dessen unmittelbarer Nähe aufhalten. Weiter müssen konkrete Tatsachen vorliegen, die die Annahme rechtfertigen, dass Straftaten begangen werden. In Betracht kommen insbesondere Drohungen mit Anschlägen oder Attentaten oder Ausspähversuche. Ein Verdacht, dass die betreffende Person, die durchsucht werden soll,

---

[1] BayVerfGH, NVwZ 2006, 1284 (1286), und Heckmann, Rn. 374.

mit der befürchteten Straftat in irgendeinem Zusammenhang steht, braucht hingegen nicht vorliegen. Allerdings dürfte auch hier nach der Rspr. des BayVerfGH[2] als zusätzliche Einschreitschwelle eine erhöhte abstrakte Gefahr erforderlich sein.

VI. Durchsuchung zur Eigensicherung der Polizeibeamten und zur Sicherung Dritter, Art. 21 Abs. 2 PAG

Art. 21 Abs. 2 PAG befugt die Polizei, Personen, deren Identität festgestellt werden **997** soll, zur Eigensicherung der Polizeibeamten und zur Sicherung Dritter nach Waffen, gefährlichen Werkzeugen und Explosionsmittel zu durchsuchen. Zweck der Durchsuchung ist, Polizeibeamte oder Dritte gegen eine Gefahr für Leben oder Gesundheit zu schützen. Rechtsgrundlage für die Identitätsfeststellung ist Art. 13 PAG, nach anderen Rechtsvorschriften beispielsweise §§ 111 Abs. 1, 163b Abs. 1 und Abs. 2 StPO.

Ferner befugt Art. 13 Abs. 2 PAG zur Durchsuchung von festgehaltenen Personen. **998** Rechtsgrundlagen für ein Festhalten sind Art. 13 Abs. 2 Satz 3, Art. 15 Abs. 1 und Art. 17 PAG. Das Festhalten einer Person durch die Polizei nach anderen Rechtsvorschriften bedarf einer Befugnis in einem förmlichen Gesetz. Diese findet sich beispielsweise in §§ 111 Abs. 3, 112, 113, 126 a, 127, 163 b, c StPO.

VII. Durchsuchung

Ist einer dieser Tatbestände erfüllt, kann die Polizei durchsuchen. Dies ist ein Mittel **999** zum Auffinden und Ergreifen einer Person oder zum Auffinden und Sicherstellen einer Sache.

1. Durchsuchung einer Person

Die Durchsuchung einer Person i.S.d. Art. 21 PAG bedeutet damit die Befugnis der **1000** Polizei, nach bestimmten Gegenständen am menschlichen Körper, in seinen ohne weiteres zugänglichen natürlichen Körperöffnungen (Mund, Nase, Ohren) und in seiner Bekleidung zu suchen.

Art. 21 PAG gibt der Polizei ferner die Befugnis anzuordnen, dass der Betroffene **1001** Kleidungsstücke auszieht, wenn der Durchsuchungszweck auf andere Weise nicht zu erreichen und die Gefahr entsprechend groß ist. Insbesondere ist damit der Polizei das Abtasten des bekleideten Körpers, die Suche in den am Körper befindlichen Kleidungsstücken und die Nachschau am unbekleideten Körper erlaubt. Hierfür genügt regelmäßig das bloße Betrachten. Ein Abtasten kommt ausnahmsweise nur dann in Betracht, wenn der gesuchte Gegenstand auch noch am unbekleideten Körper versteckt sein kann.

Beispiel: Nachdem der Betroffene seine Mütze abgenommen hat, tastet der Polizeibeamte seine Haarmähne ab, in der ein Rauschgiftbriefchen versteckt ist. Ein Teil der Literatur hält dies allerdings als Durchsuchung für unzulässig[3] und zählt dies bereits zur Untersuchung.

2. Abgrenzung zur Untersuchung

Eine Untersuchung erforscht das Körperinnere. Sie kann sich für den Bereich der **1002** polizeilichen Gefahrenabwehr allein auf Art. 11 Abs. 1, Abs. 2 PAG stützen. Wegen

---

[2] BayVerfGH, NVwZ 2006, 1284 (1286), und Heckmann, Rn. 374.

[3] Honnacker/Beinhofer/Hauser, Art. 21 Rn. 3, wonach ein Abtasten des unbekleideten Körpers stets unzulässig sei.

der Schwere des Grundrechtseingriffes setzt dies eine entsprechend schwerwiegende Gefahr für ein gewichtiges Rechtsgut voraus.

1003 Demgegenüber vertritt eine Auffassung in der Literatur, dass eine Untersuchung aufgrund der Eingriffsintensität in das Grundrecht des Art. 2 Satz 1 GG nicht auf die Generalklausel des Art. 11 PAG gestützt werden kann und daher nicht zur Gefahrenabwehr, sondern nur zur Strafverfolgung gemäß §§ 81a, 81c StPO zulässig sei[4]. Die ist jedoch abzulehnen. Der Gesetzgeber hat nämlich nirgends den Rechtssatz konstituiert, dass auf Art. 11 PAG nur polizeiliche Maßnahmen von geringer Eingriffsintensität gestützt werden dürfen. Die teleologische Auslegung führt vielmehr zum gegenteiligen Ergebnis. Art. 11 Abs. 1, Abs. 2 PAG kann folglich Rechtsgrundlage für eine Untersuchung sein.

3. Abgrenzung zur Sicherstellung

1004 Weiß der Beamte, wo sich der gesuchte Gegenstand befindet, und nimmt er ihn weg, so liegt keine Durchsuchung, sondern lediglich eine Sicherstellung vor.

1005 **Beispielfall 49**

Der Polizeibeamte konnte beobachten, wie der Dealer ein Rauschgiftbriefchen im Socken versteckt.
Was kann er tun?

Lösung
Der Polizeibeamte kann zielgerichtet auf die im Socken versteckten Drogen zugreifen und diese sicherstellen (Art. 25 Abs. 1 Nr. 1a PAG). Eine Durchsuchung, bei der nach den Drogen gesucht wird, ist nicht erforderlich, es sei denn, es besteht die Vermutung, dass der Dealer auch noch an anderen Stellen am Körper Drogen versteckt hat.

Klausurhinweis:

Beachten Sie, dass die Durchsuchung rechtlich unabhängig von einer evtl. nachfolgenden Sicherstellung ist. Dies bedeutet: Eine rechtmäßige Sicherstellung wird nicht dadurch rechtswidrig, dass die vorhergehende Durchsuchung nach Art. 21 PAG rechtswidrig war. Denn das PAG verknüpft beide Eingriffsbefugnisse nicht, sondern stellt sie selbständig nebeneinander.

4. Anforderungen an die Durchsuchung

1006 Nach Art. 21 Abs. 3 1. Hs. PAG dürfen Personen nur durch **Personen gleichen Geschlechts** oder durch Ärzte durchsucht werden. Dies nimmt auf Art. 1 Abs. 1 GG – Menschenwürde – Rücksicht. Eine Ausnahme ist möglich bei Gefahr für Leib oder Leben für den Betroffenen selbst, z.B. Selbstmordgefahr, für die eingesetzten Polizeibeamten oder Dritte.

1007 Art. 21 PAG gibt die Befugnis, ein **Schriftstück** nach Absender und Adressat zu **identifizieren.** Die Durchsuchung umfasst jedoch nicht die inhaltliche Kenntnisnahme.

---

[4] Graulich, in: Lisken/Denninger, E 196.

B. Durchsuchung von Sachen, Art. 22 PAG

Nach Art. 22 PAG kann die Polizei eine Sache durchsuchen. Sache ist alles, nur **1008**
nicht der Mensch. Insbesondere fällt darunter jeder körperliche Gegenstand, § 90 BGB. Er kann sowohl beweglich als auch unbeweglich sein. Aufgrund des Art. 13 GG gibt es für die Durchsuchung von Wohnungen aber in Art. 23 PAG eine Spezialregelung. Art. 22 PAG gibt eine Befugnis zur Durchsuchung von Sachen bei Vorliegen folgender Voraussetzungen:

I. Durchsuchung mitgeführter Sachen, Art. 22 Abs. 1 Nr. 1 PAG

Art. 22 Abs. 1 Nr. 1 PAG erlaubt der Polizei, im Rahmen einer Personendurchsu- **1009**
chung **die mitgeführten Sachen einer Person** ebenfalls zu durchsuchen. Voraussetzung ist, dass die Polizei eine Person nach Art. 21 PAG durchsuchen darf. Jedoch müssen alle Eingriffsvoraussetzungen der jeweiligen Alternative des Art. 21 PAG vorliegen. Unter den Begriff der mitgeführten Sache fallen demnach beispielsweise Taschen, Gepäckstücke, Rucksäcke, aber auch Kraftfahrzeuge oder Omnibusse, deren sich die betreffende Person bedient.

Beispiel: Einem Touristen wurde ein Päckchen Rauschgift unterschoben. Die Polizei darf seinen Rucksack nach Art. 22 Abs. 1 Nr. 1 i. V. m. Art. 21 Abs. 1 Nr. 1 PAG durchsuchen und nach Art. 25 Nr. 1 PAG das Rauschgift sicherstellen.

II. Durchsuchung zum Auffinden einer Person

Art. 22 Abs. 1 Nr. 2 PAG erlaubt der Polizei, Sachen zu durchsuchen, **um eine** **1010**
Person aufzufinden. Dabei müssen konkrete Tatsachen die Annahme der Polizei rechtfertigen, dass sich in der betreffenden Sache die von ihr gesuchte Person befindet. Die polizeiliche Maßnahme kann sowohl gegen als auch zugunsten der betreffenden Person getroffen werden.

Beispiele: Die Person darf von der Polizei nach Art. 17 PAG, nach der StPO oder einem anderen Gesetz in Gewahrsam genommen werden (Art. 22 Abs. 1 Nr. 2a PAG). Art. 22 Abs. 1 Nr. 2b PAG ermöglicht der Polizei die Suche nach Entführten, Gekidnappten und Geiseln. Art. 22 Abs. 1 Nr. 2c PAG erlaubt Durchsuchungen, um eine hilflose Person zu finden, also eine Person, die nicht mehr aus eigenem Entschluss oder mit eigener Kraft einer Gefahr begegnen kann.

Ist die Sache, die durchsucht werden soll, verschlossen, versperrt oder in irgendeiner **1011**
sonstigen Form gesichert, darf die Polizei unmittelbaren Zwang nach Art. 70, 75, 77 PAG anwenden, um die Durchsuchung zu ermöglichen.

Beispiel: Das versperrte Fahrzeug, in dem ein schreiendes Baby in der sengenden Sonne zurückgelassen wurde, wird von der Polizei aufgebrochen, durchsucht und das Baby in Schutzgewahrsam genommen.

III. Durchsuchung zum Auffinden anderer, sicherstellungsfähiger Sachen, Art. 22 Abs. 1 Nr. 3 PAG

Art. 22 Abs. 1 Nr. 3 PAG erlaubt der Polizei, Sachen zu durchsuchen, **um ande-** **1012**
re Sachen aufzufinden, die sichergestellt werden dürfen. Tatsachen müssen da-

bei die Annahme der Polizei rechtfertigen, dass sich in der Sache, die durchsucht werden soll, eine andere Sache befindet, die sie sicherstellen will und nach Art. 25 PAG oder anderen Vorschriften auch sicherstellen darf.

Beispiel: Die Polizei bricht den versperrten Kofferraum und den verschlossenen Koffer auf, um Rauschgift sicherzustellen.

IV. Durchsuchung von Sachen, die sich an bestimmten Orten befinden, Art. 22 Abs. 1 Nr. 4 bis 6 PAG

1013 Art. 22 Abs. 1 Nr. 4 bis 6 PAG erlauben der Polizei, Sachen zu durchsuchen, die sich an einem Ort befinden, der in Art. 13 Abs. 1 Nr. 2 bis 5 PAG genannt wird. Dies sind gefährliche Orte, Bereiche des internationalen Verkehrs, gefährdete Objekte oder Kontrollstellen. Die Befugnis, dort zu durchsuchen, umfasst auch die betreffende Sache zu betreten (z.B. Grundstück), zu öffnen (z.B. Fahrzeuge) oder sich technischer Hilfsmittel zu bedienen (z.B. Metalldetektoren).

Beispiele: Durchsuchung eines Gepäckstückes, das in der Abfertigungshalle eines Flughafens zurückgelassen wurde, eines Schließfaches am Bahnhof oder eines Pkw, seines Kofferraums und des darin befindlichen Koffers im Rahmen der Schleierfahndung.

V. Durchsuchung elektronischer Speichermedien, Art. 22 Abs. 2 PAG

1014 Art. 22 Abs. 2 PAG gibt der Polizei bei Vorliegen einer konkreten Gefahr oder einer drohenden Gefahr für ein bedeutendes Rechtsgut die Befugnis, elektronische Speichermedien und andere unkörperliche Gegenstände zu durchsuchen. Hierbei handelt es sich nicht nur um eine einfache Datenerhebung nach Art. 32 PAG beispielsweise durch Sichten der Wahlwiederholung auf dem Mobiltelefon. Andererseits greift die Polizei auch nicht auf das informationstechnische System durch Infiltration mittels technischer Mittel zu, wie dies in Art. 43 PAG geregelt ist. Eine Durchsuchung nach Art. 22 Abs. 2 PAG kann zu einer Sicherstellung gemäß Art. 25 Abs. 3 PAG führen.

VI. Verfahren bei der Durchsuchung von Sachen, Art. 22 Abs. 3 PAG

1. Art. 22 Abs. 3 und 4 PAG als Ordnungsvorschrift

1015 Art. 22 Abs. 3 PAG regelt das Verfahren bei der Durchsuchung von Sachen. Dies kann vom Betroffenen gegenüber der Polizei verwaltungsgerichtlich durchgesetzt werden. Die Missachtung der Verfahrensvorschriften des Art. 22 Abs. 3 Satz 2 und Abs. 4 PAG führt jedoch nicht zur Rechtswidrigkeit der Durchsuchung, da es sich nicht um eine essentielle Voraussetzung, sondern nur um eine **Ordnungsvorschrift** handelt.

2. Anwesenheitsrecht des Besitzers

1016 Art. 22 Abs. 3 Satz 1 PAG gibt dem Inhaber der tatsächlichen Gewalt einer Sache das **Recht**, bei der Durchsuchung dieser Sache **anwesend zu sein** und den Durchsuchungsvorgang zu verfolgen, unabhängig ob er die tatsächliche Gewalt rechtmäßig oder rechtswidrig ausübt. Das Anwesenheitsrecht des Inhabers der tatsächlichen Gewalt wird beschränkt durch die polizeiliche Befugnis der Platzverweisung nach Art. 16 PAG. Liegen die Voraussetzungen des Art. 16 PAG vor, kann auch der Inhaber der tatsächlichen Gewalt bei der Durchsuchung einer Sache des Platzes verwiesen werden. Für den Fall der Abwesenheit des Inhabers der tatsächlichen Gewalt soll die Polizei nach Art. 22 Abs. 3 Satz 2 PAG seinen Vertreter oder einen anderen Zeugen z.B. einen Gemeindebeamten (§ 105 Abs. 2 StPO) hinzuziehen.

3. Ausstellung einer Bescheinigung

Art. 22 Abs. 4 PAG **verpflichtet** die Polizei, dem Inhaber der tatsächlichen Gewalt über die durchsuchte Sache eine **Bescheinigung auszustellen**, wenn er dies verlangt. Die Bescheinigung muss sich auf die Durchsuchung und ihren Grund beziehen. **1017**

Dies bedeutet, dass die gesetzliche Bestimmung, nach der durchsucht wurde, zu zitieren ist. Die Bescheinigung ist als Verwaltungsakt i.S.d. Art. 35 BayVwVfG zu qualifizieren. Die Regelung liegt in der Feststellung, dass eine Durchsuchung der Polizei erfolgt ist. Ihre Nichterteilung kann daher mit Verpflichtungsklage vor dem Verwaltungsgericht eingeklagt werden. **1018**

C. Betreten und Durchsuchen von Wohnungen, Art. 23 PAG

Art. 23 PAG gibt der Polizei die Befugnis, zur Gefahrenabwehr Wohnungen, Geschäftsräume und befriedetes Besitztum zu betreten und zu durchsuchen. Die formellen Voraussetzungen und das Verfahren bestimmen sich dabei nach Art. 24 PAG. **1019**

Art. 23 PAG befugt die Polizei zu einem Eingriff in das Grundrecht der Unverletzlichkeit der Wohnung, das verfassungsrechtlich durch Art. 13 GG und Art. 106 Abs. 3 BV geschützt ist. Art. 23 PAG geht als Spezialvorschrift dem Art. 22 PAG vor. Die Durchsuchung einer Wohnung ist der qualifizierte Fall der Durchsuchung einer Sache. **1020**

I. Regelungsinhalt und Umfang

1. Der Wohnungsbegriff

Der Wohnungsbegriff des Art. 23 PAG ist beeinflusst von Art. 13 Abs. 1 GG. Der verfassungsrechtliche Schutz der Wohnung beinhaltet nach der Rechtsprechung des BVerfG[5] einen weiten Begriff der Wohnung. Danach umfasst eine **Wohnung** i.S.d. Art. 23 PAG die Wohnung im eigentlichen Sinn, Nebenräume der Wohnung, Arbeits-, Betriebs- und Geschäftsräume und schließlich auch noch befriedetes Besitztum. **1021**

Entscheidend ist die verfassungsrechtliche Grundidee, einen höchstpersönlichen Rückzugsbereich für den einzelnen Menschen besonders zu schützen: Gewährleistet wird ein „elementarer Lebensraum"[6], in dem der einzelne das Recht hat, „in Ruhe gelassen zu werden"[7]. Wohnung bedeutet somit eine „räumliche Privatsphäre"[8]. **1022**

Die **Wohnung** selbst **im eigentlichen Sinne** umfasst alle abgeschlossenen Räumlichkeiten, die zum ständigen freiwilligen Aufenthalt von Menschen bestimmt und geeignet sind und auch tatsächlich als solche genutzt werden[9]. So zählen als Wohnung beispielsweise auch Wohnmobile, Zelte, Schiffskajüten. Nicht ausreichend ist, dass derartige Räume hierfür erbaut wurden oder hierfür geeignet sind. Eine leerstehende Wohnung **1023**

---

[5] BVerfGE 32, 54 (75) = NJW 1971, 2299ff.
[6] BVerfGE 42, 212 (219); E 51, 97 (110).
[7] BVerfGE 27, 1 (6); E 89, 1 (12).
[8] BVerfGE 65, 1 (40).
[9] Kingreen/Poscher, § 18 Rn. 20, postulieren hierfür als Voraussetzungen die soziale Anerkennung und den erkennbaren Willen.

oder ein unbewohntes Haus kann folglich nach Art. 22 PAG durchsucht werden. Ein bewohntes Wochenendhaus muss hingegen nach Art. 23 PAG durchsucht werden.

1024 Nicht erforderlich ist, dass eine Person im Zeitpunkt des polizeilichen Einschreitens im Wohnraum anwesend ist.

1025 **Nebenräume** der Wohnung sind alle Räumlichkeiten, die eine Wohnung ergänzen, aber außerhalb der zum ständigen Aufenthalt bestimmten Räume liegen.

Beispiele sind Keller, Dachböden.

1026 **Arbeits-, Betriebs- und Geschäftsräume** sind alle Räumlichkeiten, die einem Betrieb oder Geschäft dienen. Umfassend zählen hierzu alle Produktionsstätten von der Fabrik bis zur Werkstätte, vom Ladengeschäft bis zu den Praxisräumen, aber auch Garagen, Büroräume und Verkaufsräume. Solche Räume unterfallen dem Wohnungsbegriff, dürfen aber solange sie der Öffentlichkeit zugänglich sind, während der Arbeits-, Geschäfts- oder Aufenthaltszeit zum Zweck der Gefahrenabwehr betreten, aber nicht durchsucht werden, Art. 23 Abs. 4 PAG.

2. Durchsuchung der Wohnung

1027 Art. 23 Abs. 1 und Abs. 2 PAG geben der Polizei Befugnisse zum Durchsuchen. Durchsuchung ist das **ziel- und zweckgerichtete Suchen staatlicher Organe nach Personen oder Sachen**, die sich in einer Wohnung befinden, oder zur Ermittlung eines Sachverhalts, um aufzuspüren, was der Inhaber der Wohnung von sich aus nicht offenlegen oder herausgeben will[10]. Umfasst ist auch das Öffnen von Schränken oder Behältnissen. Das Vorgehen bei der Durchsuchung findet seine **Grenzen** im **Durchsuchungszweck**. Dieser darf jedoch nicht unzulässig verkürzt werden.

1028 **Beispielfall 50**

Der Polizeibeamte P durchsucht eine Wohnung, um den W zu finden. Darf er bei dieser Gelegenheit auch die Schubladen eines Schreibtisches durchsehen?

Lösung

Zwar kann sich die erwachsene Person des W nicht in den Schubladen befinden, dennoch können sich in ihr Hinweise auf den Aufenthaltsort des gesuchten W verbergen (z.B. Flugtickets), so dass auch die Schubladen durchsucht werden können.

1029 Nach der Definition der Durchsuchung muss der Polizeibeamte in der Wohnung anwesend sein. Eine technische Überwachung in der Wohnung kann sich folglich nicht auf Art. 23 PAG stützen. Sie ist nur unter den Voraussetzungen des Art. 55 PAG rechtmäßig.

3. Betreten der Wohnung

1030 Die Befugnis zur Durchsuchung der Wohnung umfasst auch die Befugnis, Wohnungen zu betreten. Betreten darf die Polizei eine Wohnung daher ebenfalls nach Art. 23 Abs. 1 bis 4 PAG. Betreten umfasst die Befugnis der Polizei, **sich in die Wohnung zu**

[10] Vgl. BVerfGE 76, 83 (89); Heckmann, Rn. 387; Kingreen/Poscher, §18 Rn. 23.

begeben oder in die Wohnung einzudringen, sich in der Wohnung aufzuhalten, dort Personen, Sachen und Zustände wahrzunehmen. Die Polizei darf sich also „zwanglos umschauen“ und alle sonstigen polizeilichen Maßnahmen nach anderen Rechtsgrundlagen zu ergreifen. Das Betretungsrecht kann auch durch unmittelbaren Zwang nach Art. 70, 75, 77 ff. PAG durchgesetzt werden. In der Praxis häufigster Fall ist das Aufbrechen von Türen oder das Wegdrängen des Wohnungsinhabers, der das Betreten durch die Polizei verhindern will. Die Befugnis, eine Wohnung zu betreten, erlaubt der Polizei nicht, diese Wohnung zu durchsuchen.

Zulässig ist allerdings, dass die Polizei nach dem Betreten sonstige **Folgemaßnahmen** ergreift, soweit die rechtlichen Voraussetzungen anderer Vorschriften hierfür gegeben sind.

Beispielfall 51 1031

Die Polizei betritt eine Wohnung, in der mit Rauschgift gehandelt wird (Art. 23 Abs. 3 Nr. 1a PAG), und trifft die Dealer an, die gerade das Rauschgift abwiegen.
Was können die Polizeibeamten veranlassen?

Lösung
Die Polizeibeamten können das Rauschgift sicherstellen (Art. 25 PAG) und die Dealer in Gewahrsam nehmen (Art. 17 PAG)

Willigt der Inhaber der Wohnung in das Betreten oder Durchsuchen seiner Wohnung durch die Polizei ein, so stellt die polizeiliche Maßnahme keinen Rechtseingriff dar. Die Polizei benötigt in diesen Fällen für ihr Handeln keine gesetzliche Befugnis. 1032

II. Formelle Rechtmäßigkeit und Verfahren

Art. 24 PAG gilt für das Durchsuchen, nicht für das Betreten von Wohnungen. Die Vorschrift sichert mit ihren Verfahrensregelungen den Rechtsschutz des Betroffenen und trägt den verfassungsrechtlichen Vorgaben Rechnung. 1033

1. Anordnungsbefugnis – Zuständigkeit

a. Grundsatz: Richtervorbehalt

Grundsätzlich sichert der **Richtervorbehalt** nach Art. 24 Abs. 1 PAG den Grundrechtsschutz. Der Richter prüft eigenverantwortlich, ob die Voraussetzungen des Art. 23 PAG, des Art. 13 Abs. 2 GG und des Verhältnismäßigkeitsprinzips vorliegen. Seine Anordnung muss Rahmen, Grenzen und Ziel der Durchsuchung definieren. Für die Anordnung der Durchsuchung ist das Amtsgericht zuständig. Das gerichtliche Verfahren bei der Anordnung einer Wohnungsdurchsuchung richtet sich nach den Vorschriften des FamFG, Art. 92 Abs. 1 PAG. 1034

b. Ausnahme: Gefahr im Verzug

Liegt ausnahmsweise **Gefahr im Verzug** vor, darf die Polizei selbst die Durchsuchung der Wohnung anordnen. Dies ist der Fall[11], wenn die Einholung der richterli- 1035

[11] BVerfGE 57, 97 (111); BVerwGE 28, 285 (291).

chen Durchsuchungsanordnung einen Zeitverlust verursachen würde, der voraussichtlich das Erreichen des polizeilichen Zweckes vereiteln oder erschweren oder gar zum Eintritt des abzuwehrenden Schadens führen würde.

1036 Art. 24 Abs. 1 PAG normiert in Übereinstimmung mit Art. 13 GG als gesetzlichen Regelfall, dass der Richter die Durchsuchung einer Wohnung zur Abwehr einer Gefahr anordnet. Dies ist in der Praxis zum Ausnahmefall geworden. Das BVerfG[12] hat dies für das Strafverfahren beanstandet. Für das PAG gilt dies ebenfalls – freilich mit der Einschränkung aus Art. 3 PAG, weswegen hier häufiger eilige Einsatzlagen vorliegen. Da das GG im Regelfall eine zusätzliche gerichtliche Verhältnismäßigkeitsprüfung ermöglichen und durch die richterliche Überprüfung das fehlende rechtliche Gehör des Betroffenen kompensieren wollte, sind die Voraussetzungen der Gefahr im Verzug eng und streng auszulegen. Die Entscheidung durch den Richter muss der Regelfall, die Entscheidung durch die Polizei der Ausnahmefall sein.

1037 Von der Polizei verlangt das BVerfG daher ein rechtzeitiges Bemühen um die Durchsuchungsanordnung und ein Suchen nach einem entscheidungsbereiten Richter. Von der Justiz fordert das BVerfG organisatorische Vorkehrungen, die die Erreichbarkeit anordnungsbefugter Richter durch die Einrichtung von Eil- und Notdiensten im Normalfall gewährleisten.

Liegt im Ausnahmefall Gefahr in Verzug vor, so dass die Polizei selbst entscheidet, ist die verfahrensmäßige Grundlage der Entscheidung in den Akten darzulegen.

2. Anforderungen an das Verfahren

a. Anwesenheitsrecht des Wohnungsinhabers

1038 Während der gesamten Durchsuchung einer Wohnung durch die Polizei hat nach Art. 24 Abs. 2 Satz 1 PAG der Inhaber der Wohnung das **Recht, anwesend zu sein** und die Polizeibeamten bei ihrer Durchsuchungshandlung zu beobachten. Wohnungsinhaber ist jeder, der das Hausrecht über die betreffende Wohnung tatsächlich ausübt. Stört der Wohnungsinhaber die Amtshandlungen der Polizei, können ihn die Polizeibeamten unter den Voraussetzungen des Art. 16 PAG des Platzes verweisen.

b. Hinzuziehung von Zeugen

1039 Nach Art. 24 Abs. 2 Satz 2 PAG ist regelmäßig die **Zuziehung von Zeugen** für den Fall geboten, dass der Inhaber der Wohnung abwesend ist.

c. Bekanntgabe des Durchsuchungsgrundes

1040 Art. 24 Abs. 3 PAG verpflichtet die Polizei, den rechtlichen und tatsächlichen **Grund der Durchsuchung** unverzüglich dem Wohnungsinhaber oder seinem Vertreter **bekanntzugeben,** soweit dadurch der Zweck der Maßnahme nicht gefährdet wird.

d. Niederschrift über die Durchsuchung

1041 Der Grund der Durchsuchung ist einer der in Art. 23 PAG genannten Durchsuchungszwecke. **Art. 24 Abs. 4 PAG** verpflichtet die Polizei, nach jeder Durchsuchung eine **Niederschrift** zu fertigen und regelt ihren Inhalt.

---

[12] BVerfGE 103, 142 (151 ff.).

3. Folgen der Nichtbeachtung von Art. 24 PAG

Wird Art. 24 Abs. 1 PAG verletzt, ist die Wohnungsdurchsuchung **rechtswidrig** 1042
und löst unter den Voraussetzungen des § 839 BGB, Art. 87 PAG Schadensersatz- bzw. Entschädigungsverpflichtungen aus. Eine polizeiliche Folgemaßnahme z.B. nach Art. 17 oder 25 PAG bleibt dennoch rechtmäßig, da der Gesetzgeber mit dem Ziel einer wirkungsvollen Gefahrenabwehr die Rechtmäßigkeit der Folgemaßnahmen gerade nicht an eine rechtmäßige Durchsuchung gekoppelt hat.

Art. 24 Abs. 2 bis Abs. 5 PAG sind reine **Ordnungsvorschriften**[13], deren 1043
Nichtbeachtung nach Art. 45 Abs. 1 Nr. 2 BayVwVfG geheilt werden kann.

III. Materielle Rechtmäßigkeit der Durchsuchung

1. Befugnis zum Auffinden von Personen oder Sachen, Art. 23 Abs. 1 Satz 1 Nr. 1 und Nr. 2 PAG

Art. 23 Abs. 1 Satz 1 Nr. 1 und Nr. 2 PAG gibt der Polizei die Befugnis zum 1044
Durchsuchen von Wohnungen, um Personen oder Sachen aufzufinden, wobei an Vorladung, Gewahrsam oder Sicherstellung angeknüpft wird. Im Unterschied zu Art. 21 und Art. 22 PAG ist hier aber eine **dringende Gefahr** erforderlich, da nur so der Grundrechtsgarantie des Art. 13 GG Genüge getan wird.

2. Befugnis zur Abwehr gegenwärtiger Gefahren für ein bedeutendes Rechtsgut, Art. 23 Abs. 1 Satz 1 Nr. 3 PAG

Art. 23 Abs. 1 Satz 1 Nr. 3 PAG gibt der Polizei die Befugnis zum Durchsuchen 1045
von Wohnungen, wenn dies erforderlich ist, **um dringende Gefahren für ein bedeutendes Rechtsgut i.S.d. Art. 11 Abs. 3 Satz 2 PAG abzuwehren.** Auch hier führt die Qualifizierung durch erhöhte Anforderungen an die Gefahr – eine konkrete Gefahr reicht nicht – und an die gefährdeten Schutzgüter – nicht jedes Rechtsgut der öffentlichen Sicherheit und Ordnung reicht aus – zur Erfüllung der verfassungsrechtlichen Anforderungen aus Art. 13 GG.

Eine Mindermeinung in der Lit.[14] lehnt hier eine Befugnis der Polizei zum Betreten und Durchsu- 1046
chen einer Wohnung ab, wenn es nur darum geht, Immissionen für die Nachbarschaft abzuwehren, da dies mit Art. 13 Abs. 7 GG unvereinbar sei. Dies überzeugt nicht, da Art. 13 Abs. 7 GG eine dringende Gefahr erfordert, wodurch bloße Belästigungen ausscheiden, was eine verfassungskonforme Interpretation der Vorschrift ermöglicht[15].

Beispielfall 52 1047

Bei einer Feier nach Mitternacht stört lauter Lärm aus einer Musikanlage mehrere Nachbarn.
Was kann die Polizei tun?

Lösung

1. Die Polizei kann aufgrund der Ruhestörung eine Ordnungswidrigkeitenanzeige erstatten (§ 117 OWiG).

---

[13] A. A. Kingreen/Poscher, § 18 Rn. 15.
[14] Rachor, in: Lisken/Denninger, E 653.
[15] Ebenso: Kingreen/Poscher, § 18 Rn. 36.

2. Um jedoch die Ruhestörung sofort zu beenden, kann die Polizei auch das Ausschalten der Anlage anordnen (Art. 11 Abs. 1, Abs. 2 Nr. 1 PAG).
3. Weigert sich der Störer, die Musikanlage abzustellen, kann die Polizei die betreffende Wohnung betreten und durchsuchen (Art. 23 Abs. 1 Satz 1 Nr. 3 PAG) und die Musikanlage auch gegen den Widerstand des Wohnungsinhabers abstellen (Art. 11, 70, 75, 77 ff. PAG). Grund hierfür ist, dass eine solche Ruhestörung, die von einiger Intensität ist, um diese Zeit durchaus eine gegenwärtige Gefahr für die Gesundheit von Menschen ist.
4. Zeigt der Wohnungsinhaber, dass er diese polizeiliche Maßnahme nicht respektiert und die Anlage erneut in Betrieb setzen will, kann die Polizei die Wohnung betreten und die Anlage sicherstellen (Art. 23 Abs. 1 Satz 1 Nr. 2, Art. 25 Abs. 1 Nr. 1a PAG) und diese Sicherstellung auch mit polizeilichen Zwangsmitteln nach Art. 75, 77 ff. PAG durchsetzen.

3. Zeitliche Begrenzung

1048 Während der **Nachtzeit** können nach **Art. 23 Abs. 2 PAG** Wohnungen nur zur **Abwehr einer gegenwärtigen Gefahr** für ein bedeutendes Rechtsgut aufgrund der Befugnis des Art. 23 Abs. 1 PAG betreten und durchsucht werden. Die Nachtzeit ist in § 104 Abs. 3 StPO definiert.

IV. Materielle Rechtmäßigkeit des Betretens

1049 Die Polizei darf eine Wohnung in all den Fällen betreten, in denen sie die Wohnung durchsuchen darf. Darüber hinaus räumt Art. 23 Abs. 3 PAG der Polizei eine erleichterte Betretungsbefugnis für polizeirelevante Wohnungen ein, um Gefahren zu erforschen. Er **befreit** die Polizei insoweit **von den Beschränkungen des Art. 23 Abs. 2 PAG** und gibt ihr die Betretungsbefugnis sowohl zur Tages- als auch zur Nachtzeit.

1050 Als **Betretungsgrund** muss die Abwehr einer dringenden Gefahr vorliegen. Der Begriff stimmt mit der dringenden Gefahr i.S.d. Art. 13 Abs. 7 GG überein, der inhaltlich dieselben Voraussetzungen aufweist.

Art. 23 Abs. 3 PAG verstößt nicht gegen Art. 13 GG. Art. 23 Abs. 3 PAG lässt keine Durchsuchungen, sondern nur ein Betreten zu. Derartige „Eingriffe und Beschränkungen" sind nach Art. 13 Abs. 7 GG aufgrund eines Gesetzes zur Verhütung dringender Gefahren für die öffentliche Sicherheit und Ordnung erlaubt.

1051 Art. 23 Abs. 4 PAG öffnet der Polizei die Möglichkeit, alle Räume zu betreten, die auch der Öffentlichkeit zugänglich sind oder bei denen ein Teil der Öffentlichkeit nur durch formale Kriterien, z.B. Zahlung eines Eintrittsgeldes oder Erwerb einer Clubmitgliedschaft, die jedermann ohne besondere individuelle Anforderungen erteilt wird, ausgeschlossen ist. In diesen öffentlichen Räumen soll die Polizei imstande sein, Gefahrenlagen zu erforschen, sie zu erkennen und somit Gefahren für die öffentliche Sicherheit oder Ordnung zu verhüten oder zu unterbinden. Nach Art. 23 Abs. 4 PAG darf die Polizei die betreffenden Räume lediglich betreten, nicht jedoch durchsuchen.

1052 Die Betretungsbefugnis des Art. 23 Abs. 4 PAG überwindet dabei alle formalen Beschränkungen, die für den öffentlichen Raum gelten. Dies bedeutet, dass die Polizei aufgrund des Art. 23 Abs. 4 PAG den fraglichen Raum betreten darf, ohne dass sie die formalen Kriterien (z.B. Clubmitgliedschaft oder Eintrittskarte) erfüllen muss.

20. Kapitel. Sicherstellung von Gegenständen, Verwahrung, Verwertung, Art. 25 bis 28 PAG

Zusammenfassung

1. **Sicherstellung** bedeutet, dass die Polizei die betroffene Sache der Verfügungsgewalt einer Person entzieht und unter ihre Verfügungsgewalt bringt mit dem Ziel der Gefahrenabwehr.
2. Nach Art. 25 Abs. 1 PAG kann die Herausgabe der Sache angeordnet oder der Gewahrsam der Polizei durch tatsächliche Maßnahmen begründet werden. In beiden Fällen ist die Einwirkungsmöglichkeit Dritter ausgeschlossen.
3. Die Sicherstellung kann erfolgen
   a) zur Abwehr einer gegenwärtigen, konkreten oder drohenden Gefahr, Art. 25 Abs. 1 Nr. 1a und b PAG,
   b) zum Schutz vor Verlust oder Beschädigung einer Sache, Art. 25 Abs. 1 Nr. 2 PAG, sowie
   c) von Sachen, die von einer festgehaltenen Person mitgeführt werden und geeignet sind, Leben, Gesundheit oder Sachen zu beschädigen, Art. 25 Abs. 1 Nr. 3 PAG.
4. Durch die Sicherstellung kommt ein **öffentlich-rechtliches Verwahrungsverhältnis** zu Stande, auf das neben den Sondervorschriften der Art. 26 bis 28 PAG auch die Art. 54ff. BayVwVfG, Art. 62 BayVwVfG i.V.m. §§ 688ff. BGB anwendbar sind.
5. Unter den Voraussetzungen der Art. 27 bis 28 PAG muss die Sache herausgegeben, verwertet oder vernichtet werden.
6. **Presseerzeugnisse** sind grundsätzlich **polizeifest** und können daher nur unter den erhöhten Anforderungen des Art. 15 BayPrG beschlagnahmt werden.

A. Regelungsinhalt und Umfang

Sicherstellung bedeutet, dass die Polizei die betroffene Sache der Verfügungsgewalt einer Person entzieht und unter ihre Verfügungsgewalt bringt. Ziel des polizeilichen Handelns ist die Gefahrenabwehr. Häufig verursacht ein Störer Gefahren durch den Gebrauch von Sachen, wobei es keine Rolle spielt, ob die Sachen rechtmäßig oder illegal, zweckentsprechend oder zweckentfremdend verwendet werden. Entscheidend ist vielmehr, dass die Polizei die Gefahren dadurch abwehren kann, dass dem Störer die Nutzung der Sache entzogen wird. 1053

Gegenstand der Sicherstellung sind Sachen i.S.d. Art. 25 Abs. 1 PAG. Darunter fällt alles, nur keine Menschen, also sowohl bewegliche als auch unbewegliche Sachen. 1054

Aufgrund der Rechtsprechung des BayVGH[1] hat der Gesetzgeber in Art. 25 Abs. 2 PAG die Sicherstellung von Forderungen, elektronischem Geld, digitalen Zahlungsmitteln und Vermögensrechten und in Art. 25 Abs. 3 PAG die Sicherstellung von personenbezogenen Daten und Zugangsdaten

---

[1] BayVGH, BayVBl. 2012, 429; zur rechtsdogmatishen Fehlerhaftigkeit dieser Ansicht vgl. Schmidbauer, in: ders./Steiner, Art. 25 PAG Rn. 51.

außerhalb eines Telekommunikationsvorgangs ausdrücklich geregelt. Auch Tiere fallen nach der Terminologie des Gesetzgebers unter Art. 25 PAG.

B. Inhalt der Sicherstellungsbefugnis und Verfahren

1055 Schwierigkeiten bereitet bei der Klausurprüfung, dass die Sicherstellungsbefugnis des Art. 25 PAG je nach Sachlage einen unterschiedlichen Inhalt hat und gegebenenfalls sogar mehraktig sein kann.

I. Anordnung zur Herausgabe

1056 Art. 25 PAG befugt die Polizei zunächst zu einer **Anordnung** an den Gewahrsamsinhaber, die **Sache herauszugeben,** um **neuen eigenen Gewahrsam durch die Polizei zu begründen.** Der Anordnung bedarf es nur, soweit die Sicherstellung gegen den Willen des Gewahrsamsinhabers erfolgt. Diese Herausgabeverfügung ist ein Verwaltungsakt i.S.d. Art. 35 Satz 1 BayVwVfG. Die Polizei kann sie durch unmittelbaren Zwang durchsetzen. Rechtsschutz erfolgt in Form der Anfechtungsklage nach § 42 Abs. 1 VwGO vor den Verwaltungsgerichten.

II. Sicherstellung

1057 Nach h. M.[2] **befugt** Art. 25 PAG die Polizei **auch zur tatsächlichen Maßnahme** der Sicherstellung. Die Vorschrift gibt als Handlungsbefugnis das Recht[3] zum Einwirken auf Personen und Sachen insoweit, als bei Personen kein Widerstand gebrochen und bei Sachen die Funktionsfähigkeit nicht zerstört wird. Von Bedeutung ist dies, wenn der Gewahrsamsinhaber nicht anwesend ist.

1058 Für diese Auffassung spricht, dass nach dem Wortlaut des Art. 25 PAG die Polizei nicht nur befugt ist, eine Anordnung zu erlassen und die Bekanntgabe durch die Aushändigung des Sicherstellungsverzeichnisses nach Art. 26 Abs. 2 Satz 1 PAG erfolgt.

Beispiele: Der Gewahrsamsinhaber befindet sich in einem die freie Willensbestimmung ausschließenden Zustand. An der Sache hat niemand Gewahrsam oder es lässt sich kurzfristig gar nicht feststellen, wer der Gewahrsamsinhaber ist. Beispiele: Jeder Fahrzeuginsasse leugnet, dass ihm das im Kofferraum versteckte Rauschgift gehört. Der Polizeibeamte P entdeckt bei der Wohnungsdurchsuchung eine Waffe: Er nimmt sie an sich und stellt sie damit sicher.

1059 Folgt man der gegenteiligen Meinung[4], die sich auf die Systematik des PAG berufen kann, bedarf die Sicherstellungsanordnung wegen Art. 9 PAG keiner Bekanntgabe, wenn der Polizei eine entsprechende Erklärung gar nicht möglich ist.

In beiden Fällen kann die Sicherstellung durch die Polizei im Wege des unmittelbaren Zwangs nach Art. 75, 77 ff. PAG durchgesetzt werden. Rechtsschutz gegen die tatsächliche Maßnahme der Sicherstellung durch die Polizei erfolgt im Wege der allgemeinen Leistungsklage.

1060 Umstritten ist ferner, ob die Sicherstellung neben der Begründung eigenen Gewahrsams durch die Polizei gleichzeitig bedeutet, dass damit alle **anderen Personen vom Gewahrsam ausgeschlossen** werden. Die h. M.[5] bejaht dies zu Recht, da nach erfolgter Sicherstellung allein die Polizei entscheiden darf, wer über die Sache verfügt.

---

[2] Heckmann, Rn. 398 ff.
[3] Kingreen/Poscher, § 12 Rn. 12 ff.
[4] Knemeyer, PolOrdR, Rn. 251.
[5] So auch Knemeyer, Rn. 251; Rachor, in: Lisken/Denninger, E 668.

Lehnt man dies mit einer in der Lit. vertretenen Ansicht[6] ab, hat dies vor allem zur Folge, dass jede Umsetzung[7] eines Kfz auch als Sicherstellung zu qualifizieren ist.

III. Maßnahmerichtung

Der Adressat der Sicherstellungsanordnung ergibt sich entweder aus Art. 7 PAG, je- 1061
denfalls aber aus Art. 8 PAG (str.). Denn der Gewahrsamsinhaber ist für die sichergestellte Sache verantwortlich, unabhängig von der Kenntnis um seinen Gewahrsam. Nur wenn die Gefahr der Sache droht, kann sich der Adressat aus Art. 10 PAG ergeben, bei dem die besonderen Voraussetzungen zu beachten sind.[8]

IV. Begründung von Polizeigewahrsam

Die Begründung eigenen Gewahrsams durch die Polizei kann nach allen zur Verfü- 1062
gung stehenden praktischen Möglichkeiten erfolgen, z.B. durch das Versperren, Versiegeln oder Verbringen an einen anderen Ort. Er hat dingliche Wirkung, d.h. die Sicherstellung wirkt gegen jedermann. Sie schließt alle Rechte an der Sache aus, wie z.B. Herausgabeansprüche des Eigentümers, Nutzungsansprüche des Mieters. Die Inhaber dieser Rechte sind nicht Adressaten, sondern Betroffene der Sicherstellung.

V. Zielrichtung Gefahrenabwehr

Art. 25 PAG zielt rein auf die **Gefahrenabwehr**[9]. Sicherstellung nach der StPO und 1063
dem PAG können nach nunmehriger Ansicht[10] gleichzeitig vorliegen. Nach bisheriger Meinung entschied der Zweck, der im Augenblick der Sicherstellung im Vordergrund steht. In der Klausur ist die Frage nach der richtigen Rechtsgrundlage insbesondere dann zu entscheiden, wenn der bloße **Besitz einer Sache** eine Straftat ist.

Beispiele: Schusswaffen, Handgranaten. Da der Gesetzgeber selbst die Sache für so gefährlich erachtet hat, ist für die Polizei die Gefahrenabwehr entscheidend.

C. Materielle Rechtmäßigkeitsvoraussetzungen

I. Zur Abwehr einer Gefahr, Art. 25 Abs. 1 Nr. 1 PAG

1. Gegenwärtige, konkrete Gefahr

Nach Art. 25 Abs. 1 Nr. 1a PAG kann die Polizei eine Sache sicherstellen, um eine 1064
gegenwärtige konkrete Gefahr für die öffentliche Sicherheit oder Ordnung abzuwehren. Gegenüber der Generalklausel des Art. 11 PAG müssen demnach in zeitlicher Hinsicht erhöhte Anforderungen („gegenwärtig") vorliegen. Das schädigende Ereignis muss bereits begonnen haben oder in nächster Zeit zu erwarten sein. Die gegenwärtige

---

[6] Heckmann Rn. 397.
[7] Vgl. hierzu ausführlich Kapitel 21.
[8] Dazu Rn. 673ff.
[9] Der Strafverfolgung hingegen dienen § 94 StPO (Sicherstellung von Beweismitteln) und §§ 111b ff. StPO (Sicherstellung der Sachen, die dem Verfall oder der Einziehung unterliegen).
[10] BGH, Urt. v. 26. April 2017 – 2 StR 247/16; ebenso Schmidbauer, Art. 12 POG Rn. 9ff.

Gefahr kann dabei **in der Sache selbst** liegen oder durch ihre **mögliche Verwendung** entstehen.

Beispiele: Handgranate, Sprengstoff oder Dietrich, Einbruchswerkzeug.

2. Drohende Gefahr

1065 Ferner kann die Polizei nach Art. 25 Abs. 1 Nr. 1b PAG eine Sache sicherstellen, um eine konkrete Gefahr oder eine **drohende Gefahr für ein bedeutendes Rechtsgut** abzuwehren. Aufgrund der restriktiven Fassung des Begriffs der drohenden Gefahr in Art. 11 Abs. 3 Satz 1 PAG und der Beschränkung auf die bedeutenden Rechtsgüter nach Art. 11 Abs. 3 Satz 2 PAG ist diese Verlagerung der polizeilichen Befugnis ins Vorfeld gerechtfertigt[11].

II. Zum Schutz vor Verlust oder Beschädigung einer Sache, Art. 25 Abs. 1 Nr. 2 PAG

1066 Nach Art. 25 Abs. 1 Nr. 2 PAG kann die Polizei eine Sache sicherstellen, um den Eigentümer oder den rechtmäßigen Inhaber der tatsächlichen Gewalt vor Verlust oder Beschädigung einer Sache zu schützen[12]. Ein Antrag des Privaten ist nicht nötig. Da Art. 25 Abs. 1 Nr. 2 PAG auf den Schutz privater Rechte zielt, müssen zunächst die **Voraussetzungen des Art. 2 Abs. 2 PAG** vorliegen. Das Tätigwerden der Polizei ist hier daher stets subsidiär gegenüber möglichen eigenen Schutzmaßnahmen des Privaten.

III. Mitführung durch Person, die festgehalten werden darf, Art. 25 Abs. 1 Nr. 3 PAG

1067 Gemäß **Art. 25 Abs. 1 Nr. 3 PAG** kann die Polizei eine Sache sicherstellen, die **von einer festgehaltenen Person mitgeführt** wird und geeignet ist, Leben, Gesundheit oder Sachen zu beschädigen. Wird eine Person festgehalten, genügt für die Sicherstellung insoweit eine abstrakte Gefahr[13]. Es reicht also aus, dass die mitgeführten Gegenstände objektiv entsprechend verwendet werden können. Nicht erforderlich sind tatsächliche Anhaltspunkte, dass der Festgehaltene sie auch wirklich verwenden will[14]. Geschützt werden sollen die beteiligten Beamten, der Festgehaltene selbst und staatliche Sachwerte.

Beispiele: Unter Art. 25 Abs. 1 Nr. 3 PAG fallen regelmäßig Messer, Schlüssel, Spiegel, überhaupt alle scharfen und spitzen Gegenstände, Feuerzeuge, Zündhölzer, Gürtel usw.

D. Verwahrung, Art. 26 PAG

1068 Durch die Sicherstellung kommt ein **öffentlich-rechtliches Verwahrungsverhältnis** zwischen dem Freistaat Bayern und dem Adressaten, also dem Gewahrsams-

---

[11] A.A. Rachor, in: Lisken/Denninger, E 702ff. Dabei wird aber verkannt, dass Gefahrerforschungseingriffe im Rahmen der Verhältnismäßigkeit auch endgültig sein können, vgl. Schmidbauer, Art. 11 Rn. 39. Ebenso: Kingreen/Poscher, § 19 Rn. 10.

[12] Vgl. BayVGH, NJW 2001, 1960.

[13] Kingreen/Poscher, § 19 Rn. 9.

[14] Entgegen Berner/Köhler/Käß, PAG, Art. 25 Rn. 12 setzt eine Sicherstellung daher auch nicht voraus, dass der Betroffene handlungsunfähig ist.

inhaber, zustande, Art. 26 PAG. Die Verwahrung ist eine eigenständige polizeiliche Maßnahme und von der Sicherstellung zu unterscheiden. Art. 26 bis 28 PAG enthalten hierfür Sondervorschriften. Im Übrigen kommen Art. 54 ff. BayVwVfG, Art. 62 BayVwVfG i. V. m. §§ 688 ff. BGB zur Anwendung.

E. Verwertung, Vernichtung, Herausgabe, Art. 27 bis 28 PAG

Kommt eine Verwahrung nicht oder nicht mehr in Betracht, kann die Polizei die sichergestellte Sache **verwerten, Art. 27 PAG.** Grundsätzlich erfolgt dies durch öffentliche Versteigerung, ausnahmsweise durch freihändigen Verkauf, Art. 27 Abs. 3 Satz 2 PAG. Würde die Verwertung zu einer erneuten Sicherstellung führen, kann die Polizei die Sache **unbrauchbar machen oder vernichten, Art. 27 Abs. 4 PAG.** **1069**

Art. 28 Abs. 1 und 2 PAG normieren für die Polizei die Pflicht, die sichergestellte Sache wieder **herauszugeben.** Hierfür ist erforderlich, dass die Voraussetzungen der Sicherstellung weggefallen sind. Die Polizei hat die sichergestellte Sache an denjenigen herauszugeben, bei dem sie sichergestellt worden ist, vorausgesetzt ihm steht ein Recht an der Sache zu[15]. Er darf also den Besitz gerade nicht durch eine Straftat, z.B. Diebstahl, erlangt haben. Die Polizei darf die Sache nicht herausgeben, solange die Eigentumsfrage nicht geklärt ist[16]. **1070**

F. Sicherstellung und verfassungsrechtlicher Eigentumsschutz

Die Sicherstellung greift in den Schutzbereich des Grundrechts auf Eigentum, Art. 14 GG, 103 BV, ein. Da die genannten Grundrechte selbst diese Möglichkeit eröffnen, müssen sie in Art. 91 PAG nicht zitiert werden, Art. 19 Abs. 1 Satz 2, Abs. 2 GG. **1071**

Ein Wechsel in der Zuordnung des Eigentums tritt aber nicht ein, so dass keine Enteignung vorliegt[17]. Die Sicherstellung ist vielmehr eine entschädigungslos hinzunehmende Inhaltsbestimmung des Eigentums, Art. 14 Abs. 1 Satz 2 GG, 153 BV, da jeder Grundrechtsträger die Pflicht hat, von seinem Eigentum einen sozialverträglichen ordnungsgemäßen Gebrauch zu machen. Dies gilt selbst dann, wenn die Sache dem Eigentümer im Ergebnis entzogen wird. **1072**

G. Verhältnis der Durchsuchung zur Sicherstellung

Durchsuchung und Sicherstellung sind rechtlich völlig **unabhängig**. Insbesondere setzt eine Sicherstellung nicht die Rechtmäßigkeit einer evtl. vorangegangenen Durchsuchung voraus. Mit dem Ziel einer möglichst wirksamen Gefahrenabwehr hat der Gesetzgeber die Rechtmäßigkeit der Durchsuchung gerade nicht zur Rechtmäßigkeitsvoraussetzung der Sicherstellung gemacht. **1073**

H. Rechtsschutz

Als Rechtsschutz gegen die Sicherstellung steht dem Bürger die Anfechtungsklage zum Verwaltungsgericht, §§ 42 Abs. 1, 68 Abs. 2 Nr. 2 VwGO, zur Verfügung. **1074**

---

[15] Heckmann, Rn. 410.
[16] BayVGH, NJW 2009, 3384.
[17] Vgl. grundsätzlich Schmidbauer, Enteignung zugunsten Privater.

1075 Bei Ansprüchen des Bürgers aus der öffentlich-rechtlichen Verwahrung, z.B. bei Beschädigung der Sache durch die Polizei, ist die Klage auf dem Zivilrechtsweg zum Landgericht eröffnet, §§ 40 Abs. 2 VwGO, § 13 GVG.

J. Sonderprobleme der Sicherstellung

I. Waffengesetz

1076 Die §§ 36, 37 WaffG enthalten für die Sicherstellung Spezialregelungen, die Vorrang vor Art. 25 PAG haben.

II. Presserecht

1077 Art. 5 Abs. 1 Satz 2 GG garantiert die Pressefreiheit. Dieses Grundrecht findet nach Art. 5 Abs. 2 GG seine Schranken in den Vorschriften der allgemeinen Gesetze, den gesetzlichen Bestimmungen zum Schutz der Jugend und in dem Recht der persönlichen Ehre. Die Bayerische Verfassung gewährleistet die Pressefreiheit durch Art. 110, 111 und 112 BV. Diese verfassungsrechtlichen Regelungen beinhalten die sogenannte „**Polizeifestigkeit**" der publizistischen Tätigkeit. Dies bedeutet, dass die Sicherstellung und Beschlagnahme von Druckwerken durch die Polizei wesentlichen Einschränkungen unterliegt.

1078 Eine (präventive) **Sicherstellung** von Druckwerken durch die Polizei nach Art. 25 PAG ist **unzulässig**. Dies ergibt sich aus Art. 15 Bayerisches Pressegesetz (BayPrG), der eine abschließende Spezialregelung darstellt, die auch Art. 25 PAG verdrängt.

1079 Art. 15 Abs. 2 BayPrG befugt die Polizei aber zu einer vorläufigen Wegnahme ohne richterliche Anordnung unter folgenden Voraussetzungen: Es muss sich um ein Druckwerk handeln, das jedoch keine Zeitung und keine Zeitschrift sein darf. Inhaltlich muss das Druckwerk entweder gegen Art. 7 BayPrG verstoßen haben (Impressum auf Druckwerken) oder strafbaren Inhalts sein. Die Polizei muss die weggenommenen Druckwerke unverzüglich dem Richter vorlegen, der innerhalb von 24 Stunden zu entscheiden hat.

1080 **Beispielfall 53**

Pressefotograf F macht mit seiner Kamera Aufnahmen von den marodierenden Gegnern des G 7 Gipfels in Elmau.
Kann die Polizei die Fotos sicherstellen?

Lösung

1. Die Sicherstellung nach Art. 25 Abs. 1 Nr. 1a PAG könnte durch Art. 15 BayPrG gehindert sein. Voraussetzung ist jedoch, dass es sich bei den Fotos um Druckwerke i.S.v. Art. 6 Abs. 1 BayPrG handelt. Dies ist jedoch nur dann der Fall, wenn die Fotos durch Buchdruckerpresse oder durch sonstige Vervielfältigungsverfahren hergestellte und zur Verbreitung in der Öffentlichkeit bestimmte Schriften, bildliche Darstellungen mit und ohne Schrift und Musikalien mit Text oder Erläuterungen darstellen würden. Dies ist jedoch bei belichtetem Bild- oder Filmmaterial nicht der Fall, so dass Art. 25 PAG anwendbar ist.
2. Da durch die Identifizierung anonymer Täter die Begehung weiterer Straftaten verhindert werden kann, kann eine Sicherstellung auf Art. 25 Abs. 1 Nr. 1a PAG gestützt werden.

Auch ist die Sicherstellung des belichteten Filmes rechtmäßig, wenn der Polizeibeamte aufgrund der Umstände davon ausgehen kann, dass sein Bild in einer Art und Weise veröffentlicht wird, die seinem Recht am eigenen Bild nach §§ 22, 23 i. V. m. § 33 KunstUrhG widerspricht[18]. Hierfür sind konkrete Anhaltspunkte erforderlich. Liegen diese nicht vor, ist grundsätzlich davon auszugehen, dass unzulässige Lichtbilder nicht verbreitet werden[19]. Das Filmen und Fotografieren polizeilicher Einsätze ansonsten ist zulässig. 1081

21. Kapitel: Exkurs – Abschleppen von Kraftfahrzeugen

Zusammenfassung

Die Rechtsgrundlage für das Abschleppen eines verbotswidrig abgestellten Fahrzeuges durch die Polizei ist unterschiedlich je nach tatsächlichem Geschehensablauf und rechtlicher Bewertung.

1. **Art. 25 Abs. 1 Nr. 1a PAG** bildet für die Polizei die Rechtsgrundlage, Kraftfahrzeuge sicherzustellen. Diese ist nach h. M. einschlägig, wenn das Kfz weggeschleppt und **in Verwahrung** genommen wird.
2. **Art. 11 Abs. 1 PAG** ist die Rechtsgrundlage für das Abschleppen, wenn das Kfz lediglich **versetzt** wird.
3. Verstößt das geparkte Fahrzeug gegen die Anordnung eines Verkehrszeichens, sieht die h. M. in dem **Wegfahrgebot** des Verkehrszeichens den **Grundverwaltungsakt**, den die Polizei durch das Abschleppen vollstreckt. Da eine Bekanntgabe des Verwaltungsaktes erfolgt ist, geschieht dies gegenüber dem Fahrzeugführer im Wege der Ersatzvornahme nach Art. 72 PAG.
4. Nach der zutreffenden Ansicht ist ebenso wie in allen übrigen Fällen zu entscheiden, ob Art. 25 Abs. 1 Nr. 1a PAG als Rechtsgrundlage für das Abschleppen in Betracht kommt. Dies ist der Fall, wenn man darin eine Befugnis zu einem Realakt anerkennt.
5. Ansonsten findet das Abschleppen seine Rechtsgrundlage in Art. 25 Abs. 1 Nr. 1a i. V. m. Art. 9 PAG.
6. In allen dargelegten Fällen gibt es eine Befugnis zur Kostenerhebung.

Das Abschleppen[1] eines Kraftfahrzeuges durch die Polizei ist ein häufiger Problemfall in der Praxis und in der Klausur. Die Standardsituation ist das Abschleppen eines falsch geparkten Kraftfahrzeuges. Die Rechtsgrundlage für diese polizeiliche Maßnahme bildet im Regelfall die Sicherstellung nach Art. 25 PAG. Jedoch gibt es nicht allein eine einzige Befugnisnorm für das Abschleppen durch die Polizei. Daher wird die gesamte Fallkonstellation im Folgenden gesondert ausführlich behandelt. Zudem wird auf die sich anschließenden Rechtsprobleme eingegangen. Zusammengefasst ergeben sich beim Abschleppen eines Kraftfahrzeuges durch die Polizei folgende Fragen: 1082

A. Sicherstellung von Kraftfahrzeugen

Art. 25 PAG gibt der Polizei die Befugnis, Kraftfahrzeuge in verschiedenen besonderen Situationen sicherzustellen, um eine konkrete gegenwärtige Gefahr abzuwehren. 1083

[18] VG Köln, NJW 1988, 367.
[19] OVG Rh-Pf, DVBl. 1998, 101 = DÖV 1997, 1011.

[1] Ausführlich zur Gesamtproblematik: Schmidbauer, in: ders./Steiner, Art. 25 PAG Rn. 60ff.

I. Sicherstellung: Das Fahrzeug als gefährdetes Objekt

1084 Ist das Fahrzeug selbst gefährdet oder sind Gegenstände, die sich im Fahrzeug befinden in Gefahr, liegt eine Sicherstellung nach Art. 25 Abs. 1 Nr. 2 PAG vor. Die Maßnahme dient dem Schutz des Eigentümers oder des rechtmäßigen Inhabers der tatsächlichen Gewalt.

Beispiele: Wird ein gestohlenes oder aufgebrochenes Fahrzeug aufgefunden, wird es die Polizei zur Eigentumssicherung nach Art. 25 Abs. 1 Nr. 2 PAG sicherstellen, wenn es der Berechtigte nicht sofort abholen kann.

Ebenso wird die Polizei mit dem Unfallfahrzeug verfahren, das schwer beschädigt am Straßenrand steht und dessen Innenraum samt darin enthaltener Wertsachen aufgrund der Beschädigungen für jedermann zugänglich ist.

Fahrzeugführer F hat unter Beachtung aller Vorschriften der StVO sein Auto auf einem Parkplatz in Regensburg am Ufer der Donau abgestellt. Überraschend ist innerhalb der nächsten Stunden Hochwasser zu erwarten. Bevor der Fluß über die Ufer tritt und das Fahrzeug irrparabel beschädigt, wird die Polizei es zur Eigentumssicherung nach Art. 25 Abs. 1 Nr. 2 PAG sicherstellen und abschleppen.

II. Sicherstellung: Das Fahrzeug als gefährliches Objekt

1085 Um eine Sicherstellung nach Art. 25 Abs. 1 Nr. 1a PAG handelt es sich, wenn der Zustand des Fahrzeuges selbst eine Gefahr darstellt. **Unfallfahrzeuge** stellen Verkehrshindernisse dar, fordern zu vermeintlich notwendiger Hilfeleistung heraus oder animieren Neugierige.

III. Sicherstellung: Das Fahrzeug als Instrument in der Hand einer gefährlichen Person

1086 Ein Kraftfahrzeug kann nach Art. 25 Abs. 1 Nr. 1a PAG sichergestellt werden, wenn es ein Instrument in der Hand einer gefährlichen Person ist.

Beispiele: Ein Terrorist plant mit dem Fahrzeug einen Anschlag zu verüben, indem er es in eine Menschenmenge steuert. Bei einem Fahrzeug lässt die Fahruntüchtigkeit des Fahrzeugführers auf seine Unzuverlässigkeit schließen. Dies ist bei Rauschgiftkonsum und Alkoholkonsum der Fall.

1087 Ob extreme Verkehrsverstöße mit Wiederholungsgefahr eine Sicherstellung nach Art. 25 Abs. 1 Nr. 1a PAG rechtfertigen, ist umstritten. Der BayVGH[2] stellt hieran strenge Anforderungen. So müsse im Regelfall davon ausgegangen werden, dass Ordnungsmittel des Straßenverkehrsrechts den Verkehrsteilnehmer so beeindrucken, dass er von der Begehung erneuter Verkehrsverstöße absieht. Mit überzeugenden Argumenten hält die gegenteilige Ansicht[3] diese Einschätzung für schlechterdings nicht nachvollziehbar, da schon der Sachverhalt beweist, dass das Gegenteil zutrifft. Dem ist zuzustimmen. Richtig ist, dass bei Vorliegen der Voraussetzungen einer gegenwärtigen Gefahr die Sicherstellung des Fahrzeuges zulässig ist[4].

---

[2] BayVGH, BayVBl. 2009, 432.

[3] Berner/Köhler/Käß, Art. 25 Rn. 4.

[4] Ausführlich: Schmidbauer, in: ders./Steiner, Art. 25 PAG Rn. 65 ff.

B. Abschleppen von verbotswidrig abgestellten Kraftfahrzeugen

In der Praxis am häufigsten ist freilich der Fall des verbotswidrig abgestellten Fahrzeugs. Die Gefahr entsteht hier durch die Lage des Fahrzeuges im Raum: Sie liegt entweder vor, weil das Fahrzeug unter Verstoß gegen die allgemeinen Vorschriften des Straßenverkehrsrechts abgestellt wurde oder weil das Fahrzeug in einem Bereich steht, für den Verkehrszeichen oder Weisungen eines Polizeibeamten ein Haltverbot verfügt haben. 1088

I. Rechtsgrundlagen

Für die Frage, auf welcher Rechtsgrundlage die Polizei das Abschleppen verfügt, sind die nachfolgenden Aspekte von Bedeutung. 1089

1. Sicherstellung eines Kraftfahrzeuges nach Art. 25 Abs. 1 Nr. 1a PAG oder Versetzung nach Art. 11 Abs. 1 PAG

Die Unterscheidung zwischen Sicherstellung oder Versetzung eines Kraftfahrzeuges richtet sich nach Ansicht des BayVGH[5] danach, wie die Polizei die Abschleppmaßnahme tatsächlich ausführt. Deshalb ist beim Abschleppen eines Fahrzeuges durch die Polizei zu unterscheiden: 1090

Es liegt eine **Sicherstellung nach Art. 25 Abs. 1 Nr. 1a PAG** vor, wenn es der Polizei darauf ankommt, das Fahrzeug in **amtliche Verwahrung** zu nehmen. Beispiel: Das Kfz wird in einen Polizeihof geschleppt oder vom privaten Abschleppdienst im Auftrag der Polizei auf dessen Gelände verwahrt. 1091

Hingegen ist eine **Versetzung** eine atypische polizeiliche Maßnahme nach **Art. 11 Abs. 1 PAG**[6]. Sie liegt vor, wenn das Fahrzeug **in unmittelbarer Nähe auf einen Parkplatz**, der der StVO entspricht, umgesetzt, gerollt oder geschoben wird. Charakteristisch ist dabei, dass die Polizei keinen Gewahrsam an dem Kfz begründen will. 1092

In der Praxis kommt ein Versetzen nach Art. 11 Abs. 1 PAG nur dann in Betracht, wenn sich in Sichtweite ein Parkplatz befindet, der der StVO entspricht und auf dem das Fahrzeug berechtigt abgestellt werden darf. Hingegen vertritt eine m.M.[7], dass es sich stets um eine Sicherstellung handelt, da die Polizei immer die Sachherrschaft über das Fahrzeug übernimmt – wenn auch nur für eine kurze Zeit im Fall der Versetzung. Eine a. A.[8] ist dagegen der Auffassung, dass jedes Abschleppen stets eine atypische Maßnahme nach Art. 11 Abs. 1 PAG sei, da die Polizei den Kfz-Halter oder Kfz-Führer nicht von der Einwirkungsmöglichkeit auf sein Fahrzeug ausschließen will. 1093

2. Sicherstellung, Zwangsmaßnahme oder unmittelbare Ausführung

Ist der Fahrzeugführer oder Fahrzeughalter nicht anwesend oder nicht bereit oder nicht in der Lage, sein Fahrzeug wegzufahren, ist in einem zweiten Schritt zu untersuchen, wie die realisierende polizeiliche Maßnahme hinsichtlich ihrer Durchführung zu qualifizieren ist. In Betracht kommen eine Sicherstellung, eine Zwangsmaßnahme in 1094

---

[5] BayVGH, NVwZ 1990, 180, BayVBl. 1990, 433.
[6] Kingreen/Poscher, § 19 Rn. 4.
[7] Berner/Köhler/Käß, Art. 25 Rn. 9.
[8] Knemeyer, Rn. 252.

Form der Ersatzvornahme nach Art. 72 PAG oder in Form des unmittelbaren Zwangs nach Art. 75 PAG oder eine unmittelbare Ausführung gemäß Art. 9 PAG. Dabei sind die folgenden Fallgruppen zu unterscheiden.

a. Ersatzvornahme nach persönlichem Wegfahrgebot

1095 In einer ersten Fallkonstellation spricht ein Polizeibeamter gegenüber einem anwesenden Autofahrer die Anordnung aus, das Fahrzeug unverzüglich wegzufahren.

1096 **Beispielfall 54**

A will in der Altstadt einen Kneipenbummel machen, findet aber keinen Parkplatz. Kurzerhand stellt er daraufhin seinen Sportwagen einfach in der Fußgängerzone ab. Der Polizist P beobachtet dies und fordert ihn auf, sein Fahrzeug sofort wegzufahren.

a. A wirft daraufhin dem verdutzten P die Zündschlüssel vor die Füße, bemerkt, er solle dies doch selbst machen, wenn ihm etwas nicht passe und verschwindet in der nächsten Kneipe. P nimmt den Zündschlüssel und fährt das Fahrzeug auf einen Parkplatz in unmittelbarer Nähe, der gerade im Augenblick frei geworden ist.

b. A schließt das Fahrzeug ab und weigert sich hartnäckig, es wegzufahren oder auch nur den Zündschlüssel herauszugeben.

Lösung

Zu a. Die Anordnung zum Wegfahren gegenüber dem anwesenden Fahrzeugführer findet ihre Rechtsgrundlage in der Generalklausel des Art. 11 Abs. 2 Nr. 1 PAG. Sie wird im Wege der Ersatzvornahme nach Art. 72, 70 Abs. 1 PAG zwangsweise durchgesetzt. Den Fahrzeugführer trifft die Kostenpflicht aus Art. 72 Abs. 1 Satz 2 PAG. Eine unmittelbare Ausführung im Sinne des Art. 9 PAG greift schon deswegen nicht, weil eine vollstreckbare Grundverfügung vorliegt: Dem Störer wurde die Anordnung zum Wegfahren als vollstreckbare Grundverfügung bekannt gegeben, deren Zweck durch Inanspruchnahme des Störers nach Art. 72 PAG erreicht werden kann. Damit ist der Anwendungsbereich des Art. 9 PAG gar nicht eröffnet.

Zu b. Die Ersatzvornahme nach Art. 72 PAG setzt voraus, dass es um eine vertretbare Handlung geht und dass die Polizei genau das tun kann, was der Störer tun müsste[9]. Da sich A weigert, das Fahrzeug wegzufahren oder auch nur den Zündschlüssel herauszugeben, ist dies hier nicht der Fall. Daher ist das Abschleppen durch die Polizei keine Ersatzvornahme nach Art. 72 PAG. Vielmehr ist es als Maßnahme des unmittelbaren Zwanges nach Art. 70, 75 ff. PAG zu qualifizieren, mit der das Wegfahrgebot durchgesetzt wird.

b. Abschleppen des Pkw ohne vorausgehendes Wegfahrgebot

1097 In der zweiten praktisch häufigeren Fallkonstellation verstößt der Störer gegen ein gesetzlich geregeltes Halt- oder Parkverbot, ohne dass ihm gegenüber vorher das Wegfahren angeordnet wurde. Weder hat dies ein Polizeibeamter noch ein Verkehrszeichen getan.

---

[9] Zur Abgrenzung ausführlich: Schmidbauer, in: ders./Steiner, Art. 55 PAG Rn. 4 ff.

Beispielfall 55 1098

Auch B möchte eine Kneipentour machen und parkt sein Fahrzeug deswegen auf dem Fußgängerweg. Dies verstößt gegen § 12 Abs. 4 StVO. Ein Verkehrszeichen ist hierfür nicht erforderlich. Als die Polizei den Verkehrsverstoß entdeckt, ist B schon nicht mehr in der Nähe seines Fahrzeuges. Die Polizei lässt es abschleppen.
Auf welche Rechtsgrundlage kann das Abschleppen gestützt werden?

Lösung
Eine polizeiliche Anordnung gegen den Fahrzeugführer oder -halter war nicht rechtzeitig möglich. Nach der hier vertretenen Auffassung beruht das Abschleppen auf der Rechtsgrundlage einer **Sicherstellung nach Art. 25 Abs. 1 Nr. 1a PAG**, da das Fahrzeug nicht lediglich versetzt wird. Da weder der Fahrzeugführer noch der Fahrzeughalter anwesend sind, stellt sich die Frage, ob Art. 25 Abs. 1 Nr. 1a PAG selbst die Polizei befugt, durch eine **tatsächliche Maßnahme** eigenen polizeilichen Gewahrsam an dem Fahrzeug zu begründen.
Wird dies bejaht[10], findet die tatsächliche Maßnahme des Abschleppens des Fahrzeuges ihre Rechtsgrundlage allein in Art. 25 Abs. 1 Nr. 1a PAG.
Lehnt man dies aber wie die wohl h. M.[11] ab, erfolgt das Abschleppen durch die Polizei im Wege der **unmittelbaren Ausführung nach Art. 9 PAG i. V. m. Art. 25 Abs. 1 Nr. 1a PAG**. Durch Art. 9 PAG wird die wegen der Abwesenheit des Störers faktisch unmögliche Bekanntgabe der Sicherstellungsanordnung ersetzt. Ein Sofortvollzug liegt nach allen vertretenen Auffassungen[12] zur Abgrenzung zwischen Art. 9 PAG und Art. 70 Abs. 2 PAG nicht vor.

c. Abschleppen des Pkw bei Verstoß gegen die Regelungen von Verkehrszeichen oder Verkehrseinrichtungen

Die dritte Fallkonstellation ist die praktisch häufigste und die rechtlich umstrittenste. 1099
Der Fahrzeugführer missachtet beim Abstellen seines Fahrzeuges nicht ein Gesetz oder eine Rechtsverordnung oder die Weisung eines Polizeibeamten, sondern die Regelung eines Verkehrszeichens, z. B. Haltverbotzeichen, oder einer Verkehrseinrichtung, z. B. Parkscheinautomat.

Beispielfall 56 1100

Auch C und D sind auf Kneipentour. C stellt seinen Wagen verbotswidrig auf einem durch Verkehrszeichen gekennzeichneten Behindertenparkplatz ab. D hält auf einem Parkplatz mit Parkuhr, ohne diese zu betätigen.
Auf Grund welcher Rechtsgrundlage kann das Abschleppen erfolgen?

Lösung
1. **Verkehrszeichen** und Verkehrseinrichtungen sind als **Verwaltungsakte** zu qualifizieren. Die h. M.[13] sieht in ihnen Allgemeinverfügungen i. S. d. Art. 35

---

[10] So Heckmann, Rn. 399. Differenzierend: Kingreen/Poscher, § 12 Rn. 14: Art. 25 PAG gibt als Handlungsbefugnis das Recht zum Einwirken auf Personen und Sachen insoweit, als bei Personen kein Widerstand gebrochen und bei Sachen die Funktionsfähigkeit nicht zerstört wird.
[11] Knemeyer, Rn.251.
[12] Nachweise bei Schmidbauer, in: ders./Steiner, Art. 9 PAG Rn. 10.
[13] BVerwGE 102, 316; Kopp/Ramsauer, § 35 Rn. 112.

Satz 2 Alt. 3 BayVwVfG. Sie werden gemäß Art. 43 BayVwVfG gegenüber demjenigen, für den sie bestimmt sind oder der von ihnen betroffen wird, in dem Zeitpunkt wirksam, in dem sie ihm bekannt gegeben werden. Die Bekanntgabe erfolgt nach bundesrechtlichen Vorschriften[14] der Straßenverkehrsordnung durch Aufstellen des Verkehrsschildes. Sie erlangen damit Wirksamkeit gegenüber dem betroffenen Verkehrsteilnehmer, wenn dieser „beim erstmaligen Herannahen" in den Wirkungskreis des Verkehrszeichens gelangt. Die Wirksamkeit eines ordnungsgemäß aufgestellten oder angebrachten Verkehrszeichens hängt somit nicht von der subjektiven Kenntnisnahme des davon betroffenen Verkehrsteilnehmers ab. Die Qualifizierung eines Verkehrszeichens oder einer Verkehrseinrichtung als Verwaltungsakt ist hinsichtlich seines Inhaltes von Bedeutung: Der Verwaltungsakt beinhaltet nicht nur die Anordnung eines Verbotes des Haltens, sondern auch ein Wegfahrgebot.
Umstritten ist nun, ob die Polizei mit dem Abschleppen dieses Wegfahrgebot des Verkehrszeichens vollstreckt oder eine eigene Grundverfügung, d.h. eine Anordnung auf der Rechtsgrundlage des Art. 25 Abs. 1 Nr. 1a PAG oder des Art. 11 Abs. 1 PAG erlässt.

2. Ein Teil der Literatur[15] sieht in dem **Verkehrszeichen** oder der Verkehrseinrichtung den **Grundverwaltungsakt**, der durch die Anwendung der Vollstreckungsvorschriften des PAG durchgesetzt wird. Folgt man dieser Auffassung, hat dies verschiedene Konsequenzen:
   a. Zunächst scheidet jedenfalls ein Abschleppen des Fahrzeuges im Wege der unmittelbaren Ausführung gemäß Art. 9 PAG aus, da mit dem Verkehrszeichen ein Grundverwaltungsakt vorliegt, der dem Fahrzeugführer auch nach Art. 41 BayVwVfG bekannt gemacht wurde und nach Art. 43 BayVwVfG wirksam geworden ist. Folglich kann das **Abschleppen** nur als **Zwang nach Art. 70 ff. PAG** zu qualifizieren sein.
   b. Zu prüfen ist folglich, ob das Wegfahrgebot des Verkehrszeichens durch eine Ersatzvornahme nach Art. 72 Abs. 1 Satz 1 PAG durchgesetzt werden kann. Die h. M. in der Literatur[16] bejaht dies mit der Kostenfolge des Art. 72 Abs. 1 Satz 2 PAG für den Störer.
   c. In Zweifel zu ziehen ist diese Auffassung zunächst schon deswegen, weil eine Ersatzvornahme voraussetzt, dass das Handeln der Polizei oder das Handeln des von ihr beauftragten Privaten mit der Handlung, die dem Pflichtigen obliegt, identisch ist[17]. Legt man dieses Kriterium zutreffender Weise eng aus, ist das Abschleppen des Fahrzeuges als Anwendung unmittelbaren Zwanges nach Art. 75, 77 ff. PAG zu qualifizieren mit der Kostenfolge des Art. 75 Abs. 3 PAG für den Störer.
   d. Ein zusätzliches Problem besteht bei dieser Auffassung darin, dass der Verwaltungsakt des Verkehrszeichens von der Straßenverkehrsbehörde erlassen wurde. Er müsste demnach auch von der Straßenverkehrsbehörde nach dem VwZVG und nicht von der Polizei nach dem PAG vollstreckt werden. Dies würde konsequenterweise die Straßenverkehrsbehörden zur Errichtung eines

[14] Vgl. §§ 39 Abs. 1 und 1a, 45 Abs. 4 StVO.
[15] Heckmann, Rn. 555 ff.
[16] Heckmann, Rn. 558.
[17] Schmidbauer, in: ders./Steiner, Art. 55 PAG Rn. 4.

eigenen Außendienstes neben der Polizei zwingen – ein unpraktikables und vor dem Steuerzahler nicht zu verantwortendes Ergebnis.

3. Die h. M.[18] hingegen sieht im Abschleppen nur dann eine Ersatzvornahme nach Art. 72 PAG, wenn es durch die zuständige Ordnungsbehörde, also die Straßenverkehrsbehörde vollzogen wird. Ordnet jedoch die Polizei das Abschleppen an, handelt eine andere als die für den Erlass der Grundverfügung zuständige Gefahrenabwehrbehörde. In diesem Fall ist das Abschleppen der Polizei als unmittelbare Ausführung einer Maßnahme i.S.d. Art. 9 PAG zu qualifizieren.
   Heckmann[19] interpretiert hingegen das Wegfahrgebot des Verkehrszeichens als eine Verfügung, die die Einzelanordnung des Polizeibeamten ersetzt. Folglich lässt sich bei einer funktionellen Betrachtung der im Verkehrszeichen enthaltene Befehl auch der Polizei zurechnen, was über die fehlende Identität von Anordnungs- und Vollstreckungsbehörde hinweghilft. Folgt man dieser Auffassung, verbleibt es folglich bei der Qualifizierung des Abschleppens als Ersatzvornahme nach Art. 72 PAG.
4. Sieht man das Verkehrszeichen als zu vollstreckenden Grundverwaltungsakt an, so lässt sich das Abschleppen freilich nur dann als Ersatzvornahme nach Art. 72 PAG qualifizieren, wenn der Fahrzeugführer vom Inhalt des Verkehrszeichens Kenntnis erlangen konnte. Denn nur wenn es nach Art. 43 BayVwVfG bekannt gegeben wurde, kann es auch zwangsweise im Wege der Ersatzvornahme vollstreckt werden. Wird daher ein Haltverbotsschild wegen kurzfristig anberaumter Bauarbeiten erst aufgestellt, nachdem das Fahrzeug an dieser Stelle bereits geparkt war, so fehlt es an einem wirksamen Grundverwaltungsakt für die Ersatzvornahme. Das Abschleppen kann daher in diesen Fällen nur im Wege der unmittelbaren Ausführung nach Art. 9 PAG erfolgen.
5. Schließlich ist noch problematisch, dass das Verkehrszeichen als zu vollstreckender Grundverwaltungsakt dem Kraftfahrzeugeigentümer oder dem Fahrzeughalter nicht bekannt gegeben wird. Auch gegenüber diesem Personenkreis kann daher keine rechtmäßige Ersatzvornahme nach Art. 72 PAG erfolgen. Das Abschleppen stellt folglich jedenfalls diesen Personen gegenüber eine Sicherstellung nach Art. 25 Abs. 1 Nr. 1a PAG oder eine unmittelbare Ausführung nach Art. 9 PAG dar.
6. Aufgrund der dargestellten Bedenken ist es jedoch abzulehnen[20], dass die **Polizei** das Wegfahrgebot des im Verkehrszeichen enthaltenen Verwaltungsaktes vollstreckt. Vielmehr trifft der Polizeibeamte, der ein derart verbotswidrig abgestelltes Fahrzeug vorfindet, eine **eigenständige polizeiliche Abschleppanordnung**, die sich auf **Art. 25 Abs. 1 Nr. 1a PAG** stützt. Bereits der Erlass dieses Grundverwaltungsaktes steht im pflichtgemäßen Ermessen des Polizeibeamten. Hierfür spricht zunächst die herrschende Meinung, wonach der bloße Verstoß gegen ein Parkverbot für sich alleine nicht ohne weiteres eine Abschleppmaßnahme rechtfertigt. Zu prüfen ist vielmehr, ob der Verstoß gegen den Regelungsgehalt des Verkehrszeichens so gravierend ist, dass er eine gegenwärtige Gefahr für die öffentliche Sicherheit oder Ordnung begründet, die

[18] Heckmann, Rn. 558 und 564.
[19] Heckmann, Rn. 564.
[20] So ausführlich Schmidbauer, in: ders./Steiner, Art. 25 PAG Rn. 73 ff.

eine Abschleppanordnung rechtfertigt. Auch ist es dogmatisch kaum erklärbar, dass die polizeiliche Entscheidung über das Abschleppen einmal eine Grundverfügung nach Art. 25 Abs. 1 Nr. 1a PAG oder Art. 11 Abs. 1 PAG und einmal eine bloße Vollstreckung nach Art. 72 PAG sein soll. Vergleichbar ist die Rechtslage zudem mit der polizeilichen Anordnung, weitere Bautätigkeiten einzustellen, wenn diese gegen eine erteilte Baugenehmigung verstoßen. Auch dieser polizeiliche Stopp des Schwarzbaus findet seine Rechtsgrundlage in einer eigenständigen Entscheidung nach Art. 11 Abs. 1 PAG und ist nicht nur die polizeiliche Vollstreckung der Baugenehmigung nach Art. 72 BayBO, die ebenfalls ein Verbot der Errichtung ungenehmigter Vorhaben enthält.

a. Folgt man dieser Auffassung, dass der Beamte nicht das Verkehrszeichen, sondern eine eigenständige polizeiliche Anordnung als Grundverwaltungsakt vollstreckt, ist mangels Bekanntgabe gegenüber dem Fahrzeugführer kein Verwaltungsakt wirksam geworden (Art. 41, 43 BayVwVfG). Eine Ersatzvornahme nach Art. 72 PAG liegt folglich nicht vor.
b. Zu entscheiden ist folglich zunächst, ob es sich bei dem Abschleppen um ein Versetzen nach Art. 11 Abs. 1 PAG auf einen zulässigen Parkplatz in Sichtweite oder um ein Verbringen des Fahrzeuges auf einen Polizei- oder Abschlepphof handelt, das als Sicherstellung nach Art. 25 Abs. 1 Nr. 1a PAG zu qualifizieren ist. In der Praxis liegt in der Mehrzahl der Fälle das letztere vor.
c. Anschließend stellt sich die Frage, ob Art. 25 Abs. 1 Nr. 1a PAG bei der Sicherstellung auch zu einer rein realisierenden Maßnahme der Polizei befugt. Wird dies bejaht, findet die Abschleppmaßnahme ihre Rechtsgrundlage in Art. 25 Abs. 1 Nr. 1a PAG.
d. Wird die Frage verneint, stellt die Abschleppmaßnahme eine unmittelbare Ausführung gemäß Art. 9 PAG i.V.m. Art. 25 Abs. 1 Nr. 1a PAG dar.
e. Die oben dargestellten Probleme hinsichtlich der Zuständigkeit sowie des nachträglichen Aufstellens des Verkehrszeichens stellen sich im vorliegenden Zusammenhang nicht. Erlässt die Polizei eine eigene Abschleppanordnung, verbleibt es auch in diesen Fällen bei der Rechtsgrundlage des Art. 9 PAG.

II. Gegenwärtige Gefahr für die öffentliche Sicherheit oder Ordnung als Rechtmäßigkeitsvoraussetzung

1101 Für die Rechtmäßigkeit des Abschleppens eines Kraftfahrzeuges durch die Polizei ist es nach Art. 25 Abs. 1 Nr. 1a PAG bzw. Art. 9 PAG Voraussetzung, dass eine gegenwärtige konkrete Gefahr für die öffentliche Sicherheit und Ordnung abzuwehren ist.

1102 Die konkrete Gefahr beschränkt sich dabei nicht auf andere Verkehrsteilnehmer, sondern ist umfassend zu verstehen. So zählen auch die Belange von Fußgängern, Lebensqualität in der Umwelt und Umweltschutz allgemein dazu. Vor allem aber setzt eine gegenwärtige Gefahr keine augenblickliche konkrete Behinderung eines anderen Fahrzeugführers voraus, damit die Polizei abschleppen kann.

1103 Ausreichend ist vielmehr, dass die Beeinträchtigung der dargelegten geschützten Rechtsgüter bereits begonnen hat oder in allernächster Zeit mit an Sicherheit grenzender Wahrscheinlichkeit bevorsteht.

Für das Abschleppen aus verkehrsrechtlichen Gründen müssen damit regelmäßig 1104
zwei Voraussetzungen[21] vorliegen:
- Objektiv muss im Zeitpunkt des Abschleppens ein Verkehrsverstoß vorliegen.
- Dieser Verkehrsverstoß muss von einiger Intensität sein, so dass eine Gefahr für ein Schutzgut der öffentlichen Sicherheit oder Ordnung besteht, die zumindest in allernächster Zeit mit an Sicherheit grenzender Wahrscheinlichkeit zu einer Beeinträchtigung dieses Schutzgutes führen wird.

III. Vorhergehende Benachrichtigung des Halters?

Aus dem Grundsatz der Verhältnismäßigkeit, Art. 4 PAG, heraus, darf die Polizei ein 1105
Fahrzeug nicht abschleppen, wenn es der Fahrzeugführer oder Fahrzeughalter sofort weg fahren kann. Ermittlungen zum Aufenthaltsort des Fahrers kommen aber ausnahmsweise nur in Betracht, wenn aufgrund konkreter Hinweise der Aufenthaltsort des Kfz-Führers oder Halters offensichtlich ist[22]. Aber selbst in diesen Fällen wird die Polizei nur dann verpflichtet sein, ihn zu verständigen, wenn er ohne Zeitverzögerung in der Lage ist, sein Fahrzeug zu entfernen[23]. Im Grundsatz gilt: Wer sich nicht in Ruf oder Sichtweite seines falsch geparkten Fahrzeuges aufhält, kann auch von der Polizei keine personal- und zeitaufwändigen Ermittlungen erwarten. Auch wenn der Fahrzeugführer seine Handynummer im Fahrzeug gut sichtbar hinterlässt, hat das BVerwG[24] keine Benachrichtigungspflicht der Polizei gesehen[25].

IV. Abschleppen mit Hilfe kommunaler Verkehrsüberwachung oder polizeilicher Verkehrsdienstangestellter

Die Polizei bedient sich beim Abschleppen auch der Hilfe der kommunalen Ver- 1106
kehrsüberwachung oder polizeilicher Verkehrsdienstangestellter. Dies ist rechtmäßig[26], da es sich insoweit nur um Beauftragte des Polizeibeamten nach Art. 9 Abs. 1 PAG handelt, der das Abschleppen im Einzelfall oder generell für bestimmte Bereiche (z.B. Behindertenparkplätze) angeordnet hat. Die Polizei kann zwar nicht ihre Entscheidungsbefugnis nach Art. 11 oder Art. 25 PAG auf Dritte übertragen, wohl aber die Ausführung der Maßnahme. Die persönliche Anwesenheit eines Polizeibeamten während des Abschleppvorganges ist nicht erforderlich.

22. Kapitel. Datenerhebung und Datenverarbeitung, Art. 30 bis 48 PAG

A. Prüfungsstoff im Staatsexamen

In einem verbindlichen Beschluss des Prüfungsausschusses für die Erste Juristische 1107
Staatsprüfung zum Prüfungsstoff gemäß § 5 Abs. 2 Nr. 5c JAPO – Sicherheits- und

---

[21] Vgl. Schmidbauer, Art. 25 Rn. 102.
[22] Teilweise a. A. Berner/Köhler/Käß, Art. 25 Rn. 9.
[23] Ausführlich Schmidbauer, in: ders./Steiner, Art. 25 PAG Rn. 104 ff.
[24] BVerwG, NJW 2002, 2122.
[25] Unabhängig davon wird die Polizei im Regelfall das Bußgeld, das der Bußgeldkatalog für eine derartige Ordnungswidrigkeit vorsieht, verdoppeln. Denn der im Bußgeldkatalog vorgegebene Regelsatz erfasst ausschließlich die fahrlässige Begehung des betreffenden Ordnungswidrigkeitentatbestandes. Bei Vorsatz wird die Polizei das Bußgeld verdoppeln, § 17 Abs. 2 OWiG.
[26] BayVGH, BayVBl. 1990, 433 = DÖV 1990, 483; BayVBl. 1991, 433.

Polizeirecht hat dieser festgelegt, dass das Recht der präventiv-polizeilichen Datenerhebung und -verarbeitung (Art. 30ff. PAG) **nicht Gegenstand schriftlicher Prüfungsarbeiten** in der **Ersten Juristischen Staatsprüfung** sein wird. Zur Begründung wird angeführt, dass die Art. 30ff. PAG Normen darstellen, deren Anwendung datenschutzrechtliche Vorkenntnisse voraussetzt, die von den Kandidaten der Ersten Juristischen Staatsprüfung nicht erwartet werden können.

1108 Damit sind für den schriftlichen Teil des Ersten Juristischen Staatsexamens die Art. 30ff. PAG als Prüfungsstoff nur relevant, soweit sie als Einstieg für eine verfassungsrechtliche Überprüfung dienen. Diese wird in besonderer Weise durch die Rechtsprechung des BVerfG geprägt. Hingegen können die Art. 30ff. PAG im **mündlichen Teil und** im **Zweiten Juristischen Staatsexamen** voll Prüfungsstoff sein.

B. Grundrecht auf informationelle Selbstbestimmung

1109 Das **Grundrecht auf informationelle Selbstbestimmung**[1] folgt aus Art. 2 Abs. 1 i.V.m. Art. 1 Abs. 1 GG.

1110 Es **gewährleistet** das Recht des einzelnen, grundsätzlich selbst darüber zu entscheiden, ob und wann persönliche Daten preisgegeben oder verwendet werden, wann und innerhalb welcher Grenzen persönliche Lebenssachverhalte offenbart werden.

1111 Allerdings besteht dieses Recht nicht schrankenlos. Vielmehr müssen im überwiegenden Allgemeininteresse **Einschränkungen** des Rechts auf informationelle Selbstbestimmung hingenommen werden. Dies rechtfertigt sich auf Grund der Gemeinschaftsbezogenheit und Gemeinschaftsgebundenheit einer Person.

1112 Unter **formellen** Gesichtspunkten bedürfen diese Einschränkungen freilich einer klaren gesetzlichen Grundlage, aus der sich die Voraussetzungen und der Umfang des Eingriffs für den Bürger erkennbar ergeben. Der Gesetzgeber hat Anlass, Zweck und Grenzen des Eingriffs hinreichend bereichsspezifisch, präzise und normenklar zu regeln. Ferner muss die gesetzliche Grundlage ausreichende organisatorische und verfahrensrechtliche Vorkehrungen gegen die Gefahr von Grundrechtsverletzungen vorsehen.

1113 In **materieller** Hinsicht müssen nur Beschränkungen hingenommen werden, die verhältnismäßig sind. Dies bedeutet insbesondere, dass die Beschränkungen zum Schutz öffentlicher Interessen erforderlich sein müssen. Für die Abwägung ist einerseits die Schwere des Persönlichkeitseingriffes andererseits das Gewicht des Rechtsgutes, das durch den Dateneingriff geschützt werden soll, von Bedeutung.

1114 Folge hiervon ist, dass die Eingriffsvoraussetzungen für Daten, die in individualisierter Form verarbeitet werden, strenger als bei anonymisierten Daten sind. Daten, die zur Intimsphäre gehören oder ihr nahestehen, sind besonders intensiv geschützt.

C. Grundrecht auf Gewährleistung der Vertraulichkeit und Integrität informationstechnischer Systeme

1115 Das Grundrecht auf Gewährleistung der Vertraulichkeit und Integrität informationstechnischer Systeme ist Teil des allgemeinen Persönlichkeitsrechts aus Art. 2 Abs. 1 i.V.m. Art. 1 Abs. 1 GG. Das BVerfG[2] hat es erstmals in seinem Urteil vom 27.2.2008 anerkannt.

1116 1. Nach der Definition des BVerfG sind darunter Systeme zu verstehen, die allein oder in ihren technischen Vernetzungen personenbezogene Daten des Betroffenen in ei-

[1] BVerfGE 65, 1 (43); BVerfG, 1BvR 256/08, Urt. v. 2.3.2010 – Abs.-Nr. 190ff.
[2] BVerfG, Urt. v. 27.2.2008, 1 BvR 370/07, 1 BvR 595/07, Abs.-Nr. 202ff.

nem Umfang und in einer Vielfalt enthalten können, dass ein Zugriff auf das System es ermöglicht, einen Einblick in wesentliche Teile der Lebensgestaltung einer Person zu gewinnen oder gar ein aussagekräftiges Bild der Persönlichkeit zu erhalten. Eine solche Möglichkeit besteht etwa beim Zugriff auf Personalcomputer. Die Anforderungen an die dargestellten Voraussetzungen sind nicht sehr hoch anzusetzen. So fallen darunter auch alle Mobiltelefone oder elektronische Terminkalender, die über einen großen Funktionsumfang verfügen und personenbezogene Daten vielfältiger Art erfassen und speichern können. Ein weiterer Grund für den besonderen verfassungsrechtlichen Schutz liegt darin, dass informationstechnische Systeme inzwischen unseren ganzen Alltag durchdrungen haben und teilweise existentiell sind.

2. Das Grundrecht auf Gewährleistung der Vertraulichkeit und Integrität informations- **1117**
technischer Systeme ist aber ebenso wie das Grundrecht auf informationelle Selbstbestimmung nicht schrankenlos gewährleistet. Störer benutzen diese Systeme zur verdeckten Kommunikation, als Hilfsmittel zur Planung, Vorbereitung und Durchführung krimineller Taten, die gerade durch die Informationstechnik, insbesondere ihre umfassende Bereitstellung von Wissen und der Schnelligkeit der Übermittlung von Kommunikation und Informationen aller Art äußerst gefährlich werden. Insbesondere im Bereich des Terrorismus haben sich informationstechnische Systeme als Plattform der Kommunikation und Hilfsmittel der Planung und Tatausführung etabliert. Eine vergleichbare Entwicklung lässt sich im Bereich der organisierten Kriminalität erkennen. Zudem hat sich das Internet mit all seinen Kryptier- und Verschleierungsmöglichkeiten zu einem wichtigen Verbreitungsmedium und einer weltweiten Tauschplattform für Kinderpornographie entwickelt. Vor allem ist es auch nach Ansicht des BVerfG eine staatliche Pflichtaufgabe, kritische Infrastrukturen und damit Leben und Gesundheit von Menschen zu sichern. Aus all diesen Gründen sind Eingriffsbefugnisse der Polizei auf gesetzlicher Grundlage notwendig.

a. In formeller Hinsicht gilt entsprechend, was oben zum Grundrecht auf informatio- **1118**
nelle Selbstbestimmung gesagt wurde.

b. In materieller Hinsicht sieht das Gesetz in Art. 45 PAG aufgrund der Vorgaben des **1119**
BVerfG aus dem GG eine dringende Gefahr für ein überragend wichtiges Gemeinschaftsgut vor. Eine dringende Gefahr setzt zunächst das Vorliegen einer konkreten Gefahr voraus[3]. Darüber hinaus steigert „dringende Gefahr" die Anforderungen an den Gefahrenbegriff im Sinne einer zusätzlichen Qualifizierung. Dringende Gefahr beinhaltet aber keine zeitliche Komponente, sondern setzt eine Gefahr für ein wichtiges und bedeutsames Rechtsgut voraus.

Für die Zulässigkeit des verdeckten Zugriffs auf informationstechnische Systeme **1120**
muss eines der folgenden überragend wichtigen Rechtsgüter gefährdet sein: Bestand oder Funktionsfähigkeit des Staates, Leben, Freiheit oder Gesundheit eines Menschen.

D. Stufensystem der polizeilichen Datenerhebung

Das PAG hält für die Datenerhebung durch die Polizei eine Palette an Eingriffsbe- **1121**
fugnissen bereit, die sich für den Regelfall nach der Schwere des Eingriffes als Stufensystem wie folgt darstellen lässt.

- **Streifenfahrt** (zwangloses Umhersehen): Art. 2 Abs. 1 PAG.
- **Gefahrenvorsorge** (im Vorfeld polizeilicher Gefahrenlage): Art. 32 Abs. 2 PAG.
- **Offene Observation** (unmittelbare und offene Datenerhebung): Art. 32 Abs. 1 Nr. 1, Art. 31 Abs. 2 Satz 1, Abs. 3 Satz 1 PAG.

[3] Schmidbauer, in: ders./Steiner, Art. 11 PAG Rn. 21 ff.

- **Bild- oder Tonaufzeichnungen** bei öffentlichen Veranstaltungen, an gefährdeten Objekten oder an gefährlichen Orten (Videoüberwachung): Art. 33 PAG.
- **Polizeiliche Beobachtung** (Zusammentragen von Zufallsfunden): Art. 40 PAG.
- **Automatisierte Kennzeichenerkennungssysteme:** Art. 39 PAG.[4]
- **Elektronische Aufenthaltsüberwachung:** Art. 34 PAG.[5]
- **Verdeckte Observation:** Art. 32 Abs. 1 Nr. 1, Art. 31 Abs. 4 PAG.
- **Längerfristige Observation:** Art. 36 Abs. 1 Nr. 1 PAG.
- **Einsatz von Vertrauenspersonen:** Art. 38 PAG.
- **Verdeckter Ermittler:** Art. 37 PAG.
- **Verdeckter Einsatz technischer Mittel außerhalb von Wohnungen:** Art. 36 Abs. 1 Nr. 2, Abs. 2 PAG.
- **Eingriffe in den Telekommunikationsbereich:** Art. 42 PAG.
- **Verdeckter Zugriff auf informationstechnische Systeme:** Art. 45 PAG.
- **Verdeckter Einsatz technischer Mittel in Wohnungen:** Art. 41 PAG.

E. Verfassungsrechtliche Prüfung einer polizeilichen Eingriffsbefugnis

1122 Eine polizeiliche Maßnahme, die Daten **erhebt, speichert, verwendet, verarbeitet oder weiterleitet,** ist eine **Eingriffsmaßnahme,** die nach dem Gesetzesvorbehalt des Rechtsstaatsprinzips, Art. 20 Abs. 3 GG, einer gesetzlichen Grundlage bedarf. Die gesetzliche Eingriffsbefugnis selbst muss wiederum mit dem GG, insbesondere den Grundrechten zu vereinbaren sein.

I. Tangierter Schutzbereich eines Grundrechts

1123
- Die Unverletzlichkeit der Wohnung, **Art. 13 GG, Art. 106 BV**, verbürgt dem Einzelnen eine räumliche Privatsphäre und schützt ihn davor, dass die Polizei als Träger der öffentlichen Gewalt, Abhörgeräte in der Wohnung installiert oder sie dort benutzt.[6]
- **Art. 10 Abs. 1 GG** gewährleistet als Telekommunikationsgeheimnis den Inhalt und die Umstände konkreter Vorgänge des Telekommunikationsverkehrs.
- Das **Grundrecht auf Gewährleistung der Vertraulichkeit und Integrität informationstechnischer Systeme** ist eine Ausprägung des Grundrechts auf allgemeine Handlungsfreiheit Art. 2 Abs. 1 i. V. m. Art. 1 Abs. 1 GG.
- Schließlich ist zu prüfen, ob die gesetzliche Eingriffsbefugnis das allgemeine Persönlichkeitsrecht aus Art. 2 Abs. 1 i. V. m. Art. 1 Abs. 1 GG in seiner Ausprägung als **Grundrecht auf informationelle Selbstbestimmung** verletzt.

II. Eingriffsmaßnahmen

1124 Polizeiliche Eingriffsmaßnahmen, die einer gesetzlichen Grundlage bedürfen, begründen sich aus unterschiedlichen Gesichtspunkten:

---

[4] Art. 39 Abs. 1 Satz 1 i. V. m. Art 13 Abs. 1 Nr. 5 PAG verstößt gegen Art. 2 Abs. 1 i. V. m. Art. 1 Abs. 1 GG, soweit die Kennzeichenerfassung zur Unterbindung der unerlaubten Überschreitung der Landesgrenze uneingeschränkt vorgesehen ist bzw. i. V. m. Art. 13 Abs. 1 Nr. 1 PAG nicht auf den Schutz von Rechtsgütern von zumindest erheblichem Gewicht beschränkt ist. Die Vorschrift bleibt bis längstens 31.12.2019 in Kraft, BVerfG, Beschl. v. 18.12.2018, Az.: 1 BvR 142/15.

[5] Auch diese Vorschrift befindet sich auf dem Prüfstand des BVerfG und BayVerfGH.

[6] BVerfG, Urt. v. 3.3.2004, 1 BvR 2378/98, Abs.-Nr. 107 m. w. N.

1. Mögliche Maßnahmen mit Eingriffscharakter

a. Erhebung, Speicherung, Verwendung, Änderung des Verwendungszweckes und Löschung sind **jeweils gesonderte Rechtseingriffe.** Eingriffe liegen jedenfalls in der Erhebung und Speicherung eines Datums. Eigenständige weitere Grundrechtseingriffe sind sodann eine evtl. Verpflichtung zur Bereitstellung von Daten, die einem automatisierten Zugriff zugänglich sind, sowie in der Befugnis, diese Daten abzurufen und der Polizei zu übermitteln. 1125

b. Ferner begründet das Verlangen der Polizei zur Auskunft über gespeicherte Daten einen eigenen Grundrechtseingriff. Schließlich liegt ein hiervon zu unterscheidender, eigenständiger Eingriff im Abruf der Daten seitens der Polizei in Form eines Ersuchens, Verlangens oder durch unmittelbaren Zugriff der Polizei[7]. 1126

c. Das Grundrecht auf informationelle Selbstbestimmung gewährt auch Schutz vor unbegrenzter Datenverwendung und Weitergabe[8]. Daher kann die Datenverwendung (Verarbeitung und Nutzung) durch die Polizei in Grundrechte des Betroffenen eingreifen oder einen vorhandenen Eingriff vertiefen[9]. Damit liegt jedenfalls in der Datenerhebung, in der Datenverarbeitung (Datenspeicherung und Datenveränderung), in der Zweckänderung sowie in der Datenübermittlung jeweils ein gesonderter Eingriff, der auch einer eigenständigen Befugnis bedarf. 1127

d. Ob in der reinen Datennutzung, die einer Datenerhebung und Datenspeicherung nachfolgt, ein weiterer gesonderter Rechtseingriff liegt, ist strittig. Ein Teil der Lit.[10] lehnt dies ausdrücklich ab. Immerhin spricht für die Ablehnung eines weiteren Rechtseingriffs, dass durch Erhebung und Speicherung bereits Rechtseingriffe voraus gehen, die ohne folgende Datennutzung sinnlos wären. Jedoch steht aufgrund der bisherigen Rechtsprechung des Gerichts zu erwarten, dass das BVerfG durch die Nutzung zumindest eine Vertiefung des Grundrechtseingriffs annimmt, die einer gesetzlichen Befugnis bedarf. 1128

Zudem hat das BVerfG[11] entschieden, dass in der Nutzung von Daten die **Vertiefung eines Grundrechtseingriffs** vorliegt, die einer gesetzlichen Befugnis bedarf, wenn durch die Nutzung der Daten mittels elektronischer Datenverarbeitung neue Informationen gewonnen werden können. Dies gilt nach Ansicht des Gerichts selbst dann, wenn es sich nicht um sensible Daten handelt. Diese Voraussetzungen liegen aber bei jeder polizeilichen Datennutzung vor.

2. Schutzzweck des Grundrechts

Der Schutz der Grundrechte vor polizeilichen Eingriffsmaßnahmen in personenbezogene Daten ist weitreichend: Beispielhaft soll dies anhand des Grundrechts auf informationelle Selbstbestimmung dargestellt werden. Es trägt **Gefährdungen und Verletzungen** der Persönlichkeit Rechnung, die sich für den Einzelnen, insbesondere unter den Bedingungen **moderner Datenverarbeitung,** aus informationsbezogenen Maßnahmen ergeben. 1129

a. Eine **Gefährdung** des Schutzbereichs dieses Grundrechts kann bereits im Vorfeld konkreter Bedrohungen von Rechtsgütern entstehen. Denn die Möglichkeiten der elektronischen Datenverarbeitung begründen ein abstraktes Gefährdungspotential 1130

---

[7] Vgl. BVerfG, Beschl. v. 24.1.2012, 1 BvR 1299/05, Abs.-Nr. 124.
[8] BVerfGE 65, 1 (43).
[9] BVerfG 1BvR 256/08, Urt. v. 2.3.2010 – Abs. Nr. 190.
[10] Berner/Köhler/Käß, Vorb. zu Art. 37 Rn. 15.
[11] BVerfG, a. a. O., Abs.-Nr. 199.

für den einzelnen, der **von einer Speicherung seines Datums mit der Möglichkeit elektronischer Weiterverwertung betroffen** ist. Deshalb gibt es kein belangloses personenbezogenes gespeichertes Datum mehr. Der Verwendungskontext spielt dabei keine Rolle.

1131 b. Auch entfällt der grundrechtliche Schutz nicht deshalb, weil die betroffene Information öffentlich zugänglich ist, z.B. bei Kraftfahrzeugkennzeichen. Auch wenn der Einzelne sich in die Öffentlichkeit begibt, schützt das Recht der informationellen Selbstbestimmung dessen Interesse, dass die damit verbundenen personenbezogenen Informationen nicht im Zuge automatisierter Informationserhebung zur Speicherung mit der Möglichkeit der Weiterverwertung erfasst werden.

III. Gesetzliche Befugnis

1132 Jede Eingriffsmaßnahme der Polizei im Datenbereich bedarf einer gesonderten gesetzlichen Befugnis, die die Maßnahme hinsichtlich Tatbestand und Rechtsfolgen erlaubt und die selbst wiederum verfassungskonform sein muss. Zu beachten ist jedoch, dass bei übereinstimmender Gesetzgebungskompetenz **in einer Befugnis** die **Rechtsgrundlage für verschiedene Eingriffe** enthalten sein kann[12].

IV. Formelle Verfassungsmäßigkeit der polizeilichen Befugnis

1133 Das Grundrecht auf informationelle Selbstbestimmung ist nicht schrankenlos gewährleistet. Der Einzelne muss jedoch nur solche Beschränkungen seines Rechts hinnehmen, die auf einer verfassungsmäßigen gesetzlichen Grundlage beruhen. Dabei sind folgende Prüfungskriterien von Bedeutung:

1. Gesetzgebungszuständigkeit

1134 Die Gesetzgebungszuständigkeit liegt beim Bund für das Strafverfahren einschließlich der Vorsorge für künftige Strafverfahren.

Hingegen liegt die Gesetzgebungszuständigkeit beim Land für die Gefahrenabwehr einschließlich der Verhinderung und Verhütung künftiger Straftaten[13].

2. Gebotene Normenbestimmtheit und Normenklarheit

1135 Der Gesetzgeber hat Anlass, Zweck und Grenzen des Eingriffs hinreichend bereichsspezifisch, präzise und normenklar zu regeln. Gründe:

1136 a. Parlamentsvorbehalt: der demokratisch legitimierte Parlamentsgesetzgeber soll die wesentlichen Entscheidungen über Grundrechtseingriffe und deren Reichweite selbst treffen, sog. **Wesentlichkeitstheorie**, und der Öffentlichkeit Gelegenheit geben, sich eine Auffassung zu bilden.

1137 b. Regierung und Verwaltung müssen im Gesetz steuernde und begrenzende Handlungsmaßstäbe vorfinden.

---

[12] Weitergehend gehen Berner/Köhler/Käß, Vorb. zu Art. 37 Rn. 15 davon aus, dass in der Befugnis zur Datenerhebung regelmäßig auch eine Befugnis zur Datenspeicherung beinhaltet ist. Ferner sind Berner/Köhler/Käß, Vorb. zu Art. 37 Rn. 6 der Ansicht, dass die Befugnis des Datenbesitzers zur Datenübermittlung regelmäßig auch eine Befugnis des Datenempfängers zur Entgegennahme beinhaltet. Das differenzierte Gesetzessystem des PAG beinhaltet jedoch für die dargestellten Fälle besondere Befugnisse. Vgl. Art. 32, Art. 53, Art. 55 PAG.

[13] Vgl. ausführlich Schmidbauer, in: ders./Steiner, Art. 1 Rn. 31 und Art. 34a Rn. 113ff.

c. Die Gerichte müssen in der Gesetzesnorm einen Maßstab vorfinden, um eine wirksame Rechtskontrolle durchführen zu können. **1138**

d. Der betroffene Bürger soll sich auf mögliche belastende Maßnahmen einstellen können. **1139**

e. Bei einem Eingriff in das Grundrecht auf informationelle Selbstbestimmung hat das Gebot der **Bestimmtheit und Klarheit** auch die spezifische Funktion, eine Umgrenzung des Anlasses der Maßnahme und auch des möglichen Verwendungszwecks der betroffenen Informationen sicherzustellen. Dadurch wird das **verfassungsrechtliche Gebot der Zweckbindung** der erhobenen Information verstärkt, das sonst ins Leere laufen könnte. Fehlt es an einer Zweckbindung, können erhobene Daten nach ihrer Speicherung Anlass für unvorhersehbare Maßnahmen in der Zukunft schaffen, insbesondere nach ihrer Verknüpfung mit anderen Daten, etwa nach ihrer Aufnahme auch in Datensammlungen, die sonstigen Zwecken dienen. **1140**

V. Materielle Verfassungsmäßigkeit der polizeilichen Befugnis: Grundrechtsschranken

1. Intensität des Grundrechtseingriffs

Abzustellen ist auf das Gewicht des Eingriffs. Kriterien für gesteigerte Intensität sind Persönlichkeitsrelevanz des Datums selbst und seiner weitergehenden Verarbeitung aufgrund der Art der erfassten Informationen, kein zurechenbarer Anlass für Datenerhebung, große Streubreite der Datenerhebung, individuelle Betroffenheit, Anlass und Umstände ihrer Erhebung, Heimlichkeit einer in Grundrechte eingreifenden staatlichen Ermittlungsmaßnahme, Gefühl des Überwachtwerdens, Risiken des Missbrauchs, Art der möglichen Verwertung der Daten. Die Schwere des Eingriffs nimmt zu mit der Möglichkeit der Nutzung der Daten für Folgeeingriffe in Grundrechte der Betroffenen sowie mit der Möglichkeit der Verknüpfung mit anderen Daten, die wiederum andere Folgemaßnahmen auslösen können. **1141**

2. Verhältnismäßigkeitsprinzip

Das Gebot der Verhältnismäßigkeit verlangt, dass der Staat mit dem Grundrechtseingriff einen legitimen Zweck mit geeigneten, erforderlichen und angemessenen Mitteln verfolgt. **1142**

a. Zu prüfen ist zunächst, ob der Eingriff **zu legitimen Zwecken** des Schutzes der öffentlichen Sicherheit und Ordnung erfolgt. Bedeutsam sind das verfassungsrechtliche Gewicht der Schutzgüter und das Gewicht des konkret verfolgten Einsatzzwecks, die beeinträchtigten Rechtsgüter und Intensität ihrer Gefährdung. **1143**

b. Sodann stellt sich die Frage, ob es ein **milderes Mittel** gibt. Ein anderes Instrumentarium, das die Zielerreichung vergleichbar effektiv und weniger belastend sicherstellt, darf nicht ersichtlich sein. **1144**

c. Verhältnismäßigkeit im engeren Sinne **1145**

  aa. Das Gebot der Verhältnismäßigkeit im engeren Sinne verlangt, dass die Schwere der gesetzgeberischen Grundrechtsbeschränkung **bei einer Gesamtabwägung nicht außer Verhältnis** zu dem Gewicht der sie rechtfertigenden Gründe steht.

  bb. Es fordert einen **angemessenen Ausgleich** im Spannungsverhältnis zwischen dem Interesse des Einzelnen an der Wahrung seiner von der Verfassung verbürgten Rechte und der Pflicht des Staates zum Rechtsgüterschutz.

  cc. Dies kann dazu führen, dass Grundrechtseingriffe einer bestimmten Eingriffsintensität erst von bestimmten Verdachts- oder Gefahrenstufen an durch gesetzliche Regelung vorgesehen werden dürfen.

dd. Bei der Fortentwicklung des Polizeirechts aufgrund neuartiger Gefährdungs- und Bedrohungssituationen und neuer Ermittlungsmöglichkeiten gebietet es der Verhältnismäßigkeitsgrundsatz im engeren Sinne, dass der Gesetzgeber die Ausgewogenheit zwischen der Art und Intensität der Grundrechtsbeeinträchtigung einerseits und den zum Eingriff berechtigenden Tatbestandselementen andererseits, wie der Einschreitschwelle, der geforderten Tatsachenbasis und dem Gewicht der geschützten Rechtsgüter, zu wahren hat.

ee. **Je gewichtiger** die drohende oder erfolgte **Rechtsgutbeeinträchtigung** und je weniger gewichtig der Grundrechtseingriff ist, um den es sich handelt, **desto geringer** darf die **Wahrscheinlichkeit** sein, mit der auf eine drohende oder erfolgte Verletzung des Rechtsguts geschlossen werden kann, und desto weniger fundiert dürfen gegebenenfalls die Tatsachen sein, die der Gefahrenprognose zugrunde liegen.

1146 d. Absicherung der **Rechtsdurchsetzung**: Der Verhältnismäßigkeitsgrundsatz stellt auch Anforderungen an Transparenz, individuellen Rechtsschutz und aufsichtliche Kontrolle[14]. Bestimmungen, die in effektiver Weise die Transparenz der Datenverarbeitung (z.B. eine lückenlose Protokollierung des polizeilichen Datenzugriffs), den individuellen Rechtsschutz (z.B. durch konsequente Benachrichtigungspflichten[15]) oder eine wirksame Kontrolle der Eingriffsmaßnahmen (z.B. durch den unabhängigen Landesdatenschutzbeauftragten[16]) sichern, mildern das Eingriffsgewicht in der Abwägung zugunsten der öffentlichen Belange.

F. Zweckbindungsgebot und verfassungsrechtliche Anforderungen an eine Zweckänderung oder Datenübermittlung

I. Verfassungsrechtliches Zweckbindungsgebot

1147 Aus dem **Grundrecht** auf informationelle Selbstbestimmung folgt die **Zweckbindung von Daten.** Dies bedeutet, dass Daten nur für die Zwecke verwendet werden dürfen, für die sie erhoben worden sind.

II. Verfassungsrechtliche Anforderungen an eine Zweckänderung oder Datenübermittlung

1148 Allerdings schließt der verfassungsrechtliche Grundsatz der Zweckbindung von Daten **Zweckänderungen** durch den Gesetzgeber nicht grundsätzlich aus. Jedoch leitet das BVerfG hierfür aus den Grundrechten folgende **Voraussetzungen** ab[17]:

1149 1. Die Befugnis zur Datenübermittlung mit Zweckänderung bedarf einer **normklaren gesetzlichen Grundlage,** die dem Verhältnismäßigkeitsgebot entspricht.

1150 2. Die Übermittlung von Daten zur Verwendung mit einer anderen Zwecksetzung als der, zu der sie erhoben wurden, ist verfassungsmäßig nur zulässig, wenn sie **durch Gemeinwohlbelange gerechtfertigt** sind, die die grundrechtlich geschützten Interessen überwiegen.

---

[14] BVerfGE 125, 260 [325 ff.]; BVerfG, 1 BvR 1215/07, Urt. v. 24.4.2013, Abs.-Nr. 204 ff.
[15] Vgl. Schmidbauer, in: ders./Steiner, Art. 34c Rn. 28.
[16] Vgl. Schmidbauer, in: ders./Steiner, Art. 49 Rn. 5.
[17] Vgl. BVerfGE 100, 313 [360]; 109, 279 [375 f.]; 110, 33 [69]; 1 BvR 1215/07, Urt. v. 24.4.2013 Abs.-Nr. 114 ff.

3. **Ausgeschlossen** ist eine Zweckänderung, wenn mit ihr grundrechtsbezogene **Beschränkungen** des Einsatzes bestimmter **Ermittlungsmethoden umgangen** werden, also die Informationen für den geänderten Zweck selbst auf entsprechender gesetzlicher Grundlage nicht oder nicht in dieser Art und Weise hätten erhoben werden dürfen. 1151
4. Zudem ist die Weiterverwendung von Daten, die aus Eingriffen **in verfassungsrechtlich besonders geschützte Bereiche** stammen nur für Zwecke verfassungsmäßig, die auch als Rechtfertigung für die ursprüngliche Erhebung ausgereicht hätten. Solche Bereiche sind Art. 13 GG, Art. 10 GG und das Grundrecht auf Gewährleistung der Vertraulichkeit und Integrität informationstechnischer Systeme[18]. 1152
5. Zur Gewährleistung dieser Anforderungen sind verfahrensrechtliche Sicherungen wie **Kennzeichnungs- und Protokollierungspflichten** erforderlich[19]. 1153
6. Diese verfassungsrechtlich gebotenen Grundsätze gelten sowohl für Zweckänderungen der Datenverarbeitung als auch für Datenübermittlungen, wenn Daten durch Eingriff in das Recht auf informationelle Selbstbestimmung erhoben wurden. Verfassungsrechtliche Voraussetzungen für die Erhebung, Speicherung und Verarbeitung von Daten dürfen nicht dadurch unterlaufen werden, dass Behörden, für die aufgrund ihrer Aufgabenstellung weniger strenge Anforderungen gelten, Daten im Wege der Übermittlung an Behörden weiterleiten, die ihrerseits strengeren Anforderungen unterliegen[20]. 1154

III. Gesetzliche Regelungen im PAG

Der Gesetzgeber hat diesen verfassungsrechtlichen Vorgaben Rechnung getragen. Er hat zum einen ein differenziertes System polizeilicher Befugnisse festgelegt, wonach die Polizei Daten erhebt, speichert, verwendet, verarbeitet oder weiterleitet. 1155

Zum anderen hat er innerhalb dieses Systems das verfassungsrechtliche Zweckbindungsgebot und die davon möglichen Ausnahmen geregelt: 1156
- Art. 53 Abs. 2 Satz 1 PAG: Zweckbindungsgebot für die Datenspeicherung und Datennutzung
- Art. 53 Abs. 2 Satz 2 PAG: Zweckänderung vorhandener polizeilicher Daten zu anderen polizeilichen Zwecken[21].
- Art. 54 Abs. 2 Satz 1 PAG: Zweckänderung für Daten aus strafrechtlichen Ermittlungsverfahren zur Gefahrenabwehr[22].
- Art. 55 Abs. 3 PAG: Zweckbindung bei Datenübermittlung.

G. Datenabfrage in Dateien anderer Behörden

Die dargestellten Grundrechte der Verfassung haben nach Auffassung des BVerfG auch Auswirkungen auf eine Datenabfrage der Polizei bei anderen Behörden. Bei einem Datenaustausch zwischen Behörden zur staatlichen Aufgabenwahrnehmung ist zwischen der Datenübermittlung seitens der auskunftserteilenden Stelle und dem Datenabruf seitens der auskunftssuchenden Polizei zu unterscheiden. 1157

---

[18] Vgl. BVerfGE 100, 313 [360, 389]; 109, 279 [375 f.]; 110, 33 [73].
[19] Vgl. BVerfGE 65, 1 [46]; 113, 29 [58]; 124, 43 [70].
[20] BVerfG, a. a. O. Abs.-Nr. 114 ff.
[21] Vgl. ausführlich Schmidbauer, in: ders./Steiner, Art. 37 Rn. 20 ff.
[22] Vgl. weiter Schmidbauer, in: ders./Steiner, Art. 37 Rn. 26 und Art. 38 Rn. 5 ff.

I. System der doppelten Tür als Notwendigkeit einer zweifachen Befugnis

1158 Ein Datenaustausch vollzieht sich dabei nach Ansicht des BVerfG durch die einander korrespondierenden Eingriffe von Abfrage und Übermittlung, die jeweils einer eigenen Rechtsgrundlage bedürfen.

1159 Der Gesetzgeber muss, bildlich gesprochen, nicht nur die Tür zur **Übermittlung** von Daten öffnen, sondern auch die Tür zu deren **Abfrage.** Erst beide Rechtsgrundlagen gemeinsam, die wie eine Doppeltür zusammenwirken müssen, berechtigen zu einem Austausch personenbezogener Daten. Dies schließt – nach Maßgabe der Kompetenzordnung und den Anforderungen der Normenklarheit – nicht aus, dass beide Rechtsgrundlagen auch in einer Norm zusammengefasst werden können[23].

1160 Nach Ansicht des BVerfG ist der Gesetzgeber, der die Datenerhebung regelt, über die Annexkompetenz des Datenschutzes für die erhobenen Daten auch befugt zu regeln, ob die erhobenen Daten auch für andere Zwecke verwendet werden dürfen.

1161 Hingegen hat der Gesetzgeber, der die Befugnis zur Datenabfrage vorhandener Daten regelt, in seiner Befugnis die Entscheidung zu treffen, ob er von dieser Regelung zur Datennutzung Gebrauch macht[24] Die Befugnis zur Abfrage durch die Polizei findet sich in Art. 32ff. PAG Insoweit bestehen Eingriffsbefugnisse der Polizei, die das BVerfG bereits in weitem Umfang auf ihre Verfassungsmäßigkeit hin überprüft hat.

II. Verfassungsrechtliche Zweifel

1162 Dieser Meinung des BVerfG begegnen verfassungsrechtliche Bedenken, da sie zahlreiche Zweifelsfragen aufwirft und unbeantwortet lässt. Hier seien nur einige erwähnt[25].

- Worin genau liegt der verfassungsrechtliche Eingriff bei der Datenübermittlung, wenn diese eine bestehende Verpflichtung, nämlich die aus dem gesetzlich legitimierten Datenabruf erfüllt?
- Kann beispielsweise bei Telekommunikationsdaten eine Annexkompetenz, auf die sich die Datenschutzgesetzgebung einer durch Bundesrecht geregelten Datei stützt, dazu führen, dass im Ergebnis diese Annexkompetenz über den Umfang der Befugnis zur Datenerhebung der Polizei bestimmt, die doch vom GG der Gesetzgebungskompetenz der Länder unterfällt?

H. Europäisches Datenschutzrecht und Polizei

I. Europäische Datenschutzvorgaben

1163 Die Europäische Union verfügt über eigene Kompetenzen für Regelungen zum Datenschutz in Art. 16 AEUV. Die EU-Datenschutzrichtlinie[26] trat am 25.5.2018 in Kraft. Die EU-Datenschutz Grundverordnung[27] ist zum selben Zeitpunkt umzusetzen.

---

[23] Vgl. BVerfG, Beschl. v. 24.1.2012, 1 BvR 1299/05, Abs.-Nr. 124ff.
[24] Zustimmend: Schenke, Rn. 31.
[25] Ausführlich Schmidbauer, PAG Art. 30 Rn. 82ff.
[26] Richtlinie 2016/680.
[27] Die EU-Datenschutzgrundverordnung wurde am 4. Mai 2016 im Amtsblatt der Europäischen Union veröffentlicht: Datenschutz-Grundverordnung (EU-DSGVO) – offizielle Bezeichnung: „Ver-

II. Gerichtlicher Prüfungsgegenstand: Europäisches Datenschutzrecht

Der EuGH hat mit Urteil vom 8.4.2014, C-293/12 klar festgelegt, welchen Prüfungsmaßstab er anlegt, wenn es darum geht, europäisches Datenschutzrecht auf seine Übereinstimmung mit Grundrechten zu überprüfen. Der EuGH prüfte die Richtlinie oder Rechtsverordnung anhand der Europäischen Grundrechtecharta (Charta): Art. 6 Charta (Recht auf Freiheit und Sicherheit), Art. 7 Charta (Recht auf Achtung des Privatlebens) und Art. 8 Abs. 1 Charta (Pflicht zum Schutz personenbezogener Daten). **1164**

Entsprechend der Kriterien, die Art. 52 Abs. 1 Satz 2 Charta vorgibt, prüft der EuGH, ob ein Grundrechtseingriff vorliegt, ob die Einschränkung gesetzlich geregelt ist, ob die Einschränkung den Wesensgehalt der Rechte und Freiheiten der Charta achtet, ob die Zielsetzung des Eingriffs dem Gemeinwohl dient und von der Union anerkannt ist und ob der Grundsatz der Verhältnismäßigkeit gewahrt wird. Dabei stellt der EuGH ausdrücklich fest, dass nach Art. 6 der Charta jeder Mensch nicht nur das Recht auf Freiheit, sondern auch auf Sicherheit hat. **1165**

23. Kapitel. Abschließendes Prüfungsschema zur polizeirechtlichen Primärmaßnahme

Prüfungsschema 10: Die polizeiliche Primärmaßnahme – Bayerischer Aufbau (gesamt) **1166**

1. Handeln der Polizei im eingeschränkt institutionellen Sinne, Art. 1 PAG
nur Polizeivollzugsbeamte

Polizeibegriffe – Abgrenzung zu:

Art. 1 Abs. 1 POG:	Polizei im institutionellen Sinne (sämtliche im Polizeidienst Tätigen)
Art. 83 BV:	Polizei im materiellen Sinne (materieller Polizeibegriff): alle Polizei- und Ordnungsbehörden (vgl. Art. 6 LStVG)

2. Zuständigkeit, Art. 3 Abs. 1 POG
im gesamten Staatsgebiet des Freistaats Bayern; Prinzip der Allzuständigkeit
a. örtliche Allzuständigkeit, Art. 3 Abs. 1 POG
b. sachliche Allzuständigkeit, Art. 3 Abs. 1 POG i. V. m. Art. 2 PAG

3. Aufgabeneröffnung, Art. 2 PAG
a. Art. 2 Abs. 4 PAG i. V. m. Spezialgesetzen
– repressiv: § 163 StPO, OWiG
– präventiv: z.B. § 15 Abs. 2, 4 BayVersG; 16 BayPresseG

ordnung (EU) 2016/679 des Europäischen Parlaments und des Rates vom 27. April 2016 zum Schutz natürlicher Personen bei der Verarbeitung personenbezogener Daten, zum freien Datenverkehr und zur Aufhebung der Richtlinie 95/46/EG"). Sie trat am 25. Mai 2018 in Kraft.

b. Art. 2 Abs. 3 PAG i. V. m. Art. 67 bis 69 PAG – Vollzugshilfe

c. Art. 2 Abs. 1 PAG

aa. Gefahr (allgemeine)

bb. Öffentliche Sicherheit

– Leben, Gesundheit, Freiheit
– Rechtsordnung
– Einrichtungen des Staates und Träger von Hoheitsgewalt

cc. Öffentliche Ordnung

Gesamtheit der ungeschriebenen Regeln, die nach h. M. unerlässlich für ein geordnetes Gemeinschaftsleben sind

d. Art. 2 Abs. 2 PAG

Individualrechte, wie Eigentum, Ehre, Forderungen etc.
grds. (–)
Aus:
– gerichtlicher Schutz nicht rechtzeitig zu erlangen
– ohne polizeiliche Hilfe wird die Verwirklichung vereitelt oder wesentlich erschwert

4. im Falle von Art. 2 Abs. 1 PAG: Art. 3 PAG – Subsidiarität zu sonst. Sicherheitsbehörden

5. Befugnisnorm (nur bei Grundrechtseingriffen, Art. 20 Abs. 3 GG, Art. 3 Abs. 1 BV)

a. Art. 11 Abs. 3 i. V. m. Spezialgesetzen

b. Art. 11 Abs. 1 2. Hs. i. V. m. Art. 12 bis 65 PAG – Standardbefugnisse

z.B.
– Informationserhebung und Informationsbehandlung, Art. 12 bis 15 PAG
– Platzverweis u.a., Art 16 PAG
– Gewahrsam, Art. 17 bis 20 PAG
– Durchsuchung, Sicherstellung, Verwertung und Herausgabe, Art. 21 bis 28 PAG
– Grenzkontrolle und Sicherung der Anlagen, Art. 29 PAG

c. Art. 11 Abs. 1 1. Hs, Abs. 2 Nrn. 1 bis 3 PAG – Generalklausel mit Voraustatbeständen

d. Art. 11 Abs. 1 PAG – Generalklausel

6. Maßnahmerichtung (Störerauswahl)

a. Spezialregelungen in den Standardbefugnissen, z.B. Art. 16 Satz 1 PAG

Art. 7 Abs. 4, Art. 8 Abs. 4, Art. 10 Abs. 3 PAG i. V. m. Art. 12 ff. PAG

b. Allgemeine Regelungen

Theorie der unmittelbaren Verursachung
Aus.: – latente Gefahr; – Zweckveranlasser

aa. Handlungsstörer, Art. 7 PAG

bb. Zustandsstörer, Art. 8 PAG

Inhaber der tatsächlichen Sachherrschaft; auch bei Naturgewalten
Arg.: Effektivität der Gefahrenabwehr

cc. Nichtstörer, Art. 10 PAG

sog. polizeilicher Notstand

c. Ermessensausübung in der Störerauswahl
i.d.R. Handlungs- vor Zustandsstörer; Letztverantwortlicher
letztlich gilt: Effektivität der Gefahrenabwehr

7. polizeiliche Handlungsgrundsätze
a. Grundsatz der Verhältnismäßigkeit, Art. 4 PAG
aa. mildestes Mittel, Art. 4 Abs. 1 PAG
geeignete und erforderliche Maßnahme
bb. Zweck-Mittel-Relation, Art. 4 Abs. 2 PAG
angemessene Maßnahme
cc. zeitliches Übermaßverbot, Art. 4 Abs. 3 PAG
b. Ermessensausübung, Art. 5 PAG
aa. Entschließungsermessen, „ob"
bb. Auswahlermessen, „wie"

Prüfungsschema 11: Die polizeiliche Primärmaßnahme – klassischer Aufbau (gesamt) 1167

I. Rechtsgrundlage – Befugnisnorm (nur bei Grundrechtseingriffen, Art. 20 Abs. 3 GG, Art. 3 Abs. 1 BV)
1. Art. 11 Abs. 3 PAG i. V. m. Spezialgesetzen
2. Art. 11 Abs. 1 2. Hs. i. V. m. Art. 12 bis 65 PAG – Standardbefugnisse
z.B.
– Informationserhebung und Informationsbehandlung, Art. 12 bis 15 PAG
– Platzverweis, Art 16 PAG
– Gewahrsam, Art. 17 bis 20 PAG
– Durchsuchung, Sicherstellung, Verwertung und Herausgabe, Art. 21 bis 28 PAG
– Grenzkontrolle und Sicherung der Anlagen, Art. 29 PAG
3. Art. 11 Abs. 1 1. Hs., Abs. 2 Nr. 1 bis 3 PAG – Generalklausel mit Voraustatbeständen
4. Art. 11 Abs. 1 PAG – Generalklausel

II. formelle Rechtmäßigkeit
1. Zuständigkeit
a. Sachliche Zuständigkeit
aa. Polizei im eingeschränkt institutionellen Sinne, Art. 1 PAG
nur Polizeivollzugsbeamte

Polizeibegriffe – Abgrenzung zu:

Art. 1 Abs. 1 POG:	Polizei im institutionellen Sinne (sämtliche im Polizeidienst Tätigen)
Art. 83 BV:	Polizei im materiellen Sinne (materieller Polizeibegriff): alle Polizei- und Ordnungsbehörden (vgl. Art. 6 LStVG)

bb. Aufgabeneröffnung, Art. 2 PAG
  (1) Art. 2 Abs. 4 PAG i. V. m. Spezialgesetzen
    – repressiv: § 163 StPO, OWiG
    – präventiv: z.B. Art. 15 Abs. 4 i. V. m. Art. 24 Abs. 2 Satz 1 BayVersG; 16 BayPresseG
  (2) Art. 2 Abs. 3 PAG i. V. m. Art. 67 bis 69 PAG – Vollzugshilfe
  (3) Art. 2 Abs. 1 PAG
    (a) Gefahr (allgemeine)
    (b) Öffentliche Sicherheit
      – Leben, Gesundheit, Freiheit
      – Rechtsordnung
      – Einrichtungen des Staates und Träger von Hoheitsgewalt
    (c) Öffentliche Ordnung
      Gesamtheit der ungeschriebenen Regeln, die nach h. M. unerlässlich für ein geordnetes Gemeinschaftsleben sind
  (4) Art. 2 Abs. 2 PAG
    Individualrechte, wie Eigentum, Ehre, Forderungen etc.
    grds. (–)
    Aus:
    – gerichtlicher Schutz nicht rechtzeitig zu erlangen
    – ohne polizeiliche Hilfe wird die Verwirklichung vereitelt oder wesentlich erschwert

cc. im Falle von Art. 2 Abs. 1 PAG:
  – Art. 3 PAG – Subsidiarität zu sonst. Sicherheitsbehörden
  – im Falle der Subsidiarität nach Art. 3 PAG: ggf. Weisung nach Art. 9 Abs. 2 PAG

b. örtliche Zuständigkeit, Art. 3 Abs. 1 POG

2. Verfahren
beachte: Art. 28 Abs. 2 Nr. 1 BayVwVfG

III. materielle Rechtmäßigkeit

1. Subsumtion unter die Rechtsgrundlage

2. Maßnahmerichtung (Störerauswahl)

a. Spezialregelungen in den Standardbefugnissen
Art. 7 Abs. 4, 8 Abs. 4, 10 Abs. 3 PAG i. V. m. Art. 12 ff. PAG

b. Allgemeine Regelungen
Theorie der unmittelbaren Verursachung
Aus.: - latente Gefahr; - Zweckveranlasser

aa. Handlungsstörer, Art. 7 PAG

bb. Zustandsstörer, Art. 8 PAG
Inhaber der tatsächlichen Sachherrschaft; auch bei Naturgewalten
Arg.: Effektivität der Gefahrenabwehr

cc. Nichtstörer, Art. 10 PAG
sog. polizeilicher Notstand

c. **Ermessensausübung in der Störerauswahl**
i.d.R. Handlungs- vor Zustandsstörer; Letztverantwortlicher
letztlich gilt: Effektivität der Gefahrenabwehr

3. **polizeiliche Handlungsgrundsätze**
a. **Grundsatz der Verhältnismäßigkeit, Art. 4 PAG**
aa. **mildestes Mittel, Art. 4 Abs. 1 PAG**
geeignete und erforderliche Maßnahme
bb. **Zweck-Mittel-Relation, Art. 4 Abs. 2 PAG**
angemessene Maßnahme
cc. **zeitliches Übermaßverbot, Art. 4 Abs. 3 PAG**
b. **Ermessensausübung, Art. 5 PAG**
aa. **Entschließungsermessen, „ob"**
bb. **Auswahlermessen, „wie"**

§ 2. Polizeiliche Sekundärmaßnahmen

24. Kapitel. Die Vollstreckung der Polizeiverfügung, Art. 70 bis 76 PAG

Zusammenfassung

1. Art. 70 bis 76 PAG regeln, ob und wie die Polizei ihre Anordnungen zwangsweise durchsetzen darf.
2. Die Vollstreckung wird **zur unmittelbaren Ausführung** nach Art 9 PAG **abgegrenzt**, da letztere für eine Primärmaßnahme die Möglichkeit bietet, diese an Stelle des Störers durchzuführen. Voraussetzung ist, dass der Wille des Verantwortlichen nicht entgegensteht oder der entgegenstehende Wille nicht relevant ist.
3. Ebenso ist eine Vollstreckung dann nicht mehr erforderlich, wenn bereits den Primärmaßnahmen ein realisierender Charakter zukommt, sog. **Vollstreckung auf Primärebene**.
4. Die Vorschriften der Art. 70ff. PAG sind **abschließend**, werden jedoch von spezielleren Regelungen verdrängt (*lex specialis derogat legi generali*).
5. Voraussetzung für die Vollstreckung eines Verwaltungsaktes ist, dass dieser **wirksam** ist, einen **vollstreckungsfähigen Inhalt** hat und bestandskräftig oder **sofort vollziehbar** ist, wobei § 80 Abs. 2 Satz 1 Nr. 2 VwGO für polizeiliche Maßnahmen zu beachten ist. Auf die Rechtmäßigkeit des Verwaltungsaktes (**Konnexitätsgrundsatz**) kommt es nicht an, str.
6. Die **Auswahl des Zwangsmittels** ist an den Grundsatz der Verhältnismäßigkeit gebunden, Art. 71 Abs. 1, Art. 4 PAG.
7. Die vorherige **Androhung** der Zwangsmittel hat grundsätzlich schriftlich und inhaltlich bestimmt unter Nennung des bzw. der Zwangsmittel und deren Reihenfolge sowie im Falle des Zwangsgeldes der Vorgabe der Höhe zu erfolgen, Art. 76 Abs. 1, 3 und 5 PAG. Die Androhung ist förmlich zuzustellen, Art. 76 Abs. 6

PAG, Art. 1 bis 16 VwZVG. Art. 81 PAG ist für die Androhung unmittelbaren Zwangs lex specialis.
8. Voraussetzung für eine Ersatzvornahme nach Art. 72 PAG ist das Vorliegen einer vertretbaren Handlung und eine Pflicht hierzu.
9. Die Zwangsmittel des PAG können jederzeit neben einer Strafe oder Geldbuße angewandt werden, Art. 71 Abs. 3 PAG.

A. Allgemeines Wesen der Vollstreckung

1168 Der Rechtsstaat lebt von der Geltung des Rechts. Die Geltungskraft der Rechtsordnung ergibt sich im Idealfall aus der Akzeptanz des Rechts und damit aus seiner freiwilligen Befolgung.

1169 Der Rechtsstaat überlebt jedoch nur dann, wenn sich das Recht gegenüber jedermann durchsetzt. Insbesondere muss das Recht auch gegenüber demjenigen durchgesetzt werden, der nicht von seiner Richtigkeit überzeugt ist und es daher auch nicht beachten will. Weicht das Recht dem Unrecht, verliert es seine ordnende Funktion. Wer rücksichtslos seine privaten Interessen über das Recht stellt, muss erfahren, dass das Recht nach rechtlichen Regeln vollstreckt wird. Um Rechtssicherheit zu erreichen, bedarf es demnach der Rechtsverwirklichung durch staatlichen Zwang. Die Vollstreckung entfaltet doppelte Wirkung. Die Beugefunktion wirkt psychisch: Die Vollstreckung führt zur Rechtstreue bei demjenigen, der Nachteile fürchtet oder erkennt, dass er sich dem erwarteten staatlichen Zwang nicht entziehen kann. Die Realisierungsfunktion wirkt physisch: Die Vollstreckung verwirklicht das Recht durch die staatliche Verwaltung, die den Widerstand des Rechtsuntreuen durch Zwangsmaßnahmen bricht, um wieder rechtmäßige Zustände herzustellen.

B. Vollstreckung durch die Polizei

1170 Diese Überlegungen gelten im besonderen Maße für polizeiliches Tätigwerden. Gerade die Abwehr von Gefahren für die öffentliche Sicherheit oder Ordnung erfordert, dass der Schutz gefährdeter Rechtsgüter notfalls auch zwangsweise durchgesetzt wird. Da die Angriffe auf Rechtsgüter zum Teil mit maximaler Aggressivität geführt werden, muss das polizeiliche Instrumentarium zum zwangsweisen Schutz entsprechend ausgestaltet sein. Hinzu kommt, dass die Polizei regelmäßig nach Art. 3 PAG nur in zeitlich brisanten Fällen tätig wird. Das Zwangsinstrumentarium zum Rechtsgüterschutz muss daher zudem auf schnelle Hilfe ausgerichtet sein. Um der Polizei ein angemessenes Vollstreckungsinstrumentarium zur Verfügung zu stellen, das dieser Aufgabenstellung gerecht wird, wurde die zwangsweise Durchsetzung polizeilicher Verfügungen und damit ihre Vollstreckung speziell geregelt[1].

1171 **Art. 70 bis 86 PAG** regeln, ob und wie die Polizei ihre Anordnungen zwangsweise durchsetzen darf. Die Polizei muss durch diese Zwangsanwendung in der Lage sein, gegenwärtige Gefahren für höchste Rechtsgüter, also beispielsweise gewalttätige Angriffe, abzuwehren, um Menschen vor Lebensgefahren zu schützen. Die Polizei muss aber auch in der Lage sein, vollstreckbare staatliche Entscheidungen wirksam durchzu-

---

[1] Die Regelungen des PAG sind daher Spezialvorschriften gegenüber dem VwZVG.

setzen, da die Polizei die letzte Vollstreckungsinstanz des Rechtsstaates ist. Nach der Polizei kommt niemand mehr. Bei der Vollstreckung durch die Polizei handelt es sich daher um Kernbefugnisse staatlicher Hoheitsgewalt, die in letzter Konsequenz keiner anderen Behörde zustehen. Dies gilt vor allem für die Anwendung unmittelbaren Zwangs bis hin zum Schusswaffengebrauch. Entsprechende Sorgfalt ist geboten. Wichtigster und häufigster Fall der Praxis ist die Anwendung unmittelbaren Zwangs, da die Polizei regelmäßig in unaufschiebbaren Fällen einschreitet.

Beispiel: Während eines Amoklaufes in einer Schule räumt die Polizei das Gebäude. Da neugierige Schüler und ankommende Reporter das Gebäude nicht freiwillig verlassen wollen, wird ihnen ein Platzverweis erteilt. Die Polizei setzt diesen Platzverweis, nachdem die Aufforderung zum Verlassen des Gebäudes vergeblich war, auch mittels unmittelbaren Zwanges nach Art. 75 ff. PAG durch.

C. Abgrenzung polizeilicher Vollstreckungsmaßnahmen

Die polizeilichen Vollstreckungsmaßnahmen sind in mehrfacher Hinsicht **abzugrenzen**[2]: 1172

I. Abgrenzung zur unmittelbaren Ausführung, Art. 9 PAG

Einerseits unterscheidet das Gesetz zwischen den Vollstreckungsmaßnahmen nach Art. 70 ff. PAG und der unmittelbaren Ausführung[3] nach **Art. 9 PAG.** Bei der unmittelbaren Ausführung handelt es sich um polizeiliche Maßnahmen, mit denen die Polizei selbst den Inhalt einer Anordnung realisiert in Fällen[4], in denen der entgegenstehende Wille des Verantwortlichen nicht relevant ist. 1173

Beispiel: Der Verantwortliche kann sein rechtswidrig geparktes Fahrzeug ohnehin nicht vom Behindertenparkplatz wegfahren, da er volltrunken ist.

Gleiches gilt für die Fälle, in denen ein entgegenstehender Wille des Verantwortlichen für die Polizei nicht erkennbar ist. 1174

Beispiel: Der Störer ist nicht anwesend.

Beispielfall 57 1175

In einer Schule läuft der ehemalige Schüler S mit dem Jagdgewehr seines Vaters Amok. Er erschießt mehrere Schüler und Lehrer. Die Polizei will, dass die im Gebäude verbliebenen Schüler in Sicherheit und mittels eines Schulbusses zu einer Sammelstelle der Polizei gebracht werden, um zu überprüfen, ob jemand fehlt. Der Busfahrer ist jedoch nicht mehr anwesend.

Lösung

Eine Polizeibeamtin nimmt den im Sekretariat hinterlegten Fahrzeugschlüssel und fährt die Kinder im Schulbus selbst weg. Es handelt sich hierbei um eine unmittelbare Ausführung nach Art. 9 PAG.

---

[2] Zu Einzelheiten vgl. Schmidbauer, in: ders./Steiner, Art. 53 PAG Rn. 11 ff.
[3] Vgl. hierzu im Detail Kapitel 27.
[4] Ausführlich: Schmidbauer, in: ders./Steiner, Art. 9 PAG Rn. 1 ff.

II. „Vollstreckung auf Primärebene“

1176 Andererseits hat die Abgrenzung von dem Teil der polizeilichen **Standardmaßnahmen** der Art. 12ff. PAG zu erfolgen, die **selbst einen realisierenden Charakter** haben. Die wird z.B. bei der Sicherstellung nach Art. 25 PAG diskutiert.

1177 Nach einem Teil der Literatur[5] befugt Art. 25 PAG die Polizei auch zur tatsächlichen Maßnahme der Sicherstellung. Von Bedeutung ist dies, wenn der Gewahrsamsinhaber nicht anwesend ist. Es bedarf nach dieser Ansicht dann keines Rückgriffs auf Art. 9 PAG. Für die Auffassung spricht, dass nach dem Wortlaut des Art. 25 PAG die Polizei nicht nur befugt ist, eine Anordnung zu erlassen, sondern diese Anordnung auch umzusetzen und die Bekanntgabe durch die Aushändigung des Sicherstellungsverzeichnisses nach Art. 26 Abs. 2 Satz 1 PAG erfolgt.

Folgt man der gegenteiligen Meinung in der Literatur[6], die sich auf die Systematik des PAG berufen kann, bedarf die Sicherstellungsanordnung wegen Art. 9 PAG keiner Bekanntgabe, wenn der Polizei eine entsprechende Erklärung gar nicht möglich ist.

1178 Nach einer differenzierenden Auffassung[7] gibt Art. 25 PAG als Handlungsbefugnis das Recht zum Einwirken auf Personen und Sachen insoweit, als bei Personen kein Widerstand gebrochen und bei Sachen die Funktionsfähigkeit nicht zerstört wird.

III. Vollstreckung privatrechtlicher Ansprüche

1179 Von der Vollstreckung privatrechtlicher Ansprüche **unterscheidet sich** die Vollstreckung von Polizeiverfügungen ebenso wie die allgemeine Verwaltungsvollstreckung **grundlegend**. Besonders deutlich wird dies unter zweierlei Gesichtspunkten:

1180 Erstens gilt für die Polizei der **Grundsatz der Selbsttitulierung**. Durch den Erlass eines Verwaltungsaktes kann sich die Polizei selbst einen Vollstreckungstitel schaffen, ohne dass zuvor ein gerichtliches Erkenntnisverfahren durchgeführt werden muss.

1181 Zweitens gilt für die Polizei der **Grundsatz der Selbstvollstreckung**. Die Polizei kann ihre Verwaltungsakte selbst durch eigenes Personal und eigene Befugnisse vollstrecken, ohne dass sie gezwungen wäre, dritte Vollstreckungsorgane einzuschalten, wie dies der Vollstreckungsgläubiger im Privatrecht tun muss[8]. Im Polizeirecht kann der Beamte der eine vergleichbare Anordnung erlassen hat, falls ihm Widerstand entgegengesetzt wird, diese auf der Stelle auch selbst durch Anwendung unmittelbaren Zwanges durchsetzen.

Dies entspricht auch der Aufgabenstellung des Gesetzgebers an die Polizei: Gefahren für die öffentliche Sicherheit oder Ordnung sollen möglichst umgehend abgewehrt werden.

[5] Heckmann, Rn. 398ff.
[6] Knemeyer, Rn. 251.
[7] Kingreen/Poscher, § 12 Rn. 12ff.
[8] Dieser beauftragt beispielsweise den Gerichtsvollzieher, um das Urteil des Zivilgerichts auf Herausgabe einer Sache zu vollstrecken.

D. Reichweite der Regelung in Art. 70ff. PAG

I. Art. 70ff. PAG als abschließende Regelung

Ob die Vorschriften der Art. 70ff. PAG eine **abschließende Regelung** sind, ist strittig. Geht e. A. hiervon aus,[9] möchte eine a. A.[10] das VwZVG ergänzend heranziehen. Die amtliche Begründung von 1978 zeigt jedoch den Willen des Gesetzgebers, eine abschließende Regelung zu schaffen. Damit ist jedenfalls eine ergänzende Heranziehung des VwZVG, die weitere Vollstreckungsschranken oder -hindernisse errichten würde, unvereinbar. 1182

II. Zwangsweise Durchsetzung von Befugnissen aus anderen Gesetzen

Enthalten Gesetze außerhalb des PAG neben polizeilichen Befugnissen auch Regeln über den Verwaltungszwang, so **gehen diese als Spezialvorschriften den Art. 70ff. PAG vor**. 1183

Räumen andere Gesetze der Polizei Befugnisse ein, ohne die zwangsweise Durchsetzung zu regeln, kann die Polizei nach Art. 70ff. PAG vorgehen. Dies ergibt sich aus Art. 11 Abs. 3 Satz 2 PAG. Für die Vollstreckung polizeilicher Maßnahmen der Strafverfolgung gelten die Vorschriften des PAG, insbesondere Art. 75, 77ff. PAG. 1184

E. Voraussetzungen der Zwangsanwendung

Für die Zwangsanwendung durch die Polizei müssen folgende Voraussetzungen vorliegen: 1185

Prüfungsschema 12: Voraussetzungen polizeilichen Zwangs

1. **Zulässigkeit des Verwaltungszwangs, Art. 70 PAG**[11]
   a. vollziehbarer Grundverwaltungsakt, Art. 70 Abs. 1 PAG oder
   b. sofortiger Zwang, Art. 70 Abs. 2 PAG.

2. **Wahl des Zwangsmittels, Art. 71 PAG (dazu unter G.)**

3. **Androhung des Zwangsmittels, Art. 76, 81 PAG (dazu unter H.)**

4. **Spezielle Anwendungsvoraussetzungen des jeweiligen Zwangsmittels**
   a. Zulässigkeit von Zwangsgeld, Art. 73 PAG, und Ersatzzwangshaft, Art. 74 PAG
   b. Zulässigkeit der Ersatzvornahme, Art. 72 PAG
   c. Zulässigkeit der Anwendung unmittelbaren Zwanges, Art. 75, 78 PAG

5. **Verhältnismäßigkeit der Durchführung, Art. 4 PAG**

---

[9] Honnacker/Beinhofer/Hauser, PAG, Art. 53 Rn. 1.
[10] Berner/Köhler/Käß, PAG, Art. 53 Rn. 1.
[11] Vgl. unten F; Rn. 1186ff.

F. Zulässigkeit des Verwaltungszwangs, Art. 70 PAG

1186 Bei der Vollstreckung einer Polizeiverfügung kommt einer **rechtsstaatlichen und freiheitssichernden Ausgestaltung des Vollstreckungsverfahrens** eine besondere Bedeutung zu. Dem hat der Gesetzgeber Rechnung getragen. Aus dem im Rechtsstaatsprinzip verankerten Grundsatz vom Vorbehalt des Gesetzes folgt, dass die Befugnis einen Verwaltungsakt zu erlassen der Verwaltung noch kein Recht gibt, diesen Verwaltungsakt auch zu vollstrecken. Vielmehr bedürfen Vollstreckungshandlungen einer gesonderten gesetzlichen Befugnisnorm. Für die Polizei finden sich diese in Art. 70 bis 86 PAG.

I. Verwaltungsakt als Grundverfügung

1187 Die Polizei kann mit Verwaltungszwang nach Art. 70ff. PAG eine polizeiliche Anordnung durchsetzen. Bei dieser Grundverfügung, die durchgesetzt werden soll, muss es sich also um einen Verwaltungsakt der Polizei im Sinne des Art. 35 BayVwVfG handeln. Entscheidend ist, dass die Polizei etwas regeln will. Das heißt, die Polizei muss ein Gebot oder Verbot durchsetzen wollen, das seine Rechtsgrundlage in Art. 11 bis 65 PAG oder anderen Gesetzen findet. Die Grundverfügung für sich allein, z.B. Sicherstellung nach Art. 25 PAG, berechtigt nicht zur Zwangsanwendung, z.B. Wegnahme der sichergestellten Sache nach Art. 78 PAG. Vielmehr eröffnet sie bei Vorliegen der Voraussetzungen des Art. 70ff. PAG die Möglichkeit der Zwangsanwendung.

II. Verhältnis der Vollstreckung zur Grundverfügung

1188 Umstritten ist die Frage, in welchem rechtlichen Verhältnis die Grundverfügung, die vollstreckt werden soll, und der Vollstreckungsakt selbst stehen müssen.

1189 Zutreffend dürfte sein, die **Vollziehbarkeit der polizeilichen Grundmaßnahme** als Voraussetzung für die Vollstreckungsmaßnahme zu fordern. Der zugrundeliegende Verwaltungsakt muss demnach gemäß § 80 Abs. 2 Satz 1 Nr. 2 VwGO vollziehbar sein. Dies bedeutet, er darf weder nach Art. 44 BayVwVfG nichtig noch von einem Gericht z.B. nach § 113 Abs. 1 Satz 1 VwGO aufgehoben worden sein.

1190 Demgegenüber fordert e. A.[12] ganz allgemein als Voraussetzung für jede Vollstreckungshandlung das Vorliegen eines rechtmäßigen Verwaltungsaktes. Er begründet dies mit einem Rechtmäßigkeitszusammenhang zwischen Grundverfügung und Vollstreckungsmaßnahme (**Konnexitätsprinzip**). Eine a. A.[13] verlangt nur für das Polizeirecht, dass der zugrunde liegende Verwaltungsakt rechtmäßig sein muss. Denn nur im Polizeirecht gebe es diese Konnexität zwischen polizeilichen Verwaltungsakten und polizeilichen Zwangsmitteln.

Zu Recht lehnt die h. M.[14] diese Ansicht ab. Denn die Bestandskraft des Grundverwaltungsaktes führt dazu, dass dessen Rechtmäßigkeit keine Voraussetzung für die Rechtmäßigkeit des Zwangsmittels ist. Ein Abweichen von diesem Prinzip fordert eine ausdrückliche vollstreckungsrechtliche Regelung im Gesetz, die gerade nicht vorliegt.

---

[12] Schoch, JuS 1995, 307 (309) m. w. N.
[13] Knemeyer, Rn. 356.
[14] Heckmann, Rn. 233.

Im Gegenteil: Der Wortlaut des Art. 70 Abs. 1 PAG fordert als Vollstreckungsvoraussetzung nur, dass ein Rechtsmittel keine aufschiebende Wirkung hat.

Prüfungsschema 13: Vollstreckungsfähiger Verwaltungsakt 1191

1. **Wirksamkeit des Verwaltungsaktes**
   insbesondere Bekanntgabe und keine Nichtigkeitsgründe

2. **Vollstreckungsfähiger Inhalt des Verwaltungsaktes**
   Anordnung eines Tuns, Duldens oder Unterlassens, Art. 70 Abs. 1 PAG

3. **Vollstreckbarkeit des Verwaltungsaktes, Art. 70 Abs. 1 PAG**
   Bestandskraft oder sofortige Vollziehbarkeit des Verwaltungsaktes
   beachte: § 80 Abs. 2 Satz 1 Nr. 2, Nr. 3 VwGO bei polizeilichen Verwaltungsakten

4. **Rechtmäßigkeit des Verwaltungsaktes**
   Konnexitätsgrundsatz ist nicht erforderlich, str.

III. Sofortiger Zwang, Art. 70 Abs. 2 PAG

Art. 70 Abs. 2 PAG regelt den sofortigen Vollzug der Zwangsanwendung, sog. sofortiger Zwang. Er ermoglicht die Anwendung von Verwaltungszwang durch die Polizei, auch wenn sie vorher keine wirksame Grundverfügung in Form eines Verwaltungsaktes erlassen konnte oder wollte[15]. 1192

IV. Unzulässigkeit der Zwangsanwendung, Art. 71 Abs. 3 PAG

Art. 71 Abs. 3 PAG ergänzt ferner Art. 4 Abs. 3 PAG. Ein Zwangsmittel ist danach 1193
unzulässig und darf nicht mehr angewandt werden, wenn
- der Verwaltungsakt befolgt worden ist, da dann Zwang nicht mehr nötig ist.
- sich der Verwaltungsakt auf andere Weise erledigt hat. Dies ist der Fall, wenn die Gefahr nicht mehr besteht – aus welchen Gründen auch immer.

G. Wahl des Zwangsmittels, Art. 71 PAG

Art. 71 Abs. 1 PAG beinhaltet eine abschließende Aufzählung der Zwangsmittel, die 1194
der Polizei zur Verfügung stehen. Die Vorschrift stellt somit eine strikte Festlegung des Gesetzgebers dar. Dieser hat ohne jede Erweiterungsmöglichkeit festgelegt, welche Zwangsmittel die Polizei einsetzen darf.

Die Ersatzzwangshaft, Art. 74 PAG, wird in Art. 71 Abs. 1 PAG nicht erwähnt, anders bei Art. 29 Abs. 2 VwZVG, da sie kein selbständiges Zwangsmittel ist. Sie kommt erst in Betracht, wenn das Zwangsgeld uneinbringlich ist.

---

[15] Einzelheiten hierzu unter Rn. 1217 ff.

1195 Die Auswahl der Zwangsmittel kann sich an der Reihenfolge des Art. 71 Abs. 1 PAG orientieren. Sie gibt einen Hinweis auf die Schwere des Rechtseingriffes, beinhaltet aber keine bindende Vorgabe. So kann durchaus im konkreten Fall der unmittelbare Zwang weniger beeinträchtigen als Zwangsgeld.

1196 Die Auswahl des Zwangsmittels ist eine Frage der **Verhältnismäßigkeit** nach Art. 4 PAG. Es ist das Zwangsmittel anzuwenden, das weniger beeinträchtigt, aber voraussichtlich ebenso wirksam ist. Diese gesetzlichen Rahmenbedingungen unterliegen der vollen richterlichen Kontrolle.

1197 Ferner können nach **Art. 71 Abs. 3 PAG** Zwangsmittel ohne Beschränkungen **beliebig oft wiederholt** werden. Solange sich der Störer ungehorsam verhält, kann die Polizei gegen ihn immer wieder erneut Zwangsmittel anwenden. Unzulässig ist ein Zwangsmittel nur, wenn von vornherein feststeht, dass es nicht zum angestrebten Erfolg führt. Sind Fristen gesetzt, kann das Zwangsmittel erst nach vergeblichem Fristablauf erneut angewandt (wohl aber schon vorher angedroht) werden. Bei Zwangsgeld muss nicht die Beitreibung abgewartet werden.

1198 Der **Wechsel des Zwangsmittels** nach Art. 71 Abs. 3 PAG dient der Steigerung der Wirksamkeit. Er findet nur in Art. 4 PAG eine Grenze. Davon abgesehen darf die Polizei das Zwangsverfahren nicht abbrechen, solange die Gefahr besteht.

H. Zwangsandrohung, Art. 71 Abs. 2, 76 PAG

1199 Art. 71 Abs. 2 PAG begründet die rechtsstaatlich bedeutende Pflicht zur Androhung der Zwangsmittel, wofür Art. 76 PAG das Verfahren festlegt. Für die Androhung unmittelbaren Zwangs beinhaltet Art. 81 PAG eine Spezialvorschrift mit Vorrang.

I. Schriftform der Androhung, Art. 76 Abs. 1 PAG

1200 Art. 76 Abs. 1 legt für alle anderen Zwangsmittel als Grundsatz fest, dass Zwangsmittel **schriftlich** anzudrohen sind, wobei dem Betroffenen eine Frist zur Erfüllung der polizeilichen Anordnungen zu setzen ist.

1201 Die Androhung soll für den Störer die **letzte Warnung** sein. Er soll eine letzte Chance erhalten, die Anordnungen der Polizei zu befolgen. Eine solche Warnung erhält der Störer aber nur, wenn die Abwehr der Gefahr, die der Störer verursacht hat, nicht so dringlich ist, dass kein weiterer zeitlicher Aufschub für eine Androhung mehr geduldet werden kann. Daher sieht das Gesetz eine Reihe von **Ausnahmen** vor. Es kann abgesehen werden:
– vom Schriftformerfordernis nach Art. 76 Abs. 1 Satz 1 PAG;
– von der Androhung selbst nach Art. 76 Abs. 1 Satz 3 PAG;
– von der Setzung einer angemessenen Frist nach Art. 76 Abs. 1 Satz 2, 3.

II. Bestimmtheit der Androhung, Art. 76 Abs. 3 und 5 PAG

1202 Die Androhung muss gemäß Art. 76 Abs. 3 und 5 PAG **hinreichend bestimmt** sein. Der Störer soll sein Risiko drastisch vor Augen geführt bekommen:
– Das Zwangsmittel ist genau zu bezeichnen, Art. 76 Abs. 3 Satz 1 PAG.
– Bei mehreren Zwangsmitteln ist die Reihenfolge ihrer Anwendung anzugeben, Art. 76 Abs. 3 Satz 2 PAG.

– Art. 76 Abs. 5 PAG verlangt für die Androhung des Zwangsgeldes eine genau bestimmte Höhe. Es ist ein fester Euro-Betrag anzugeben. Fehlt er, ist die Androhung mangels hinreichender Bestimmtheit rechtswidrig.

III. Förmliche Zustellung der Androhung, Art. 76 Abs. 6 PAG, Art. 1 bis 16 VwZVG

Die Androhung ist **förmlich zuzustellen,** Art. 76 Abs. 6 PAG, Art. 1 bis 16 VwZVG, soweit die Androhung schriftlich erfolgt. 1203

Die Androhung ist ein Verwaltungsakt im Sinne des Art. 35 Satz 1 BayVwVfG und daher selbständig gerichtlich überprüfbar.

J. Zwangsgeld, Art. 73 PAG, und Ersatzzwangshaft, Art. 74 PAG

Gemäß Art. 73 Abs. 1 PAG muss das Zwangsgeld **schriftlich festgesetzt** worden sein. Dies kann mit der Ausgangsverfügung und der Androhung verbunden werden. Außerdem muss ein bestimmter Betrag nach Art. 73 Abs. 1 PAG festgesetzt werden. Das **Zwangsgeld** muss nach Art. 76 Abs. 5, Abs. 1 PAG mit diesem bestimmten Betrag **angedroht** worden sein. Nach Art. 76 Abs. 6 PAG ist die **Androhung förmlich nach VwZVG zuzustellen,** soweit sie schriftlich erfolgt. 1204

Nach Art. 73 Abs. 2 PAG muss dem Betroffenen eine angemessene **Zahlungsfrist** eingeräumt worden sein. Die Angemessenheit soll sich nach der Leistungsfähigkeit des Betroffenen richten[16]. Nach Art. 74 Abs. 1 Satz 1 PAG sollte mit der Androhung der Hinweis verbunden werden, dass bei Uneinbringlichkeit des Zwangsgeldes **Ersatzzwangshaft** angeordnet werden kann. Die Anordnung der Haft setzt die Bestandskraft der Festsetzung des Zwangsgeldes voraus, da sie akzessorisch zu ihr ist[17]. Die Anordnung erlässt das örtlich zuständige Verwaltungsgericht durch Beschluss. 1205

Das gesamte Verfahren ist zur Abwehr konkreter Verfahren in zeitlich dringenden Fällen nicht praktikabel und spielt daher in der polizeilichen Praxis keine Rolle.

K. Ersatzvornahme, Art. 72 PAG

I. Vorliegen einer vertretbaren Handlung

Für die Anwendung von Zwang in Form der Ersatzvornahme[18] muss eine **vertretbare Handlung** vorliegen. Darunter ist eine Handlung zu verstehen, die der Pflichtige nicht in seiner Person erbringen muss, sondern die auch irgendein anderer vornehmen kann, vgl. § 887 ZPO. Vertretbare Handlungen sind insbesondere: etwas wegschaffen, entfernen, beseitigen. 1206

Beispiel: Der Hundehalter weigert sich, für die Zeit der Hausdurchsuchung seinen Schäferhund in den Zwinger zu sperren. Ein Hundeführer der Polizei macht dies nach Art. 11 Abs. 2 Nr. 1, Art. 72 PAG selbst.

Nicht vertretbare Handlungen sind hingegen solche, die kein anderer für den Pflichtigen ausführen kann. Dies gilt zunächst für alle Anordnungen, bei denen der Störer selbst Gegenstand der 1207

---

[16] Kritisch: Schmidbauer, in: ders./Steiner, Art. 56 PAG Rn. 7.
[17] Vgl. OLG Oldenburg, NVwZ 1985, 221; BayVGH, BayVBl. 1988, 372.
[18] Ausführlich: Schmidbauer, in: ders./Steiner, Art. 55 PAG Rn. 1 ff.

Maßnahme ist, z. B. Gewahrsam, Platzverweis: keiner kann sich für den anderen entfernen. Außerdem muss die Handlung identisch bleiben, damit eine vertretbare Handlung vorliegt. So ist z. B. eine Wegnahme, Art. 77 ff. PAG, eben keine Herausgabe. Die Herausgabe ist folglich keine vertretbare Handlung. Auch Duldung, Unterlassung und Abgabe einer Erklärung sind keine vertretbaren Handlungen.

Klausurhinweis:

Bei derartigen unvertretbaren Handlungen liegt stets eine Vollstreckungsmaßnahme vor. Dies sind alle polizeilichen Maßnahmen, bei denen der Betroffene selbst nicht in der Lage ist, sie durch eigenes Handeln abzuwenden.

Beispiel: Beim Eindringen in das Schulgebäude trifft die Polizei auf eine Person, von der sie sich nicht sicher ist, ob es sich um den Amokläufer handelt, der unerkannt das Schulgebäude verlassen will. Sie durchsucht ihn nach Waffen auf der Rechtsgrundlage des Art. 21 Abs. 1 Nr. 1 PAG[19].

1208 Umstritten ist, ob die Standardbefugnisse der Art. 12 ff. PAG stets als unvertretbare Handlungen zu bewerten sind. *Knemeyer* [20] spricht sich für diese Ansicht aus. Folge davon wäre, dass die entsprechenden Anordnungen der Polizei nur vom Polizeipflichtigen selbst befolgt werden könnten und eine Ersatzvornahme im Verwaltungszwang nach Art. 72 PAG ausscheiden würde. Der BayVGH[21] hat sich für den Fall der Sicherstellung gegen diese Meinung ausgesprochen. Richtig dürfte sein, die Frage der Vertretbarkeit anhand der oben genannten Kriterien im jeweiligen Einzelfall zu entscheiden.

II. Pflicht zum Handeln

1209 Es muss eine Verpflichtung bestehen, die vertretbare Handlung vorzunehmen. Die Anordnung, die mit der Ersatzvornahme zwangsweise durchgesetzt werden soll, findet im Regelfall der polizeilichen Praxis ihre **Rechtsgrundlage** in Art. 11 PAG. Die Anordnung darf vom Pflichtigen **nicht befolgt** worden sein.

III. Möglichkeit des Handelns durch die Polizei

1210 **Der Polizeibeamte** kann die geforderte Handlung **selbst vornehmen**.

Beispiel: Der Polizist fängt die ausgerissene Giftschlange des privaten Züchters ein, der sich nicht mehr in seine Wohnung traut.

1211 Die Polizei kann jedoch auch **einen anderen** mit der Ausführung **beauftragen**.

Beispiel: Die Polizei beauftragt den Schlangenpfleger des örtlichen Zoos, die ausgerissene Giftschlange des privaten Züchters einzufangen. Die Beauftragung des anderen erfolgt in Form eines öffentlich rechtlichen Vertrages[22] zumeist mit dem Inhalt eines Werkvertrages, Art. 54, 62 Satz 2 BayVwVfG i. V. m. §§ 631 ff. BGB.

---

[19] Mit der Vornahme der Dursuchung durch die Polizei realisiert sich diese Maßnahme. Die Gefahrenabwehr kann logischerweise auch nicht dadurch verwirklicht werden, dass der Betroffenen sich selbst durchsucht.
[20] Knemeyer, Rn. 265.
[21] BayVGH, NVwZ 1990, 180.
[22] Ohne weitere Begründung: a. A. Honnacker/Beinhofer/Hauser, Art. 55 Rn. 6: Privatrechtlicher Vertrag.

Beispielfall 58 1212

In einer Feuerwehranfahrtszone der Altstadt ist ein Fahrzeug verbotswidrig abgestellt. Auf welcher Rechtsgrundlage kann das Fahrzeug abgeschleppt werden?

Lösung

1. Aus Art. 25 Abs. 1 Nr. 1a PAG ergibt sich die Befugnis der Polizei, dieses Fahrzeug selbst oder durch einen Dritten abzuschleppen.
2. § 80 Abs. 2 Nr. 2 VwGO ordnet die sofortige Vollziehung durch Gesetz an, indem Rechtsmittel keine aufschiebende Wirkung haben.
3. Wenn weder der Fahrzeugführer, der Handlungsstörer nach Art. 7 PAG ist, noch der Fahrzeughalter, der Zustandsstörer nach Art. 8 PAG ist, anwesend sind, kann die Abschleppanordnung nach Art. 41 BayVwVfG nicht bekanntgemacht werden. Trotzdem kann die Polizei wegen Art. 9 Abs. 1 PAG die Maßnahme unmittelbar ausführen und darf abschleppen oder abschleppen lassen.
4. Art. 70 Abs. 2 PAG befugt die Polizei zur Anwendung von Zwangsmitteln, auch wenn der Fahrzeugführer oder -halter abwesend oder betrunken ist.

Findet die Polizei beim Betrunkenen den Fahrzeugschlüssel, wird die Maßnahme nach Art. 9 1213
Abs. 1 PAG unmittelbar ausgeführt.

Weigert sich der Störer aus Trotz, sein Fahrzeug wegzufahren, und schmeißt er den Beamten die Schlüssel vor die Füße und geht, kann die Polizei sein Fahrzeug selbst im Weg der Ersatzvornahme nach Art. 11, 72, 70 Abs. 2 PAG aus dem Haltverbot wegfahren. Es handelt sich um eine vertretbare Handlung, da die Polizei genau das macht, was der Fahrzeugführer tun müsste.

Vor dem Abschleppen ist es erforderlich, die Alarmanlage des Fahrzeuges auszuschalten. Hierfür muss der Wagen aufgebrochen werden. Die Befugnis der Polizei ergibt sich dazu aus Art. 75, 77 ff. i. V. m. 70 Abs. 2 PAG: Es wird auf das Auto mit körperlicher Gewalt eingewirkt.

L. Verhältnis von Zwangsmitteln zu Strafen und Geldbußen, Art. 71 Abs. 3 PAG

Art. 71 Abs. 3 PAG enthält zunächst den klarstellenden Hinweis, dass die **Zwangs-** 1214
mittel des PAG jederzeit **auch neben einer Strafe oder Geldbuße angewandt werden können**. Die Regelung stimmt mit Art. 36 Abs. 6 VwZVG überein. Dies entspricht der Zielsetzung des Gesetzes, nach der Zwangsmittel keine Strafen sind, sondern Beugemittel zur Durchsetzung von polizeilichen Anordnungen der Gefahrenabwehr.

Damit hat der Gesetzgeber auch einen wichtigen Grundgedanken seiner Regelung fixiert, nach dem niemand Zwangsmitteln ausgesetzt wird, wenn er vorher die polizeiliche Anordnung befolgt hätte. Dieser gesetzgeberische Wille ist sowohl als Auslegungsgrundsatz für die Zwangsvorschriften des PAG als auch als Handlungsleitlinie für die Anwendung der Zwangsvorschriften durch die Polizei von Bedeutung.

Beispiel: Trotz bestehenden Stadionverbotes wird ein Hooligan in den Zuschauerrängen angetroffen. Dem Platzverweis nach Art. 16 PAG kommt er nicht nach. Er wird daher mit unmittelbarem Zwang aus dem Stadion entfernt. Dennoch erfolgt zusätzlich Anzeige und Verurteilung wegen Hausfriedensbruch, § 123 StGB.

25. Kapitel. Unmittelbarer Zwang als polizeitypische Vollstreckung

Zusammenfassung

1. Die typische Zwangsmaßnahme der Polizei ist die **Anwendung unmittelbaren Zwangs**.
2. **Sofortvollzug** oder sofortiger Zwang sind nach Art. 70 Abs. 2 PAG dann möglich, wenn Maßnahmen gegen Personen nach Art. 7 bis 10 PAG nicht oder nicht rechtzeitig möglich sind oder keinen Erfolg versprechen.
3. Unmittelbarer Zwang ist nur dann rechtmäßig, wenn andere, mildere Zwangsmittel nicht in Betracht kommen, Art. 75 Abs. 1 PAG.
4. Der unmittelbare Zwang ist grundsätzlich vor der Durchführung **anzudrohen**, Art. 76, 81 PAG. Die Androhung kann formlos erfolgen, hat jedoch inhaltlich bestimmt zu sein. Art. 81 Abs. 1 Satz 2, Abs. 2 PAG enthält **Ausnahmen** von der Androhung. Beim Schusswaffengebrauch reicht die Abgabe eines Warnschusses aus, Art. 81 Abs. 1 Satz 3 PAG.
5. Die Durchführung des unmittelbaren Zwangs muss den **Voraussetzungen der Art. 78 bis 86 PAG** entsprechen.
6. Die Anforderungen an den Schusswaffengebrauch gegen Sachen, gegen Personen, gegen Personen in einer Menschenmenge und mit dem Ziel des finalen Rettungsschusses sind in den Art. 83 bis 85 PAG normiert und **nehmen mit der Eingriffsintensität** der Maßnahme **zu**.

1215 Die Anwendung unmittelbaren Zwangs ist der häufigste und wichtigste Fall der Vollstreckung einer Polizeiverfügung. Die polizeiliche Anordnung, die mit unmittelbarem Zwang durchgesetzt werden soll, muss vollziehbar sein[1]. Die Rechtmäßigkeitsvoraussetzungen der Zwangsanwendung durch die Polizei sind in Art. 70 PAG geregelt. Aufgrund der dargestellten Ausgangslage ist meist Art. 70 Abs. 2 PAG einschlägig.

1216 **Prüfungsschema 14: Der unmittelbare Zwang**

I. Rechtsgrundlage: Art. 71 Abs. 1 Nr. 3, Art. 75, Art. 77ff. PAG

II. formelle Rechtmäßigkeit
1. Zuständigkeit
2. Verfahren
insbesondere Androhung des unmittelbaren Zwangs, Art. 76, 81 PAG
(3. Form)

[1] Nach dem allgemeinen Verwaltungsrecht ist die Rechtmäßigkeit der Grundverfügung keine Voraussetzung. Vgl. hierzu schon ausführlich 24. Kapitel.

III. materielle Rechtmäßigkeit

1. Allgemeine Vollstreckungsvoraussetzungen

a. vollstreckungsfähiger Inhalt der zugrunde liegenden polizeilichen Anordnung nach Art. 11 ff. PAG oder anderen Gesetzen: Handlung, Duldung oder Unterlassen, Art. 70 Abs. 1 PAG

b. Bestandskraft des zugrundeliegenden Verwaltungsaktes: Unanfechtbarkeit der Primärmaßnahme oder Rechtsmittel ohne aufschiebende Wirkung, Art. 70 Abs. 1 PAG

c. Grundsatz der Konnexität (d.h. Rechtmäßigkeit der Primärmaßnahme erforderlich) str.; nach zutreffender Ansicht reicht Bestandskraft des zugrundeliegenden Verwaltungsaktes

d. Anwendung von Zwang muss generell verhältnismäßig sein, Art. 4 PAG

2. Besondere Vollstreckungsvoraussetzungen

a. Voraussetzungen des unmittelbaren Zwangs, Art. 75, 77 ff. PAG insbesondere der Art und Weise der Zwangsanwendung, Art. 77, 78 bis 86 PAG, z.B. besondere Rechtmäßigkeitsvoraussetzungen bei Schusswaffengebrauch, Art. 83 bis 85 PAG

b. Verhältnismäßigkeit des unmittelbaren Zwangs, Art. 4, 75 Abs. 1 PAG

Klausurhinweis:

Achten Sie auf die Terminologie: Unmittelbarer Zwang ist eine Form des polizeilichen Zwangs. Letzterer meint sämtliche in Art. 70 ff. PAG normierten Zwangsmittel, während erster lediglich das Zwangsmittel gem. Art. 71 Abs. 1 Nr. 3, Art. 58 PAG meint.

A. Sofortiger Zwang, Art. 70 Abs. 2 PAG

Art. 70 Abs. 2 PAG regelt den sofortigen Vollzug der Zwangsanwendung, sog. Sofortvollzug oder sofortiger Zwang[2]. Er ermöglicht die Anwendung von Verwaltungszwang durch die Polizei, auch wenn sie vorher keine wirksame Grundverfügung in Form eines Verwaltungsaktes erlassen konnte. Voraussetzungen sind, dass 1217

- die Polizei innerhalb ihrer Befugnisse handelt, d.h. es müssen alle Rechtmäßigkeitsvoraussetzungen für den Erlass dieses Verwaltungsaktes als Grundverfügung gegeben sein, der wegen der Eilbedürftigkeit entfallen kann, und
- dies zur Abwehr der Gefahr, der der vorausgehende Verwaltungsakt dienen würde, notwendig ist.

Das Gesetz selbst nennt hierfür Regelbeispiele, wann die Polizei Zwang ohne vorherigen Erlass eines Verwaltungsaktes anwenden darf. Art. 70 Abs. 2 PAG entfaltet seine Funktion demnach insbesondere in folgenden Fällen: 1218

- Maßnahmen gegen Personen nach Art. 7 bis 10 PAG sind **nicht möglich**. Art. 70 Abs. 2 PAG ermöglicht damit die Anwendung von Verwaltungszwang bei abwesenden Adressaten.

[2] Ausführlich: Schmidbauer, in: ders./Steiner, Art. 53 PAG Rn. 11 ff.

Beispiel: Im Kfz, das in praller Sonne abgestellt wurde, droht dem zurückgelassenen Kleinkind ein Hitzschlag. Der Kfz-Halter ist abwesend. Die Polizei kann das Fahrzeug nach Art. 70 Abs. 2 PAG sofort aufbrechen.

– Maßnahmen gegen Personen nach Art. 7 bis 10 PAG sind **nicht rechtzeitig möglich**. Art. 70 Abs. 2 PAG ermöglicht damit die Anwendung von Verwaltungszwang, wenn der Adressat nicht in der Lage ist, der polizeilichen Weisung nachzukommen.

Im obigen **Beispiel** ist der Kfz-Halter zwar anwesend, aber so betrunken, dass er nicht mehr ansprechbar ist.

– Maßnahmen gegen Personen nach Art. 7 bis 10 PAG **versprechen keinen Erfolg**. Art. 70 Abs. 2 PAG ermöglicht damit die überraschende Anwendung von Verwaltungszwang, selbst wenn die polizeiliche Maßnahme dem Adressaten vorher überhaupt nicht bekanntgegeben werden soll.

Beispiel: Der Bankräuber muss überraschend überwältigt und in Gewahrsam genommen werden, da ansonsten die Gefahr einer Geiselnahme besteht.

Klausurhinweis:

Darüber hinaus muss die Polizei im Rahmen ihrer Befugnisse handeln, Art. 70 Abs. 2 PAG, d.h. hier ist in der Klausur regelmäßig das Einfallstor für die Prüfung von Primärmaßnahmen.

B. Rechtmäßigkeit der Anwendung unmittelbaren Zwangs, Art. 75 Abs. 1 PAG

1219 Art. 75 Abs. 1 PAG legt fest, ob die Polizei unmittelbaren Zwang anwenden darf. Voraussetzung ist, dass andere Zwangsmittel nicht in Betracht kommen oder keinen Erfolg versprechen oder unzweckmäßig sind. Von den Zwangsmitteln, die Art. 71 PAG der Polizei zur Verfügung stellt, scheiden regelmäßig das Zwangsgeld, Art. 73 PAG, und die damit verbundene Ersatzzwangshaft, Art. 74 PAG, wegen des langwierigen Verfahrens aus. Dies liegt einerseits am Aufgabenbereich der Polizei, also an der Gefahrenabwehr, zum anderen an Art. 3 PAG, wonach die Polizei regelmäßig nur tätig wird, wenn es eilt, also wenn die Gefahrenabwehr durch andere Behörden nicht rechtzeitig möglich erscheint. Und die Ersatzvornahme, Art. 72 PAG, setzt voraus, dass die Zwangsmaßnahme der Polizei identisch ist mit der Handlung, die eigentlich der Störer vornehmen müsste[3].

C. Zwangsandrohung, Art. 71 Abs. 2, 81 PAG

1220 Art. 71 Abs. 2 PAG begründet die rechtsstaatlich bedeutende Pflicht zur Androhung der Zwangsmittel. Für den Fall des unmittelbaren Zwangs legt Art. 81 PAG das Verfahren fest. Er ist insoweit Spezialvorschrift gegenüber Art. 76 PAG.

---

[3] Str.; vgl. hierzu Schmidbauer, in: ders./Steiner, Art. 55 PAG Rn. 4.

I. Art und Weise der Androhung

Das PAG kennt **kein Formerfordernis** für die Androhung unmittelbaren Zwanges, Art. 81 Abs. 1 Satz 1 PAG. Insbesondere schreibt Art. 81 PAG für die Anwendung unmittelbaren Zwanges keine Schriftform vor. Dies trägt den situationsbedingten besonderen Umständen der Anwendung unmittelbaren Zwanges durch die Polizei Rechnung. **1221**

Unterscheide: Bei sonstigen Zwangsmitteln legt das PAG für die Androhung den Grundsatz der Schriftlichkeit fest, Art. 76 Abs. 1 Satz 1 PAG, und gesteht Ausnahmen zu, Art. 76 Abs. 1 Satz 1, 3 PAG. **1222**

Die Polizei kann daher unmittelbaren Zwang in jeder erfolgversprechenden Form androhen. **Regelfall** der Praxis ist die **mündliche Androhung**. **1223**

Hierzu zählt z.B. die nachdrückliche Erklärung („..., ansonsten wird die Festnahme mit körperlicher Gewalt durchgesetzt!"), der Zuruf („Halt, Polizei, keine Bewegung!") oder eine Lautsprecherdurchsage („Wer sich nicht unverzüglich entfernt, wird durch den Einsatz von Wasserwerfern zurückgedrängt"). Es genügt aber auch jedes konkludente Verhalten, beispielsweise das Vorzeigen der Handschellen, das auch jeder versteht, der der deutschen Sprache nicht mächtig ist.

Zu beachten ist in diesem Zusammenhang insbesondere der Ausnahmetatbestand des Art. 81 Abs. 1 Satz 3 PAG: Für den Schusswaffengebrauch lässt das Gesetz danach als konkludente Androhung ausdrücklich die Abgabe eines **Warnschusses** zu. Die Abgabe zweier Warnschüsse genügt als Androhung auch im Fall des Schusswaffengebrauchs gegen eine Menschenmenge, Art. 81 Abs. 3 Satz 2 PAG. **1224**

II. Wahrnehmbarkeit der Androhung

Die Polizei hat den unmittelbaren Zwang so anzudrohen, dass der Störer die Möglichkeit hat, die Androhung wahrzunehmen und als letzte Warnung zu verstehen. Ist dies dem Störer aus Gründen, die in seiner Person liegen, nicht möglich, entfällt die Pflicht der Androhung nach Art. 81 Abs. 1 Satz 2 PAG überhaupt. Die Androhung kann sich demnach stets nur an Menschen richten, die nach Art. 7, 8 oder 10 PAG in Anspruch genommen werden. **1225**

III. Unmittelbare Zwangsanwendung ohne Androhung, Art. 81 Abs. 1 Satz 2, Abs. 2, Abs. 3 Satz 3 PAG

Art. 81 Abs. 1 Satz 2 PAG enthält die grundlegende **Ausnahmevorschrift** von der Pflicht, die Anwendung unmittelbaren Zwangs anzudrohen[4]. Er beinhaltet damit einen wichtigen Fall der Praxis. Sein Regelungsbereich erstreckt sich auf die Anwendung körperlicher Gewalt, ihrer Hilfsmittel und des Schlagstockes. Denn für den Einsatz von Schusswaffen und Handgranaten enthält Art. 81 Abs. 2 PAG, für den Gebrauch von technischen Sperren und Dienstpferden Art. 81 Abs. 3 Satz 3 PAG eine Spezialvorschrift. **1226**

Die Androhung kann nach pflichtgemäßen Ermessen **unterlassen** werden, wenn die Umstände die Androhung nicht zulassen. Dies ist der Fall, wenn bei einer Andro- **1227**

---

[4] Schmidbauer, in: ders./Steiner, Art. 64 PAG Rn. 9ff.

hung das Ziel der Zwangsanwendung nicht mehr oder nicht mehr so wirkungsvoll erreicht werden kann.

1228 1. Das Gesetz selbst nennt den Fall, dass die **sofortige Anwendung** des Zwangsmittels **zur Abwehr der Gefahr notwendig** ist. Die Eilbedürftigkeit des Einschreitens lässt in diesem Fall keine Zeit zur Androhung.

Beispiel: Der Polizeibeamte zieht den betrunkenen Fußgänger von der Autobahn herab hinter die Leitplanken.

1229 2. Die Androhung kann auch unterlassen werden, wenn der **Betroffene sie nicht wahrnehmen kann**. Dabei spielt es keine Rolle, ob die Ursachen hierfür in seiner Person oder in der Umwelt liegen.

Beispiele: Er ist taub oder volltrunken. Der Lärm ist zu laut, als dass ein Wort oder auch nur ein Warnschuss gehört werden kann.

1230 3. Die Polizei kann schließlich von der Androhung absehen, **um das Ziel ihres Einschreitens zu erreichen**.

Beispiel: Es verbietet sich die Androhung des finalen Rettungsschusses zur Geiselbefreiung aus seinem Zweck heraus. Außerdem ist zu bedenken, dass der Überraschungszugriff die Polizei oftmals in die Lage versetzt, ein milderes Zwangsmittel anzuwenden, als dies nach vorausgehender Androhung der Fall wäre, da sich der Betroffene bei einer Androhung vorbereiten kann.

IV. Inhalt der Androhung

1231 Als wesentlicher Inhalt der Androhung muss für den Betroffenen **erkennbar** sein, **dass unmittelbarer Zwang** von der Polizei zur Durchsetzung ihrer Anordnung **angewandt werden wird**. Eine bestimmte Form des unmittelbaren Zwangs muss hingegen nicht angedroht werden. Anders ist dies bei der Schusswaffe. Nach Art. 81 Abs. 3 Satz 2 PAG ist beim Gebrauch der Schusswaffe gegen eine Menschenmenge nicht nur unmittelbarer Zwang allgemein, sondern der Schusswaffengebrauch als solcher anzudrohen. Dies kann auch durch einen doppelten (!) Warnschuss erfolgen. Wird diese gesetzliche Vorschrift missachtet, ist die Zwangsandrohung rechtswidrig.

D. Rechtmäßigkeit der Art und Weise der Anwendung unmittelbaren Zwangs, Art. 77 ff. PAG

1232 Art. 77 Abs. 1 PAG bestimmt, dass für die Rechtmäßigkeit der Art und Weise der Anwendung unmittelbaren Zwangs die Voraussetzungen der Art. 78 bis 86 PAG zu beachten sind. Die Anwendung unmittelbaren Zwangs befugt die Polizei zur Einwirkung auf Personen oder Sachen durch körperliche Gewalt, ihre Hilfsmittel und durch Waffen, Art. 78 Abs. 1 PAG.

1233 Der häufigste Fall der Praxis ist die Anwendung körperlicher Gewalt nach Art. 78 Abs. 2 PAG, also die unmittelbare körperliche Einwirkung auf Personen und Sachen, beispielsweise durch Festhalten oder Wegdrücken.

Beispiele für Hilfsmittel der körperlichen Gewalt sind in Art. 78 Abs. 3 PAG aufgeführt. Art. 81 Abs. 4 PAG benennt die für die Polizei zugelassenen Waffen.

Die Anwendung unmittelbaren Zwanges bedeutet stets einen erheblichen Grundrechtseingriff durch die Polizei. Daher ist auch immer das Verhältnismäßigkeitsprinzip des Art. 4 PAG besonders zu prüfen. Eine besondere Ausprägung[5] dieses verfassungsrechtlich verankerten Prinzips, Art. 20 Abs. 3 GG, beinhaltet die gesetzliche Regelung für den polizeilichen Schusswaffengebrauch. 1234

E. Rechtmäßigkeitsvoraussetzungen des polizeilichen Schusswaffengebrauchs, Art. 83 bis 85 PAG

Das Gesetz unterscheidet zunächst zwischen dem Schusswaffengebrauch gegen Sachen und gegen Personen, gegen Personen in einer Menschenmenge und dem finalen Rettungsschuss. 1235

I. Schusswaffengebrauch gegen Sachen

Es dürfen nur Schusswaffen eingesetzt werden, die nach Art. 78 Abs. 4 PAG zugelassen sind. Ferner ist gemäß Art. 83 Abs. 1 Satz 1 PAG Voraussetzung, dass andere Zwangsmaßnahmen erfolglos erscheinen. 1236

II. Schusswaffengebrauch gegen Personen

Für einen Schusswaffengebrauch gegen Personen[6] ist zusätzlich nach Art. 83 Abs. 1 Satz 2 PAG erforderlich, dass ein Schusswaffengebrauch gegen Sachen erfolglos erscheint. 1237

Klausurhinweis:

Damit ist der Schusswaffengebrauch gegen Sachen vorrangig anzuwenden und einer gegen Personen nicht verhältnismäßig, wenn ein solcher gegen Sachen ausreicht, um die Gefahr zu beheben.

Art. 84 Abs. 1 PAG zählt ferner abschließend die zulässigen Gründe des Schusswaffengebrauchs auf. Bedeutsam ist vor allem die Nr. 1, wonach eine Schusswaffe gegen Personen gebraucht werden darf, um eine gegenwärtige Gefahr für Leib oder Leben abzuwehren. Art. 83 Abs. 3 PAG legt sodann Einschränkungen bei Personen unter 14 Jahren und Art. 83 Abs. 4 PAG Einschränkungen bei wahrscheinlicher Gefährdung Unbeteiligter fest. Und schließlich bestimmt Art. 83 Abs. 2 Satz 1 PAG, dass unter diesen Voraussetzungen einzig zulässiger Zweck des Schusswaffengebrauchs sein darf, angriffs- oder fluchtunfähig zu machen. 1238

Soll die Schusswaffe gegen Personen in einer Menschenmenge gebraucht werden, legt Art. 85 Abs. 1 PAG zusätzliche Voraussetzungen fest.

---

[5] Ebenso: Heckmann, Rn. 252.

[6] Ausführlich: Schmidbauer, in: ders./Steiner, Art. 66 PAG Rn. 2ff.

III. Finaler Rettungsschuss

1239 Wirkt ein Schuss mit an Sicherheit grenzender Wahrscheinlichkeit tödlich, sind die weiter gesteigerten Voraussetzungen des Art. 83 Abs. 2 Satz 2 PAG zu beachten: Er ist nur zulässig, wenn er das einzige Mittel zur Abwehr einer gegenwärtigen Lebensgefahr oder einer gegenwärtigen Gefahr einer schwerwiegenden Verletzung der körperlichen Unversehrtheit ist.

Klausurhinweis:

Die Systematik der Art. 83 bis 85 PAG geht also von einer Steigerung der Eingriffsintensität und damit auch der Voraussetzungen vom Schusswaffengebrauch gegen Sachen und gegen Personen, gegen Personen in einer Menschenmenge und letztendlich dem finalen Rettungsschuss aus.

26. Kapitel. Abschließendes Prüfungsschema zur polizeirechtlichen Sekundärmaßnahme

1240 **Prüfungsschema 15: Der polizeiliche Zwang**

I. Rechtsgrundlage

II. formelle Rechtmäßigkeit

1. Zuständigkeit

2. Verfahren

insbesondere Androhung des Zwangsmittels, Art. 76, 81 PAG

3. Form

III. materielle Rechtmäßigkeit

1. Allgemeine Vollstreckungsvoraussetzungen

a. vollstreckungsfähiger Inhalt der zugrunde liegenden polizeilichen Anordnung nach Art. 11 ff. PAG oder anderen Gesetzen: Handlung, Duldung oder Unterlassen, Art. 70 Abs. 1 PAG

b. Unanfechtbarkeit der Primärmaßnahme oder Rechtsmittel ohne aufschiebende Wirkung, Art. 70 Abs. 1 PAG

(c. Grundsatz der Konnexität (str.): Rechtmäßigkeit der Primärmaßnahme)

d. Verhältnismäßigkeit der generellen Anwendung von Zwang, Art. 4 PAG

2. Besondere Vollstreckungsvoraussetzungen

a. Voraussetzungen des konkret ergriffenen Zwangsmittels, Art. 55 ff. PAG

b. Verhältnismäßigkeit des konkret ergriffenen Zwangsmittels, Art. 4, 75 Abs. 1 PAG

27. Kapitel. Tatsächliche Maßnahmen der Polizei, Art. 9 PAG

Zusammenfassung

1. Bei der unmittelbaren Ausführung handelt es sich nicht um eine Zwangsmaßnahme, sondern um eine Modalität der Ausführung einer Maßnahme auf **Primärebene**.
2. Voraussetzung ist, dass der **Wille** des Verantwortlichen **nicht bekannt** oder ein entgegenstehender Wille aufgrund gesetzlicher Vorschriften **unbeachtlich** ist. Ist dagegen der Wille des Verantwortlichen bekannt und steht er der Maßnahme entgegen, so muss dieser durch Zwang überwunden werden.
3. In Abgrenzung zu Art. 70 Abs. 2 PAG ist bei Art. 9 PAG eine polizeiliche Anordnung an den Verantwortlichen rechtlich oder faktisch unmöglich, während bei Art. 70 Abs. 2 PAG die polizeiliche Anordnung faktisch als auch rechtlich möglich ist, sie jedoch nicht rechtzeitig zwangsweise durchsetzbar ist und daher erst gar nicht zu ergehen braucht.
4. In Abgrenzung zum unmittelbaren Zwang nach Art. 75, 77ff. PAG und zur Ersatzvornahme nach Art. 72 PAG muss bei diesen ein **entgegenstehender Wille** des Verantwortlichen **überwunden** werden, wobei eine Ersatzvornahme nur bei vertretbaren Handlungen in Betracht kommt.
5. Liegen die Voraussetzungen des Art. 9 Abs. 1 PAG vor, kann die Polizei die Maßnahme selbst oder durch einen Beauftragten an Stelle des Verantwortlichen ausführen.

Zur Durchsetzung einer polizeilichen Maßnahme hält das PAG ein fein abgestimmtes System an Instrumentarien bereit, das sich anhand der Kriterien der Eilbedürftigkeit, des entgegenstehenden Willens des Betroffenen, seiner Handlungsmöglichkeiten und der Identität dieser Handlung unterscheidet. **1241**

A. Die unmittelbare Ausführung nach Art. 9 PAG

Bei der unmittelbaren Ausführung[1] handelt es sich **nicht** um eine **Zwangsmaßnahme**, sondern um eine Modalität der Ausführung einer Maßnahme auf Primärebene. Aufgrund der Abgrenzungsschwierigkeiten zur Zwangsanwendung, insbesondere zum Sofortvollzug nach Art. 70 Abs. 2 PAG erfolgt eine Darstellung im Zusammenhang mit den Zwangsmaßnahmen. **1242**

Klausurhinweis:

Beachten Sie, dass es sich bei Art. 9 PAG nicht um eine eigenständige Befugnisnorm und auch nicht um eine Störervorschrift handelt. Es geht bei Art. 9 PAG ausschließlich um die Frage, wie eine Primärmaßnahme durchgeführt wird, wenn die Inanspruchnahme der Störer nicht oder nicht rechtzeitig erfolgen kann, um die Gefahr abzuwehren.

[1] Ausführlich: Schmidbauer, in: ders./Steiner, Art. 9 PAG Rn. 4ff.

1243 Entscheidende Voraussetzung für die unmittelbare Ausführung einer Maßnahme nach Art. 9 PAG ist, dass eine der beiden folgenden Voraussetzungen vorliegt.

I. Ein entgegenstehender Wille des Verantwortlichen ist nicht erkennbar

1244 Die eine Variante ist, dass ein entgegenstehender Wille des Verantwortlichen für die Polizei nicht erkennbar ist.

Beispiel: Der Störer ist nicht anwesend. In diesem Fall kompensiert Art. 9 PAG den Mangel der Wirksamkeit des polizeilichen Verwaltungsaktes aufgrund der fehlenden Zustellung.

1245 Ist der Verantwortliche nicht oder voraussichtlich nicht rechtzeitig zu erreichen, so liegen zwar alle Voraussetzungen für den Erlass einer Anordnung der Polizei auf der Grundlage einer polizeilichen Befugnisnorm vor. Die Inanspruchnahme des Störers scheitert aber aus den genannten tatsächlichen Gründen, da er entweder überhaupt nicht oder zumindest nicht rechtzeitig da ist. In diesen Fällen wird die rechtlich zulässige Anordnung der Polizei an den Störer gar nicht wirksam. Dies ergibt sich aus den Grundsätzen des allgemeinen Verwaltungsverfahrensrechts. Nach Art. 41 Abs. 1 BayVwVfG ist nämlich ein Verwaltungsakt dem Beteiligten bekannt zu geben, für den er bestimmt ist. Gemäß Art. 43 Abs. 1 BayVwVfG wird ein Verwaltungsakt gegenüber demjenigen, für den er bestimmt ist oder der von ihm betroffen wird, in dem Zeitpunkt wirksam, indem er ihm bekannt gegeben wird. Die Bekanntgabe aber kann aufgrund der Abwesenheit des Störers nicht erfolgen. Ob der Störer einen entgegenstehenden Willen hat oder mit der von der Polizei angeordneten Maßnahme einverstanden ist, ist in diesen Fällen nicht feststellbar. Damit die Polizei die Gefahr abwehren kann, obwohl ihre Anordnung gegenüber dem abwesenden Verantwortlichen gar nicht wirksam geworden ist, eröffnet Art. 9 PAG der Polizei die Möglichkeit, die Maßnahme selbst oder durch einen Beauftragten auszuführen.

II. Ein entgegenstehender Wille des Verantwortlichen ist nicht relevant

1246 In der anderen Variante ist der entgegenstehende Wille des Verantwortlichen im konkreten Fall deswegen nicht relevant, weil der polizeiliche Verwaltungsakt etwas rechtlich oder tatsächlich Unmögliches von ihm verlangen würde.

Beispiel: Die Polizei müsste das Wegfahren eines Kfz aus einem Haltverbot anordnen, der allein anwesende Fahrzeugführer ist jedoch volltrunken. In diesem Fall kompensiert Art. 9 PAG die Unfähigkeit des Verantwortlichen, der Anordnung des Verwaltungsaktes Folge zu leisten.

1247 Der zweite Fall, den Art. 9 PAG aufgreift, ist die Situation, dass die Polizei den Verantwortlichen zwar rechtzeitig erreichen könnte, dieser aber aus tatsächlichen oder rechtlichen Gründen gar nicht in der Lage ist die Gefahr abzuwehren.

Weiteres Beispiel: der Grundstückseigentümer, dessen vom Sturm geknickter Baum die Straße blockiert, der über keine geeignete Säge verfügt und sich diese am Sonntagnachmittag auch nicht besorgen kann.

1248 In diesen Fällen scheitert eine von den Voraussetzungen der polizeilichen Befugnisnorm her an sich rechtlich zulässige Inanspruchnahme des Verantwortlichen am Rechtsstaatsprinzip, Art. 20 Abs. 3 GG, Art. 3 BV. Dieses verfassungsrechtlich verankerte Prinzip beinhaltet das Verbot, von einer Person Unmögliches zu verlangen. Ob der polizeilichen Anordnung der Wille des Störers entgegensteht, ist in diesen Fällen rechtlich bedeutungslos. Damit die Polizei die Gefahr abwehren kann, obwohl die Inanspruchnahme des Verantwortlichen aufgrund des Rechtsstaatsprinzips unzulässig ist, da dieser aus tatsächlichen oder rechtlichen Gründen hierzu nicht in der Lage ist, eröffnet Art. 9 PAG der Polizei die Möglichkeit, die Maßnahme selbst oder durch einen Beauftragten auszuführen.

Klausurhinweis:

Art. 9 PAG scheidet demgemäß aus, wenn ein entgegenstehender Wille des Verantwortlichen für die Polizei erkennbar und rechtlich relevant ist. In diesem Fall kommt es zur Zwangsanwendung nach Art. 70 ff. PAG.

B. Abgrenzung zur Zwangsanwendung

Klausurhinweis:

Die Abgrenzung ist erforderlich, da Art. 9 PAG auf Primärebene angewandt wird, d.h. es geht um die Ergreifung einer Primärmaßnahme, die unmittelbar ausgeführt wird, während die Zwangsanwendung auf Sekundärebene erfolgt und sich die Maßnahmen beider Ebenen u.a. durch den verschiedenen Prüfungsaufbau voneinander unterscheiden.

I. Sofortiger Zwang nach Art 70 Abs. 2 PAG (Sofortvollzug)

Entscheidende Voraussetzung für die Anwendung sofortigen Zwanges nach Art. 70 **1249** Abs. 2 PAG ist, dass eine vorausgehende Anordnung der Polizei entweder überhaupt nicht oder doch zumindest nicht rechtzeitig zum Erfolg der Gefahrenabwehr führen würde. Ebenso wie bei Art. 9 PAG ist auch bei Art. 70 Abs. 2 PAG die zeitliche Dringlichkeit ausschlaggebend. Jedoch ist bei Art. 9 PAG eine polizeiliche Anordnung an den Verantwortlichen rechtlich oder faktisch unmöglich. Im Unterschied hierzu ist beim sofortigen Zwang nach Art. 70 Abs. 2 PAG die polizeiliche Anordnung sowohl faktisch als auch rechtlich möglich. Sie erscheint jedoch nicht rechtzeitig zwangsweise durchsetzbar und braucht aus diesem Grund gar nicht erst zu ergehen. Art. 70 Abs. 2 PAG kompensiert daher für den Eilfall den gesamten (Grund-)Verwaltungsakt der Polizei.

Abweichend hiervon hält e. A. in der Literatur die unmittelbare Ausführung nach Art. 9 PAG stets **1250** für vorrangig gegenüber dem sofortigen Zwang nach Art. 70 Abs. 2 PAG[2]. Dieses Ergebnis entspricht jedoch nicht der gesetzlichen Systematik. Zutreffend ist freilich, dass unvertretbare Handlungen nicht in den Anwendungsbereich des Art. 9 PAG fallen und daher stets als Zwangsmaßnahme zu qualifizieren sind[3].

---

[2] Kugelmann DÖV 1997, 153 ff.
[3] So auch Heckmann, Rn. 284; Schmidbauer, in: ders./Steiner, Art. 55 Rn. 5 ff.

II. Ersatzvornahme nach Art 72 PAG

1251 Entscheidende Voraussetzung für eine Ersatzvornahme nach Art. 72 PAG ist, dass der Verantwortliche sich weigert, einen Verwaltungsakt zu befolgen, der ihn zu einer vertretbaren Handlung verpflichten würde. Ausschlaggebend ist dabei, dass ein **entgegenstehender Wille** des Verantwortlichen erkennbar und rechtlich relevant ist. Aufgrund des entgegenstehenden Willens handelt es sich bei der Ersatzvornahme um eine polizeiliche Zwangsmaßnahme.

1252 Art. 70 Abs. 2 PAG kann mit Art. 72 PAG kombiniert werden, so dass die Ersatzvornahme in der Form des sofortigen Zwanges durchgeführt wird.

1253 Bei der Ersatzvornahme nimmt die Polizei freilich nur eine solche Handlung vor, die der Verantwortliche in **absolut identischer Form** selbst hätte vornehmen müssen,[4] sog. vertretbare Handlung. Unterscheiden sich die Handlungen, liegt keine Ersatzvornahme, sondern unmittelbarer Zwang vor.

1254 **Beispielfall 59**

In einem abgeschlossenen Schaufenster hat der Störer ein Bild mit einem beleidigenden Inhalt aufgehängt. Die Polizei verpflichtet den Störer, das Bild abzuhängen.
a. Der Störer wirft dem verdutzten Polizeibeamten den Schlüssel für das Schaufenster vor die Füße.
b. Der Störer wirft den Schlüssel in den Abwasserkanal.

Lösung
Zu a: Der Polizeibeamte sperrt das Schaufenster auf und entfernt das Bild. Da die Handlung des Polizeibeamten identisch ist mit der Handlung, zu der der Verantwortliche verpflichtet war, liegt eine vertretbare Handlung vor, so dass es sich bei der polizeilichen Maßnahme um eine Ersatzvornahme nach Art. 72 PAG handelt.
Zu b: Der Polizeibeamte schlägt die Scheibe des Schaufensters ein und entfernt das Bild. Da insoweit keine Identität der Handlung vorliegt, handelt es sich bei der polizeilichen Maßnahme nicht um eine Ersatzvornahme nach Art. 72 PAG, sondern um unmittelbaren Zwang nach Art. 75, 77 ff. PAG.

III. Unmittelbarer Zwang nach Art. 75, 77 ff. PAG

1255 Entscheidende Voraussetzung für die Anwendung unmittelbaren Zwanges ist, dass der Verantwortliche sich weigert, einen Verwaltungsakt der Polizei zu befolgen und die Polizei diesen Verwaltungsakt durch die Anwendung unmittelbaren Zwanges durchsetzt. Entscheidend ist also die Zwangsanwendung durch die Polizei.

1256 Durch den unmittelbaren Zwang wird von der Polizei ein **Wille gebrochen**, der tatsächlich entgegensteht und rechtlich beachtlich ist, wodurch sich die Zwangsmaßnahme nach Art. 75, 77 ff. PAG **von der unmittelbaren Ausführung des Art. 9**

[4] A. A. Heckmann, Rn. 285, der bei der unmittelbaren Ausführung nur auf das Handlungsergebnis und nicht auf die Handlungsausführung abstellt. Danach wäre – mit Ausnahme des Schusswaffengebrauchs – fast jede Zwangsanwendung durch die Polizei eine Ersatzvornahme, da die Polizei mit der Zwangsanwendung nur das Ergebnis realisiert, das der Störer regelmäßig aufgrund des Grundverwaltungsaktes selbst herstellen müsste.

PAG unterscheidet. Der Verwaltungsakt, den die Polizei durch die Anwendung unmittelbaren Zwanges durchsetzt, verpflichtet den Verantwortlichen jedoch nicht zu einer vertretbaren Handlung, die er in absolut identischer Form hätte selbst vornehmen müssen. Denn in diesem Fall läge eine Zwangsanwendung in Form der Ersatzvornahme nach Art. 72 PAG vor.

C. Rechtsfolgen der unmittelbaren Ausführung

Art. 9 PAG sieht zunächst als die eine Möglichkeit vor, dass die **Polizei** die in Frage 1257
stehende Maßnahme **selbst ausführt.** In diesem Fall handelt die Polizei mit eigenen Kräften und eigenen Mitteln.

Beispiel: Eine Polizeistreife entdeckt, dass auf dem Pendlerparkplatz ein Kfz unverschlossen ist. Der Fahrzeugführer hat den Zündschlüssel einfach stecken gelassen und vergessen. Die Streife verschließt das Kfz, Art. 11 i. V. m. Art. 9 PAG, stellt den Zündschlüssel sicher, Art. 25 Abs. 1 Nr. 2 i. V. m. Art. 9 PAG, und hinterlässt eine Nachricht.

Art. 9 PAG sieht als weitere Möglichkeit vor, dass die Polizei die in Frage stehende 1258
Maßnahme durch einen **privaten Beauftragten** ausführen lässt. Meist besitzt die Polizei das erforderliche technische Spezialgerät nicht.

Häufigster Anwendungsfall in der Praxis ist, dass die Polizei keine Abschleppfahrzeuge für Pkw hat. Nach h. M.[5] soll es sich bei der Beauftragung nach Art. 9 PAG um einen privatrechtlichen Vertrag zwischen Polizei und Privatem handeln. Zutreffend dürfte aber sein, aufgrund des Vertragsgegenstandes einen öffentlich-rechtlichen Vertrag[6] nach Art. 54 ff. BayVwVfG anzunehmen.

D. Rechtsschutz gegen die unmittelbare Ausführung

Ein Teil der Lit.[7] qualifiziert die unmittelbare Ausführung als Verwaltungsakt. Dem- 1259
gegenüber geht die h. M.[8] zutreffend davon aus, dass es sich um einen Realakt handelt. Denn immer wenn eine Rechtsvorschrift des PAG die Polizei zu einem unmittelbaren Tätigwerden befugt, bedarf es hierfür keiner Verfügung in Form eines Verwaltungsaktes. Deswegen kann Rechtsschutz im Wege der allgemeinen Leistungsklage[9] vor den Verwaltungsgerichten erreicht werden.

Übersicht 1: Abgrenzung Unmittelbare Ausführung, Art. 9 PAG – Sofort- 1260
vollzug, Art. 70 Abs. 2 PAG

Die Abgrenzung ist wichtig für die weitere Prüfung, denn:

- Art. 9 PAG setzt eine Primärmaßnahme voraus, so dass der Prüfungsaufbau von Primärmaßnahmen Anwendung findet.
  (**Beachte**: Art. 9 PAG selbst beinhaltet keine Befugnisnorm, sondern erlaubt nur, ohne den Störer vorzugehen)
- Art. 70 Abs. 2 PAG ist eine Sekundärmaßnahme, so dass der Prüfungsaufbau von Vollstreckungsmaßnahmen Anwendung findet.

---

[5] Berner/Köhler/Käß, PAG, Art. 9 Rn. 4.
[6] Ausführlich Schmidbauer, PAG, Art. 9 Rn. 24.
[7] Köhler, BayVBl. 1999, 582 (583).
[8] Maurer, § 20 Rn. 26; Schenke, POR, Rn. 566 ff.; Heckmann Rn. 278.
[9] Schmidbauer Art. 9 Rn. 28.

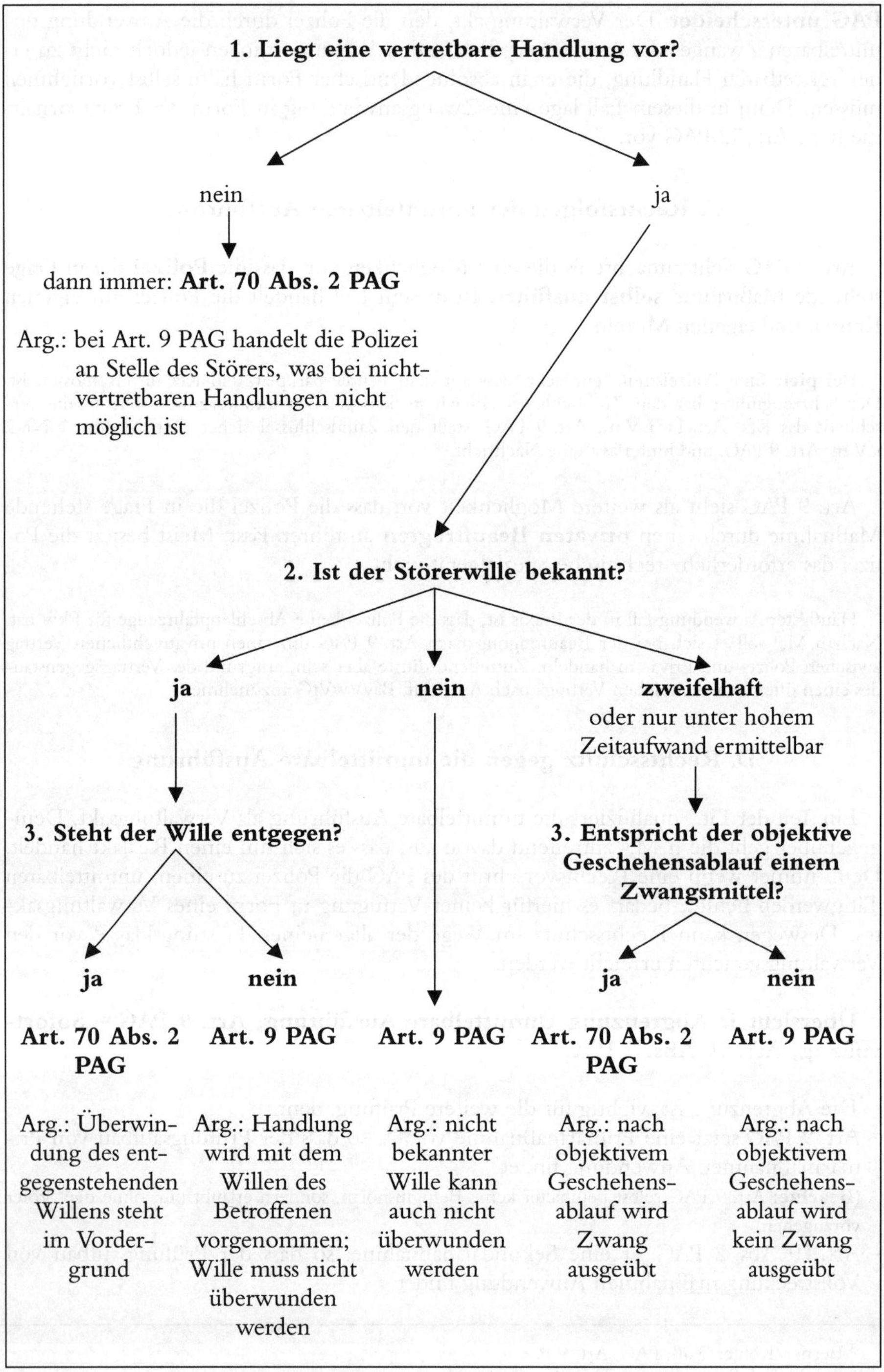
1. Liegt eine vertretbare Handlung vor?
nein
ja
dann immer: Art. 70 Abs. 2 PAG
Arg.: bei Art. 9 PAG handelt die Polizei an Stelle des Störers, was bei nichtvertretbaren Handlungen nicht möglich ist
2. Ist der Störerwille bekannt?
ja
nein
zweifelhaft oder nur unter hohem Zeitaufwand ermittelbar
3. Steht der Wille entgegen?
3. Entspricht der objektive Geschehensablauf einem Zwangsmittel?
ja
nein
ja
nein
Art. 70 Abs. 2 PAG
Art. 9 PAG
Art. 9 PAG
Art. 70 Abs. 2 PAG
Art. 9 PAG
Arg.: Überwindung des entgegenstehenden Willens steht im Vordergrund
Arg.: Handlung wird mit dem Willen des Betroffenen vorgenommen; Wille muss nicht überwunden werden
Arg.: nicht bekannter Wille kann auch nicht überwunden werden
Arg.: nach objektivem Geschehensablauf wird Zwang ausgeübt
Arg.: nach objektivem Geschehensablauf wird kein Zwang ausgeübt

§ 3. Polizeiliche Tertiärebene

28. Kapitel. Schadensersatz-, Entschädigungs- und Erstattungsansprüche bei polizeilichen Maßnahmen

Zusammenfassung

1. Als **Grundsatz** gilt: Der Störer hat keinen Schadensersatzanspruch, da der Störer rechtmäßiges Handeln der Polizei entschädigungslos hinzunehmen hat. Von diesem Grundsatz gibt es folgende **Ausnahmen**, die allesamt nebeneinander vorliegen können:
2. Hat die Polizei **zielgerichtet** einen **Nichtstörer** i. S. v. Art. 10 PAG nach Art. 11 PAG in Anspruch genommen, erhält dieser Entschädigung nach Art. 87 Abs. 1 PAG. Dies gilt unabhängig davon, ob die Maßnahme rechtmäßig oder rechtswidrig war.
3. Wurde durch eine Maßnahme der Polizei ein **Unbeteiligter** geschädigt, also eine Person, gegen die die Polizei gar keine Maßnahme gerichtet hat, erhält der Unbeteiligte Entschädigung nach Art. 87 Abs. 2 PAG. Auch dies gilt unabhängig davon, ob die Maßnahme rechtmäßig oder rechtswidrig war.
4. Hat die Polizei **rechtswidrig** gehandelt, gilt:
   a. Der Betroffene, gegen den die Polizei eine rechtswidrige Maßnahme gerichtet hat, hat einen Entschädigungsanspruch aus Art. 87 Abs. 2 PAG.
   b. Zudem haftet der Freistaat Bayern auf Schadensersatz nach § 839 BGB i. V. m. Art. 34 Satz 1 GG für rechtswidriges und schuldhaftes Handeln der Polizei.
5. Polizeiliches Einschreiten kann auch Schäden verursachen. Ob diese Schäden zu ersetzen sind und von wem, ist in einem komplexen **System von Staatshaftungs-, Entschädigungs-, Erstattungs- und Ersatzansprüchen** bei polizeilichem Handeln festgelegt.
6. Grundlegende Norm des Staatshaftungsrechts ist nach wie vor **§ 839 BGB i. V. m. Art. 34 Satz 1 GG**, die eine Haftung für rechtswidriges und schuldhaftes Handeln der Polizei normieren.
7. Hinzu kommt Art. 87 PAG, der unter den dort genannten eingeschränkten Voraussetzungen **Entschädigung** für polizeiliches Handeln gewährt, selbst wenn es rechtmäßig oder schuldlos war.
8. **Art. 87 PAG und § 839 BGB** weisen demgemäß **unterschiedliche Anspruchsvoraussetzungen** und **Rechtsfolgen** auf. Die beiden Vorschriften sind stets nebeneinander anwendbar und schließen sich gegenseitig nicht aus.

A. Überblick über das Gesamtsystem der Ansprüche

Polizeiliches Einschreiten kann auch Schäden verursachen. Ob diese Schäden zu ersetzen sind und von wem, ist in einem komplexen System von Staatshaftungs-, Ent- **1261** schädigungs-, Erstattungs- und Ersatzansprüchen bei polizeilichem Handeln festgelegt[1]. Zentrale Normen sind dabei Art. 87 bis 90 PAG und § 839 BGB.

I. Ansprüche des Störers gegen die Polizei

1262 Der Störer hat grundsätzlich keinen Entschädigungsanspruch gegen die Polizei. Ausnahmsweise kann jedoch ein Schadensersatzanspruch aus Amtshaftung gem. § 839 BGB, Art. 34 GG, Art. 97 BV in Betracht kommen.

II. Ansprüche des von der Polizei in Anspruch genommenen Nichtverantwortlichen gegen die Polizei

1263 Dem Nichtstörer kann grundsätzlich ein Entschädigungsanspruch nach Art. 87 Abs. 1 PAG sowie gleichzeitig ein Schadensersatzanspruch aus Amtshaftung gem. § 839 BGB, Art. 34 GG, Art. 97 BV zustehen.

III. Ansprüche des geschädigten Unbeteiligten oder der rechtswidrig in Anspruch genommenen Person gegen die Polizei

1264 Dem unbeteiligten Dritten oder der rechtswidrig in Anspruch genommenen Person kann ein Entschädigungsanspruch nach Art. 87 Abs. 2 PAG zustehen sowie ein Schadensersatzanspruch aus Amtshaftung gem. § 839 BGB, Art. 34 GG, Art. 97 BV.

IV. Ansprüche der Polizei gegen den Bürger

1265 Aber auch der Polizei können gegenüber dem Bürger Ansprüche zustehen, wie Ersatzansprüche gegenüber dem Störer nach Art. 89 Abs. 1 PAG.

Grundsätzlich können für polizeiliche Maßnahmen Kosten erhoben werden nach Art. 93 PAG.

V. Sonderfall: Handeln der Polizei auf Weisung oder Ersuchen nichtstaatlicher Körperschaften des öffentlichen Rechts

1266 Im Fall, dass die Polizei auf Weisung oder Ersuchen einer nichtstaatlichen Körperschaft des öffentlichen Rechts tätig wird, kann sie gegen diese Erstattungsansprüche nach Art. 88 PAG geltend machen.

Ebenso kann der Körperschaft gegen den Verantwortlichen einen Ersatzanspruch nach Art. 89 Abs. 2 PAG zukommen.

B. Grundsatz: Kein Entschädigungsanspruch des Störers

1267 Ein Störer hat **grundsätzlich keinen Anspruch** auf Entschädigung für einen Schaden, der ihm durch eine polizeiliche Handlung erwachsen ist. Dieser Grundsatz ergibt sich zunächst aus dem Fehlen der erforderlichen gesetzlichen Regelung einer Anspruchsgrundlage.

---

[1] Vgl. ausführlich Schmidbauer, in: ders./Steiner, Art. 70 Rn. 3 ff.

Zudem ergibt sich der Grundsatz, dass der Störer keine Entschädigungsansprüche hat, aus dem Gesamtregelungsgehalt des Art. 87 PAG. Die Vorschrift gewährt Entschädigungsansprüche an Personen, die von polizeilichen Maßnahmen unterschiedlich betroffen worden sind. Der Störer ist jedoch in keinem Fall unter den Anspruchsberechtigten. 1268

Störer ist jeder Verantwortliche i.S.d. Art. 7 oder Art. 8 PAG. Störer in diesem Sinne ist auch der **Anscheinsstörer**. Rechtsdogmatisch kann er folglich keine Entschädigungsansprüche haben[2]. Dies sieht die h.M. anders. Der BGH gewährt dem Anscheinsstörer grundsätzlich einen Entschädigungsanspruch und versagt diesen nur bei **schuldhafter Erzeugung des Anscheins**[3]. Unter ausdrücklicher Beibehaltung seiner Rechtsprechung stellt der BGH[4] auf die zurechenbare Vorwerfbarkeit ab[5]. 1269

C. Amtshaftung

I. Anspruchsvoraussetzungen

1. Hoheitliches Handeln

Der Begriff „hoheitlich" setzt eine öffentlich-rechtliche Tätigkeit voraus. Dies liegt beim Einschreiten eines Polizeibeamten stets vor[6]. Nicht hierher gehört ein privatrechtliches, d.h. fiskalisches Handeln, bei dem der Staat wie jeder Bürger am Privatrechtsverkehr teilnimmt. 1270

2. Handeln in Ausübung eines Amtes

Das fragliche Handeln muss in Ausübung eines Amtes geschehen sein, nicht nur bei Gelegenheit. Hierfür muss ein äußerer und innerer Zusammenhang zwischen übertragenem Amt und schädigender Handlung vorliegen. Dies ist der Fall, wenn die Amtshandlung den Schaden verursacht. Beispiel: Bei einer Wohnungsdurchsuchung stürzt der Polizeibeamte eine chinesische Vase versehentlich von ihrem Sockel. Dies ist nicht gegeben, falls der Beamte eine durch seine Amtsausübung geschaffene Lage zur Gewinnung persönlicher Vorteile ausnutzt. Beispiel: Diebstahl des Polizeibeamten im Rahmen von Einbruchsermittlungen. 1271

3. Verletzung einer Amtspflicht

Spezielle Amtspflichten können sich ergeben aus Gesetz, Rechtsverordnungen und Satzungen, Verwaltungsvorschriften, Einzelweisung. Darüber hinaus hat die Rechtspre- 1272

---

[2] vgl. Schmidbauer, in: ders./Steiner, Art. 70 PAG Rn. 11 und Ossenbühl, S. 130.

[3] BGHZ 117, 303 (308). Ebenso: LG Köln NJW 1998, 317.

[4] So seit BGHZ 126, 279 (283ff.). Ebenso Heckmann, Rn. 457; Rachor, in: Lisken/Denninger, M 42ff.

[5] Die h.M. überzeugt dogmatisch nicht. Das Recht der Gefahrenabwehr ist auf objektive Gegebenheiten hin ausgerichtet. Ihm sind Überlegungen zur Schuld fremd. Daher ist es nur konsequent, wenn auch Staatshaftungs- und Entschädigungsansprüche allein an objektive Gegebenheiten des polizeilichen Handelns anknüpfen. Warum ein subjektives Moment, das für den handelnden Polizeibeamten nicht erkennbar war, einen Entschädigungsanspruch des Staates auslösen soll, bleibt auf der Grundlage des Art. 87 PAG ohne überzeugende Begründung. Vgl. Schmidbauer, Art. 70 Rn. 11. Kingreen/Poscher, § 26 Rn. 16 halten daher eine analoge Anwendung des Entschädigungsanspruchs des Nichtstörers auf den Anscheinsstörer nur dann für gerechtfertigt, wenn er den Anschein unverschuldet verursacht hat. Allein die Verursachung reicht danach nicht.

[6] Hoheitlich ist dabei bereits die durch eine Alarmierung veranlasste Fahrt eines Polizeibeamten mit seinem privaten Pkw zur Einsatzstelle (BGH, NZV 2008, 289 für die Feuerwehr).

chung generelle Amtspflichten, die bei jedem Verwaltungshandeln zu beachten sind, entwickelt, wie die Wahrung der Gesetzmäßigkeit, sachgemäße und unparteiische Amtsführung, Schonung unbeteiligter Dritter, alles zu unterlassen, was bei Privaten ein Delikt i.S.d. §§ 823ff. BGB wäre, zutreffende Beratung und pflichtgemäße Ermessensausübung.

Widersprechen sich Amtspflichten aus Gesetz und Dienstanweisung, so hat stets die speziellere Amtspflicht Vorrang[7].

4. Drittbezogenheit der verletzten Amtspflicht

1273 Die Amtspflicht darf nicht nur das Interesse der Allgemeinheit, sondern muss zumindest auch das Interesse des Dritten schützen.

5. Rechtswidrigkeit der Amtspflichtverletzung

1274 Im Regelfall ergibt sich die Rechtswidrigkeit aus der Verletzung der Amtspflicht, d.h. sie ist durch die Pflichtverletzung indiziert, da für ein derartiges öffentlichrechtliches Handeln keine Rechtsgrundlage besteht.

6. Verschulden

1275 § 276 BGB fordert Vorsatz oder Fahrlässigkeit, wobei auf den pflichtgetreuen Durchschnittsamtsträger abzustellen ist.

7. Schaden

1276 Der Schaden muss durch die Amtspflichtverletzung verursacht worden sein. Erforderlich ist eine haftungsausfüllende Kausalität im Sinne der Adäquanztheorie.

Klausurhinweis:

Die haftungsbegründende Kausalität ist bereits durch die Pflichtverletzung gegeben und muss daher nicht mehr extra geprüft werden.

8. Subsidiarität, § 839 Abs. 1 Satz 2 BGB

1277 Hat der Amtsträger nur fahrlässig gehandelt, so muss der Geschädigte zunächst versuchen, auf andere Weise Ersatz zu erlangen. Hierfür ist eine faktische Ersatzmöglichkeit ausreichend, ein Rechtsanspruch auf Ersatz ist nicht notwendig. Wegen des Grundsatzes der haftungsrechtlichen Gleichbehandlung ist § 839 Abs. 1 Satz 2 BGB in zwei Fällen **nicht anwendbar:**

1278 – Bei einer **Verletzung der allgemeinen Verkehrssicherungspflicht**, auch wenn diese dem Amtsträger als hoheitliche Aufgabe obliegt.

Beispiel: Ein Amtsträger verletzt schuldhaft einen Fußgänger durch Vernachlässigung der Streupflicht, die ihm als hoheitliche Aufgabe obliegt[8].

---

[7] vgl. BGH, NJW 1959, 1629; NVwZ-RR 2009, 363. Dass folglich die Weisung einer Rechtsvorschrift vorgeht, findet seinen Ausgleich im Remonstrationsrecht nach § 36 Abs. 2, 3 BeamtStG, Art. 7 BayBG.

[8] Vgl. BGH, NJW 1981, 682.

Jedoch ist § 839 Abs. 1 Satz 2 BGB anwendbar, wenn es um die polizeiliche Pflicht zur Gefahrenabwehr im öffentlichen Straßenverkehr geht.

Beispiel: Hinweispflicht der Polizei auf eine defekte Ampelanlage an die Kreisverwaltungsbehörde. Da es sich nicht um die allgemeine Verkehrssicherungspflicht handelt, greifen in diesem Fall die Grundsätze der haftungsrechtlichen Gleichbehandlung nicht ein.

– Bei der **Teilnahme** von Amtsträgern als Verkehrsteilnehmer **im allgemeinen** 1279
Straßenverkehr.

Beispiel: Ein Beamter verursacht während einer dienstlichen Fahrt im allgemeinen Straßenverkehr einen Verkehrsunfall[9]. Jedoch ist § 839 Abs. 1 Satz 2 BGB anwendbar, wenn ein Polizeibeamter unter Inanspruchnahme von Sonderrechten gemäß § 35 Abs. 1 StVO (Blaulicht und Signalhorn) am Straßenverkehr teilnimmt und hierbei schuldhaft einer Verkehrsunfall verursacht[10], da der Polizeibeamte in diesem Fall eben gerade nicht gleichrangig mit Jedermann am Straßenverkehr teilnimmt.

9. Vorrang des Primärrechtsschutzes, § 839 Abs. 3 BGB

Grundsätzlich besteht die Pflicht zur Schadensabwendung durch Rechtsmittel. So 1280
legt § 839 Abs. 3 BGB einen Haftungsausschluss fest, wenn schuldhaft versäumt wurde, ein Rechtsmittel zur Abwendung des Schadens einzulegen.

10. Mitverschulden, § 254 BGB

Der Geschädigte muss sich ein Mitverschulden nach § 254 BGB anrechnen lassen. 1281
Es führt zu einer Schadensteilung.

II. Rechtsfolge: Schadensersatz

§ 839 Abs. 1 Satz 1 BGB ersetzt lediglich den Vermögensschaden in Form von **Geld-** 1282
ersatz. § 249 Satz 1 BGB ist hingegen nicht anwendbar. Eine Naturalrestitution kann daher nicht erfolgen[11]. Im Unterschied zu Art. 87 PAG gewährt § 839 Abs. 1 Satz 1 BGB aber auch einen Anspruch auf Schmerzensgeld nach § 847 BGB.

D. Anspruchsvoraussetzungen für den in Anspruch genommenen Nichtverantwortlichen, Art. 87 Abs. 1 PAG

Art. 87 Abs. 1 gewährt jedem, der als nicht verantwortliche Person von der Polizei 1283
in Anspruch genommen wurde, einen Entschädigungsanspruch.

I. Inanspruchnahme als Nichtverantwortlicher i. S. v. Art. 10 PAG

Die Polizei muss den Betroffenen gezielt als Nichtverantwortlichen nach Art. 10 1284
PAG in Anspruch genommen haben. Ansonsten handelt es sich um einen geschädigten Unbeteiligten, der nach Art. 87 Abs. 2 PAG Schadenersatzansprüche geltend machen kann.

---

[9] Vgl. BGH, NJW 1977, 1238.
[10] Vgl. BGHZ 85, 225 = NJW 1983, 667.
[11] BGHZ 34, 99 ff.; 78, 274 ff.

Beispiele: Ein Autofahrer, der an der Unfallstelle vorbeikommt und von der Polizei angehalten wird, einen Verletzten ins Krankenhaus zu fahren, erhält Entschädigung für die vom Blut beschmutzten Wagenpolster.

Um einen Geisterfahrer auf der Autobahn zu stoppen, hält die Polizei einen Lastzug an und blockiert mit ihm die Fahrbahn.

II. Kausal verursachter Schaden

1285 Durch die Inanspruchnahme des Nichtstörers muss der **Schaden** kausal **verursacht** worden sein. Hierfür gilt die Adäquanztheorie.

Klausurhinweis:

Im Unterschied zum Schadensersatzanspruch handelt es sich bei dem Entschädigungsanspruch nach Art. 87 PAG um eine reine Erfolgshaftung für polizeiliches Tätigwerden. Es spielt daher keine Rolle, auf welcher Befugnisnorm[12] das polizeiliche Handeln beruht. Ebenso ist es für die Haftung gleichgültig, ob die Maßnahme der Polizei rechtmäßig oder rechtswidrig, schuldlos oder schuldhaft war.

III. Subsidiarität

1286 Art. 87 Abs. 1 PAG ist gegenüber anderen Ersatzmöglichkeiten **subsidiär**. Der Entschädigungsanspruch besteht nur soweit, als keine anderweitige Ersatzmöglichkeit besteht, Art. 87 Abs. 1, 2. Hs. PAG.

E. Anspruchsvoraussetzungen des geschädigten Unbeteiligten, Art. 87 Abs. 2 PAG

1287 Art. 87 Abs. 2 PAG gewährt dem geschädigten Unbeteiligten einen Entschädigungsanspruch.

1288 **Unbeteiligt** ist eine Person, wenn sie kein Störer nach Art. 7 oder Art. 8 PAG ist und die Polizei auch keinerlei Maßnahmen gegen sie gerichtet hatte.

1289 **Beispielfall 60**

Der Passant P gerät wider Willen in einen Schusswechsel zwischen einem Straßenräuber und der Polizei und wird von einer Polizeikugel getroffen, die an einer Betonsäule abprallt. Kann er Ersatz des eingetretenen Schadens erlangen?

Lösung

Da die Polizei gegen P keine Maßnahme gerichtet hat, ist P unbeteiligter Dritter. Er kann seinen Schaden als Entschädigungsanspruch nach Art. 87 Abs. 1 PAG geltend machen.

---

[12] Art. 70 Abs. 1 PAG gilt also für jedes polizeiliche Tätigwerden, unabhängig ob es sich um Gefahrenabwehr, Strafverfolgung oder Maßnahmen auf der Grundlage anderer Gesetze handelt. Vgl. Schmidbauer, in: ders./Steiner, Art. 70 PAG Rn. 2.

Wie bei Art. 87 Abs. 1 PAG muss der Schaden durch eine polizeiliche Maßnahme kausal verursacht worden sein. Auch ist Abs. 2 subsidiär[13]. 1290

F. Anspruchsvoraussetzungen der rechtswidrig in Anspruch genommenen Person, Art. 87 Abs. 2 PAG

Art. 87 Abs. 2 PAG gewährt auch der rechtswidrig in Anspruch genommenen Person einen Entschädigungsanspruch. 1291

Beispielfall 61 1292

Der Autofahrer A wird von Polizeibeamten in Gewahrsam genommen, da der Polizeibeamte P bei einer Kontrolle den A aufgrund oberflächlicher Betrachtung für eine mit Haftbefehl gesuchte Person hielt.
Welchen Anspruch kann A geltend machen?

Lösung
Da P die polizeiliche Maßnahme gegen A zielgerichtet[14] ergriffen hat und diese rechtswidrig war, kann A nach Art. 87 Abs. 2 PAG Entschädigung für alle durch die polizeiliche Maßnahme kausal verursachten Schäden verlangen.

G. Rechtsfolge: angemessene Entschädigung

I. Umfang der Entschädigung

Art. 87 PAG gewährt Entschädigung. Dies bedeutet, der Schaden darf dem Betroffenen nicht zumutbar sein. Hierfür sind die Interessen der Allgemeinheit und des Anspruchsstellers gegeneinander abzuwägen. Auszugleichen ist das Sonderopfer[15], das dem Betroffenen durch die polizeiliche Maßnahme entstanden ist. Als Auslegungshilfe können dabei Art. 14 Abs. 2 und Abs. 3 Satz 2 GG dienen. 1293

Volle Entschädigung wird folglich in den Fällen des Art. 87 Abs. 1 PAG dem Nichtstörer und in den Fällen des Art. 87 Abs. 2 PAG dem Unbeteiligten oder der Person, die von der Polizei rechtswidrig in Anspruch genommen wurde, gewährt. 1294

Art. 87 PAG entschädigt nur die unmittelbaren Vermögensschäden. Nicht ersetzt werden der entgangene Gewinn, Schmerzensgeld oder sonstige immaterielle Beeinträchtigungen. Auch können weder die Wiederherstellung des ursprünglichen Zustandes, sog. Naturalrestitution, noch ein umfassender Schadenersatz verlangt werden. 1295

Klausurhinweis:

Beachten Sie diesen wichtigen Unterschied zwischen Entschädigungs- und Schadensersatzanspruch. Da bei Entschädigungsansprüchen der Geschädigte so gestellt wird, wie er in dem Zeitpunkt stand, in dem das schädigende Ereignis eintrat,

---

[13] Vgl. BayVGH, Urt. vom 10.5.2000, 24 B 99.603.
[14] Ist der Anspruchsteller Unbeteiligter hat er nur Ansprüche aus Art. 87 Abs. 1 PAG, ist er Störer hat er nur Ansprüche aus § 839 BGB.
[15] Heckmann, Rn. 461, und Schmidbauer, in: ders./Steiner, Art. 70 PAG Rn. 83 ff.

wird er beim Schadensersatzanspruch so gestellt, wie er im Zeitpunkt der Anspruchstellung gestanden hätte, wenn das schädigende Ereignis nicht eingetreten wäre. Daher ist entgangener Gewinn nur bei Schadensersatzansprüchen zu leisten. Im Vergleich zum Schadensersatzanspruch unterliegt der Entschädigungsanspruch geringeren Voraussetzungen, insbesondere müssen kein Verschulden und keine Rechtswidrigkeit gegeben sein. Daher ist der Umfang der Gewährleistung bei Entschädigungsansprüchen auch geringer. So erfolgt bei Entschädigungsansprüchen kein Ersatz für immaterielle Schäden, wie z.B. Schmerzensgeld. Ebenso ist eine Naturalrestitution nicht umfasst.

II. Ausschluss der Entschädigung, Art. 87 Abs. 4 PAG

1296 Art. 87 Abs. 4 PAG schließt eine Entschädigung aus, soweit die Maßnahme zum Schutz der Person oder des Vermögens des Nichtstörers getroffen wurde. Maßgeblich hierfür sind die tatsächlichen Gegebenheiten, nicht der Wille des einschreitenden Polizeibeamten. In der Praxis wird die polizeiliche Maßnahme regelmäßig sowohl dem Schutz der Allgemeinheit als auch dem Schutz der Person oder seines Vermögens dienen. In diesem Fall greift der Haftungsausschluss anteilig ein[16].

III. Anspruchsgegner

1297 Entschädigungspflichtiger ist der **Freistaat Bayern** als Träger der bayerischen Polizei, Art. 87 Abs. 6 PAG, Art. 1 Abs. 2 POG. Dies gilt auch, wenn der Beamte auf Weisung oder Ersuchen einer sonstigen öffentlich-rechtlichen Körperschaft gehandelt hat. Gegen diese Körperschaft hat der Freistaat Bayern dann einen Erstattungsanspruch nach Art. 88 Abs. 1 PAG.

H. Rechtsweg gemäß Art. 90 PAG

1298 Gemäß Art. 90 Abs. 1 PAG ist für Ansprüche nach Art. 87 PAG der **ordentliche Rechtsweg** eröffnet. Damit hat Bayern von der Ermächtigung des § 40 Abs.1 Satz 2 VwGO Gebrauch gemacht.

1299 Dies stimmt mit der Regelung des § 40 Abs. 2 Satz 1 VwGO überein, der für vermögensrechtliche Ansprüche aus Aufopferung ebenfalls den ordentlichen Rechtsweg vorsieht. Wegen § 93 ZPO muss der Geschädigte allerdings vor Erhebung der Klage einen Antrag auf Entschädigung beim zuständigen Polizeipräsidium gestellt haben.

J. Ersatzanspruch gegen den Störer aus Art. 89 PAG

1300 Art. 89 Abs. 1 PAG gewährt dem Freistaat Bayern einen Schadensersatzanspruch gegen den Störer und regelt damit eine Art Regress. War der Freistaat Bayern als Träger der bayerischen Polizei entschädigungspflichtig nach Art. 87 PAG und hat er keinen Erstattungsanspruch gegen eine andere Behörde nach Art. 88 PAG, so kann er die

[16] Heckmann, Rn. 464; Schmidbauer, in: ders./Steiner, Art. 70 PAG Rn. 84.

notwendigen Auslagen vom Verhaltens- oder Zustandsstörer i.S.v. Art. 7 oder 8 PAG verlangen.

Ein Anspruch auf Erstattung der Polizeikosten[17] besteht neben dem Ersatzanspruch aus Art. 89 PAG. 1301

Der Störer trägt also die Kosten für den Polizeieinsatz und haftet gleichzeitig für alle Schäden, die aus der von ihm hervorgerufenen Gefahr und den dazugehörigen Abwehrmaßnahmen entstehen. Diese Regelung entspricht einem gerechten Interessensausgleich: Das Risiko einer Insolvenz des Störers trägt nicht der Geschädigte, sondern der Staat. Der Staat hat Ersatzansprüche gegen den Störer, denn die Kosten der Polizeimaßnahme soll der Störer und nicht der Steuerzahler tragen. 1302

Ist eine andere Körperschaft nach Art. 88 PAG gegenüber der Polizei erstattungspflichtig, hat auch diese Körperschaft Ersatzansprüche. 1303

K. Folgenbeseitigungsanspruch

Der Folgenbeseitigungsanspruch[18] ist kein Entschädigungs- oder Schadensersatzanspruch, sondern auf die Beseitigung rechtswidriger Beeinträchtigungen gerichtet, die Folgen hoheitlichen Handelns sind. Er findet seine Grundlage in Art. 20 Abs. 3 GG und den Grundrechten[19]. Anspruchsvoraussetzungen sind: 1304

- Ein hoheitliches Handeln verursacht eine fortdauernde Rechtsbeeinträchtigung.
- Diese Rechtsbeeinträchtigung ist rechtswidrig.
- Die Rechtsbeeinträchtigung ist rechtsgrundlos, d.h. sie ist nicht durch einen bestandskräftigen oder vollziehbaren Verwaltungsakt gedeckt.

Die Behörde hat sodann die Folgen ihres Handelns zu beseitigen.

29. Kapitel. Kosten für polizeiliche Maßnahmen

Zusammenfassung

1. Die polizeilichen Kosten setzen sich aus Gebühren und Auslagen zusammen, Art. 1 Abs. 1 Satz 1 KG und Art. 93 Satz 1 PAG. **Gebühren** sind einseitig auferlegte Geldleistungen für eine besondere Inanspruchnahme der öffentlichen Verwaltung. **Auslagen** sind Aufwendungen, die der Behörde durch die Amtshandlung entstehen.
2. Für die Erhebung von Kosten für polizeiliche Maßnahmen bedarf es einer eigenen Rechtsgrundlage, wie sie z.B. in Art. 9 Abs. 2 PAG für die unmittelbare Ausführung gegeben ist.
3. Da Kosten nur für rechtmäßige Maßnahmen erhoben werden dürfen, kann in der Klausur im Rahmen des Kostenbescheides die **polizeiliche Maßnahme** (Primär- oder Sekundärmaßnahme) **inzident geprüft** werden.
4. Mehrere Störer haften als **Gesamtschuldner**, Art. 2 Abs. 4 KG i.V.m. Art. 93 PAG.

---

[17] Kostenansprüche beispielsweise aus Art. 9 Abs. 2, Art. 72 Abs. 1 Satz 2 oder Art. 75 Abs. 3 PAG.
[18] Schmidbauer, in: ders./Steiner, Art. 70 PAG Rn. 98.
[19] Vgl. BVerwG, NJW 1985, 817.

5. Zwischen mehreren Stören hat der Gläubiger die **Wahl**. Er kann sie beispielsweise nach der Durchsetzbarkeit der Forderung und der Liquidität der Schuldner treffen. Der Grundsatz der Effektivität der Gefahrenabwehr ist auf der Kostenebene – anders als auf Primär- und Sekundärebene – nicht entscheidend. Deshalb können sich die Personen, die auf den ersten beiden Ebenen zur Gefahrenabwehr herangezogen werden, von denjenigen unterscheiden, die auf Tertiärebene für die Kosten in Anspruch genommen werden.
6. Die Kostenpflicht tritt unabhängig von der Schuld- und Einsichtsfähigkeit des Schuldners ein.
7. Der **Anscheinsstörer** ist dann kostenpflichtig, wenn er den **Anschein** der Gefahr **in zurechenbarer Weise verursacht** hat.

A. Vorbemerkungen zur Erhebung von Polizeikosten

1305 In der Klausur endet die Prüfung einer Polizeimaßnahme eher selten mit der Feststellung ihrer Rechtmäßigkeit oder Rechtswidrigkeit. Neben der polizeilichen Anordnung bzw. der unmittelbaren Ausführung (Primärebene) wird die Vollstreckung als zweiter Teil des polizeilichen Handelns bezeichnet. Aber damit ist es in der Polizeirechtsklausur oft immer noch nicht genug. Sie geht häufig noch einen Schritt weiter und prüft die finanzielle Abwicklung polizeilicher Tätigkeit. Dies wird unter dem Stichwort der Tertiärebene im Polizeirecht diskutiert.

1306 Sicherheit ist teuer. Insbesondere die Polizei kostet sehr viel Geld. Personalkosten und Kosten für Ausstattung und Logistik verschlingen hohe Summen. Hinzu kommen externe Ausgaben beispielsweise wenn sich die Polizei technischer Hilfe durch Dritte bedient, einen Abschleppunternehmer oder einen Dolmetscher beauftragt. Über das Grundprinzip herrscht weitgehend Einigkeit: Derjenige, der das polizeiliche Tätigwerden verursacht, oder einen besonderen Nutzen daraus zieht, soll die Kosten tragen müssen, die ihm zurechenbar sind. Demgemäß soll die Allgemeinheit mit ihren Steuermitteln nur diejenigen Kosten der Polizei finanzieren müssen, die nicht einem Verursacher zugerechnet werden können.

B. Gesetzessystematik der Kostentatbestände

1307 In welchen Fällen dem Bürger Polizeikosten auferlegt werden, entscheidet der Gesetzgeber innerhalb seiner verfassungsrechtlichen Schranken. Und er hat dies auch getan, freilich in nicht gerade übersichtlicher Weise. Die Gesetzessystematik der allgemeinen Kostentatbestände für staatliches Handeln ist durch ein Regel-/Ausnahmeverhältnis der **gesetzlichen Befugnisse für eine Kostenerhebung**[1] geprägt. In diesem System sind die polizeilichen Kostentatbestände eingefügt.

I. Kostenpflicht nach Art. 1 Abs. 1 Satz 1 KG

1308 Art. 1 Abs. 1 Satz 1 des Kostengesetzes (KG) legt den Grundsatz der Kostenpflicht von Amtshandlungen fest: Nach Art. 1 Abs. 1 Satz 1 KG sind grundsätzlich alle Amtshandlungen der Behörden des Freistaates Bayern kostenpflichtig. Das Kostengesetz ist daher grundsätzlich auch auf alle Amtshandlungen der Bayerischen Polizei anwendbar.

---

[1] Grundlegend: Schmidbauer, in: ders./Steiner, Art. 76 PAG Rn. 2 ff.

II. Kostenfreiheit nach Art. 3 Abs. 1 Nr. 10 KG

Art. 3 Abs. 1 Nr. 10 KG bestimmt jedoch grundsätzliche **Kostenfreiheit von polizeilichen Amtshandlungen zur Gefahrenabwehr**. Art. 3 Abs. 1 Nr. 10 KG kehrt den Grundsatz der Kostenpflicht ins Gegenteil. Voraussetzung ist nur, dass die Polizei zur Erfüllung ihrer Aufgaben nach Art. 2 PAG tätig geworden ist. 1309

III. Kostenerhebungstatbestände für polizeiliches Handeln

Art. 3 Abs. 1 Nr. 10, 1. HS KG lässt jedoch ausnahmsweise auch für polizeiliches Präventivhandeln eine Kostenerhebung zu, wenn dies eine spezielle Regelung in einem Gesetz ausdrücklich anordnet. 1310

Vom Grundsatz her können wir drei verschiedene gesetzliche Überlegungen des Gesetzgebers unterscheiden, nach denen er eine Person zur Tragung der Polizeikosten verpflichtet: 1311

- Zum einen soll die Kosten der **polizeilich Verantwortliche** tragen. Diese Regelungen finden sich im PAG, BayPsychKHG, AufenthG und OWiG.
- Zum anderen soll der **Veranlasser oder** der **Begünstigte** die Polizeikosten tragen. Diese Regelung steht im KG.
- Und schließlich regelt der Gesetzgeber die Kostentragungspflicht für **Spezialfälle** wie Amtshilfe oder Halterhaftung.

Die Polizei hat nach den nachstehenden Vorschriften Kosten zu erheben:

1. Nach dem PAG

Nach dem PAG hat sie gem. Art. 3 Abs. 1 Nr. 10 KG, Art. 93 Satz 1 PAG in folgenden Fällen Kosten zu erheben[2]: 1312

- Art. 9 Abs. 2 PAG: unmittelbare Ausführung einer Maßnahme;
- Art. 28 Abs. 5 PAG: Sicherstellung, Verwertung, Unbrauchbarmachung, Vernichtung und Benutzungsgebühren;
- Art. 72 Abs. 1 PAG: Ersatzvornahme;
- Art. 73 Abs. 4 PAG: Festsetzung des Zwangsgeldes;
- Art. 75 Abs. 3 PAG: Anwendung unmittelbaren Zwanges;
- Art. 76 Abs. 7 PAG: Androhung von Zwangsmitteln.

Auf der Ermächtigungsgrundlage des Art. 93 Satz 4 PAG hat das Bayer. Staatsministerium des Innern die PolKV erlassen. Sie enthält für die Kostentatbestände des PAG Rahmensätze für die zu erhebenden Gebühren und regelt, inwieweit mit diesen Gebühren Auslagen abgegolten sind. 1313

2. Weitere gesetzliche Grundlagen

Gemäß **Art. 35 Abs. 1 BayPsychKHG** hat die Polizei die Kosten einer unaufschiebbaren sofortigen vorläufigen Unterbringung nach Art. 12 BayPsychKHG vom Betroffenen zu erheben. 1314

Gemäß **§§ 71 Abs. 5, 66 AufenthG** hat die Polizei die Kosten für Abschiebung und Zurückschiebung zu erheben.

---

[2] Im Straf- oder Ordnungswidrigkeitenverfahren dürfen von der Polizei keine Kosten erhoben werden. Lediglich die Auslagen der Polizei sind zum Strafverfahren vorzumerken, d.h. dem Gericht mitzuteilen.

Im Ordnungswidrigkeitenverfahren sind Kosten gem. **§§ 105, 107 OWiG** für **Bußgeldbescheide** der Zentralen Bußgeldstelle zu erheben, wie auch gem. **§ 25 a StVG, § 107 Abs. 2, 3 OWiG** eine Kostentragungspflicht des Kfz-Halters **bei Verkehrsverstößen im ruhenden Verkehr** besteht.

Im Übrigen sind nach dem Kostengesetz gem. **Art. 1 Abs. 1, Art. 3 Abs. 1 Nr. 10, 2. HS KG** trotz der prinzipiellen Kostenfreiheit für polizeiliche Amtshandlungen Kosten zu erheben, wenn die Amtshandlung von einem Beteiligten **beantragt oder veranlasst** wurde, nicht überwiegend im öffentlichen Interesse liegt und nicht der Billigkeit widerspricht.

3. Amts- oder Vollzugshilfe

1315 Wird die Bayerische Polizei von einer anderen Behörde um Amtshilfe, Art. 4 ff. BayVwVfG und Art. 67 Abs. 4 PAG, oder Vollzugshilfe, Art. 67 Abs. 1 PAG, ersucht, so hat sie einen Anspruch auf Erstattung ihrer besonderen Aufwendungen nach Art. 8 Abs. 1 S. 2 BayVwVfG.

C. Formelle Rechtmäßigkeit des Kostenbescheides

I. Zuständigkeit

1316 Zuständig ist die **Vollstreckungsbehörde.** Dies bedeutet: Die Behörde, die die Vollstreckungsmaßnahme durchgeführt hat, ist für den Erlass des Kostenbescheides zuständig, Art. 1 Abs. 1 Satz 1 KG. Das ist die dem Innenministerium unmittelbar nachgeordnete Polizeibehörde, also das jeweilige Polizeipräsidium, das LKA oder das Polizeiverwaltungsamt.

II. Verfahren und Form

1317 Verfahren und Form richten sich im Übrigen nach dem BayVwVfG.

D. Materielle Rechtmäßigkeit des Kostenbescheides

I. Aufgabenbereich

1318 Die Polizei muss zur Gefahrenabwehr gehandelt haben. Polizeiliche Maßnahmen zur Strafverfolgung begründen keine Kostenpflicht gegenüber der Polizei.

II. Rechtmäßige Amtshandlung

1319 Kosten können nur für rechtmäßige Amtshandlungen erhoben werden.

III. Sachliche Kostenpflicht (Kostengrund/Kostentatbestand)

1320 Die Kostenerhebung erfordert eine gesetzliche Begründung der sachlichen Kostenpflicht im PAG. Hierfür ist eine ausdrückliche gesetzliche Rechtsgrundlage für die

Kostenerhebung erforderlich, Art. 93 Satz 1 PAG i.V.m. Art. 3 Abs. 1 Nr. 10, 1. Hs. KG. Die häufigsten Fälle sind:

1. Art. 9 Abs. 2 PAG für die unmittelbare Ausführung einer Maßnahme.
2. Art. 28 Abs. 5 PAG für die Sicherstellung, Verwertung, Unbrauchbarmachung, Vernichtung und Benutzungsgebühren.
3. Art. 72 Abs. 1 PAG (i.V.m. Art. 93 S. 4 PAG und § 1 Nr. 4 PolKV) für die Ersatzvornahme.
4. Art. 75 Abs. 3 PAG (i.V.m. Art. 93 S. 4 PAG und § 1 Nr. 6, 7 PolKV) für die Anwendung unmittelbaren Zwanges.
5. Art. 76 Abs. 7 PAG für die Androhung von Zwangsmitteln.

IV. Persönliche Kostenpflicht, sog. Kostenschuldner

Für die persönliche Kostenpflicht, also die Frage, wer Kostenschuldner ist, gilt das **1321**
Prinzip des Art. 2 Abs. 1 Satz 1 KG: der **Veranlasser ist Kostenschuldner**. Dies ist nach Polizeirecht regelmäßig der Störer. Wer Störer ist, ist nach den allgemeinen Vorschriften der Art. 7 und 8 PAG zu entscheiden. In der Klausur sind zudem folgende Fallkonstellationen problematisch:

1. Der Anscheinsstörer

Soll der Anscheinsstörer als Kostenschuldner herangezogen werden, muss nach h.M. **1322**
dem Störer der Anschein zurechenbar sein[3].

Der Putativstörer ist dagegen kein Störer, weshalb er auch nicht zur Kostentragung verpflichtet ist.

2. Haftung mehrerer Störer

Grundsätzlich gilt, dass alle Störer stets als **Gesamtschuldner** haften, Art. 2 Abs. 4 **1323**
KG i.V.m. Art. 93 PAG. Auch Verhaltensverantwortliche (Art. 7 PAG) und Zustandsverantwortliche (Art. 8 PAG) haften als Gesamtschuldner, Art. 2 Abs. 4 KG i.V.m. Art. 9 Abs. 2 Satz 2 bzw. Art. 28 Abs. 5 Satz 3, Art. 93 PAG. Zwischen gesamtschuldnerisch haftenden Störern besteht ein Ausgleichsanspruch nach § 426 BGB, Art. 2 Abs. 4 KG. Aus diesem Grunde steht die Auswahl zwischen mehreren Kostenschuldnern grundsätzlich im freien Belieben des Gläubigers, § 421 BGB.

Für den Bereich der polizeilichen Kostenerhebung gibt es aufgrund des verfassungs- **1324**
rechtlichen Grundsatzes der Verhältnismäßigkeit folgende **Auswahlgrundsätze**:

a) Grundsätzlich ist der Handlungsverantwortliche, Art. 7 PAG, vor dem Zustandsverantwortlichen, Art. 8 PAG, für die Zahlung der Kosten in Anspruch zu nehmen.
b) Der Zustandsverantwortliche kann jedoch sofort direkt in Anspruch genommen werden, wenn der Handlungsverantwortliche nicht bekannt ist und auch nicht mit einem angemessenen und zumutbaren Verwaltungsaufwand ermittelt werden kann.
c) Auch kann der Zustandsverantwortliche direkt in Anspruch genommen werden, wenn der Verhaltensverantwortliche nicht leistungswillig oder nicht leistungsfähig ist.
d) Der Eigentümer als Zustandsstörer darf jedoch nicht in Anspruch genommen werden, wenn die polizeiliche Amtshandlung dadurch verursacht wird, dass die tatsächliche Gewalt von einem anderen ohne den Willen des berechtigten Eigentümers ausgeübt wird, Art. 8 Abs. 2 Satz 2 PAG.

---

[3] Str.; vgl. zu Einzelheiten unten Rn. 1348 ff.

Beispiel: Das Abschleppen eines gestohlenen Kfz löst keine Kostenpflicht des Eigentümers aus. Seine Kostenpflicht lebt erst wieder auf, wenn er auch die tatsächliche Verfügungsgewalt wiedererlangt.

Klausurhinweis:

Bei mehreren Störern liegt es im Ermessen des Kostengläubigers, welchen Störer er für die Kosten heranzieht. Zulässige Gesichtspunkte im Rahmen der Ermessensentscheidung sind die Durchsetzbarkeit der Forderung und Liquidität des Schuldners. Beachten Sie, dass bei der Erhebung der Kosten nicht mehr die Effektivität der Gefahrenabwehr ausschlaggebend ist, welche die Auswahlentscheidung des in Anspruch genommenen Störers auf Primär- und Sekundärebene bestimmt. Insoweit können die Entscheidungen, wer im Rahmen der Primär- und Sekundärmaßnahme in Anspruch genommen wird und wer auf Tertiärebene die Kosten zu tragen hat, auseinanderfallen.

3. Schuldunabhängige Kostenpflicht

1325 Die Pflicht zur Kostentragung knüpft an die polizeiliche Verantwortlichkeit nach Art. 7 und 8 PAG. Diese ist unabhängig von Verschulden und Schuldfähigkeit. Folglich gilt dies auch für die Pflicht zum Tragen der Kosten. Auch sie trifft minderjährige oder schuldunfähige Störer[4]. Ein Ausgleich kann über Art. 93 Satz 4 PAG erfolgen.

V. Rechtsfolge: Kostenerhebung

1326 Nach Art. 93 Satz 1 PAG und Art. 1 Abs. 1 Satz 1 KG setzen sich die Kosten zusammen aus Gebühren und Auslagen.

VI. Kostenhöhe

1327 Für die Kostenhöhe dienen nach Art. 93 Satz 2 PAG der Verwaltungsaufwand und die Bedeutung der Amtshandlung als Bemessungsgrundlage. Der Bemessungsbetrag ist anhand der Maßstäbe der Polizeikostenverordnung (PolKV) und der Richtlinien zur Kostenerhebung durch die Polizei (KR-Pol) zu bestimmen.

VII. Billigkeitsprüfung

1328 Art. 93 Satz 4 PAG schreibt eine Billigkeitsprüfung vor.

VIII. Grundrechtsprüfung

1329 Schließlich ist zu prüfen, ob die Erhebung von Polizeikosten mit den Grundrechten der Verfassung, insbesondere den Grundrechten zu vereinbaren ist.

---

[4] Ebenso: Kingreen/Poscher, § 25 Rn. 9; Schmidbauer, in: ders./Steiner, Art. 76 PAG Rn. 35 und OVG Lüneburg, NJW 2012, 1898; a. A. VGH Kassel, NVwZ 2011, 893.

E. Einzelfragen einer Kostenerhebung nach dem PAG

I. Vorbehalt des Gesetzes

Die Erhebung von Kosten bedarf wie jeder belastende Verwaltungsakt einer gesetzlichen Grundlage. Es gilt der rechtsstaatliche Grundsatz vom Vorbehalt des Gesetzes, Art. 20 Abs. 3 GG. Der demokratisch legitimierte Gesetzgeber entscheidet nach seinem politischen Ermessen durch formelles Gesetz, in welchen Fällen er dem Verursacher oder Nutznießer die Kostenlast für das polizeiliche Tätigwerden auferlegt. Er ist dabei an die Verfassung gebunden, insbesondere an die Grundrechte. Entgegen einigen Stimmen in der Literatur gibt es darüber hinaus jedoch keine Verfassungsprinzipien, die den Gesetzgeber hindern würden, dem Veranlasser einer polizeilichen Maßnahme eine Kostenpflicht aufzuerlegen. Insbesondere lässt sich aus dem GG kein Rechtssatz herleiten, nach dem polizeiliche Maßnahmen stets kostenfrei sein müssten[5]. **1330**

II. Begriff der Polizeikosten

Art. 1 Abs. 1 Satz 1 KG beinhaltet (i. V. m. Art. 93 Satz 1 PAG) die **Legaldefinition** für den Begriff der Polizeikosten. Diese umfassen **Gebühren und Auslagen**. **1331**

Gebühren sind einseitig auferlegte Geldleistungen für eine besondere Inanspruchnahme der öffentlichen Verwaltung. **Auslagen** sind Aufwendungen, die der Behörde durch die Amtshandlung entstehen. Es handelt sich also um gesondert bezifferbare Geldbeträge, die die Behörde an Dritte bezahlt[6]. **1332**

III. Aufgabenbereich Gefahrenabwehr als Voraussetzung der Kostenerhebung

Nach Art. 93 Satz 1 PAG, Art. 3 Abs. 1 Nr. 10 KG ist Voraussetzung für eine Kostenerhebung durch die Polizei, dass sie in ihrem Aufgabenbereich der Gefahrenabwehr nach Art. 2 PAG tätig war. **1333**

Klausurhinweis:

Hier kann in der Klausur also Wissen zu Art. 2 PAG abgefragt werden, der dann inzident zu prüfen ist.

1. Konkurrenz zu anderen Aufgabenbereichen

Dient eine polizeiliche Maßnahme zugleich der Gefahrenabwehr und der Strafverfolgung bzw. der Ahndung als Ordnungswidrigkeit, stellt sich die Frage, ob hierfür Kosten erhoben werden können. **1334**

---

[5] H. M., vgl. Heckmann, Rn. 412; ausführlich: Schmidbauer, in: ders./Steiner, Art. 76 PAG Rn. 70 ff.; a. A. Albrecht, FS Samper, S. 176 ff.

[6] Zu beachten ist, dass nach § 2 PolKV die dort genannten Auslagen durch die Gebührenerhebung abgegolten sind. Die Höhe der Polizeikosten setzt sich daher häufig im Wesentlichen aus der Pauschalgebühr und den verauslagten Beträgen (Auslagen) zusammen, die die Polizei an Zeugen und Sachverständige, an andere Behörden sowie Privatpersonen entrichtet hat.

1335 **Beispielfall wie Nr. 7, Rn. 264**
Können Kosten für das polizeiliche Einschreiten erhoben werden?

1336 **Beispielfall wie Nr. 8, Rn. 266**
Können Kosten für das polizeiliche Einschreiten erhoben werden?

2. Rechtsprechung zur Kostenerhebung bei Gemengelagen

1337 Der BayVGH[7] erkennt in einer derartigen Gemengelage zwischen Gefahrenabwehr und Strafverfolgung keine Rechtsgrundlage für eine Kostenerhebung hinsichtlich der präventiven polizeilichen Maßnahmen an. Danach fehlt die Rechtsgrundlage, wenn die Polizei überwiegend zur **Verfolgung einer Straftat** oder Ordnungswidrigkeit tätig geworden ist. Ferner erhält nach dieser Rspr. des BayVGH eine präventiv gemeinte Maßnahme der Polizei schon strafverfolgenden Charakter, wenn sie auch nur der Sicherung der strafprozessualen Ermittlungen dient.

1338 Nach dieser Rechtsprechung können Kosten nach dem PAG oder dem KG nur mehr für reine Maßnahmen der Gefahrenabwehr erhoben werden, die eindeutig abgrenzbar sind und in keinem Zusammenhang mit der Verfolgung von Straftaten oder Ordnungswidrigkeiten stehen.

3. Kritik an der Rechtsprechung zur Kostenerhebung

1339 Die Rspr. des BayVGH **überzeugt nicht**[8]. Sie lässt vor allem zwei Gesichtspunkte völlig außer Acht:

Dient eine Maßnahme der Polizei sowohl der Gefahrenabwehr als auch der Strafverfolgung, was auch der BayVGH anerkennt, so kann ihre rechtliche Bewertung nicht nur nach dem einen oder dem anderen Rechtsgebiet erfolgen. Vielmehr gelten für dieses polizeiliche Vorgehen die Vorschriften des PAG und der StPO gleichzeitig. Dies muss umso mehr gelten, als nach der eigenen Ansicht des BayVGH ein solcher Lebenssachverhalt nicht aufteilbar ist. Insbesondere hat die Polizei nicht die Befugnis, durch Setzen eines Handlungsschwerpunktes über die Anwendbarkeit eines Gesetzes zu entscheiden.

Sollte ein Schwerpunkt des polizeilichen Vorgehens in der Strafverfolgung überhaupt vorhanden sein, lässt sich nicht begründen, warum dies zur Folge haben sollte, dass die Vorschriften des PAG auf diesen Lebenssachverhalt nicht mehr anwendbar sein sollten.

Darüber hinaus missachtet der Beschluss des BayVGH die Werteordnung des Grundgesetzes. Wird im obigen Beispiel das Eigentum durch eine Hausbesetzung beeinträchtigt, ist es zu allererst eine Pflicht der Polizei, die Störung des verfassungsrechtlich verbürgten Grundrechts auf Eigentum zu beseitigen. Demgegenüber ist die Strafverfolgung nach der Wertordnung des Grundgesetzes zweitrangig, denn sie besitzt zwar den Rang objektiven Verfassungsrechts, aber keines Grundrechts.

4. Neuere Rechtsprechung des BGH und Auswirkungen auf die Kostenerhebung

1340 Der BGH[9] hat mit seinem Urteil vom 26.4.2017 ausdrücklich anerkannt, dass es weder einen allgemeinen Vorrang der Strafprozessordnung gegenüber dem Gefahrenabwehr-

---

[7] BayVGH, BayVBl. 1986, 338 ff.

[8] Ausführlich: Schmidbauer, in: ders./Steiner, Art. 76 PAG Rn. 27 und Schmidbauer, in: Manssen/Gröpl, FS Udo Steiner, S. 734 ff.

[9] BGH, Urt. v. 26.4.2017, Az.: 2 StR 247/16.

recht noch umgekehrt gibt. Die Polizei kann daher nach Ansicht des Gerichts auch während eines bereits laufenden Ermittlungsverfahrens aufgrund präventiver Ermächtigungsgrundlagen zum Zwecke der Gefahrenabwehr tätig werden. Eine konsequente Folge dieser Rechtsprechung kann nur darin liegen, dass die Polizei auch Kosten für ihre präventiven Maßnahmen auf der Rechtsgrundlage des PAG verlangen kann, selbst wenn diese präventiven Maßnahmen während eines laufenden strafrechtlichen Ermittlungsverfahrens ergriffen wurden. Dieser Auffassung ist der Gesetzgeber in Art. 93 S. 2 PAG gefolgt.

Beispielfall wie Nr. 7, Rn. 264 1341

Lösung

1. Nach der bisherigen Rechtsprechung des BayVGH handelt es sich bei den Maßnahmen um einen einheitlichen Lebensvorgang, der nicht in die einzelnen Teile aufspaltbar ist. Aus diesem Grunde seien Präventivmaßnahmen und Strafverfolgung untrennbar miteinander verwoben, wobei der strafverfolgende Teil den Gesamtvorgang präge. Dass die Polizei auch zur Gefahrenabwehr handle, begründe keine Kostenschuld, weshalb keine Kosten nach dem PAG erhoben werden können.
2. Dem ist jedoch zu widersprechen. Vorliegend handelt es sich um ein Maßnahmenbündel, bei dem jede einzelne Maßnahme gesondert danach zu beurteilen ist, ob das PAG oder die StPO gilt. Ist das PAG anwendbar, so gelten auch die Kostenvorschriften des PAG, weshalb für die vorliegenden Präventivmaßnahmen – dem Wegtragen der Hausbesetzer – Kosten erhoben werden dürfen.
3. Dieses Ergebnis wird bestätigt, wenn man die neuere Rechtsprechung des BGH zugrunde legt. Dies hat der Gesetzgeber in Art. 93 S. 2 PAG festgelegt. Folglich können Kosten nach dem PAG erhoben werden.

Beispielfall wie Nr. 8, Rn. 266 1342

Lösung

1. Hier handelt es sich tatsächlich um einen einheitlichen Lebensvorgang, der nicht in die einzelnen Teile aufspaltbar ist. Aus diesem Grunde sieht auch hier der BayVGH die Kostenvorschriften des PAG als unanwendbar an, da der strafverfolgende Teil den Gesamtvorgang präge.
2. Dem ist jedoch ebenfalls zu widersprechen. Zwar handelt es sich vorliegend um eine echte doppelfunktionale Maßnahme. Jedoch ist die Prävention nach den verfassungsrechtlichen Werten der Repression vorrangig anzuwenden, so dass der Behebung der Störung Vorrang vor der Strafverfolgung zukommt. Zudem darf die Polizei nicht einfach ein demokratisch legitimiertes Gesetz nicht anwenden.
3. Dies wird bestätigt durch die neuere Rechtsprechung des BGH. Und schließlich hat der Gesetzgeber in Art. 93 S. 2 PAG entschieden, dass die Kostenvorschriften des PAG auf präventivpolizeiliche Maßnahmen selbst dann anzuwenden sind, wenn gleichzeitig ein strafrechtliches Ermittlungsverfahren läuft. Folglich können Kosten nach dem PAG erhoben werden.

IV. Kostenpflicht nur bei rechtmäßigen polizeilichen Maßnahmen

1343 Ob die Erhebung von Polizeikosten voraus setzt, dass die polizeiliche Maßnahme rechtmäßig ist, ist **umstritten**. Nach e. A.[10] ist dies abzulehnen, da das Gesetz eine derartige Voraussetzung nicht vorsieht und ausreichend Vorkehrungen gegen eine Kostenerhebung bei rechtswidrigen Verwaltungsakten trifft.

1344 Dies ist jedoch abzulehnen. Denn aus dem Rechtsstaatsprinzip unter dem Aspekt der Gerechtigkeitsmaximierung und des Willkürverbotes folgt, dass die **polizeiliche Maßnahme rechtmäßig** sein muss, wenn der Staat für sie Geld verlangen, also Kosten erheben will. Im Rechtsstaat ist fehlerhaftes Verwaltungshandeln also nicht vom Bürger zu bezahlen. **Rechtswidrige Maßnahmen** sind deshalb für die von der Polizei in Anspruch genommene Person grundsätzlich **niemals kostenpflichtig**.

Klausurhinweis:

Folgen Sie in der Klausur der Ansicht, nach welcher die Rechtmäßigkeit der polizeilichen Maßnahme Voraussetzung für die Kostenerhebung ist, können Sie an dieser Stelle die Primär- oder Sekundärmaßnahme inzident prüfen. Dabei können Sie eine doppelte Inzidentprüfung vornehmen, wenn die kostenpflichtige Maßnahme im polizeilichen Zwang besteht und Sie der Ansicht folgen, dass die Vollziehbarkeit der polizeilichen Grundmaßnahme gemäß § 80 Abs. 2 Satz 1 Nr. 2 VwGO Voraussetzung für die Vollstreckungsmaßnahme ist:

1. Rechtmäßigkeit der Sekundärmaßnahme im Rahmen der Rechtmäßigkeit des Kostenbescheides und
2. Vollziehbarkeit der Primärmaßnahme im Rahmen der Rechtmäßigkeit der Sekundärmaßnahme. Dies bedeutet, die Primärmaßnahme darf weder nach Art. 44 BayVwVfG nichtig noch von einem Gericht z.B. nach § 113 Abs. 1 Satz 1 VwGO aufgehoben worden sein.

Folgen Sie dagegen der Gegenansicht, müssen Sie jedenfalls ein Hilfsgutachten erstellen, andernfalls schneiden Sie sich wertvolle Möglichkeiten zu punkten ab.

1345 Eine Kostenpflicht besteht im Ergebnis auch nicht, wenn die Polizei einen vollziehbaren Verwaltungsakt vollstreckt, der rechtswidrig ist. Zwar ist in diesem Fall die Vollstreckungsmaßnahme, für die die Kosten erhoben werden, rechtmäßig. Denn die Rechtswidrigkeit der Grundverfügung führt mangels Konnexität nicht zur Rechtswidrigkeit der Vollstreckung. Auch ist der Zeitpunkt des polizeilichen Einschreitens entscheidend. Also bleibt die Vollstreckungsmaßnahme aufgrund der Vollziehbarkeit der Grundverfügung rechtmäßig. Dies ist vom Gesetzgeber so vorgesehen, indem er den Verwaltungsakt mit Bestandskraft versehen hat. Wenn ein Verwaltungsakt bestandskräftig ist, können für ihn im Rahmen der gesetzlichen Möglichkeiten auch Kosten erhoben werden.

1346 Der Betroffene kann jedoch gegen den Verwaltungsakt gerichtlich vorgehen: Auf eine Anfechtungsklage hin hebt das Verwaltungsgericht einen rechtswidrigen Verwaltungsakt auf oder stellt im Rahmen der Fortsetzungsfeststellungsklage seine Rechtswidrigkeit fest. Wird die Bestandskraft auf diese Weise beseitigt, stellt der Verwaltungs-

[10] Schenke, Rn. 541.

akt auch keine tragfähige Grundlage für eine Kostenerhebung dar. Dies überzeugt auch vom Ergebnis her: Die Heranziehung des Pflichtigen auf der Kostenebene würde gegen die Grundsätze materieller Gerechtigkeit verstoßen, sobald der Verwaltungsakt seine Bestandskraft verloren hat. Der Gesetzgeber hat in Art. 7 und 8 PAG den Grundsatz einer schnellen und effektiven Gefahrenabwehr normiert. Insoweit hat der Betroffene auch das Risiko von Fehlprognosen zu tragen. Für die Kostenebene gilt dies jedoch nicht. Hier sind die Entscheidungen unter dem Gesichtspunkt gerechter Lastenverteilung zu treffen. Dies bedeutet, dass **für die rechtmäßige Vollstreckung einer vollziehbaren rechtswidrigen Grundverfügung keine Polizeikosten erhoben werden können**, sobald das Verwaltungsgericht die Bestandskraft beseitigt hat. Ist beispielsweise eine Ersatzvornahme gemäß Art. 72 Abs. 1 PAG rechtswidrig, können Kostenforderungen auch nicht auf Geschäftsführung ohne Auftrag oder Öffentlich-rechtliche Erstattung gestützt werden, da das PAG insoweit eine abschließende Regelung enthält[11].

V. Kostenpflicht nur bei Störereigenschaft

1. Verantwortliche nach Art. 7 oder 8 PAG

Nach Art. 2 Abs. 1 KG hat grundsätzlich der Veranlasser die Kosten zu tragen. Dies 1347
ist bei polizeilichen Maßnahmen nach dem PAG der **Störer**. Derjenige, der zur Entstehung der Gefahr keinen Beitrag nach Art. 7 PAG geleistet hat, und hierfür auch wegen seiner Sachherrschaft nicht nach Art. 8 PAG verantwortlich ist, muss nicht befürchten, zu Zahlungen herangezogen zu werden. Für die Kostenerhebung nach PAG ergibt dies folgende Ergebnisse:
- Bei Art. 9 Abs. 2 PAG und Art. 28 Abs. 5 PAG haftet für die Kosten der Störer. Dies ist die Person, die nach Art. 7 oder Art. 8 PAG verantwortlich ist.
- Bei Art. 72 Abs. 1 PAG und Art. 73 Abs. 4 PAG haftet für die Kosten derjenige, an den die polizeiliche Anordnung ergangen ist.
- Im Rahmen des Art. 75 Abs. 3 PAG und Art. 76 Abs. 7 PAG ist der Veranlasser diejenige Person, gegen die sich das polizeiliche Zwangsmittel richtet.

2. Anscheinsstörer

Die h.M. in Literatur und Rechtsprechung[12] schränkt den Grundsatz der Störer- 1348
haftung für Polizeikosten bei einer Anscheinsgefahr ein. In diesem Fall dürfen beim **Anscheinsstörer** Polizeikosten nur erhoben werden, wenn der Störer die Anscheinsgefahr **in zurechenbarer Weise verursacht** und auf diese Weise das polizeiliche Tätigwerden veranlasst hat.

Diese Ansicht ist jedoch dogmatisch nicht überzeugend[13]. Dem Recht der Gefahrenabwehr ist ein Verschulden fremd. Im Kostenrecht hat der Gesetzgeber konsequent an die objektive Veranlassung der Art. 7 und 8 PAG angeknüpft, wie sich aus den Vorschriften des PAG ergibt. Damit besteht auch in diesen Fällen die persönliche Kostenpflicht. Als Ausgleich für das Fehlen der Voraussetzung „Verschulden" für die Kostenerhebung hält das Gesetz Art. 93 S. 5 PAG bereit. Damit hat der Gesetzgeber die vorliegenden Fallkonstellationen geregelt, was einen abweichenden Lösungsweg durch richterliche Auslegung verbietet. Allerdings wird das Ergebnis der beiden Ansichten regelmäßig übereinstimmen.

---

[11] BVerfG, NJW 2011, 3217; Götz, §14 Rn. 8; Schenke, Rn. 700.
[12] BayVGH, BayVBl. 1981, 625; Heckmann, Rn. 421; Schenke, Rn. 705.
[13] Berner/Köhler/Käß, Art. 76 Rn. 7; Schmidbauer, in: ders./Steiner, Art. 76 PAG Rn. 34.

1349 Die h. M. rechtfertigt die von ihr vorgenommene Beschränkung der Störerhaftung der Polizeikosten aus folgender Überlegung: Besteht im Zeitpunkt des polizeilichen Einschreitens der Anschein einer Gefahr, so kann die Person, die diesen Anschein verursacht hat, aufgrund des gesetzlichen Willens einer möglichst schnellen und effizienten Gefahrenabwehr dennoch rechtmäßig als Störer in Anspruch genommen werden. An der Rechtmäßigkeit dieses polizeilichen Einschreitens ändert sich auch dann nichts, wenn sich nachher herausstellt, dass zu keinem Zeitpunkt eine objektive Gefahr vorgelegen hat oder dass die betreffende Person die Verursachung der Anscheinsgefahr gar nicht verschuldet hat. Ja selbst wenn die betreffende Person gar nicht wusste, dass sie den Anschein einer Gefahr verursacht, bleibt die polizeiliche Maßnahme rechtmäßig.

1350 Die Kostenpflicht des Anscheinsstörers wird vom Gesetzgeber jedoch nicht unter dem Blickwinkel der effizienten Gefahrenabwehr, sondern der gerechten Lastenverteilung bewertet. Ihm die Polizeikosten aufzubürden, ist nur dann rechtmäßig, **wenn der Störer den Anschein der Gefahr in zurechenbarer Weise verursacht, also verschuldet hat**.

1351 **Beispielfall 62**

Bei einer Party schreit ein Erwachsener E aus Spaß um Hilfe. Die von den Nachbarn verständigte Polizei bricht die Wohnungstür auf, nachdem ihr auf Verlangen nicht geöffnet wurde. Muss der E die Kosten des Einsatzes tragen?

Lösung

1. Bei E handelt es sich um einen Anscheinsstörer, da für die Polizeibeamten *ex ante et ex situatione* bei verständiger Würdigung eines objektiven Polizeibeamten nach allen erkennbaren Umständen der Anschein einer Gefahr bestand. Diese Anscheinsgefahr steht einer objektiven Gefahr gleich. Die Primärmaßnahme – Aufbrechen der Tür und Betreten der Wohnung – war daher rechtmäßig, Art. 23 Abs. 1 S. 1 Nr. 3, Art. 75 und Art. 77 ff. PAG.
2. Auf Tertiärebene – Kostenerhebung nach Art. 93 S. 1, Art. 75 Abs. 3 PAG – kommt es jedoch nach der h. M. nicht auf die *ex ante et ex situatione*-Betrachtung an, sondern es kann eine *ex post*-Betrachtung angestellt werden, da das Primat der Gefahrenabwehr nicht gilt. Hiernach ist E zwar Anscheinsstörer, er hat den Anschein aber in zurechenbarer Weise verursacht, indem er aus Spaß um Hilfe geschrien hat. Aus diesem Grunde kann er für die Kosten des Einsatzes in Anspruch genommen werden.

Die Lösung über Art. 93 S. 5 PAG führt zu keinem abweichendem Ergebnis

1352 **Beispielfall 63**

Eine besorgte Nachbarin verständigt die Polizei, nachdem in der Wohnung nebenan seit drei Tagen die Toilettenspülung rauscht. Da niemand öffnet, bricht die Polizei die Wohnungstür auf. Statt des vermuteten Unglücksfalles stellt die Polizei fest, dass zwar die Toilettenspülung vor drei Tagen defekt wurde, die Wohnungsinhaberin W aber bereits seit zwei Wochen im Urlaub ist. Muss die W die Kosten des Einsatzes tragen?

Lösung

1. Auch bei diesem Fall liegt eine Anscheinsgefahr vor, so dass die Primärmaßnahme – Aufbrechen der Tür und Betreten der Wohnung – rechtmäßig war, Art. 23 Abs. 1 S. 1 Nr. 3, Art. 75 und Art. 77ff. PAG. Die W ist daher auf Primärebene als Störerin zu qualifizieren.
2. Allerdings hat die Zustandsstörerin in Gestalt der W den Anschein nicht in zurechenbarer Weise verursacht, da sie den Anschein der Störung nicht verschuldet hat. Nach der h.M. ist W auf der Tertiärebene, auf der der Grundsatz der effektiven Gefahrenabwehr nicht gilt, bei der Kostenerhebung nach Art. 93 S. 1, Art. 75 Abs. 3 PAG daher nicht als Störerin zu bewerten. Deshalb muss W auch nicht für die Kosten des Einsatzes aufkommen.

VI. Polizeikosten und Grundrechte

In der Literatur ist heftig umstritten, inwieweit die Erhebung von Polizeikosten an grundrechtliche Schranken stößt. Fraglich ist, ob das Risiko der Kostenhaftung nicht die Bereitschaft des Einzelnen mindert, von seinen grundrechtlich geschützten Freiheiten Gebrauch zu machen. Zu denken ist insbesondere an die Versammlungsfreiheit und die Kunstfreiheit. Es ist daher zu prüfen, ob die Kostenerhebung in verfassungswidriger Weise in den Schutzbereich des Art. 8 Abs. 1 GG oder des Art. 5 Abs. 3 GG eingreift. 1353

Die Erhebung von Polizeikosten ist jedoch aufgrund folgender Gesichtspunkte **nicht verfassungswidrig**[14]. Die Gebührenhöhe wird durch das PAG und die PolKV begrenzt. Art. 93 Satz 5 PAG ermöglicht es, aus Billigkeitsgründen von der Kostenerhebung abzusehen. Insbesondere aber knüpft die Kostenpflicht allein an ein rechtswidriges Verhalten an, so dass niemand an seiner Grundrechtsausübung gehindert wird, wenn er rechtmäßig demonstriert oder rechtmäßig an einer künstlerischen Veranstaltung teilnimmt. 1354

F. Rechtsfolge: Kostenerhebung, Kostenhöhe und Billigkeitsprüfung

Liegen die geschilderten Tatbestandsvoraussetzungen vor, tritt als Rechtsfolge die Erhebung der Kosten, die Festsetzung der Kostenhöhe und eine Billigkeitsprüfung ein. 1355

I. Kostenerhebung

Nach Art. 1 Abs. 1 Satz 1 KG setzen sich die **Kosten** aus Gebühren und Auslagen zusammen. Gebühren und Auslagen sind grundsätzlich nebeneinander zu erheben. 1356

Gebühren sind einseitig auferlegte Leistungen für eine besondere Inanspruchnahme der öffentlichen Verwaltung, vgl. auch § 1 Abs. 1 AO. 1357

Auslagen sind Aufwendungen, die der Behörde durch die Amtshandlung entstehen. Dabei muss es sich um separat bezifferbare Beträge handeln, die letztlich an einen anderen Empfänger als die entscheidende Behörde fließen. 1358

---

[14] Ebenso: Heckmann, Rn. 419.

1359 **Kosten** sind für jede Amtshandlung zu erheben. Geht die Polizei gegen mehrere Störer gleichzeitig vor, liegen kostenrechtlich mehrere Amtshandlungen vor. Folglich sind von jedem Störer Gebühren und Auslagen in voller Höhe zu erheben.

II. Kostenhöhe

1360 Nach Art. 93 Satz 3 PAG sind die Bemessungsgrundlage für die polizeiliche Gebührenerhöhung der Verwaltungsaufwand und die Bedeutung der Amtshandlung. Abweichend von Art. 8 KG bleiben damit die wirtschaftlichen Verhältnisse des Kostenschuldners außer Betracht. Aufgrund des Art. 93 Satz 4 PAG ist die Höhe der Gebühren in § 1 PolKV bestimmt. Dieser legt den Gebührenrahmen fest. Zur Vereinheitlichung der Verwaltungspraxis hat das Bayer. Staatsministerium des Innern Gebührensätze[15] für den Regelfall bestimmt.

III. Billigkeitsprüfung, Art. 93 Satz 5 PAG

1361 Um unzumutbare Härten zu vermeiden, ermöglicht Art. 93 Satz 5 PAG der Polizei, von der Erhebung der Kosten abzusehen, soweit sie der Billigkeit widerspricht. Hierfür sind Standardsituationen bereits in die Gebührensätze der KR-Pol aufgenommen.

Beispiel: Für das Abschleppen liegengebliebener oder unfallbeschädigter Fahrzeuge werden nur Auslagen, aber keine Gebühren verlangt, vgl. Nr. 3 zur Anlage KR-Pol. Art. 93 Satz 5 PAG ermöglicht aber über die KR-Pol hinaus ein Eingehen auf die Einzelfallgerechtigkeit.

G. Verfahrensfragen und Rechtsschutz

1362 Der Kostenanspruch der Polizei wird gegenüber dem Schuldner mit Leistungsbescheid festgesetzt. Der Leistungsbescheid ist in der Kostenrechnung beinhaltet. Er ist ein belastender Verwaltungsakt, Art. 35 Satz 1 BayVwVfG, Art. 23 ff. VwZVG.

1363 Weigert sich der Schuldner, die Kosten zu zahlen, ist ihre zwangsweise Beitreibung möglich. Sie geschieht im Verwaltungsvollstreckungsverfahren nach Art. 23 ff. VwZVG. Voraussetzungen hierfür sind:

- Der Leistungsbescheid muss dem Pflichtigen zugestellt sein, Art. 23 Abs. 1 Nr. 1 VwZVG.
- Die Forderung muss fällig sein, Art. 23 Abs. 1 Nr. 2 VwZVG.
- Der Schuldner muss gemahnt worden sein, Art. 23 Abs. 1 Nr. 3 VwZVG.
- Vollstreckungsbehörde ist das Finanzamt, Art. 25 Abs. 1 VwZVG.
- Mit dem Ersuchen um Beitreibung des geforderten Betrages durch das zuständige Polizeipräsidium an das Finanzamt wird die Vollstreckung angeordnet, Art. 24 Abs. 1 Nr. 1 VwZVG.

1364 Gegen den Leistungsbescheid ist die Anfechtungsklage nach § 42 Abs. 1 1. Alt. VwGO statthaft.

1365 Nach § 80 Abs. 2 Satz 1 Nr. 1 VwGO hat die Anfechtungsklage keine aufschiebende Wirkung. Denn bei dem Leistungsbescheid handelt es sich um die Anforderung öf-

---

[15] Diese sind in den KR-Pol enthalten. Sie legen zumeist nur eine Mindestgebühr fest. Denn die Erfahrung hat gezeigt, dass die weit überwiegende Zahl der polizeilichen Amtshandlungen innerhalb einer verhältnismäßig kurzen Zeit abgeschlossen werden können. In besonderen Situationen kann hiervon nach oben oder unten abgewichen werden.

fentlicher Kosten. Gefordert wird nämlich eine Geldleistung, die nach allgemein gültigen, im Voraus festgelegten, also normativen Sätzen erhoben wird, um den öffentlichen Finanzbedarf zu decken[16]. Vorläufiger Rechtsschutz besteht daher im Antrag auf Anordnung der aufschiebenden Wirkung nach § 80 Abs. 5 VwGO.

Ob dies auch für die Kosten der unmittelbaren Ausführung und der Ersatzvornahme 1366
gilt, ist umstritten. Nach Auffassung des BayVGH[17] handelt es sich auch hier um Kosten im Sinne des § 80 Abs. 1 Satz 1 Nr. 1 VwGO.

Hingegen vertritt e. A. in der Literatur[18], dass unter diese Vorschrift nur Geldforderungen fallen, die gleichsam „tabellarisch" festgelegt sind. Bei der Erhebung von Polizeikosten wird aber über Grund und Höhe im Einzelfall entschieden. Die Anfechtungsklage gegen den Kostenbescheid hätten nach dieser Meinung deshalb aufschiebende Wirkung.

H. Überblick über die Rechtmäßigkeitsvoraussetzungen einer Kostenerhebung nach Art. 1 Abs. 1, Art. 3 Abs. 1 Nr. 10, 2. HS KG

Eine Kostenerhebung für polizeiliches Handeln ist neben den Fällen des Art. 93 1367
PAG ferner auf der Rechtsgrundlage des Kostengesetzes möglich. Art. 1 Abs. 1, Art. 3 Abs. 1 Nr. 10, 2. Hs. KG begründen einen Kostentatbestand, wenn:

- die Amtshandlung von einem Beteiligten beantragt oder veranlasst ist,
- die Amtshandlung nicht überwiegend im öffentlichen Interesse vorgenommen wird und
- die Kostenerhebung der Billigkeit nicht widerspricht.

Ist dieser Kostentatbestand erfüllt, gelten im Übrigen die oben dargelegten Voraus- 1368
setzungen der Kostenerhebung. Jedoch sind in folgenden beiden Punkten Abweichungen zu beachten:

I. Sachliche Kostenpflicht

Die sachliche Kostenpflicht ergibt sich aus Art. 1 Abs. 1 KG. 1369

Nach Art. 3 Abs. 1 Nr. 10, 2. HS KG entfällt die sachliche Kostenfreiheit, wenn Amtshandlungen der Polizei nicht überwiegend im öffentlichen Interesse vorgenommen werden. Mit anderen Worten: Die Kostenpflicht aus Art. 1 Abs. 1 KG bleibt nur bestehen, wenn die Polizei nach dem PAG **überwiegend im privaten Interesse** tätig wird. Ob dies überhaupt möglich ist, ist in der Literatur stark umstritten.

Die Frage wird von Teilen der Lit.[19] bejaht. Stützen kann sich diese Ansicht auf 1370
Art. 2 Abs. 2 PAG, wonach der Polizei auch der Schutz privater Rechte obliegt.

Die h. M.[20] vertritt hingegen die Auffassung, dass die Polizei ausnahmslos überwie- 1371
gend im öffentlichen Interesse tätig wird, und zwar auch dann, wenn es sich hierbei gemäß Art. 2 Abs. 2 um den Schutz privater Rechte handelt. Die Ansicht, dass die Polizei stets überwiegend im öffentlichen Interesse tätig ist, überzeugt. Nach Art. 2 PAG kommt der Polizei vor allem eine befriedende Funktion zu. Niemand soll sein Recht deswegen durchsetzen können, weil er der Stärkere oder Gewalttätigere ist.

---

[16] Ebenso: BayVGH, BayVBl. 1990, 435; OVG Münster, NJW 1984, 2844.
[17] BayVGH, DÖV 1994, 1013.
[18] Heckmann, Rn. 436.
[19] Broß, DVBl. 1983, 377 und Rott, Kostenerhebung durch die Polizei, II Nr. 2.3 Anm. 3.
[20] Schmidbauer, in: ders./Steiner, Art. 76 PAG Rn. 20; Berner/Köhler/Käß, Art. 76 Rn. 3.

Dies gilt gerade auch für den Schutz privater Rechte nach Art. 2 Abs. 2 PAG, der der Polizei nur dann obliegt, wenn vorläufiger gerichtlicher Rechtsschutz nicht rechtzeitig zu erlangen ist. Durch das PAG – Neuordnungsgesetz 2018 hat der Gesetzgeber zudem klargestellt, dass die Polizei den Schutz privater Rechte im Rahmen ihrer öffentlich-rechtlichen Aufgabe wahrnimmt, Gefahren für die öffentliche Sicherheit oder Ordnung abzuwehren.

Die kostenrechtliche Praxis bestätigt die Problemstellung: Die Begleitung von Schwertransporten durch die Polizei liegt überwiegend im öffentlichen Interesse, damit trotz der übermäßigen Straßennutzung (Transport zu breit, zu schwer oder zu langsam) niemand zu Schaden kommt. Dennoch werden in der Praxis die Kosten nach Art. 1, 2, 6, 10 KG i.V.m. Nr. 44 Anlage zu den KR-Pol erhoben mit der Begründung, die Polizei werde zwar auch im öffentlichen Interesse tätig, es sei aber überwiegend das private Interesse des Unternehmers, dass sein Schwertransport unfallfrei ans Ziel gelange. Letztlich bleibt der Gesetzgeber aufgefordert, die Zweifel an den Rechtsgrundlagen der Kostenerhebung durch klare und eindeutige Regelungen zu beseitigen.

II. Kostenhöhe

1372 Die Höhe der Kosten bestimmt sich nach dem KG selbst. Dabei ergibt sich die Höhe der Gebühren aus Art. 6, 8 KG. Sie kann grundsätzlich dem Kostenverzeichnis entnommen werden. Fehlt dort eine Regelung und eine vergleichbare Amtshandlung, so beträgt der Gebührenrahmen 5,– EUR bis zu 25.000,– EUR; Art. 6 Abs. 1 Satz 3 KG. Für die Auslagen gilt Art. 10 KG.

H. Kostenvormerkung im Straf- und Ordnungswidrigkeitenverfahren

1373 Nur wer verurteilt wird, hat Verfahrenskosten zu tragen, §§ 464 a, 465 StPO. Dies gilt über § 105 OWiG auch im Ordnungswidrigkeitenverfahren.

Nach § 464 a Abs. 1 Satz 1 StPO gehören zu den Verfahrenskosten auch die Kosten für die Vorbereitung der öffentlichen Klage, also auch die Kosten der Polizei für Tataufklärung und Täterergreifung. Hierzu zählen ausnahmslos alle Aufwendungen für polizeiliche Maßnahmen der Strafverfolgung. Sie werden durch die Pauschalsätze[21] der Gerichtskosten mit abgegolten.

1374 **Prüfungsschema 16: Der polizeiliche Kostenbescheid**

A. Rechtsgrundlage für den Kostenbescheid

Nach Art. 93 S. 1 PAG bedarf es für eine Kostenerhebung einer ausdrücklichen gesetzlichen Grundlage im PAG. Diese findet sich in:

I. Art. 9 Abs. 2 PAG für die unmittelbare Ausführung einer Maßnahme
II. Art. 28 Abs. 5 PAG für die Sicherstellung, Verwertung, Unbrauchbarmachung, Vernichtung und für Benutzungsgebühren
III. Art. 72 Abs. 1 PAG (i.V.m. Art. 93 S. 4 PAG und § 1 Nr. 4 PolKV) für die Ersatzvornahme

[21] Nach Anlage 1 zu § 3 Abs. 2 Gerichtskostengesetz (GKG) beträgt in Strafsachen im ersten Rechtszug die Pauschalgebühr 280,00 EUR gemäß Nr. 3111 bei einer Verurteilung zu einer Freiheitsstrafe bis zu 1 Jahr und 420,00 EUR gemäß Nr. 3112 bei einer Verurteilung zu einer Freiheitsstrafe bis zu 2 Jahren.

IV. Art. 73 Abs. 4 PAG für die Festsetzung des Zwangsgeldes
V. Art. 75 Abs. 3 PAG (i. V. m. Art. 93 S. 4 PAG und § 1 Nr. 6, 7 PolKV) für die Anwendung unmittelbaren Zwanges
VI. Art. 76 Abs. 7 PAG für die Androhung von Zwangsmitteln.

B. Formelle Rechtmäßigkeit des Kostenbescheides

I. Festsetzung des Kostenanspruchs der Polizei mit Leistungsbescheid in Form eines belastenden Verwaltungsaktes, Art. 35 BayVwVfG, Art. 23 ff. VwZVG

II. Verfahren und Form richten sich im Übrigen nach dem BayVwVfG

C. Materielle Rechtmäßigkeit des Kostenbescheides

I. Aufgabenbereich
Die Polizei muss zur Gefahrenabwehr gehandelt haben. Polizeiliche Maßnahmen zur Strafverfolgung begründen keine Kostenpflicht gegenüber der Polizei.

II. Vorliegen einer rechtmäßigen Amtshandlung
Kosten können nur für rechtmäßige Amtshandlungen erhoben werden.

III. Sachliche Kostenpflicht (Kostengrund/Kostentatbestand)
Die Kostenerhebung erfordert eine ausdrückliche gesetzliche Rechtsgrundlage der sachlichen Kostenpflicht im PAG. Denn die Regelung ist eine Ausnahme vom Prinzip der Kostenfreiheit; Art. 93 Satz 1 PAG i. V. m. Art. 3 Abs. 1 Nr. 10, 1. Hs. KG.

IV. Persönliche Kostenpflicht bzw. Kostenschuldner, Art. 2 Abs. 1 Satz 1 KG
Für die persönliche Kostenpflicht, also die Frage, wer Kostenschuldner ist, gilt das Prinzip des Art. 2 Abs. 1 Satz 1 KG: der Veranlasser ist Kostenschuldner.
1. Problematisch ist, wenn der Anscheinsstörer als Kostenschuldner herangezogen werden soll. Dies geht nach h. M. nur, wenn der Betreffende den Anschein zurechenbar verursacht hat.
2. Für die Auswahl der Kostenschuldner gilt: Grundsätzlich haften alle als Gesamtschuldner. Jedoch ist der Verhaltensverantwortliche vor dem Zustandsverantwortlichen in Anspruch zu nehmen, es sei denn, er ist nicht mit einem zumutbaren Aufwand zu ermitteln.

V. Rechtsfolge: Kostenerhebung
Nach Art. 1 Abs. 1 Satz 1 KG setzen sich die Kosten zusammen aus:
1. Gebühren (finanzielle Abgeltung der Inanspruchnahme der Polizei) und
2. Auslagen (Aufwendungen der Polizei für Dritte).

VI. Kostenhöhe

Für die Kostenhöhe dienen nach Art. 93 Satz 3 PAG der Verwaltungsaufwand und die Bedeutung der Amtshandlung als Bemessungsgrundlage. Der Bemessungsbetrag ist anhand der Maßstäbe der PolKV und der KR-Pol zu bestimmen.

VII. Billigkeitsprüfung

Art. 93 Satz 5 PAG schreibt eine Billigkeitsprüfung vor.

Klausurhinweis:

Beachten Sie, dass Sie bei der Prüfung der Rechtmäßigkeit eines Kostenbescheides zwei Mal zu prüfen haben, gegen wen die Maßnahme zu richten ist: Einmal im Rahmen der Maßnahmerichtung der Primär-/Sekundärmaßnahme, für die Kosten erhoben werden, und dann bei der Frage der persönlichen Kostenpflicht/Kostenschuldner. Dabei können beide Ergebnisse voneinander differieren, da auf Primär- und Sekundärebene der Grundsatz der Effektivität der Gefahrenabwehr die Störerauswahl leitet, während dieser Grundsatz auf Tertiärebene nicht gilt. Hier sind vielmehr Erwägungen anzustellen zur Auswahl der Kostenschuldner, zur Zumutbarkeit der Kostentragungspflicht bezogen auf den jeweiligen Adressaten und zur Frage, welcher der Kostenschuldner solventer und daher die größere Gewähr für die Realisierung der Kosten bietet.

§ 4. Polizeiorganisation

30. Kapitel. Polizeiorganisation in Bayern

Zusammenfassung

1. Nach Art. 3 Abs. 1 POG i.V.m. Art. 2 PAG ist jeder Polizeivollzugsbeamte in Bayern **örtlich und sachlich allzuständig**. Die Gliederung der Bayerischen Polizei nach Art. 1 Abs. 3, Art. 4 bis 8 POG hat somit nur polizeiinterne Bedeutung und ist keine Frage der Zuständigkeit. Sie ist daher ohne Auswirkungen auf die Rechtmäßigkeit des polizeilichen Handelns.
2. Die Polizei ist hierarchisch nach einem **dreistufigen Aufbau** organisiert: Innenministerium – Polizeipräsidien – Polizeiinspektionen/Kriminalfachdezernate.
3. Die Polizeipräsidien sind gegliedert in das Polizeipräsidium als Dienststelle und nachgeordnete Polizeiinspektionen, Verkehrspolizeiinspektionen, Kriminalpolizeiinspektionen oder Kriminalfachdezernate, und gegebenenfalls noch in Polizeistationen/Kriminalpolizeistationen.
4. Weitere, dem Innenministerium nachgeordnete Polizeibehörden sind das Bayerische Landeskriminalamt, das Präsidium der Bayerischen Bereitschaftspolizei und das Polizeiverwaltungsamt.

A. Prinzip der Allzuständigkeit

Nach Art. 3 Abs. 1 POG i.V.m. Art. 2 PAG ist jeder Polizeivollzugsbeamte in Bayern **örtlich und sachlich allzuständig**. Er darf zu jeder Zeit und an jedem Ort in Bayern alle polizeilichen Aufgaben wahrnehmen. Gefahrenabwehr soll nicht an Zuständigkeitsquerelen scheitern. Sie muss vielmehr effizient und effektiv sein. Die Polizei in Bayern ist daher streng hierarchisch gegliedert. Auf diese Weise wird ein einheitlicher Gesetzesvollzug i.S.d. Rechtsstaatsprinzips sichergestellt. 1375

Die Gliederung der Bayerischen Polizei nach Art. 1 Abs. 3, Art. 4 bis 8 POG hat somit nur **polizeiinterne Bedeutung** und ist **keine Frage der Zuständigkeit**. Sie ist daher **ohne Auswirkungen auf die Rechtmäßigkeit des polizeilichen Handelns**. 1376

Klausurhinweis:

Lernen Sie in Zusammenhängen. Aufgrund des Prinzips der Allzuständigkeit prüfen Sie im Rahmen der Zuständigkeit nur Art. 3 Abs. 1 POG, ohne auf die weitere polizeiinterne Gliederung einzugehen oder Abgrenzungen zu erörtern, wie sie z.B. Art. 7 POG für das Landeskriminalamt vornimmt. Denn diese stellen nur interne Zuständigkeitsabgrenzungen dar, die sich nicht auf das Außenverhältnis und damit auf die Rechtsmäßigkeit auswirken.

B. Organisationsprinzipien

Das POG legt für die Bayerische Polizei einen **hierarchischen dreistufigen Aufbau** fest: 1377
- Innenministerium
- Polizeipräsidien
- Polizeiinspektionen/Kriminalfachdezernate.

Dabei sind alle Sparten der Polizei, z.B. Schutz-, Kriminal-, Verkehrspolizei, ineinander integriert, indem sie unter einheitlicher Leitung stehen. Ausnahme ist die untersten Ebene: Sie ist nach sparten gegliedert: 1378
- für die (uniformierte) Schutzpolizei Polizeiinspektionen;
- für die (uniformierte) Verkehrspolizei Verkehrspolizeiinspektionen;
- für die Kriminalpolizei Kriminalpolizeiinspektionen bzw. in den Ballungsräumen München und Nürnberg Kriminalfachdezernate.

C. Organisationsstruktur

Das POG kennt derzeit folgende Polizeiverbände: 1379

Oberste Dienstbehörde und Führungsstelle der Polizei ist das **Bayerische Staatsministerium des Innern.** Dies legt Art. 1 Abs. 3 Satz 2 POG fest.

Dem Innenministerium sind folgende Polizeibehörden **unmittelbar nachgeordnet**:
- Zehn regionale **Polizeipräsidien** der Bayerischen Landespolizei, die für alle polizeilichen Aufgaben zuständig sind, soweit nicht besondere Zuweisungen bestehen, Art. 4 POG. An ihrer Spitze steht ein Polizeipräsident, der in seinem örtlichen Zu-

ständigkeitsbereich verantwortlich ist für Einsatz, Personal und Logistik. Dem Polizeipräsidium nachgeordnet sind **Polizeiinspektionen**, die rund um die Uhr den Streifendienst aufrechterhalten und Ansprechpartner für den Bürger vor Ort sind, **Kriminalpolizeiinspektionen** oder **Kriminalfachdezernate**, die für kriminalpolizeiliche Ermittlungen zuständig sind, und **Verkehrspolizeiinspektionen**. Bei örtlich besonders großen Entfernungen sind den Inspektionen in Einzelfällen Polizeistationen nachgeordnet.

– das **Bayerische Landeskriminalamt**, das die zentrale Dienststelle für kriminalpolizeiliche Aufgaben und Zentralstelle für die polizeiliche Datenverarbeitung ist, Art. 7 POG.
– das Präsidium der **Bayerischen Bereitschaftspolizei**, Art. 6 POG. Ihm sind Bereitschaftspolizeiabteilungen nachgeordnet, die mit Einsatzhundertschaften für geschlossene Einsätze und mit Ausbildungsseminaren für die Ausbildung des Nachwuchses zuständig sind. Ferner ist dem Bereitschaftspolizeipräsidium das Fortbildungsinstitut und die Hubschrauberstaffel der Bayerischen Polizei unterstellt, Art. 6 Abs. 3 POG.
– das **Polizeiverwaltungsamt**, das für die Verfolgung und Ahndung von Verkehrsordnungswidrigkeiten zuständig ist, Art. 8 POG. Zu ihm gehört auch die Bußgeldstelle.
– die Bayerische Grenzpolizei als Teil der Landespolizei, Art. 5 POG.

D. Früher: Gemeindepolizei

1380 Nach Art. 83 Abs. 1 BV gehört zum Kerngehalt des gemeindlichen Selbstverwaltungsrechts auch die **örtliche Polizei**. Damit hat jede Gemeinde die Möglichkeit zur Gefahrenabwehr im Rahmen der Aufgaben des eigenen Wirkungskreises nach Art. 7 GO eine gemeindeeigene Polizei einzurichten. Früher stand hierfür das Gesetz über die Gemeindepolizei (Gem-PolG) bereit. Zum 1.8.2005 wurde es aufgehoben. Grund hierfür war, dass seit der Verstaatlichung der kommunalen Polizeien, die 1975 abgeschlossen wurde, aus Kostengründen keine Gemeinde mehr in Bayern eine Gemeindepolizei eingerichtet hatte.

1381 Für die Verhütung von Zuwiderhandlungen gegen Ortsrecht hätten der Gemeindepolizei die Befugnisse des PAG zugestanden. Aufgabe der Gemeindepolizei wäre es, Zuwiderhandlungen gegen Ortsrecht, d. h. Satzungen und Verordnungen der Gemeinde, zu verhüten oder zu unterbinden. Diese Aufgaben werden stattdessen nun von der Bayer. Landespolizei wahrgenommen, was auch effizienter und bei einer Gesamtbetrachtung für alle Beteiligten zudem wirtschaftlicher ist.

1382 Von der Gemeindepolizei zu unterscheiden ist die **kommunale Verkehrsüberwachung**. Es handelt sich dabei um eine **staatliche Aufgabe**, die zusätzlich auch auf die Gemeinde übertragen wurde. Die Rechtsgrundlage für die Übertragung auf die Kommunen findet sich in § 2 Abs. 3 und 4 der Verordnung über Zuständigkeiten im Ordnungswidrigkeitenrecht (ZuVOWiG). Nehmen die Gemeinden diese Zuständigkeit wahr, sind sie neben dem Bayerischen Polizeiverwaltungsamt auch für die weitere Verfolgung und Ahndung von Ordnungswidrigkeiten nach § 24 StVG zuständig. Führt sie das Bußgeldverfahren selbst durch, fällt die Geldbuße an die Kommune. Unabhängig von der Kompetenz als Ordnungswidrigkeitenbehörde nach § 2 Abs. 4 ZuVOWiG kann jede Kommune zur Verfolgung und Ahndung von Ordnungswidrigkeiten gemäß § 2 Abs. 3 ZuVOWiG eigenes Personal einsetzen. Bei diesen kommunalen Verkehrsüberwachungskräften handelt es sich aber nicht um Polizei, auch nicht um eine kommunale Polizei. Ihnen stehen daher die Befugnisse des PAG nicht zu. Es handelt sich vielmehr stets um kommunale Bedienstete, die mit der Aufgabe der Verkehrsüberwachung betraut sind und hierfür die Befugnisse nach dem OWiG besitzen.

Klausurhinweis:

Aus diesem Grunde dürfen die kommunalen Verkehrsüberwacher auch nicht das Abschleppen eines Fahrzeuges als polizeiliche Maßnahme nach Art. 11 Abs. 1, Abs. 2 Nr. 1 PAG oder nach Art. 25 Abs. 1 Nr. 1a PAG anordnen. Nach dem sog. **Münchner Modell** reicht es jedoch aufgrund der Ortskenntnis der Polizeibeamten aus, dass bei vordefinierten Örtlichkeiten (z.B. Behindertenparkplatz) der kommunale Verkehrsüberwacher über Funk dem Polizeibeamten in der Einsatzzentrale der Polizei seine Wahrnehmung schildert. Der Polizeibeamte ordnet dann das Abschleppen an, während der kommunale Verkehrsüberwacher vor Ort die erforderlichen Maßnahmen (Dokumentation der verkehrswidrigen Parksituation) ergreift. So bleiben die Anordnungskompetenz und damit auch die Verantwortung für die Maßnahme bei der Polizei.

Von der Gemeindepolizei zu unterscheiden ist ferner der kommunale Außendienst **1383** des Ordnungsamtes oder des Kreisverwaltungsreferates. Auch dabei handelt es sich um eine staatliche Aufgabe, die die Gemeinde als Sicherheitsbehörde nach Art. 6 LStVG wahrnimmt. Dem kommunalen Außendienst stehen die Befugnisse des LStVG zur Verfügung. Bei diesen Kräften des kommunalen Außendienstes handelt es sich aber nicht um Polizei, auch nicht um eine kommunale Polizei. Ihnen stehen daher die Befugnisse des PAG nicht zu.

31. Kapitel. Polizeien des Bundes

Zusammenfassung

1. Die Polizei ist nach dem GG grundsätzlich **Ländersache**. **Ausnahmen** bilden das Bundeskriminalamt als Zentralstelle für das polizeiliche Auskunfts- und Nachrichtenwesen, Art. 73 Nr. 10a und Art. 87 Abs. 1 Satz 2 GG, und die Bundespolizei als Grenzschutz und Bahnpolizei, Art. 73 Nr. 5 GG.
2. Das **Bundeskriminalamt** ist Zentralstelle für das polizeiliche Auskunfts- und Nachrichtenwesen und hat für die Datenverarbeitung die Funktion einer zentralen Sammel- und Informationsstelle für die Polizei- und die Strafverfolgungsbehörden des Bundes und der Länder. Hierfür führt es in eigener Verantwortung Zentraldateien und unter der Verantwortung der Polizeien der Länder und des Bundes Verbunddateien.
3. Die **Bundespolizei** (vormals Bundesgrenzschutz) ist für den polizeilichen Schutz der Grenzen des Bundesgebietes, § 2 BPolG, die Gefahrenabwehr im Zusammenhang mit den Eisenbahnen des Bundes, § 3 BPolG, die Luftsicherheit, § 4 BPolG, und den Schutz der Bundesorgane, § 5 BPolG, zuständig.

Da die öffentliche Sicherheit und Ordnung prinzipiell Aufgabe der Bundesländer **1384** ist, darf der Bund nur insoweit eine Polizei betreiben, als ihm das Grundgesetz dies ausdrücklich zugesteht. Dies trifft auf das **Bundeskriminalamt** und die **Bundespolizei** zu. Das Bundeskriminalamt und die Bundespolizei dürfen aber nach der Rechtsprechung des BVerfG nicht zu einer allgemeinen, mit den Landespolizeien konkurrierenden Bundespolizei ausgebaut werden und damit ihr Gepräge als Polizeien mit begrenzten Aufgaben verlieren[1]. **Polizei ist** nach den Vorstellungen des Grundgesetzes **grundsätzlich Ländersache**. Die Mütter und Väter des Grundgesetzes wollten damit eine wirksame Sicherung gegen den Machtmissbrauch einbauen, wie er in der Zeit des Nationalsozialismus geherrscht hatte. Die Zeit von 1933 bis 1945 war der einzige Zeitraum in der deutschen Geschichte, in dem es eine gleichgeschaltete, zentrale und reichseinheitliche Polizei gegeben hat. Dass die Polizei in Deutschland grundsätzlich Ländersache ist, daran sollte und wollte auch Art. 73 Nr. 10 GG nichts ändern, wie sich aus den Materialien über die Beratungen des Grundgesetzes ergibt. Man hatte allein die Koordinierung und Hilfestellung des Bundes im Auge[2].

A. Das Bundeskriminalamt (BKA)

1385 Das Bundeskriminalamt stützt sich auf die Verfassungsvorschriften der **Art. 73 Nr. 10, insbesondere Nr. 10a und Art. 87 Abs. 1 Satz 2 GG** sowie auf das Gesetz über das Bundeskriminalamt (BKAG)[3]. Als Zentralstelle ist das BKA eine Bundesoberbehörde. Gemäß § 1 Abs. 1 BKAG dient das Bundeskriminalamt der Zusammenarbeit des Bundes und der Länder in der Kriminalpolizei.

1386 Die **Aufgaben** des BKA sind in **§§ 2 ff. BKAG** festgeschrieben. Das BKA ist insbesondere

- nach § 2 BKAG Zentralstelle, insbesondere für die Datenverarbeitung der Polizeien der Länder und des Bundes,
- im Rahmen des § 3 BKAG für die internationale Zusammenarbeit zuständig, insbesondere ist es Nationales Zentralbüro für Interpol und Nationale Stelle für Europol,
- originäre Strafverfolgungsbehörde in den Fällen des § 4 BKAG, wenn eine Sachaufklärung im Ausland erforderlich ist,
- nach § 5 BKAG zuständig für die Abwehr von Gefahren des internationalen Terrorismus bei einer länderübergreifenden Gefahr oder mangels erkennbarer Zuständigkeit einer Landespolizeibehörde (Im Jahr 2008 hat das BKA diese Aufgaben und Befugnisse zur Gefahrenabwehr im Bereich des internationalen Terrorismus erhalten[4]),
- gemäß § 6 BKAG zuständig, die Mitglieder der Verfassungsorgane des Bundes zu schützen,
- in seinem Zuständigkeitsbereich auch mit der Aufgabe des Zeugenschutzes betraut, § 7 BKAG und
- nach § 8 BKAG für die Sicherung des BKA selbst zuständig.

---

[1] BVerfG, NVwZ 1998, 495 ff.

[2] Vgl. von Mangoldt/Klein/Pestalozza, Art. 73 Rn. 61.

[3] Gesetz über das Bundeskriminalamt und die Zusammenarbeit des Bundes und der Länder in kriminalpolizeilichen Angelegenheiten (Bundeskriminalamtsgesetz – BKAG) vom 1.6.2017 (BGBl. I S. 1354 ff.).

[4] Durch das Gesetz zur Abwehr von Gefahren des internationalen Terrorismus vom 25.12.2008, BGBl. 2008, 3083.

I. Zentralstellenfunktion, § 2 BKAG

Die wichtigste Aufgabe des BKA liegt in seiner **Zentralstellenfunktion** nach **§ 2 BKAG.** Es ist dabei auf dem Gebiet der polizeilichen Zusammenarbeit als zentrale Sammel- und Informationsstelle für die Polizei- und die Strafverfolgungsbehörden des Bundes und der Länder tätig. Besondere Bedeutung kommt dem BKA als Zentralstelle für den **elektronischen Informationsverbund** zu, § 2 Abs. 3 BKAG. Hierauf stützt sich das elektronische Informationssystem der Polizei (INPOL). Es beinhaltet Personen- und Sachfahndung, Kriminalaktennachweis (KAN), Haftdatei, Erkennungsdienst, Spurendokumentationssystem (SPUDOK) und zentrale Tatmittelnachweise für bestimmte Kriminalitätsbereiche. Von größter Bedeutung für die moderne Kriminalitätsbekämpfung ist es ferner, auch international von Polizeibehörden anderer Staaten schnelle und zuverlässige Informationen zu erhalten[5]. **1387**

Zur Zentralstellenfunktion gehört ferner als bedeutsame Aufgabe das Vorhalten **kriminaltechnischer und erkennungsdienstlicher Einrichtungen** nach § 2 Abs. 4 BKAG[6] und von kriminaltechnischen Untersuchungs- und Begutachtungsmöglichkeiten nach § 2 Abs. 6 und 7 BKAG[7]. Diese werden aber schon aus Kapazitätsgründen auch vom Bayer. Landeskriminalamt (BLKA) und einem Teil der Landeskriminalämter der Länder bereitgehalten. **1388**

II. Befugnisse des BKA, §§ 7 ff. BKAG

§§ 7 ff. BKAG beinhalten die **Befugnisse des BKA.** Auch wenn Unterschiede im Detail vorhanden sind, sind Regelungsstruktur und rechtliche Problemstellungen grundsätzlich mit dem PAG vergleichbar. Hinzuweisen ist aber auf folgenden Unterschied: **1389**

Das BKA betreibt für sich ein **eigenes Informationssystem nach § 13 BKAG** zur Erfüllung seiner eigenen Aufgaben. Daten im BKA-eigenen Informationssystem werden in der Verantwortung des BKA erhoben, gespeichert und verarbeitet[8].

Davon zu unterscheiden ist **der polizeiliche Informationsverbund,** den das BKA **nach § 29 BKAG** betreibt. Daten, die in diesen polizeilichen Informationsverbund eingegeben werden, sind Daten der Polizeibehörde, die sie eingegeben hat. **1390**

Beispiele: INPOL, Bundeskriminalaktennachweis, Datei Gewalttäter Sport.

Die Daten werden von den Polizeien der Länder und des Bundes aufgrund ihrer jeweiligen eigenen Befugnisse (PAG oder StPO) in eigener Verantwortung erhoben. Nur die Polizeibehörde, die Daten zu einer Person in den Informationsverbund des BKA eingegeben hat, ist befugt, diese Daten zu ändern, zu berichtigen oder zu löschen, § 29 Abs. 5 S. 1 BKAG. Nur für die Beachtung der Einhaltung der Regelungen zur Zusammenarbeit und zur Führung des Verbundsystems ist das BKA verantwortlich, § 31 Abs. 1 BKAG.

---

[5] Vgl. hierzu unten die Zusammenarbeit mit Interpol und Europol.

[6] Z.B. für Fingerspuren das EDV-gestützte automatische Fingerspuren-Identifzierungs-System, AFIS.

[7] Z.B. DNA-Analyse.

[8] Beachte: Das BKA nimmt mit seinem polizeilichen Informationssystem am polizeilichen Informationsverbund teil.

III. Die Antiterrordatei

1391 Beim Bundeskriminalamt wird eine **Antiterrordatei**[9] geführt. Dies ist nach der früheren gesetzlichen Terminologie eine Verbunddatei, nunmehr ist sie Teil des polizeilichen Informationsverbundes. Dateiführende Behörden sind das Bundeskriminalamt, das Bundespolizeipräsidium, die Landeskriminalämter, die Verfassungsschutzbehörden des Bundes und der Länder, der Militärische Abschirmdienst, der Bundesnachrichtendienst und das Zollkriminalamt, § 1 ATDG. Zur Teilnahme sind weitere Polizeivollzugsbehörden berechtigt, wenn ihnen die Bekämpfung des internationalen Terrorismus als Aufgabe zugewiesen ist. Gespeichert werden Personen, die einer terroristischen Vereinigung angehören, oder rechtswidrige Gewalt zur Durchsetzung international ausgerichteter politischer oder religiöser Belange anwenden oder unterstützen, § 2 ATDG. Welche Daten gespeichert werden können, ergibt sich aus § 3 ATDG. Durch die Datei sollen Ermittlungsverfahren aus den Bereichen Gefahrenabwehr und Strafverfolgung zusammengeführt und so die Arbeit der beteiligten Behörden koordiniert werden.

1392 Demgemäß sieht § 6 Abs. 1 Satz 1 ATDG eine Abfrage in der Antiterrordatei nur zur **Informationsanbahnung** vor. Dies bedeutet, es werden keine Auskünfte zur Person übermittelt. Vielmehr gibt eine Abfrage nur Auskunft darüber, welche Sicherheitsbehörde über die betreffende Personen Informationen besitzt. Für die Abfrage von Daten durch bayerische Polizeidienststellen aus der Antiterrordatei gewährt § 5 Abs. 1 ATDG i. V.m. Art. 31 PAG der abfragenden Behörde einen Zugriff.

1393 Das **BVerfG**[10] hat das **ATDG dem Grundsatz nach**[11] **für verfassungsgemäß** erklärt. Insbesondere ist es auf ein legitimes Ziel gerichtet. Die Datei soll den Sicherheitsbehörden Kenntnis darüber verschaffen, ob bei anderen Sicherheitsbehörden relevante Informationen zu bestimmten Personen aus dem Umfeld des internationalen Terrorismus vorliegen. Diese Daten dürfen nach dem ATDG nur für eine Abfrage bei der datenbesitzenden Dienststelle, nicht aber für operative Zwecke genutzt werden. Dies mindert das Eingriffsgewicht und macht den Eingriff verhältnismäßig[12]. Jedoch unterliegt der Datenaustausch zwischen Polizei und Nachrichtendiensten gesteigerten verfassungsrechtlichen Anforderungen[13]. Die Anforderungen des BVerfG hat der Gesetzgeber inzwischen im ATDG umgesetzt.

IV. Strafverfolgung durch das BKA, § 4 BKAG

1394 Originär zuständig für die Strafverfolgung ist das BKA lediglich in den Fällen des § 4 BKAG für den international organisierten illegalen Handel mit Waffen, Betäubungs-

---

[9] Gesetz zur Errichtung einer standardisierten zentralen Antiterrordatei von Polizeibehörden und Nachrichtendiensten von Bund und Ländern (Antiterrordateigesetz – ATDG vom 22.12.2006, BGBl. 2006, 3409), zuletzt geändert durch Gesetz vom 18.12.2014, BGBl. I S. 2318.

[10] BVerfG, 1 BvR 1215/07 Urt. v. 24.4.2013.

[11] Ferner fordert das GG bei einer Verbunddatei hinsichtlich der zu erfassenden Daten und ihrer Nutzungsmöglichkeiten eine hinreichend bestimmte und dem Übermaßverbot entsprechende gesetzliche Ausgestaltung. Das ATDG genügte dem nicht vollständig. Einige Vorschriften waren mit dem GG unvereinbar und mussten novelliert werden, z.B. die Bestimmung der beteiligten Behörden, die Reichweite der als terrorismusnah erfassten Personen, die Einbeziehung von Kontaktpersonen. Dies ist geschehen durch Gesetz vom 18.12.2014, BGBl. I 2014, 2318.

[12] BVerfG a. a. O. Abs.-Nr. 124 ff.

[13] Vgl. näher Schmidbauer, in: ders./Steiner, Art. 39 PAG Rn. 8.

mitteln und Falschgeld sowie für Straftaten, die sich gegen das Leben oder die Freiheit des Bundespräsidenten, der Mitglieder der Bundesregierung, des Bundestages und des Bundesverfassungsgerichts sowie der Gäste der Verfassungsorgane des Bundes richten.

V. Gefahrenabwehr durch das BKA, § 4 BKAG

Zu Abwehr der Gefahren des internationalen Terrorismus verfügt das BKA seit dem 1.1.2009 über eine Reihe von präventiven Eingriffsbefugnissen nach §§ 38ff. BKAG, deren Probleme weitgehend mit denen des PAG vergleichbar sind. **1395**

B. Die Bundespolizei

Der Bund besitzt nach Art. 73 Nr. 5 GG die ausschließliche Gesetzgebungskompetenz für den Grenzschutz. Gemäß Art. 87 Abs. 1 Satz 2 GG kann der Bund durch Bundesgesetz Bundesgrenzschutzbehörden einrichten. **1396**

Dies ist erfolgt durch Gesetz über die Bundespolizei (BPolG)[14], früher: Bundesgrenzschutz – BGS. Das BVerfG[15] hatte das Bundesgrenzschutzgesetz (BGSG) als Vorläuferregelung des BPolG auf seine Verfassungsmäßigkeit hin zu überprüfen. Es hielt das BGSG auch für verfassungskonform, soweit es dem Bundesgrenzschutz die Aufgaben der früheren Bahnpolizei und des Schutzes vor Angriffen auf die Sicherheit des Luftverkehrs auf Flugplätzen übertragen hat. Die Zuweisung einer neuen Aufgabe muss aber das Gepräge des Bundesgrenzschutzes als eine Sonderpolizei zur Sicherung der Grenzen des Bundes und zur Abwehr bestimmter, das Gebiet oder die Kräfte eines Landes überschreitender Gefahrenlagen wahren. Der Bundesgrenzschutz darf nicht sein Gepräge als Polizei mit begrenzten Aufgaben[16] verlieren. **1397**

Der Bundespolizei obliegt danach vor allem die Erfüllung folgender Aufgaben: der polizeiliche Schutz der Grenzen des Bundesgebietes, § 2 BPolG, die Gefahrenabwehr im Zusammenhang mit den Eisenbahnen des Bundes, § 3 BPolG, die Luftsicherheit, § 4 BPolG, und der Schutz der Bundesorgane, § 5 BPolG. **1398**

Für die genannten Aufgaben der Gefahrenabwehr stehen der Bundespolizei die Befugnisse der §§ 14 bis 50 BPolG zu. Die Bundespolizei untersteht dem Bundesministerium des Innern, § 57 Abs. 2 Satz 3 BPolG. **1399**

32. Kapitel. Europol und polizeiliche Zusammenarbeit auf europäischer Ebene

Zusammenfassung

Mit der Zusammenarbeit in Sicherheitsfragen auf europäischer Ebene befassen sich eine Vielzahl von
- Behörden und Einrichtungen, insbesondere das Comité de Securité Intérieur (COSI), Europol und Frontex, sowie

---

[14] Durch Gesetz vom 1.7.2005, BGBl. I S. 1818 wurde der frühere Bundesgrenzschutz (BGS) in Bundespolizei umbenannt.

[15] BVerfG, NVwZ 1998, 495ff.

[16] Vgl. Art. 87 Abs. 1 Satz 2, Art. 35 Abs. 2 und 3, Art. 91 Abs. 1 und 2, Art. 115f Abs. 1 Nr. 1 GG.

– Regelungswerken, insbesondere das Schengener Übereinkommen, der Schengener Grenzkodex, das Schengener Dürchführungsübereinkommen, der Prümer Vertrag sowie weitere bi- und multilaterale Verträge.

1400 Auf europäischer Ebene arbeiten die Polizeien mit unterschiedlichen Rechtsgrundlagen in unterschiedlicher Intensität zusammen:

A. Das Comité de Securité Intérieur (COSI)

1401 Im Rat wird nach **Art. 71 AEUV** ein **ständiger Ausschuss für operative Zusammenarbeit im Bereich der inneren Sicherheit** (**COSI** – Comité de Securité Intérieur) eingesetzt. Dieser soll sicherstellen, dass innerhalb der Union die operative Zusammenarbeit im Bereich der inneren Sicherheit gefördert wird. Der Ausschuss[1] fördert die Koordinierung der Maßnahmen der zuständigen Behörden der Mitgliedsstaaten. An den Arbeiten dieses Ausschusses können Vertreter dieser Behörden und der EU beteiligt werden. Das Europäische Parlament und die nationalen Parlamente werden auf dem Laufenden gehalten. Für Deutschland nimmt jeweils ein Vertreter des Bundesinnenministeriums, des Bundesjustizministeriums und ein Vertreter für die Länder teil[2].

B. Die Schengener Übereinkommen

1402 Ein bedeutsamer gesetzlicher Rahmen für die polizeiliche Zusammenarbeit innerhalb der Europäischen Union stellen die Schengener Übereinkommen dar. Sie haben sich zunächst außerhalb der Europäischen Union auf der Basis völkerrechtlicher Verträge entwickelt[3], wurden aber durch den EU-Vertrag von Amsterdam[4] in das EU-System integriert. Der Schengen-Besitzstand[5] und seine Weiterentwicklung wurde in die Kompetenz der Europäischen Union überführt.

I. Der Schengener Grenzkodex

1403 Mit Wirkung zum 13.10.2006 trat der **Schengener Grenzkodex**[6] in Kraft. Diese EU Verordnung regelt die Kontrollen an den Außengrenzen (Art. 5ff.), die Aufhebung der Grenzkontrollen an den Binnengrenzen (Art. 22) und ihre vorübergehende Wiedereinführung (Art. 25ff.).

---

[1] Er wurde am 25.2.2010 eingesetzt, ABl. 52/50 vom 3.3.2010.

[2] Ländervertreter für die Bundesrepublik Deutschland ist derzeit der Verfasser. Auf der Ebene unterhalb des ständigen Ausschusses existieren Fachgremien.

[3] Schengener Durchführungsübereinkommen SDÜ oder Schengen II vom 19.6.1990, BGBl. II 1993, S. 1010ff.

[4] EU-Vertrag von Amsterdam vom 2. Oktober 1997 mit Wirkung vom 1.5.1999.

[5] Schengener Abkommen und die auf dieser Grundlage erlassenen Regelungen, sogenannter Schengen Acquis.

[6] Die heutige Fassung gilt seit 12.4.2016, vgl. VO (EU) 2016/399. Schengener Grenzkodex hat Art. 2–8 SDÜ aufgehoben. Diese Regelungen des SDÜ gingen im Schengener Grenzkodex auf.

II. Das Schengener Durchführungsübereinkommen (SDÜ)

Art. 39 SDÜ verpflichtet alle Vertragsparteien zu gegenseitiger Hilfe bei der vorbeugenden Bekämpfung von strafbaren Handlungen. Hierzu zählt die Verhütung und Unterbindung strafbarer Handlungen und somit der gesamte **Bereich der Gefahrenabwehr.** 1404

Art. 46 Abs. 1 SDÜ schließlich eröffnet die Möglichkeit der **Informationshilfe zur Gefahrenabwehr** zwischen den Polizeien der Schengener Vertragsstaaten. Die Hilfeleistung besteht in der Übermittlung von Informationen oder Daten zum Zweck der Gefahrenabwehr, ohne dass ein Ersuchen einer Vertragspartei vorliegt. Allerdings steht auch diese Vorschrift unter dem Vorbehalt des nationalen Rechts: Die Zuständigkeit der Bayer. Polizei ergibt sich aus Art. 2 PAG, ihre Befugnis aus **Art. 57 PAG.** 1405

C. Europol

Europol findet seine Rechtsgrundlage in der Europol Verordnung[7] der EU, Art. 88 AEUV und dem zur Anwendung der VO ergangenem Europolgesetz[8]. **Art. 88 Abs. 1 AEUV** bestimmt den **Auftrag** von Europol: die Polizeibehörden der Mitgliedsstaaten der EU sowie deren gegenseitige Zusammenarbeit zu unterstützen bei der Verhütung und Bekämpfung schwerer Kriminalität, des Terrorismus und von Kriminalitätsformen, die gemeinsames Interesse verletzen, das Politikgegenstand der Union ist. 1406

Durch **Art. 88 Abs. 2 AEUV** und Art. 4 EuropolVO werden die **Aufgaben** von Europol festgelegt. Zu den Aufgaben Europols gehören das Einholen, Speichern, Verarbeiten, Analysieren und Austauschen von Informationen. Ferner zählt dazu die Koordinierung, Organisation und Durchführung von Ermittlungen und von operativen Maßnahmen, die gemeinsam mit den zuständigen Behörden der Mitgliedsstaaten oder im Rahmen gemeinsamer Ermittlungsgruppen durchgeführt werden. 1407

Art. 88 Abs. 3 AEUV schließlich bestimmt, dass Europol **operative Maßnahmen nur in** Verbindung und **Absprache mit den Behörden der Mitgliedsstaaten** ergreifen darf, deren Hoheitsgebiet betroffen ist. Die Anwendung von **Zwangsmaßnahmen** bleibt **ausschließlich** den zuständigen **einzelstaatlichen Behörden** vorbehalten, Art. 4 Abs. 5 EuropolVO. 1408

Europol verfügt über eigene Bedienstete und über **Verbindungsbeamte**, Art. 8 EuropolVO. Diese haben als Vertreter des entsendenden Staates Zugriff auf die jeweiligen nationalen Datenbestände und können Informationen übermitteln und weiterleiten. Nach § 2 Abs. 3 Europol-Gesetz können die Polizeien der Länder unmittelbar mit dem deutschen Verbindungsbeamten bei Europol Daten austauschen. 1409

Die **datenschutzrechtliche Verantwortlichkeit** liegt für Daten, die ein Mitgliedsstaat an Europol übermittelt hat, gemäß Art. 38 Abs. 2 Nr. a EuropolVO bei diesem Mitgliedsstaat. Der Anspruch nach Art. 62 PAG auf Berichtigung oder Löschung dieses Datums, das die Bayerische Polizei übermittelt hat, kann vor dem örtlichen Verwaltungsgericht geltend gemacht werden. Die Verantwortlichkeit für die Verarbeitung der übermittelten Daten und für von Europol erhobene Daten liegen gemäß Art. 38 1410

---

[7] Verordnung (EU) 216/794 des Europäischen Parlaments und des Rates vom 11. Mai 2016 über die Agentur der Europäischen Union für die Zusammenarbeit auf dem Gebiet der Strafverfolgung (Europol).

[8] Europol-Gesetz vom 16.12.1997, zuletzt geändert durch Gesetz vom 23.6.2017, BGBl. I S. 1882.

Abs. 2 Nr. b EuropolVO bei Europol selbst. Nach Art. 47 Abs. 1 EuropolVO kann jeder Betroffene beim Europäischen Datenschutzbeauftragten (EDSB) Beschwerde einreichen. Gegen dessen Entscheidung kann Klage beim Gerichtshof der Europäischen Union erhoben werden, Art. 48 EuropolVO.

D. Frontex

1411 Die Europäische Agentur für die operative Zusammenarbeit an den Außengrenzen der EU-Mitgliedstaaten (**Frontex**)[9] hat am 1.5.2005 in Warschau ihre Tätigkeit aufgenommen. Ihre Aufgabe ist es, den Mitgliedstaaten zur Sicherung der EU-Außengrenzen technische Unterstützung und Fachwissen zur Verfügung zu stellen, Ausbildungsmaßnahmen zu unterstützen und Risikoanalysen zu erstellen. Zuständigkeit und Verantwortung für die Kontrolle der Außengrenzen verbleiben allerdings beim jeweiligen Mitgliedstaat der EU.

E. Der Prümer Vertrag

1412 Der Prümer Vertrag[10] beinhaltet eine Rechtsgrundlage für den automatisierten Austausch von Daten über Fingerabdrücke, DNA-Daten und Daten aus Fahrzeugregistern.

F. Bi- bzw. multilaterale Staatsverträge

1413 Schließlich gibt es eine Zusammenarbeit der Polizeien innerhalb Europas auf der Basis bilateraler Staatsverträge. Als Beispiel wird hier der **deutsch-österreichische Polizeivertrag** genannt[11]. Von besonderer Bedeutung ist dabei Art. 6. Er gibt die Befugnis, zur Abwehr von Gefahren für die öffentliche Sicherheit oder Ordnung sowie zur Verfolgung von Straftaten Polizeibeamte des Nachbarstaates den zuständigen polizeilichen Stellen des Gebietsstaates zu unterstellen, um polizeiliche Vollzugsaufgaben einschließlich hoheitlicher Befugnisse wahrzunehmen. Dies setzt Einvernehmen zwischen den zuständigen Führungsdienststellen[12] der Polizei der beiden Vertragsstaaten voraus. Die unterstellten Polizeibeamten dürfen aber nur unter der Leitung eines Beamten des Gebietsstaates und nach dem Recht des Gebietsstaates hoheitlich tätig werden. Das Handeln der unterstellten Beamten ist dem Gebietsstaat zuzurechnen.

33. Kapitel. Interpol und polizeiliche Zusammenarbeit auf internationaler Ebene

1414 **Interpol** mit Sitz in Lyon in Frankreich ist seit seiner Gründung im Jahr 1923 ein **Zusammenschluss nationaler Polizeibehörden**. Dieser Rechtsstatus ist unbefrie-

---

[9] Die Rechtsgrundlage findet sich in der VO (EG) Nr. 2007/2004 vom 26.10.2004, ABl. 2004 Nr. L 349/1.

[10] Der Prümer Vertrag wurde am 27.5.2002005 als völkerrechtlicher Vertrag zwischen sieben EU Staaten geschlossen. Er wurde in den Rechtsrahmen der EU überführt durch Beschluss des Rates 2008/615/JI.

[11] Gesetz vom 16.8.2005, BGBl. II S. 858 ff., in Kraft getreten am 1.12.2005.

[12] Nach Art. 3 Abs. 1 Satz 2 POG ist dies für die Bayerische Polizei das Bayer. Staatsministerium des Innern.

digend. Es handelt sich damit weder um ein Völkerrechtssubjekt noch um eine supranationale Organisation, die sich auf einen völkerrechtlichen Vertrag stützen kann. Demgemäß gibt es auch kein Transformationsgesetz i.S.d. Art. 59 Abs. 2 GG. Die Interpol-Statuten[1] und die anderen Richtlinien der Organisation sind Regelungen, die sich die Organisation im Rahmen ihrer Selbstverwaltung selbst gegeben hat.

Als **Ziele** der Organisation definiert Art. 2 der Interpol-Statuten, eine möglichst **1415** umfassende gegenseitige Unterstützung aller Kriminalpolizeibehörden im Rahmen der in den einzelnen Ländern geltenden Gesetze und im Geiste der Erklärung der Menschenrechte sicherzustellen und weiterzuentwickeln. Damit entscheidet der jeweilige Mitgliedstaat allein und ausschließlich aufgrund seiner geltenden Gesetze, ob und wie ein Ersuchen bearbeitet wird. Die Beamten von Interpol haben **keine Exekutivkompetenzen** und dürfen bei den Ermittlungen der nationalen Polizei lediglich anwesend sein und sie beraten.

Der **internationale polizeiliche Informationsaustausch** wird weitgehend über **1416** Interpol abgewickelt. Wichtigster Teil ist die personenbezogene internationale Fahndung aus repressiven oder präventiven Gründen, beispielsweise Ausschreibung zur Festnahme mit dem Ziel der späteren Auslieferung (Formular mit rot markierter Ecke). Interpol betreibt weiter das „Interpol Criminal Information System (ICIS)“, eine Datenbanklösung, mit der internationale Fallzusammenhänge erkannt werden sollen.

Die nunmehr vorhandenen gesetzlichen Regelungen des § 27 Abs. 5 BKAG genüg- **1417** ten den Datenschutzanforderungen des deutschen Verfassungsrechts. Sie stellen ausreichende gesetzliche Grundlagen für die Weitergabe polizeilicher Daten an Interpol, ihre Korrektur und ihre Löschung dar. Für die Bundesrepublik Deutschland ist gemäß §§ 3 Abs. 1, 27 Abs. 5 BKAG das Bundeskriminalamt als Nationales Zentralbüro für Interpol tätig.

---

[1] Vgl. Constitution of the International Criminal Police Organisation – Interpol, in: www.interpol.int unter legal material; abgedruckt beispielsweise bei *Grützner/Pötz,* Internationaler Rechtshilfeverkehr in Strafsachen, Loseblatt 2017, III K 2.

Teil III. Allgemeines Sicherheitsrecht

Das LStVG lehnt sich grundsätzlich an das Polizeistrafgesetzbuch von 1861 an und besteht aus mehreren Regelungskomplexen: dem Landesstrafrecht, dem Sicherheitsrecht sowie dem Verordnungsrecht.[1] **1418**

Diese Regelungskomplexe fallen auch unter verschiedene Gesetzgebungskompetenzen. So ergibt sich die Gesetzgebungskompetenz für das Landesstrafrecht aus Art. 74 Abs. 1 Nr. 1 i. V. m. Art. 72 GG, wobei eine Abgrenzung zum Geltungsbereich des StGB durch Art. 1 bis 4 EGStGB erfolgt. Die Gesetzgebungskompetenz für die sicherheitsrechtlichen Vorschriften ergibt sich aus Art. 70 Abs. 1 GG mit Ausnahme der dem Bund zugewiesenen Regelungskomplexe z.B. aus Art. 74 Abs. 2 Nr. 19 GG. Bewehrte Verordnungen dagegen können sich auf den Kompetenztitel der Art. 74 Abs. 1 Nr. 1 i. V. m. Art. 72 GG stützen, während der übrige Verordnungserlass der grundsätzlichen Kompetenz der Länder nach Art. 30, 70 GG unterliegt. **1419**

34. Kapitel. Klausuraufbau einer sicherheitsrechtlichen Primärmaßnahme

Zum Aufbau gilt dasselbe, was zur polizeilichen Primärmaßnahme ausgeführt wurde.[2] Auch hier bestehen mit dem bayerischen und dem klassischen Aufbau zwei Varianten, die beide in der Klausur verwendet werden können.[3] **1420**

A. Der bayerische Aufbau

Der bayerische Aufbau der sicherheitsrechtlichen Primärmaßnahme folgt weitgehend dem Gesetz und führt zu folgendem Prüfungsschema: **1421**

Prüfungsschema 17: Die sicherheitsrechtliche Primärmaßnahme – bayerischer Aufbau (gesamt)

A. formelle Rechtmäßigkeit
- **I. Zuständigkeit**
  - **1. Verbandskompetenz, Art. 6 LStVG**
  - **2. Organkompetenz**
- **II. Verfahren**
  - **1. Anhörung, Art. 28 Abs. 1 BayVwVfG**
  - **2. Beschlussverfahren**
- **III. Form, insbesondere Begründungserfordernis, Art. 39 Abs. 1 BayVwVfG**

---

[1] Dazu bereits Rn. 127 ff.

[2] Dazu Kapitel 8.

[3] Zur Stellungnahme vgl. Rn. 218.

B. materielle Rechtmäßigkeit
- **I. Aufgabeneröffnung, Art. 6 LStVG**

- **II. Befugnisnorm (nur bei Grundrechtseingriffen, Art. 20 Abs. 3 GG, Art. 3 Abs. 1 BV)**
  - **1. Art. 7 Abs. 1 LStVG i.V.m. Spezialgesetzen (wie bei Art. 11 Abs. 3 PAG)**
  - **2. Art. 7 Abs. 1 LStVG i.V.m. Art. 12 bis 41 LStVG – Standardbefugnisse für Einzelmaßnahmen**
  - **3. Art. 7 Abs. 2 Nrn. 1 bis 3 LStVG – Generalklausel**

- **III. Maßnahmerichtung (Störerauswahl)**
  - **1. Spezialregelungen in den Standardbefugnissen**
  - **2. allgemeine Regelungen**
    - a. Handlungsstörer, Art. 9 Abs. 1 LStVG
    - b. Zustandsstörer, Art. 9 Abs. 2 LStVG
    - c. Nichtstörer, Art. 9 Abs. 3 LStVG
  - **3. Ermessensausübung bzgl. der Störerauswahl**

- **IV. polizeiliche Handlungsgrundsätze**
  - **1. Grundsatz der Verhältnismäßigkeit, Art. 8 LStVG**
    - a. mildestes Mittel, Art. 8 Abs. 1 LStVG
    - b. Zweck-Mittel-Relation, Art. 8 Abs. 1 LStVG
    - c. zeitliches Übermaßverbot, Art. 8 Abs. 3 LStVG

  - **2. Ermessensausübung**
    - a. Entschließungsermessen, „ob“
    - b. Auswahlermessen, „wie“

B. Der klassische Aufbau

1422 Dem klassischen Prüfungsschema für einen Verwaltungsakt folgt der klassische Aufbau einer sicherheitsrechtlichen Primärmaßnahme:

Prüfungsschema 18: Die sicherheitsrechtliche Primärmaßnahme – klassischer Aufbau (Überblick)

A. Befugnisnorm (nur bei Grundrechtseingriffen, Art. 20 Abs. 3 GG, Art. 3 Abs. 1 BV)
- **I. Art. 7 Abs. 1 LStVG i.V.m. Spezialgesetzen (wie bei Art. 11 Abs. 3 PAG)**
- **II. Art. 7 Abs. 1 LStVG i.V.m. Art. 12 bis 41 LStVG – Standardbefugnisse für Einzelmaßnahmen**
- **III. Art. 7 Abs. 2 Nr. 1 bis 3 LStVG – Generalklausel**

B. formelle Rechtmäßigkeit
I. Zuständigkeit
1. Verbandskompetenz: Aufgabeneröffnung, Art. 6 LStVG
2. Organkompetenz

II. Verfahren
1. Anhörung, Art. 28 Abs. 1 BayVwVfG
2. Beschlussverfahren

III. Form, insbesondere Begründungserfordernis, Art. 39 Abs. 1 BayVwVfG

C. materielle Rechtmäßigkeit
I. Subsumtion unter die Befugnisnorm

II. Maßnahmerichtung (Störerauswahl)
1. Spezialregelungen in den Standardbefugnissen
2. Allgemeine Regelungen
a. Handlungsstörer, Art. 9 Abs. 1 LStVG
b. Zustandsstörer, Art. 9 Abs. 2 LStVG
c. Nichtstörer, Art. 9 Abs. 3 LStVG
3. Ermessensausübung bzgl. der Störerauswahl

III. polizeiliche Handlungsgrundsätze
1. Grundsatz der Verhältnismäßigkeit, Art. 8 LStVG
a. mildestes Mittel, Art. 8 Abs. 1 LStVG
b. Zweck-Mittel-Relation, Art. 8 Abs. 2 LStVG
c. zeitliches Übermaßverbot, Art. 8 Abs. 3 LStVG

2. Ermessensausübung
a. Entschließungsermessen, „ob“
b. Auswahlermessen, „wie“

35. Kapitel. Formelle Rechtmäßigkeitsvoraussetzungen sicherheitsrechtlichen Handelns

Zusammenfassung

1. Bei Einzelmaßnahmen ist der herkömmliche Prüfungsaufbau Zuständigkeit – Verfahren – Form zu wählen.
2. Im Rahmen der Zuständigkeit ist zwischen der **Verbandskompetenz**, die sich nach der Mehrfachkompetenz des Art. 6 LStVG richtet, und der **Organkompetenz**, die sich aus den jeweiligen Spezialgesetzen ergibt, zu differenzieren.
3. Für ein ordnungsgemäßes Verfahren muss der Betroffene grds vor Erlass der belastenden Maßnahme angehört werden. Eine solche Anhörung kann jedoch

nach Art. 28 Abs. 2 Nr. 1 BayVwVfG bei **Gefahr im Verzug** entbehrlich sein, ebenso wie sie beim Erlass einer **Allgemeinverfügung** nach Art. 28 Abs. 2 Nr. 4 BayVwVfG entbehrlich ist. Auch kann ein Beschlussverfahren des zuständigen Organs einzuhalten gewesen sein.

4. In der Regel ergeht die sicherheitsrechtliche Maßnahme als schriftlicher oder elektronischer Verwaltungsakt, so dass diese **zu begründen** ist, Art. 39 Abs. 1 BayVwVfG.

A. Einzelmaßnahmen

1423 Die sicherheitsrechtlichen Einzelmaßnahmen unterscheiden sich in formeller Hinsicht ebenso wie die polizeirechtlichen Einzelmaßnahmen nur in Nuancen vom allgemeinen Verwaltungsrecht. Auch bei jenen sind die Zuständigkeit, das Verfahren und die Form der Maßnahme zu prüfen. Im Gegensatz zu den polizeilichen Maßnahmen besteht auch keine Eilkompetenz, da eine Art. 3 PAG vergleichbare Regelung im LStVG fehlt. Allerdings bestehen auch im LStVG besondere Vorschriften bzgl. der Zuständigkeit. Im Einzelnen bedeutet dies:

I. Zuständigkeit

1. Verbandskompetenz

1424 Die Verbandskompetenz für sicherheitsrechtliche Einzelmaßnahmen ergibt sich aus der allgemeinen Vorschrift des Art. 6 LStVG. Hiernach sind für diese Maßnahmen grundsätzlich die Gemeinden, die Landratsämter, die Regierungen und das Staatsministerium des Innern zuständig, womit Art. 6 LStVG vom materiellen Polizeibegriff ausgeht.

1425 Nach der h.M. handelt es sich bei Art. 6 LStVG um eine **Mehrfachkompetenz**, d.h. es sind alle genannten Behörden zuständig, ohne dass Art. 6 LStVG ein Rangverhältnis begründet.[1]

1426 Die vorgenannten Behörden sind zur Abwehr von Gefahren für und die Unterbindung und Beseitigung von Störungen der öffentlichen Sicherheit und Ordnung zuständig.

2. Organkompetenz

1427 Darüber hinaus muss innerhalb des zuständigen Verbandes das zuständige Organ gehandelt haben. Dies ergibt sich zumeist aus den einschlägigen Gesetzen, welche sich mit der Organisation des Verbandes befassen.[2]

II. Verfahren

1428 Im Rahmen des Verfahrens ist grundsätzlich eine Anhörung vorgesehen, Art. 28 Abs. 1 BayVwVfG. Allerdings kann auch in diesen Fällen einmal Gefahr im Verzug vorliegen, so dass die Anhörung gem. Art. 28 Abs. 2 Nr. 1 BayVwVfG entbehrlich ist,

---

[1] Holzner, in: BeckOK, LStVG, Art. 6 Rn. 35ff.
[2] So z.B. die GO für Gemeinden.

wenn durch die Anhörung selbst bei der Setzung einer äußerts kurzen Frist ein Zeitverlust von dem Umfang entsteht, dass die zur Gefahrenabwehr gebotene Maßnahme mit hoher Wahrscheinlichkeit nicht mehr rechtzeitig ergriffen werden könnte und so ihr Ziel verfehlen würde oder ihren Zweck nur noch eingeschränkt erreichen könnte.[3] Ein Automatismus, wie dies bei der polizeilichen Maßnahme schon allein aufgrund Art. 3 PAG der Fall ist, liegt jedoch bei sicherheitsrechtlichem Handeln gerade nicht vor.

Allerdings kann bei sicherheitsrechtlichen Allgemeinverfügungen gem. Art. 35 Satz 2 BayVwVfG auch der Ausnahmetatbestand des Art. 28 Abs. 2 Nr. 4 BayVwVfG greifen.

Da es sich bei den tätigen Einheiten um Verbände mit Organen handelt, kann ein 1429
weiterer Aspekt des Verfahrens darin bestehen, dass das **Beschlussverfahren**, das im jeweiligen Organ anzuwenden ist, eingehalten wurde.

Klausurhinweis:

Insbesondere beim Handeln von Gemeindeorganen, wie dem Gemeinderat, kann hier ein Einfallstor für das Abprüfen kommunalrechtlichen Wissens sein, wie dem Beschlussverfahren nach Art. 47 ff. GO.

III. Form

Eine bestimmte Form ist für die sicherheitsrechtliche Einzelfallanordnung nicht vor- 1430
gesehen, sodass es bei den allgemeinen Vorschriften bleibt. Da in der Regel schriftliche oder elektronische Verwaltungsakte ergehen, sind diese mit einer **Begründung** zu versehen, Art. 39 Abs. 1 BayVwVfG. Dabei besteht lediglich eine formelle Begründungspflicht, der bereits dann genügt ist, wenn die Begründung die wesentlichen tatsächlichen und rechtlichen Gründe enthält, welche die Behörde zu ihrer Entscheidung bewogen haben.

Es ergibt sich daher für die formelle Rechtmäßigkeit folgendes Prüfungsschema: 1431

Prüfungsschema 19: Die sicherheitsrechtliche Primärmaßnahme – formelle Rechtmäßigkeit

I. Zuständigkeit

1. Verbandskompetenz: Aufgabeneröffnung, Art. 6 LStVG

Gemeinden – Landratsämter – Regierungen – Staatsministerium des Innern
- materieller Polizeibegriff
- Verhältnis der Behörden zueinander: h.M: Mehrfachkompetenz

2. Organkompetenz

[3] BVerwGE 68, 271; 45, 57.

II. Verfahren

1. Anhörung, Art. 28 Abs. 1 BayVwVfG
evtl. entbehrlich, bei
– Art. 28 Abs. 2 Nr. 1 BayVwVfG: Gefahr im Verzug
– Art. 28 Abs. 2 Nr. 4 BayVwVfG: Allgemeinverfügungen
Heilung nach Art. 45 Abs. 1 Nr. 3 BayVwVfG

2. Beschlussverfahren
z.B. bei Gemeinden: Beschlussverfahren nach Art. 47ff. GO

III. Form, insbesondere Begründungserfordernis, Art. 39 Abs. 1 BayVwVfG

B. Rechtsverordnungen

1432 Die formellen Voraussetzungen, die beim Erlass einer sicherheitsrechtlichen Rechtsverordnung zu beachten sind, sind umfangreicher als bei Einzelmaßnahmen und weitgehend im LStVG, insbesondere in den Art. 42ff. LStVG, sowie im GG bzw. der BV normiert. So ist im Rahmen der Zuständigkeit die Verbandskompetenz, Art. 6, 44 LStVG, und die Organkompetenz, z.B. Art. 42 Abs. 2 Satz 1 LStVG zu prüfen. Im Rahmen des ordnungsgemäßen Verfahrens ist insbesondere das Beschlussverfahren sowie das Inkrafttreten der Rechtsverordnung nach Art. 50 LStVG zu beachten. Bzgl. der einzuhaltenden Formerfordernisse ist sodann zwischen bewehrten und unbewehrten Rechtsverordnungen zu unterscheiden, was sich auf das Zitiergebot nach Art. 45 Abs. 2 LStVG ebenso auswirkt wie auf die Angabe der Geltungsdauer nach Art. 50 Abs. 2 bzw. 3 LStVG. Letztlich ist die Rechtsverordnung noch amtlich bekanntzumachen, Art. 51 LStVG.[4]

36. Kapitel. Sicherheitsbehördliche Aufgaben, Art. 6 LStVG

Zusammenfassung

1. Art. 6 LStVG ist, ebenso wie Art. 2 PAG, eine **Zuständigkeitsnorm** und **eröffnet** den dort angeführten allgemeinen Sicherheitsbehörden die **Aufgabe** zur Gefahrenabwehr.
2. Die Aufgabeneröffnung nach Art. 6 LStVG ist gegenüber solchen aufgrund von Spezialgesetzen **subsidiär**. Eine Zuständigkeit nach Art. 6 LStVG ist in diesen Fällen nur dann anzunehmen, wenn die zuständige Behörde zur Gefahrenabwehr nicht oder nicht rechtzeitig in der Lage ist.
3. Die Aufgabe wird nach Art. 6 LStVG nur zur **Gefahrenabwehr** eröffnet. Repressive Maßnahmen sind hiervon nicht gedeckt.

---

[4] Dazu ausführlich Kapitel 42.

4. Bzgl. der Definitionen der Schutzgüter der öffentlichen Sicherheit und Ordnung sowie diejenigen der hierfür bestehenden Gefahren und Störungen, die abgewehrt, unterbunden oder beseitigt werden sollen, kann auf die bereits bekannten Definitionen zurückgegriffen werden.
5. Die Beurteilung der Aufgabeneröffnung ist ***ex ante et ex situatione*** vorzunehmen.
6. **Sicherheitsbehörden** sind die Gemeinden, Landratsämter, Bezirksregierungen und das Staatsministerium des Innern.
7. Für die Gemeinden stellen die **Aufgaben** der Gefahrenabwehr grundsätzlich solche **des übertragenen Wirkungskreises** dar, wie sich aus der Aufzählung in Art. 6 LStVG mit den anderen Sicherheitsbehörden ergibt.
8. Ausnahmen bestehen jedoch für **Aufgaben der örtlichen Polizei**, die eine ortsbezogene Gefahr oder den Vollzug von Ortsrecht zur Voraussetzung haben und die dem **eigenen Wirkungskreis** zugeordnet werden.
9. Art. 6 LStVG normiert eine **Mehrfachkompetenz**, so dass alle dort genannten Sicherheitsbehörden zur Gefahrenabwehr zuständig sind, *e contrario* Art. 44 LStVG sowie Grundsatz der Effektivität der Gefahrenabwehr.
10. Behörden, deren Aufgaben nicht nach Art. 6 LStVG eröffnet sind, können nicht auf die Befugnisnormen des LStVG zugreifen.

Art. 6 LStVG ist, ebenso wie Art. 2 PAG, eine **Zuständigkeitsnorm** und eröffnet 1433 den dort angeführten allgemeinen Sicherheitsbehörden die Aufgabe zur Gefahrenabwehr. Sie ist Ausdruck der Zweiteilung des Sicherheitsrechts in einen allgemeinen und besonderen Teil und nimmt die Aufgabenzuweisung nur für das allgemeine Sicherheitsrecht an die dort aufgeführten Behörden vor. Inhaltlich entspricht sie Art. 2 PAG, so dass auf die Ausführungen zu diesem verwiesen werden kann.[1]

Eine Befugnis zum Tätigwerden verleiht Art. 6 LStVG ebenso wie Art. 2 PAG nicht.[2]

A. Anwendungsbereich

Art. 6 LStVG befindet sich im Zweiten Teil des LStVG. Wie Art. 2 PAG regelt er 1434 die **allgemeine Zuständigkeit** und **Aufgabenzuweisung** und tritt daher als subsidiär zurück, soweit eine speziellere Aufgabeneröffnung nach dem LStVG, insbesondere nach dem Dritten Teil, oder anderen Rechtsvorschriften des besonderen Sicherheitsrechts bestehen.[3]

Derartige **Spezialvorschriften** sind zahlreich und finden sich z.B. im LStVG mit den Art. 12 1435 Abs. 2, Art. 19 Abs. 5, Art. 23, 24 Abs. 2, Art. 26 Abs. 2, Art. 28 Abs. 3, Art. 29 Abs. 1, Art. 61, im Versammlungsgesetz (Art. 12, 14 i.V.m. Art. 24 Abs. 2 Satz 1 BayVersG), im Gaststättengesetz (§ 19 GastG i.V.m. § 1 GastV), in der Gewerbeordnung (§ 15 Abs. 2, §§ 35, 51, 59, 60d, 70a GewO i.V.m. § 37 ZustV), im Handwerksrecht (§ 16 Abs. 3 HWO i.V.m. § 2 HwOZustV), im Baurecht (Art. 54 Abs. 2 Satz 2 1. Hs., Art. 75, 76 i.V.m. Art. 53 Abs. 1 BayBO), im Unterbringungsrecht (Art. 5 Abs. 1 i.V.m. Art. 11 Satz 1 BayPsychKHG), im Bestattungswesen (Art. 14 Abs. 1 Bestat-

[1] Dazu Kapitel 10.
[2] Zum Verhältnis Aufgabeneröffnung und Befugnis Rn. 231 ff.
[3] 6.1. VollzB.

tungsG), im Lebensmittelrecht (§§ 1 ff. AVLFM), zur Brandvermeidung (§ 24 der Verordnung über die Verhütung von Bränden, § 3 der Verordnung über die Feuerbeschau), im Seuchenschutz (§ 5 TierGesG i. V. m. § 1 Abs. 1 Satz 1 TierSVollzV) sowie im Wasserrecht (Art. 58 Abs. 1 Satz 1 BayWG).

1436 Dennoch ist in diesen Fällen ein Tätigwerden der allgemeinen Sicherheitsbehörden nicht ausgeschlossen. So bleibt deren Zuständigkeit nach Art. 6 LStVG auch im Falle einer spezialgesetzlichen Zuweisung an andere Behörden zumindest dann erhalten, wenn

- diese **Behörde außer Stande** ist, die Gefahr abzuwehren, was insbesondere bei Verhinderungsfällen z.B. am Wochenende, nach Dienstschluss oder an Feiertagen der Fall ist, oder
- die **Behörde nicht rechtzeitig im Stande** ist, die Gefahr abzuwehren. Dies ist dann der Fall, wenn dringender Handlungsbedarf besteht. In diesem Fall sind die allgemeinen Sicherheitsbehörden aufgrund Art. 6 LStVG zumindest für die vorläufige Gefahrenabwehr zuständig.

B. Aufgabeneröffnung zur Gefahrenabwehr

1437 Art. 6 LStVG weist den dort genannten Behörden die Aufgabe zu, die öffentliche Sicherheit und Ordnung durch die Abwehr von Gefahren und die Unterbindung und Beseitigung von Störungen aufrechtzuerhalten. Insoweit ist die Ausrichtung der behördlichen Tätigkeit **präventiv**.

1438 Maßnahmen zur **Strafverfolgung** fallen dagegen nicht unter die von Art. 6 LStVG zugewiesenen Aufgaben. Auf diese ist die StPO anwendbar, Art. 2 LStVG, womit auch die dort genannten Stellen, z.B. die Polizei, §§ 161, 163 StPO, zuständig sind.

1439 Für **Ordnungswidrigkeiten** gilt nach Art. 3 LStVG grundsätzlich das OWiG. Allerdings wird die Zuständigkeit für die Verfolgung der im LStVG geregelten Ordnungswidrigkeitentatbestände nach § 36 OWiG i. V. m. § 87 Abs. 1 Satz 1 ZustVO den allgemeinen Sicherheitsbehörden zugewiesen.

1440 Art. 6 LStVG ist eine **reine Aufgabenzuweisungsnorm** und enthält **keine Befugnis** zum Tätigwerden. Maßnahmen zur Gefahrenabwehr können daher nur dann allein auf Art. 6 LStVG gestützt werden, sofern sie nicht in Rechte Dritter eingreifen. Greift die Maßnahme jedoch in Rechte Dritter ein, ist für das Tätigwerden der Sicherheitsbehörde nach dem Grundsatz des Vorbehalts des Gesetzes, Art. 20 Abs. 3 GG, Art. 3 Abs. 1 BV,[4] der nunmehr auch in Art. 7 Abs. 1 LStVG ausdrücklich angeführt wird, zusätzlich eine Befugnisnorm nach Art. 7, 12 ff. LStVG erforderlich.

1441 Als **Schutzgüter** weist Art. 6 LStVG die öffentliche Sicherheit und Ordnung aus, deren Inhalt sich ebenso bestimmt wie im allgemeinen Polizeirecht.[5]

1442 Im Vergleich zu Art. 2 Abs. 1 PAG, in dem die Tatbestände der öffentlichen Sicherheit und Ordnung durch ein „oder" verbunden sind und damit eine Gefährdung nur eines der Schutzgüter für die Aufgabenerfüllung ausreichend ist, kommt der Formulierung von Art. 6 LStVG, der die Schutzgüter durch das Wort „und" verbindet und wonach eine Gefahr für beide Schutzgüter bestehen müsste, keine Bedeutung zu. Vielmehr ist davon auszugehen, dass eine Gefährdung eines der Schutzgüter ausreichend ist, um die Aufgabe zu eröffnen, so dass eine Parallele zu Art. 2 Abs. 1 PAG hergestellt werden kann.[6]

---

[4] Jarass, in: ders./Pieroth, Art. 20 Rn. 69 ff.; Holzner, Art. 3 Rn. 28 ff.; Art. 55 Rn. 15 ff.; Art. 10 Rn. 3 ff.

[5] Dazu Rn. 420 ff.

[6] Holzner, in: BeckOK, LStVG, Art. 6 Rn. 7.

Für diese Schutzgüter müssen **Gefahren oder** gar **Störungen** bestehen, die **abgewehrt, unterbunden oder beseitigt** werden.[7] 1443

Für die Beurteilung des Vorliegens der Aufgabeneröffnung ist eine Prognose über den zu erwartenden Geschehensablauf ***ex ante et ex situatione*** anzustellen. Die Prognoseentscheidung ist also in dem Zeitpunkt zu treffen, in dem die Sicherheitsbehörde darüber zu befinden hat, ob die Aufgabe zur Gefahrenabwehr eröffnet ist. Dabei ist auf die Sicht eines verständig handelnden, gewissenhaften, besonnenen und sachkundigen Durchschnittsbeamten abzustellen. Bei der Prognose zu berücksichtigen sind die in der gegebenen Situation und der vorhandenen Zeit zur Verfügung stehenden Informationen; Sonderwissen kann ebenfalls in die Prognoseentscheidung einfließen. 1444

C. Die Sicherheitsbehörden

Die allgemeinen Sicherheitsbehörden, für die Art. 6 LStVG die Aufgabe eröffnet, werden von diesem **abschließend** aufgezählt: Diese sind die Gemeinden, die Landratsämter, die Bezirksregierungen und das Staatsministerium des Innern. Insofern ist neben den Gemeinden ein ganzer, der unmittelbaren Staatsverwaltung zuzuordnender und dementsprechend auch hierarchisch durchgegliederter Behördenzug genannt. 1445

I. Die einzelnen Sicherheitsbehörden des Art. 6 LStVG

1. Die Gemeinden

Als erste unter den Sicherheitsbehörden genannt sind die **Gemeinden**. Hierunter fallen alle kreisangehörigen Gemeinden, Großen Kreisstädte sowie kreisfreie Gemeinden. 1446

Bei diesen stellt sich die Frage, in welchem **Wirkungskreis** sie die Aufgabe nach Art. 6 LStVG wahrnehmen. Dabei gilt als Grundsatz, dass die Gemeinden zur Erfüllung öffentlicher Aufgaben im Rahmen ihres **allseitigen Wirkungskreises**, Art. 6 Abs. 1 Satz 1 GO, handeln, d.h. ihnen steht auf ihrem Gebiet die Erfüllung dieser Aufgaben zu. Das allgemeine Sicherheitsrecht stellt sich jedoch mit **Art. 6 LStVG** als **Ausnahme** nach Art. 6 Abs. 1 Satz 2 GO dar, weshalb die Abwehr von Gefahren von den Gemeinden **grundsätzlich** im **übertragenen Wirkungskreis** erfolgt.[8] Dies ergibt sich bereits aufgrund der übrigen Behörden, mit denen die Gemeinden in einem Atemzug im Rahmen von Art. 6 LStVG genannt wird. Dabei handelt es sich ausschließlich um Behörden der unmittelbaren Staatsverwaltung, so dass hieraus darauf geschlossen werden kann, dass die Aufgabe der Wahrung der öffentlichen Sicherheit oder Ordnung eine staatliche Aufgabe ist, die den Gemeinden übertragen wird.[9] 1447

Insoweit handelt es sich bei Art. 6 LStVG auch um eine Rechtsnorm, die der Gemeinde eine Aufgabe im übertragenen Wirkungskreis gem. Art. 8 Abs. 1 GO überträgt. 1448

Zu den sicherheitsrechtlichen Aufgaben der Gemeinde im übertragenen Wirkungskreis gehören insbesondere die Verhütung und Unterbindung von Straftaten, Ordnungswidrigkeiten und verfas-

---

[7] Dazu Rn. 376ff.

[8] Holzner, in: BeckOK, LStVG, Art. 6 Rn. 25; ders., Art. 83 Rn. 39.

[9] Holzner, in: BeckOK, LStVG, Art. 6 Rn. 25.

sungsfeindlichen Handlungen, der Erlass von sicherheitsrechtlichen Verordnungen und der Vollzug sicherheitsrechtlicher Befugnisnormen.

1449 An dieser Zuordnung zum übertragenen Wirkungskreis ändert auch nichts, wenn den **kreisfreien Gemeinden** die Aufgaben der Kreisverwaltungsbehörde nach Art. 9 Abs. 1 GO oder den **Großen Kreisstädten** die Aufgaben der Kreisverwaltungsbehörde nach Art. 9 Abs. 2 Satz 1 GO i. V. m. der GrKrV[10] übertragen worden sind.

1450 Geht es dagegen um Aufgaben der **örtlichen Polizei**, weist **Art. 83 Abs. 1 BV** der Gemeinde diese Aufgabe als eigene zu. Dabei enthält Art. 83 Abs. 1 BV mit dem Begriff „örtliche Polizei" den materiellen Polizeibegriff, bei dem es um die materielle Aufgabe der Aufrechterhaltung der öffentlichen Sicherheit und Ordnung durch die Abwehr von Gefahren und Beseitigung von Störungen im örtlichen Bereich geht, sog. Polizei im funktionellen Sinne.[11] Werden die Gemeinden also zur Abwehr einer **ortsbezogenen Gefahr** tätig oder geht es um den **Vollzug von Ortsrecht**, so handelt es sich um eine rein örtliche Angelegenheit, die dem **eigenen Wirkungskreis** unterfällt, Art. 83 Abs. 1 BV.[12]

1451 **Ortsbezogen** ist eine Gefahr dabei dann, wenn sie in ihren Auswirkungen auf das Gemeindegebiet beschränkt ist.[13] Von **Ortsrecht** kann gesprochen werden, wenn durch die Norm ortsspezifischen Gegebenheiten Rechnung getragen wird.[14]

Beispiele für das Vorliegen einer ortsbezogenen Gefahr sind z.B. die Obdachlosenfürsorge;[15] der Vollzug von Ortsrecht liegt vor, wenn sicherheitsrechtliche Rechtsverordnungen oder Satzungen vollzogen oder ein Verstoß gegen diese verhütet oder unterbunden wird, vgl. Art. 7 Abs. 2 Nr. 1 LStVG.[16]

1452 **Beispielfall 64**[17]

Gegenüber dem im Gemeindegebiet der Gemeinde G ansässigen Halter H eines als Kampfhund in der Kampfhundeverordnung der Gemeinde G eingestuften Pitbull-Terriers erlässt die G einen auf Art. 18 Abs. 2 LStVG gestützten Leinen- und Maulkorbzwang. In welchem Wirkungskreis ergeht diese Anordnung?

Lösung

1. Grundsätzlich ergehen sicherheitsrechtliche Anordnungen aufgrund des LStVG wegen der Aufgabenzuweisung aus Art. 6 LStVG im übertragenen Wirkungskreis, da die Aufzählung der übrigen Sicherheitsbehörden deutlich macht, dass die Abwehr von Gefahren für die öffentliche Sicherheit oder Ordnung grundsätzlich eine staatliche Aufgabe ist.
2. Etwas anderes könnte sich jedoch ergeben, wenn es sich um eine Aufgabe der örtlichen Polizei handeln würde, Art. 83 Abs. 5 BV. Voraussetzung wäre, dass

---

[10] Verordnung über Aufgaben der Großen Kreisstädte (GrKrV) i. d. F. der Bekanntmachung vom 25.3.1991 (GVBl. S. 123, BayRS 2020-1-1-3-I).
[11] VGH n.F. 21, 136, 137.
[12] Holzner, Art. 83 Rn. 39.
[13] Holzner, Art. 83 Rn. 39.
[14] Mößle, BayVBl. 1999, 289 (300); Kraft, in: Bengl/Berner/Emmerig, Art. 6 Rn. 40. Nach a. A. ist zu differenzieren, ob die Verordnung bewehrt ist oder nicht, BayVGH n.F. 21, 136 (138 f.); Emmerig, BayVBl. 1975, 285 (286).
[15] VGH, NVwZ 1994, 716.
[16] Holzner, Art. 83 Rn. 39.
[17] VGH, BayVBl. 2004, 727.

die Gefahr, die von dem Kampfhund ausgeht, ortsbezogen ist. Dies ist dann der Fall, wenn die Gefahr in deren Auswirkungen auf das Ortsgebiet der Gemeinde beschränkt ist.

a. Da H als Halter des Kampfhundes im Gemeindegebiet ansässig ist, könnte hier eine solche Beschränkung gegeben sein.
b. Allerdings ist zu berücksichtigen, dass der Kampfhund nicht ortsfest ist, sondern eine Überschreitung der Gemeindegrenzen möglich und auch wahrscheinlich ist, so dass die Gefahr nicht ortsbezogen, sondern überörtlich ist. Damit handelt es sich nicht um eine, dem eigenen Wirkungskreis unterfallende Aufgabe der örtlichen Polizei, sondern es bleibt beim Grundsatz, dass es sich um eine Aufgabe nach Art. 6 LStVG handelt, welche dem übertragenen Wirkungskreis zuzuordnen ist.

Die Anordnung ergeht damit im übertragenen Wirkungskreis.

Klausurhinweis:

Lernen Sie in Zusammenhängen: Die Einordnung der Aufgabe in den jeweiligen Wirkungskreis ist nicht nur für die Frage der Aufsicht relevant, sondern auch für die Zuständigkeit einer Verwaltungsgemeinschaft ausschlaggebend. So werden Angelegenheiten des eigenen Wirkungskreises weiterhin von der Gemeinde selbst wahrgenommen, während die Verwaltungsgemeinschaft hierfür nur als Behörde der Mitgliedsgemeinde fungiert, Art. 4 Abs. 2 VGemO. Angelegenheiten des übertragenen Wirkungskreises werden dagegen von der Verwaltungsgemeinschaft erfüllt, sofern sie nicht nach Art. 4 Abs. 1 Satz 3 VGemO und die hierauf gestützte Verordnung[18] bei der Mitgliedsgemeinde verbleiben.

2. Die Landratsämter

Weitere Sicherheitsbehörden sind die Landratsämter als Kreisverwaltungsbehörden, **1453**
mithin als Landesunterbehörden. Aufgrund deren Janusköpfigkeit als Staats- und Kreisbehörde ist zwischen beiden Bereichen zu unterscheiden. Als Kreisverwaltungsbehörde und damit untere Staatsbehörde nach Art. 37 Abs. 1 Satz 2 LKrO handelt das Landratsamt bei dem Erlass von Einzelmaßnahmen aufgrund von Rechtsgrundlagen, die keine Kreisverordnungen sind. Als Kreisbehörde nach Art. 37 Abs. 1 Satz 1 LKrO handelt das Landratsamt dagegen, wenn es um den Verordnungserlass, Art. 42 Abs. 1 Satz 2 LKrO, sowie um den Vollzug von Verordnungen des Landkreises geht.

3. Weitere Sicherheitsbehörden

Weiter genannt sind die **Bezirksregierungen** als Landesmittelbehörden und das **1454**
Staatsministerium des Innern als oberste Landesbehörde.

---

[18] Verordnung über Aufgaben der Mitgliedsgemeinden von Verwaltungsgemeinschaften v. 30.4.1995 (GVBl. S. 259).

II. Das Verhältnis der Sicherheitsbehörden zueinander – die Mehrfachkompetenz

1455 Da Art. 6 LStVG mehreren Behörden die selben Aufgaben zuweist, stellt sich die Frage, wie das Verhältnis der Behörden zueinander ausgestaltet ist. Hierzu enthält Art. 6 LStVG keine Aussage.

1456 So kann unter Bezugnahme auf Art. 44 LStVG argumentiert werden, dass Art. 6 LStVG ebenso ein Rangverhältnis der genannten Behörden normiert. Insbesondere könnte eine Regelung, nach der jede der Behörden zuständig ist, dazu führen, dass die Behörden entweder aufgrund des Vertrauens darauf, dass die andere Behörde handelt, gar nicht tätig wird, oder aber sich die handelnden Behörden gegenseitig blockieren und bei mehrfachen Handlungen ihre Ressourcen verschwenden, was der Effektivität der Gefahrenabwehr abträglich sein kann.

1457 Überzeugender ist es dagegen, bei Art. 6 LStVG eine **Mehrfachkompetenz** anzunehmen, d.h. dass grundsätzlich alle Behörden, die in Art. 6 LStVG genannt sind, in gleichem Umfang zur Gefahrenabwehr berechtigt und verpflichtet sind. Dies ergibt sich aus folgenden Erwägungen:

- So kann dieses Ergebnis aufgrund eines **Umkehrschlusses** (*argumentum e contrario*) **zu Art. 44 LStVG** gefolgert werden. Dieser normiert die Zuständigkeit von verschiedenen Behörden zum Erlass von Verordnungen und ordnet dabei ein Subsidiaritätsverhältnis dahingehend an, dass die höherrangige Behörde nur unter bestimmten Voraussetzungen zuständig ist, ansonsten jedoch die Zuständigkeit bei der unteren Behörde bleibt.[19] Da nun in Art. 6 LStVG eine vergleichbare Norm fehlt und daher gerade keine Subsidiarität der Zuständigkeit höherrangiger Behörden angeordnet wird, ist für Art. 6 LStVG von einer vertikalen Mehrfachkompetenz auszugehen.
- Dies wird auch gestützt durch den Grundsatz der **Effektivität der Gefahrenabwehr**. So ist eine solche nur dann möglich, wenn diejenige Sicherheitsbehörde, welche als erste Kenntnis von der Gefahr erhält und auch zur Gefahrenabwehr in der Lage ist, auch für deren Abwehr zuständig ist, ohne vorrangige Zuständigkeiten anderer Behörden im Blick haben zu müssen. So kann z.B. in dem Fall, in dem eine Gemeinde eine Gefahr nicht oder nicht ausreichend abwehrt, das Landratsamt selbst unmittelbar zur Gefahrenabwehr tätig werden, ohne auf ihre Funktion als Aufsichtsbehörde nach Art. 118ff. GO verwiesen zu sein.

1458 Insoweit besteht eine **„rechtsträgerübergreifende Gesamtverantwortung“**.[20] Der Gefahr der gegenseitigen Blockade, einer doppelten Gefahrenabwehr und der damit einhergehenden Ressourcenverschwendung sowie derjenigen der Untätigkeit der Behörden aufgrund des Vertrauens auf die Zuständigkeit einer anderen Behörde kann durch ein intern abgestimmtes Vorgehen, das daran ausgerichtet sein kann, welche Behörde zur Gefahrenabwehr am besten in der Lage ist, vorgebeugt werden.

1459 Der Grundsatz der Effektivität der Gefahrenabwehr ist auch gewichtiger als der Grundsatz der klaren Aufgabenzuweisung und Kompetenzordnung, so dass diese Mehrfachkompetenz mit dem Rechtsstaatsprinzip vereinbar ist. Denn *„[d]er Zweck des Sicherheitsrechts fordert nicht nur weitgehende Mehrfachkompetenzen, sondern auch die Übertragung ein und derselben Aufgabe auf mehrere Sicherheitsbehörden“*.[21]

---

[19] Körner/Mehringer, Art. 44 Nr. 2.
[20] Kraft, in: Bengl/Berner/Emmerig, Art. 6 Rn. 4.
[21] BayVGH n.F. 27, 49 (51f.); BayVBl. 1964, 228 (229) – jeweils noch zu Art. 5 Abs. 1 AGStPO a.F.

D. Sicherheitsbehörden außerhalb von Art. 6 LStVG

Art. 6 LStVG enthält eine subsidiäre Zuständigkeits- und Aufgabenzuweisungs- 1460
norm.[22] Insoweit findet die Gliederung in allgemeines und besonderes Sicherheitsrecht in dieser Norm ihren Ausdruck. Im Gegenzug können sich die Sicherheitsbehörden, die nicht in Art. 6 LStVG genannt sind, jedoch in den besonderen Verwaltungsgesetzen mit Aufgaben und Befugnissen betraut sind, nicht auf Art. 6 LStVG berufen, wie sie sich auch nicht auf die Befugnisnormen der Art. 7 und 12ff. LStVG stützen können. Vielmehr sind sie auf die ihnen in diesen besonderen Verwaltungsgesetzen zugewiesenen Aufgaben und verliehenen Befugnisse beschränkt.

Bestehen dagegen keine Befugnisse zur Aufgabenerfüllung nach den Spezialgesetzen, 1461
können sie sich im Wege der Amtshilfe nach Art. 4ff. BayVwVfG an die allgemeinen Sicherheitsbehörden wenden und um deren Unterstützung ersuchen.

Klausurhinweis:

Daher sind zuerst die speziellen Sicherheitsgesetze, wie das Bauordnungsrecht, das Immissionsschutzrecht, das Straßen- und Wegerecht, das Wasserrecht, daraufhin zu prüfen, ob sie für die besonderen Sicherheitsbehörden, denen sie die Aufgabe der Gefahrenabwehr zuweisen, Befugnisnormen enthalten. Ist dies der Fall, scheidet die Heranziehung allgemeiner sicherheitsrechtlicher Befugnisse sowie des Ersuchen auf Amtshilfe aus.
Bestehen dagegen derartige Befugnisse nicht, liegt ein Fall von Art. 5 Abs. 1 Nr. 1 BayVwVfG vor und es besteht die Möglichkeit, die allgemeinen Sicherheitsbehörden im Wege der Amtshilfe um Unterstutzung zu bitten. Diese konnen dann tatig werden, wenn ihr Aufgabenbereich z.B. nach Art. 6 eröffnet ist und sie für die zu bewältigende Situation eine entsprechende Befugnisnorm zur Verfügung haben.

D. Rechtsfolge der Aufgabeneröffnung

Ist die Aufgabe nach Art. 6 LStVG eröffnet, kommt den Sicherheitsbehörden Hand- 1462
lungskompetenz zur Abwehr der Gefahr zu. Die Sicherheitsbehörden können hierzu sämtliche Maßnahmen allein aufgrund der Aufgabeneröffnung nach Art. 6 LStVG treffen, die keinen Rechtseingriff darstellen.[23] Greifen die Maßnahmen dagegen in Rechte Dritter ein, benötigen sie eine Befugnisnorm.[24]

37. Kapitel. Die sicherheitsrechtliche Generalklausel, Art. 7 LStVG

Zusammenfassung

1. Art. 7 LStVG enthält als **Kernvorschrift** des LStVG nicht nur die sicherheitsrechtliche Generalbefugnisnorm, sondern auch grundlegende Aussagen zum

[22] Dazu bereits Rn. 1437ff.
[23] Dazu Rn. 327.
[24] Dazu Kapitel 37 und 40.

Erfordernis von Befugnisnormen und deren Verhältnis zueinander sowie zur Einschränkbarkeit von Grundrechten.

2. Im Unterschied zu Art. 11 PAG enthält Art. 7 LStVG **keine uneingeschränkte Generalbefugnisnorm**. Aufgrund des weiten Umfangs von Art. 7 Abs. 2 LStVG sind jedoch Schutzlücken kaum denkbar.
3. Der Tatbestand von **Art. 7 Abs. 2 LStVG entspricht** im Wesentlichen inhaltlich dem von **Art. 11 Abs. 2 PAG**.
4. Aufgrund von Art. 7 Abs. 2 LStVG dürfen nur **Anordnungen für den Einzelfall** ergehen, mithin Verwaltungsakte und Allgemeinverfügungen.
5. Ebenso können **Tatmaßnahmen** nach **Art. 7 Abs. 3 LStVG** ergriffen werden.
6. Als Tatmaßnahmen wird der **unmittelbare Zugriff** der Sicherheitsbehörden zur Gefahrenabwehr und zur Störungsbehebung ohne vorherige Anordnung nach Art. 7 Abs. 2 LStVG bezeichnet. Sie sind Realakte.
7. **Voraussetzungen** für die Ergreifung von Tatmaßnahmen sind, dass eine hypothetische Grundverfügung aufgrund von Art. 7 Abs. 2 LStVG rechtmäßiger Weise hätte ergehen können, diese jedoch nicht möglich, zulässig oder Erfolg versprechend ist und die sicherheitsrechtlichen Handlungsgrundsätze beachtet werden.
8. Die Sicherheitsbehörde kann die Tatmaßnahmen entweder selbst vornehmen, sog. Selbstvorname, oder die Polizei oder Beauftragte hierzu heranziehen.
9. Die **Begrenzung der Eingriffsbefugnisse**, die **Art. 7 Abs. 4 LStVG** vornimmt, ist als Spezialvorschrift zu Art. 58 LStVG, der das Zitiergebot nach Art. 19 Abs. 1 Satz 2 GG erfüllt, anzusehen, aufgrund dessen nicht durch Maßnahmen nach Art. 7 Abs. 2 oder 3 LStVG in das Grundrecht der Freiheit der Person, Art. 2 Abs. 2 Satz 2 GG, Art. 102 Abs. 1 BV, und die Unverletzlichkeit der Wohnung, Art. 13 GG, Art. 106 Abs. 3 BV, eingegriffen werden darf.
10. Art. 7 Abs. 2 LStVG ist inhaltlich ausreichend bestimmt und daher **verfassungskonform**.

A. Systematik von Art. 7 LStVG

1463 Anders als Art. 11 PAG enthält Art. 7 LStVG nicht nur die sicherheitsrechtliche Generalbefugnisnorm, sondern trifft darüber hinaus grundlegende Aussagen zum Erfordernis von Befugnisnormen und deren Verhältnis zueinander sowie zur Einschränkbarkeit von Grundrechten. Sie stellt damit eine **Kernvorschrift** des LStVG dar.

1464 So beinhaltet **Art. 7 Abs. 1 LStVG** keine Befugnisnorm, sondern stellt die Notwendigkeit einer Rechtsgrundlage für eingreifende sicherheitsrechtliche Maßnahmen **deklaratorisch** fest.[1] Insoweit führt er die Trennung von Aufgabe und Befugnis fort.[2] Gleichzeitig wiederholt er einfachgesetzlich, was verfassungsrechtlich bereits durch das **Rechtsstaatsprinzip, Art. 20 Abs. 3 GG, Art. 3 Abs. 1 BV,** insbesondere in dessen Ausprägung in Form des Grundsatzes des Vorbehalts des Gesetzes vorgegeben ist.[3]

---

[1] Holzner, in: BeckOK, LStVG, Art. 7 Rn. 1.

[2] Dazu Rn. 231 ff.

[3] Jarass, in: ders./Pieroth, Art. 20 Rn. 69 ff.; Holzner, Art. 3 Rn. 28 ff.; Art. 55 Rn. 15 ff.; Art. 70 Rn. 3 ff.

Die erneute Nennung erklärt sich daraus, dass sicherheitsrechtliche Maßnahmen regelmäßig in die Rechte des Maßnahmeadressaten eingreifen und daher einen typischen Fall der Eingriffsverwaltung darstellen, für die der Vorbehalt des Gesetzes Geltung beansprucht.

Eine solche Befugnis kann in einem **formellen oder materiellen Gesetz** („durch oder aufgrund") **1465** bestehen, sofern diese selbst verfassungskonform sind. Unerheblich ist dabei, ob es sich um Bundes- oder Landesrecht handelt. Dabei kommt den sicherheitsrechtlichen Verordnungen besondere Bedeutung zu, z.B. einer Kampfhundeverordnung.[4] Gewohnheitsrecht scheidet daher als Befugnisnorm aus.

Anordnungen sind dabei Maßnahmen mit Regelungswirkung für den Einzelfall, mithin Verwal- **1466** tungsakte oder Allgemeinverfügungen, Art. 35 BayVwVfG, aber auch abstrakt-generelle Regelungen wie Rechtsverordnungen,[5] während sonstige Maßnahmen solche für den Einzelfall sind, die keine Regelungswirkung entfalten, mithin Realakte sind.

Art. 7 Abs. 2 LStVG enthält die **sicherheitsrechtliche Generalklausel**. Sie soll, **1467** wie auch die Generalklausel im PAG, einen umfassenden Rechtsgüterschutz gewährleisten, indem sie Schutzlücken schließt, die dadurch entstehen, dass der Gesetzgeber nicht sämtliche Gefahrenlagen abschließend vorhersehen und in den Spezialbefugnissen normieren kann. Dabei ordnet sie selbst an, dass auf die Generalklausel nur **subsidiär** für diejenigen Sachverhalte zurückgegriffen werden darf, die nicht durch eine speziellere Befugnisnorm abgedeckt sind. Insoweit trifft sie Aussagen zum **Verhältnis der Befugnisnormen**, wobei auf die Ausführungen zu Art. 11 PAG verwiesen werden kann.[6]

Prüfungsschema 20: Die sicherheitsrechtlichen Befugnisnormen[7] **1468**

1. Art. 7 Abs. 2 2. Alt. LStVG i. V. m. spezialgesetzlichen Befugnisnormen außerhalb des LStVG
2. Art. 7 Abs. 2 1. Alt. LStVG i. V. m. Art. 12 ff. LStVG – spezialgesetzliche Befugnisnormen innerhalb des LStVG
3. Art. 7 Abs. 2 LStVG – Generalklausel

Art. 7 Abs. 3 LStVG normiert die Befugnis der Sicherheitsbehörde, an Stelle des **1469** verantwortlichen Störers Gefahren oder Störungen selbst oder durch die Polizei oder Beauftragte abzuwehren. Bezieht sich Art. 7 Abs. 2 LStVG auf Anordnungen für den Einzelfall, normiert Art. 7 Abs. 3 LStVG sog. **Tatmaßnahmen**, die ohne vorherige sicherheitsrechtliche Anordnung ergehen.[8] Insoweit wird das dem Verwaltungsverfahren zugrunde liegende System von Grundverfügung, Vollstreckungsverfügung und Vollstreckungsmaßnahme durchbrochen.

Art. 7 Abs. 4 LStVG ordnet **Beschränkungen** der Generalklausel im Hinblick **1470** auf die Einschränkung von Grundrechten an, indem er regelt, welche Grundrechte durch sicherheitsrechtliche Maßnahmen, die auf die Generalklausel gestützt werden, nicht eingeschränkt werden dürfen.

Art. 7 Abs. 5 LStVG enthält eine **Legaldefinition** für das Tatbestandsmerkmal **1471** „verfassungsfeindlich" i. S. v. Art. 7 Abs. 2 Nr. 1 LStVG.

---

[4] BayVerfGH BayVBl. 1995, 76; BayVBl. 2004, 719.
[5] Vgl. VollzBekLStVG Nr. 7.1 Abs. 1.
[6] Vgl. Kapitel 14.
[7] Die folgende Darstellung orientiert sich an diesem Klausuraufbau.
[8] Holzner, in: BeckOK, LStVG, Art. 7 Rn. 58.

B. Unterschied zur polizeilichen Generalklausel

1472 Ein wesentlicher Unterschied der Generalklausel des Art. 7 Abs. 2 LStVG zu Art. 11 PAG ist das **Fehlen einer uneingeschränkten Generalklausel**, wie Art. 11 PAG sie mit Abs. 1 bereithält.[9] Daher wird z.T. in der Literatur davon ausgegangen, dass die Sicherheitsbehörden nach dem LStVG durch die tatbestandsmäßige Konkretisierung der Generalbefugnisnorm in Art. 7 Abs. 2 LStVG und dem Fehlen einer uneingeschränkten Generalklausel nur eingeschränkte Befugnisse erhalten haben.[10]

1473 Allerdings gilt auch hier das zum Verhältnis von Art. 11 Abs. 1 und 2 PAG Gesagte entsprechend.[11] So werden neben den Standardbefugnisnormen die weitaus meisten Fälle durch die sehr weite Fassung der tatbestandsmäßigen Konkretisierungen der Generalbefugnisnorm in den Art. 7 Abs. 2 Nr. 1 bis 3 LStVG erfasst, so dass daneben kaum mehr ein Bedarf für die Anwendung einer weitergehenden Befugnisnorm in Form einer allgemeinen Generalklausel besteht. Daher sind Schutzlücken im Hinblick auf die öffentliche Sicherheit kaum denkbar. Gleiches gilt für den Tatbestand der öffentlichen Ordnung, der ebenfalls lediglich Auffangfunktion besitzt.

Klausurhinweis:

Sollten in der Klausur tatsächlich einmal die Abwehr einer Gefahr aufgrund des Art. 7 Abs. 2 LStVG zweifelhaft sein, so handelt es sich sicher um einen Grenzfall. In diesem Fall müssen Sie die Subsumtion unter die tatbestandlich eingegrenzte Generalbefugnisnorm sehr sorgfältig vornehmen. Zumeist wird diese dann doch einschlägig sein.

1474 Ein weiterer Unterschied besteht im Wortlaut **„nur"** in Art. 7 Abs. 2 LStVG, während es bei Art. 11 Abs. 2 PAG „insbesondere" heißt. Allerdings ergibt sich hierdurch kein anderer Anwendungsbereich, der einen Unterschied zu Art. 11 PAG nach sich ziehen würde, da Maßnahmen neben den Spezialbefugnisnormen allein auf die Generalbefugnisnorm gestützt werden können, sofern die Voraussetzungen und das Verhältnis der Generalbefugnisnorm zu den Spezialbefugnisnormen dies zulässt. Eine weitere Möglichkeit, Maßnahmen auf sonstige Normen an Stelle der Generalbefugnisnorm zu treffen, besteht sowieso nicht. Insoweit beinhaltet die Begrenzung durch den Wortlaut keine wesentliche Änderung und entfaltet daher keine eigenständige Wirkung.[12]

C. Tatbestand der Generalklausel

1475 Die Generalklausel des Art. 7 Abs. 2 LStVG ist im Wesentlichen zu derjenigen des Art. 11 Abs. 2 PAG inhaltsgleich, weshalb das zu dieser Norm Gesagte entsprechend gilt.[13]

---

[9] Zu Art. 11 Abs. 1 Rn. 374ff.
[10] Koehl, in: Bengl/Berner/Emmerig, Art. 7 Rn. 16.
[11] Dazu Rn. 349.
[12] Holzner, in: BeckOK, LStVG, Art. 7 Rn. 18.
[13] Dazu Rn. 349ff.

E. Rechtsfolgen

I. Anordnungen für den Einzelfall

Die Generalklausel berechtigt grundsätzlich zum Eingriff in Grundrechte durch **atypische Maßnahmen**, deren Inhalt dabei nicht begrenzt ist und sich nach den abzuwehrenden Gefahren gemäß dem Grundsatz der Effektivität der Gefahrenabwehr richtet. Allerdings gelten auch hier dieselben Grenzen wie für Maßnahmen nach Art. 11 Abs. 2 PAG.[14] **1476**

Aufgrund von Art. 7 Abs. 2 LStVG können nur **Anordnungen für den Einzelfall** ergehen, d.h. nur Anordnungen mit Verwaltungsaktqualität. Realakte, die gerade keine Regelungswirkung und damit Anordnungen darstellen, wie auch Rechtsverordnungen, die abstrakt-generelle Regelungen enthalten und daher nicht nur für den Einzelfall ergehen, sind von der Generalbefugnis nicht gedeckt. **1477**

II. Tatmaßnahmen nach Art. 7 Abs. 3 LStVG

Sind Anordnungen nach Art. 7 Abs. 2 LStVG nicht möglich, unzulässig oder vermeintlich erfolglos, kann die Sicherheitsbehörde die Gefahr oder Störung selbst oder durch Dritte abwehren oder beseitigen. Da für die Maßnahme nach Art. 7 Abs. 3 LStVG die Voraussetzungen von Art. 7 Abs. 2 LStVG vorliegen müssen, jedoch keine Anordnung ergeht, sind Tatmaßnahmen nach Art. 7 Abs. 3 LStVG **subsidiär**, so dass es sich um eine Ausnahme auf der Rechtsfolgenseite handelt.[15] **1478**

1. Definition von Tatmaßnahmen

Nach Art. 7 Abs. 3 LStVG können die Sicherheitsbehörden zur Gefahrenabwehr und zur Störungsbehebung ohne vorherige Anordnung nach Art. 7 Abs. 2 LStVG durch **unmittelbaren Zugriff** handeln, sog. Tatmaßnahme. Es wird also ein sicherheitsrechtlicher Verwaltungsakt durch einen Realakt ersetzt.[16] **1479**

Keine Tatmaßnahmen sind **Vollzugsmaßnahmen**. Bei diesen ist Voraussetzung, dass eine Anordnung nach Art. 7 Abs. 2 LStVG bereits erlassen ist und diese nun vollzogen wird, während bei den Tatmaßnahmen eine solche Anordnung gerade nicht ergangen ist. Vollzugsmaßnahmen können daher nicht auf Art. 7 Abs. 3 LStVG gestützt werden. **1480**

2. Der Zweck von Tatmaßnahmen

Nach dem Grundsatz der **Effektivität der Gefahrenabwehr** ist sicherzustellen, dass auftretende Gefahren rasch, effektiv und nachhaltig behoben werden. Gleichzeitig sind die Voraussetzungen der Tatmaßnahmen derart eng gehalten, dass deutlich wird, dass für die Abwehr von Gefahren oder die Beseitigung von Störungen in erster Linie die verantwortlichen Störer herangezogen werden müssen, ehe es zur Ergreifung von Tatmaßnahmen kommt. Insoweit schafft Art. 7 Abs. 3 LStVG einen **Ausgleich** zwi- **1481**

---

[14] Dazu Rn. 444 ff.

[15] Holzner, in: BeckOK, LStVG, Art. 7 Rn. 60.

[16] Körner/Mehringer, Art. 7 Nr. 3.3.2; Holzner, in: BeckOK, LStVG, Art. 7 Rn. 58.

schen dem **Grundsatz der Verantwortlichkeit** und dem der **effektiven Gefahrenabwehr** und legt dabei einen Schwerpunkt auf letzteren.[17]

1482 In der Praxis hat Art. 7 Abs. 2 LStVG durchaus Bedeutung, da er eine effektive Gefahrenabwehr in den Fällen sicherstellt, in denen es bei einem gefahrenabwehrrechtlich erheblichen Sachverhalt keinen Störer gibt, dieser nicht greifbar ist oder mit Aussicht auf Erfolg in Anspruch genommen werden kann.

3. Die Rechtsnatur von Tatmaßnahmen

1483 Die Rechtsnatur von Tatmaßnahmen ist umstritten. Sowohl der Entschluss, die Tatmaßnahme vorzunehmen, wie auch die Durchführung der Tatmaßnahme selbst enthalten keinerlei Regelungswirkung, sodass es sich nicht um Verwaltungsakte i. S. v. Art. 35 Satz 1 BayVwVfG, sondern um **Realakte** handelt.[18] Auch die Beauftragung eines Dritten vermag keine andere Bewertung zu rechtfertigen.

4. Die Voraussetzungen von Tatmaßnahmen

1484 Eine Tatmaßnahme kann nur getroffen werden, wenn eine Einzelfallanordnung nach Art. 7 Abs. 2 LStVG nicht möglich oder nicht zulässig ist oder keinen Erfolg verspricht. Dabei wird vorausgesetzt, dass eine solche Anordnung ihrerseits rechtmäßig ergehen könnte.

a. Erfüllung des Tatbestands einer hypothetischen Grundverfügung

1485 Eine Abwehr von Gefahren oder Behebung von Störungen kann nur dann von der Sicherheitsbehörde oder durch die Hinzuziehung von Polizei oder vertraglich Beauftragten erfolgen, wenn eine derartige Anordnung aufgrund von Art. 7 Abs. 2 LStVG tatbestandsmäßig wäre. Insoweit ist auf eine **hypothetische, tatbestandsmäßige Grundverfügung** abzustellen. Wäre bereits eine solche Grundverfügung nicht tatbestandsmäßig i. S. v. Art. 7 Abs. 2 LStVG, wäre auch eine Tatmaßnahme unzulässig.[19]

b. Unmöglichkeit, Unzulässigkeit oder Erfolglosigkeit der Grundverfügung

1486 **Unmöglichkeit** liegt dabei vor, wenn dem Erlass einer Anordnung tatsächliche Gründe entgegenstehen.[20]

Beispiel: Ein Störer ist nicht vorhanden, bekannt oder feststellbar. Gleiches gilt, wenn der Störer nicht zur Abwehr der Gefahr oder Beseitigung der Störung in der Lage ist.

1487 **Weigert sich** dagegen **der Störer**, der Anordnung nach Art. 7 Abs. 2 LStVG Folge zu leisten, obgleich er dazu in der Lage wäre, so kann die Sicherheitsbehörde entweder die Anordnung im Wege des **Verwaltungszwangs** vollstrecken, **oder** aber nach Art. 7 Abs. 3 LStVG **Tatmaßnahmen** ergreifen.

---

[17] Holzner, in: BeckOK, LStVG, Art. 7 Rn. 60.

[18] Holzner, in: BeckOK, LStVG, Art. 7 Rn. 62; Götz, § 12 Rn. 20; indifferent Koehl, in: Bengl/Berner/Emmerig, Art. 7 Rn. 134; a. A. Körner/Mehringer, Art. 7 Nr. 3.3.2.

[19] Koehl, in: Bengl/Berner/Emmerig, Art. 7 Rn. 136; Körner/Mehringer, Art. 7 Nr. 3.3.2.

[20] Holzner, in: BeckOK, LStVG, Art. 7 Rn. 66.

Unzulässig ist dagegen eine Anordnung, wenn sie rechtlich nicht ergehen darf. 1488

Dies kann entweder der Fall sein, wenn der Adressat durch die Befolgung der Anordnung seinerseits gegen Gesetze verstoßen würde, oder eine Anordnung unverhältnismäßig wäre oder an Ermessensfehlern leiden würde.[21]

Erfolglos ist die Anordnung, wenn sie zwar ergehen kann, jedoch das durch sie auferlegte Tun, Dulden oder Unterlassen aus tatsächlichen Gründen nicht zielführend ist. 1489

Als **Beispiele** werden angeführt, dass der Störer nicht rechtzeitig zur Stelle ist oder zur Abwehr der Gefahr nicht in der Lage oder bereit ist.[22]

c. Sicherheitsrechtliche Handlungsgrundsätze

Die sicherheitsrechtlichen Handlungsgrundsätze, wie der Grundsatz verhältnismäßigen Handelns, Art. 8 LStVG, sowie der fehlerfreien Ermessensausübung müssen auch bzgl. der Tatmaßnahme eingehalten sein.[23] 1490

5. Das Verhältnis der Tatmaßnahme zur Inanspruchnahme von Nichtstörern nach Art. 9 Abs. 3 LStVG

Die Inanspruchnahme von Nichtstörern ist grundsätzlich subsidiär und kann nur unter engen Voraussetzungen erfolgen, Art. 9 Abs. 3 LStVG.[24] Dieser Grundsatz gilt auch für Tatmaßnahmen, so dass gegenüber diesen die **Inanspruchnahme von Nichtstörern** ebenfalls **subsidiär** bleibt. Die Ergreifung von Tatmaßnahmen hat also der Inanspruchnahme eines Nichtstörers vorzugehen. 1491

Lediglich in den Fällen, in denen die Behörde oder die von ihr herangezogenen Behörden oder Personen nicht in der Lage sind, die Tatmaßnahme auszuführen und dadurch die Gefahr oder Störung zu vermeiden oder zu beheben, kann auf den Nichtstörer zurückgegriffen werden.[25] 1492

6. Die Vornahme von Tatmaßnahmen

Der Sicherheitsbehörde stehen **drei Möglichkeiten** offen, die Tatmaßnahmen vorzunehmen: 1493

a. So kann die **Sicherheitsbehörde** die Tatmaßnahmen grundsätzlich **selbst** vornehmen, also die Gefahr oder Störung durch eigene Bedienstete und/oder unter Einsatz eigener Sachmittel abwehren, sog. **Selbstvornahme**.[26] 1494

b. Sie kann aber auch die **Polizei** heranziehen. Dabei bedient sich die Sicherheitsbehörde lediglich der Polizei als ausführendem Organ zur Durchsetzung der Maßnahme, ohne dass es sich um ein Weisungsverhältnis i. S. v. Art. 10 Satz 2 LStVG handelt, bei dem die Polizei den Verwaltungsakt nach außen erlässt und die Weisung lediglich intern wirkt.[27] Bei der Heranziehung der Polizei nach Art. 7 Abs. 2 LStVG 1495

---

[21] Körner/Mehringer, Art. 7 Nr. 3.3.2.
[22] BayVGH, BeckRS 1999, 26171; Koehl, in: Bengl/Berner/Emmerig, Art. 7 Rn. 140; Körner/Mehringer, Art. 7 Nr. 3.3.2.
[23] Holzner, in: BeckOK, LStVG, Art. 7 Rn. 69.
[24] Dazu Kapitel 38.
[25] Koehl, in: Bengl/Berner/Emmerig, Art. 7 Rn. 141.
[26] Vgl. Denninger, in: Lisken/Denninger, D 154.
[27] Körner/Mehringer, Art. 7 Nr. 3.3.2.

ist grundsätzlich das für die Sicherheitsbehörde geltende Recht maßgeblich. Die Tatmaßnahme wird **der Sicherheitsbehörde zugerechnet**, gegen die dann auch Rechtsbehelfe zu richten sind.

1496 c. Endlich kann die Sicherheitsbehörde auch vertraglich **Beauftragte** für die Tatmaßnahmen heranziehen, wie dies bei der Beauftragung eines privaten Abschleppunternehmens zum Abschleppen eines verbotswidrig abgestellten Kfz der Fall ist.

Beauftragte können nicht nur **natürliche oder juristische Personen** des Privatrechts, sondern auch juristische Personen des öffentlichen Rechts sein. Auch hier ist im Außenverhältnis das für die Sicherheitsbehörde geltende Recht maßgeblich, während die privatrechtliche Rechtsbeziehung, die regelmäßig in einem Werkvertrag bestehen dürfte, für das Auftragsverhältnis lediglich im Innenverhältnis zwischen Sicherheitsbehörde und Beauftragtem wirkt.

1497 Der so Herangezogene ist **Verwaltungshelfer** der Sicherheitsbehörde. Er trifft keine selbständigen Entscheidungen und hat nicht den Status eines selbständig handelnden Trägers öffentlicher Gewalt im Sinne eines Beliehenen. Die Maßnahmen, die der Verwaltungshelfer im Rahmen der Heranziehung zur Gefahrenabwehr trifft, sind der Sicherheitsbehörde zuzurechnen. Evtl. sich aus seinem Handeln ergebende Ansprüche z.B. auf Staatshaftung nach § 839 BGB und Art. 34 GG, sowie auch sämtliche Rechtsbehelfe sind gegen den Rechtsträger der beauftragenden Sicherheitsbehörde zu richten. Der beauftragte Dritte ist im Sinne der Dogmatik des Staatshaftungsrechts **Beamter im haftungsrechtlichen Sinn**.[28] Unmittelbare privatrechtliche Ansprüche zwischen dem Beauftragten und dem Geschädigten scheiden aus.

1498 d. Im Rahmen der **Amtshilfe** können auch sonstige Behörden und Dienststellen von der Sicherheitsbehörde mit der Gefahrenabwehr betraut werden. Voraussetzung ist jedoch, dass die angegangene Behörde im Rahmen ihrer Zuständigkeiten und der für sie geltenden Befugnisse handelt. In diesem Fall ist das für die angegangene Behörde geltende Recht maßgeblich.

1499 e. Der Sicherheitsbehörde kommt im Hinblick auf die Umsetzung der Tatmaßnahme ein **Auswahlermessen** zu, das sie pflichtgemäß zu betätigen hat und das vom Gedanken der Effektivität der Gefahrenabwehr bestimmt sein muss.

7. Rechtsschutz gegen Tatmaßnahmen

1500 Geht man mit der hier vertretenen Ansicht davon aus, dass Tatmaßnahmen Realakte sind, kann gegen diese mit der **allgemeinen Leistungsklage mit kassatorischer Wirkung** vorgegangen werden, bzw. bei Erledigung die Feststellung ihrer Rechtswidrigkeit mittels der Allgemeinen Feststellungsklage, § 43 Abs. 1 1. Alt. VwGO, begehrt werden.

1501 Geht man mit einer a. A. davon aus, dass es sich bei den Tatmaßnahmen um Verwaltungsakte handelt, sind die Anfechtungsklage, § 42 Abs. 1 1. Alt. VwGO, sowie bei Erledigung die Fortsetzungsfeststellungsklage evtl. analog § 113 Abs. 1 Satz 4 VwGO statthaft.[29]

F. Begrenzung der Eingriffsbefugnisse, Art. 7 Abs. 4 LStVG

1502 Grundsätzlich wird das Zitiergebot nach Art. 19 Abs. 1 Satz 2 GG im LStVG durch Art. 58 erfüllt. Dennoch enthält Art. 7 Abs. 4 LStVG die Einschränkung, dass durch Maßnahmen aufgrund von Art. 7 Abs. 2 und 3 LStVG nicht in das Grundrecht der Freiheit der Person, Art. 2 Abs. 2 Satz 2 GG, Art. 102 Abs. 1 BV, und die Unverletzlichkeit der Wohnung, Art. 13 GG, Art. 106 Abs. 3 BV, eingegriffen werden darf.

[28] Vgl. dazu BGHZ 121, 161; NJW 2014, 2577.
[29] Körner/Mehringer, Art. 7 Nr. 3.3.2.

Art. 7 Abs. 4 LStVG ist insoweit als ***lex specialis*** i. S. v. Art. 58 Satz 2 LStVG **zu Art. 58 Satz 1 LStVG** anzusehen. Bei Art. 7 Abs. 4 LStVG handelt es sich damit um eine bedeutsame Begrenzung der Generalbefugnisnorm.

In einem Teil der Literatur wird diese Begrenzung als Bestandteil der Verhältnismäßigkeit verstanden.[30]

I. Die Freiheit der Person

Grundsätzlich stehen die Grundrechtsgarantien der Freiheit der Person unter einfachem Gesetzesvorbehalt, der für Art. 2 Abs. 2 Satz 2 GG durch Art. 2 Abs. 2 Satz 3 GG ausdrücklich angeordnet wird, während in Bezug auf Art. 102 Abs. 1 BV der VerfGH[31] unter Beiseitelassen des Art. 98 Satz 2 BV einen ungeschriebenen Gesetzesvorbehalt als *„inhärente Begrenzung"* annimmt.[32] 1503

Wegen der Anordnung in Art. 7 Abs. 4 LStVG darf jedoch aufgrund der Generalklausel von Art. 7 Abs. 2 LStVG sowie durch Tatmaßnahmen nach Art. 7 Abs. 3 LStVG kein Eingriff in die Freiheit einer Person erfolgen. Nicht möglich sind daher Freiheitsbeschränkungen i. S. v. Art. 104 Abs. 1 Satz 1 GG oder Freiheitsentziehungen i. S. v. Art. 104 Abs. 2 bis 4 GG. Ingewahrsamnahmen, wie sie mit Art. 17 PAG angeordnet werden, können daher nicht auf Art. 7 Abs. 2 oder 3 LStVG gestützt werden. 1504

II. Die Unverletzlichkeit der Wohnung

Zwar geht der VerfGH bei Art. 106 BV erneut von *„inhärente[n] Begrenzungen"*[33] aus, so dass er einen ungeschriebenen Gesetzesvorbehalt konstruiert, ohne auf Art. 98 Satz 2 BV einzugehen. Trotzdem sind derartige Maßnahmen, sofern sie sich auf die Generalklausel des Art. 7 Abs. 2 LStVG stützen oder sie in Form von Tatmaßnahmen nach Art. 7 Abs. 3 LStVG ergehen, durch Art. 7 Abs. 4 LStVG gesperrt. Wohnungsbetretungen und -durchsuchungen können daher nicht auf Art. 7 Abs. 2 oder 3 LStVG gestützt werden. 1505

In diesem Zusammenhang ist **Art. 13 Abs. 7 GG** zu beachten, nach dem Eingriffe unter Beschränkungen des Grundrechts der Unverletzlichkeit der Wohnung erfolgen dürfen, sofern es sich nicht um Durchsuchungen nach Art. 13 Abs. 2 GG handelt und sie zur Abwehr einer gemeinen Gefahr,[34] einer Lebensgefahr für einzelne Personen oder aufgrund eines Gesetzes auch zur Verhütung dringender Gefahren[35] für die öffentliche Sicherheit und Ordnung, insbesondere zur Behebung von Raumnot, zur Bekämpfung von Seuchengefahr oder zum Schutze gefährdeter Jugendlicher vorgenommen werden. Hierbei handelt es sich um eine bundesverfassungsrechtliche Befugnisnorm, die nicht den landesgesetzlichen Restriktionen von Art. 7 Abs. 4 LStVG unterliegt, so dass das Betreten von Wohnungen auf Grundlage von Art. 13 Abs. 7 GG möglich ist.[36] 1506

---

[30] Koehl, in: Bengl/Berner/Emmerig, Art. 7 Rn. 148.

[31] VerfGH 6, 131 (135); 17, 19 (27); 41, 151 (158), m. w. N.; 43, 23 (29); 45, 125 (132); 56, 28 (53); u. a.

[32] Zum Ganzen Holzner, Vor Art. 98 bis 123 Rn. 23 ff.

[33] BayVerfGH 41, 151 (158); 59, 23 (25 f.).

[34] Dazu Rn. 405.

[35] Dazu Rn. 404.

[36] Holzner, in: BeckOK, LStVG, Art. 7 Rn. 106; Koehl, in: Bengl/Berner/Emmerig, Art. 7 Rn. 155.

Klausurhinweis:

Nicht von Art. 7 Abs. 4 LStVG gesperrt sind dagegen z.B. Weisungen der Sicherheitsbehörden an die Polizei, im Rahmen ihrer Befugnisnormen, wie z.B. Art. 17, 23 PAG i.V.m. Art. 70 und 91 PAG, entsprechende Maßnahmen zu treffen, Art. 9 Abs. 2 POG, Art. 10 Satz 2 LStVG. Der Grund hierfür ist darin zu sehen, dass Sicherheitsbehörden mit derartigen Eingriffen weniger Erfahrung haben als die Polizei und diese daher die Maßnahmen aufgrund dieser Erfahrung auch zugunsten der Betroffenen grundrechtsverträglicher durchführen kann. Insoweit wird der Grundsatz der Subsidiarität durchbrochen.

G. Verfassungsmäßigkeit der Generalklausel

1507 Bzgl. der Verfassungsmäßigkeit der Generalklausel wird dieselbe Diskussion geführt, wie bei Art. 11 PAG. In Rede stehen insbesondere die Bestimmtheit der Befugnisnorm, die jedoch mit denselben Argumenten zu bejahen ist, wie bei Art. 11 PAG.[36]

38. Kapitel. Sicherheitsrechtliche Verantwortlichkeit

Zusammenfassung

1. Die sicherheitsrechtliche Verantwortlichkeit ist in **Art. 9 LStVG** normiert, der weitgehend **inhaltsgleich** zu den polizeirechtlichen Vorschriften der Art. 7, 8 und 10 PAG ist.
2. Die Verantwortlichkeit bestimmt sich ebenfalls nach der **Theorie der unmittelbaren Verursachung**.
3. Für die Fälle der Dereliktion kann Art. 8 Abs. 3 PAG als allgemeiner Grundsatz des Sicherheitsrechts auch auf die Störerhaftung nach Art. 9 Abs. 2 LStVG übertragen werden.

1508 Die sicherheitsrechtliche Verantwortlichkeit richtet sich nach Art. 9 LStVG. Diese entspricht inhaltlich weitgehend den Vorschriften der Art. 7, 8 und 10 PAG, so dass auf die Ausführungen dort verwiesen werden kann.[1]

A. Verantwortlichkeit für das Verhalten von Personen, Art. 9 Abs. 1 LStVG

1509 Die Handlungsstörerschaft wird in Art. 9 Abs. 1 LStVG etwas ausführlicher normiert als in Art. 7 Abs. 1 PAG. Dennoch entsprechen sich beide Normen inhaltlich. Insbesondere ist der Begriff der Verursachung nach der **Theorie der unmittelbaren Verursachung** zu bestimmen.

---

[36] Dazu Rn. 474 ff.

[1] Dazu Kapitel 12.

Ebenso wie Art. 7 Abs. 2 PAG ist in Art. 9 Abs. 1 Satz 2 und 3 LStVG die sicherheitsrechtliche Verantwortlichkeit der **aufsichtspflichtigen Person** sowie in Satz 4 diejenige des **Verrichtungsherrn** normiert. 1510

B. Verantwortlichkeit für den Zustand von Sachen, Art. 9 Abs. 2 LStVG

Ebenfalls etwas ausführlicher als in Art. 8 PAG ist die sicherheitsrechtliche Zustandsverantwortlichkeit in Art. 9 Abs. 2 LStVG normiert, wenn sich hieraus auch keine inhaltlichen Unterschiede ergeben. 1511

Insbesondere ist die explizite Erwähnung von Tieren neben Sachen nicht erforderlich, da jene ebenso behandelt werden wie diese.

Auch hier sind **Maßnahmeadressaten** der Inhaber der tatsächlichen Gewalt, der Eigentümer oder der dinglich Verfügungsberechtigte, Art. 9 Abs. 2 Satz 1, 2 1. Hs. LStVG. 1512

Dabei ist die Fassung des Art. 9 Abs. 2 Satz 2 1. Hs. LStVG im Hinblick auf den dinglich Verfügungsberechtigten enger als diejenige von Art. 8 Abs. 1 PAG, der jeden Berechtigten, also nicht nur den dinglich Berechtigten, als Maßnahmeadressat vorsieht. Mieter und Pächter können daher zwar von der Polizei nach Art. 8 Abs. 1 PAG, nicht dagegen von der Sicherheitsbehörde nach Art. 9 Abs. 2 Satz 2 1. Hs. LStVG in Anspruch genommen werden, sofern sie nicht Inhaber der tatsächlichen Gewalt sind. Dies zeitigt jedoch kaum praktische Auswirkungen, da eine Inanspruchnahme zur Gefahrenabwehr nur dann sinnvoll ist, wenn eine tatsächliche Einwirkungsmöglichkeit auf die Sache gegeben ist. Ist der schuldrechtlich Berechtigte dazu nicht der Lage, ergibt seine Inanspruchnahme kaum einen Sinn, hat dieser dagegen die tatsächliche Gewalt inne, kann er Maßnahmeadressat bereits nach Art. 9 Abs. 2 Satz 1 LStVG sein. 1513

Ebenfalls besteht ein **Ausnahmetatbestand** in den Fällen, in denen die tatsächliche Gewalt gegen den Willen des Eigentümers oder sonstigen Verfügungsberechtigten ausgeübt wird, **Art. 9 Abs. 2 Satz 2 2. Hs. LStVG**. 1514

Ein Unterschied zu Art. 8 Abs. 2 Satz 2 PAG besteht dahingehend, dass dieser die Verantwortlichkeit auch ausschließt, wenn der Inhaber die tatsächliche Gewalt ohne den Willen des Eigentümers oder Berechtigten ausübt, während Art. 9 Abs. 2 Satz 2 LStVG die Ausübung der tatsächlichen Gewalt gerade gegen den Willen des Eigentümers oder sonstigen Verfügungsberechtigten fordert. Insoweit fordert das PAG eine Übereinstimmung im Willen zwischen dem Eigentümer oder sonstigen Berechtigten und dem Inhaber der tatsächlichen Gewalt, während das LStVG auf die bloße Möglichkeit abstellt, auf die Sache einzuwirken. Letztlich ist auch diese Differenzierung ohne Praxisrelevanz, da eine Inanspruchnahme eines Zustandsstörers, der auf die Sache nicht einwirken kann, in der Praxis keine Aussicht auf Erfolg hat und damit ermessensfehlerhaft wäre. 1515

Insbesondere im Sicherheitsrecht werden auch die verfassungsrechtlichen Grenzen der Zustandsverantwortlichkeit aus Art. 14 Abs. 1 GG relevant.[2] 1516

Die Frage der **Dereliktion** ist dagegen nicht im LStVG geregelt. Jedoch lässt sich die Vorschrift des Art. 8 Abs. 3 PAG als allgemeiner Grundsatz des Sicherheitsrechts auch auf die Störerhaftung des Zustandsstörers nach Art. 9 Abs. 2 LStVG mit der Folge übertragen, dass eine Dereliktion nicht zum Ende der Zustandsstörerverantwortlichkeit führt.[3] 1517

---

[2] Dazu Rn. 634ff.
[3] Dazu Rn. 610, 623ff.

C. Inanspruchnahme nicht verantwortlicher Personen, Art. 9 Abs. 3 LStVG

1518 Die Inanspruchnahme nicht verantwortlicher Personen ist trotz unterschiedlicher Formulierungen in Art. 9 Abs. 3 LStVG **inhaltsgleich** zu Art. 10 PAG normiert, weshalb auf die Ausführungen hierzu verwiesen werden kann.[4]

39. Kapitel. Sicherheitsrechtliche Handlungsgrundsätze, Art. 8 LStVG

Zusammenfassung

1. Die Norm zur Verhältnismäßigkeit des Art. 8 LStVG ist **inhaltsgleich** zu Art. 4 PAG.
2. Allein die Ersetzungsbefugnis, wie sie in Art. 5 Abs. 2 Satz 2 PAG normiert ist, findet im LStVG kein Äquivalent, was jedoch nicht weiter relevant wird, da diese als **allgemeiner Grundsatz** auch auf sicherheitsbehördliche Anordnungen Anwendung findet.
3. In Ermangelung einer Art. 5 Abs. 1 PAG vergleichbaren Norm im LStVG findet **Art. 40 BayVwVfG** als allgemeine Norm, welche die pflichtgemäße Ermessensausübung regelt, Anwendung.

A. Grundsatz der Verhältnismäßigkeit, Art. 8 LStVG

1519 Der verfassungsmäßige Grundsatz der Verhältnismäßigkeit wird im LStVG einfachgesetzlich durch Art. 8 konkretisiert, der inhaltlich Art. 4 PAG gleicht. Insoweit kann auf die Ausführungen zu Art. 4 PAG verwiesen werden.[1]

1520 Eine Art. 5 Abs. 2 Satz 1 PAG vergleichbare **Ersetzungsbefugnis** besteht im LStVG nicht. Dennoch ist diese als **allgemeiner Grundsatz** der Erforderlichkeit einer Maßnahme und damit Bestandteil des Verhältnismäßigkeitsprinzips auch auf Maßnahmen nach dem LStVG anwendbar.

B. Sicherheitsrechtliche Ermessensausübung

1521 Im Sicherheitsrecht findet sich eine Art. 5 Abs. 1 PAG vergleichbare Norm zwar nicht, dennoch wird z.B. durch Art. 7 Abs. 2 und 3 LStVG deutlich („können"), dass den Sicherheitsbehörden grundsätzlich ein Ermessensspielraum bei der Gefahrenabwehr zukommt.

1522 Für die Ausübung dieses Ermessens gilt daher die allgemeine Vorschrift des **Art. 40 BayVwVfG**, wobei auch hier das legitime Ziel bereits in der Aufgabeneröffnung nach Art. 6 LStVG mit der Aufgabe der Gefahrenabwehr vorweggenommen wird.

---

[4] Dazu Rn. 673 ff.

[1] Dazu Rn. 687 ff.

Im Übrigen gelten die Ausführungen zur polizeilichen Ermessensausübung nach Art. 5 PAG.[2] Der Anspruch auf sicherheitsrechtliches Einschreiten folgt denselben Regeln wie derjenige auf polizeiliches Einschreiten.[3] 1523

40. Kapitel. Systematik der Befugnisnormen und Ermächtigungsgrundlagen im LStVG

Zusammenfassung

1. Die Generalklausel des Art. 7 Abs. 2 LStVG ist gegenüber Spezialbefugnisnormen, gleich ob sich diese im LStVG oder in anderen Sicherheitsgesetzen finden, wegen des Grundsatzes *lex generalis derogat legi generali* **nur subsidiär** anwendbar.
2. Der Rückgriff auf die Generalklausel ist nur dann zulässig, wenn der **Tatbestand** der Spezialbefugnisnorm **nicht einschlägig** ist und die **Maßnahme**, die aufgrund der Generalklausel ergriffen werden soll, **nicht** mit derjenigen **identisch** ist, die durch die Spezialbefugnisnorm angeordnet wird.
3. Da das LStVG zum einen sicherheitsrechtliche Vorschriften beinhaltet und zum anderen den Erlass von Rechtsverordnungen regelt, enthalten die im Dritten Teil befindlichen Rechtsgrundlagen der Art. 12 bis 41 LStVG häufig in einem Absatz eine **Ermächtigungsgrundlage** für den Erlass von sicherheitsrechtlichen Rechtsverordnungen **und** in einem anderen Absatz eine **Rechtsgrundlage** für die Anordnung im Einzelfall.

A. Verhältnis der Generalbefugnisnorm zu den weiteren Befugnisnormen im Sicherheitsrecht

Art. 7 Abs. 2 LStVG normiert, dass auf die sicherheitsrechtliche Generalbefugnis nur dann zurückgegriffen werden darf, wenn keine gesetzlichen Ermächtigungen, wie sie Art. 7 Abs. 1 LStVG deklaratorisch in einfachgesetzlicher Konkretisierung des aus dem Rechtsstaatsprinzip abgeleiteten Grundsatzes des Vorbehalts des Gesetzes einfordert, besteht. Insoweit ist die Generalklausel subsidiär zu spezielleren Befugnisnormen, die die Sicherheitsbehörden zur Anordnung im Einzelfall ermächtigen. Solche können im LStVG oder in anderen Rechtsvorschriften enthalten sein. 1524

Da auch im LStVG, ebenso wie im PAG, besondere Lebenssituationen oder Eingriffe von besonderer Grundrechtsintensität in den Art. 12ff. LStVG typisiert geregelt sind, bezieht Art. 7 Abs. 2 LStVG zu seinem Verhältnis zu diesen Befugnisnormen Stellung und ordnet an, dass die Spezialbefugnisnormen der Art. 12ff. LStVG spezieller sind und die Generalbefugnisnorm lediglich **subsidiär** als **Auffangtatbestand** herangezogen werden kann.[1] 1525

---

[2] Dazu Rn. 725ff.
[3] Dazu Rn. 741ff.

[1] Körner/Mehringer, Art. 7 Nr. 3.1; i.E. wie hier Koehl, in: Bengl/Berner/Emmerig, Art. 7 Rn. 15, der jedoch davon ausgeht, dass es sich bei Art. 7 Abs. 2 LStVG um keinen Auffangtatbestand

1526 Ist also ein Sachverhalt bereits mit Blick auf die **Spezialbefugnisnormen tatbestandsmäßig**, können die Maßnahmen nur auf die jeweilige Spezialbefugnisnorm der Art. 12ff. LStVG gestützt werden, während ein Rückgriff auf die sicherheitsrechtliche Generalklausel in diesen Fällen ausgeschlossen ist. Insoweit normiert die Spezialbefugnisnorm den Sachverhalt abschließend und entfaltet **Sperrwirkung** bzgl. Sachverhalt und Rechtsfolgen.[2] Da es sich bei dem Grundsatz des *lex specialis derogat legi generali* um einen allgemeinen Grundsatz handelt, dem Art. 7 Abs. 2 LStVG Ausdruck verleiht, ist dieser insoweit nur **deklaratorisch**.[3]

1527 Ein **Rückgriff** auf die sicherheitsrechtliche Generalklausel ist dagegen **dann möglich, wenn** ein Sachverhalt **nicht tatbestandsmäßig** im Sinne einer Spezialbefugnisnorm ist, sofern die Maßnahme, die aufgrund der Generalklausel ergriffen werden soll, nicht vergleichbar derjenigen ist, die aufgrund der Spezialbefugnisnorm getroffen werden kann.[4]

1528 Gleiches gilt mit Blick auf die von Art. 7 Abs. 2 LStVG in Bezug genommenen **anderen Rechtsvorschriften sowie** aufgrund solcher Rechtsvorschriften erlassenen **Rechtsverordnungen**. Werden den Sicherheitsbehörden nicht nur Aufgaben nach anderen Rechtsvorschriften eröffnet, sondern ihnen auch Befugnisnormen an die Hand gegeben, so hat sich die Sicherheitsbehörde grundsätzlich auf diese zu stützen. Ein Rückgriff auf die sicherheitsrechtliche Generalklausel ist in diesen Fällen ebenfalls ausgeschlossen.[5]

Beispiele für derartige Befugnisnormen der Sicherheitsbehörden nach anderen Rechtsvorschriften stellen die Art. 11 BayPsychKHG, Art. 12, 15 BayVersG i. V. m. Art. 24 Abs. 2 Satz 1 BayVersG, Art. 74ff. BayBO dar.[6]

B. Systematik der Befugnisnormen und Ermächtigungsgrundlagen im LStVG

1529 Wie bereits gesehen,[7] handelt es sich beim LStVG grundsätzlich um **zwei Gesetze**: dem Sicherheitsrecht (Erster bis Dritter Teil, Art. 1 bis 41 LStVG) und dem Verordnungsrecht (Vierter Teil, Art. 42 bis 53 LStVG).

1530 Dabei werden im **Dritten Teil** mit den Art. 12 bis 41 LStVG die Spezialbefugnisnormen für Einzelmaßnahmen sowie Ermächtigungsgrundlagen für den sicherheitsrechtlichen Verordnungserlass geregelt, der dann nach den im Vierten Teil normierten Verfahrensvorschriften, **Art. 42 bis 53 LStVG**, erfolgt.

---

handelt, da die Spezialbefugnisse der Art. 12ff. LStVG so speziell seien, dass sie nur einen kleinen Teil des sicherheitsrechtlichen Aufgabenspektrums abdecken könnten.

[2] Vgl. auch die Ausführungen zu Rn. 336ff.

[3] Gleiches gilt für Art. 11 Abs. 1 PAG.

[4] Dazu Kapitel 14.

[5] Dazu Rn. 754ff.

[6] Vgl. auch Nr. 7.3 VollzBekLStVG. Vgl. zur Polizeifestigkeit von Versammlungen und der Möglichkeit, Anordnungen auf das allgemeine Sicherheitsrecht zu stützen, was grundsätzlich eine polizeirechtliche Problematik darstellt, Rn. 1859ff.

[7] Rn. 127ff.

Klausurhinweis:

Beachten Sie, dass die Art. 42 bis 53 LStVG nicht allein für sicherheitsrechtliche Rechtsverordnungen Geltung beanspruchen, sondern generell das Verfahren des Verordnungserlasses regeln.

War die Problematik um das Verhältnis der Generalbefugnisnorm des Art. 7 Abs. 2 LStVG zu den Spezialbefugnisnormen der Art. 12ff. LStVG bereits aus dem Polizeirecht bekannt, enthalten die Art. 12ff. LStVG aufgrund der Besonderheit des LStVG, dass dieses sowohl Sicherheitsrecht als auch Verordnungsrecht normiert, nicht nur die **Befugnisse für den Erlass von Einzelfallanordnungen**, sondern auch **Ermächtigungsgrundlagen für den Erlass von sicherheitsrechtlichen Rechtsverordnungen**. 1531

So findet sich in der Vielzahl der Rechtsgrundlagen der Art. 12ff. LStVG folgende Zweiteilung: In einem Absatz – oft in Abs. 1 – enthält die Norm die Ermächtigungsgrundlage für den Erlass von Rechtsverordnungen, während sie in einem anderen Absatz – oft Abs. 2 oder 3 – die Befugnisnorm für die Einzelfallanordnung beinhaltet. 1532

So ermächtigt Art. 12 Abs. 1 LStVG die kreisfreien Gemeinden, die Landkreise, die Bezirksregierungen und das Staatsministerium für Gesundheit zum Erlass von Verordnungen mit dem Ziel der Verhütung übertragbarer Krankheiten, während Art. 12 Abs. 2 LStVG eine Befugnisnorm für den Erlass von Einzelfallanordnungen mit demselben Umfang für dieselben Behörden enthält. Nach derselben Systematik aufgebaut sind z.B. Art. 18 LStVG – Halten von Hunden; Art. 20 LStVG – staatliche Parkanlagen; Art. 23 – Menschenansammlungen; Art. 24 LStVG – Ski- und Skibobfahren, Rodeln etc. 1533

Klausurhinweis:

In der Klausur müssen sie daher genau differenzieren, ob es sich um die Anordnung einer Maßnahme im Einzelfall handelt oder es um den Erlass einer Rechtsverordnung geht. Je nachdem ist innerhalb einer Norm auf verschiedene Absätze abzustellen, so dass korrektes und genaues Zitieren der jeweiligen Absätze unerlässlich ist, um eine richtige Lösung zu erstellen.

Zu beachten ist, dass für den Erlass einer Rechtsverordnung, mithin einer abstrakt-generellen Regelung, lediglich eine **abstrakte Gefahr** vorliegen muss, während für die Einzelfallanordnung eine **konkrete Gefahr** erforderlich ist. Insoweit unterscheidet sich also der Gefahrenbegriff der jeweiligen Absätze aufgrund des Regelungsinhalts der Norm voneinander. 1534

Dabei liegt es im **pflichtgemäßen Ermessen** der Sicherheitsbehörden, zu entscheiden, ob sie zur Gefahrenabwehr im Wege des Verordnungserlasses oder nur (bei Vorliegen der engeren Voraussetzungen) durch Einzelfallanordnungen tätig werden. Insbesondere besteht keine Pflicht aus Gleichbehandlungsgründen, eine abstrakt-generelle Regelung zu treffen anstatt bei Vorliegen konkreter Gefährdungssituationen sicherheitsbehördliche Anordnungen zu treffen.[8] 1535

[8] VGH München, Urt. v. 21.12.2011 – 10 B 10.2806 – Rn. 29.

41. Kapitel. Abschließendes Prüfungsschema zur sicherheitsrechtlichen Primärmaßnahme

1536 **Prüfungsschema 21: Die sicherheitsrechtliche Primärmaßnahme – bayerischer Aufbau (gesamt)**

A. formelle Rechtmäßigkeit

I. Zuständigkeit

1. Verbandskompetenz, Art. 6 LStVG

Gemeinden – Landratsämter – Regierungen – Staatsministerium des Innern
(materieller Polizeibegriff)
→ für Gemeinden: übertragener Wirkungskreis
Ausnahme: ortsbezogene Gefahr oder Vollzug von Ortsrecht

P! Verhältnis der Behörden zueinander
h.M: Mehrfachkompetenz
Arg.:
– Effektivität der Gefahrenabwehr
  – Handeln kann die Behörde, die der Gefahr am nächsten ist
  – Kompetenzkonflikte werden vermieden
– Art. 44 LStVG e contrario

a. A.: Subsidiaritätsprinzip
Arg.:
– Art. 44 LStVG analog
– Vermeidung von doppelten Handlungen
  aber: Verstoß führt nicht zur Rechtswidrigkeit

2. Organkompetenz

z.B. bei Gemeinden
– Art. 37 Abs. 1 Nr. 1 GO – laufende Angelegenheit; evtl. wegen Entschädigungspflicht nach Art. 11 LStVG keine laufende Angelegenheit mehr
– beachte: Art. 37 Abs. 3 GO bei dringlichen Maßnahmen

II. Verfahren

1. Anhörung, Art. 28 Abs. 1 BayVwVfG

evtl. entbehrlich, bei
– Art. 28 Abs. 2 Nr. 1 BayVwVfG: Gefahr im Verzug
– Art. 28 Abs. 2 Nr. 4 BayVwVfG: Allgemeinverfügungen
Heilung nach Art. 45 Abs. 1 Nr. 3 BayVwVfG möglich

2. Beschlussverfahren

z.B. bei Gemeinden: Beschlussverfahren nach Art. 47 ff. GO

III. Form, insbesondere Begründungserfordernis, Art. 39 Abs. 1 BayVwVfG

Primärmaßnahmen sind rglm. Ermessensentscheidungen bzgl. des „ob" und „wie" des Einschreitens einschließlich der Störerauswahl → Begründungserfordernis des Art. 39 Abs. 1 Satz 3 BayVwVfG

B. materielle Rechtmäßigkeit

I. Aufgabeneröffnung, Art. 6 LStVG

– Abwehr von Gefahren für die öffentliche Sicherheit und Ordnung
– Unterbindung und Beseitigung von Störungen

1. Gefahr

– umfasst eine Sachlage, die bei ungehindertem Ablauf des objektiv zu erwartenden Geschehens im Einzelfall mit hinreichender Wahrscheinlichkeit zu einer Verletzung der genannten Schutzgüter führt (konkrete Gefahr)
– ausreichend ist auch, dass nach der allgemeinen Lebenserfahrung erst konkrete Gefahren entstehen können (allgemeine Gefahr)

2. öffentliche Sicherheit

– Leben, Gesundheit, Freiheit
– Rechtsordnung
– Einrichtungen des Staates und Träger von Hoheitsgewalt

3. öffentliche Ordnung

Gesamtheit der ungeschriebenen Regeln, die nach h. M. unerlässlich für ein geordnetes Gemeinschaftsleben sind

4. Störung

bereits eingetretene Gefahr

5. Unterbindung

Verhinderung, dass eine bereits begonnene, noch nicht beendete störende Handlung fortgesetzt wird

6. Beseitigung

Beendung des Schädigungszustandes

P! Gefahrenverdacht

Unsicherheiten über das Bestehen einer Gefahr → Aufgabeneröffnung nur bzgl. Gefahrerforschungsmaßnahmen gegeben (s. u.)

II. Befugnisnorm (nur bei Grundrechtseingriffen, Art. 20 Abs. 3 GG, Art. 3 Abs. 1 BV)

1. Art. 7 Abs. 1 LStVG i. V. m. Spezialgesetzen (wie bei Art. 11 Abs. 4 PAG)

hierzu gehören auch Verordnungen (auf Grund eines Gesetzes) z.B. nach dem LStVG
in diesem Fall ist ggf. die Rechtmäßigkeit der Verordnung hier zu überprüfen (s. u.)

2. Art. 7 Abs. 1 LStVG i. V. m. Art. 12 bis 41 LStVG – Spezialbefugnisse für Einzelmaßnahmen

z.B.

a. Verhütung von übertragbaren Krankheiten, Art. 12 Abs. 2, Abs. 1 LStVG
b. Halten von Hunden, Art 18 Abs. 2, Abs. 1 LStVG
c. Veranstaltung von Vergnügungen, Art. 19 LStVG
d. Menschenansammlungen, Art. 23 Abs. 1 Satz 1, Abs. 2 LStVG
e. Baden; Betreten und Befahren von Eisflächen, Art. 27 LStVG
f. Halten gefährlicher Tiere, Art. 37 LStVG
g. Zucht und Ausbildung von Kampfhunden, Art. 37a LStVG

3. Art. 7 Abs. 2 Nr. 1 bis 3 LStVG – allgemeine Generalklausel

a. Art. 7 Abs. 2 Nr. 1 LStVG: rechtswidrige Taten (Straftaten; OWi)
b. Art. 7 Abs. 2 Nr. 2 LStVG: Beseitigung von bestimmten Zuständen
c. Art. 7 Abs. 2 Nr. 3 LStVG: Gefahren für und Störungen von Leben, Gesundheit, Freiheit oder Sachwerte, deren Erhaltung im öffentlichen Interesse liegt

P! Gefahrerforschungsmaßnahmen

d.h. Anordnungen der Behörde, dass der Bürger eine Maßnahme trifft, welche zur Erforschung der Gefahr notwendig ist, z.B. Einholung eines Sachverständigengutachtens

e. A.: stets unzulässig

Arg.:

- Art. 24 BayVwVfG: die Behörden haben eine Amtsermittlungspflicht, ob und in welchem Umfang eine Gefahr vorliegt
- die Betroffenen haben nur eine Mitwirkungspflicht, Art. 26 Abs. 2 BayVwVfG; erst die Beseitigung der Gefahr unterliegt dem Verantwortlichen

a. A.: kann auf Art. 7 Abs. 2 LStVG gestützt werden

Arg.:

- Gefahrerforschung ist der erste Schritt zur Gefahrenabwehr und daher im Rahmen der Verhältnismäßigkeit das mildere Mittel
- auch bei Gefahrerforschungsmaßnahmen der Behörde selbst wäre eine Rechtsgrundlage nötig (z.B. wegen Duldungsanordnungen); Art. 24, 26 BayVwVfG beinhalten eine solche nicht
- Effektivität der Gefahrenabwehr; Sicherheitsbehörden könnten Gefahren nicht mehr begegnen
- Trennung zwischen Gefahrerforschung und Gefahrenabwehr nicht möglich

BayVGH: vermittelnde Ansicht; Behörde hat Auswahl zwischen beiden Vorgehensweisen; sie muss dabei berücksichtigen:

- Ist die Heranziehung des Bürgers gleich effektiv?
- Welche Maßnahme stellt den geringeren Eingriff für den Bürger dar?
- Kann die Behörde die Maßnahme einfacher durchführen?

III. Maßnahmerichtung (Störerauswahl)
1. Spezialregelungen in den Spezialbefugnissen

2. Allgemeine Regelungen
Theorie der unmittelbaren Verursachung
Aus.: - latente Gefahr; - Zweckveranlasser
a. Handlungsstörer, Art. 9 Abs. 1 LStVG
b. Zustandsstörer, Art. 9 Abs. 2 LStVG
Inhaber der tatsächlichen Sachherrschaft; auch bei Naturgewalten
Arg.: Effektivität der Gefahrenabwehr
c. Nichtstörer, Art. 9 Abs. 3 LStVG
sog. polizeilicher Notstand

3. Ermessensausübung bzgl. der Störerauswahl
i.d.R. Handlungs- vor Zustandsstörer; Letztverantwortlicher
letztlich gilt: Effektivität der Gefahrenabwehr

IV. sicherheitsrechtliche Handlungsgrundsätze
1. Grundsatz der Verhältnismäßigkeit, Art. 8 LStVG
a. mildestes Mittel, Art. 8 Abs. 1 LStVG
geeignete und erforderliche Maßnahme
b. Zweck-Mittel-Relation, Art. 8 Abs. 1 LStVG
angemessene Maßnahme
c. zeitliches Übermaßverbot, Art. 8 Abs. 3 LStVG

2. Ermessensausübung
a. Entschließungsermessen, „ob"
b. Auswahlermessen, „wie"

Prüfungsschema 22: Die sicherheitsrechtliche Primärmaßnahme – klassischer Aufbau (gesamt)

A. Befugnisnorm (nur bei Grundrechtseingriffen, Art. 20 Abs. 3 GG, Art. 3 Abs. 1 BV)
I. Art. 7 Abs. 1 LStVG i. V. m. Spezialgesetzen (wie bei Art. 11 Abs. 3 PAG)
hierzu gehören auch Verordnungen (auf Grund eines Gesetzes) z.B. nach dem LStVG
in diesem Fall ist ggf. die Rechtmäßigkeit der Verordnung hier zu überprüfen (s. u.)

II. Art. 7 Abs. 1 LStVG i. V. m. Art. 12 bis 41 LStVG – Spezialbefugnisse für Einzelmaßnahmen
z.B.
1. Verhütung von übertragbaren Krankheiten, Art. 12 Abs. 2, Abs. 1 LStVG
2. Halten von Hunden, Art 18 Abs. 2, Abs. 1 LStVG

3. Veranstaltung von Vergnügungen, Art. 19 LStVG
4. Menschenansammlungen, Art. 23 Abs. 1 Satz 1, Abs. 2 LStVG
5. Baden; Betreten und Befahren von Eisflächen, Art. 27 LStVG
6. Halten gefährlicher Tiere, Art. 37 LStVG
7. Zucht und Ausbildung von Kampfhunden, Art. 37a LStVG

III. Art. 7 Abs. 2 Nr. 1 bis 3 LStVG – allgemeine Generalklausel

1. Art. 7 Abs. 2 Nr. 1 LStVG: rechtswidrige Taten (Straftaten; OWi)
2. Art. 7 Abs. 2 Nr. 2 LStVG: Beseitigung von bestimmten Zuständen
3. Art. 7 Abs. 2 Nr. 3 LStVG: Gefahren für und Störungen von Leben, Gesundheit, Freiheit oder Sachwerte, deren Erhaltung im öffentlichen Interesse liegt

P! Gefahrerforschungsmaßnahmen

d.h. Anordnungen der Behörde, dass der Bürger eine Maßnahme trifft, welche zur Erforschung der Gefahr notwendig ist, z.B. Einholung eines Sachverständigengutachtens

e. A.: stets unzulässig

Arg.:

– Art. 24 BayVwVfG: die Behörden haben eine Amtsermittlungspflicht, ob und in welchem Umfang eine Gefahr vorliegt
– die Betroffenen haben nur eine Mitwirkungspflicht, Art. 26 II BayVwVfG; erst die Beseitigung der Gefahr unterliegt dem Verantwortlichen

a. A.: kann auf Art. 7 Abs. 2 LStVG gestützt werden

Arg.:

– Gefahrerforschung ist der erste Schritt zur Gefahrenabwehr und daher im Rahmen der Verhältnismäßigkeit das mildere Mittel
– auch bei Gefahrerforschungsmaßnahmen der Behörde selbst wäre eine Rechtsgrundlage nötig (z.B. wegen Duldungsanordnungen); Art. 24, 26 BayVwVfG beinhalten eine solche nicht
– Effektivität der Gefahrenabwehr; Sicherheitsbehörden könnten Gefahren nicht mehr begegnen
– Trennung zwischen Gefahrerforschung und Gefahrenabwehr nicht möglich

BayVGH: vermittelnde Ansicht; Behörde hat Auswahl zwischen beiden Vorgehensweisen; sie muss dabei berücksichtigen:

– Ist die Heranziehung des Bürgers gleich effektiv?
– Welche Maßnahme stellt den geringeren Eingriff für den Bürger dar?
– Kann die Behörde die Maßnahme einfacher durchführen?

B. formelle Rechtmäßigkeit

I. Zuständigkeit

1. Verbandskompetenz: Aufgabeneröffnung, Art. 6 LStVG

Gemeinden – Landratsämter – Bezirksregierungen – Staatsministerium des Innern

(materieller Polizeibegriff)
→ für Gemeinden: übertragener Wirkungskreis
Ausnahme: ortsbezogene Gefahr oder Vollzug von Ortsrecht

a. Verhältnis der Behörden zueinander
h.M: Mehrfachkompetenz
Arg.:
- Effektivität der Gefahrenabwehr
  - Handeln kann die Behörde, die der Gefahr am nächsten ist
  - Kompetenzkonflikte werden vermieden
- Art. 44 LStVG e contrario

a. A.: Subsidiaritätsprinzip
Arg.:
- Art. 44 LStVG analog
- Vermeidung von doppelten Handlungen
  aber: Verstoß führt nicht zur Rechtswidrigkeit

b. Tatbestand
- Abwehr von Gefahren für die öffentliche Sicherheit und Ordnung
- Unterbindung und Beseitigung von Störungen

aa. Gefahr
- umfasst eine Sachlage, die bei ungehindertem Ablauf des objektiv zu erwartenden Geschehens im Einzelfall mit hinreichender Wahrscheinlichkeit zu einer Verletzung der genannten Schutzgüter führt (konkrete Gefahr)
- ausreichend ist auch, dass nach der allgemeinen Lebenserfahrung erst konkrete Gefahren entstehen können (allgemeine Gefahr)

bb. öffentliche Sicherheit
- Leben, Gesundheit, Freiheit
- Rechtsordnung
- Einrichtungen des Staates und Träger von Hoheitsgewalt

cc. öffentliche Ordnung
Gesamtheit der ungeschriebenen Regeln, die nach h. M. unerlässlich für ein geordnetes Gemeinschaftsleben sind

dd. Störung
bereits eingetretene Gefahr

ee. Unterbindung
Verhinderung, dass eine bereits begonnene, noch nicht beendete störende Handlung fortgesetzt wird

ff. Beseitigung
Beendung des Schädigungszustandes

P! Gefahrenverdacht
Unsicherheiten über das Bestehen einer Gefahr → Aufgabeneröffnung nur bzgl. Gefahrerforschungsmaßnahmen gegeben (s. u.)

2. Organkompetenz
z.B. bei Gemeinden
– Art. 37 Abs. 1 Nr. 1 GO – laufende Angelegenheit; evtl. wegen Entschädigungspflicht nach Art. 11 LStVG keine laufende Angelegenheit mehr
– beachte: Art. 37 Abs. 3 GO bei dringlichen Maßnahmen

II. Verfahren

1. Anhörung, Art. 28 Abs. 1 BayVwVfG
evtl. entbehrlich, bei
– Art. 28 Abs. 2 Nr. 1 BayVwVfG: Gefahr im Verzug
– Art. 28 Abs. 2 Nr. 4 BayVwVfG: Allgemeinverfügungen
Heilung nach Art. 45 Abs. 1 Nr. 3 BayVwVfG möglich

2. Beschlussverfahren
z.B. bei Gemeinden: Beschlussverfahren nach Art. 47 ff. GO

III. Form, insbesondere Begründungserfordernis, Art. 39 Abs. 1 BayVwVfG
Primärmaßnahmen sind rglm. Ermessensentscheidungen bzgl. des „ob" und „wie" des Einschreitens einschließlich der Störerauswahl → Begründungserfordernis des Art. 39 Abs. 1 Satz 3 BayVwVfG

C. materielle Rechtmäßigkeit

I. Subsumtion unter die Befugnisnorm

II. Maßnahmerichtung (Störerauswahl)

1. Spezialregelungen in den Spezialbefugnissen

2. Allgemeine Regelungen
Theorie der unmittelbaren Verursachung
Aus.: – latente Gefahr; – Zweckveranlasser

a. Handlungsstörer, Art. 9 Abs. 1 LStVG

b. Zustandsstörer, Art. 9 Abs. 2 LStVG
Inhaber der tatsächlichen Sachherrschaft; auch bei Naturgewalten
Arg.: Effektivität der Gefahrenabwehr

c. Nichtstörer, Art. 9 Abs. 3 LStVG
sog. polizeilicher Notstand

3. Ermessensausübung bzgl. der Störerauswahl
i.d.R. Handlungs- vor Zustandsstörer; Letztverantwortlicher; letztlich gilt: Effektivität der Gefahrenabwehr

III. sicherheitsrechtliche Handlungsgrundsätze

1. Grundsatz der Verhältnismäßigkeit, Art. 8 LStVG

a. mildestes Mittel, Art. 8 Abs. 1 LStVG
geeignete und erforderliche Maßnahme

b. **Zweck-Mittel-Relation, Art. 8 Abs. 1 LStVG**
angemessene Maßnahme
c. **zeitliches Übermaßverbot, Art. 8 Abs. 3 LStVG**

2. **Ermessensausübung**
a. **Entschließungsermessen, „ob"**
b. **Auswahlermessen, „wie"**

42. Kapitel. Sicherheitsrechtliche Rechtsverordnungen

Zusammenfassung

1. Bei den Art. 42ff. LStVG handelt es sich um **allgemeines Verfahrensrecht** zum Verordnungserlass, das nicht auf die sicherheitsrechtlichen Rechtverordnungen beschränkt ist.
2. Ziel des sicherheitsrechtlichen **Verordnungserlasses** ist in der Regel die Abwehr einer **abstrakten Gefahr**, während bei **Anordnungen für den Einzelfall** zumindest eine **konkrete Gefahr** bestehen muss.
3. Bei den sicherheitsrechtlichen Rechtsverordnungen handelt es sich um solche i.S.v. **Art. 55 Nr. 2 Satz 3 BV**, die nicht lediglich einen bereits gesetzlich festgelegten Inhalt konkretisieren, weshalb besondere Anforderungen an die Ermächtigungsgrundlage zu stellen sind.
4. Eine **bewehrte Rechtsverordnung** ist eine, welche die Nichtbeachtung oder die Zuwiderhandlung gegen Gebote oder Verbote, welche die Rechtsverordnung selbst anordnet, mit einem Bußgeld belegt.
5. Gegen einen Verstoß gegen eine Rechtsverordnung, die der Rechtsordnung und damit der öffentlichen Sicherheit zuzurechnen ist, kann präventiv aufgrund der **Generalklausel** vorgegangen werden, während bei bewehrten Rechtsverordnungen zusätzlich noch die Möglichkeit besteht, gegen das pönalisierte Verhalten nach der **Generalklausel mit Voraustatbeständen**, Art. 7 Abs. 2 Nr. 1 LStVG, Art. 11 Abs. 2 Satz 1 Nr. 1 PAG, einzuschreiten.
6. Der Prüfungsaufbau einer Rechtsverordnung ähnelt derjenigen einer Verwaltungsaktprüfung.
7. Ermächtigungsgrundlagen für die Rechtsverordnung können sich in Spezialgesetzen sowie subsidiär im LStVG befinden. Diese haben in inhaltlicher Hinsicht **Inhalt, Zweck und Ausmaß** in einer dem **Bestimmtheitsgrundsatz** entsprechenden Wiese zu bestimmen sowie mit **höherrangigem Recht** übereinzustimmen. In zeitlicher Hinsicht muss die Ermächtigungsgrundlage **im Zeitpunkt des Verordnungserlasses in Geltung** sein.
8. Die **Verbandskompetenz** zum Erlass von Rechtsverordnungen ergibt sich regelmäßig aus der Ermächtigungsgrundlage. Bei einer **Mehrfachzuweisung** ist die höhere Behörde oder Stelle zuständig, **Art. 44 LStVG**. In Ausnahmefällen kann die Verordnung auch durch die Aufsichtsbehörde erlassen werden, Art. 46 LStVG, deren Entschließungsermessen dabei auf Null reduziert ist.

9. Der Verordnungserlass erfolgt im **übertragenen Wirkungskreis**, Art. 42 Abs. 1 Satz 2 LStVG.
10. Die **Organkompetenz** kommt grundsätzlich den **Kollegialorganen** zu. Eine Ausnahme normiert Art. 42 Abs. 2 Satz 1 LStVG mit der Eilkompetenz. Dabei ist das **Beschlussverfahren** den für das Beschlussgremium bestehenden Normierungen zu entnehmen, z.B. Art. 45ff. GO für den Gemeinderat. Das Inkrafttreten von bewehrten Verordnungen normiert Art. 50 LStVG.
11. **Formell** ist bei bewehrten Verordnungen das **Zitiergebot** des Art. 4 Abs. 1 LStVG zu beachten sowie die Geltungsdauer nach Art. 50 Abs. 2 Satz 1 LStVG anzugeben. Das Zitiergebot nach Art. 45 Abs. 2 LStVG ist als Soll-Vorschrift nicht verpflichtend. Dagegen sind alle Rechtsverordnungen **amtlich bekanntzumachen**, Art. 51 Abs. 2 LStVG.
12. Die Rechtsverordnung ist **materiell rechtmäßig**, wenn sie unter die **Ermächtigungsgrundlage** zu subsumieren ist, mithin deren Grenzen bzgl. des Tatbestandes, der Rechtsfolgen und deren Zweck einhält. Ebenso muss die Verordnung mit **höherrangigem Recht** vereinbar sein, insbesondere den Grundsätzen der **Bestimmtheit** sowie der **Verhältnismäßigkeit** entsprechen. Eine **Rückwirkung** ist nur für unbewehrte Verordnungen und dann auch nur in den Grenzen von Art. 20 Abs. 3 GG, Art. 3 Abs. 1 BV zulässig.
13. Für das **Änderungs- und Aufhebungsverfahren** von Rechtsverordnungen gelten die für den Erlass von Rechtsverordnungen bestehenden Vorschriften sinngemäß, **Art. 48 Satz 1 LStVG**.
14. Die **staatliche Aufsicht** über den Erlass von Rechtsverordnungen erfolgt nach Art. 46 LStVG präventiv und nach Art. 49 LStVG im Nachhinein. In beiden Fällen können die Rechtsverordnungen bzw. deren Unterlassen **beanstandet** und im Wege der **Ersatzvornahme** aufgehoben bzw. erlassen werden.
15. Bei der staatlichen Aufsicht über den Erlass von Rechtsverordnungen handelt es sich um **Rechtsaufsicht im übertragenen Wirkungskreis**.
16. Die Beanstandung bzw. Aufforderung haben **Verwaltungsaktcharakter** und können daher mit einer Anfechtungsklage der beaufsichtigten Stelle angefochten werden. Das geltend gemachte subjektive Recht ergibt sich aus den Art. 46ff. LStVG.
17. Bei einer Ersatzverordnung kann sowohl im Wege der **Anfechtungsklage gegen die Beanstandung bzw. Aufforderung** als auch im Wege der **Normenkontrolle gegen die Ersatzverordnung** vorgegangen werden.
18. **Antragsgegner** bei Klagen eines **Dritten** gegen die Ersatzverordnung ist die **beaufsichtigte Stelle**, der die Ersatzverordnung als eigene zugerechnet wird.

1537 Die Art. 42ff. LStVG regeln das Verfahren zum Erlass von Rechtsverordnungen. Dabei sind diese Vorschriften nicht auf sicherheitsrechtliche Rechtsverordnungen begrenzt, sondern finden **auch** auf **sonstige Rechtsverordnungen** Anwendung, vgl. Art. 42 Abs. 1 Satz 1 LStVG. Insoweit handelt es sich bei den Art. 42ff. LStVG nicht um Sicherheitsrecht, sondern um **allgemeines Verfahrensrecht** zum Verordnungserlass.

1538 Des Weiteren finden diese Vorschriften sinngemäß auch Anwendung auf die **Änderung oder Aufhebung** von Rechtsverordnungen, **Art. 48 Satz 1 LStVG**.

A. Abwehr von abstrakten Gefahren

Eines der Hauptanwendungsfelder der Art. 42ff. LStVG sind die sicherheitsrechtlichen Rechtsverordnungen. So können die Sicherheitsbehörden zur Abwehr von Gefahren nicht nur Anordnungen für den Einzelfall nach den entsprechenden Rechtsgrundlagen oder der Generalbefugnisnorm treffen, sondern bei entsprechender Ermächtigungsgrundlage auch abstrakt-generelle Regelungen in Form von Rechtsverordnungen. 1539

Voraussetzung für diese abstrakt-generellen Regelungen ist jedoch nicht, wie bei der Anordnung für den Einzelfall, das Vorliegen einer konkreten Gefahr. Ausreichend ist vielmehr, dass eine abstrakte Gefahr besteht, der durch die Rechtsverordnung im Allgemeinen begegnet werden kann. 1540

Vgl. z.B. Art. 15 Abs. 1, 16 Abs. 1, 18 Abs. 1, 20 Abs. 1, 23 Abs. 1, 26 Abs. 1, 27 Abs. 1, 31 Abs. 1, 32 Abs. 1, 37 Abs. 1, 38 Abs. 1 LStVG.

Eine **abstrakte Gefahr** liegt vor, wenn nach generell-abstrakter Betrachtungsweise unter Zugrundelegung der allgemeinen Lebenserfahrung oder den Erkenntnissen fachkundiger Stellen eine Sachlage mit hinreichender Wahrscheinlichkeit eintreten kann, die im Falle ihres Eintritts eine konkrete Gefahr darstellt.[1] Im Gegensatz zur konkreten Gefahr wird bei der abstrakten Gefahr nicht der Einzelfall mit der dazugehörigen konkreten Lebenssituation beurteilt, sondern **allgemeine Erwägungen für generelle Fälle** in typisierter Form angestellt.[2] Ausreichend ist also, dass nach der allgemeinen Lebenserfahrung eine gewisse Wahrscheinlichkeit besteht, dass die Situation zu einer konkreten Gefahr für die öffentliche Sicherheit oder Ordnung wird. 1541

Klausurhinweis:
Auch hierbei gilt die Faustformel: **Je bedeutsamer das gefährdete Rechtsgut und je höher der zu erwartende Schaden ist, desto geringer können die Anforderungen sein, die an den Grad der Wahrscheinlichkeit gestellt werden.**[3]

Durch die sicherheitsrechtliche Rechtsverordnung wird nun versucht, dieser abstrakten Gefahr zu begegnen und dadurch zu verhindern, dass sie sich zu einer konkreten Gefahr und eventuell sogar zu einer Störung der öffentlichen Sicherheit oder Ordnung weiterentwickelt. Dabei ist sie als Rechtsnorm für die Abwehr abstrakter Gefahren in besonderer Weise geeignet, da sie abstrakt-generelle Regelungen trifft und damit für eine Vielzahl von Fällen Geltung beanspruchen kann und nicht lediglich für den Einzelfall Anordnungen vorsieht. Insoweit ist es auch nicht von Bedeutung, ob das unter die Rechtsverordnung fallende Verhalten im Einzelfall zu einer konkreten Gefahr führt. 1542

Im LStVG finden sich jedoch auch **Ermächtigungsgrundlagen**, die zu einem Verordnungserlass ermächtigen, **ohne** dass es um die Abwehr einer **abstrakten Gefahr** geht. 1543

---

[1] BVerwG, NJW 1970, 1890 (1892).
[2] Dazu Rn. 386ff.
[3] BVerfGE 100, 313 (375f., 392); 110, 33 (60); BVerfG, NJW 2005, 2603 (2609); NJW 1970, 1890 (1892).

Z.B. verfolgt die Ermächtigungsgrundlage des Art. 28 Abs. 1 LStVG nicht die Abwehr einer abstrakten Gefahr, sondern den Schutz des Orts- und Landschaftsbildes oder eines Denkmals.

B. Arten von Rechtsverordnungen

I. Rechtsverordnungen nach Art. 55 Nr. 2 Satz 2 und 3 BV

1544 Art. 55 Nr. 2 Satz 2 und 3 BV führt verschiedene Kategorien von Rechtsverordnungen an, die jeweils unterschiedliche Anforderungen an deren Ermächtigungsgrundlage nach sich ziehen.[4]

1545 So bestehen Ausführungsverordnungen nach Art. 55 Nr. 2 Satz 2 BV, die sich dadurch auszeichnen, dass sie lediglich einen bereits gesetzlich festgelegten Inhalt konkretisieren und daher keiner besonderen gesetzlichen Ermächtigung bedürfen.[5] Im Gegensatz hierzu bedürfen solche Rechtsverordnungen, die inhaltlich über die Ausführungsverordnungen hinausgehen, einer Ermächtigungsgrundlage, die besondere Voraussetzungen in inhaltlicher Hinsicht erfüllen, Art. 55 Nr. 2 Satz 3 BV.[6]

1546 Da sich die sicherheitsrechtlichen Verordnungen nicht in der Konkretisierung eines gesetzlich vorgegebenen Inhaltes erschöpfen, handelt es sich um **Rechtsverordnungen i. S. v. Art. 55 Nr. 2 Satz 3 BV**.[7]

II. Bewehrte und unbewehrte Rechtsverordnungen

1547 Daneben kann innerhalb des LStVG unterschieden werden zwischen bewehrten und unbewehrten Rechtsverordnungen. Als **bewehrte Rechtsverordnungen** bezeichnet man dabei diejenigen Rechtsverordnungen, welche die Nichtbeachtung oder die Zuwiderhandlung gegen Gebote oder Verbote, welche die Rechtsverordnung selbst anordnet, mit einem Bußgeld belegt.[8]

1548 Eine solche Bewehrung zeitigt mehrfache Wirkung: So kann nicht nur die Anordnung der Rechtsverordnung durchgesetzt, sondern gleichzeitig auch ein **Bußgeld** verhängt werden. Insoweit besteht eine Möglichkeit repressiver Wirkung.

1549 Gleichzeitig kann über die Bußgeldbewehrung auch eine **spezial- und generalpräventive** Wirkung erzielt werden, indem hierdurch deutlich wird, dass ein bestimmtes Verhalten nicht toleriert wird.

1550 Für das Sicherheitsrecht in besonderer Weise von Bedeutung ist jedoch, dass durch die Bußgeldbewehrung eines bestimmten Verhaltens die Möglichkeit entsteht, gegen dieses **präventiv** vorzugehen, Art. 7 Abs. 2 Nr. 1 LStVG, Art. 11 Abs. 2 Satz 1 Nr. 1 PAG. Insoweit besteht also nicht nur die Möglichkeit, gegen einen Verstoß gegen die **Rechtsverordnung als Teil der Rechtsordnung** und damit Teil der **öffentlichen Sicherheit** nach der Generalklausel vorzugehen – wie dies bei jeder Rechtsverordnung der Fall ist – sondern auch die **Generalklausel mit Voraustatbeständen** anzuwenden.

1551 Da die Bußgeldbewehrung als Strafe i. S. v. Art. 103 Abs. 2 GG, Art. 104 Abs. 1 BV anzusehen ist,[9] sind die bewehrten Rechtsverordnungen an besondere Voraussetzungen

---

[4] Holzner, Art. 55 Rn. 44 ff.
[5] VerfGH 21, 92 (98).
[6] Holzner, Art. 55 Rn. 56 ff.
[7] Holzner, Art. 55 Rn. 57, 66.
[8] Vgl. die Legaldefinition von bewehrten Satzungen in Art. 24 Abs. 2 Satz 2 GO.
[9] VerfGH 36, 149, Ls. 2; 43, 165, 167; BayVBl. 2011, 562 (563).

geknüpft, wie den Grundsatz des *nulla poena sine lege*,[10] erhöhte Anforderungen an die Bestimmtheit der Norm, etc., die an den jeweiligen Stellen, an denen sie für die Prüfung relevant sind, ausgeführt werden.[11]

C. Klausuraufbau

Sicherheitsrechtliche Rechtsverordnungen sind als materielles Recht auch immer wieder Gegenstand von Prüfungen. In der Klausur können Sie insbesondere in zwei Varianten relevant werden: **1552**

- **Variante 1:** Die sicherheitsrechtliche Rechtsverordnung ist Gegenstand einer **Normenkontrolle** nach § 47 Abs. 1 Nr. 2 VwGO i.V.m. Art. 5 AGVwGO oder einer **Popularklage** nach Art. 98 Satz 4 BV, Art. 2 Nr. 7 i.V.m. Art. 55 VerfGHG. In diesem Fall liegt der Schwerpunkt der Prüfung auf der Rechtmäßigkeit der sicherheitsrechtlichen Rechtsverordnung.
- **Variante 2:** Der Vollzugsakt der sicherheitsrechtlichen Rechtsverordnung in Gestalt eines Verwaltungsakts ist Gegenstand eines verwaltungsgerichtlichen Verfahrens (**Anfechtungs-, Verpflichtungs- oder Fortsetzungsfeststellungsklage**). Hierbei ist die sicherheitsrechtliche Rechtsverordnung **inzident** zu prüfen, da der Vollzugsakt nur dann rechtmäßig ist, wenn auch seine Rechtsgrundlage in Form der Rechtsverordnung rechtmäßig ist.

In beiden Fällen ist die sicherheitsrechtliche Rechtsverordnung wie folgt zu prüfen, wobei der Prüfungsaufbau demjenigen eines Verwaltungsaktes ähnelt: **1553**

Prüfungsschema 23: Die sicherheitsrechtliche Rechtsverordnung

A. Ermächtigungsgrundlage
z.B. Art. 12 Abs. 1, Art. 18 Abs. 1 Satz 1, Art. 23 Abs. 1 Satz 2 LStVG
ggf. Prüfung der Rechtmäßigkeit der Ermächtigungsgrundlage selbst

B. formelle Rechtmäßigkeit
I. Zuständigkeit
1. Verbandskompetenz, Art. 6, 44 LStVG
2. Organkompetenz
evtl. Art. 42 Abs. 2 Satz 1 LStVG

II. Verfahren
1. Beschlussverfahren
2. Inkrafttreten, Art. 50 LStVG

III. Form
1. Zitiergebot, Art. 45 Abs. 2 LStVG
bei bewehrten Verordnungen wird dies jedoch zur Pflicht
str. ob überdies ein generelles Zitiergebot besteht, vgl. Art. 80 Abs. 1 Satz 3, 31 GG

---

[10] Pieroth, in: Jarass/Pieroth, Art. 103 Rn. 60ff.; Holzner, Art. 104 Rn. 3ff.
[11] Dazu Rn. 1628.

2. bei bewehrten Verordnungen: Angabe der Geltungsdauer, Art. 50 Abs. 2 Satz 1 LStVG
bei sonstigen Verordnungen: Art. 50 Abs. 3 LStVG

3. amtliche Bekanntmachung, Art. 51 LStVG

C. materielle Rechtmäßigkeit
I. Subsumtion unter die Ermächtigungsgrundlage
II. Vereinbarkeit der Verordnung mit höherrangigem Recht, Art. 45 Abs. 1 LStVG

D. Ermächtigungsgrundlagen für sicherheitsrechtliche Rechtsverordnungen

I. Anforderungen an die Ermächtigungsgrundlage

1. Grundsatz der Spezialermächtigung

1554 Da es sich bei der sicherheitsrechtlichen Rechtsverordnung um eine i. S. v. Art. 55 Nr. 2 Satz 3 BV handelt, benötigt diese für ihre Rechtmäßigkeit eine Ermächtigungsgrundlage in Form eines **formellen Gesetzes.**[12] Hiernach bestimmt das Gesetz ein bestimmtes Verhalten als Ordnungswidrigkeit oder Straftat, während der Verordnungsgeber dieses Verhalten konkretisiert. Dieses Vorgehen ist verfassungskonform, sofern das Gesetz selbst hinreichend bestimmt ist. Dies ist dann der Fall, wenn bei Strafandrohungen die Strafbarkeit, die Art der Strafe sowie der Strafrahmen in der Ermächtigung vorgegeben ist.[13]

1555 Derartige Ermächtigungsgrundlagen hält das LStVG bereit. In diesem befinden sich Ermächtigungsgrundlagen in den **Art. 12 ff. LStVG**, welche nach dem Grundsatz der Spezialermächtigung für verschiedenste Sachbereiche Ermächtigungsgrundlagen enthält. Hieraus ist in der Klausur dann die entsprechende Ermächtigungsgrundlage auszusuchen.

Klausurrelevant sind insbesondere Art. 18 Abs. 1 LStVG[14] und Art. 23 Abs. 1 LStVG.[15]

Klausurhinweis:

Noch einmal soll darauf hingewiesen werden, dass die Art. 12 ff. LStVG neben den Ermächtigungsgrundlagen für Rechtsverordnungen, z.B. Art. 18 Abs. 1 LStVG, auch Rechtsgrundlagen für Einzelfallanordnungen, z.B. Art. 18 Abs. 2 LStVG, enthalten. Genaues Lesen des Gesetzes sowie korrektes Zitieren sind daher unerlässlich.

---

[12] Holzner, Art. 55 Rn. 56 ff.
[13] VerfGH 24, 30 (41); BVerfGE 14, 174 (Ls. 1; 185 f.).
[14] Dazu Rn. 1650 ff.
[15] Dazu Rn. 1763 ff.

Gibt es Anlass, an der Rechtmäßigkeit der Ermächtigungsgrundlage zu zweifeln, so ist diese ebenso auf ihre Rechtmäßigkeit hin zu überprüfen. Prüfungsmaßstab sind alle höherrangigen Normen. Die Prüfung erfolgt nach formeller und materieller Rechtmäßigkeit. 1556

Klausurhinweis:

Im Regelfall sind die formellgesetzlichen Ermächtigungsgrundlagen rechtmäßig und damit auch wirksam, so dass Sie in der Klausur nur dann, wenn im Sachverhalt Hinweise hierauf bestehen, in die Prüfung eintreten sollten. Im Normalfall kann bzw. soll diese Prüfung jedoch unterbleiben.

2. Bestimmtheit in inhaltlicher Hinsicht

a. Inhalt, Zweck und Ausmaß

Die Ermächtigungsgrundlage muss nach **Inhalt, Zweck und Ausmaß** bestimmt sein.[16] Dies wird bereits aus Art. 55 Nr. 2 Satz 3 BV gefolgert.[17] Insoweit darf sich in der Rechtsverordnung kein eigener, autonomer Wille des Verordnungsgebers manifestieren, sondern es muss der Wille des Gesetzgebers zum Ausdruck kommen, der sich seiner Regelungskompetenz nicht begeben darf. 1557

Dies ergibt sich nicht bereits aus Art. 80 Abs. 1 Satz 2 GG, da dieser lediglich für bundesrechtliche Ermächtigungen gilt.

Die Ermächtigungsgrundlagen des LStVG erfüllen diese Voraussetzungen, da sie sich entweder aus sich selbst heraus oder unter Heranziehung von Sinn und Zweck des LStVG erschließen lassen.[18]

Fehlt diese Bestimmtheit, so ergibt sich hieraus die Nichtigkeit der Ermächtigungsgrundlage sowie der auf ihr ergangenen Rechtsverordnung. 1558

b. Bestimmtheitsgrundsatz

Die Bestimmung von Inhalt, Zweck und Ausmaß muss dem Bestimmtheitsgebot genügen. Dies ist dann der Fall, wenn der Betroffene oder Rechtsanwender aus der Norm **erkennen kann, *„was dem Bürger gegenüber zulässig sein soll"***.[19] So muss erkennbar sein, in welchen Fällen und mit welcher Richtung von der Ermächtigung Gebrauch gemacht werden wird und welchen möglichen Inhalt die aufgrund dieser Ermächtigungsgrundlage ergangene Rechtsverordnung haben kann. 1559

Die Verwendung unbestimmter Rechtsbegriffe ist unschädlich, solange diese durch Auslegung konkretisierbar sind.

c. Übereinstimmung mit höherrangigem Recht

Die Ermächtigungsgrundlage muss als formelles bayerisches Gesetz mit höherrangigem Recht vereinbar sein, insbesondere also mit der Bayerischen Verfassung und dem Grundgesetz übereinstimmen. Besondere Bedeutung kommt hierbei den Grundrechten als Abwehrrechte gegenüber staatlichem Handeln zu. 1560

---

[16] Holzner, Art. 55 Rn. 56ff.
[17] Std. Rspr., z.B. VerfGH 1, 81, Ls. 12, 93; 33, 33, 38; 41, 4, 7; BVerwGE 8, 274, Ls. 7, 325; u.a.
[18] VerfGH 36, 49 (54).
[19] VerfGH 33, 33, 38; BVerwGE 41, 251 (265f.).

3. In zeitlicher Hinsicht

1561 Die Ermächtigungsgrundlage für den Verordnungserlass muss **zum Zeitpunkt des Verordnungserlasses in Geltung** sein, wobei Ermächtigungsnorm und Rechtsverordnung auch zum selben Zeitpunkt in Kraft treten können. Ist die Ermächtigungsgrundlage zum Zeitpunkt des Verordnungserlasses nicht in Kraft, ist die Verordnung nichtig. Insbesondere wird durch den nachträglichen Erlass der Ermächtigungsgrundlage die bereits erlassene Verordnung nicht rückwirkend wirksam. Sie kann jedoch auf Grundlage der Ermächtigungsgrundlage erneut erlassen werden.

1562 Allerdings besteht für den Gesetzgeber die Möglichkeit, sowohl die Ermächtigungsgrundlage als auch die Rechtsverordnung unter Beachtung des Rechtsstaatsprinzips nach Art 20 Abs. 3 GG, Art. 3 Abs. 1 BV, rückwirkend zu erlassen.

1563 Ist die Ermächtigungsgrundlage im Zeitpunkt des Verordnungserlasses in Geltung, **tritt** sie jedoch nach diesem **außer Kraft**, bleibt die Wirksamkeit der Verordnung hiervon unberührt. Diese bleibt also in Kraft.[20] Allerdings besteht nach Art. 48 Satz 2 LStVG die Möglichkeit, dass die erlassende Stelle die Verordnung aufhebt.

1564 Etwas anderes gilt, wenn die Ermächtigungsgrundlage vom BVerfG nach Art. 100 Abs. 1, Art. 93 Abs. 1 Nr. 2 GG oder vom VerfGH nach Art. 65, 92 BV ***ex tunc* für nichtig erklärt** wird. In diesem Fall ist die Ermächtigungsgrundlage von Anfang an unwirksam, so dass hierauf erlassene Verordnungen ebenso nichtig sind.[21]

1565 Haben sich dagegen lediglich die **tatsächlichen Grundlagen**, auf welche die Ermächtigungsgrundlage gestützt ist, **verändert**, bleibt diese sowie die hierauf ergangene Rechtsverordnung grundsätzlich wirksam. Es besteht jedoch grundsätzlich die Pflicht des Gesetzgebers als auch des Verordnungsgebers, Änderungen in tatsächlicher sowie rechtlicher Hinsicht im Blick zu behalten und das Regelwerk gegebenenfalls anzupassen, sog. **Beobachtungs- und Anpassungspflicht**.

II. Spezialfall: Blankettermächtigung

1566 Muss die Ermächtigungsgrundlage inhaltlich mit Blick auf das straf- oder bußgeldbewehrte Verhalten, also dem Tatbestand, sowie die Straf- oder Bußgelddrohung, also der Rechtsfolge, ausreichend bestimmt sein, bestehen jedoch auch solche Ermächtigungsgrundlagen, die sich dadurch auszeichnen, dass der Tatbestand nur gegenständlich bezeichnet ist, dagegen dem **Verordnungsgeber** vorbehalten bleibt, das **konkrete, pönalisierte Verhalten zu bestimmen**.

Solche Blankettermächtigungen enthält auch das LStVG z.B. mit Art. 18 Abs. 3, Art. 24 Abs. 2 LStVG.[22]

1567 Auch bei diesen Blankettermächtigungen ist Art. 103 Abs. 1 GG, Art. 104 Abs. 1 BV zu beachten. So müssen sich Art und Maß der Strafbarkeit bereits aus dem Blankettgesetz ergeben, d.h. die Voraussetzungen der Strafbarkeit bzw. der Bußgeldbewehrung sowie die Art der Rechtsfolge, also Strafe oder Bußgeld, wie auch der Strafrahmen.[23] Dem Verordnungsgeber überlassen werden darf lediglich die nähere Ausgestaltung des Tatbestands.

---

[20] VerfGH 29, 53 (56).

[21] Holzner, Art. 92 Rn. 27.

[22] Dazu Schenk, in: Bengl/Berner/Emmerig, Art. 18 Rn. 95ff.; Stöckel, in: Bengl/Berner/Emmerig, Art. 24 Rn. 21ff.

[23] Pieroth, in: Jarass/Pieroth, Art. 103 Rn. 69; Holzner, Art. 104 Rn. 12.

Vor diesem Hintergrund ist die Blankettermächtigung des LStVG verfassungsrechtlich unbedenklich. So ergibt sich die Bußgeldhöhe aus § 17 Abs. 1 OWiG, Art. 3 LStVG, der einen Bußgeldrahmen von 5 bis 1000 € vorsieht und als formelles Gesetz dem Bestimmtheitsgebot entspricht. 1568

E. Formelle Rechtmäßigkeit einer sicherheitsrechtlichen Rechtsverordnung

Die formelle Rechtmäßigkeit der sicherheitsrechtlichen Rechtsverordnungen wird wie bei einem Verwaltungsakt in drei Schritten geprüft: **Zuständigkeit, Verfahren, Form**. Dennoch kommt diesen Prüfungspunkten – im Gegensatz zur Verwaltungsaktprüfung – mehr Gewicht zu, da insbesondere das Verfahren zum Verordnungserlass komplexer ist. 1569

I. Zuständigkeit

Die Prüfung der Zuständigkeit besteht aus zwei Prüfungspunkten: der **Verbands- und** der **Organkompetenz**. 1570

Klausurhinweis:

Um Inzidentprüfungen zu vermeiden, ist zuerst die Verbands- und erst im Anschluss die Organkompetenz zu erörtern.

1. Verbandskompetenz

a. Regelfall: Bestimmung durch die Ermächtigungsgrundlage

Die Verbandskompetenz enthält die Aussage darüber, **welcher Verband** in Form einer juristischen Person des öffentlichen Rechts zum Erlass der Rechtsverordnung **ermächtigt ist**. Allgemein kommen hierfür die **Gemeinden, Landkreise oder Bezirke** in Betracht, Art. 42 Abs. 1 Satz 1 LStVG. Diese allgemeine Aussage enthält letztlich jedoch noch keine Zuweisung der Zuständigkeit, sondern begnügt sich mit der abstrakten Nennung der in Betracht kommenden Verbände. 1571

Die konkret zuständigen Verbände sind dabei regelmäßig der jeweiligen **Ermächtigungsgrundlage** zu entnehmen. 1572

So sind nach Art. 18 Abs. 1 LStVG die Gemeinden zum Verordnungserlass verbandskompetent, während nach Art. 22 LStVG allein das Staatsministerium des Innern befugt ist, Verordnungen zu erlassen. Dabei richtet sich diese Zuweisung von Kompetenzen danach, ob der von der Verordnung zu regelnde Gegenstand eine landeseinheitliche Regelung erfordert oder den örtlichen Gegebenheiten entsprechend angepasst werden muss und damit die Zuweisung an die Gemeinden, Landkreise oder die Bezirke erfolgt. Letzteres geschieht auch vor dem Hintergrund einer vom LStVG verfolgten Dezentralisierung, nach der die Gefahrenabwehr an die jeweils geeignetste staatliche Stelle übertragen werden soll, welche zumeist die ortsnähere ist.

Diese Festlegung durch den Landesgesetzgeber verstößt auch nicht gegen Art. 55 Nr. 2 BV, der – im Gegensatz zu Art. 80 Abs. 1 GG, der mit der Bundesregierung, einem Bundesminister oder die Landesregierungen die Ermächtigungsadressaten ausschließlich bestimmt – letztlich keine abschließende Aufzählung derjenigen Stellen enthält, die vom Gesetzgeber zum Verordnungserlass ermächtigt werden können.[24] 1573

[24] VerfGHE 6, 136 (144); 29, 173 (177).

b. Mehrfachzuweisungen, Art. 44 LStVG

1574 Dennoch können aufgrund einer Ermächtigungsgrundlage **mehrere juristische Personen oder Behörden** zum Verordnungserlass berufen sein.

So ermächtigt Art. 12 Abs. 1 LStVG neben den kreisfreien Gemeinden auch die Landkreise, die Bezirke und das Staatsministerium für Gesundheit, Verordnungen zum Schutz vor übertragbaren Krankheiten zu erlassen.

1575 In diesem Fall stellt sich die Frage, in welchem Verhältnis die Stellen ermächtigt sind, ob also alle genannten Stellen nebeneinander tätig werden können oder ob ein Subsidiaritätsverhältnis unter diesen Behörden gilt.

Diese Frage beantwortet **Art. 44 LStVG**, der in Abs. 1 normiert, dass die **höhere Behörde oder Stelle zuständig** sein soll, wenn eine einheitliche Regelung für den Bereich oder Teilbereich erforderlich ist.

1576 **Ziel** dieser Regelung ist es, nicht nur dem Grundsatz des Aufbaus der Demokratie von unten nach oben, Art. 11 Abs. 4 BV, Rechnung zu tragen und einer Dezentralisierung der Verwaltungsaufgaben Vorschub zu leisten,[25] sondern die **Effektivität der Gefahrenabwehr** dadurch zu ermöglichen, dass die ortskundigste Stelle zum Handeln befugt sein soll, da diese die örtlichen Gegebenheiten bei der Regelung in besonderer Weise berücksichtigen kann.[26]

1577 Welche Behörde dies ist, bestimmt das Fachrecht. Dabei wird nicht zwangsläufig der in Art. 6 LStVG aufgeführte Behördenstrang Gemeinde – Landratsamt – Bezirksregierung – Staatsministerium des Innern eingehalten, sondern z. B. in Art. 25 Abs. 1, Art. 26 Abs. 1 Satz 1 und Art. 41 Abs. 2 LStVG insbesondere die Landkreise, wie auch andere Ministerien genannt.[27]

1578 Werden in einer Ermächtigungsgrundlage mehrere kommunale Träger zum Verordnungserlass berechtigt, ist die nächsthöhere Behörde im Verhältnis zur Gemeinde ungeachtet eines fehlenden Aufsichtsrechts der Landkreis, während im Verhältnis zum Landkreis der Bezirk höhere Behörde ist.

Sind dagegen neben einem kommunalen Träger nur Staatsbehörden ermächtigt, ist höhere Behörde hinsichtlich Rechtsverordnungen im übertragenen Wirkungskreis die Fachaufsichtsbehörde, im Übrigen dagegen die Rechtsaufsichtsbehörde.

1579 **Erforderlich** ist eine einheitliche Regelung, wenn das Regelungsziel bei kumulativer Beantwortung der Regelungsfragen durch mehrere Normgeber nicht, nicht schnell genug oder nicht in der notwendigen Qualität erreicht werden kann.[28] **Zweckmäßig** ist die einheitliche Regelung dagegen dann, wenn ihre Effektivität mit Blick auf die Gefahrenabwehr gerade darin liegt, dass sie allerorts maßgeblich ist.[29]

1580 Konsequenter Weise kann dann auch die erlassende, höhere Stelle Regelungen der unteren Stelle außer Kraft setzen, Art. 44 Abs. 1 Satz 2 LStVG.

---

[25] Holzner, Art. 11 Rn. 100.
[26] Böhm, in: Bengl/Berner/Emmerig, Art. 44 Rn. 1.
[27] So nennt z.B. Art. 12 Abs. 1 LStVG das Staatsministerium für Gesundheit.
[28] Böhm, in: Bengl/Berner/Emmerig, Art. 44 Rn. 3.
[29] Böhm, in: Bengl/Berner/Emmerig, Art. 44 Rn. 3.

c. Rechtsaufsichtsbehörde, Art. 46 LStVG

Liegt dagegen der Fall vor, dass die zum Verordnungserlass ermächtigte Stelle eine solche nicht erlässt, obgleich das Wohl der Allgemeinheit diese zur Gefahrenabwehr zwingend erfordert, ist die Rechtsaufsichtsbehörde zum Verordnungserlass berechtigt, Art. 46 Abs. 1 LStVG. Voraussetzung ist jedoch, dass die ursprünglich ermächtigte Stelle trotz Aufforderung durch die Rechtsaufsichtsbehörde innerhalb einer angemessenen Frist untätig geblieben ist. Insoweit kommt der Gedanke der effektiven Gefahrenabwehr zum Tragen.[30] **1581**

Dabei ist jedoch zu berücksichtigen, dass das **Entschließungsermessen** der Rechtsaufsichtsbehörde gerade in dem Fall, in dem sie zum Verordnungserlass nach Art. 46 Abs. 1 LStVG berufen wird, aufgrund der Tatsache, dass ein Handeln zwingend erforderlich ist, **auf Null reduziert** ist, mithin dem Wortlaut „kann" keine eigenständige Bedeutung zukommt. **1582**

Ein subjektives Recht des Bürgers auf einen Verordnungserlass korrespondiert mit der Pflicht der Rechtsaufsichtsbehörde zum Normerlass dagegen **nicht**. Insoweit gelten die allgemeinen Grundsätze zum Anspruch auf normatives Tätigwerden.

Die von der Rechtsaufsichtsbehörde erlassene Verordnung ist **der Ausgangsbehörde zuzurechnen**. Antragsgegner im Rahmen eines Normenkontrollverfahrens nach § 47 VwGO ist danach nicht die Rechtsaufsichtsbehörde, sondern diejenige Körperschaft in Gestalt einer Gemeinde, eines Landkreises oder eines Bezirkes, die ursprünglich zum Verordnungserlass berufen gewesen wäre.[31] **1583**

Konsequent ist insoweit auch die Regelung des **Art. 46 Abs. 2 LStVG**, welcher die Geltung der im Wege der Ersatzvornahme erlassenen Rechtsverordnung sichern möchte. So ist es der Ausgangsbehörde nicht möglich, die Rechtsverordnung der Aufsichtsbehörde zu konterkarieren. Vielmehr kann eine solche Rechtsverordnung lediglich von der Rechtsaufsichtsbehörde, die sie erlassen hat, aufgehoben werden oder aber es ist die Aufhebung von deren Zustimmung abhängig. **1584**

d. Wegfall der Erlassstelle

Ist dagegen nach Erlass die Stelle, welche zum Verordnungserlass ermächtigt war, weggefallen, besteht die Möglichkeit, entweder die Aufgabe einer anderen Stelle zu übertragen oder nach Art. 48 Satz 3 LStVG für das fachlich zuständige Staatsministerium die Rechtsverordnung aufzuheben oder zu bestimmen, welche Stelle für den Verordnungserlass nunmehr zuständig sein soll. **1585**

e. Erlass im übertragenen Wirkungskreis

Sowohl mit Art. 46 LStVG, vor allem aber mit Art. 42 Abs. 1 Satz 2 LStVG wird deutlich, dass der Gesetzgeber davon ausgeht, dass der Erlass von Rechtsverordnungen Angelegenheit des **übertragenen Wirkungskreises** ist.[32] **1586**

Eine Zuweisung in einen anderen Wirkungskreis durch Gesetz ist, soweit ersichtlich, nicht gegeben. **1587**

Jedenfalls handelt es sich hierbei nicht um einen Widerspruch zu Art. 83 Abs. 1 BV, der die Aufgaben der „örtlichen Polizei" dem eigenen Wirkungskreis zuordnet.[33] Nach diesem könnten auch der Erlass sicherheitsrechtlicher Verordnungen, sofern deren Gegenstand eine Angelegenheit der „örtlichen Polizei" darstellt, zum eigenen Wirkungskreis zu rechnen sein. Allerdings enthält sich Art. 83 Abs. 1 BV einer konkreten Zuweisung des Verordnungserlasses zu einem der Wirkungskreise. Vielmehr ist die Erfüllung der Aufgabe der „örtlichen Polizei" nur in dem Rahmen möglich, der vom Gesetzgeber vorgegeben wird. Normiert also der Gesetzgeber, dass die Angelegenheit dem übertrage-

---

[30] Art. 46 LStVG ist inhaltlich an das kommunalaufsichtliche Verfahren zur Ersatzvornahme nach Art. 113 GO angelehnt.

[31] Dazu Rn. 1641 ff.

[32] Böhm, in: Bengl/Berner/Emmerig, Art. 42 Rn. 6.

[33] Holzner, Art. 83 Rn. 39.

nen Wirkungskreis zuzurechnen ist, wie dies in Art. 42 Abs. 1 Satz 2 LStVG erfolgt, steht dies nicht in Widerspruch zu Art. 83 Abs. 1 BV.[34]

Im Gegensatz zum Satzungserlass ist die Zuordnung des Erlasses von Rechtsverordnungen zum eigenen Wirkungskreis auch nicht zwingend, da diese gerade nicht Angelegenheiten der Selbstverwaltung zum Gegenstand haben.

1588 Mit dem Wortlaut von Art. 42 Abs. 1 Satz 2 LStVG jedenfalls nicht vereinbar ist eine in der Literatur vertretene Ansicht, die Verordnungen danach zu differenzieren, ob sie bewehrt sind oder nicht, mit der Folge, dass die bewehrten Verordnungen zum übertragenen Wirkungskreis gehören würden, die unbewehrten dagegen nicht.[35]

2. Organkompetenz

a. Regelfall: Kollegialorgane

1589 Die Organkompetenz bestimmt, welches Organ innerhalb der Stelle, die verbandskompetent ist, zum Verordnungserlass berufen ist. Diese wird von **Art. 42 Abs. 1 Satz 1 LStVG** normiert. Hiernach ist bei einem Erlass durch die Gemeinden der Gemeinderat, durch die Landkreise der Kreistag und durch die Bezirke der Bezirkstag organkompetent.

Bei all diesen Organen handelt es sich um demokratisch gewählte Kollegialorgane, so dass das Sicherheitsrecht seine demokratische Prägung erfährt.[36]

b. Eilkompetenz

1590 Da es sich bei den nach Art. 42 Abs. 1 Satz 1 LStVG vorgegebenen Organen allesamt um Kollegialorgane handelt und deren Entscheidungsprozess insbesondere durch Ladungszeiten etc. länger dauern kann, kommt die **Eilkompetenz** zum Erlass von Rechtsverordnungen in dringenden Fällen bzw. in solchen, die bis zum Zusammentritt der Kollegialorgane keinen Aufschub dulden, für die Gemeinde dem ersten Bürgermeister, für den Landkreis dem Landrat und für den Bezirk dem Bezirkstagspräsidenten zu, **Art. 42 Abs. 2 Satz 1 LStVG**. Vom Gebrauch dieser Eilkompetenz ist dem Kollegialorgan in der nächsten Sitzung Kenntnis zu geben, Art. 42 Abs. 2 Satz 2 LStVG. Eine Genehmigung ist dagegen nicht erforderlich.

1591 **Dringlichkeit** liegt dabei dann vor, wenn die Gefahr nicht wirksam bekämpft werden kann, ohne dass ein umgehender Erlass der Rechtsverordnung erfolgt.

Eine Übertragung auf andere als die genannten Organe ist dagegen ausgeschlossen, Art. 32 Abs. 2 Satz 2 Nr. 2 GO, Art. 30 Abs. 1 Nr. 9 LKrO, Art. 29 Nr. 1 BezO.

II. Verfahren – Der Verordnungserlass

1592 Der Erlass von Rechtsverordnungen ist in Art. 42 ff. LStVG besonders geregelt. Dieser gilt allgemein für Rechtsverordnungen und ist daher nicht zwingend nur für Rechtsverordnungen mit sicherheitsrechtlichem Charakter anzuwenden. Dabei wird durch das LStVG an manchen Stellen auf z.B. die Kommunalgesetze verwiesen, vgl. Art. 51 Abs. 1 LStVG, die insoweit die Vorschriften über den Verordnungserlass ergänzen.

---

[34] Holzner, Art. 83 Rn. 40.
[35] Böhm, in: Bengl/Berner/Emmerig, Art. 42 Rn. 6.
[36] Rösch, in: Kääb/Rösch, Einführung, Rn. 68 ff.

1. Beschlussverfahren

Das Verfahren, wie Rechtsverordnungen beschlossen werden, ist nicht im LStVG geregelt. Insoweit ist auf die **für das jeweilige Beschlussgremium einschlägigen Vorschriften** abzustellen. So sind für Rechtsverordnungen, die der Gemeinderat beschließt, die Art. 45ff. GO, für diejenigen, die der Kreistag beschließt, die Art. 40ff. LKrO, und für solche des Bezirkstags die Art. 32ff. BezO heranzuziehen. 1593

Klausurhinweis:

In der Klausur können daher an dieser Stelle typische Probleme des kommunalrechtlichen Beschlussverfahrens, wie die Beschlussfähigkeit des Gemeinderats, Art. 47 GO, der Sitzungsausschluss befangener Gemeinderatsmitglieder nach Art. 49 GO, Fragen des Öffentlichkeitsgrundsatzes, Art. 52 GO, etc., eingebaut werden.

2. Inkrafttreten, Art. 50 LStVG

Das In-Kraft-Treten von bewehrten Verordnungen regelt Art. 50 LStVG. Als **bewehrte Verordnung** bezeichnet man eine Rechtsverordnung, welche die Sanktionierung des Verstoßes gegen ein durch sie selbst aufgestelltes Verbot oder Gebot enthalten.[37] Sie ordnen also einen Straftat- oder Ordnungswidrigkeitentatbestand an. 1594

Bei bewehrten Verordnungen kann ein Zeitpunkt in der Rechtsverordnung selbst bestimmt werden, zu dem diese in Kraft tritt. Dieser Zeitpunkt kann jedoch frühestens der, auf die Bekanntmachung folgende Tag sein, Art. 50 Abs. 1 Satz 2 LStVG. 1595

Ist eine solche Bestimmung nicht getroffen, treten bewehrte Verordnungen regelmäßig eine Woche nach ihrer Bekanntmachung in Kraft, Art. 50 Abs. 1 Satz 1 LStVG. 1596

III. Form

1. Zitiergebot, Art. 45 Abs. 2 LStVG

Nach Art. 45 Abs. 2 LStVG soll in jeder Verordnung ihre Rechtsgrundlage angegeben werden. **Ziel** eines Zitiergebots ist es, einerseits dem Ermächtigungsadressat seine in Rechte eingreifende Maßnahme vor Augen zu halten und insofern **vor Übereilung** zu **schützen**, andererseits auch den von der Rechtsverordnung betroffenen Bürgern eine **Überprüfung zu ermöglichen**, ob sich die Rechtsverordnung im Rahmen der Ermächtigungsgrundlage hält.[38] 1597

Im Gegensatz zu Art. 80 Abs. 1 Satz 3 GG ist Art. 45 Abs. 2 LStVG jedoch lediglich als Soll-Vorschrift ausgestaltet. Sie stellt damit **keine Wirksamkeitsvoraussetzung** für die Rechtsverordnung dar.[39] 1598

Art. 80 Abs. 1 Satz 3 GG findet nur auf den Erlass von Rechtsverordnungen des Bundesrechts Anwendung und ist auf die sicherheitsrechtlichen Verordnungen nicht anwendbar. Eine Parallelnorm zu diesem ist auf Landesebene nicht vorhanden.

---

[37] Dazu bereits Rn. 1548ff.

[38] Böhm, in: Bengl/Berner/Emmerig, Art. 45 Rn. 5.

[39] VerfGH 34, 131 (132); 26, 48 (59).

Nach a. A. ist das Zitiergebot Bestandteil des Rechtsstaatsprinzips nach Art. 20 Abs. 3 GG, Art. 3 Abs. 1 BV und damit die Abschwächung in Art. 45 Abs. 2 LStVG verfassungswidrig.[40] Dem ist jedoch entgegenzuhalten, dass dem Gewaltenteilungsprinzip bereits durch eine ausreichend bestimmte Ermächtigungsgrundlage genüge getan ist, so dass dem Zitiergebot keine rechtsstaatssichernde Funktion zukommt. Vielmehr dient es der Erleichterung der Normanwendung sowie der Selbstkontrolle der die Rechtsverordnung erlassenden Stelle.

1599 Dennoch können **weitere Zitiergebote** zu beachten sein. So fordert Art. 19 Abs. 1 Satz 2 GG unabhängig vom Rechtsraum, in dem die Verordnung erlassen wird, dass eine in ein Grundrecht eingreifende Verordnung das Grundrecht unter Angabe des Artikels nennen.

1600 Etwas anderes gilt dagegen bei **bewehrten Verordnungen**. Diese müssen nach Art. 4 Abs. 1 LStVG auf die Vorschrift der Ermächtigungsgrundlage verweisen, die der Bewehrung zugrunde liegt. Ziel dieser erhöhten Formvorgabe ist es, den Betroffenen die Prüfung zu ermöglichen, ob sich hinter der Bewehrung eine gesetzgeberische Grundentscheidung findet.[41]

1601 Fehlt ein solcher Rückverweis, verstößt die Bußgeldvorschrift gegen höherrangiges Recht in Form von Art. 4 Abs. 1 LStVG und ist damit nichtig.[42] Der übrige Teil der Rechtsverordnung bleibt dagegen in Geltung und ist von dieser Nichtigkeit nicht erfasst. Ein Verstoß gegen Art. 4 Abs. 1 LStVG führt daher nur zur Teilnichtigkeit, so dass lediglich die Bußgeldbewehrung entfällt, während die Anordnung des Ge- oder Verbots Bestand hat und z.B. mittels Verwaltungszwang durchgesetzt werden kann.

2. Bei bewehrten Rechtsverordnungen: Angabe der Geltungsdauer, Art. 50 Abs. 2 Satz 1 LStVG

1602 Bei bewehrten Verordnungen sollen diese ihre Geltungsdauer festsetzen, Art. 50 Abs. 1 1. Hs. LStVG. Dabei besteht eine zeitliche Obergrenze von 20 Jahren, Art. 50 Abs. 2 Satz 1 2. Hs. LStVG.

1603 Trifft die Verordnung dagegen eine solche Festsetzung nicht, so ordnet Art. 50 Abs. 2 Satz 2 LStVG an, dass die Verordnung 20 Jahre in Kraft bleibt, sofern keine Gründe vorhanden sind, die zu einem vorherigen Außerkrafttreten führen.

1604 **Ziel** dieser Angabe der Geltungsdauer ist es, **Klarheit** darüber zu schaffen, welche sicherheitsrechtlichen Normen in Geltung sind und welche nicht.[43] Gleichzeitig soll jedoch auch der Verordnungsgeber gehalten sein, seine einmal getroffenen Regelungen nach gewissen zeitlichen Abständen zu überprüfen und gegebenenfalls an die veränderten Verhältnisse anzupassen. Eine derartige Anpassungspflicht besteht insbesondere vor dem Hintergrund, dass die besonderen örtlichen Verhältnisse, auf die sich die Rechtsverordnung regelmäßig bezieht, stetem Wandel unterliegen.

1605 **Nach Ablauf** der Geltungsdauer tritt die gesamte Rechtsverordnung außer Kraft und **verliert ihre Wirkung**. Soll die Regelung dagegen auch über die angegebene Geltungsdauer in Kraft bleiben, ist der Verordnungsgeber gehalten, diese unter Berücksichtigung aller für den erstmaligen Erlass der Verordnung geltenden Voraussetzungen neu zu erlassen.[44]

1606 Bei Rechtsverordnungen, die nicht bewehrt sind oder auf Bundesrecht, dem bayerischen Naturschutzgesetz oder dem bayerischen Pressegesetz beruhen, gilt diese Anord-

[40] Bartlsperger, VerwArch. 67 (1976), 249 ff.
[41] BayObLG, BayVBl. 1990, 158.
[42] BayObLG, BayVBl. 1990, 158.
[43] Böhm, in: Bengl/Berner/Emmerig, Art. 50 Rn. 1.
[44] Böhm, in: Bengl/Berner/Emmerig, Art. 50 Rn. 6.

nung nicht, Art. 50 Abs. 3 LStVG. Für deren Geltung ist auf die allgemeinen Grundsätze zurückzugreifen, nach denen die Geltung in der Rechtsverordnung selbst bestimmt werden muss.[45]

Fehlt eine solche Bestimmung, so ist durch Auslegung zu ermitteln, ab wann die **1607**
Rechtsverordnung Geltung beanspruchen können soll. Dies ist regelmäßig der Zeitpunkt der Bekanntgabe.

Dies ist konsequent, da zum einen für Rechtsverordnungen eine Art. 76 Abs. 2 BV vergleichbare Norm fehlt, zum anderen *e contrario* Art. 50 LStVG davon auszugehen ist, dass die Bestimmung der Geltung in der Rechtsverordnung selbst dem Gesetzgeber nur bei bewehrten Verordnungen besonders regelungswürdig erschien.

3. Ausfertigung und amtliche Bekanntmachung, Art. 51 ff. LStVG

Das LStVG ordnet für die Rechtsverordnungen die amtliche Bekanntmachung an, **1608**
Art. 51 Abs. 1 LStVG, wodurch das Erlassverfahren abgeschlossen wird. Dabei verweist es auf die für die Bekanntmachung kommunaler Satzungen geltenden Vorschriften des Art. 26 Abs. 2 GO, Art. 20 Abs. 2, Art. 33 Satz 2 LKrO und Art. 19 Abs. 2, Art. 32 Satz 2 BezO.

Nach Art. 26 Abs. 2 GO sind Satzungen und über Art. 51 Abs. 1 LStVG nun auch Rechtsverordnungen der Gemeinde auszufertigen und im Amtsblatt der Gemeinde amtlich bekanntzumachen.

Unter **Ausfertigung** versteht man die Unterzeichnung des Rechtstextes durch den **1609**
in Gemeinden nach Art. 36 Satz 2 GO zuständigen Ersten Bürgermeister bzw. in Landkreisen nach Art. 33 Satz 2 LKrO zuständigen Landrat oder in Bezirken des Bezirkstagspräsidenten, Art. 32 Satz 2 BezO. Hierdurch wird der **Verordnungstext** urkundlich **festgelegt**.

Die Ausfertigung muss neben der Unterschrift und die Angabe der Dienststellung des Ausfertigenden auch Ort und Datum der Ausfertigung enthalten. Bedarf die Verordnung einer Genehmigung, soll ein Hinweis auf die erteilte Genehmigung gegeben werden. Anlagen zur Verordnung müssen gesondert ausgefertigt werden.

Durch die Ausfertigung bestätigt der Unterzeichnende, dass der Wortlaut der **1610**
Rechtsverordnung mit dem Beschluss des Verordnungsgebers übereinstimmt und die Verfahrensvorschriften eingehalten sind. Eine wirksame Ausfertigung setzt daher den Abschluss des Erlassverfahrens voraus.[46]

Die **amtliche Bekanntmachung** der Rechtsverordnung erfolgt dann im Amtsblatt **1611**
der Gemeinde. Sollte ein solches Amtsblatt nicht existieren, hat die Gemeinde auf die Bekanntmachung in ortsüblicher Art hinzuweisen, Art. 52 LStVG, sowie die Rechtsverordnung dem Amtsgericht, der Staatsanwaltschaft und der örtlichen Polizeidienststelle, in deren Bezirk oder Bereich die Verordnung gilt, in amtlich beglaubigter Abschrift mitzuteilen, Art. 53 LStVG.

Gleiches gilt nach Art. 20 Abs. 2, Art. 33 Satz 2 LKrO für Rechtsverordnungen des Landkreises und nach Art. 19 Abs. 2, Art. 32 Satz 2 BezO für solche des Bezirkes.

Für Verordnungen der Ministerien oder der Staatsregierung gilt die Bekanntmachung der Staatsregierung über die amtliche Veröffentlichung von Rechts- und Verwaltungsvorschriften der Staatsregierung und der Ministerien vom 13.6.1977,[47] während bewehrte Rechtsverordnungen dieser Stellen im Bayerischen Gesetz- und Verordnungsblatt bekanntzumachen sind, Art. 51 Abs. 2 LStVG.

---

[45] Böhm, in: Bengl/Berner/Emmerig, Art. 50 Rn. 7.
[46] BayVGH, BayVBl. 1993, 531.
[47] GVBl. S. 250.

1612 Die amtliche Bekanntmachung ist für das Inkrafttreten der Verordnung wie auch deren Inhalt und Geltungsdauer relevant.[48]

Zugleich besteht nach Bekanntmachung die Möglichkeit der Änderung oder Aufhebung der Rechtsverordnung nach Art. 48 LStVG und es wird die Aufsichtspflicht nach Art. 49 LStVG ausgelöst.

1613 Ist eine solche Bekanntmachung nicht rechtzeitig möglich und erfordert es die Verhütung einer erheblichen Gefahr für Leben, Gesundheit oder zum Schutz von Sachgütern, die Verordnung sofort bekanntzumachen, hält Art. 41 Abs. 4 LStVG die Möglichkeit der **Notbekanntmachung** bereit. Hiernach ist es möglich, die Verordnung im Rundfunk, im Fernsehen, durch Lautsprecher oder in ortsüblicher Art amtlich bekanntzumachen.[49] Dabei ist eine Veröffentlichung nach den Art. 41 Abs. 1 oder 2 LStVG unverzüglich nachzuholen und hierbei auf die Zeit und Art der Notbekanntmachung hinzuweisen.[50]

1614 Sowohl die Ausfertigung als auch die Bekanntmachung sind notwendige Voraussetzungen für die Geltung der Rechtsverordnung. Fehlen diese oder sind sie unwirksam, wird die Rechtsverordnung nicht wirksam. Allerdings können beide Bestandteile nachgeholt werden und so die Verordnung *ex nunc* in Kraft treten.

Fehlt die Ausfertigung und wird diese nachgeholt, so ist die Rechtsverordnung neu zu verkünden.

F. Materielle Rechtmäßigkeit einer sicherheitsrechtlichen Rechtsverordnung

I. Subsumtion unter die Ermächtigungsgrundlage

1615 Die zu überprüfende Rechtsverordnung muss unter die Ermächtigungsgrundlage subsumierbar sein. Dies ist dann der Fall, wenn die **Voraussetzungen** der Ermächtigungsgrundlage erfüllt sind und sich die Rechtsverordnung im Rahmen des von der Ermächtigungsgrundlage eröffneten **Rechtsfolgenbereichs** hält. Ebenso hat die Rechtsverordnung den von der Ermächtigungsgrundlage verfolgten **Zweck** zu erfüllen, der regelmäßig in der Behebung einer abstrakten Gefahr liegt.[51]

Sowohl der Zweck der Ermächtigungsgrundlage als auch deren Grenzen, die sich aus dem Zweck ergeben können, sind durch Auslegung zu ermitteln.

II. Vereinbarkeit der Verordnung mit höherrangigem Recht, Art. 45 Abs. 1 LStVG

1616 Art. 45 Abs. 1 LStVG normiert, dass die Rechtsverordnung nicht geltendem Recht widersprechen darf und konkretisiert dieses exemplarisch auf die Gesetze sowie Verordnungen höherrangiger Behörden oder Stellen.[52]

1617 Dabei ergibt sich diese Aussage bzgl. formeller Gesetze bereits aus der Normenhierarchie, während die Höherrangigkeit von Rechtsverordnungen höherer Behörden

[48] Böhm/Welsch, in: Bengl/Berner/Emmerig, Art. 51 Rn. 1.
[49] Böhm/Welsch, in: Bengl/Berner/Emmerig, Art. 51 Rn. 7.
[50] Böhm/Welsch, in: Bengl/Berner/Emmerig, Art. 51 Rn. 7.
[51] Hierzu sowie zu den Ausnahmen bereits Rn. 1540 ff.
[52] Böhm, in: Bengl/Berner/Emmerig, Art. 45 Rn. 2.

durch Art. 45 Abs. 1 LStVG angeordnet wird. In Folge dessen sind die Rechtsverordnungen am geltenden höherrangigen Recht zu messen, wobei neben den Rechtsverordnungen höherrangiger Behörden auch formelle bayerische Gesetze, die Bayerische Verfassung, materielles Bundesrecht in Gestalt von Satzungen und Rechtsverordnungen, formelle Bundesgesetze sowie das Grundgesetz als auch EU-Recht Prüfungsmaßstab bilden.

Klausurhinweis:

Besonderes Augenmerk dürfte in der Klausur auf den Grundrechten der BV und des GG liegen, sowie auf den Grundsätzen, die Sie bereits aus der Staatsrechtsvorlesung kennen, wie dem Bestimmtheitsgrundsatz oder dem Verhältnismäßigkeitsgrundsatz sowie dem Rückwirkungsverbot, die allesamt aus dem Rechtsstaatsprinzip folgen, Art. 20 Abs. 3 GG, Art. 3 Abs. 1 BV.[53]

1. Das Gebot der Normklarheit und der Bestimmtheitsgrundsatz

Das richterrechtlich aus dem Rechtsstaatsprinzip (Art. 20 Abs. 3 GG, Art. 3 Abs. 1 **1618**
BV) abgeleitete Gebot der Normklarheit trägt dem Gedanken Rechnung, dass **das Recht nur durchsetzbar ist, wenn es erkennbar ist.**[54] Deshalb ist der Normgeber verpflichtet, *„seine Vorschriften so zu fassen, dass sie den rechtsstaatlichen Anforderungen der Klarheit und Justitiabilität entsprechen. Normen müssen so formuliert sein, dass die davon Betroffenen die Rechtslage erkennen können und die Gerichte in der Lage sind, die Anwendung der betreffenden Vorschrift durch die Verwaltung zu kontrollieren."*[55]

Klausurhinweis:

Der Bestimmtheitsgrundsatz mit Blick auf die Rechtsverordnung ist also zu unterscheiden vom Maßstab, an dem die Ermächtigungsgrundlage zu messen ist (Inhalt, Zweck und Ausmaß).

Durch das Gebot der Rechtsklarheit wird nicht nur der Normvollzug sichergestellt, **1619**
sondern es ist auch Voraussetzung für die Bindungswirkung des Rechts gegenüber Bürgern, Gerichten aber auch der Verwaltung und damit unerlässlich für die Verpflichtung der Staatsgewalt auf Recht und Gesetz im Allgemeinen.

Dabei gilt, dass umso höhere Anforderungen an die Normklarheit und Bestimmtheit zu stellen sind, desto intensiver der legitimierte Rechtseingriff ist.[56]

Aus diesem Grunde sind z.B. die Art. 30ff. PAG sehr umfangreich, um dem Bestimmtheitsgrundsatz zu entsprechen. Dabei bestehen jedoch aufgrund der Unübersichtlichkeit, zu der diese Normierungen geführt haben, Probleme im Hinblick auf die Normklarheit. Insoweit wird ein **Zielkonflikt** deutlich.

Nicht gehindert sind dagegen die Verwendung von unbestimmten Rechtsbegriffen **1620**
auf der Tatbestandsseite und die Einräumung von Ermessensspielräumen auf der

---

[53] Jarass, in: ders./Pieroth, Art. 20 Rn. 82ff., 94ff., 112ff.; Art. 3 Rn. 39ff.
[54] Jarass, in: ders./Pieroth, Art. 20 Rn. 89ff.; Art. 3 Rn. 30ff.
[55] Std. Rspr. seit VerfGH 17, 19 (25).
[56] VerfGH 49, 160 (164); 50, 129 (136); 56, 28 (45); 59, 29 (35).

Rechtsfolgenseite,[57] da diese Regelungstechniken es ermöglichen, eine Vielzahl von Lebensverhältnissen normativ einzufangen. Voraussetzung ist jedoch, dass diese unbestimmten Rechtsbegriffe konkretisierbar sind und damit deren Anwendbarkeit vorhersehbar ist. Dies ist dann der Fall, wenn sich *„mit Hilfe der üblichen Auslegungsmethoden eine zuverlässige Grundlage für die Auslegung und Anwendung der Vorschrift gewinnen lässt“*.[58]

1621 Ebenso können Normen **Verweisungen** und Verweisungsketten enthalten, so lange diese vom Normanwender und Normadressaten nachvollzogen werden können und hinreichend verständlich sind. Verweisungen sind auch zulässig auf Normen, die von einem anderen Gesetzgeber erlassen wurden als demjenigen, der die verweisende Vorschrift verabschiedet hat.

Unproblematisch sind insoweit **statische** Verweisungen, also solche, durch die auf ein Gesetz in derjenigen Fassung verwiesen wird, die im Zeitpunkt des Erlasses der Verweisungsvorschrift gilt. Anders ist dies bei **dynamischen** Verweisungen, also solchen, die auf ein anderes Gesetz in der jeweils geltenden Fassung Bezug nehmen. Da sich der Gesetzgeber der verweisenden Norm an den Gesetzgeber derjenigen Norm, auf welche verwiesen wird, bindet und dessen Handlungen nicht planbar sind, trifft den verweisenden Gesetzgeber zum einen die Pflicht, Art und Ausmaß der Rechtsbeeinträchtigung selbst festzulegen und zu rechtfertigen, sowie eine gesteigerte Beobachtungs- und gegebenenfalls Anpassungspflicht insbesondere bei grundrechtsrelevanten Regelungen. Eine grundrechtsrelevante Maßnahme durch Bezugnahme auf eine andere Norm, welche allein Art und Ausmaß der Rechtsbeeinträchtigung regelt, ist nicht möglich.[59]

1622 Art. 51 LStVG, der die **Bekanntmachung** der Rechtsverordnungen normiert, **dient** daher auch dem Gebot **der Rechtsklarheit**. Insbesondere erfordert er die Bekanntmachung des räumlichen Geltungsbereichs entweder durch eine Beschreibung oder durch den Abdruck einer Karte oder subsidiär durch eine grobe Beschreibung oder Inbezugnahme von Karten oder Verzeichnissen, Art. 51 Abs. 3 Satz 1 LStVG.

2. Das Rückwirkungsverbot

1623 Ist die Rechtsverordnung rechtmäßig, tritt sie zu dem hierfür vorgesehenen Zeitpunkt in Kraft. Ab diesem Zeitpunkt kommt ihr verbindliche Wirkung zu und der Normadressat ist verpflichtet, die Ge- und Verbote der Verordnung zu befolgen.

1624 **Eine rückwirkende Inkraftsetzung ist bei bewehrten Rechtsverordnungen aufgrund des *nulla poena sine lege*-Grundsatzes nicht möglich.**[60] Unbewehrte Rechtsverordnungen dagegen können auch rückwirkend in Kraft gesetzt werden, sofern sie die aus dem Rechtsstaatsprinzip abgeleiteten Grundsätze der Rückwirkung berücksichtigen.

1625 Die **echte Rückwirkung**[61] zeichnet sich dadurch aus, dass der *„Beginn ihres zeitlichen Anwendungsbereichs auf einen Zeitpunkt festgelegt ist, der vor dem Zeitpunkt liegt, zu dem die Norm gültig geworden ist“*.[62] Normen, die an abgeschlossene Tatbestände rückwirkend negative Rechtsfolgen anknüpfen und so in diese eingreifen, verletzen den Einzelnen in seinem Vertrauen auf die Rechtslage.[63] Die echte Rückwirkung ist daher **grundsätzlich unzulässig**. Rechtsnormen, die hiergegen verstoßen, sind verfassungswidrig und somit nichtig.[64]

---

[57] Z.B. VerfGH 41, 17 (24); 49, 160 (164); 50, 129 (136); 56, 1 (9); 57, 113 (127).
[58] Z.B. VerfGH 41, 17 (24); 56, 1 (9); 56, 28 (45); 57, 113 (127).
[59] BVerfGE 47, 285 (311); 73, 261 (272).
[60] Dazu Rn. 1628 ff.
[61] Auch retroaktive Rückwirkung genannt. Diese ist vergleichbar mit der tatbestandlichen Rückbewirkung von Rechtsfolgen.
[62] VerfGH 58, 1 (25); 56, 178 (194).
[63] VerfGH 49, 120 (123); 56, 99 (105); 56, 178 (193); 59, 63 (77).
[64] VerfGH 37, 31 (33); 38, 1 (6); 44, 124 (132); 55, 1 (11).

Ausnahmsweise ist jedoch eine echte Rückwirkung **zulässig**, wenn das Vertrauen auf den Fortbestand der Rechtslage nicht schützenswert ist. Dies ist dann anerkannt, wenn: 1626

- **mit einer Änderung** der Rechtslage zu Lasten des Normadressaten **zu rechnen** war. Dies ist z.B. dann der Fall, wenn lediglich die bereits herrschende Meinung normiert wird.[65]
- die **belastende Norm**, auf die vertraut wird, **nichtig** ist und diese nunmehr durch eine ebenso belastende Regelung ersetzt wird.[66]
- die zu ersetzende Norm zwar rechtswirksam, aber **erkennbar nur vorläufiger Natur** war.
- die bestehende **Rechtslage *„unklar und verworren"*** ist.[67] Dabei muss Uneinigkeit in der Fachliteratur und/oder Rechtsprechung über Anwendungsbereich und Regelungsgehalt der Norm bestehen.
- Gleiches gilt bei sog. **Bagatellfällen**, d.h. es wird eine geringfügige Belastung rückwirkend angeordnet, die aufgrund dieser Geringfügigkeit hingenommen werden muss.[68] Dabei bleibt jedoch fraglich, wann die Grenze der zu akzeptierenden Unerheblichkeit der Belastung überschritten und der Bereich der wesentlichen Belastung mit der Folge des Rückwirkungsverbots erreicht ist.

Klausurhinweis:

Bei der letzten Fallgruppe handelt es sich nicht um eine Frage des fehlenden Vertrauens, das bei den ersten vier Fallgruppen den Verzicht auf das Rückwirkungsverbot rechtfertigt, sondern es wird eine Abwägung der Belastung mit dem schützenswerten Vertrauen auf den Fortbestand der Rechtslage angestellt.

Die **unechte Rückwirkung**[69] liegt dagegen dann vor, wenn eine Rechtsnorm einen gegenwärtigen, noch nicht abgeschlossenen Sachverhalt regelt und dabei Rechtsfolgen für die Zukunft verhängt und diese *„von Gegebenheiten aus der Zeit vor ihrer Verkündung abhängig macht"*.[70] Es werden damit Sachverhalte normiert, die schon vor der Verkündung der Norm *„ins Werk gesetzt"* wurden,[71] aber noch nicht abgeschlossen sind. Sie betrifft daher nicht den zeitlichen, sondern den sachlichen Anwendungsbereich der Norm.[72] Die unechte Rückwirkung ist grundsätzlich **zulässig**, da ein Vertrauen des Bürgers darauf, *„dass eine für ihn günstige Regelung in alle Zukunft bestehen bleibt"*, nicht besteht.[73] 1627

---

[65] BVerfGE 43, 291 (392); 72, 200 (261); 95, 64 (87).
[66] VerfGH 58, 1 (27); BVerfGE 13, 261 (272).
[67] VerfGH 56, 178 (194); 58, 1 (26); BVerfGE 88, 384 (404); 98, 17 (39).
[68] BVerfGE 30, 367 (389); 72, 200 (258); 95, 64 (86).
[69] Auch retrospektive Rückwirkung genannt, die vergleichbar ist mit der tatbestandlichen Rückanknüpfung, VerfGH 59, 63 (77).
[70] VerfGH 56, 99 (105); BVerfGE 72, 200 (242).
[71] VerfGH 56, 99 (105); 59, 63 (77); BVerfGE 97, 67 (79).
[72] VerfGH 59, 63 (77).
[73] VerfGH 57, 84, 96; ebenso VerfGH 38, 1, 6; 42, 72 (78); 49, 11 (119); 59, 63 (78); BVerfGE 105, 17 (40).

3. Für bewehrte Verordnungen: *nulla poena sine lege*-Grundsatz

1628 Bzgl. bewehrter Rechtsverordnungen ist der Grundsatz des ***nulla poena sine lege*** zu beachten, **Art. 103 Abs. 2 GG, Art. 104 Abs. 1 BV**. Der Grundsatz *nulla poena sine lege* beinhaltet vier Ausprägungen, die gleichzeitig als Anforderungen an die Rechtsverordnung verstanden werden können: So muss diese schriftlich fixiert sein (*nulla poena sine lege scripta*) und sie muss inhaltlich bestimmt sein (*nulla poena sine lege certa*). Eine strafbegründende oder verschärfende Analogie scheidet aus (*nulla poena sine lege stricta*), wie auch eine Rückwirkung verboten ist (*nulla poena sine lege praevia*).

4. Verhältnismäßigkeitsgrundsatz

1629 Die Rechtsverordnung hat auch verhältnismäßig zu sein. Sie hat also einen legitimen **Zweck** zu verfolgen, der regelmäßig bereits **durch die Ermächtigungsgrundlage vorgegeben** wird und der im Sicherheitsrecht zumeist in der Behebung einer abstrakten Gefahr liegt.[74]

Hierzu muss die Verordnung **geeignet und erforderlich** sein, d.h. sie darf nicht mehr Pflichten anordnen und Rechtseingriffe erlauben, als für die Erreichung des Ziels unabdingbar sind. Dabei ist das mildeste Mittel zu normieren.

Die von der Rechtsverordnung getroffenen Regelungen müssen zuletzt auch **angemessen** sein, d.h. in einem ausgewogenen Verhältnis zum Gewicht und der Bedeutung des angestrebten Zieles der Gefahrenabwehr stehen.

G. Änderung und Aufhebung

1630 Für das Änderungs- und Aufhebungsverfahren von Rechtsverordnungen ordnet Art. 48 Satz 1 LStVG die sinngemäße Geltung der für den Erlass von Rechtsverordnungen bestehenden Vorschriften an.

1631 Dabei stellt sich die Frage, ob auch eine nichtige Rechtsverordnung aufzuheben ist. Dagegen könnte sprechen, dass von einer nichtigen Rechtsverordnung keine Wirksamkeit mehr ausgeht und diese per se gegenstandslos geworden ist. Allerdings ist zu beachten, dass auch von einer nichtigen Rechtsverordnung der **Rechtsschein der Wirksamkeit** ausgehen kann.[75] So wird der Normadressat regelmäßig nicht erkennen können, ob die Rechtsverordnung einen Fehler aufweist und damit nichtig ist. Um diesen Rechtsschein zu beseitigen, ist eine Aufhebungsverordnung erforderlich, deren Erlass sich gem. Art. 48 Satz 1 LStVG nach den Art. 42ff. LStVG richtet.

Wird eine Rechtsverordnung durch ein nachträglich erlassenes formelles Gesetz oder eine andere, höherrangige Rechtsnorm inhaltlich geändert oder gegenstandslos, ist eine Aufhebung nicht erforderlich.

H. Staatliche Aufsicht

1632 In den Art. 42ff. LStVG befassen sich mit **Art. 46 und 48 LStVG** lediglich zwei Normen mit der staatlichen Aufsicht über die Normsetzung. Beide sind den kommunalaufsichtlichen Vorschriften nachgebildet. Insbesondere wird der Gedanke der Rechtskontrolle aus Art. 112 Satz 1 GO in Art. 49 LStVG aufgenommen, während

[74] Dazu Rn. 1540ff.
[75] BVerwGE 75, 142 (144f.).

sich die Ersatzvornahme aus Art. 113 GO sowohl in Art. 49 LStVG als auch in Art. 46 LStVG findet. Beide Normen modifizieren das Aufsichtsrecht jedoch in spezifischer Weise auf das Verordnungsrecht.

I. Aufsichtsmaßnahmen

1. Bei noch nicht erlassenen Verordnungen: Die Pflicht zur Ersatzvornahme nach Art. 46 LStVG

Nach Art. 46 LStVG kommt der Rechtsaufsichtsbehörde die Pflicht zu, die Rechtsverordnung im Wege der Ersatzvornahme zu erlassen, wenn die zum Verordnungserlass berufene Körperschaft diesen nicht vornimmt, obwohl das Wohl der Allgemeinheit einen solchen Erlass zwingend erfordert.[76] 1633

Eine solche Verordnung kann nur noch durch die Aufsichtsbehörde oder mit deren Zustimmung aufgehoben werden, Art. 46 Abs. 2 LStVG.[77]

2. Bei bereits erlassenen Verordnungen

a. Die Pflicht zur Beanstandung nach Art. 49 Abs. 1 LStVG

Aber auch nach bereits abgeschlossenem Erlassverfahren durch die ermächtigte Körperschaft kommt der Aufsichtsbehörde nach Art. 49 LStVG eine Aufsichtspflicht zu, die ab der Bekanntmachung der Rechtsverordnung einsetzt. Diese umfasst die Überprüfung, ob die Verordnung mit dem **geltenden Recht**, insbesondere den Gesetzen oder den höherrangigen Verordnungen von höheren Behörden in Einklang steht, Art. 49 Abs. 1 Satz 1 1. Hs. LStVG. Ist dies nicht der Fall, so **hat** die Aufsichtsbehörde die Verordnung **zu beanstanden und** ihre **Aufhebung oder Änderung zu verlangen**, Art. 49 Abs. 1 Satz 1 2. Hs. LStVG.[78] 1634

Auch bei nichtigen Rechtsverordnungen kann die Rechtsaufsichtsbehörde die Aufhebung verlangen, um den Rechtsschein der Verbindlichkeit zu beseitigen.

b. Die Pflicht zur Ersatzvornahme nach Art. 49 Abs. 2 LStVG

Die Rechtsaufsichtsbehörde hat die Verordnung selbst **im Wege der Ersatzvornahme aufzuheben**, wenn die Gebietskörperschaft die beanstandete Rechtsverordnung nicht selbständig innerhalb der ihr hierfür von der Rechtsaufsichtsbehörde gesetzten Frist aufhebt, Art. 49 Abs. 2 LStVG.[79] 1635

Art. 49 Abs. 1 Satz 2 LStVG bezieht sich auf die Situation, in der eine Verordnung der vorherigen Genehmigung durch die Aufsichtsbehörde bedarf und in Abweichung von dieser Genehmigung bekannt gemacht wurde. Da die ursprünglich in Art. 47 LStVG vorgesehene Vorlageverpflichtung von Verordnungen kreisangehöriger Gemeinden aufgehoben wurde,[80] hat Art. 49 Abs. 1 Satz 2 LStVG derzeit keinen Anwendungsbereich. 1636

---

[76] Dazu Rn. 1581 ff.
[77] Böhm, in: Bengl/Berner/Emmerig, Art. 46 Rn. 2.
[78] Böhm, in: Bengl/Berner/Emmerig, Art. 49 Rn. 3 f.
[79] Böhm, in: Bengl/Berner/Emmerig, Art. 49 Rn. 7.
[80] Art. 3 des Verwaltungsreformgesetzes vom 26.7.1997 (GVBl. S. 311).

II. Rechtsaufsicht im eigenen Wirkungskreis

1637 Ob es sich bei dieser Aufsicht um eine **Rechts- oder Fachaufsicht** handelt, ist auf den ersten Blick nicht zu erkennen. Für eine umfangreiche Fachaufsicht spricht Art. 42 Abs. 1 Satz 2 LStVG, der konstatiert, dass der Verordnungserlass eine Angelegenheit des übertragenen Wirkungskreises ist, mithin nach allgemein bekannten Grundsätzen einer Fachaufsicht unterliegen müsste. Dagegen spricht jedoch, dass sich nach Art. 49 Abs. 1 Satz 1 LStVG die Aufsicht auf die Vereinbarkeit der Rechtsverordnung mit dem geltenden Recht beschränkt. Inhaltlich handelt es sich dabei um den Umfang, wie ihn die Rechtsaufsicht kennt.[81]

1638 Letztlich lässt sich also anhand des reinen Gesetzestextes eine Einordnung in die klassischen Kategorien von Fach- und Rechtsaufsicht nicht vornehmen. Aufgrund der Entstehungsgeschichte ergibt sich jedoch, dass es sich bei den Art. 46 bis 49 LStVG um Sonderregelungen handelt, die speziell für das Verordnungsrecht erlassen worden sind und sich insoweit auch von den klassischen Kategorien der Rechts- und Fachaufsicht abheben.[82] Der unterschiedliche Regelungsgehalt der vorbezeichneten Normen ist daher insoweit historisch zu erklären und trägt dem Umstand Rechnung, dass es sich bei der Aufsicht über den Verordnungserlass um eine Spezialform der Aufsicht handelt, die zwar im übertragenen Wirkungskreis stattfindet, jedoch inhaltlich auf die Rechtmäßigkeit beschränkt ist. Insoweit handelt es sich um eine **im übertragenen Wirkungskreis stattfindende Rechtsaufsicht**, die von der Kommunalaufsicht zu unterscheiden ist.[83]

III. Rechtsschutz gegen Aufsichtsmaßnahmen

1. Gegen die Aufforderung nach Art. 46 Abs. 1 LStVG bzw. die Beanstandung nach Art. 49 Abs. 1 LStVG

1639 Da es sich bei der Aufforderung nach Art. 46 Abs. 1 LStVG und der Beanstandung nach Art. 49 Abs. 1 LStVG um Maßnahmen der Rechtsaufsicht handelt, kommt diesen gegenüber der beaufsichtigten Körperschaft Außenwirkung und damit **Verwaltungsaktqualität, Art. 35 Satz 1 BayVwVfG**, zu. Insoweit steht der beaufsichtigten Körperschaft grundsätzlich die Möglichkeit der **Anfechtungsklage** gegen die Maßnahme zu, **§ 42 Abs. 1 1. Alt. VwGO.**

Klausurhinweis:

Auf den Streit, wie Sie ihn aus dem Kommunalrecht kennen, ob eine Fachaufsichtsmaßnahme Außenwirkung hat und damit ein Verwaltungsakt ist, kommt es vorliegend gerade nicht mehr an, da der Gesetzgeber die Aufsicht auf die Rechtmäßigkeit beschränkt hat, Art. 49 Abs. 1 Satz 1 LStVG.

1640 Das im Rahmen der Klagebefugnis geltend zu machende **subjektive Recht** der Gebietskörperschaft ergibt sich aus den **Art. 46 ff. LStVG**. Da der Gesetzgeber die

81 Art. 109 Abs, 1 GO.
82 Art. 108 ff. GO.
83 BayVGH, BayVBl. 1990, 21.

Aufsicht auf eine Rechtsaufsicht beschränkt hat, Art. 49 Abs. 1 Satz 1 LStVG, kommt der zum Erlass der Rechtsverordnung berufenen Gebietskörperschaft grundsätzlich ein Spielraum diesbezüglich zu, den diese eigenverantwortlich ausfüllen kann. Sie hat daher nur Beanstandungen und Ersatzvornahmen zu dulden, sofern diese ihrerseits rechtmäßig sind.

Nicht abgestellt werden kann dagegen auf Art. 109 Abs. 2 GO, da insofern die Art. 46ff. LStVG spezieller sind.

2. Gegen die Ersatzvornahme nach Art. 46 Abs. 1 bzw. Art. 49 Abs. 2 LStVG

Bzgl. der Ersatzvornahme nach Art. 46 Abs. 1 oder Art. 49 Abs. 2 LStVG stellt sich die Frage, welchen Rechtsschutz die Körperschaft zu ergreifen hat. Zur Auswahl stehen zum einen eine Anfechtungsklage gegen die Beanstandungsverfügung, § 42 Abs. 1 1. Alt. VwGO, ein Normenkontrollantrag nach § 47 VwGO gegen die Ersatzverordnung nach Art. 46 Abs. 1 LStVG bzw. die Aufhebungsverordnung nach Art. 49 Abs. 2 LStVG sowie eine kumulative vorherige Anfechtung der Beanstandung und einem Normenkontrollantrag gegen die Ersatzverordnung.[84] **1641**

Betrachtet man das Verfahren, das Art. 46 und 49 LStVG normieren, so besteht dieses aus zwei Teilen: der Beanstandung sowie der Ersatzvornahme in Form des Erlasses im Falle des Art. 46 Abs. 1 LStVG bzw. der Aufhebung im Falle des Art. 49 Abs. 2 LStVG. Beide Teile stehen zueinander in einem Stufenverhältnis, wonach die Beanstandung die erste Stufe und die Ersatzvornahme die zweite Stufe darstellt. Da die erste Stufe Voraussetzung für die zweite ist, kann auch davon gesprochen werden, dass der Verordnungserlass bzw. die Aufhebung die Beanstandung „vollzieht". **1642**

Aus diesem Grunde ist jedenfalls **gegen die Beanstandung** im Wege einer **Anfechtungsklage, § 42 Abs. 1 1. Alt. VwGO,** vorzugehen.[85] Dieser Anfechtungsklage fehlt auch nicht das Rechtsschutzbedürfnis, wenn die Ersatzverordnung bereits erlassen wurde.[86] **1643**

Allerdings ist, wie bei jedem anderen Verwaltungsakt auch, die Möglichkeit der Anfechtung verfristet, § 74 Abs. 1 Satz 2 VwGO, wenn die Beanstandung bereits bestandskräftig geworden ist.

Darüber hinaus besteht auch die Möglichkeit, die **Ersatzverordnung** im Wege der **Normenkontrolle nach § 47 VwGO** anzugreifen. Hierfür bestehen **zwei Möglichkeiten**: **1644**

- Zum einen kann die Gemeinde als juristische Person des öffentlichen Rechts ihr subjektives Recht aus den Art. 46ff. LStVG geltend machen.
- Zum anderen besteht jedoch auch die Möglichkeit, ohne diese Einschränkung als Behörde gegen die Norm vorzugehen. Dient die erste Alternative der Begrenzung der Antragsbefugnis im Rahmen der Normenkontrolle und dem Ausschluss der Popularklage, soll die zweite Variante die objektive Überprüfung von Rechtsnormen, mit denen die Behörde in Berührung kommt, sicherstellen.[87]

---

[84] Böhm, in: Bengl/Berner/Emmerig, Art. 49 Rn. 9.
[85] Dazu Rn. 1639f.
[86] A. A. Schmidt, BayVBl. 1959, 404.
[87] Insbesondere auf die letzte Möglichkeit wirkt sich eine eventuelle Verfristung der Anfechtungsklage gegen die Beanstandung nicht aus.

1645 Geht ein von der Ersatzverordnung betroffener **Dritter** gegen diese vor, stellt sich die Frage, **gegen wen der Antrag nach § 47 VwGO zu richten ist**. Dies ist grundsätzlich der Rechtsträger der handelnden Behörde, mithin derjenige der Rechtsaufsichtsbehörde und somit der Freistaat Bayern, § 47 Abs. 2 Satz 2 VwGO.[88]

1646 Dennoch ist im Aufsichtsrecht zu berücksichtigen, dass die Aufsichtsmaßnahmen grundsätzlich der beaufsichtigten Behörde zugerechnet werden und als deren Maßnahme gegenüber Dritten Wirkung entfalten. Dies wird auch dadurch gestützt, dass die beaufsichtigte Behörde grundsätzlich für deren Änderung und Aufhebung zuständig ist, wovon auch Art. 46 Abs. 2 LStVG ausgeht, der diese Zuständigkeit gerade einschränkt. Der Normenkontrollantrag eines von der Ersatzverordnung Betroffenen ist daher **gegen den Rechtsträger der beaufsichtigten Behörde** zu richten, mithin gegen die Gemeinde, den Landkreis oder den Bezirk selbst.[89]

1647 Nach a. A. ist auf den Zeitpunkt der Bestandskraft der Ersatzvornahme abzustellen. Bis zu diesem soll die Maßnahme der Aufsichtsbehörde, danach der beaufsichtigten Behörde zuzurechnen sein.[90] Diese Ansicht mag für Maßnahmen mit Verwaltungsaktqualität für sich haben, dass es der beaufsichtigten Behörde nicht zumutbar ist, eine Entscheidung, die gegen ihren Willen ergeht, zu rechtfertigen. Dennoch vermag sie für Rechtsverordnungen, bei denen der Zeitpunkt der Bestandskraft gerade nicht besteht, nicht zu überzeugen. Die Bestandskraft kann auch nicht durch den Zeitpunkt einer Gerichtsentscheidung im Rahmen eines Normenkontrollverfahrens ersetzt werden, da dessen Einlegung ungewiss sowie eine erneute Verfahrenseinleitung aufgrund anderer Gesichtspunkte immer möglich ist, so dass ein, der Bestandskraft eines Verwaltungsaktes vergleichbarer, Rechtssicherheit spendender Zeitpunkt nicht existiert.

43. Kapitel. Einzelne Befugnis- und Ermächtigungsgrundlagen

Zusammenfassung

1. Die Frage, **wie** ein Hund gehalten werden darf, ist in **Art. 18 LStVG** geregelt, während die Frage, wie ein **Kampfhund** oder sonstige gefährliche Tiere gehalten werden können, **Art. 37 LStVG** normiert. Die Frage, **ob** eine Haltung erfolgt oder beendet werden muss, wird über die Generalklausel des **Art. 7 Abs. 2 Nr. 1 oder 3 LStVG** geregelt.
2. Nach Art. 18 Abs. 1 LStVG kann ein **Leinenzwang** durch Rechtsverordnung angeordnet werden, während nach Art. 18 Abs. 2 LStVG Anordnungen für den Einzelfall ergehen können.
3. Gegenstand der **Rechtsverordnung** können **große Hunde und Kampfhunde** an **öffentlichen Orten** sein, sofern eine **abstrakte Gefahr** besteht, während sich die **Einzelfallanordnungen** auf **sämtliche Hunde** auch auf **privatem Gebiet** erstrecken können, wenn eine **konkrete Gefahr** besteht.
4. Bei der **Rechtsverordnung** handelt es sich um **Ortsrecht**, während die **Einzelfallanordnungen** im **übertragenen Wirkungskreis** ergehen.

[88] Schenke/Schenke, in: Kopp/Schenke, § 47 Rn. 39.
[89] So auch BayVGH, BayVBl. 1976, 48 (49); Hölzl/Hien/Huber, Art. 113 GO Anm. 4.2; Böhm, in: Bengl/Berner/Emmerig, Art. 49 Rn. 9.
[90] BayVGH, BayVBl. 1983, 212 (213); Widtmann/Grasser/Glaser, Art. 113 GO Rn. 6.

5. Bzgl. **Kampfhunde** ordnet Art. 37 LStVG ein **präventives Verbot mit Erlaubnisvorbehalt** an
6. Nach **Art. 37a Abs. 1 LStVG** ist die **Zucht und Kreuzung** von Kampfhunden verboten, während nach Art. 37a **Abs. 2** LStVG die **Ausbildung** eines Kampfhundes unter ein **präventives Verbot mit Erlaubnisvorbehalt** gestellt wird.

In besonderer Weise praxis- als auch klausurrelevant sind die Regelungen, die im Hinblick auf (Kampf-)Hunde getroffen werden. Deren Rechtsgrundlagen werden im Folgenden näher betrachtet, ehe auf weitere Befugnis- und Ermächtigungsgrundlagen des LStVG eingegangen wird. **1648**

A. Anordnungen bzgl. (Kampf-)Hunde

Für Anordnungen bzgl. (Kampf-)Hunde hält das LStVG verschiedene Ermächtigungs- und Befugnisnormen bereit: **1649**
- Zur Verhütung von Gefahren für bestimmte Rechtsgüter besteht die Möglichkeit, durch Rechtsverordnung einen Leinenzwang zu verhängen sowie Anordnungen für den Einzelfall zu treffen, Art. 18 LStVG.
- Für das Halten von gefährlichen Tieren und von Kampfhunden ordnet Art. 37 LStVG ein **präventives Verbot mit Erlaubnisvorbehalt** an.
- Art. 37a LStVG normiert die Zucht und Ausbildung von Kampfhunden und **flankiert** so die Erlaubnispflicht der Kampfhundehaltung nach **Art. 37 LStVG**.
- Anordnungen, die sich nicht auf das Halten der Hunde, also das „wie" beziehen, sondern auf das **„ob"** der Hundehaltung, können auf **Art. 7 Abs. 2 Nr. 3 LStVG** gestützt werden.

I. Das Halten von Hunden, Art. 18 LStVG

Nach Art. 18 LStVG können die Gemeinden zur Verhütung von Gefahren für die Rechtsgüter Leben, Gesundheit, Eigentum oder öffentliche Reinlichkeit für große Hunde und Kampfhunde im öffentlichen Raum **1650**
- nach Abs. 1 einen **Leinenzwang** durch Rechtsverordnung anordnen und
- nach Abs. 2 **Anordnungen** zur Abwehr der mit dem Halten von Hunden jedweder Rasse und Größe verbundenen oder von ihm ausgehenden konkreten Gefahren **im Einzelfall** durch Verwaltungsakt treffen.

Verstöße gegen Anordnungen sind bußgeldbewehrt, Abs. 3.

1. Verordnungserlass, Art. 18 Abs. 1 LStVG

a. Große Hunde und Kampfhunde

Anleinpflichten können für alle großen Hunde, Kampfhunde oder auch (nur) für einzelne Rassen oder Gruppen von Hunden angeordnet werden.[1] **1651**

---

[1] LT-Drs. 12/3092, 4; Nr. 18.2 VollzBekLStVG.

Ein Hund ist dann groß, wenn er eine Schulterhöhe von **mindestens 50 cm** hat.[2] Welcher Hund als Kampfhund eingestuft wird, ist in Art. 37 Abs. 1 Satz 2 LStVG und der als Rechtsverordnung erlassenen Rasseliste des Innenministeriums definiert.[3]

Ein Hund der Kategorie II,[4] der den Wesenstest besteht, ist gegebenenfalls ein großer Hund, aber kein Kampfhund.[5]

b. Öffentliche Flächen

1652 Der räumliche Geltungsbereich der Verordnungsermächtigung ist auf öffentliche Anlagen, Wege, Straßen und Plätze beschränkt, die dann öffentlich sind, wenn sie der Allgemeinheit offenstehen. Ausschlaggebend ist, dass die Orte **tatsächlich öffentlich genutzt** werden.

Hierzu gehören also auch Flächen, auf denen lediglich der privat Verfügungsberechtigte einen Verkehr in widerruflicher Weise zugelassen hat oder duldet.[6]

Die Rechtsverordnung hat die von ihr erfassten Teile des Gemeindegebiets hinreichend klar zu bestimmen.

1653 Auf **nicht öffentlichen Räumen** können Gefahren durch frei herumlaufende große Hunde oder Kampfhunde ausschließlich mit den zivilrechtlichen Befugnissen unterbunden werden. Ein Rückgriff auf die Generalklausel für Einzelfallanordnungen darf nicht erfolgen.[7]

c. Schutzgüter

1654 Geschützt werden sollen das Leben, die Gesundheit, das Eigentum sowie die öffentliche Reinlichkeit.

Dabei sollen über das Schutzgut der **öffentlichen Reinlichkeit** Verunreinigungen des öffentlich Raums vermieden werden und Handlungen und Zustände abgewehrt werden, die dem **berechtigten Sauberkeitsverlangen der Allgemeinheit** zuwiderlaufen.[8]

Da dieses Schutzgut sehr weit gefasst ist, findet eine rechtsstaatlich gebotene Begrenzung auf das **hygienische Minimum** statt, das für eine Benutzung des öffentlichen Raums als unerlässlich angesehen wird. Es werden daher nur solche Handlungen erfasst, welche die öffentlichen Orte in besonders gravierender oder ekelerregender Weise verunreinigen, wie z.B. eine Verkotung von Gehsteigen.[9]

d. Abstrakte Gefahr

1655 Da vorliegend eine Ermächtigung zum Erlass einer abstrakt-generellen Norm eingeräumt wird, reicht als Voraussetzung aus, dass die von Art. 18 Abs. 1 Satz 1 LStVG geforderte Gefahr abstrakt besteht.[10]

---

[2] Nr. 18.1 VollzBekLStVG.
[3] Dazu Rn. 1671.
[4] Dazu Rn. 1663, 1671 ff.
[5] VGH München, Urt. v. 9.11.2010 – 10 BV 06.3053 – Rn. 23.
[6] Schenk, in: Bengl/Berner/Emmerig, Art. 18 Rn. 20.
[7] VG Bayreuth, Urt. v. 4.12.2012 – B 1 K 11.5 – Rn. 15.
[8] Schenk, in: Bengl/Berner/Emmerig, Art. 18 Rn. 10.
[9] Schenk, in: Bengl/Berner/Emmerig, Art. 18 Rn. 10.
[10] Dazu Rn. 1540 ff.

e. Gefahrenverursachung durch freies Umherlaufen

Ein **freies Umherlaufen** eines Hundes liegt vor, wenn dieser weder angeleint, angekettet oder eingesperrt ist, mithin ungehindert freien Auslauf nehmen kann.[11] Auf die Aufsicht oder Einwirkungsmöglichkeit einer Person kommt es nicht an. **1656**

Aus diesem Verhalten ergibt sich unabhängig von der Rasse des Hundes die **abstrakte Gefährlichkeit** aufgrund der, dem animalischen Verhalten innewohnenden Unberechenbarkeit, so dass keine weiteren Umstände hinzutreten müssen, um eine abstrakte Gefahr annehmen zu können.[12] **1657**

f. Ortsrecht

Die aufgrund Art. 18 Abs. 1 LStVG erlassene Rechtsverordnung ist Ortsrecht, vgl. Art. 23 GO. Kreisfreie Gemeinden sind nach § 88 Abs. 1 Satz 1 Nr. 1 ZustV i. V. m. Art. 9 Abs. 1 Satz 1 GO für den Erlass und Vollzug zuständig. **1658**

2. Anordnung für den Einzelfall, Art. 18 Abs. 2 LStVG

Liegt dagegen eine konkrete Gefahr vor, räumt Art. 18 Abs. 2 LStVG die Befugnis ein, Anordnungen zur Abwehr dieser Gefahr gegenüber dem Inhaber der tatsächlichen Gewalt oder den Hundehalter zu treffen. **1659**

a. Hunde

Anordnungen nach Art. 18 Abs. 2 LStVG können gegen **jeden Hund** und dessen Halter getroffen werden. Auf die Größe oder seine Einordnung als Kampfhund kommt es anders als bei Art. 18 Abs. 1 LStVG nicht an. **1660**

b. Öffentliche und private Flächen

Die Maßnahmen sind nicht auf die Haltung auf öffentlichen Grundstücken begrenzt, sondern können auch für die Haltung auf Privatgrund, der keine öffentliche Fläche darstellt, ergehen.[13] Dies ist konsequente Folge des Grundsatzes der Effektivität der Gefahrenabwehr, dessen Wirkung nicht am Gartentor eines Privatgrundes Halt macht. **1661**

c. Konkrete Gefahr

Vorliegen muss eine **konkrete Gefahr** für die o.g. Rechtsgüter durch das Herumlaufen des Hundes. Ausschlaggebend ist eine Prognoseentscheidung *ex ante et ex situatione*. **1662**

Dabei besteht gerade *„kein Erfahrungssatz dergestalt, dass ein Hund, der über einen bestimmten Zeitraum hinweg unauffällig war, dies auch in Zukunft bleiben wird“*.[14] Vielmehr ist davon auszugehen, dass das *„(künftige) Verhalten von Hunden [...] generell nicht zuverlässig berechenbar“* ist[15] und *„auch ein im Grunde friedlicher und nicht aggressiver Hund dann zubeißen kann, wenn man ihm nicht sachgerecht oder adäquat gegenübertritt“*.[16]

---

[11] Rösch, in: Kääb/Rösch, Art. 17 Rn. 11.

[12] OVG Lüneburg, BeckRS 2014, 48311 Rn. 16; a. A. OVG Lüneburg, BeckRS 2005, 22628 Rn. 38 ff.

[13] So zu Recht VGH München, Urt. v. 25.11.2014 – 10 BV 13.1151 – Rn. 27 ff.

[14] VGH München, Beschl. v. 28.9.2012 – 10 CS 12.1791 – Rn. 25; VGH München, Urt. v. 25.11.2014 – 10 BV 13.1151 – Rn. 42; VGH München, Beschl. v. 25.8.2014 –10 ZB 12.2673 – Rn. 8; s. a. VGH München, Beschl. v. 18.11.2011 – 10 ZB 11.1837 – Rn. 20.

[15] VGH München, Beschl. v. 20.1.2011 – 10 B 09.2966 – Rn. 18.

[16] VGH München, Urt. v. 15.3.2005 – 24 BV 04.2755 – Rn. 33.

Wegen des Ranges der *„zu schützenden Rechtsgüter und der möglichen gravierenden Folgen […] reicht eine geringe Wahrscheinlichkeit des Schadenseintritts aus, um eine konkrete Gefahr anzunehmen“*.[17]

Klausurhinweis:

Trotz dieser Ausführungen kann man nicht generell von einer konkreten Gefahr ausgehen. Vielmehr ist auch hier eine konkrete Gefährdungslage in irgendeiner Form erforderlich. Nicht ausreichend ist dagegen eine bloß entfernt liegende Möglichkeit des Schadenseintritts durch den Hund.[18]

1663 Es müssen also **hinreichende tatsächliche Anhaltspunkte** für den Schadenseintritt vorliegen. So reicht die nicht entfernt liegende Möglichkeit aus, dass Fehleinschätzungen oder Fehlverhalten von Passanten zu unvorhersehbaren Kettenreaktionen führen, in deren Verlauf die o.g. Rechtsgüter gefährdet werden. Letztlich ist es die Angelegenheit der Behörde, den Sachverhalt so weit aufzuklären, dass eine Gefahrenprognose erstellt werden kann. Dabei kann auch vergangenes Verhalten des Hundes in die Prognose eingestellt werden.

Für ein Vorliegen einer konkreten Gefahr spricht eine artgerechte und hundetypische Reaktion, wie das Schnappen bei Erschrecken. Nicht erforderlich ist ein bereits erfolgter Beißvorfall. Liegt dagegen ein solcher unprovoziert vor, ist von Gefährlichkeit auszugehen, ebenso bei einer Kampfsituation mit anderen Hunden.

Auch ohne Beißvorfälle liegt nicht nur eine abstrakte Gefahr, sondern eine konkrete Gefahr für Leben und Gesundheit vor, wenn große und kräftige Hunde unangeleint frei umherlaufen.[19] Ausreichend ist auch das Hochspringen großer und kräftiger Hunde am Gartenzaun, da hierdurch Passanten erschreckt werden und dadurch unkontrollierte Reaktionen zu einer konkreten Gefahr führen können.[20]

Bei Hunden, die nicht als Kampfhunde eingeordnet sind, sog. Kategorie II-Hunde,[21] rechtfertigt das Nicht-Bestehen eines Wesenstests die Annahme einer konkreten Gefahr,[22] während das Bestehen eines solchen eine Anordnung nach Art. 18 Abs. 2 LStVG nicht von vornherein hindert.[23]

d. Beurteilungszeitpunkt

1664 Da es sich bei der Anordnung um einen Verwaltungsakt mit Dauerwirkung handelt, ist der für die Beurteilung relevante Zeitpunkt derjenige der **letzten mündlichen Verhandlung** oder in Ermangelung einer solchen der Zeitpunkt der gerichtlichen Entscheidung.[24] D.h. Gefahrenprognosen müssen bei entsprechendem Anlass korrigiert werden, um die Rechtmäßigkeit der Entscheidung aufrechtzuerhalten oder herzustellen.

---

[17] VGH München, Urt. v. 9.11.2010 – 10 BV 06.3053 – Rn. 28.

[18] VG Bayreuth Urt. v. 4.12.2012 – B 1 K 11.5 – Rn. 16; VG Würzburg, Beschl. v. 20.4.2012 – W 5 S. 12.277 – Rn. 27.

[19] VGH München, Beschl. v. 11.2.2015 – 10 ZB 14.2299 – Rn. 5; VGH München, Beschl. v. 17.4.2013 – 10 ZB 12.2706 – Rn. 5.

[20] VGH München, Urt. v. 14.4.2014 – 10 B 12.2084 – Rn. 36.

[21] Dazu Rn. 1671 ff.

[22] VG Augsburg, Urt. v. 15.12.2004 – Au 8 S 04.1631 – Rn. 55.

[23] VGH München, Urt. v. 9.11.2010 – 10 BV 06.3053 – Rn. 23 f.; VGH München, Beschl. v. 18.10.2010 – 10 CS 10.1589 – Rn. 9.

[24] VGH München, Urt. v. 25.11.2014 – 10 BV 13.1151 – Rn. 35; VGH München, Urt. v. 14.4.2014 – 10 B 12.2084 – Rn. 35; VGH München, Beschl. v. 13.1.2012 – 10 CS 11.2379 – Rn. 29; VGH München, Urt. v. 14.4.2014 – 10 B 12.2084 – Rn. 35;

e. Inhalt der Anordnung

Als Anordnungen auf Art. 18 Abs. 2 LStVG gestützt werden können **Ausführbedingungen**, **Anforderungen an den Ort** der Hundehaltung **oder die Person** des Hundehalters bzw. -führers.[25] 1665

Insbesondere angeordnet werden können daher der **Leinen- und** bzw. oder **Maulkorbzwang.**[26] Ausführbedingungen sind z.B. ein Mindestabstand zu anderen Hunden. Als Anordnungen gegenüber den Hundehalter können z.B. Meldepflichten oder das Absolvieren eines Hundetrainings etc. angeordnet werden sowie die zur Ausführung berechtigten Personen begrenzt werden. 1666

Klausurhinweis:

Beachten Sie, dass sich diese Anordnungen allein auf das Halten der Hunde, also das „wie" beziehen. Dagegen können Anordnungen, die das „ob" der Hundehaltung betreffen, wie die Halteruntersagung, nur auf Art. 7 Abs. 2 Nr. 3 LStVG gestützt werden.

f. Wirkungskreis

Da es sich bei der Gefahr, die durch Hunde ausgelöst wird, nicht um eine ortsgebundene Gefahr handelt, sondern diese auch auf dem Gebiet anderer Gemeinden entstehen kann, wenn der Hund die Gemeindegrenze passiert, fallen Anordnungen nach Art. 18 Abs. 2 LStVG typischerweise in den **übertragenen Wirkungskreis** der Gemeinde und nicht unter den Begriff der „örtlichen Polizei" i. S. v. Art. 83 Abs. 1 BV.[27] 1667

3. Bußgeldtatbestand

Der Verstoß gegen eine Verordnung nach Art. 18 Abs. 1 LStVG und die Einzelfallanordnung nach Art. 18 Abs. 2 LStVG ist bußgeldbewehrt, Art. 18 Abs. 3 LStVG. Zuständig hierfür sind kreisangehörige Gemeinden nach § 88 Abs. 1 Satz 1 Nr. 1 ZustV. 1668

II. Das Halten gefährlicher Tiere, insbesondere von Kampfhunden, Art. 37 LStVG

Vom Tatbestand des Art. 18 LStVG zu unterscheiden ist Art. 37 LStVG, der ein **präventives Verbot mit Erlaubnisvorbehalt** für das Halten von gefährlichen Tieren und von Kampfhunden enthält, um die mit der Haltung solcher Tiere verbundenen Gefahren für bestimmte Rechtsgüter zu begrenzen. Von besonderem Interesse ist das Erfordernis der Erlaubnis der Gemeinde für die Haltung von **Kampfhunden**, Art. 37 Abs. 1 Satz 1 LStVG. 1669

1. Kampfhundeeigenschaft

Art. 37 Abs. 1 Satz 2 LStVG enthält eine Legaldefinition des Begriffs des Kampfhundes. So sind **Kampfhunde** Hunde, bei denen auf Grund rassespezifischer Merk- 1670

---

[25] Schenk, in: Bengl/Berner/Emmerig, Art. 18 Rn. 64 ff.
[26] Schenk, in: Bengl/Berner/Emmerig, Art. 18 Rn. 65 ff., 70.
[27] Holzner, Art. 83 Rn. 39.

male, Zucht oder Ausbildung von einer **gesteigerten Aggressivität und Gefährlichkeit** gegenüber Menschen oder Tieren auszugehen ist. So muss bei der Rasse oder dem konkreten Hund die Beißhemmung besonders niedrig sein und sich das Tier gegenüber Menschen oder Tieren undifferenziert aggressiv verhalten, indem es grundlos, jedenfalls ohne besondere Veranlassung oder ohne ersichtlichen Anlass und ohne bedroht zu sein oder sogar ohne sich bedroht zu fühlen, Menschen oder Tiere angreift.[28]

1671 Zur Bestimmung der Kampfhundeeigenschaft wird das Innenministerium zum Erlass einer sog. Rasseliste im **Verordnungswege** ermächtigt, Art. 37 Abs. 1 Satz 2.[29]

In dieser Verordnung werden Hunde kategorisiert, wobei Hunde der **Kategorie I** immer einer Erlaubnis für das Halten benötigen, da deren Gefährlichkeit nicht widerlegt werden kann, während bei Hunden der **Kategorie II** die Vermutung der Kampfhundeeigenschaft im Einzelfall durch ein entsprechendes Gutachten (Wesenstest) widerlegbar ist. Den Verordnungsgeber trifft dabei eine Beobachtungs- und gegebenenfalls Nachbesserungspflicht bzgl. der Einordnung der Hunde.

1672 Kommt eine Gemeinde aufgrund eines Gutachtens zur Überzeugung, dass im konkreten Fall ein Hund der Kategorie II nicht als Kampfhund einzustufen ist, so erteilt sie dem Hundehalter ein **Negativzeugnis bzw. Negativattest**, das einen nicht konstitutiven, feststellenden Verwaltungsakt darstellt.[30]

Allerdings können trotz einem bestandenen Wesenstest Haltungsauflagen nach Art. 18 Abs. 2 LStVG angeordnet werden.[31]

1673 Entsteht der Bedarf, einen bisher als ungefährlich bewerteten Hund der Kategorie II erneut zu begutachten, kann die Gemeinde nicht auf Basis des Art. 37 LStVG den Halter zu einem erneuten Wesenstest verpflichten, sondern muss zunächst das erteilte Negativzeugnis widerrufen, wodurch die Erlaubnispflicht erneut entsteht und den Halter so die Obliegenheit zur Begutachtung trifft.[32] Weigert sich dieser, kann aufgrund Art. 7 Abs. 2 Nr. 1 i. V. m. Art. 37 Abs. 5 Nr. 1 LStVG die Haltung untersagt werden.

Wird das Negativzeugnis erst aufgrund einer erfolgten Begutachtung widerrufen, ist Rechtsgrundlage für den Widerruf Art. 49 Abs. 2 Satz 1 Nr. 3 BayVwVfG.

2. Berechtigtes Interesse an der Haltung

1674 Für die Haltung eines solchen Hundes ist ein **berechtigtes Interesse** Voraussetzung, das insbesondere dann vorliegt, wenn es sich um einen Wach- oder Schutzhund handelt, Art. 37 Abs. 2 Satz 1 LStVG.[33] Bloße Liebhaberei reicht nicht.[34]

3. Bußgeldbewehrung

1675 In Art. 37 Abs. 5 LStVG wird die Erlaubnispflicht sowie die Einhaltung von Auflagen **bußgeldbewehrt**.

---

[28] VGH München, Beschl. v. 30.6.2014 – 10 CS 14.1245 Rn. 16; VG Würzburg, Beschl. v. 5.8.2004 – W 5 S 04.975 Rn. 23; VG Augsburg, Gerichtsbescheid v. 30.8.2005 – Au 5 K 05.290 Rn. 34; Graulich in: Lisken/Denninger, E 69.

[29] Verordnung über Hunde mit gesteigerter Aggressivität und Gefährlichkeit.

[30] VGH München, Beschl. v. 6.7.2012 – 10 CS 12.1367 Rn. 25; VG Ansbach, Beschl. v. 19.5.2014 – AN 5 S 14.00765 Rn. 25.

[31] Luderschmid, in: Bengl/Berner/Emmerig, Art. 37 Rn. 41; Scheidler, BayVBl. 2004, 715 (718 f.).

[32] VGH München, Beschl. v. 6.7.2012 – 10 CS 12.1367 Rn. 26.

[33] Luderschmid, in: Bengl/Berner/Emmerig, Art. 37 Rn. 47 ff.

[34] Luderschmid, in: Bengl/Berner/Emmerig, Art. 37 Rn. 48 m. w. N.

4. Maßnahmen zur Unterbindung der Hundehaltung

Erfolgt die Haltung unter Mißachtung der von Art. 37 LStVG aufgestellten Anforderungen, bedarf es zur Unterbindung der illegalen Haltung in Ermangelung einer Eingriffsbefugnis eines Rückgriffs auf Art. 7 Abs. 2 Nr. 1 oder 3 LStVG. So kann die Haltung des Hundes nur aufgrund Art. 7 Abs. 2 Nr. 1 i. V. m. dem Bußgeldtatbestand des Art. 7 Abs. 5 Nr. 1 LStVG oder Art. 7 Abs. 2 Nr. 3 LStVG beendet werden. **1676**

5. Sonstige gefährliche Tiere

a. Boa constrictor

Das rechtswidrige Halten einer Boa constrictor ohne die erforderliche Erlaubnis nach Art. 37 Abs. 1 LStVG i. V. m. der vom Staatsministerium des Innern für den Vollzug des Gesetzes erstellten Liste der gefährlichen Tiere wildlebender Art stellt einen Ordnungswidrigkeitentatbestand nach Art. 37 Abs. 5 Nr. 1 LStVG dar und kann daher mit Maßnahmen gestützt auf die **Generalklausel des Art. 7 Abs. 2 Nr. 1 LStVG** unterbunden werden. **1677**

b. Vogelspinnen

Da Vogelspinnen einerseits giftig sein können, sie auf der anderen Seite bei einer Vielzahl von Personen aufgrund von Arachnophobie nicht nur die körperliche, sondern auch die geistige und seelische Integrität beeinträchtigen können, liegt durch diese eine Gesundheitsbedrohung vor, so dass sie gefährliche und damit erlaubnispflichtige Tiere i. S. v. Art. 37 Abs. 1 LStVG sind.[35] **1678**

Bei einem Halten ohne eine derartige Erlaubnis oder einem Verstoß gegen angeord nete Auflagen liegen Ordnungswidrigkeiten nach Art. 37 Abs. 5 Nr. 1 oder 2 LStVG vor, die zu einem sicherheitsrechtlichen Einschreiten aufgrund der Generalklausel des Art. 7 Abs. 2 Nr. 1 LStVG sowie der Bedrohung von Individualrechtsgütern nach Art. 7 Abs. 2 Nr. 2 LStVG berechtigen. **1679**

c. Haltung von Pferden

Bei der Haltung von Pferden handelt es sich grundsätzlich **nicht** um die erlaubnispflichtige Haltung gefährlicher Tiere nach **Art. 37 LStVG**. Trotzdem können durch ein Ausbrechen der Tiere sicherheitsrechtliche Maßnahmen in Form der Wegnahme der Pferde und einer Halteuntersagung nach Art. 7 Abs. 2 Nr. 3 LStVG angezeigt sein, wenn eine fachgerechte Haltung z.B. durch Einzäunung der Pferdekoppel aufgrund von Mittellosigkeit des Pferdehalters nicht möglich ist.[36] **1680**

III. Die Zucht und Ausbildung von Kampfhunden, Art. 37a LStVG

Die Normierung zur Zucht und Ausbildung von Kampfhunden in Art. 37a LStVG **flankiert** die Erlaubnispflicht der Kampfhundehaltung nach **Art. 37 LStVG**. **1681**

Nach Art. 37a Abs. 1 LStVG sind die Zucht und Kreuzung von Kampfhunden **ausnahmslos verboten**. Durch dieses Zucht- und Kreuzungsverbot wird das Ziel ver- **1682**

---

[35] Holzner, in: BeckOK, LStVG, Art. 7 Rn. 136; a. A. VG Bayreuth, NuR 2003, 502 ff. Hierzu auch Thum, KommPrayBay spezial 2007, 211 (213 ff.) sowie die Differenzierung bei Koehl, in: Bengl/Berner/Emmerig, Art. 37 Rn. 18 ff.

[36] VG Ansbach, BeckRS 2012, 48153.

folgt, den Bestand an Kampfhunden nicht nur konstant zu halten, sondern längerfristig durch das Vermeiden von Ersatz zu verringern, bis auf lange Sicht das Bedürfnis nach Erteilung von Haltungserlaubnissen nach Art. 37 LStVG entfällt.[37]

1683 Zugleich wird in Art. 37a Abs. 2 LStVG ein **präventives Verbot mit Erlaubnisvorbehalt** für die Ausbildung von Hunden zu Kampfhunden angeordnet.

B. Weitere Befugnis- und Ermächtigungsnormen

I. Bekämpfung verwilderter Tauben, Art. 16 LStVG

1684 Die Gemeinden sind nach Art. 16 Abs. 1 LStVG dazu ermächtigt, Verordnungen zur Bekämpfung verwilderter Tauben zu erlassen. Ziel ist es, sowohl das Eigentum als auch die öffentliche Reinlichkeit zu schützen. Dabei normiert Art. 16 Abs. 1 Satz 2 LStVG exemplarisch, was Inhalt der Rechtsverordnung sein kann. So kann das **Füttern wilder Tauben** verboten werden, wie auch Duldungsanordnungen gegenüber Eigentümern von Grundstücken oder sonstigen Nutzungsberechtigten getroffen werden können, die Beseitigung von Nistplätzen sowie die Verdrängung der Tauben zu dulden.[38] Die vorbezeichneten Personen können allerdings nicht selbst in Anspruch genommen werden, diese Handlungen auszuführen.[39]

1685 Anordnungen für den Einzelfall können aufgrund Art. 16 LStVG **nicht** ergehen.

II. Vergnügungsveranstaltungen, Art. 19 LStVG, Menschenansammlungen, Art. 23 LStVG

1686 Diese Vorschriften werden insbesondere für den Versammlungsbegriff und die Abgrenzung zu Art. 8 Abs. 1 GG relevant und daher an dieser Stelle erörtert.[40]

III. Unerlaubter Verkehr mit Verwahrten, Art. 21 LStVG

1687 Nach Art. 21 LStVG kann mit Geldbuße belegt werden, wer einem Verwahrten Sachen oder Nachrichten übermittelt oder sich von ihm übermitteln lässt oder sich mit einem Verwahrten, der sich innerhalb einer Anstalt befindet, von außen durch Worte oder Zeichen verständigt.[41] Unterbunden werden soll die Übermittlung bestimmter Tatobjekte sowie die Verständigung mit bestimmten Kommunikationsmitteln.[42]

1688 Dabei gilt als **Verwahrter** jede Person, die sich in behördlichem Gewahrsam befindet, ohne Gefangener i.S.d. § 115 OWiG zu sein.[43] Ziel dieser Vorschrift ist es, die Verwahrung als hoheitlich angeordnete Freiheitsentziehung, die naturgemäß den Kon-

---

[37] Art. 37a LStVG hat somit den Zweck, Steuerungswirkung zu entfalten.

[38] Stöckel, in: Bengl/Berner/Emmerig, Art. 16 Rn. 6.

[39] Stöckel, in: Bengl/Berner/Emmerig, Art. 16 Rn. 6.

[40] Dazu Rn. 1762ff.

[41] Der Wortlaut ist weitgehend identisch mit dem Tatbestand von § 115 OWiG, weshalb auf die hierzu ergangene Rechtsprechung verwiesen werden kann, Stöckel, in: Bengl/Berner/Emmerig, Art. 21 Rn. 3.

[42] Stöckel, in: Bengl/Berner/Emmerig, Art. 21 Rn. 1.

[43] Dazu Rogall, Karlsruher Kommentar zum Gesetz über Ordnungswidrigkeiten, 4. Aufl. 2014, § 115 OWiG Rn. 10.

takt des Betroffenen mit Außenstehenden einschränkt, nicht zu gefährden sowie der Begehung weiterer Straftaten und Ordnungswidrigkeiten entgegenzuwirken. Insoweit ergänzt Art. 21 LStVG § 115 OWiG.

IV. Staatliche Parkanlagen, Art. 20 LStVG

Die öffentlich-rechtliche Benutzung von staatlichen Parkanlagen hat Art. 20 LStVG zum Gegenstand und enthält eine Verordnungsermächtigung für das Staatsministerium der Finanzen, jene durch eine Parkanlagenverordnung zu regeln. Für den Begriff der **staatlichen Parkanlagen** enthält Art. 20 Abs. 1 Satz 1 LStVG eine **Legaldefinition**. 1689

Das Ministerium hat diese Befugnis gem. Art. 20 Abs. 1 Satz 4 LStVG auch an die für den Vollzug zuständige Verwaltung der staatlichen Schlösser, Gärten und Seen delegiert.

Die Benutzung einer solchen öffentlich-rechtlichen Einrichtung kann jedoch auch privatrechtlich durch eine Parkordnung geregelt werden.

Der Kreis der **Schutzgüter** der Verordnung ist sehr weit. Eine **Eingrenzung** erfolgt durch die in Art. 20 Abs. 1 Satz 2 LStVG aufgestellte Anforderung, die Regelungen auf die örtlichen Verhältnisse abzustimmen, was eine Ausrichtung am jeweiligen Einzelfall erfordert. 1690

Anordnungen für den Einzelfall bei Verstößen gegen die Parkanlagenverordnung können aufgrund **Abs. 2** ergehen. Eine **Bußgeldbewehrung** für Verstöße gegen die Verordnung selbst und gegen Einzelfallanordnungen ordnet **Abs. 3** an. 1691

V. Notzeichen, Art. 22 LStVG

Art. 22 Abs. 1 LStVG ermächtigt das Staatsministerium des Innern dazu, durch Verordnung über die Verwendung von öffentlichen Schallzeichen bestimmte akustische Signale konkreten Gefahrenlagen zuzuordnen sowie diejenigen Stellen zu bestimmen, welche dazu befugt sind, das entsprechende Schallzeichen abzugeben. Ziel ist es, eine **Vereinheitlichung** der Notzeichen zu erreichen.[44] 1692

In **Abs. 2** wird der Missbrauch von Notzeichen **bußgeldbewehrt**. Ziel ist es, die unberechtigte Verwendung von Notzeichen zu unterbinden, da diese hierdurch ihre Warnfunktion verlieren und die Reaktionsbereitschaft der Bevölkerung gemindert wird. 1693

VI. Uniform- und politisches Kennzeichenverbot, Art. 23a LStVG

Art. 23a LStVG bewehrt jegliches öffentliche Tragen von Uniformen, Uniformteilen oder gleichartigen Kleidungsstücken mit Bußgeld. Er ergänzt das in Art. 7 Nr. 1 BayVersG geregelte Uniformierungsverbot,[45] obgleich sein Anwendungsbereich nicht auf Menschenansammlungen beschänkt ist. 1694

---

[44] Das Ministerium hat von dieser Ermächtigung durch den Erlass der Verordnung über öffentliche Schallzeichen (BayRS 2011-2-5-I) Gebrauch gemacht.

[45] Dazu Rn. 1797 ff.

Dennoch ist sein Anwendungsbereich **begrenzt**, da als Tatbestandsvoraussetzung eingefordert wird, dass die Kleidung Ausdruck einer politischen Gesinnung ist und eine einschüchternde Wirkung hervorruft.[46]

Ziel der Norm ist es, **Uniformteile und politische Kennzeichen** als Mittel der politischen Meinungsbildung **zurückzudrängen.**[47]

VII. Betreten und Befahren von Grundstücken, Art. 26 LStVG

1695 Nach Art. 26 Abs. 1 Satz 1 LStVG werden die Gemeinden und Landkreise dazu ermächtigt, Verordnungen zu erlassen, die das Betreten und Befahren bewohnter oder unbewohnter Grundstücke oder bestimmter Gebiete für eine bestimmte Dauer zur Verhütung erheblicher Gefahren für Leben und Gesundheit verbieten.

Ausnahmen bestehen nach Art. 26 Abs. 1 Satz 2 LStVG für öffentliche Wege, Straßen und Plätze, da für diese die Vorschriften des Straßen- und Straßenverkehrsrechts gelten.[48] Insoweit ist der Anwendungsbereich von Art. 26 LStVG stark gemindert.

1696 **Abs. 2** ermächtigt die Gemeinden und Landratsämter, unter den in Abs. 1 aufgestellten Voraussetzungen **Anordnungen für den Einzelfall** zu treffen, während **Abs. 3** einen **Ordnungswidrigkeitentatbestand** enthält.

Klausurhinweis:

Beachten Sie, dass für Anordnungen nach Art. 26 Abs. 2 LStVG die Gefahr vom Grundstück ausgehen muss. Ist Gefahrenursache dagegen menschliches Verhalten, kann die Anordnung nur auf Art. 7 Abs. 2 LStVG gestützt werden.

VIII. Baden; Betreten und Befahren von Eisflächen, Art. 27 LStVG

1697 Nach **Art. 27 Abs. 1 LStVG** werden die Gemeinden dazu ermächtigt, Verordnungen zu erlassen, um das **Baden** an bestimmten Orten zu **verbieten**. Nach **Abs. 2** können Verordnungen zur **Regelung des Verhaltens** beim öffentlichen Baden erlassen werden, um Gefahren für Leib und Leben oder die Gesundheit abzuwehren oder die Sittlichkeit aufrechtzuerhalten.[49] Dabei geht es insbesondere um die Frage des **Nacktbadens** sowie um Sicherheitsvorkehrungen in Badeanstalten.

1698 Nach **Abs. 4** kann ein bestimmtes Verhalten **bußgeldbewehrt** werden, während nach Abs. 3 das BayWG unberürt bleibt.

IX. Öffentliche Anschläge, Art. 28 LStVG

1699 Nicht dem Ziel der Gefahrenabwehr, sondern der **Erhaltung des Orts- und Landschaftsbildes** sowie des **Denkmalschutzes** dient Art. 28 LStVG.[50] Er ermächtigt die Gemeinden zum Verordnungserlass, um ein ungeordnetes Anbringen von Pla-

---

[46] Zur verfassungskonformen Auslegung BVerfG, NJW 1982, 1803.
[47] Welsch, in: Bengl/Berner/Emmerig, Art. 23a Rn. 2.
[48] Z.B. StVG, StVO, BayStrWG.
[49] Stöckel, in: Bengl/Berner/Emmerig, Art. 27 Rn. 1.
[50] Schenk, in: Bengl/Berner/Emmerig, Art. 28 Rn. 1.

katen, Transparenten, Zetteln und Plakattafeln in der Öffentlichkeit zu verhindern und dieses zu steuern.

Einzelfallanordnungen können nach **Abs. 3** ergehen. Die Möglichkeit der Anordnung einer **Geldbuße** sieht **Abs. 2** vor. 1700

Ein Hauptanwendungsfall des Art. 28 LStVG stellen öffentliche Anschläge mit **politischen Inhalten** dar.[51] Werbeanlagen werden dagegen nach Art. 2 Abs. 1 Satz 2 BayBO vom Bauordnungsrecht erfasst und scheiden aus dem Anwendungsbereich des Art. 28 LStVG aus. 1701

X. Verzehr alkoholischer Getränke auf öffentlichen Flächen, Art. 30 LStVG

Art. 30 LStVG ermächtigt die Gemeinden, auf bestimmten öffentlichen Flächen zwischen 22 und 6 Uhr Alkoholverbote zu erlassen sowie das Mitführen von alkoholischen Getränken zu verbieten. Die Verordnung ist auf längstens vier Jahre zu befristen, Art. 30 Abs. 1 Satz 2 LStVG. 1702

Voraussetzung ist, dass tatsächliche Anhaltspunkte bestehen, die zu der Annahme führen, dass **regelmäßig Ordnungswidrigkeiten** von erheblicher Bedeutung oder Straftaten aufgrund übermäßigen Alkoholkonsums begangen werden. 1703

XI. Verhütung von Bränden, Art. 38 LStVG

Nach Art. 38 Abs. 1 bis 3 LStVG können durch das Staatsministerium des Innern und die Gemeinden Rechtsverordnungen zur Verhütung von Bränden erlassen werden. Dabei ermächtigt Abs. 1 nur das Innenministerium,[52] das jedoch nach Abs. 2 in die jeweilige Verordnung eine Öffnungsklausel zugunsten abweichender Vorschriften der Gemeinden aufnehmen kann, während für Verordnungen nach Abs. 3 das Innenministerium und die Gemeinden parallel zuständig sind.[53] 1704

Inhaltlich unterscheiden sich die Verordnungsermächtigungen dadurch, dass diejenigen in **Art. 38 Abs. 1 und 2 LStVG** in erster Linie die Brandgefahren im Zusammenhang mit **baulichen und technischen Anlagen** betreffen, während **Art. 38 Abs. 3 LStVG** die Verwendung brandgefährlicher **Stoffe und Schutzmaßnahmen** zum Gegenstand hat. Die Pflichten, auf die **Art. 38 Abs. 5 LStVG** rekurriert, haben dagegen insbesondere für die Durchführung der **Feuerbeschau** Bedeutung.[54] 1705

Die auf die bauordnungsrechtliche Ermächtigungsgrundlage des **Art. 80 BayBO** gestützten Verordnungen gehen jedoch denjenigen aufgrund von Art. 38 LStVG vor. 1706

Nach **Art. 38 Abs. 4 LStVG** wird eine **Bußgeldbewehrung** angeordnet. Abs. 5 und 6 enthalten bußgeldbewehrte Duldungs- und Mitwirkungspflichten von Eigentümern und Besitzern.[55] 1707

---

[51] Nr. 28.1 S. 3 VollzBekLStVG.

[52] Z.B. die auf Art. 38 Abs. 1 Nr. 1 LStVG gestützte Verordnung über die Feuerbeschau (BayFBV) vom 5.6.1999 (GVBl. S. 270).

[53] Z.B. die Verordnung über den Bau und Betrieb von Verkaufsstätten (Verkaufsstättenverordnung – BayVkV) vom 6.11.1997 (GVBl. S. 751).

[54] Dazu Luderschmid, in: Bengl/Berner/Emmerig, Art. 38 Rn. 42ff., 127ff.

[55] Dazu Luderschmid, in: Bengl/Berner/Emmerig, Art. 38 Rn. 132.

XII. Schutz von Feld und Flur, Art. 39 bis 41 LStVG

1708 Die Art. 39 bis 41 LStVG enthalten spezielles Ordnungswidrigkeitenrecht, deren Systematik wie folgt ist:[56]

- Art. 39 LStVG enthält Definitionen der Schutzgüter.
- Art. 40 LStVG normiert den Weidefrevel als Erfolgs- bzw. Tätigkeitsdelikt und stellt damit ein spezielles Diebstahlsdelikt dar.
- Art. 41 LStVG bewehrt die Feldgefährdung als Gefährdungsdelikt mit Geldbuße und stellt einen speziellen Tatbestand der Sachbeschädigung dar.

So kann nach Art. 40 LStVG mit Geldbuße belegt werden, wer in Feld und Flur Vieh oder Hausgeflügel unbefugt auf fremden Grundstücken weiden lässt.

Art. 41 LStVG belegt dagegen mit Geldbuße, wenn bestimmte Tiere ungenügend gesichert sind oder durch das Viehtreiben über bestellte Grundstücke oder das Abgraben oder Abpflügen fremder Grundstücke das Eigentum anderer in Feld und Flur gefährdet wird.[57]

---

[56] Dazu Stöckel, in: Bengl/Berner/Emmerig, Art. 39 Rn. 1.
[57] Stöckel, in: Bengl/Berner/Emmerig, Art. 41 Rn. 1.

Teil IV. Besonderes Sicherheitsrecht: Das Versammlungsrecht

Das allgemeine Sicherheitsrecht, auf das die Begrenzung des Prüfungsstoffes für das Staatsexamen in §§ 18 Abs. 2 Nr. 5c JAPO, 58 Abs. 2 Nr. 1 JAPO vorgenommen wird, wurde mit den sicherheitsrechtlichen Bestimmungen des LStVG bereits in Teil III behandelt. Das **„besondere Sicherheitsrecht"** ist dagegen nicht als Prüfungsstoff aufgeführt. Hierzu zählen zahlreiche Rechtsgebiete des besonderen Verwaltungsrechts, wie das Gewerbe-, das Waffen-, das Ausländer- oder das Straßenverkehrsrecht. Wenn auch Detailkenntnisse aufgrund des Ausschlusses in der JAPO in diesen Gebieten nicht erforderlich sind, so können doch **allgemeine Rechtsgrundsätze und** die **Methodik** des allgemeinen Polizei- und Sicherheitsrechts anhand dieser Rechtsgebiete abgeprüft werden. **1709**

Unter diesem besonderen Sicherheitsrecht ist es neben dem Bauordnungsrecht, das als Teil des Baurechts sowieso ein Pflichtfacht darstellt, das Versammlungsrecht, das aufgrund seiner starken Grundrechtsprägung durch Art. 8 GG, Art. 113 BV Klausurrelevanz aufweist, indem es die Möglichkeit bietet, neben allgemeinen sicherheitsrechtlichen Grundsätzen auch die Grundrechtsdogmatik der Versammlungsfreiheit abzuprüfen sowie besondere Ausprägungen, die sich zumeist aus dem Gesetz ergeben, in eine Klausur einzubauen, um hierdurch im Vergleich zum allgemeinen Sicherheitsrecht das Verständnis von Grundzügen zu bewerten. **1710**

Klausurhinweis:

Das Versammlungsrecht ist nicht nur prüfungsrelevant, sondern Sie können sich auch mit einem vertretbaren Aufwand die für die Bewältigung eines Examensfalles ausreichenden Kenntnisse aneignen, so dass sich ein Lernen auf „Lücke" zumindest in diesem Fall nicht anbietet.

44. Kapitel. Normative Grundlagen

Zusammenfassung

1. Die Versammlungsfreiheit, Art. 8 GG, Art. 113 BV, ist nicht nur Ausdruck der freien Entfaltung der Persönlichkeit, Art. 2 Abs. 1 GG, Art. 101 BV, und der Menschenwürde, Art. 1 Abs. 1 GG, Art. 100 BV, sondern schützt die kollektive Meinungsäußerung und gehört daher zu den **unentbehrlichen und grundlegenden Funktionselementen eines demokratischen Gemeinwesens**.
2. Sie ist ein Abwehrrecht, auf das sich alle **Deutschen**, Art. 8 Abs. 1, Art. 116 GG, bzw. **Bewohner Bayerns**, Art. 113 BV, berufen können.
3. Eine **Versammlung** ist eine örtliche Zusammenkunft mehrerer Personen zur Verfolgung eines gemeinsamen Zwecks.
4. Dabei müssen sich mindestens **zwei Personen** zwecks **gemeinschaftlicher Erörterung und Kundgebung** mit dem Ziel der **Teilhabe an der öffentlichen Meinungsbildung** zusammenfinden.

5. Geschützt sind auch Versammlungen **„unter freiem Himmel"**, die also nicht von der Öffentlichkeit abgeschirmt sind.
6. Geschütztes Verhalten ist das Abhalten und die Organisation von Versammlungen im Hinblick auf die Selbstbestimmung von Ort, Zeit, Art und Inhalt sowie das Vor- und Nachbereiten der Versammlung, sog. **positive** Versammlungsfreiheit, **und** das bewusste Fernbleiben von Versammlungen, sog. **negative Versammlungsfreiheit**.
7. Nicht geschützt sind unfriedliche und bewaffnete Versammlungen. **Unfriedlich** ist eine Versammlung, wenn zu befürchten ist, dass sie einen gewalttätigen, aufrührerischen Verlauf nimmt. Eine **Bewaffnung** liegt vor, wenn Waffen nach § 1 Abs. 2 und 4 WaffG oder sonstige Gegenstände mitgeführt werden, die ihrer konkreten Anwendbarkeit nach geeignet und bestimmt sind, erhebliche Verletzungen von Menschen oder erhebliche Schäden an Sachen zu verursachen.
8. Die Unfriedlichkeit oder Bewaffnung einzelner Teilnehmer führt nur dann dazu, dass der Schutz der gesamten Versammlung entfällt, wenn sie **die Versammlung prägen**.
9. Dem Schutzbereich der Meinungsfreiheit nach **Art. 5 Abs. 1 Satz 1 GG,** Art. 110 Abs. 1 Satz 1 BV unterfallen die **Inhalte** der Meinungen, während die **Modalitäten** der Meinungskundgabe allein nach **Art. 8 GG, Art. 113 BV** zu beurteilen sind.
10. Einschränkungen erfährt die Versammlungsfreiheit durch die Versammlungsgesetze, wobei das Versammlungsgesetz des Bundes durch das **BayVersG** verdrängt wird und daher in Bayern keine Bedeutung mehr erlangt.

A. Die Versammlungsfreiheit, Art. 8 GG, Art. 113 BV

1711 Auf Bundesebene gewährt Art. 8 GG die Versammlungsfreiheit, während sie durch Art. 113 BV auf Landesebene in Bayern geschützt ist.[1]

Art. 113 BV bindet nur die bayerische Staatsgewalt und behält neben Art. 8 GG seine Gültigkeit, Art. 142 GG.

I. Die Bedeutung der Versammlungsfreiheit

1712 Die Möglichkeit, sich mit anderen zu versammeln, ist nicht nur Ausdruck der freien Entfaltung der Persönlichkeit und steht damit in engem Zusammenhang zu Art. 2 Abs. 1 GG, Art. 101 BV, sondern ist auch Ausdruck der Menschenwürde, Art. 1 Abs. 1 GG, Art. 100 BV, da dies den freien, selbstbewussten und mündigen Bürger ausmacht.

1713 Aber nicht nur für den Einzelnen entfaltet die Versammlungsfreiheit ihre grundlegende Bedeutung, sondern auch für das **Staatswesen**. Wird die individuelle Meinungsfreiheit durch Art. 5 Abs. 1 GG, Art. 110 Abs. 1 BV geschützt, beinhalten Art. 8 GG, Art. 113 BV den **Schutz der kollektiven Meinungsäußerung**. So handelt es sich bei der Versammlungsfreiheit um ein Kommunikationsgrundrecht, das Ausfluss des

[1] Jarass, in: ders./Pieroth, GG, Art. 8 Rn. 3ff.; Holzner, Art. 113 Rn. 3.

Bürgerrechts auf **Einflussnahme auf die politische Willensbildung** ist. Es kommt ihm daher fundamentale Bedeutung für die Demokratie als unentbehrliche Möglichkeit der Meinungsäußerung und -bildung zu,[2] weshalb Versammlungen gemeinhin auch als *„ein Stück ursprünglich-ungebändigter unmittelbarer Demokratie"* gelten.[3] Die kollektive Meinungsfreiheit gehört zu den **unentbehrlichen und grundlegenden Funktionselementen eines demokratischen Gemeinwesens**[4] und muss in einem demokratischen Staatswesen frei, offen, unreglementiert und grundsätzlich „staatsfrei" geltend gemacht werden können.[5]

Die Versammlungsfreiheit hat insbesondere als **Minderheitenrecht** Bedeutung erlangt, da es *„auch denen Möglichkeiten zur Äußerung in einer größeren Öffentlichkeit [verschafft], denen der direkte Zugang zu den Medien versperrt ist"*.[6] 1714

Auch heute noch kommt ihr eine tragende Rolle zu, wie sich bei den Castor-Transporten, Blockaden von kernenergetischen Anlagen, Demonstrationen gegen das Projekt Stuttgart 21, die Schulreform in Hamburg, die jährlich in der Münchner Innenstadt stattfindende Sicherheitskonferenz, die Rodung des Hambacher Forstes für den Kohleabbau, den (Anti-)Pegida- oder No-PAG-Demonstrationen gezeigt hat.

II. Schutzdimension

Art. 8 GG, Art. 113 BV enthalten ein **Abwehrrecht**. Eine leistungsrechtliche Dimension kann aus diesen zwar nicht abgeleitet werden, dem Staat erwachsen jedoch **Schutzpflichten**, die Durchführung einer friedlichen und unbewaffneten Versammlung im Rahmen seiner Möglichkeiten zu gewährleisten.[7] 1715

Weiter entfaltet die Versammlungsfreiheit im Rahmen einer **objektiv-rechtlichen Dimension** eine Ausstrahlungswirkung auf das einfache Gesetzesrecht wie dem BayVersG.[8] 1716

III. Personeller Schutzbereich

Grundrechtsträger sind nach Art. 8 Abs. 1 GG **alle Deutschen** i. S. v. Art. 116 Abs. 1 GG. 1717

Nach Art. 113 BV sind grundrechtsberechtigt alle **Bewohner Bayerns**. Hierfür ist eine dauernde örtliche Beziehung zum Staatsgebiet erforderlich, indem der Betroffene seinen Wohnsitz oder dauerhaften Aufenthaltsort dort hat.[9] Das bayerische Grundrecht reicht also weiter als dasjenige nach Art. 8 Abs. 1 GG.[10]

---

[2] Füßlein, Vereins- und Versammlungsfreiheit, in: Neumann/Nipperdey/Scheuner (Hrsg.), Die Grundrechte II, 1954 S. 443.

[3] BVerfGE 69, 315 (347).

[4] BVerfGE 69, 315 (345).

[5] BVerfGE 69, 315 (346).

[6] BVerfG, NJW 2001, 2459 (2460); vgl. auch BVerfGE 69, 315 (346 f.).

[7] Jarass, in: ders./Pieroth, GG, Art. 8 Rn. 5; Art. 113 Rn. 1; Stettner, in: Nawiasky/Schweiger/Knöpfle, Art. 113 Rn. 23.

[8] Holzner, Art. 113 Rn. 4.

[9] VerfGH 14, 1 (2). A. A. Stettner, in: Nawiasky/Schweiger/Knöpfle, Art. 113 Rn. 5, der aufgrund der überragenden Bedeutung des Grundrechts für die Demokratie als ausreichend ansieht, dass die betroffene Person in irgendeiner Beziehung zur bayerischen Staatsgewalt steht, die den Schutz des Grundrechts erfordert.

[10] Holzner, Art. 113 Rn. 5.

1718 Erforderlich ist jedoch, dass die Personen an der Versammlung teilnehmen wollen. Personen mit der Absicht, die Versammlung zu verhindern, sind nicht in den Schutzbereich einbezogen.[11]

1719 **Juristische Personen des Privatrechts** sind ebenso geschützt, da das Grundrecht seinem Wesen nach auf diese anwendbar ist, Art. 19 Abs. 3 GG.[12]

Ein Teilnahmerecht an einer Versammlung können jedoch lediglich natürliche Personen z. B. als deren Organe wahrnehmen.

Vereinigungen mit körperschaftsähnlicher Organisationsstruktur können ebenso Träger des Grundrechts sein, sofern sie ihren Sitz in Deutschland bzw. Bayern haben. Nichtrechtsfähige Personenvereinigungen und Körperschaften ohne eine derartige Organisationsstruktur können sich nur auf den schwächeren Schutz der allgemeinen Handlungsfreiheit, Art. 2 Abs. 1 GG, Art. 101 BV, berufen.

IV. Sachlicher Schutzbereich

1720 Art. 8 Abs. 1 GG und Art. 113 BV schützen das Sich-Versammeln.

1. Versammlungen

1721 Eine **Versammlung** ist eine örtliche Zusammenkunft mehrerer Personen zur Verfolgung eines gemeinsamen Zwecks.

a. Mehrheit von Personen

1722 Wann eine Mehrheit von Personen vorliegt, also wie viele Teilnehmer eine Versammlung haben muss, um als solche in den Schutzbereich einbezogen zu werden, ist umstritten.[13]

1723 Nach überwiegender Meinung ist eine Versammlung richtigerweise bereits dann gegeben und unterfällt dem Schutzbereich, wenn **mindestens zwei Personen** hieran beteiligt sind.[14] Denn gerade in dieser Form wird das Versammlungsrecht als Minderheitenrecht effektiv. Insbesondere ist eine kollektive Meinungsäußerung im Gegensatz zur Meinungsfreiheit des Art. 5 Abs. 1 GG, Art. 110 Abs. 1 BV auch schon bei zwei Personen denkbar. Außerdem kann auch zwischen zwei Personen eine kommunikative Verbindung bestehen.[15] Diesem **weiten Versammlungsbegriff** hat sich auch der bayerische Gesetzgeber mit Art. 2 Abs. 1 BayVersG angeschlossen.

1724 Eine Person allein hingegen kann sich zwar nicht auf Art. 8 Abs. 1 GG, Art. 113 BV stützen, wird jedoch von der Meinungsfreiheit geschützt, Art. 5 Abs. 1 GG, Art. 110 Abs. 1 BV.

1725 Teilweise wird, ausgehend vom allgemeinen Sprachgebrauch und dem Wortsinn der Versammlung, eine Teilnahme von **mindestens drei Personen** gefordert.[16] Nach einer weiteren Ansicht seien sogar mindestens sieben Teilnehmer notwendig.[17] Nach beiden Ansichten können jedoch Minderheiten unterhalb der numerischen Grenze sozial ausgegrenzt werden, wodurch Art. 8 Abs. 1 GG, Art. 113 BV als ein für die Demokratie konstitutives Grundrecht gerade für Minderheiten nur noch eingeschränkten Schutz entfalten würde.

---

[11] BVerfGE 84, 203 (209).
[12] BayVGH, BayVBl. 1984, 406 (407).
[13] Zum Streitstand Holzner, Art. 113 Rn. 9.
[14] Holzner, Art. 113 Rn. 9 m. w. N.
[15] Stettner, in: Nawiasky/Schweiger/Knöpfle, Art. 113 Rn. 7; Schulze-Fielitz, in: Dreier, Art. 8 Rn. 15; Höfling, in: Sachs, Art. 8 Rn. 9.
[16] BayObLG, BayVBl 1979, 378 (379); Jarass, in: ders./Pieroth, Art. 8 Rn. 4 m. w. N.
[17] So früher v. Münch, in: ders., Art. 8 Rn. 9.

b. Innere Verbundenheit

Die Personen müssen zueinander in innerer Verbundenheit stehen, d.h. im Sinne gemeinschaftlicher, auf Kommunikation angelegter Entfaltung. Versammlungen sind daher örtliche Zusammenkünfte mehrerer Personen **zwecks gemeinschaftlicher Erörterung und Kundgebung** mit dem **Ziel der Teilhabe an der öffentlichen Meinungsbildung**,[18] was nun auch Art. 2 Abs. 1 BayVersG normiert. Demonstrationen fallen grundsätzlich unter diesen Begriff. 1726

Dabei reicht nicht irgendein Zweck aus, sondern es ist Voraussetzung, dass die Zusammenkunft darauf gerichtet ist, die öffentliche Meinungsbildung zu beeinflussen.[19] Der Zweck der Zusammenkunft muss jedoch nicht zwangsläufig politischer Art sein. Ausreichend ist auch eine künstlerische, soziale, wirtschaftliche oder kulturell motivierte Zusammenkunft.[20]

2. Nicht-öffentliche Versammlungen; Versammlungen unter freiem Himmel

Für den Schutzbereich unerheblich ist, ob die Versammlung **öffentlich** oder nicht öffentlich ist. 1727

Ebenso unter den Schutzbereich fallen Versammlungen **unter freiem Himmel**. Das Kriterium „unter freiem Himmel“ ist als Abgrenzungskriterium zu Versammlungen in geschlossenen Räumen zu verstehen. 1728

Bei der Auslegung des Begriffs sind Sinn und Zweck der Einschränkungsmöglichkeit des Art. 8 Abs. 2 GG zu beachten, der in der Aufrechterhaltung der öffentlichen Sicherheit und Ordnung besteht, die bei größeren Ansammlungen von Personen gefährdet werden können. Dabei gelten insbesondere Versammlungen unter freiem Himmel als potentiell gefährlicher, da sie eine schwer zu kontrollierende Eigendynamik entfalten können. Daher ist das Merkmal „unter freiem Himmel“ dahingehend auszulegen, dass hierunter alle Versammlungen fallen, die eine **unkontrollierte Eigendynamik** entfalten können, da sie nicht von der Öffentlichkeit abgeschirmt sind, was vor allem **bei fehlender seitlicher Begrenzung** der Fall ist. In geschlossenen oder umgrenzten Räumen ist dagegen eine solche Eigendynamik in geringerem Maße zu erwarten. Auf eine Überdachung kommt es nicht an. 1729

3. Geschützte Handlungen

Geschützt ist das Sich-Versammeln, sog. **positive Versammlungsfreiheit**. Hierunter fällt die Organisation im Hinblick auf die Selbstbestimmung von Ort, Zeit, Art und Inhalt der Versammlung sowie über die Teilnehmer an der Versammlung,[21] die Bekleidung der Teilnehmer sowie die Modalitäten der Versammlung z.B. als Schweigemarsch oder mit Lichterkette. 1730

Zeitlich ist der gesamte Vorgang des Sich-Versammelns, mithin von der Anreise über die Durchführung bis zur Abreise geschützt,[22] ebenso die Vorbereitung wie Ankündigung und Organisation. Der Zugang zu einer Versammlung darf daher nicht eingeschränkt oder so erschwert werden, dass eine Teilnahme unmöglich wird.[23] Polizeiliche Maßnahmen auf der Anreise zu einer Versammlung sind jedoch aufgrund des 1731

---

[18] BVerfGE 104, 92 (104); 69, 315 (343).
[19] BVerfGE 104, 92 (104).
[20] Zu den bloßen Menschenansammlungen bzw. Vergnügungsveranstaltungen Rn. 1762ff.
[21] BVerfGE 84, 203 (209); 104, 92 (111f.).
[22] BVerfGE 84, 203 (209).
[23] Jarass, in: ders./Pieroth, Art. 8 Rn. 5; Holzner, Art. 113 Rn. 14. Dazu auch Übersicht 3, Rn. 1944.

PAG zulässig, solange hierdurch die Teilnahme an der Versammlung nicht behindert wird.[24]

Beispiel: Vorkontrollen zur Sicherstellung von Waffen nach Art. 13 Abs. 1 Nr. 4 PAG.

1732 Gewährt wird auch die sog. **negative Versammlungsfreiheit**, also das Recht, sich nicht zu versammeln und Versammlungen fernbleiben zu können.[25]

4. Friedlich und unbewaffnet

1733 Da ein grundlegendes Prinzip der Demokratie die friedliche Auseinandersetzung mit anderen Meinungen ist und die Versammlungsfreiheit ebenso wie die Meinungsfreiheit auf die friedliche, argumentative, *„geistige Auseinandersetzung"*[26] mit den jeweiligen Meinungen angelegt ist, sind nur **friedliche und unbewaffnete Versammlungen** geschützt.

So soll gerade auch vor dem Hintergrund der Erfahrungen im Weimarer Reich jeglicher aufrührerische und einschüchternde Verlauf von Versammlungen unterbunden werden.

1734 Dabei ist jedoch zu beachten, dass Versammlungen vor allem durch ihre physische Präsenz wirken und deshalb das Versammlungsrecht das Recht auf körperliche Sichtbarmachung einschließt.[27] So ist gerade die „Unruhestiftung", also die „Störung" der institutionalisierten Ordnung, von der Versammlungsfreiheit gewährleistet, weshalb die damit verbundene Beeinträchtigung Dritter grundsätzlich den Schutz der Versammlung nicht entfallen lässt.[28]

a. unfriedlich

1735 Eine Versammlung gilt dann als **unfriedlich**, wenn zu befürchten ist, dass sie einen **gewalttätigen, aufrührerischen Verlauf** nimmt.[29] Dies ist dann der Fall, wenn die Versammlungsteilnehmer ein aggressives, provokatives und die Bürger einschüchterndes Verhalten an den Tag legen und hierdurch ein Klima potentieller Gewaltbereitschaft erzeugen.[30] Ebenso ist die Versammlung unfriedlich, wenn Gewalttätigkeiten oder aggressive Ausschreitungen gegen Personen oder Sachen stattfinden oder ein gewalttätiger Verlauf unmittelbar bevorsteht.[31] Dabei ist unerheblich, ob sich die Gewaltanwendung gegen Dritte oder andere Versammlungsteilnehmer richtet.

Ursprünglich ließ das BVerfG die Frage, ob eine einschüchternde Wirkung einer Versammlung mittels einer Auflage beschränkt werden darf, offen.[32] Im Laufe der Zeit sah es jedoch derartige Beschränkungen als verfassungsgemäß an.[33]

---

[24] BVerfG, NVwZ 2005, 80 f., unter Verweis auf Schmidbauer, in: ders./Steiner, Art. 16 PAG Rn. 38.
[25] Jarass, in: ders./Pieroth, Art. 8 Rn. 5; Holzner, Art. 113 Rn. 15.
[26] BVerfGE 25, 256 (266).
[27] BVerfGE 69, 315 (345).
[28] BVerfGE 73, 206 (248) m. w. N.; 69, 315 (353); Höfling, in: Sachs, Art. 8 Rn. 21, 30 ff.
[29] Vgl. hierzu auch §§ 5 Nr. 3, 13 Abs. 1 Satz 1 Nr. 2 BVersG.
[30] BVerfGE 111, 147 (156 f.).
[31] BVerfGE 73, 206 (248); 87, 399 (406); 104, 92 (106).
[32] BVerfG, NVwZ-RR 2000, 554 (555).
[33] Vgl. BVerfG, NJW 2001, 2072 (2074); NJW 2001, 2069; NJW 2001, 1407; NJW 2000, 1406.

Nicht ausreichend sind Nötigungen Dritter nach § 240 Abs. 1 StGB, da der verfassungsrechtliche Begriff der Unfriedlichkeit nicht mit dem Gewaltbegriff des Strafrechts gleichzusetzen ist.[34] Behinderungen Dritter, z.B. durch Sitzblockaden oder Anketten von Teilnehmern an Schienen, sind vielmehr als sozial-adäquate Nebenfolge einer Demonstration in Kauf zu nehmen, auch wenn diese bezweckt sind,[35] solange sich die Teilnehmer auf „passive Resistenz" beschränken. 1736

Verstöße gegen die Rechtsordnung sind nicht ausreichend, um die Unfriedlichkeit der Versammlung zu begründen, da andernfalls die Versammlungsfreiheit unter einem unbegrenzten Gesetzesvorbehalt stünde.

Zu beachten ist jedoch, dass die Versammlung nicht schon dann unfriedlich ist, wenn einige wenige Teilnehmer unfriedlich sind. 1737

„Steht kollektive Unfriedlichkeit nicht zu befürchten, ist also nicht damit zu rechnen, daß eine Demonstration im Ganzen einen gewalttätigen oder aufrührerischen Verlauf nimmt (vgl. § 13 Abs. 1 Nr. 2 VersG) oder daß der Veranstalter oder sein Anhang einen solchen Verlauf anstreben (vgl. § 5 Nr. 3 VersG) oder zumindest billigen, dann muß für die friedlichen Teilnehmer der von der Verfassung jedem Staatsbürger garantierte Schutz der Versammlungsfreiheit auch dann erhalten bleiben, wenn einzelne andere Demonstranten oder eine Minderheit Ausschreitungen begehen […]".[36] Denn wäre die Unfriedlichkeit einzelner Teilnehmer geeignet, die Unfriedlichkeit der gesamten Versammlung zu begründen, *„hätten diese es in der Hand, Demonstrationen „umzufunktionieren" und entgegen dem Willen der anderen Teilnehmer rechtswidrig werden zu lassen […]; praktisch könnte dann jede Großdemonstration verboten werden, da sich nahezu immer „Erkenntnisse" über unfriedliche Absichten eines Teiles der Teilnehmer beibringen lassen".*[37]

Entscheidend ist daher, dass die **Versammlung als solche unfriedlich** ist, mithin **die unfriedlichen Teilnehmer die Versammlung prägen**. In diesem Fall gilt die Versammlung als unfriedlich auch im Hinblick auf die friedlichen Teilnehmer.

Beispielfall 65 1738

Bei einer Demonstration von mehreren tausend Teilnehmern gegen den geplanten Castor-Transport ketten sich eine Vielzahl von Demonstrationsteilnehmer an die Schienen, auf denen der Transport erfolgen soll, und weichen auch trotz der Aufforderung der Polizei nicht. Die Ketten müssen daher mittels technischer Hilfsmittel durchtrennt und die Personen weggetragen werden. Bei dieser Gelegenheit werfen ca. 20 der Teilnehmer Steine und Flaschen auf die Polizeibeamten.
Genießt die Demonstration den Schutz von Art. 8 Abs. 1 GG, Art. 113 BV?

Lösung
Problematisch ist allein das Merkmal der Friedlichkeit. Die Versammlung ist dann als unfriedlich einzustufen, wenn zu befürchten ist, dass sie einen gewalttätigen, aufrührerischen Verlauf nimmt. Ansatzpunkte für eine Unfiedlichkeit könnten insoweit das Anketten an den Schienen und der passive Widerstand wie auch das Werfen von Gegenständen sein.

1. Das Anketten an den Schienen sowie die Nichtbefolgung der Anweisungen der Polizisten stellt strafrechtlich den Tatbestand der Nötigung dar, § 240 StGB. Da jedoch der verfassungsrechtliche Begriff der Unfriedlichkeit nicht mit dem

[34] BVerfGE 73, 206 (248); 87, 399 (406); 104, 92 (102f.).
[35] BVerfGE 73, 206 (248); 87, 399 (406); 104, 92 (106); 104, 92 (106).
[36] BVerfGE 69, 315 (361) – Brokdorf.
[37] BVerfGE 69, 315 (361) – Brokdorf.

Gewaltbegriff des Strafrechts gleichzusetzen ist, sind Behinderungen Dritter als sozial-adäquate Nebenfolge einer Demonstration in Kauf zu nehmen, solange sich die Teilnehmer auf „passive Resistenz" beschränken. Da vorliegend kein aktiver Widerstand geleistet wird, ist das Verhalten der Teilnehmer von Art. 8 Abs. 1 GG gedeckt und es handelt sich zumindest aus diesem Grund um keine unfriedliche Versammlung.

2. Das Werfen der Steine und Flaschen erfüllt nicht nur den Straftatbestand der (versuchten) gefährlichen Körperverletzung, §§ 223, 224, 22, 24 StBG, und des Widerstands gegen Vollstreckungsbeamte, § 113 StGB, sondern überschreitet die Grenze vom passiven zum aktiven Widerstand. Insoweit sind die Teilnehmer der Versammlung, die sich so verhalten, unfriedlich und genießen nicht mehr den Schutz von Art. 8 Abs. 1 GG. Gegen sie kann daher nach allgemeinem Polizei- und Sicherheitsrecht vorgegangen werden.
3. Da die gewaltbereiten Teilnehmer zahlenmäßig nur einen Bruchteil der Gesamtversammlung darstellen, prägen sie diese nicht, so dass die Demonstration selbst weiterhin als friedlich und als von Art. 8 Abs. 1 GG geschützt anzusehen ist.

b. unbewaffnet

1739 Die Versammlung muss **unbewaffnet** sein. Als Waffen gelten die technischen Waffen nach § 1 Abs. 2 und 4 WaffG. Darüber hinaus gelten auch Gegenstände als Waffen, die ihrer konkreten Anwendbarkeit nach **geeignet und bestimmt** sind, **erhebliche Verletzungen von Menschen oder** erhebliche Schäden **an Sachen zu verursachen**, wie Knüppel, Latten oder Steine. Auch Gegenstände, die eigentlich eine andere Bestimmung haben, deren Einsatz aber zu vorgenanntem Zweck wahrscheinlich ist, können als Bewaffnung angesehen werden, wie Brecheisen, Regenschirme, Ketten, Flaschen etc. Voraussetzung ist, dass ein Wille zu einer Verwendung als Waffe erkennbar wird.[38]

Schutzwaffen, wie Helme oder Schilde, sind dagegen keine Waffen in diesem Sinne. Sie können aber Indiz für eine unfriedliche Intention der Teilnehmer sein.

1740 Derart bewaffnete Versammlungsteilnehmer stehen nicht unter dem Schutz der Versammlungsfreiheit. Ebenso wie beim Tatbestandsmerkmal der Friedlichkeit reicht auch hierbei nicht aus, dass nur einige Teilnehmer bewaffnet sind, sondern die Versammlung gilt als Ganzes erst dann als bewaffnet, wenn die Bewaffneten der Versammlung ihr **Gepräge** aufdrücken.[39]

Dies kann z. B. dadurch der Fall sein, dass die Gewaltbereitschaft dieser Teilnehmer erkennbar nach außen in Erscheinung tritt und von den restlichen Teilnehmern akzeptiert wird, ohne sich hiervon zu distanzieren.[40]

1741 Wird die gesamte Versammlung als bewaffnet eingestuft, erlischt der Schutz des Art. 8 Abs. 1 GG, Art 113 BV auch für die nichtbewaffneten Teilnehmer.

---

[38] Vgl. hierzu auch Art. 6 BayVersG.
[39] VGH, BayVBl. 1995, 528 (530 f.).
[40] VGH, BayVBl. 1995, 528 (530 f.).

Beispielfall 66 1742

Beim jährlichen Festumzug zu Beginn des Oktoberfestes marschieren eine Handvoll bayerischer Gebirgsschützen mit, von denen jeder ein Gewehr mit sich führt.
Gilt der Aufzug als von Art. 8 Abs. 1 GG, Art. 113 BV geschützt?

Lösung
Problematisch könnte vorliegend das Merkmal der Unbewaffnetheit sein, da es sich bei den Gewehren um Waffen i. S. v. § 1 Abs. 2 und 4 WaffG handelt. Allerdings werden zum einen die Waffen im vorliegenden Fall nicht mitgeführt, um diese zu gebrauchen. Zum anderen ist gerade bei Aufzügen das Mitführen von historischen Waffen erlaubt, Art. 16 Abs. 4 BayVersG („hergebrachte Volksfeste"). Insoweit konkretisiert Art. 16 Abs. 4 BayVersG die grundrechtlichen Vorgaben, so dass das Mitführen von Waffen nicht dazu führt, dass der Aufzug als bewaffnete Versammlung gilt und daher den Schutz von Art. 8 Abs. 1 GG, Art. 113 BV genießt.

5. Grundrechtskonkurrenz

a. Die allgemeine Handlungsfreiheit, Art. 2 Abs. 1 GG, Art. 101 BV

1743 Die allgemeine Handlungsfreiheit, Art. 2 Abs. 1 GG, Art. 101 BV, tritt als **subsidiäres Auffanggrundrecht** hinter den spezielleren Gewährleistungsbereich des Art. 8 Abs. 1 GG, Art. 113 BV zurück bzw. ist auf Bundesebene Auffanggrundrecht für Nicht-Deutsche und auf Landesebene für Nicht-Bayern.[41]

b. Die Meinungsfreiheit, Art. 5 Abs. 1 GG, Art. 110 Abs. 1 BV

1744 Bedeutend ist das Verhältnis der Versammlungs- zur Meinungsfreiheit. Schützt das Grundrecht auf Meinungsfreiheit nach Art. 5 Abs. 1 GG, Art. 110 Abs. 1 BV die **individuelle Bildung und Kundgabe** von Meinungen, so beinhaltet Art. 8 Abs. 1 GG, Art. 113 BV den Schutz der **kollektiven Meinungskundgabe**.

1745 Die Abgrenzung erfolgt auf Bundesebene danach, dass **Inhalte der Meinungen** allein nach **Art. 5 Abs. 1 Satz 1 GG, Art. 110 Abs. 1 BV** beurteilt werden, hingegen die **Modalitäten der Meinungskundgabe** allein nach **Art. 8 Abs. 1 GG, Art. 113 BV**. Denn bei der Demonstration tritt die Art der Meinungskundgabe vor den Inhalt der Meinung in den Vordergrund.[42]

1746 Die Abgrenzung der beiden Gewährleistungsbereiche wird nötig, da die jeweiligen Grundrechte unterschiedlichen Schranken unterliegen – allgemeines Gesetz nach Art. 5 Abs. 2 GG, einfacher Gesetzesvorbehalt nach Art. 8 Abs. 2 GG – und die kollektive Meinungskundgabe nicht leichter eingeschränkbar sein kann als die individuelle, indem Letztere unter dem qualifizierten Gesetzesvorbehalt des Art. 5 Abs. 2 GG steht, während Erstere unter den Gesetzesvorbehalt des Art. 8 Abs. 2 GG fällt. Mit der o.g. Differenzierung kann eine Versammlung aufgrund von Meinungsäußerungen nicht unterbunden werden, die nach Art. 5 Abs. 2 GG nicht eingeschränkt werden könnten.[43]

Diese Judikatur kann auch auf die bayerischen Grundrechte übertragen werden. Dies ist insbesondere deshalb erforderlich, da der VGH auf Art. 110 BV unter Beiseitelassung von Art. 98 Satz 2 BV in

---

[41] Jarass, in: ders./Pieroth, Art. 2 Rn. 2; Holzner, Art. 101 Rn. 1.
[42] „demonstrare", BVerfGE 69, 315 (345).
[43] BVerfGE 90, 241 (246); 111, 147 (156).

Anlehnung an die Rechtsprechung des BVerfG Art. 110 Abs. 1 BV unter den Vorbehalt allgemeiner Gesetze stellt,[44] während er auf Art. 113 BV den Gesetzesvorbehalt des Art. 98 Satz 2 BV anwendet.[45]

1747 **Beispielfall 67**[46]

Bei einer Demonstration schwenkt A ein Transparent mit der Aufschrift, „Soldaten sind Mörder".
Ist sein Verhalten grundrechtlich geschützt?

Lösung
Da es sich bei einer Demonstration um die kollektive Kundgabe von Meinungen handelt und die Meinungskundgabe nach Art. 5 Abs. 2 GG anderen Schranken unterliegt als die Versammlungsfreiheit nach Art. 8 Abs. 2 GG, sind beide Schutzbereiche voneinander abzugrenzen. Gleiches gilt für die Grundrechte der Art. 110 Abs. 1 und Art. 113 BV, da der BayVerfGH auf Ersteren den allgemeinen Gesetzesvorbehalt anwendet, während er für Letzteren Art. 98 Satz 2 BV als Grenze heranzieht. Diese Abgrenzung erfolgt, indem der Inhalt einer Meinung allein an Art. 5 Abs. 1 Satz 1 GG, Art. 110 Abs. 1 BV zu messen ist, während die Modalitäten der Meinungskundgabe nach Art. 8 Abs. 1 GG, Art. 113 BV zu beurteilen sind.

1. Da es sich bei dem Tragen eines Transparentes um die Art und Weise, wie eine Meinung geäußert wird, handelt, ist dieses an Art. 8 Abs. 1 GG, Art. 113 BV zu messen und von diesem gundsätzlich als Mittel der Meinungskundgabe geschützt.
2. Der Spruch „Soldaten sind Mörder", der auf dem Transparent steht, ist dagegen die Meinungsäußerung selbst, d.h. er stellt den Inhalt der Meinung dar, die an Art. 5 Abs. 1 GG, Art. 110 Abs. 1 BV zu überprüfen ist. Dabei ist zu beachten, dass vom sachlichen Schutzbereich der Meinungsfreiheit keine Schmähkritik umfasst ist. Da der Angriff vorliegend jedoch nicht einer einzelnen Person gilt, sondern einer Personenmehrheit wie der Bundeswehr, und darüber hinaus das Transparent nicht die Diffamierung bestimmter Personen, sondern Kritik an Militanz und Kriegsführung beabsichtigt, handelt es sich nicht um eine solche Schmähkritik, sondern um eine Wertung, die vom Meinungsbegriff umfasst ist, so dass auch der Inhalt des Transparentes grundrechtlichen Schutz nach Art. 5 Abs. 1 GG genießt.

V. Eingriff

1748 In den Schutzbereich des Art. 8 Abs. 1 GG, Art. 113 BV wird eingegriffen, wenn Versammlungen verboten, aufgelöst oder durch staatliche Maßnahmen in sonstiger Weise beschränkt oder behindert werden.[47]

1749 Eingriffe stellen die Zugangserschwerung oder Unterbindung durch polizeiliche Kontrollen, Registrierung der Teilnehmer oder exzessive Observation dar.[48] Hierbei sind neben den physischen Hürden auch psychische ausreichend, wie die Angst vor polizeilicher Registration.

[44] Holzner, Art. 110 Rn. 25.
[45] Holzner, Art. 113 Rn. 26.
[46] BVerfGE 93, 266 ff.
[47] BVerfGE 111, 147.
[48] BVerfGE 43, 107 (130 f.).

VI. Verfassungsmäßige Rechtfertigung des Eingriffs

Art. 8 GG enthält in Absatz 2 einen Schrankenvorbehalt für Versammlungen unter freiem Himmel. 1750

Art. 113 BV unterliegt dagegen nur dem Schrankenvorbehalt des Art. 98 Satz 2 BV, der dafür sämtliche Versammlungen erfasst, wobei davon auszugehen ist, dass der Vorbehalt des Art. 98 Satz 2 BV auf Versammlungen in geschlossenen Räumen aufgrund der geringeren Gefahren für die öffentliche Sicherheit nur sehr eingeschränkt Anwendung findet.[49] 1751

Darüber hinaus bestehen sowohl für Art. 8 Abs. 1 GG als auch Art. 113 BV **verfassungsimmanente Schranken** aufgrund kollidierenden Verfassungsrechts, die im Wege der praktischen Konkordanz zu einem gerechten und schonenden Ausgleich zu bringen sind.[50]

Die Versammlungsfreiheit wird durch das Versammlungsgesetz des Bundes und das Bayerische Versammlungsgesetz (BayVersG) ausgestaltet und begrenzt, kann aber in bestimmten Fällen auch durch das allgemeine Polizei- und Sicherheitsrecht wie dem LStVG und dem PAG Einschränkungen erfahren.[51] 1752

B. Das Versammlungsgesetz des Bundes

Das Gesetz über Versammlungen und Aufzüge (Versammlungsgesetz)[52] steht in der Normenhierarchie über der Bayerischen Verfassung und ist daher nicht an Art. 113 BV zu messen. Gleichzeitig wird sein Anwendungsbereich durch das BayVersG verdrängt, so dass es für Versammlungen in Bayern **keine Bedeutung mehr** erlangt, § 125a Abs. 1 GG. 1753

C. Das Bayerische Versammlungsgesetz

Durch die Föderalismusreform I wurde das Versammlungsrecht in die ausschließliche Gesetzgebungskompetenz der Länder überführt. Mit dem **Bayerischen Versammlungsgesetz (BayVersG)** vom 22.7.2008[53] hat der Bayerische Gesetzgeber als einer der ersten Landesgesetzgeber von seiner Gesetzgebungskompetenz Gebrauch gemacht und das damals wie heute umfangreichste Versammlungsgesetz beschlossen, das am 1.10.2008 in Kraft getreten ist.[54] 1754

Aufgrund der massiven Widerstände gegen das Gesetz, die sich unter anderem in Verfassungsbeschwerden bereits vor dessen Inkrafttreten manifestierten, sowie der Entscheidung des BVerfG in einem Verfahren auf einstweiligen Rechtsschutz,[55] in dem es mehrere Normen außer Kraft setzte und gleichzeitig Maßgaben für die Anwendung einzelner Normen erteilte,[56] reagierte Bayern mit einem 1755

[49] Holzner, Art. 113 Rn. 26.

[50] BVerfGE 28, 243 (261); 73, 206 (250).

[51] Dazu Rn. 1859 ff. und Übersicht 3, Rn. 1944.

[52] I. d. F. der Bekanntmachung vom 15.11.1978 (BGBl. I S. 1789).

[53] GVBl S. 421, BayRS 2180-4-I.

[54] Dazu Heidebach/Unger, DVBl. 2009, 283 ff.; Arzt, DÖV 2009, 381 ff.; Hanschmann, DÖV 2009, 389 ff.; Holzner, BayVBl. 2009, 485 ff.; Scheidler, BayVBl. 2009, 33 ff.; Welsch/Martić, KommP BY 10 (2008), 322 ff., 375 ff.; Kutschka, NVwZ 2008, 1210 ff.

[55] BVerfGE 122, 342.

[56] So wurde die Anwendung von Art. 21 Nr. 1, 2, 7, 13 und 14 BayVersG a. F. bis auf weiteres ausgesetzt, während die Regelung von Art. 9 BayVersG a. F. – Bild- und Tonbandaufnahmen – beanstandet wurde. So ordnete das BVerfG an, Art. 9 Abs. 2 Satz 2 BayVersG a. F. nur unter zusätzlichem Vorliegen der Voraussetzungen von Art. 9 Abs. 1 Satz 1 BayVersG a. F. anzuwenden. Eine Auswertung der Übersichtsaufzeichnungen wurde nur unverzüglich nach Beendigung der Versammlung als zulässig erachtet, ebenso wie hiernach die Daten, soweit sie nicht in Bezug auf einzelne Personen zur Verfolgung von Straftaten im Zusammenhang mit der aufgezeichneten Versammlung oder zur Abwehr künftiger versammlungsspezifischer Gefahren gemäß Art. 9 Abs. 4 Satz 1 Nr. 2 BayVersG a. F. benötigt wurden, innerhalb von zwei Mo-

nicht einmal ein Jahr nach Inkrafttreten des BayVersG verfassten Gesetzentwurf zur Änderung des Bayerischen Versammlungsgesetzes vom 6.5.2009,[57] der das Bayerische Versammlungsgesetz wesentlich änderte und als Gesetz zur Änderung des Bayerischen Versammlungsgesetzes vom 22.04.2010[58] verabschiedet wurde. Eine Verfassungsbeschwerde gegen das BayVersG in seiner ursprünglichen und jetzigen Form wurde aufgrund fehlenden Rechtsschutzbedürfnisses sowie mangels unmittelbarer Betroffenheit und hinreichender Substantiierung als unzulässig abgewiesen.[59]

1756 **Inhaltlich** wiederholt das BayVersG mit Art. 1 die Gewährleistung des Art. 8 Abs. 1 GG, Art. 113 BV, ehe in Art. 2 eine Definition von öffentlichen Versammlungen gegeben wird, auf die der Anwendungsbereich des BayVersG grundsätzlich begrenzt ist, Art. 2 Abs. 3 BayVersG.[60] Nach den Regelungen, welche die Pflichten und Verantwortlichkeiten der Versammlungsleitung erweitern, Art. 4f. BayVersG, sowie diejenigen der Teilnehmer normieren, Art. 5 BayVersG, enthalten die Art. 6 bis 8 BayVersG Verbotstatbestände (Waffen-, Uniformierungs-, Militanz-, Störungs- und Aufruhrverbot),[61] ehe mit Art. 9 BayVersG die neugefasste Rechtsgrundlage für Bild- und Tonbandaufnahmen sowie Tonbandaufzeichnungen eingefügt wurde. Hiernach erfolgen Sonderbestimmungen für Versammlungen in geschlossenen Räumen, Art. 10ff. BayVersG, und solche unter freiem Himmel, Art. 13ff. BayVersG. Dabei werden die Bekanntgabe-, Anzeige- und Mitteilungspflichten für Veranstalter von Versammlungen erheblich formalisiert und ausgeweitet[62] sowie die Befugnisse der Versammlungsbehörden ausgebaut, die vom Veranstalter benannten Leiter und Ordner abzulehnen, wenn sie unzuverlässig oder ungeeignet sind.[63] Im vierten Teil werden befriedete Bezirke geregelt, ehe der fünfte Abschnitt umfangreiche Straf- und Bußgeldvorschriften enthält, welche die Verbotstatbestände sowie die meisten Pflichten der Leitung straf- oder ordnungswidrigkeitenrechtlich bewehren. Im sechsten Abschnitt werden die Schlussbestimmungen getroffen.

45. Kapitel. Anwendungsbereich des BayVersG

Zusammenfassung

1. Das BayVersG ist auf alle **öffentlichen Versammlungen** anzuwenden, Art. 2 Abs. 3 BayVersG.
2. Mit der Versammlungsdefinition folgt es dem **weiten Versammlungsbegriff**, Art. 2 Abs. 1 BayVersG.
3. Versammlungen sind abzugrenzen von **bloßen Ansammlungen** und **Vergnügungsveranstaltungen**, auf die das BayVersG keine Anwendung findet.
4. Ansammlungen sind ein zufälliges Zusammentreffen von Personen **ohne gemeinsamen Zweck oder innerer Verbundenheit**, die unter Art. 23 LStVG fallen.

naten gelöscht oder irreversibel anonymisiert werden mussten. Soweit Art. 9 Abs. 2 und 4 BayVersG a. F. weitergehende Nutzungen zuließ, wurde die Vorschrift einstweilen außer Kraft gesetzt. Ebenso war Art. 9 Abs. 2 Satz 1 BayVersG a. F. einstweilen mit der Maßgabe anzuwenden, dass Übersichtsaufnahmen zur Lenkung und Leitung des Polizeieinsatzes nur zulässig waren, wenn sie wegen der Größe oder Unübersichtlichkeit der Versammlung im Einzelfall erforderlich sind, vgl. BVerfGE 122, 342.

[57] LT-Drs. 16/1270.

[58] GVBl S. 190, BayRS 2180-4-I, 2012-1-1-I.

[59] BVerfG, BayVBl. 2012, 629ff.

[60] Dazu Kapitel 45.

[61] Dazu Kapitel 46.

[62] Dazu Kapitel 47.

[63] Dazu Kapitel 48.

5. Vergnügungsveranstaltungen sind ein Zusammentreffen von Personen, die einen gemeinsamen Zweck verfolgen, jedoch **keine innere Verbundenheit** aufweisen. Diese sind in Art. 19 LStVG normiert.
6. Veranstaltungen wie die **„Love Parade"** fallen mangels Meinungskundgabe nicht unter den Versammlungsbegriff und genießen daher nicht den Schutz der Versammlungsfreiheit.

A. Öffentliche Versammlungen

Das BayVersG ist auf alle **öffentlichen Versammlungen** anzuwenden, Art. 2 Abs. 3 BayVersG. **1757**

Neben diesem sachlichen Anwendungsbereich ist der zeitliche Anwendungsbereich zu unterscheiden, der insbesondere mit dem Begriff der Polizeifestigkeit zusammenhängt.[1] **1758**

Bzgl. des Versammlungsbegriffes folgt der bayerische Gesetzgeber dem **weiten Versammlungsbegriff** und normiert in Art. 2 Abs. 1 BayVersG als Legaldefinition, dass eine Versammlung eine Zusammenkunft von mindestens zwei Personen zur gemeinschaftlichen Erörterung oder Kundgebung ist, die überwiegend auf die Teilhabe an der öffentlichen Meinungsbildung gerichtet ist.[2] **1759**

Öffentlich ist eine Versammlung, wenn die Teilnahme nicht auf einen individuell feststehenden Personenkreis beschränkt ist, Art. 2 Abs. 2 BayVersG. **1760**

Werden also individuelle Einladungen verteilt und steht der geladene Personenkreis im Vorhinein fest bzw. dürfen nur bestimmte Personen an der Veranstaltung teilnehmen, ist die Versammlung nicht öffentlich.

Beispielfall 68 **1761**

Für eine politische Kundgebung in der Stadthalle der kleinen Gemeinde G können aufgrund des begrenzten Platzes nur 250 Personen eingelassen werden. Dabei entscheidet sich der Veranstalter für das Prioritätsprinzip, nach dem die ersten 250 Personen Einlass erhalten.
Ist das BayVersG anwendbar?

Lösung
Anwendbar wäre das BayVersG nur, wenn es sich bei der Veranstaltung um eine öffentliche Versammlung handeln würde.
1. Da es sich um eine politische Kundgabe von ca. 250 Personen handelt, liegt eine Versammlung i. S. v. Art. 2 Abs. 1 BayVersG vor.
2. Fraglich ist, ob diese Versammlung auch öffentlich ist. Dies könnte zweifelhaft sein, da der zur Versammlung zugelassene Personenkreis auf 250 Teilnehmer begrenzt ist. Da die Öffentlichkeit jedoch nur dann nicht gegeben ist, wenn der Teilnehmerkreis individuell fest steht, Art. 2 Abs. 2 BayVersG, vorliegend

---

[1] Dazu Rn. 1859 ff. und Übersicht 3, Rn. 1944.
[2] Dazu bereits Rn. 1722 ff.

jedoch die ersten 250 Personen unabhängig von ihrer Identität eingelassen werden, liegt eine öffentliche Versammlung vor. Die lediglich numerische Begrenzung der Teilnehmerzahl lässt das Öffentlichkeitskriterium nicht entfallen. Das BayVersG ist daher anwendbar.

B. Sonstige Zusammenkünfte

1762 Die Versammlung nach Art. 2 Abs. 1 BayVersG ist von sonstigen Zusammenkünften von Personen, die ebenfalls sicherheitsrechtlich relevant werden können, zu unterscheiden. Da auf diese das BayVersG mangels Vorliegens einer Versammlung nicht anwendbar ist, ist das allgemeine Sicherheitsrecht, insbesondere das **LStVG,** für deren Behandlung einschlägig. Zu unterscheiden sind insoweit die bloße Ansammlung sowie die Vergnügungsveranstaltung.

I. Ansammlungen nach Art. 23 LStVG

1763 Die Versammlung ist abzugrenzen von der **bloßen Ansammlung** von Personen. Ist Kennzeichen einer Versammlung die innere Verbundenheit der Teilnehmer zur gemeinschaftlichen Erörterung oder Kundgabe einer Meinung, um dadurch an der öffentlichen Meinung teilzuhaben, entbehrt die bloße Ansammlung eines derartigen Zweckes. Vielmehr erfolgt das Zusammentreffen der Personen bei der Ansammlung lediglich **zufällig**, selbst wenn dies durch einen bestimmten Anlass hervorgerufen wird. Eine **innere Verbundenheit fehlt** den Personen, die eine Ansammlung bilden.

Beispiele hierfür sind die Menge der Schaulustigen bei einem Verkehrsunfall oder die Menschenmenge in der Fußgängerzone vor einem Verkaufsstand, die einer Werbevorführung beiwohnt.

1764 Allerdings kann sich ein gemeinsamer Zweck auch nachträglich bilden, so dass aus einer bloßen Ansammlung eine Versammlung werden kann.

1765 Derartige Ansammlungen fallen nicht unter den Schutzbereich von Art. 8 Abs. 1 GG, Art. 113 BV und daher auch nicht unter das BayVersG, sondern sind nach **Art. 23 LStVG** zu behandeln.

1766 Hiernach können zur Verhütung von Gefahren für die in **Art. 23 Abs. 1 LStVG** genannten Rechtsgüter Leben, Gesundheit, Sittlichkeit, ungestörte Religionsausübung, Eigentum oder Besitz **Verordnungen** erlassen oder nach **Art. 23 Abs. 2 LStVG Anordnungen für den Einzelfall** getroffen werden. Im Falle des Verstoßes gegen eine auf der Grundlage von Art. 23 LStVG ergangene Regelung kann ein **Bußgeld** verhängt werden, **Art. 23 Abs. 3 LStVG.**

1767 Schwierigkeiten bereitet dabei, abzuschätzen, ab wann eine **größere Anzahl von Menschen** gegeben ist. Dies lässt sich **nicht eindeutig beziffern** und ist auch nicht aus anderen Vorschriften abzuleiten.

So kann die Anzahl von 50 Personen, wie sich sich z.B. aus Art. 17 Abs. 1 Satz 1, Abs. 4 Satz 2, Art. 69 Abs. 2 Satz 3, Art. 69 Abs. 3 Satz. 2 BayVwVfG ergibt, nicht unbesehen übertragen werden.

In der Literatur werden lediglich ungefähre Angaben genannt, dass bei zehn bis zwölf Personen noch keine größere Anzahl vorliege, bei 100 Personen hingegen schon.[3]

Trotz des engen Verständnisses des Versammlungsbegriffs und neuerer Arten von Menschenansammlungen, wie etwa Flashmobs,[4] bleibt der tatsächliche Anwendungsbereich von Art. 23 LStVG begrenzt. Grund hierfür ist, dass Art. 23 LStVG vielfach durch spezialgesetzliche Regelungen verdrängt wird. Dabei sind nicht nur diejenigen zu beachten, die in Art. 23 Abs. 1 Satz 2 LStVG mit dem BayVersG und dem Straßenverkehrsrecht ausdrücklich benannt sind, sondern es sind noch weitere Sondervorschriften einschlägig, wie Art. 19 LStVG, das GastG, das LuftVG und das BayStrWG, die den Anwendungsbereich von Art. 23 LStVG reduzieren. **1768**

Beispielfall 69 **1769**

Vor dem NPD-Stand in der Innenstadt bildet sich eine Menschentraube, die den Parolen des mit einem Megafon ausgestatteten Nazis N zuhört. Statt Zuspruch zu erhalten, bilden sich nach einiger Zeit jedoch Sprechchöre mit dem Inhalt „Nazis raus".
Ist das BayVersG anwendbar?

Lösung

Das BayVersG wäre anwendbar, wenn es sich bei den Passanten um eine **Versammlung** handeln würde. Voraussetzung wäre, dass sich die mehr als zwei Personen zur gemeinschaftlichen Erörterung oder Kundgebung, insbesondere zur Teilhabe an der öffentlichen Meinungsbildung, zusammengefunden hätten.

1. Dies ist bei der **Menschentraube**, die sich zu Beginn um den Stand bildet, nicht der Fall, da diese lediglich den (politischen) Ausführungen des N zuhört, ohne selbst jedoch eine kollektive Meinung zu bilden oder diese gar kundzugeben. Die bloß passive Aufnahme einer bestimmten Meinung ist nicht ausreichend für die für eine Versammlung erforderliche innere Verbundenheit. Es handelt sich daher um eine **bloße Ansammlung**, die nach Art. 23 LStVG zu behandeln gewesen wäre.
2. Dies ändert sich jedoch in dem Moment, in dem mehr als zwei Personen beginnen, die Meinung „Nazis raus" zu skandieren. Ab diesem Zeitpunkt besteht eine gemeinschaftliche Bildung und Kundgabe einer Meinung, die auch zur Einflussnahme auf die öffentliche Meinungsbildung artikuliert wird. Insoweit hat sich ein **gemeinsamer Zweck** unter den Skandierenden **herausgebildet**. Da es sich hierbei nun um eine (Spontan-)**Versammlung** handelt, ist das BayVersG anwendbar.[5]

Der nicht skandierende Teil der Passanten bleibt als bloße Ansammlung hiervon nicht erfasst und unterfällt daher weiterhin der Regelung des Art. 23 LStVG.

II. Vergnügungsveranstaltungen nach Art. 19 LStVG

Die bloße Ansammlung nach Art. 23 LStVG ist dagegen wiederum abzugrenzen **1770**
von der Vergnügungsveranstaltung, die in Art. 19 LStVG normiert wird. Fehlt bei der

---

[3] So Körner/Mehringer, Art. 23 Nr. 2.1.
[4] Dazu Ernst, DÖV 2011, 537 ff.; Lenski, VerwArch 103 (2012), 539 ff.
[5] Zu Spontanversammlungen Rn. 1853 f.

bloßen Ansammlung der gemeinsame Zweck der Personen innerhalb der Gruppe, so liegt bei einer Vergnügungsveranstaltung ein kommerzieller, kultureller, sportlicher, unterhaltender oder gesellschaftlicher Zweck vor. Dennoch **fehlt** in Abgrenzung zur Versammlung die **innere Verbundenheit der Teilnehmer**. Daher ist auch eine Vergnügungsveranstaltung nicht vom Schutzbereich des Art. 8 Abs. 1 GG, Art. 113 BV umfasst.

Beispiele für Vergnügungsveranstaltungen sind Volksfeste, Filmvorführungen im Kino, etc.[6]

1771 Diese Vergnügungsveranstaltungen fallen unter Art. 19 LStVG, wobei dieser nur **subsidiär** zu bundesrechtlichen oder besonderen landesrechtlichen Vorschriften gilt, **Art. 19 Abs. 9 LStVG**.

1772 Die Vergnügungsveranstaltungen unterliegen nach **Art. 19 Abs. 1 LStVG** einer **Anzeigepflicht**, wobei die Art, der Ort sowie die Zeit der Veranstaltung und die Zahl der zuzulassenden Teilnehmer spätestens eine Woche vor Beginn der Veranstaltung schriftlich anzuzeigen sind.

1773 Eine **Ausnahme** von der Anzeigepflicht enthält **Art. 19 Abs. 2 LStVG** für religiöse, künstlerische, kulturelle, wissenschaftliche, belehrende und erzieherische Vergnügungsveranstaltungen sowie solchen, die der Wirtschaftswerbung dienen, sofern die Vergnügungen in Räumen stattfinden, die für Veranstaltungen der beabsichtigten Art bestimmt sind.

1774 Die bloße Anzeigepflicht nach Art. 19 Abs. 1 LStVG wird nach **Art. 19 Abs. 3 LStVG** unter bestimmten Voraussetzungen zur **Erlaubnispflicht**, für die die Gemeinden oder für motorsportliche Veranstaltungen die kreisfreien Gemeinden und Landratsämter zuständig sind.

1775 **Ziel** der Erlaubnispflicht ist es, Gefahren für Leben, Gesundheit oder Sachgüter zu verhüten oder erhebliche Nachteile oder Belästigungen für die Allgemeinheit, die Nachbarschaft oder die Natur oder Landschaft abzuwenden, **Art. 19 Abs. 4 LStVG**.

1776 **Art. 19 Abs. 7 LStVG** beinhaltet eine **Ermächtigungsgrundlage** für den Erlass von Verordnungen für die Gemeinden bzw. das Staatsministerium des Innern, während **Art. 19 Abs. 8 LStVG** eine **Bußgeldbewehrung** vorsieht.

1777 **Beispielfall 70**

Einigen Teilnehmern der „Love-Parade" wird aufgrund von Drogenkonsums ein Platzverweis nach Art. 16 PAG erteilt. Der Veranstalter ist der Meinung, dass dies nicht rechtens ist, da die „Love-Parade" als Versammlung doch besonders geschützt sei.
Ist diese Auffassung zutreffend?

Lösung

Die „Love-Parade" wäre dann besonders geschützt, wenn sie eine Versammlung darstellen würde, da dann neben Art. 8 Abs. 1 GG, Art. 113 BV auch das BayVersG anwendbar wäre und die Love-Parade damit polizeifest wäre.
Voraussetzung ist jedoch, dass die „Love-Parade", die eine Zusammenkunft von mindestens zwei Personen darstellt, auf die gemeinschaftliche Erörterung oder

[6] BVerfG, NVwZ 2003, 601 f.; BVerwGE 82, 34 (38).

Kundgabe einer Meinung, überwiegend zur Teilhabe an der öffentlichen Meinungsbildung, ausgerichtet ist.

1. Dies ist jedoch **zu verneinen**, da es sich bei ihr, ebenso wie bei der „Fuck-Parade" oder dem „Christopher Street Day", lediglich um die Darstellung von Tanz und Musik und damit grundsätzlich nicht um eine Meinungsäußerung, sondern um Unterhaltung handelt. Derartige Unterhaltungsveranstaltungen fallen jedoch nicht unter den Versammlungsbegriff, da die rechtliche Privilegierung, die einer Versammlung zu Teil wird, bei solchen Veranstaltungen nicht gerechtfertigt ist.
2. Das BVerfG betont hierbei, dass insbesondere unter Beachtung der, eine Versammlung begünstigenden rechtlichen Regelungen *„Volksfeste und Vergnügungsveranstaltungen [...] unter ihn ebenso wenig [fallen] wie Veranstaltungen, die der bloßen Zurschaustellung eines Lebensgefühls dienen oder die als eine auf Spaß und Unterhaltung ausgerichtete öffentliche Massenparty gedacht sind, einerlei, ob der dort vorherrschende Musiktyp ein Lebensgefühl von so genannten Subkulturen ausdrückt oder dem Mehrheitsgeschmack entspricht"*.[7]

In diesem Sinne fehlt der „Love-Parade" das für die Erfüllung des Versammlungsbegriffs konstituierende Element einer nach außen sichtbar werdenden gemeinsamen Meinungsbildung und Meinungsäußerung.

3. Würde man die bloße Zurschaustellung eines durch Musik und Tanz ausgedrückten Lebensgefühls ausreichen lassen, hätte dies zwangsläufig zur Folge, dass der hohe Rang der Versammlungsfreiheit im Bewusstsein der Rechtsgemeinschaft verloren ginge.[8]

Die „Love-Parade" stellt daher in Ermangelung einer gemeinsamen Meinungsbildung **keine Versammlung dar.** Sie genießt daher nicht den Schutz der Versammlungsfreiheit. Die Auffassung des Veranstalters ist daher nicht zutreffend.

III. Zusammenfassung

Zusammenfassend kann also folgendes **Stufenschema** gebildet werden: **1778**

Übersicht 2

	Bloße Menschenansammlung Art. 23 LStVG	Vergnügungsveranstaltung Art. 19 LStVG	Versammlung Art. 2 Abs. 1 BayVersG
gemeinsamer Zweck	(-)	(+)	(+)
innere Verbundenheit	(-)	(-)	(+)
Meinungskundgabe	(-)	(-)	(+)

[7] BVerfG, NJW 2001, 2459 (2460).
[8] BVerfG, NJW 2001, 2459 (2460); zum Umgang mit sog. Facebook-Partys Levin/Schwarz, DVBl 2012, 10ff.

Klausurhinweis:

In der Klausur sollten Sie, sofern Anhaltspunkte vorliegen, auf die Abgrenzungen zu den Ansammlungen nach Art. 23 LStVG und den Vergnügungsveranstaltungen nach Art. 19 LStVG eingehen.

46. Kapitel. Rechte und Pflichten der Versammlungsteilnehmer

Zusammenfassung

1. Art. 1 BayVersG normiert **deklaratorisch** das Recht, sich zu versammeln, Abs. 1, sowie Ausschlussgründe, Abs. 2.
2. Versammlungsteilnehmer haben die **Pflicht, Anweisungen** des Leiters oder der Ordner, die zur Aufrechterhaltung der Ordnung ergangen sind, **zu befolgen, Art. 5 Abs. 1 BayVersG**, die **Versammlung** unverzüglich zu **verlassen**, wenn sie ausgeschlossen sind, **Art. 5 Abs. 2 BayVersG**, sowie sich nach Auflösung der Versammlung unverzüglich **zu entfernen, Art. 5 Abs. 3 BayVersG**.
3. Nach **Art. 6 BayVersG** besteht das **generelle Verbot, Waffen** oder sonstige gefährliche Gegenstände bei Versammlungen oder auf dem Weg zu Versammlungen **mit sich zu führen**, zu Versammlungen hinzuschaffen oder sie zur Verwendung bei Versammlungen bereitzuhalten oder zu verteilen. Schutzwaffen sind von diesem Verbot nicht umfasst. Der Verstoß gegen das Verbot ist **strafbewehrt**, Art. 20 Abs. 1 Nr. 1 BayVersG.
4. Verboten sind auch das **Tragen von Uniformen**, Uniformteilen oder gleichartiger Kleidungsstücke, **Art. 7 Abs. 1 BayVersG**, sowie jegliche **paramilitärische Prägung, Art. 7 Abs. 2 BayVersG**. Für beide Tatbestände ist jedoch erforderlich, dass von der Aufmachung eine **einschüchternde Wirkung** ausgeht, die von den Umständen des Einzelfalls abhängig ist.
5. Das **Verbot der Störung** nach **Art. 8 Abs. 1 BayVersG** will die Versammlungsautonomie schützen und die ordnungsgemäße Durchführung der Versammlung gewährleisten. Deshalb sind exemplarisch nicht nur die Absicht von Störungshandlungen und diese selbst, Abs. 2 Nr. 1, sondern auch Widerstandshandlungen gegen bzw. Angriffe auf Leiter und Ordner, Abs. 2 Nr. 2, verboten und **bußgeld-**, Art. 21 Abs. 2 Nr. 4 BayVersG, **bzw. strafbewehrt**, Art. 20 Abs. 1 Nr. 1, Abs. 2 Nr. 1 BayVersG.
6. Zum Schutz von Versammlungen besteht in **Art. 8 Abs. 3 BayVersG** ein **Aufruhrverbot**, das strafbewehrt ist, Art. 20 Abs. 2 Nr. 3 BayVersG
7. Nach **Art. 16 Abs. 1 BayVersG** ist das Mitführen von **Schutzwaffen**, die dazu bestimmt sind, Vollstreckungsmaßnahmen eines Trägers von Hoheitsbefugnissen abzuwehren, **verboten**. Schutzwaffen sind Gegenstände, die nach ihrer Zweckbestimmung, ihren Konstruktionsmerkmalen oder ihren besonderen Eigenschaften dazu bestimmt sind, dem Schutz des Körpers gegen Angriffsmittel bei kämpferischen Auseinandersetzungen zu dienen.
8. Nach **Art. 16 Abs. 2 Nr. 1 und 2 BayVersG** ist jegliche Aufmachung verboten, welche die Identitätsfeststellung verhindert, sog. **Vermummungsverbot**.
9. Die Verbote nach Art. 16 Abs. 1 und 2 BayVersG sind in Art. 20 BayVersG **straf- bzw.** in Art. 21 BayVersG **bußgeldbewehrt**.

A. Das Recht, sich zu versammeln, Art. 1 BayVersG

Art. 1 BayVersG normiert in **Abs. 1** das Recht, sich friedlich und ohne Waffen öffentlich mit anderen zu versammeln. Insoweit kommt ihm gegenüber Art. 8 Abs. 1 GG, Art. 113 BV nur **deklaratorische Wirkung** zu. 1779

Allerdings gewährleistet Art. 1 BayVersG die Versammlungsfreiheit als Jedermannsrecht und geht insoweit über Art. 8 Abs. 1 GG, Art. 113 BV hinaus.

Art. 1 BayVersG präzisiert und konkretisiert auch den bisherigen § 1 VersG, wenn er auch Aufzüge nicht mehr ausdrücklich benennt, da diese vom weiten Versammlungsbegriff des Art. 2 Abs. 1 BayVersG mit umfasst sind.[1]

Da Art. 1 Abs. 1 BayVersG nicht den Anwendungsbereich des BayVersG normiert, ist es auch auf unfriedliche und bewaffnete Versammlungen anwendbar.[2] So enthält das BayVersG aus Gründen der Gefahrenabwehr auch Regelungen, wie Versammlungen begegnet werden kann, die den Grundrechtsschutz aufgrund ihrer Unfriedlichkeit verloren haben, vgl. Art. 12 Abs. 2 Satz 2 Nr. 1, Art. 15 Abs. 1, Abs. 4 BayVersG. 1780

Art. 1 Abs. 2 BayVersG führt **Ausschlussgründe** für das Versammlungsrecht an, die mit Blick auf die Nr. 1, 3 und 4 selbstverständlich und daher deklaratorisch sind. 1781

Verfassungsrechtlich problematisch ist Art. 1 Abs. 2 Nr. 2 BayVersG, da hierdurch die hohen Anforderungen, die Art. 18 GG an die Verwirkung eines Grundrechts stellt, unterlaufen werden.[3]

B. Pflichten der Teilnehmer

Die Pflichten der Teilnehmer an einer Versammlung werden allgemein in den Art. 5 ff. BayVersG sowie bei Versammlungen unter freiem Himmel zusätzlich in Art. 16 BayVersG geregelt. 1782

I. Die Pflichten nach Art. 5 BayVersG

1. Die Befolgungspflicht nach Art. 5 Abs. 1 BayVersG

Nach **Art. 5 Abs. 1 BayVersG** haben die Teilnehmer Anweisungen des Leiters oder der Ordner zu befolgen, die zur **Aufrechterhaltung der Ordnung** ergangen sind. 1783

Zur Aufrechterhaltung der Ordnung ergehen Anweisungen dann, wenn sie den äußeren Ablauf der Versammlung betreffen. Mit Art. 5 Abs. 1 BayVersG besteht daher keine Möglichkeit, inhaltliche Beiträge zu Diskussionen in der Versammlung zu sanktionieren. So dürfen z.B. Zwischenrufe, Missfallensbekundungen und geäußerte Gegenmeinungen nicht durch Anweisungen nach Art. 5 Abs. 1 BayVersG untersagt werden, solange sie keine Störung der Versammlung im Sinne des Art. 8 Abs. 1 GG, Art. 113 BV darstellen.[4]

Gegen nicht an der Versammlung Teilnehmende kann die Anweisung nur gestützt auf das Hausrecht ergehen.

---

1 Dazu Rn. 1759.

2 LT-Drs. 15/10181, S. 12.

3 Enders, in: Dürig-Friedl/Enders, § 1 Rn. 34, 50 zum VersG.

4 Vgl. BVerfGE 84, 203 (209); LT-Drs. 15/10181, S. 14.

2. Die Pflicht, die Versammlung zu verlassen, Art. 5 Abs. 2 BayVersG

1784 Von der Versammlung ausgeschlossene Personen haben die Versammlung **unverzüglich zu verlassen, Art. 5 Abs. 2 BayVersG.**

1785 „Unverzüglich" bedeutet nach dem Rechtsgedanken des § 121 BGB, dass sich der Betroffene ohne schuldhaftes Zögern entfernen muss. Das Recht zum Ausschluss störender Teilnehmer steht bei Versammlungen in geschlossenen Räumen dem Versammlungsleiter, Art. 11 Abs. 1 BayVersG, und bei Versammlungen unter freiem Himmel der Behörde, Art. 15 Abs. 5 BayVersG, zu.

3. Die Pflicht, sich zu entfernen, Art. 5 Abs. 3 BayVersG

1786 Nach einer Auflösung der Versammlung haben sämtliche Teilnehmer die Pflicht, sich unverzüglich zu entfernen, **Art. 5 Abs. 3 BayVersG.**

1787 Das Recht, eine Versammlung aufzulösen, kommt der nach Art. 12 Abs. 2, Art. 15 Abs. 4 BayVersG zuständigen Behörde zu. Mit der Auflösung endet der grundrechtliche Schutz der Versammlung nach Art. 8 Abs. 1 GG, Art. 113 BV, so dass die Versammlung zur bloßen Ansammlung wird, die nach allgemeinem Polizeirecht zu behandeln ist.[5]

II. Das Waffenverbot, Art. 6 BayVersG

1788 Nach Art. 6 BayVersG ist es verboten, Waffen oder sonstige gefährliche Gegenstände bei Versammlungen oder auf dem Weg zu Versammlungen mit sich zu führen, zu Versammlungen hinzuschaffen oder sie zur Verwendung bei Versammlungen bereitzuhalten oder zu verteilen. Hierdurch konkretisiert Art. 6 BayVersG das in Art. 8 Abs. 1 GG, Art. 113 BV enthaltene Bewaffnungsverbot und Friedlichkeitsgebot.

1789 **Waffen** sind dabei solche im technischen Sinn nach § 1 WaffG.

1790 **Gefährliche Gegenstände** sind Waffen im nichttechnischen Sinn, da sie als Mittel zum Angriff oder zur aktiven Gegenwehr durch Verletzung von Personen oder Beschädigung von Sachen objektiv taugen.[6]

Beispiele sind Regenschirme, Brecheisen, Getränkeflaschen etc.

Für die Erfüllung des Verbotstatbestands hinzukommen muss jedoch noch, dass der gefährliche Gegenstand zu einer vom Gesetz missbilligten Verwendung **subjektiv** bestimmt ist.

1791 **Schutzwaffen** fallen nicht unter den Waffenbegriff, da sie nicht als Mittel zum Angriff oder zur aktiven Gegenwehr taugen. Sie fallen damit nicht unter das Waffenverbot des Art. 6 BayVersG, können jedoch ein Indiz für eine unfriedliche Gesinnung des Teilnehmers darstellen.

Beispiele sind Schutzschilde, Polsterungen, Helme, Gasmasken etc.

1792 Ein **„Mit-sich-führen"** liegt vor, wenn der Betroffene Gewahrsam an den Waffen oder den gefährlichen Gegenständen ausübt, so dass er diese jederzeit einsetzen kann.

1793 Ein **„Bereithalten"** liegt vor, wenn auch ohne Gewahrsam der Einsatz ohne größere Umstände erfolgen kann.

---

[5] Dazu Rn. 1762ff.

[6] Enders, in: Dürig-Friedl/Enders, § 2 Rn. 25.

Das Waffenverbot gilt nicht nur für Versammlungsteilnehmer, sondern auch für Versammlungsleiter und Ordner[7] sowie für sonstige Personen, auch wenn diese nicht an der Versammlung teilnehmen. Ebenso erstreckt sich das Verbot auf das Versammlungsvorfeld. 1794

Eine Ausnahme vom Waffenverbot besteht, sofern eine **Erlaubnis** der zuständigen Behörde für das mitführen der Waffe oder des gefährlichen Gegenstandes vorliegt. 1795

Eine solche Erlaubnis scheidet für Ordner aus, Art. 4 Abs. 2 Satz 3 BayVersG.

Missachtet ein Teilnehmer das Verbot, befindet er sich außerhalb des grundrechtlichen Schutzbereichs. Darüber hinaus gilt dies als Indiz für potenzielle Unfriedlichkeit. 1796

Eine Missachtung des Verbots stellt gleichzeitig einen **Straftatbestand** nach **Art. 20 Abs. 1 Nr. 1 BayVersG** dar und ist mit einer Geldstrafe oder Freiheitsstrafe bis zu zwei Jahren bedroht.

III. Das Uniformierungs- und Militanzverbot, Art. 7 BayVersG

1. Das Uniformierungsverbot, Art. 7 Nr. 1 BayVersG

Nach **Art. 7 Nr. 1 BayVersG** ist es **verboten**, in einer Versammlung **Uniformen**, Uniformteile oder gleichartige Kleidungsstücke als Ausdruck gemeinsamer politischer Gesinnung **zu tragen**. Ziel der Vorschrift ist es, die durch das Tragen von Uniformen als Ausdruck politischer Gesinnung ausgelösten Wirkungen, die nicht nur in der Verstärkung der Außenwirkung kollektiver Äußerungen zu erblicken sind, sondern darüber hinaus suggestiv-militante, einschüchternde Effekte auslösen können,[8] zu unterbinden. 1797

Das Uniformierungsverbot stellt unter anderem eine Reaktion auf Erfahrungen in der Weimarer Republik dar und soll das Entstehen bekannter uniformierter „Parteiarmeen“ verhindern.

Erforderlich ist jedoch, dass hierdurch eine **einschüchternde Wirkung** erzeugt wird. Dies ist dann der Fall, wenn die geistige Ebene der Meinungsäußerung verlassen und eine potentielle Gewaltbereitschaft signalisiert und hierdurch der Eindruck von Aggressivität und Militanz erweckt wird, durch die keine argumentative Überzeugung, sondern eine Verängstigung Andersdenkender erfolgen kann. 1798

Hierdurch sollen Tatbestände ausgeschieden werden, in denen das Tragen gleichartiger Kleidungsstücke eine andere soziale Bedeutung hat, als die Zurschaustellung einer quasi-militärischen Organisation und von Gewaltbereitschaft.[9] Nicht erfasst sind daher Versuche, durch einheitliche Bekleidung eine gemeinsame Identität zum Ausdruck zu bringen. 1799

Beispiele sind Pfadfindergruppen, Uniform der Gebirgsschützen etc.

Von vornherein nicht unter das Verbot des Art. 7 Nr. 1 BayVersG fällt dagegen ein uniformes Auftreten, das kein Ausdruck einer gemeinsamen politischen Gesinnung ist, sondern z.B. nur kommunikative Inhalte in künstlerisch beeinflussten Formen ausdrückt. 1800

2. Das Militanzverbot, Art. 7 Nr. 2 BayVersG

Art. 7 Nr. 2 BayVersG verbietet darüber hinaus jede **paramilitärische Prägung** von Versammlungen oder Teilen dieser, die durch die Art und Weise der Teilnahme hervorgerufen wird. 1801

---

[7] LT-Drs. 15/10181, S. 15.
[8] Vgl. BVerfG NJW 1982, 1803.
[9] LT-Drs. 15/10181, S. 15.

Hintergrund ist, dass gerade Versammlungen extremistischer Gruppierungen vielfach den Gesamteindruck militärischer Aufmärsche vermitteln, obgleich die Teilnehmer keine Uniformen tragen.

1802 Problematisch sind Beeinträchtigungen von Versammlungen,[10] da das Versammlungsrecht das Recht auf körperliche Sichtbarmachung einschließt.[11] So ist zu berücksichtigen, dass Versammlungen vor allem durch ihre physische Präsenz wirken und die damit verbundene Beeinträchtigung Dritter grundsätzlich den Schutz der Versammlung nicht entfallen lässt,[12] da gerade die „Unruhestiftung", also die „Störung" der institutionalisierten Ordnung gewährleistet wird.[13] Legen jedoch die Versammlungsteilnehmer ein **aggressives, provokatives und die Bürger einschüchterndes Verhalten** an den Tag und wird hierdurch ein Klima potentieller Gewaltbereitschaft erzeugt, können Beschränkungen erfolgen.[14] Denn derartiges pseudomilitärisches Gehabe erzeugt bei Außenstehenden den Eindruck der **Gewalt- und Kampfbereitschaft**, weshalb derartige Versammlungen nicht mit dem Friedlichkeitsgebot von Art. 8 Abs. 1 GG, Art. 113 BV in Einklang stehen.

1803 Unter das Militanzverbot fallen daher die insbesondere bei rechtsextremistischen Versammlungen getragene einheitliche Kleidung in Form von Bomberjacken, Springerstiefeln mit gleichfarbigen Schnürsenkeln, aber auch das Marschieren im Gleichschritt, Trommelschlagen, Mitführen von Fackeln und schwarzer Fahnen, die an die Tradition der Aufmärsche von SA-Verbänden zum Ende der Weimarer Republik anknüpfen.[15] Das Verbot gilt jedoch auch für linksextremistische Versammlungen, z.B. für die sog. „Schwarzen Blöcke".

Klausurhinweis:

Das Mitführen von Trommeln, Fahnen und anderen Hilfsmitteln zur Wirksamkeitssteigerung der Versammlung bleibt grundsätzlich erlaubt![16] Es fällt nur dann unter das Militanzverbot, wenn hierdurch der Gesamteindruck einer Gewalt- und Kampfbereitschaft entsteht, der zur Einschücherung anderer führt.

1804 Das Verbot lehnt sich an die **Rechtsprechung des BVerfG** zum Schutz der öffentlichen Ordnung nach § 15 VersG an, nach dem Art. 8 Abs. 1 GG keine Aufmärsche mit paramilitärischen oder sonstwie einschüchternden Begleitumständen schützt[17] und daher Beschränkungen zur Vermeidung eines aggressiven und provokativen, die Bürger einschüchternden Verhaltens der Versammlungsteilnehmer, das ein Klima der Gewaltdemonstration und potenzieller Gewaltbereitschaft erzeugt, zulässt.[18]

1805 Anknüpfungspunkt des Militanzverbots ist die **Form, nicht** der **Inhalt** der Kommunikation.[19] Voraussetzung des Verbots ist daher, dass der Einschüchterungseffekt von

[10] Wie dies v.a. bei § 3 VersG diskutiert wird, vgl. Gallwas, JA 1986, S. 487; Vogel, in: APuZ 1968, S. 15; Breitbach/Steinmeier, in: Ridder/Breitbach/Rühl/Steinmeier, § 3 Rn. 15; Ott/Wächtler/Heinhold, § 3 Rn. 1.

[11] BVerfGE 69, 315 (345).

[12] BVerfGE 69, 315 (353); Höfling, in: Sachs, § 8 Rn. 21, 31 ff.

[13] BVerfGE 73, 206 (248) m. w. N.

[14] BVerfGE 111, 147 (156 f.). Ursprünglich ließ das BVerfG die Frage, ob eine einschüchternde Wirkung einer Versammlung mittels einer Auflage beschränkt werden darf, offen, BVerfG, NVwZ-RR 2000, 554 (555). Im Laufe der Zeit sah es jedoch derartige Beschränkungen als verfassungsgemäß an, vgl. BVerfG, NJW 2001, 2072 (2074).

[15] LT-Drs. 15/10181, S. 15.

[16] Beispiel: Demonstrationen von Gewerkschaften unter Aufgebot von Fahnen.

[17] BVerfG, Beschluss vom 24. März 2001, Az. 1 BvQ 13/01.

[18] BVerfG, Beschluss vom 23. Juni 2004, Az. 1 BvQ 19/04.

[19] BVerfGE 111, 147 (155, 156 f.).

den äußeren Versammlungsmodalitäten ausgeht, also von den Verhaltensweisen der Teilnehmer, und nicht von den auf der Versammlung geäußerten Meinungsinhalten.

Die **einschüchternde Wirkung** ist von den Umständen des Einzelfalls abhängig. 1806
Dabei ist das Gesamterscheinungsbild der Versammlung ausschlaggebend. Bei einem derart paramilitärischen Auftreten, wie es Art. 7 Nr. 2 BayVersG zum Gegenstand hat und das gegenüber Außenstehenden Gewaltbereitschaft signalisiert, ist eine solche jedoch regelmäßig gegeben.

Das Militanzverbot nach Art. 7 Nr. 2 BayVersG gilt auch für **Teile einer Ver-** 1807
sammlung. Hierdurch sollen insbesondere Großdemonstrationen geschützt werden, bei denen typischerweise eine Vielzahl verschiedener Gruppierungen auftritt, indem lediglich der abgrenzbare, militante Teil den Beschränkungsmaßnahmen unterliegt. Der übrige, nicht militante Teil bleibt unbeeinträchtigt.

IV. Das Störungs- und Aufruhrverbot, Art. 8 BayVersG

1. Das Störungsverbot, Art. 8 Abs. 1 und 2 BayVersG

Art. 8 Abs. 1 BayVersG verbietet **Störungen**, die bezwecken, die ordnungsge- 1808
mäße Durchführung von Versammlungen zu verhindern. Er weitet diesen Schutz neben öffentlichen auch auf nichtöffentliche Versammlungen aus.

Erfasst sind bereits Störungen im **Vorfeld** der Versammlung, sofern diese Handlun- 1809
gen die ordnungsgemäße Durchführung der Versammlung zu verhindern versuchen.

Ziel der Vorschrift ist es, die Versammlungsautonomie zu schützen und die ord- 1810
nungsgemäße Durchführung der Versammlung zu gewährleisten.

Aus diesem Schutzgebot folgt die Pflicht der Behörden, den Schutz der zulässigen 1811
Versammlung zu gewährleisten und ein subjektiver **Anspruch auf Einschreiten** der, von der Störung betroffenen Versammlungsteilnehmer.[20]

Art. 8 Abs. 2 BayVersG konkretisiert in nicht abschließender Form („*insbesonde-* 1812
re") den Tatbestand von Abs. 1 für nicht verbotene, öffentliche oder nichtöffentliche Versammlungen.

So zielt **Art. 8 Abs. 2 Nr. 1 BayVersG** vordringlich auf die Vermeidung von Ge- 1813
walttätigkeiten und deren Androhung, die sich gegen das Versammlungsgeschehen richten, wobei die Verursachung oder Absicht der Verursachung von erheblichen Störungen ausreicht. Tatbestandsmäßig ist insoweit bereits die Absicht der Gewalttätigkeit, ihre Androhung oder die Absicht zur Störung. Aus der Intention der Vorschrift folgt, dass die Störung erst dann **„erheblich"** ist, wenn sie geeignet ist, den geplanten Versammlungsablauf unmöglich zu machen.[21]

Der Tatbestand des **Art. 8 Abs. 2 Nr. 2 BayVersG**, der auf öffentliche Versamm- 1814
lungen beschränkt ist und Widerstandshandlungen gegen bzw. Angriffe auf den Leiter oder die Ordner verbietet, dient dem Schutz der Personen, die für die ordnungsgemäße Durchführung öffentlicher Versammlungen verantwortlich sind. Schutzzweck ist daher sowohl die ungestörte Wahrnehmung der Ordnungsbefugnisse durch Versammlungsleiter und Ordner als auch der persönliche Schutz dieser Funktionsträger.

Die Begrenzung auf öffentliche Versammlungen erfolgt, da nichtöffentliche Versammlungen keinen 1815
Leiter haben müssen und für gegebenenfalls eingesetzte Ordner – anders als nach Art. 4 Abs. 4 Satz 2 BayVersG bei öffentlichen Versammlungen – keine Pflicht zur Kennzeichnung besteht. Insoweit könn-

---

[20] Enders, in: Dürig-Friedl/Enders, § 2 Rn. 57.
[21] Enders, in: Dürig-Friedl/Enders, § 2 Rn. 58.

te eine rechtssichere Handhabung nicht erfolgen, was angesichts der Strafbewehrung nach Art. 20 Abs. 2 Nr. 5 BayVersG rechtsstaatlich problematisch wäre.

1816 Tatbestandsmäßig sind **Widerstandshandlungen oder Tätlichkeiten** gegen die genannten Personengruppen. Verboten sind daher körperliche Gewalt, deren Androhung sowie die sonstige Einwirkung auf die körperliche Integrität der genannten Personen während des Versammlungsgeschehens.[22]

1817 Ein Verstoß gegen Art. 8 Abs. 1 BayVersG ist **bußgeldbewehrt**, Art. 21 Abs. 2 Nr. 4 BayVersG, einer gegen Art. 8 Abs. 2 Nr. 1 und Nr. 2 BayVersG sogar **strafbewehrt**, Art. 20 Abs. 1 Nr. 1, Abs, 2 Nr. 1 BayVersG.

2. Das Aufruhrverbot, Art. 8 Abs. 3 BayVersG

1818 **Art. 8 Abs. 3 BayVersG** enthält ein **Aufruhrverbot**. Ziel hiervon ist es, die Allgemeinheit vor gefahrträchtigen Versammlungen zu schützen. Verboten ist daher die öffentliche Aufforderung zur Teilnahme an derartigen Versammlungen.

Der Verstoß gegen das Aufruhrverbot ist strafbewehrt, Art. 20 Abs. 2 Nr. 3 BayVersG.

V. Bei Versammlungen unter freiem Himmel: Das Schutzwaffen- und Vermummungsverbot, Art. 16 BayVersG

1819 Das Schutzwaffen- und Vermummungsverbot dient der Verhinderung unfriedlichen Verhaltens von Versammlungsteilnehmern, indem Vermummung sowie Schutzwaffen zum Schutz vor hoheitlichen Vollzugsmaßnahmen eingesetzt werden. Der Anwendungsbereich erstreckt sich auf den Zeitraum vor, während und nach der Veranstaltung. Im Fokus der Regelung sind insbesondere gewaltbereite Kleingruppen, die unter dem Schutz einer friedlichen Versammlung aus dieser heraus agieren. Es handelt sich dabei um ein **präventives Verbot mit Erlaubnisvorbehalt**,[23] Art. 16 Abs. 3 BayVersG.

Die Verbote gelten nicht für Gottesdienste, kirchliche Prozessionen, Bittgänge und Wallfahrten, gewöhnliche Leichenbegräbnisse, Züge von Hochzeitsgesellschaften und hergebrachte Volksfeste, Art. 16 Abs. 4 BayVersG.

1. Das Schutzwaffenverbot, Art. 16 Abs. 1 BayVersG

1820 **Schutzwaffen** im technischen Sinne sind in Abgrenzung zu echten Waffen, deren Mitführung bereits nach Art. 6 BayVersG verboten ist,[24] Gegenstände, die nach ihrer Zweckbestimmung, ihren Konstruktionsmerkmalen oder ihren besonderen Eigenschaften dazu bestimmt sind, dem Schutz des Körpers gegen Angriffsmittel bei kämpferischen Auseinandersetzungen zu dienen.[25] Abzustellen ist auf die Eignung zur kämpferischen Auseinandersetzung.

Hierzu gehören Stahlhelme, Schutzschilde, Schutzwesten, Gasmasken, Körperpolsterungen, ein Mundschutz für den Boxsport, etc.

---

[22] Enders, in: Dürig-Friedl/Enders, § 2 Rn. 59.
[23] Dürig-Friedl, in: ders./Enders, § 17a Rn. 44.
[24] Dazu Rn. 1788 ff.
[25] LT-Drs. 15/10181, S. 24; Dürig-Friedl, in: ders./Enders, § 17a Rn. 11.

Neben der Eignung als Schutz muss die Schutzwaffe auch **subjektiv** dazu bestimmt sein, Vollstreckungsmaßnahmen eines Trägers von Hoheitsbefugnissen abzuwehren. Nicht hierunter fällt daher das Mitführen von Schutzwaffen allein zum passiven Schutz vor den Folgen eines gewalttätigen Verlaufs der Demonstration.[26] 1821

Zu diesen **Vollstreckungsmaßnahmen** sind alle Maßnahmen der Polizei zur Durchsetzung von Beschränkungen und der Auflösung von Versammlungen zu zählen. Ebenfalls darunter fallen unmittelbarer Zwang und Maßnahmen nach der StPO zur Verfolgung von Straftaten. Auf die Rechtmäßigkeit der Maßnahme kommt es nicht an. 1822

Verboten ist das **Mitführen** derartiger Schutzwaffen. Ein Mitführen liegt vor, wenn der jeweils Betroffene die tatsächliche Gewalt über die Schutzwaffe ausübt und diese jederzeit eingesetzt werden kann.[27] Dabei ist unerheblich, zu welchem subjektiven Zweck die Schutzwaffe mitgeführt wird, da das Mitführen von derartigen Schutzwaffen Indiz für eine offensichtliche Gewaltbereitschaft ist.[28] 1823

„Bei" Versammlungen und sonstigen Veranstaltungen unter freiem Himmel bedeutet „während", erfasst also die **Dauer der Veranstaltung**. Die Tatbestandsalternative „im Zusammenhang mit" erweitert das Schutzwaffenverbot auf den Zeitraum **vor und nach der Veranstaltung**, also während der An- und Abmarschphase, sofern ein sachlicher Zusammenhang mit der Ausgangsveranstaltung besteht. 1824

Normadressaten sind sowohl die Teilnehmer der Versammlung als auch Dritte. 1825

2. Das Vermummungsverbot, Art. 16 Abs. 2 Nr. 1 und 2 BayVersG

Art. 16 Abs. 2 Nr. 1 und 2 BayVersG verbieten jegliche Aufmachung, welche die Identitätsfeststellung verhindert. Eine solche Verhinderung kann erfolgen durch Maskieren, Bemalen, Tragen falscher Nasen oder Bärte sowie durch Kapuzen, Mützen oder Schals, sofern sie das Gesicht verdecken. 1826

Eine Vermummung dagegen liegt nicht vor, wenn das Gesicht erkennbar ist und nur der übrige Körper unkenntlich gemacht wurde. Ebenso ist der Tatbestand nicht erfüllt, wenn zwar eine Wollmütze mit Kapuze und Sonnenbrille getragen wird, die gesamte Gesichtspartie im übrigen jedoch deutlich erkennbar ist.[29] 1827

Ziel der Vermummung muss es sein, die **Identitätsfeststellung zu verhindern**. Ausreichend ist, dass diesbezüglich Vorsatz besteht. Ein Erfolg ist nicht erforderlich. 1828

Problematisch sind diesbezüglich alltägliche Gebrauchsgegenstände wie Brillen, Schals und Kapuzen. Abzustellen ist dann auf die Gesamtumstände. 1829

Beispielfall 71 1830

Auf einer Demonstration an einem heißen Augusttag trägt der Teilnhmer T einen Schal, den er sich nicht nur um den Hals, sondern auch um die Mundpartie gewickelt hat.
Von der Polizei ergriffen, beruft er sich darauf, dass es sich um einen Gebrauchsgegenstand handele, weshalb das Tragen des Schals in dieser Form erforderlich war.
Handelt es sich um eine unzulässige Vermummung?

---

[26] OLG Hamm, NStZ-RR 1998, 87.
[27] S. o. Rn. 1792.
[28] OLG Frankfurt, NStZ-RR 2011, 257.
[29] LG Dortmund v. 12.3.2010, 45 Ns 140/09.

Lösung

1. Unzulässig ist eine Vermummung nach Art. 16 Abs. 2 Nr. 1 BayVersG, wenn die Aufmachung geeignet und den Umständen nach darauf gerichtet ist, die Feststellung der Identität zu verhindern. Dies könnte vorliegend zweifelhaft sein, da es sich bei dem Schal um Gebrauchsgegenstände handelt, so dass evtl. der Wille, eine Identitätsfeststellung zu verhindern, nicht gegeben ist.
2. Allerdings ist zu berücksichtigen, dass das Tragen von Gebrauchsgegenständen wie einem Schal den Umständen entsprechend erfolgen muss. Da es sich um Winterbekleidung handelt, ist das Tragen im Hochsommer nicht mehr als typische Verwendung als Gebrauchsgegenstand zu werten, da der Zweck des Fernhaltens von Kälte nicht erreicht werden kann. Es liegt daher nahe, dass der Schal nicht als Winterbekleidung, sondern zur Vermummung getragen wurde und seine Verwendung daher nach Art. 16 Abs. 2 Nr. 1 BayVersG verboten ist.

1831 Verboten wird die Teilnahme an der Versammlung oder den Weg zu einer solchen Versammlung in einer derartig Aufmachung zurückzulegen.

3. Rechtsfolgen eines Verstoßes

1832 Die Verbote nach Art. 16 Abs. 1 und 2 BayVersG sind in Art. 20 BayVersG **straf- bzw.** in Art. 21 BayVersG **bußgeldbewehrt**.

1833 Darüber hinaus kann die zuständige Behörde Personen, die gegen die Verbote nach Art. 16 Abs. 1 und 2 BayVersG verstoßen, von der Versammlung **ausschließen**, Art. 16 Abs. 5 BayVersG.

47. Kapitel. Rechte und Pflichten des Veranstalters bzw. Leiters

Zusammenfassung

1. Dem Leiter der Versammlung kommt primär **Ordnungsfunktion** zu. Er hat die innere, der Versammlung autonom zukommende, als auch die äußere, objektive Ordnung der Versammlung zu gewährleisten.
2. Hierzu hat er die **Rechte aus Art. 4 BayVersG** sowie bei Versammlungen in geschlossenen Räumen das Recht, **Personen auszuschließen, Art. 10 Abs. 1 BayVersG**.
3. Bei Versammlungen in geschlossenen Räumen hat er die Pflicht, Pressevertreter zu dulden, Art. 10 Abs. 2 BayVersG, sowie seine **persönlichen Daten, Art. 10 Abs. 3 Satz 1 BayVersG**, und ggf. diejenigen **der Ordner** der Behörde zu übermitteln, **Abs. 4 Satz 1 BayVersG**. Die Pflicht, Daten von Ordnern zu übermitteln besteht auch bei Versammlungen unter freiem Himmel, **Art. 13 Abs. 6 BayVersG**.
4. Bei Versammlungen unter freiem Himmel besteht eine **Anzeigepflicht** der Versammlung nach **Art. 13 Abs. 1 BayVersG**, in denen Ort, Zeit, Thema sowie gegebenenfalls ein Streckenverlauf der Versammlung und die persönlichen Daten des Leiters angegeben werden müssen, Art. 13 Abs. 2 BayVersG. **Eine Genehmigungspflicht besteht nicht.**

5. Bei Versammlungen, deren Anlass kurzfristig entsteht, sog. **Eilversammlungen**, besteht zwar eine Anzeigepflicht, jedoch **keine Bindung an die Anzeigefrist** des Art. 13 Abs. 1 BayVersG mehr, Art. 13 Abs. 3 BayVersG. Diese sind spätestens mit der Bekanntgabe anzuzeigen.
6. Versammlungen, die sich aus unmittelbarem Anlass ungeplant und ohne Veranstalter entwickeln, sog. **Spontanversammlungen**, sind vollständig **von der Anzeigepflicht befreit**, Art. 13 Abs. 4 BayVersG.
7. Eine **Kooperationspflicht besteht nicht**, Art. 14 Abs. 1 Satz 2 BayVersG, jedoch eine derartige Obliegenheit.

Dem Veranstalter einer Versammlung obliegt gleichzeitig deren Leitung, Art. 3 Abs. 1 Satz 1 BayVersG. Bei Vereinigungen, die die Versammlung veranstalten, obliegt dem Vorsitzenden der Vereinigung die Leitung der Versammlung, Art. 3 Abs. 2 BayVersG. Dabei besteht die Möglichkeit, dass die Leitung einer weiteren Person übertragen wird, Art. 3 Abs. 1 Satz 2 BayVersG. 1834

Bei Spontanversammlungen[1] ist aufgrund der Eigenart dieser Versammlung eine Versammlungsleitung nicht möglich. Dem trägt Art. 3 Abs. 3 BayVersG Rechnung. 1835

Dem Leiter der Versammlung kommt primär **Ordnungsfunktion** zu. Er hat die innere, der Versammlung autonom zukommende, als auch die äußere, objektive Ordnung der Versammlung zu gewährleisten. An dieser Ordnungsfunktion orientieren sich dessen Rechte und Pflichten. 1836

A. Rechte des Veranstalters bzw. Leiters

I. Allgemeine Rechte

Zur Bewerkstelligung der Ordnungsfunktion hat der Veranstalter die **allgemeinen Rechte**, wie sie in **Art. 4 BayVersG** normiert sind. Er hat das Recht, 1837
- den Ablauf der Versammlung zu bestimmen und den Ablauf der Redebeiträge zu organisieren, Art. 4 Abs. 1 Nr. 1 BayVersG,
- während der Versammlung für Ordnung zu sorgen, Art. 4 Abs. 1 Nr. 2 BayVersG,
- die Versammlung jederzeit zu schließen, Art. 4 Abs. 1 Nr. 3 BayVersG,
- jederzeit anwesend zu sein, Art. 4 Abs. 1 Nr. 4 BayVersG, was aus der Pflicht hierzu folgt, und
- sich bestimmter Personen als Ordner zur Erfüllung seiner Aufgaben zu bedienen, Art. 4 Abs. 2 Satz 1 BayVersG.

II. Rechte bei Versammlungen in geschlossenen Räumen

Nach **Art. 10 Abs. 1 BayVersG** kann der Veranstalter bestimmte Personen oder Personenkreise in der Einladung von der Teilnahme an der Versammlung **ausschließen**. 1838

---

[1] Dazu Rn. 1853 f.

1839 Ebenfalls kommt ihm nach **Art. 11 Abs. 1 BayVersG** das Recht zu, **Personen**, welche die Ordnung erheblich stören, von der Versammlung **auszuschließen**. Im Übrigen übt er das Hausrecht aus, Art. 11 Abs. 2 BayVersG.

1840 Der systematische Nachrang von Art. 11 Abs. 2 BayVersG gegenüber Art. 11 Abs. 1 BayVersG soll klarstellen, dass das Hausrecht gegenüber Teilnehmern einer Versammlung keine Bedeutung hat, da es durch deren Versammlungsfreiheit überlagert und eingeschränkt wird. Das Hausrecht nach Art. 11 Abs. 2 BayVersG wird daher nur gegenüber Nicht-Teilnehmern relevant.[2]

Nach a. A. werden durch Art. 5 Abs. 1 BayVersG der Versammlungsleitung und den Ordnern keine Hoheitsbefugnisse verliehen, sondern diese könnten sich zur Durchsetzung ihrer Maßnahmen allein auf das Hausrecht der Versammlungsleitung stützen,[3] was jedoch mit der Gesetzesbegründung nicht in Einklang zu bringen ist.

B. Pflichten des Veranstalters bzw. Leiters

I. Allgemeine Pflichten

1841 Die Rechte des Leiters nach Art. 4 Abs. 1 Nr. 1, 2 und 4 BayVersG können auch als dessen allgemeine Pflichten angesehen werden.

Insbesondere bei der Anwesenheitspflicht des Leiters handelt es sich jedoch lediglich um die Kodifizierung bereits aufgrund des Kooperationsverhältnisses geforderter Obliegenheiten. Dabei ist zu berücksichtigen, dass auch nach dem BayVersG leitungslose Versammlungen zulässig sind, so dass die Pflicht zur Anwesenheit einschränkend auszulegen ist und eine teilweise Abwesenheit von der Behörde zu tolerieren ist, sofern hierdurch keine Gefahrensituationen entstehen.[4]

II. Pflichten bei Versammlungen in geschlossenen Räumen

1. Zulassung von Pressevertretern, Art. 10 Abs. 1 BayVersG

1842 Nach Art. 10 Abs. 1 BayVersG kann der Veranstalter **Pressevertreter** nicht von der Versammlung ausschließen, sondern hat diese zuzulassen. Diese haben sich dem Leiter bzw. den Ordnern gegenüber als solche auszuweisen.

2. Mitteilung von persönlichen Daten, Art. 10 Abs. 3 Satz 1, Abs. 4 Satz 1 BayVersG

1843 Nach Art. 10 Abs. 3 Satz 1 BayVersG hat der Veranstalter bei Versammlungen in geschlossenen Räumen auf Verlangen der Behörde den Familiennamen, Vornamen, Geburtsnamen und die Anschrift des Leiters sowie nach Art. 10 Abs. 4 Satz 1 auch die Daten der Ordner **mitzuteilen**, wenn Tatsachen die Annahme rechtfertigen, dass diese Personen die Friedlichkeit der Versammlung gefährden.

1844 Eine derartig Regelung findet sich im VersG nicht, jedoch war auch nach bisheriger Rechtslage eine Individualisierung der Leiterbefugnisse auf eine verantwortliche Person anerkannt, insbesondere im Hinblick auf haftungsrechtliche und strafrechtliche Konsequenzen.[5] Ziel der Normierung ist es jedoch vor allem, die Friedlichkeit der Versammlung zu gewährleisten. Da insoweit an die Integrität des

[2] LT-Drs. 15/10181, S. 18.
[3] Enders, in: Dürig-Friedel/Enders, § 10 Rn. 2.
[4] Enders, in: Dürig-Friedel/Enders, § 8 Rn. 17.
[5] Kniesel, in: Dietel/Gintzel/Kniesel, § 7 Rn. 7.

Leiters und der Ordner besondere Anforderungen zu stellen sind, müssen diese zuverlässig und nach ihrer Reife und persönlichem Vermögen im Stande sein, den ordnungsgemäßen Verlauf der Veranstaltung sicherzustellen.[6] Bei Zweifeln hieran soll die Übermittlung der Daten eine Überprüfung ermöglichen, aufgrund der dann eine Ablehnung der Person nach Art. 10 Abs. 5 Satz 2, Abs. 4 Satz 2 BayVersG erfolgen kann.

Die weitere Verarbeitung der erhobenen Daten und die Rechte der Betroffenen bestimmen sich nach dem BayDSG bzw. dem PAG, soweit die Polizei als Versammlungsbehörde zuständig ist.

III. Pflichten bei Versammlungen unter freiem Himmel

1. Die Anzeigepflicht, Art. 13 Abs. 1 und 2 BayVersG

Art. 13 Abs. 1 und 2 BayVersG normiert eine **Anzeigepflicht**, nach der die Ver- **1845**
sammlung unter freiem Himmel spätestens **48 Stunden** vor ihrer Bekanntgabe der zuständigen Behörde anzuzeigen ist. Eine Durchführung ohne Anzeige stellt eine Ordnungswidrigkeit dar, Art. 21 Abs. 1 Nr. 7 BayVersG.

Art. 13 Abs. 1 und 2 BayVersG verwandelt die bisher geltende Anmeldepflicht des § 14 VersG in **1846**
eine Anzeigepflicht. Die bloße Bezeichnungsänderung in eine Anzeigepflicht führt zwar die ansonsten v.a. im Sicherheitsrecht vorherrschende Bezeichnung als Anzeige konsequent fort, hat jedoch keine Auswirkungen auf die rechtliche Bewertung und somit auch keine auf die Vereinbarkeit mit Art. 8 Abs. 1 GG bzw. Art. 113 BV.[7]

a. Verfassungkonformität

Ein Anmeldeerfordernis ist **verfassungskonform**. Zwar gewähren Art. 8 Abs. 1 **1847**
GG und Art. 113 BV die Freiheit, sich ohne Anzeige zu versammeln. Ein Anmeldeerfordernis ist jedoch unbedenklich[8] da hierdurch lediglich der vom BVerfG anerkannte Zweck gefördert wird, dass sich die Behörde ein Bild verschaffen und so geeignete Maßnahmen veranlassen kann, um den störungsfreien Verlauf der Versammlung in deren und im Interesse von Dritten und der Gemeinschaft zu ermöglichen.[9] Insoweit normiert das Anmeldeerfordernis keine materiellen Beschränkungen der Versammlungsfreiheit, sondern verschafft den Behörden lediglich ausreichend Zeit, die betroffenen Interessen angemessen zu berücksichtigen und die notwendigen Schutzmaßnahmen auch für die Versammlung selbst zu ergreifen.[10]

b. Der Inhalt der Anzeige

Der **Inhalt** der Anzeige ist in Art. 13 Abs. 2 BayVersG festgelegt und umfasst den **1848**
Ort, den Zeitpunkt, das Thema sowie gegebenenfalls einen Streckenverlauf der Versammlung und die persönlichen Daten des Leiters.

---

[6] Kniesel, in: Dietel/Gintzel/Kniesel, § 7 Rn. 2, 6 zum VersG.

[7] Anders aber anscheinend die Begründung, LT-Drs. 15/10181 S. 15, 19.

[8] Zu § 14 VersG BVerfGE 26, 135 (137); 69, 315 (349ff., 357ff.); 85, 69 (85); BGHSt 23, 46 (58f.); Kniesel/Poscher, in: Lisken/Denninger, K 227f. Das BVerwG hält die Einschränkung für unerheblich, BVerwGE 26, 135 (137f.). A.A. Geulen, KJ 1983, 189 (193f.); Frowein, NJW 1969, 1085; Geis, NVwZ 1992, 1027f. Die Anmeldefreiheit sei ausweislich des Verfassungstextes zentrales Gewährleistungselement der Versammlungsfreiheit, weshalb das einfachgesetzlich angeordnete Anmeldeerfordernis das verfassungsrechtliche Regel-Ausnahmeverhältnis in sein Gegenteil umkehre, so Höfling, in: Sachs, Art. 8 Rn. 64.

[9] BVerfGE 69, 315 (350); dies war auch Zweck der ursprünglichen Ausweitung von Art. 13 Abs. 1 BayVersG, vgl. Begründung, LT-Drs. 15/10181 S. 19.

[10] So z.B. Müller-Franken, in: Schmidt-Bleibtreu/Hofmann/Henneke, Art. 8 Rn. 45.

Klausurhinweis:

Eine Erlaubnis der Versammlung **ist nicht erforderlich**. Es kommt also grundsätzlich zu keiner Willensäußerung der Behörde. Konsequenz hieraus ist, dass eine evtl. erteilte Auflage nach Art. 12, 15 BayVersG keine Nebenbestimmung i. S. v. Art. 36 Abs. 2 Nr. 4 BayVwVfG ist, sondern ein selbständiger Verwaltungsakt i. S. v. Art. 35 Satz 1 BayVwVfG und daher – ohne auf die Problematik von Rechtsschutz gegen Nebenbestimmungen eingehen zu müssen – eine Anfechtungsklage, § 42 Abs. 1 1. Alt. VwGO, statthaft ist.

c. Zuständige Behörde

1849 Zuständige Behörde ist grundsäzlich die Kreisverwaltungsbehörde, also das Landratsamt, Art. 37 Abs. 1 Satz 2 LKrO, oder die kreisfreie Stadt, Art. 9 Abs. 1 GO.

1850 Geht die Versammlung unter freiem Himmel über das Gebiet einer Kreisverwaltungsbehörde hinaus, handelt es sich um eine sog. **überörtliche Versammlung**. In diesem Fall reicht es aus, wenn der Veranstalter die Versammlung einer zuständigen Kreisverwaltungsbehörde gegenüber anzeigt, Art. 44 Abs. 3 Satz 1 BayVersG.

d. Ausnahmen

1851 Bei Versammlungen, bei denen die Einhaltung dieser Voraussetzungen nicht oder nur unter unverhältnismäßigem Aufwand möglich ist, sind Ausnahmen hiervon zuzulassen, um den grundrechtlichen Schutzbereich nicht auszuhebeln und die Versammlungsfreiheit zu gewährleisten. Hierzu zählen die Eil- sowie die Spontanversammlungen.

aa. Eilversammlungen

1852 Art. 13 Abs. 3 BayVersG definiert Eilversammlungen als solche, deren **Anlass kurzfristig entsteht** und die daher nicht mehr an die **Anzeigefrist** des Art. 13 Abs. 1 BayVersG gebunden sind.[11] Diese Versammlungen sind spätestens **mit der Bekanntgabe anzuzeigen**.

Mit § 13 Abs. 3 BayVersG wird die teleologische Reduktion zum Anmeldeerfordernis des § 14 VersG durch richterliche Rechtsfortbildung nun ausdrücklich normiert.

bb. Spontanversammlungen

1853 Art. 13 Abs. 4 BayVersG normiert Spontanversammlungen und definiert sie als solche, die sich **aus unmittelbarem Anlass ungeplant und ohne Veranstalter entwickeln**.[12] Diese sind vollständig **von der Anzeigepflicht befreit**.

1854 Hierdurch normiert der Gesetzgeber nicht nur die richterrechtliche Definition von Spontanversammlungen,[13] sondern auch deren im Hinblick auf Art. 8 Abs. 1 GG vom BVerfG geforderte Befreiung von der ursprünglichen Anmeldepflicht. So wurde § 14 VersG verfassungskonform teleologisch reduziert, da bei solchen Versammlungen zu beachten ist, dass zwar ein grundsätzliches Anmeldeerfordernis nicht verfassungswidrig ist, diese Beschränkungen die Gewährleistungen der Versammlungsfreiheit jedoch *„nicht gänzlich für bestimmte Typen von Veranstaltungen außer Kraft setzen dürfen, daß vielmehr diese Gewährleistung unter den genannten Voraussetzungen von der Anmeldepflicht befreit"*.[14]

---

[11] Lux, in: Peters/Jenz, D 73.
[12] Lux, in: Peters/Jenz, D 74.
[13] BVerfGE 69, 315 (350) – Brokdorf.
[14] BVerfGE 69, 315 (350 f.) – Brokdorf.

Beispielfall wie Nr. 69, Rn. 1769 1855

Lösung
Bei dieser Versammlung handelt es sich um eine, die aus Anlass der Wahlkampfäußerungen der NPD-Mitglieder entstanden ist. Es ist daher eine Spontanversammlung, die weder einer Anmeldung noch eines Veranstalters bzw. Leiters bedarf, Art. 3 Abs. 3, Art. 13 Abs. 4 BayVersG.

2. Die Mitteilungspflicht

Neben den Mitteilungspflichten im Rahmen der Anzeige nach Art. 13 Abs. 2 **1856**
BayVersG hat der Leiter der Versammlung die persönlichen Daten eines Ordners nach Art. 10 Abs. 3 Satz 1 BayVersG mitzuteilen, sofern die Behörde dies fordert und Tatsachen die Annahme rechtfertigen, dass der Ordner die Friedlichkeit der Versammlung gefährdet, Art. 13 Abs. 6 BayVersG.

3. Zusammenarbeit

Eine **Pflicht** zur Zusammenarbeit **besteht** für den Veranstalter **nicht**, Art. 14 **1857**
Abs. 1 Satz 2 BayVersG. Dennoch soll der Veranstalter die Möglichkeit erhalten, Einzelheiten der Durchführung der Versammlung mit den zuständigen Behörden zu erörtern. Dies entspricht dem bislang anerkannten **Kooperationsprinzip** zwischen Veranstalter und Behörde.

Für den Veranstalter handelt es sich dagegen um eine Obliegenheit, wie aus Art. 14 Abs. 2 **1858**
BayVersG zu folgern ist. Demnach kann die fehlende Bereitschaft des Veranstalters zur Kooperation bei Beschränkungen, Verboten und der Auflösung der Versammlung nach Art. 15 BayVersG durch die Behörde im Rahmen ihres Ermessens berücksichtigt werden. Die fehlende Kooperation allein rechtfertigt dagegen keine Maßnahme nach Art. 15 BayVersG.

48. Kapitel. Befugnisse der Sicherheitsbehörden

Zusammenfassung

1. Während der Geltung des BayVersG ist die Versammlung **polizeifest**, d.h. Maßnahmen können nicht auf das allgemeine Polizei- und Sicherheitsrecht gestützt werden. Dies gilt unabhängig vom grundrechtlichen Schutz der Versammlung.
2. Zur weitgehenden Verwirklichung der Versammlungsfreiheit sind als Ausnahme von der Polizeifestigkeit Maßnahmen möglich, die eine geringere Eingriffsintensität haben als diejenigen, die nach dem BayVersG angeordnet werden könnten, sog. **Minusmaßnahmen**.
3. Maßnahmen zur Abwehr von Gefahren, die nicht von der Versammlung selbst ausgehen und damit nicht unter den Anwendungsbereich des BayVersG fallen, sog. **versammlungsatypische Gefahren**, können durch Maßnahmen abgewehrt werden, die auf das allgemeine Polizei- und Sicherheitsrecht gestützt werden.

4. Ebenso kann das allgemeine Polizei- und Sicherheitsrecht herangezogen werden, soweit das BayVersG nicht abschließend ist und z.B. **Lücken** aufweist.
5. Art. 8 Abs. 1 GG, Art. 113 BV entwickeln eine **Vor- und Nachwirkung**, so dass diese auch bei Maßnahmen, die vor bzw. nach der Versammlung aufgrund des allgemeinen Polizei- und Sicherheitsrechts ergehen, im Rahmen der Verhältnismäßigkeit und der Ermessensausübung zu berücksichtigen sind und daher die Teilnahme an der Versammlung nicht unzumutbar erschwert oder gar vereitelt werden darf.
6. Zuständige Sicherheitsbehörden sind die Kreisverwaltungsbehörde sowie nach Versammlungsbeginn die Polizei, Art. 24 Abs. 2 BayVersG.
7. Die Polizei hat ein **Zugangsrecht** zu Versammlungen, Art. 4 Abs. 3 BayVersG, und kann nach Art. 9 Abs. 1 und 2 BayVersG **Bild- und Tonbandaufnahmen sowie -aufzeichnungen** von Teilnehmern offen anfertigen, wenn davon auszugehen ist, dass von diesen erhebliche Gefahren für die öffentliche Sicherheit oder Ordnung ausgehen, sowie den **Leiter**, Art. 10 Abs. 3 Satz 2, Art. 13 Abs. 4 Satz 2 BayVersG, **oder Ordner**, Art. 10 Abs. 4 Satz 2, Art. 13 Abs. 6 Satz 2 BayVersG, **ablehnen**, wenn Tatsachen die Annahme rechtfertigen, dass diese die Friedlichkeit der Versammlung gefährden.
8. Ist der Tatbestand von **Art. 12 Abs. 1 oder 2 BayVersG** erfüllt, können **Beschränkungen oder Verbote bzw. Auflösungen** angeordnet werden, wobei eine Beschränkung aufgrund des Grundsatzes der Verhältnismäßigkeit vorrangig anzuwenden ist. Bei diesen Maßnahmen handelt es sich um Verwaltungsakte, Art. 35 Satz 1 BayVwVfG.
9. Beschränkungen oder Verbote können für Versammlungen unter freiem Himmel aufgrund der **Generalklausel des Art. 15 Abs. 1 1. Hs. BayVersG** ergehen sowie auch aufgrund der Verbotstatbestände des Art. 12 Abs. 1 BayVersG, Art. 15 Abs. 1 2. Hs. BayVersG.
10. **Art. 15 Abs. 2 BayVersG** konkretisiert den allgemeinen Tatbestand des Art. 15 Abs. 1 1. Hs. BayVersG mit Blick auf **Demonstrationen mit rechtsextremistischer Ausrichtung**.
11. **Tage oder Orte mit gewichtiger Symbolkraft** i. S. v. Art. 15 Abs. 2 Nr. 1 BayVersG sind solche, deren Sinngehalt eindeutig an die nationalsozialistische Gewalt- und Willkürherrschaft erinnert und denen deshalb eine entsprechend gewichtige Symbolkraft zukommt.
12. Hierdurch muss eine **Beeinträchtigung der Würde der Opfer** zu besorgen sein, Art. 15 Abs. 2 Nr. 1a BayVersG, oder die Gefahr einer erheblichen **Verletzung grundlegender sozialer oder ethischer Anschauungen** bestehen, Art. 15 Abs. 2 Nr. 1b BayVersG, was gegeben ist, wenn der Versammlung an diesem Tag oder Ort „eine Provokationswirkung zukommt".
13. Nach **Art. 15 Abs. 2 Nr. 2 BayVersG** können Versammlungen beschränkt oder verboten werden, wenn durch sie die nationalsozialistische Gewalt- und Willkürherrschaft gebilligt, verherrlicht, gerechtfertigt oder verharmlost wird, was auch durch das Gedenken an führende Repräsentanten des Nationalsozialismus geschehen kann, und wenn dadurch die unmittelbare Gefahr einer Beeinträchtigung der Würde der Opfer besteht.
14. **Billigen** ist das Gutheißen von Menschenrechtsverletzungen, die unter der nationalsozialistischen Herrschaft begangen wurden. **Verherrlichen** liegt vor, wenn die nationalsozialistische Gewalt- und Willkürherrschaft als etwas

Großartiges, Imponierendes oder Heldenhaftes dargestellt wird. **Rechtfertigen** bedeutet das Verteidigen der die nationalsozialistische Gewalt- und Willkürherrschaft kennzeichnenden Menschenrechtsverletzungen als notwendige Maßnahmen. Eine **Verharmlosung** liegt vor, wenn die in der NS-Zeit begangenen Menschenrechtsverletzungen bagatellisiert werden.

15. Ein **Ausschluss einzelner Teilnehmer** ist möglich, wenn deren Störung erheblich ist, mithin die Handlungen der Teilnehmer die gesamte Versammlung beeinträchtigen oder gar vereiteln könnten, **Art. 15 Abs. 5 BayVersG**.
16. Maßnahmen wie Verbote oder Beschränkungen können ausnahmsweise auch dann gegenüber einer friedlichen und waffenlosen Versammlung ergehen, wenn ein Fall des sog. **polizeilichen Notstandes** vorliegt.

A. Polizeifestigkeit und ihre Ausnahmen

I. Die Polizeifestigkeit der Versammlung

Aufgrund ihrer besonderen Bedeutung für den Einzelnen als auch das demokratische **1859**
Staatswesen genießen Versammlungen den besonderen Schutz über Art. 8 Abs. 1 GG, Art. 113 BV.[1] Um diesem besonderen grundrechtlichen Schutz gerecht zu werden, sind Versammlungen sowie die Befugnisse der Sicherheitsbehörden, auf diese zuzugreifen, in besonderen Gesetzen wie dem BayVersG normiert. Das **BayVersG** ist damit **spezielles Sicherheitsrecht**. Es **geht** daher **dem allgemeinen Polizei- und Sicherheitsrecht vor**. Sofern also das BayVersG inhaltlich Anwendung findet, verdrängt es das PAG und LStVG. Gegen Versammlungen kann daher von deren **Beginn bis** zu deren **Ende** nur auf Grundlage des BayVersG vorgegangen werden, das dem PAG und dem LStVG vorgeht, sog. **Polizeifestigkeit** der Versammlung.[2]

Klausurhinweis:

Die Polizeifestigkeit ist allein an den Geltungsbereich des BayVersG gekoppelt. Die Frage, ob die Versammlung den grundrechtlichen Schutz genießt oder bereits verloren hat, z.B. weil sie unfriedlich geworden ist, ist hierfür nicht ausschlaggebend.[3]

Hierzu beinhaltet das BayVersG insbesondere mit den Art. 12 und 15 BayVersG **1860**
speziellere Befugnisnormen, deren Zweck es ist, die öffentliche Sicherheit und Ordnung vor Gefahren durch sowie für Versammlungen zu schützen. Zulässige Maßnahmen gegen Versammlungen sind daher das Versammlungsverbot, Beschränkungen bzw. nach alter Terminologie Auflagen oder die Auflösung der Versammlung, Art. 12 Abs. 1 und 2, Art. 15 Abs. 1, 2 und 4 BayVersG. Andere Maßnahmen z.B. auf der Grundlage von Befugnisnormen des PAG können wegen der Polizeifestigkeit der Versammlung nicht ergriffen werden.[4]

---

[1] Dazu bereits Rn. 1711 ff.
[2] Siehe Übersicht 3, Rn. 1944.
[3] Dazu Beispielfall 72, Rn. 1862.
[4] VGH BW, DVBl. 1998, 837 ff.; Schmidbauer, in: ders./Steiner, Art. 11 PAG Rn. 106.

1861 Gegen einzelne unfriedliche Teilnehmer kann nur auf Grundlage des BayVersG vorgegangen werden.[5] Dies gilt nach der h. M. selbst dann, wenn sich die Teilnehmer durch ihr unfriedliches Verhalten außerhalb des Grundrechtsschutzes stellen.[6]

1862 **Beispielfall 72**

Bei den Maikundgebungen beginnen vereinzelt Teilnehmer, Schaufensterscheiben einzuschlagen.
Aufgrund welcher Befugnisnormen kann gegen diese Teilnehmer vorgegangen weden?

Lösung

1. Da die Ausschreitungen die Versammlung nicht prägen, genießt diese den Schutz von Art. 8 Abs. 1 GG, Art. 113 BV weiter. Sie ist daher polizeifest, so dass auch gegen die randalierenden Teilnehmer nur aufgrund des BayVersG vorgegangen werden kann. Diese können nach Art. 15 Abs. 5 BayVersG von der Versammlung ausgeschlossen werden.
2. Nach deren Ausschluss sind sie nicht mehr Teil der Versammlung, weshalb gegen sie Maßnahmen nach dem PAG ergriffen werden können.
3. Maßnahmen zur Strafverfolgung aufgrund der StPO können dagegen auch während der Versammlung erfolgen.

Klausurhinweis:

Die Frage der Polizeifestigkeit stellt sich nicht nur für das Versammlungsrecht, sondern für das gesamte besondere Sicherheitsrecht. So kann Ihnen in der Klausur die Problematik der Polizeifestigkeit z.B. im Zusammenhang mit Presseerzeugnissen begegnen, welche dem BayPresseG unterfallen und daher durch dieses besonderen Schutz genießen, weshalb das allgemeine Polizei- und Sicherheitsrecht grundsätzlich gesperrt ist. In diesem Fall können Sie die Grundsätze, die Sie aus dem Versammlungsrecht kennen, heranziehen.[7]

II. Ausnahmen von der Polizeifestigkeit

1. Minusmaßnahmen

1863 Etwas anderes gilt jedoch für sog. Minusmaßnahmen. Hierunter versteht man solche Maßnahmen, die eine **geringere Eingriffsintensität** haben, **als diejenigen, die nach dem BayVersG angeordnet werden könnten**. Solche sind nicht nur erlaubt, sondern nach verfassungskonformer Auslegung auch geboten. Denn Sinn dieser Dogmatik ist es, die in Art. 15 BayVersG angeordneten Rechtsfolgen der Auflösung trotz Vorliegen der Voraussetzungen abzumildern.

[5] Schmidbauer, in: ders./Steiner, Art. 11 PAG Rn. 106; für das VersG VGH Mannheim, NVwZ 1998, 761.
[6] Schmidbauer, in: ders./Steiner, Art. 11 PAG Rn. 106.
[7] Zur Polizeifestigkeit des Presserechts Bünnigmann, JuS 2016, 894 ff.

So kann eine Versammlung, die den Schutz von Art. 8 Abs. 1 GG, Art. 113 BV verloren hat, da sie z.B. insgesamt unfriedlich geworden ist, nach Art. 12 Abs. 2 Satz 1 Nr. 2 BayVersG bzw. Art. 15 Abs. 4 i.V.m. Abs. 1 BayVersG aufgelöst werden. Da eine Auflösung jedoch dazu führt, dass auch die friedlichen Teilnehmer ihr grundrechtlich verbürgtes Recht auf Versammlungsfreiheit nicht mehr wahrnehmen können, sind Maßnahmen, die allein gegen die Störer gerichtet sind, für die friedlichen Teilnehmer grundrechtsverträglicher. Derartige Minusmaßnahmen, die im Vergleich zur Auflösung der gesamten Versammlung eine geringere Grundrechtsintensität aufweisen, können ergriffen und auf das PAG gestützt werden, obgleich die Versammlung noch nicht aufgelöst und daher noch polizeifest ist. **1864**

Statt der angeordneten, scharfen Rechtsfolge der Auflösung kann also eine mildere Rechtsfolge unter Hinzuziehung des allgemeinen Polizeirechts angeordnet werden. Das Vorgehen ist vor dem Hintergrund des Art. 8 Abs. 1 GG, Art. 113 BV geradezu Gebote, da es die Betroffenen in weniger einschneidender Weise betrifft. **1865**

So kann z.B. ein Platzverweis für einzelne unfriedliche Teilnehmer nach Art. 16 PAG ausgesprochen oder eine Ingewahrsamnahme nach Art. 17 Abs. 1 Nr. 2, 3 PAG angeordnet werden, welche die friedlichen Versammlungsteilnehmer nicht tangieren.

Beispielfall 73 **1866**

Bei der Maikundgebung beginnen immer mehr Teilnehmer, Schaufensterscheiben einzuschlagen sowie parkende Pkw in Brand zu setzen, bis die friedlichen Teilnehmer in der Unterzahl sind.
Aufgrund welcher Befugnisnormen kann gegen diese Teilnehmer vorgegangen weden?

Lösung

1. Da nunmehr die Ausschreitungen die Versammlung prägen, verliert sie den Schutz von Art. 8 Abs. 1 GG, Art. 113 BV. Sie kann daher nach Art. 15 Abs. 4 i.V.m. Abs. 1 BayVersG aufgelöst werden, da die öffentliche Sicherheit gestört ist. So lange jedoch noch keine Auflösung erfolgt ist, ist die Versammlung polizeifest, da die Polizeifestigkeit allein an die Anwendbarkeit des BayVersG gekoppelt ist.
2. Da die Versammlungsfreiheit der friedlichen Teilnehmer durch eine Auflösung aufgehoben wird, können gegen die unfriedlichen Teilnehmer z.B. Platzverweise nach Art 16 PAG oder Ingewahrsamnahmen nach Art. 17 Abs. 1 Nr. 2 PAG (Unterbindungsgewahrsam) bzw. Nr. 3 PAG (Verbringungsgewahrsam) angeordnet werden, welche für die friedlichen Teilnehmer als sog. Minusmaßnahmen eine geringere Grundrechtsintensität aufweisen.

Nach a.A. hat sich die Rechtsfigur der Minusmaßnahmen erledigt, da Art. 12 Abs. 1 und 2 sowie Art. 15 Abs. 1, 2 und 4 BayVersG auch Beschränkungen der Versammlung erlauben und somit schonendere Eingriffsmöglichkeiten als das Verbot bzw. die Auflösung bereithalten.[8] Dem ist jedoch entgegenzuhalten, dass sich die von Art. 12 Abs. 1 und 2 sowie Art. 15 Abs. 1, 2 und 4 BayVersG eröffnete Möglichkeit, Beschränkungen anzuordnen, derjenigen entspricht, eine Auflage zu verhängen. So wird lediglich an Stelle des Begriffs der Auflage derjenige der Beschränkung verwendet, was jedoch inhaltlich keine Änderungen nach sich zieht. Da mit Auflagen jedoch nicht jeglicher Gefahrensituation, die vor bzw. während der Versammlung auftreten kann, vorgebeugt werden kann, bleibt insoweit für die Minusmaßnahmen, die insbesondere aufgrund des PAG ergehen, der Anwendungsbereich erhalten. **1867**

---

[8] Enders, in: Dürig-Friedl/Enders, § 5 Rn. 32, § 13 Rn. 23.

2. Versammlungsatypische Gefahren

1868 Ebenfalls auf das allgemeine Polizei- und Sicherheitsrecht gestützt werden können Maßnahmen zur Abwehr versammlungsatypischer Gefahren. Hierunter sind solche **Gefahren** zu verstehen, **die nicht von der Versammlung selbst ausgehen** und damit nicht unter den Anwendungsbereich des BayVersG fallen.

1869 **Beispielfall 74**

Eine Versammlung nimmt den Weg an einem baufälligen Haus vorbei. Von dem Haus sind in der Vergangenheit bereits mehrfach Dachziegel auf die Straße gefallen, da der Eigentümer trotz mehrfacher Aufforderung keine Sicherungsmaßnahmen ergriffen hat. Die Polizei leitet daher die Versammlung über eine andere Straße an dem Haus vorbei.
Auf welche Befugnisnorm kann sie sich stützen?

Lösung
Als Befugnisnorm kommt Art. 11 Abs. 2 Satz 1 Nr. 3 PAG in Betracht.

1. Auf die Generalklausel mit Voraustatbeständen des PAG darf jedoch nur dann zurückgegriffen werden, wenn diese nicht durch das BayVersG gesperrt ist. Dies ist dann der Fall, wenn das BayVersG anwendbar und die Versammlung daher polizeifest ist.
2. Da vorliegend die Versammlung bereits begonnen hat und noch nicht beendet wurde, ist sie polizeifest, da das BayVersG als spezielleres Sicherheitsrecht anwendbar ist, womit die allgemeinen Vorschriften des Polizei- und Sicherheitsrechts grundsätzlich verdrängt werden.
3. Allerdings reicht die Polizeifestigkeit nur soweit, als das BayVersG anwendbar ist. Da Ziel des BayVersG ist, die Versammlung selbst sowie die öffentliche Sicherheit und Ordnung vor Gefahren zu schützen, die typischerweise mit der Durchführung einer Versammlung zusammenhängen, endet sein Anwendungsbereich bei Gefahren, die nicht von der Versammlung selbst ausgehen, sog. versammlungsatypische Gefahren. Die Baufälligkeit eines Hauses sowie die damit zusammenhängende Gefahr der Beeinträchtigung von Leben, Körper und Eigentumspositionen stellt keine typische, von der Versammlung ausgehende Gefahr dar, weshalb deren Vermeidung nicht in den Anwendungsbereich des BayVersG fällt. Für derartige Gefahren kann daher auf das allgemeine Polizei- und Sicherheitsrecht zurückgegriffen werden, mithin auch auf die Generalklausel mit Voraustatbeständen des PAG.[9]

Klausurhinweis:

Streng genommen handelt es sich bei dieser Fallgruppe nicht um eine Ausnahme von der Polizeifestigkeit der Versammlung, sondern um die Abgrenzung derjenigen Bereiche, die unter den Anwendungsbereich des BayVersG und damit unter die Polizeifestigkeit fallen zu denjenigen, auf die das allgemeine Sicherheitsrecht Anwendung findet.

---

[9] Die Maßnahme richtet sich dann gegen die Versammlung als Nichtstörer nach Art. 10 PAG.

3. Regelungslücken im BayVersG

Bestehen planwidrige Regelungslücken im BayVersG, so sind zur Schließung dieser Lücken die allgemeinen Vorschriften des Polizei- und Sicherheitsrechts anwendbar.[10] 1870

Z.B. richten sich Vollstreckungsmaßnahmen der Polizei grundsätzlich nach Art. 70ff. PAG, da diese Normen für alle Verwaltungsakte der Polizei mit Eingriffswirkung Geltung beanspruchen, die zwangsweise durchgesetzt werden.

Beispielfall 75 1871

Bei einer prokurdischen Versammlung werden die Auflagen erteilt, keine Transparente zu entfalten und auch keine Fahnen mit PKK-Symbolen mitzuführen. Dennoch beginnen einige Teilnehmer nach kurzer Zeit, ein derartiges Transparent zu entrollen sowie derartige Fahnen zu schwenken. Die Polizei nimmt den Demonstranten sowohl das Transparent als auch die Fahnen weg.
Auf welche Befugnisnorm kann sich die Polizei stützen?

Lösung
Als Befugnisnorm kommt Art. 71 Abs. 1 Nr. 3, Art. 75 PAG in Betracht.
1. Auf Art. 71 Abs. 1 Nr. 3, Art. 75 PAG darf jedoch nur dann zurückgegriffen werden, wenn diese nicht durch das BayVersG gesperrt sind. Dies ist dann der Fall, wenn das BayVersG anwendbar und die Versammlung daher polizeifest ist.
2. Da vorliegend die Versammlung bereits begonnen hat und noch nicht beendet wurde, ist sie polizeifest, da das BayVersG als spezielleres Sicherheitsrecht anwendbar ist, womit die allgemeinen Vorschriften des Polizei- und Sicherheitsrechts grundsätzlich verdrängt werden.
3. Allerdings reicht die Polizeifestigkeit nur soweit, als das BayVersG Regelungen bereit hält. Da vorliegend unmittelbarer Zwang zum Einsatz kommt, das BayVersG jedoch keine Vorschriften hierzu enthält, besteht im BayVersG eine Regelungslücke, die durch einen Rückgriff auf die allgemeinen Vorschriften des PAG geschlossen werden darf. Aus diesem Grunde ist der Rückgriff auf die Vollstreckungsvorschriften des PAG und damit auch die Anwendung von Art. 71 Abs. 1 Nr. 3, Art. 75 PAG zulässig.

III. Vor- und Nachwirkungen

Vor Beginn bzw. nach Ende der Versammlung gilt das BayVersG nicht. Aus die- 1872
sem Grunde besteht keine Polizeifestigkeit und damit auch keine Sperrwirkung des BayVersG, so dass Maßnahmen grundsätzlich auf das PAG gestützt werden können. Dennoch ist umstritten, ob sog. **Vorfeldmaßnahmen** auf das PAG oder auch auf das BayVersG gestützt werden können.

1. So will **e. A.** auch Vorfeldmaßnahmen auf das BayVersG stützen, wobei z.B. Personenkontrollen 1873
und Durchsuchungen als mildere Maßnahmen, sog. Minusmaßnahmen, zu einem z.B. Verbot möglich sein sollen. So gelte das PAG in diesen Fällen nur für die Rechtsfolgen. In Folge dessen

[10] Zum VersG BVerwG, NVwZ 1999, 991 (992); Lux, in: Peters/Janz, D 71.

wären derartige Minusmaßnahmen vom BayVersG gedeckt, weshalb auch die Aufgabeneröffnung nach Art. 2 Abs. 4 PAG gegeben wäre.[11]
Hiergegen spricht jedoch, dass sich die Maßnahmen nach Art. 15 BayVersG nur gegen die Versammlung oder einzelne Teilnehmer richten können, Art. 15 Abs. 5 BayVersG. Eine extensive Auslegung dieser Rechtsgrundlagen ist jedoch mit dem Vorbehalt des Gesetzes, Art. 20 Abs. 3 GG, nicht vereinbar, nach dem die Rechtsgrundlage für Eingriffe in Grundrechte hinreichend bestimmt sein muss.

1874 2. Aus diesem Grunde nimmt die **Rechtsprechung** eine räumlich-zeitliche Abgrenzung vor.[12] Außerhalb der Versammlung selbst ist die Anwendung des BayVersG ausgeschlossen, weshalb die Maßnahmen auf die Befugnisnormen des allgemeinen Polizei- und Sicherheitsrechts zu stützen sind.[13] Allerdings sind diese Maßnahmen im Lichte des Art. 8 Abs. 1 GG, Art. 113 BV, der eine Vorwirkung entfaltet, so auszulegen, dass hierdurch die Teilnahme an der Versammlung nicht erheblich erschwert oder gar unmöglich wird und so die Versammlung behindert wird.[14] Insoweit sind Eingriffe dann verfassungsgemäß, wenn sie einem die Versammlungsfreiheit überwiegenden Rechtsgut dienen, wie etwa den Individualrechtsgütern Leib, Leben und Gesundheit ebenso wie der freiheitlich demokratischen Ordnung des GG und der BV. Hiernach sind Maßnahmen nach dem PAG möglich, weshalb sich die Aufgabeneröffnung nach Art. 2 Abs. 1 PAG richtet.
Hierfür spricht auch, dass zum einen in Bayern das Versammlungsrecht durch ein landesrechtliches Gesetz, dem BayVersG, geregelt ist, mithin die kompetenzielle Problematik zwischen Bund und Land, wie es sich noch vor Inkrafttreten des BayVersG in dem Verhältnis zwischen VersG und PAG gestellt hat, nicht mehr besteht. Insoweit steht es im Ermessen des Landesgesetzgebers, welche Befugnisse er im landesrechtlichen Versammlungsrecht und dem PAG geregelt haben möchte. Überdies hat der bayerische Gesetzgeber mit Art. 13 Abs. 1 Nr. 4 PAG ausdrücklich eine Rechtsgrundlage für derartige Vorfeldmaßnahmen geschaffen, so dass auch aus diesem Grunde davon auszugehen ist, dass das PAG Anwendung findet.

1875 3. Hiergegen wurde jedoch eingewandt, dass dieser Lösung das Zitiergebot des Art. 19 Abs. 1 Satz 2 GG entgegenstehe. Denn dieses verlange, dass der eingeschränkte Grundrechtsartikel von dem Gesetz, aufgrund dessen die Einschränkung ergeht, zitiert wird, was in Art. 74 PAG a. F. nicht der Fall war.

1876 Aus diesem Grunde wurde von einer **a. A.** vertreten, dass polizeirechtlich nur solche Maßnahmen möglich seien, die entweder keinen Eingriff in Art. 8 Abs. 1 GG darstellen oder bei denen ein solcher nur Nebenfolge der polizeilichen Maßnahme sei.[15] Hiernach diene z.B. eine Personenkontrolle nur dem Schutz der Versammlung, weshalb diese nicht in Art. 8 Abs. 1 GG eingreife, vorausgesetzt, dass es zu keiner weiteren Behinderung der Versammlungsteilnahme kommt, etwa durch Verschleppung der Maßnahme.
Dies kann jedoch **nicht überzeugen**, da der Sinn des Zitiergebots, den Gesetzgeber seine weitreichenden Einschränkungen von Grundrechten bewusst zu machen, nicht mehr erreicht werden würde. Auch die Klarstellungsfunktion, nach der der Gesetzesanwender wissen soll, in welche Grundrechte er einzugreifen berechtigt ist, würde unterlaufen.
Allerdings wurde mit der Neufassung des Art. 74 PAG a. F. und heutigen Art. 91 PAG die Einschränkung des Art. 8 Abs. 1 GG ausdrücklich aufgenommen, weshalb dem Zitiergebot genügt

---

[11] So noch Kniesel, in: Dietel/Ginzel/Kniesel, § 15 Rn. 5, zum VersG; anders nunmehr Kniesel, in: Dietel/Ginzel/Kniesel, Teil I Rn. 413 ff.
[12] BVerfGE 69, 315 (349); 84, 203 (209); NVwZ 2005, 80 f., unter Verweis auf Schmidbauer, in: ders./Steiner, Art. 16 PAG Rn. 38; NJW 1991, 2694 (2695), jeweils zu Art. 8 GG und zum VersG.
[13] Dazu Messmann, JuS 2007, 524 (526).
[14] BVerfGE 69, 315 (349); 84, 203 (209); NJW 1991, 2694 (2695), jeweils zu Art. 8 GG und zum VersG.
[15] Deger, NVwZ 1999, 265 (267).

wird und sich diese Meinung – zumindest in Bayern – erledigt hat. Auch dies ist ein Grund für die Anwendung des PAG auf Vorfeldmaßnahmen.

4. So bleibt es dabei, dass vor Beginn und nach Beendigung der Versammlung das **BayVersG nicht anwendbar** ist, so dass Maßnahmen zu diesen Zeitpunkten auf das allgemeine Sicherheitsrecht, insbesondere das PAG zu stützen sind.[16] **1877**

Gleichzeitig entfalten **Art. 8 Abs. 1 GG, Art. 113 BV** seit der Brockdorf-Entscheidung des BVerfG eine **Vor- sowie** auch eine **Nachwirkung**.[17] In Folge dessen dürfen die Vorfeldmaßnahmen der Polizei nicht dazu führen, dass eine Teilnahme der Maßnahmeadressaten an der Versammlung vereitelt wird, wie auch nach Beendigung der Versammlung ergriffene Maßnahmen nicht dazu führen dürfen, dass eine künftige Versammlungsteilnahme für den Maßnahmeadressaten erschwert wird. Insoweit sind Art. 8 Abs. 1 GG, Art. 113 BV im Rahmen der Angemessenheit und des Ermessens der polizeilichen Maßnahmen zu berücksichtigen.[18] **1878**

Kürzere Verzögerungen der Versammlungsteilnahme durch Vorfeldmaßnahmen hat der Versammlungsteilnehmer hinzunehmen, nicht dagegen Maßnahmen, welche ihm die Teilnahme an der Versammlung unmöglich machen.[19] Dagegen liegt eine Zugangserschwerung vor, wenn die Teilnehmer registriert werden. **1879**

Klausurhinweis:

Beachten Sie also, dass die grundrechtliche Gewährleistung der Versammlungsfreiheit über Art. 8 Abs. 1 GG, Art. 113 BV und der Anwendungsbereich des BayVersG sich sowohl in inhaltlicher als auch zeitlicher Dimension unterscheiden. So bezieht sich die grundrechtliche Gewährleistung allein auf friedliche Versammlungen, während das BayVersG auch für unfriedliche Versammlungen gilt, vgl. Art. 2 Abs. 3, Art. 15 Abs. 4 i.V.m. Abs. 1 BayVersG. Darüber hinaus entfaltet das BayVersG ausschließlich Wirkung von Beginn bis zum Ende der Versammlung (formelle Geltung), während Art. 8 Abs. 1, Art. 113 BV auch Vor- und Nachwirkung entfalten (materielle Geltung).

Beispielfall 76 **1880**

Um den Demonstrationen gegen die Münchner Sicherheitskonferenz zu begegnen, werden auf allen Einfallstraßen nach München Kontrollstellen errichtet und Personenkontrollen durchgeführt. Diese dauern bis zu 30 Minuten, ehe die kontrollierten Personen ihren Weg fortsetzen können.
Verstoßen die Kontrollen gegen Art. 8 Abs. 1 GG, Art. 113 BV?

Lösung

1. Derartige Personenkontrollen richten sich nach Art. 13 Abs. 1 Nr. 4 PAG. Da die Versammlung noch nicht begonnen hat und die Personen noch nicht Teil-

---

16 Dazu Übersicht 3, Rn. 1944.
17 BVerfGE 69, 315 (349) – Brockdorf, zu Art. 8 GG.
18 Dazu Übersicht 3, Rn. 1944.
19 BVerfG, NVwZ 2005, 80f., unter Verweis auf Schmidbauer, in: ders./Steiner, Art. 16 PAG Rn. 38.

nehmer derselben sind, ist das BayVersG noch nicht anwendbar, so dass noch keine Polizeifestigkeit besteht und das PAG anwendbar ist.
2. Dennoch entfalten Art. 8 Abs. 1 GG, Art. 113 BV eine Schutzwirkung, die über die reine Versammlungsdurchführung hinausgeht und bereits die An- und Abreise zum Veranstaltungsort schützt. Die Personenkontrollen verstoßen daher dann gegen Art. 8 Abs. 1 GG, Art. 113 BV, wenn sie die Teilnahme an der Demonstration vereiteln oder wesentlich behindern, mithin nicht angemessen sind.
3. Da es sich jedoch nur um Verzögerungen von bis zu 30 Minuten handelt, ist den Personen die Fortsetzung ihrer Fahrt sowie die hieran anschließende Teilnahme an der Kundgebung weiterhin in ausreichendem Umfang möglich. Die Kontrollen vereiteln also die Teilnahme an der Versammlung nicht und erschweren diese auch nicht unverhältnismäßig, so dass sie auch nicht gegen die Versammlungsfreiheit verstoßen.

1881 **Beispielfall 77**[20]

Nach einer Kundgabe gegen den G7-Gipfel am Münchner Marienhof bildet die Polizei um die Demonstranten einen sog. Kessel, um diese zu registrieren. Erst nach mehreren Stunden wird der Kessel aufgelöst und die Teilnehmer können den Platz verlassen.
Sind die Maßnahmen rechtmäßig?

Lösung

1. Die **Einkesselung** von Versammlungsteilnehmern nach Auflösung der Versammlung ist grundsätzlich möglich, bedarf jedoch aufgrund des Eingriffs in die körperliche Bewegungsfreiheit nach Art. 2 Abs. 1 GG, Art. 101 BV einer Befugnisnorm.
   a. Da die Versammlung bereits aufgelöst wurde, ist sie nicht mehr polizeifest, so dass die Maßnahmen auf das PAG gestützt werden können.
   b. Da die Einkesselung jedoch ähnliche Wirkungen aufweist, wie die Ingewahrsamnahme, ist eine solche nur unter den Voraussetzungen des Art. 17 PAG möglich.[21] Da jedoch dessen Voraussetzungen nicht vorliegen, ist die Einkesselung rechtswidrig.
2. Darüber hinaus dürfen Maßnahmen sowie vor als auch nach Versammlungsauflösung keine abschreckende Wirkung erzielen. Insoweit entfaltet Art. 8 Abs. 1 GG, Art. 113 BV eine Vor- und Nachwirkung.
   a. Eine solche abschreckende Wirkung könnte durch die Registrierung der Versammlungsteilnehmer nach Art. 11 Abs. 1 PAG eintreten.
   b. Da diese geeignet ist, die Versammlungsteilnehmer in Zukunft von der Teilnahme an der Versammlung und damit dem Gebrauchmachen der grundrechtlichen Versammlungsfreiheit abzuhalten, wird hierdurch eine abschreckende Wirkung erzielt, so dass das Registrieren gegen Art. 8 Abs. 1 GG, Art. 113 BV verstößt.

---

[20] Dazu OLG München, Urt. v. 20.6.1996, 1 U 3098/94, NJW-RR 1997, 279ff.
[21] Schmidbauer, in: ders./Steiner, Art. 16 PAG Rn. 12ff.; Kniesel/Poscher, in: Lisken/Denninger, K 399; Pieroth/Schlink/Kniesel, § 23 Rn. 7.

B. Zuständige Sicherheitsbehörden nach dem BayVersG

Als Sicherheitsbehörde zuständig ist grundsätzlich die **Kreisverwaltungsbehörde**, 1882
mithin das Landratsamt als unterste Staatsbehörde, Art. 24 Abs. 2 Satz 1 BayVersG, Art. 37 Abs. 1 Satz 2 LKrO, oder die kreisfreie Stadt, Art. 9 Abs. 1 GO.

Nach Beginn der Versammlung ist die **Polizei** zuständig, Art. 24 Abs. 2 Satz 1 1883
BayVersG. Dieser sowie dem Landratsamt oder der kreisfreien Stadt kommt auch die Eilzuständigkeit zu, Art. 24 Abs. 2 Satz 2 BayVersG.

C. Die einzelnen Befugnisse der Sicherheitsbehörde

I. Zugangsrecht von Polizeibeamten, Art. 4 Abs. 3 BayVersG

Art. 4 Abs. 3 BayVersG regelt das Zugangsrecht von Polizeibeamten zu Versamm- 1884
lungen und Anspruch auf angemessenen Platz, wenn dies bei Versammlungen unter freiem Himmel zur Erfüllung der polizeilichen Aufgaben notwendig ist, Art. 4 Abs. 3 Satz 1 Nr. 1 BayVersG, bzw. bei Versammlungen in geschlossenen Räumen eine Gefahr für die öffentliche Sicherheit besteht. Dabei haben sich die Polizeibeamten dem Leiter zu erkennen zu geben, Art. 4 Abs. 3 Satz 2 1. Hs. BayVersG. Bei Versammlungen unter freiem Himmel ist ausreichend, dass die polizeiliche Einsatzleitung beim Leiter vorstellig wird, Art. 4 Abs. 3 Satz 2 2. Hs. BayVersG.

Dass nur der Einsatzleiter vorstellig wird, war bereits nach dem VersG entgegen § 12 Satz 1 i. V. m. 1885
§ 18 Abs. 1 VersG Praxis, da allein aus praktischen Gründen v.a. bei Großversammlungen weder realisierbar noch sinnvoll ist, dass sich alle Polizeikräfte beim Versammlungsleiter vorstellen.[22]

Durch die bloße Anwesenheit der Polizeibeamten kommt es nicht zu Rechtsbeeinträchtigungen 1886
oder einer Abschreckung von Teilnehmern. Vielmehr ist die Anwesenheitspflicht der Polizei dem Umstand geschuldet, dass den Staat eine **Gewährleistungs- und Schutzpflicht** gegenüber Versammlungen trifft, mithin Art. 4 Abs. 5 Satz 1 BayVersG lediglich im Sinne grundrechtsfreundlicher Organisations- und Verfahrensgestaltung zu interpretieren ist.[23] Zum anderen erfolgt eine Beeinträchtigung von Rechten der Teilnehmer nicht, da weder eine gezielte Beobachtung noch eine Datensammlung durchgeführt wird.[24] Vielmehr dient die Entsendung von Polizeibeamten primär dem Schutz der Versammlung und der Rechte eventuell beeinträchtigter Dritter. Einer Abschreckung durch zu hohe Polizeipräsenz wird dadurch entgegengewirkt, dass eine Entsendung von Beamten nur in angemessenem Umfang vorgenommen werden kann.[25]

II. Bild- und Tonbandaufnahmen sowie -aufzeichnungen, Art. 9 BayVersG

Art. 9 Abs. 1 BayVersG beinhaltet eine Rechtsgrundlage für **Bild- und Tonband-** 1887
aufnahmen sowie -aufzeichnungen von Teilnehmern, wenn davon auszugehen ist, dass von diesen erhebliche Gefahren für die öffentliche Sicherheit und Ordnung ausgehen. Dabei ist unter Aufzeichnung die Speicherung einer Bild- und Tonaufnahme zu verstehen.

---

[22] Kniesel, in: Dietel/Gintzel/Kniesel, § 12 Rn. 11. A. A. Ott/Wächtler/Heinhold, § 12 Rn. 6.

[23] BVerfGE 69, 315 (355). Dazu Brenneisen, DVBl. 2014, 901 (903).

[24] Kniesel, in: Dietel/Gintzel/Kniesel, § 12 Rn. 6ff., der Eingriffsqualität ebenfalls dann annimmt, wenn durch die Observation von Teilnehmern eine Abschreckungswirkung erzielt wird.

[25] Ott/Wächtler/Heinhold, § 12 Rn. 5.

1888 Die Aufnahmen und Aufzeichnungen dürfen nur **offen** erfolgen, so dass verdeckte Aufnahmen ausgeschlossen sind. Hierdurch wird die zu § 12a VersG vertretene h. M. normiert.[26] Grund hierfür ist der einschüchternde Effekt, den eine derartige verdeckte Maßnahme nach sich ziehen würde. Eine abschreckende Wirkung wäre jedoch mit Art. 8 Abs. 1 GG, Art. 113 BV nicht vereinbar, da dieser die möglichst unbeeinflusste Beteiligung am politischen Willensbildungsprozess durch die Teilnahme an Versammlungen gewährleisten soll.[27]

1889 Seiner systematischen Stellung unter den „Allgemeinen Bestimmungen" nach ist Art. 9 Abs. 1 BayVersG sowohl für **Versammlungen in geschlossenen Räumen** als auch unter freiem Himmel anwendbar. Dies war jedoch schon nach der bisherigen Rechtslage, nach der § 12a VersG i. V. m. § 19a VersG ebenfalls für beide geregelten Versammlungstypen Geltung beanspruchte, umstritten. So bestehen bereits Bedenken aufgrund der Tatsache, dass Versammlungen in geschlossenen Räumen keinem Gesetzesvorbehalt unterliegen, vielmehr Art. 8 Abs. 2 GG einen solchen lediglich für Versammlungen unter freiem Himmel vorsieht.[28] Aus diesem Grunde wird, um der Verfassungswidrigkeit zu entgehen, eine einschränkende Interpretation vorgenommen, nach der eine zurückhaltende Anwendung[29] oder zusätzliche Voraussetzungen für die Maßnahmen nach § 12a VersG gefordert werden, wie z.B. das Vorliegen der Eingriffsvoraussetzungen des § 13 VersG.[30] Vor diesem Hintergrund ist auch für Art. 9 Abs. 1 BayVersG in verfassungskonformer Auslegung zu fordern, dass zusätzlich die Voraussetzungen von Art. 12 BayVersG vorliegen müssen.

1890 Bei größeren Versammlungen kann die Polizei **Übersichtsaufnahmen** zur Lenkung und Leitung des Polizeieinsatzes anfertigen, wenn dies erforderlich ist, Art. 9 Abs. 2 Satz 1 BayVersG, und darf diese auch aufzeichnen, wenn von den Versammlungen eine erhebliche Gefahr für die öffentliche Sicherheit oder Ordnung ausgeht, Art. 9 Abs. 2 Satz 2 BayVersG. Personen dürfen jedoch nur nach Maßgabe von Art. 9 Abs. 1 BayVersG identifiziert werden, Art. 9 Abs. 2 Satz 3 BayVersG.

1891 Die **Art. 9 Abs. 3 und 4 BayVersG** beinhalten **Regelungen für die Löschung sowie** der **Verwendung** für die Verfolgung oder Abwehr von Straftaten als auch für die polizeiliche Aus- und Fortbildung.[31]

III. Ablehnung des Leiters oder der Ordner

1. Der Leiter

1892 Nach Art. 10 Abs. 3 Satz 2 sowie Art. 13 Abs. 4 Satz 2 BayVersG kann die zuständige Behörde den Leiter ablehnen, wenn Tatsachen die Annahme rechtfertigen, dass er oder sie die Friedlichkeit der Versammlung gefährden.

1893 Hierdurch soll bereits im Vorfeld der Gefahr begegnet werden, dass die Versammlung unfriedlich wird, auf deren Vermeidung die Rechtsordnung strikt bestehen muss.[32] Ist bei einer unfriedlichen Versammlung ein Verbot oder die Auflösung verfassungsgemäß, ist die präventive Ablehnung eines Leiters bei einem auf Tatsachen gestützten Verdacht das mildere und damit die Versammlungsfreiheit schonendere Mittel. Dabei ist nicht jeder Verdacht für die Ablehnung ausreichend, vielmehr mussten schon bislang derartige Zweifel an der Zuverlässigkeit durch Tatsachen belegbar sein,[33] was nun durch den Wortlaut *„wenn Tatsachen die Annahme rechtfertigen"* zum Ausdruck gebracht wird.

---

[26] Vgl. zur Problematik Kniesel, Polizei heute 1995, 176 f.; Henninger, DÖV 1998, 718.

[27] BVerfGE 69, 315 (349).

[28] Kniesel, in: Dietel/Gintzel/Kniesel, § 12a Rn. 1. Weiter wird unter Verweis auf die Gesetzesbegründung auch ein Regelungsbedarf für Vesammlungen in geschlossenen Räumen verneint, so dass die systematische Einordnung vor § 12a VersG als Versehen gilt, Kniesel/Poscher, in: Lisken/Denninger, K 374; Kniesel, in: Dietel/Gintzel/Kniesel, § 12a Rn. 2.

[29] So Kniesel, in: Dietel/Gintzel/Kniesel, § 12a VersG Rn. 2.

[30] Hiernach wären Eingriffe nach § 12a VersG „Minusmaßnahmen" zu solchen nach § 13 VersG, vgl. VGH Mannheim, NVwZ 1998, 761 (764); Kniesel, in: Dietel/Gintzel/Kniesel, § 12a Rn. 2.

[31] Zu dieser Problematik Holzner, BayVBl 2009, 485 (487 ff.).

[32] BVerfGE 69, 315 (360).

[33] BVerfG, DVBl 2000, 1994; NJW 2000, 3051 (3052); Höfling, in: Sachs, GG, Art. 8 Rn. 66.

2. Die Ordner

Nach Art. 10 Abs. 4 Satz 2 sowie Art. 13 Abs. 6 Satz 2 BayVersG kann die zuständige Behörde auch Ordner **ablehnen**, wenn Tatsachen die Annahme rechtfertigen, dass sie die Friedlichkeit der Versammlung gefährden. 1894

Diese Norm ist getragen vom staatlichen Auftrag, die Versammlungsfreiheit zu fördern. Da im Falle der Unfriedlichkeit der Versammlung ein Versammlungsverbot oder eine Auflösung droht, ist die präventive Ablehnung einzelner Ordner das mildere Mittel.[34] 1895

Nach dem VersG kann die Polizei die Anzahl der Ordner lediglich beschränken, § 9 Abs. 2 Satz 2 VersG.[35] In Betracht kamen allein die nachträgliche Entziehung der Ordnerbefugnis und der Ausschluss von der Versammlung nach § 11 Abs. 1 VersG wie bei gewöhnlichen Teilnehmern. 1896

IV. Beschränkungen, Verbote bzw. Auflösung

Beschränkungen, Verbote und Auflösungen von Versammlungen richten sich nach den in Art. 12 BayVersG für Versammlungen in geschlossenen Räumen und in Art. 15 BayVersG für Versammlungen unter freiem Himmel enthaltenen Tatbeständen für ein Verbot von Versammlungen, wobei verbotene Versammlungen aufzulösen sind, Art. 15 Abs. 6 BayVersG. 1897

1. Versammlungen in geschlossenen Räumen, Art. 12 BayVersG

Nach Art. 12 Abs. 1 BayVersG können Versammlungen beschränkt oder verboten, nach Abs. 2 **beschränkt oder aufgelöst** werden, wenn eine Gefährdung oder Störung der öffentlichen Sicherheit gegeben ist. Dies wird durch die einzelnen Tatbestände exemplifiziert. 1898

Die Vorschrift fasst §§ 5 und 13 VersG zusammen und schafft damit eine einheitliche Befugnisnorm für Beschränkungen, Verbote und Auflösungen von Versammlungen in geschlossenen Räumen.[36] Dabei normiert Art. 12 Abs. 1 BayVersG in Anlehnung an die sich zu § 5 VersG entwickelte und von der Rechtsprechung gehaltene Praxis, dass in den Fällen, in denen ein Verbot möglich ist, aufgrund eines Erst-Recht-Schlusses auch die mildere Maßnahme der Beschränkung erfolgen kann.[37] 1899

a. Tatbestand des Art. 12 Abs. 1 und 2 BayVersG

Tatbestandsmäßig sind daher folgende Fälle: 1900

- Der Veranstalter erfüllt die **Voraussetzungen des Art. 1 Abs. 2 BayVersG**, Art. 12 Abs. 1 Nr. 1, Abs. 2 Satz 1 Nr. 1 BayVersG. Dabei muss der Rechtsverlust beim Veranstalter im Zeitpunkt der Veranstaltung bereits eingetreten sein, infolgedessen dieser seine Versammlungsfreiheit nicht mehr betätigen kann und damit der Versammlung die Grundlage entzieht und ein Einschreiten der Behörde rechtfertigt. 1901
- Personen, die gegen **Art. 6 BayVersG** verstoßen, erhalten Zutritt zur Veranstaltung bzw. werden nicht ausgeschlossen, Art. 12 Abs. 1 Nr. 2, Abs. 2 Satz 1 Nr. 3 BayVersG. 1902
- Die Teilnehmer streben einen **gewalttätigen Verlauf** an, Art. 12 Abs. 1 Nr. 3 BayVersG, oder die Versammlung nimmt einen solchen Verlauf oder es besteht unmittelbare Gefahr für Leben oder Gesundheit der Teilnehmer, Art. 12 Abs. 2 Satz 1 Nr. 2 BayVersG. 1903

---

[34] Dabei ist die Wortwahl „ungeeignet" nicht bedenklich, da der Tatbestand, wann eine solche Ablehnung als „ungeeignet" erfolgen kann, festgelegt ist.

[35] Kniesel, in: Dietel/Gintzel/Kniesel, § 9 Rn. 18ff.

[36] LT-Drs. 15/10181, S. 18.

[37] LT-Drs. 15/10181, S. 18f.

Hierdurch werden das Waffenverbot und das Gebot der Friedlichkeit konkretisiert und als Grund für das Einschreiten der Behörde anerkannt. Da für das Waffenverbot der Verdacht eines künftigen Verstoßes ausreicht, ist eine hinreichende Wahrscheinlichkeit hierfür zu fordern. Bloße Verdachtsmomente oder Vermutungen reichen dagegen nicht.[38]

1904 – Das Verhalten der Teilnehmer wird strafrechtlich relevant, Art. 12 Abs. 1 Nr. 4, Abs. 2 Satz 1 Nr. 4 BayVersG.

Auch hierbei ist ein hinreichend substantiierter Gefahrenverdacht für die Begehung strafrechtlich relevanten Verhaltens erforderlich. Gleichzeitig müssen die Rechtsgüter, deren Schutz durch die jeweiligen Strafrechtsnormen bezweckt wird, gegenüber der Meinungs- oder Versammlungsfreiheit vorrangig sein, um eine Einschränkung zu rechtfertigen.[39]

b. Rechtsfolgen

1905 Angeordnet werden können **Beschränkungen** sowie das **Verbot**, Art. 12 Abs. 1 BayVersG, bzw. die **Auflösung**, Abs. 2, der Versammlung.

aa. Beschränkungen

1906 Die Behörde kann die Versammlung beschränken. Bei diesen Beschränkungen handelt es sich um **selbständige Verwaltungsakte i. S. v. Art. 35 Satz 1 BayVwVfG** und nicht um Auflagen im Rechtssinn nach Art. 36 Abs. 2 Nr. 4 BayVwVfG. **Beschränkungen sind daher keine Nebenbestimmungen zu einem Verwaltungsakt.** Dies ergibt sich daraus, dass Versammlungen zulassungsfrei sind und kein Hauptverwaltungsakt vorliegt, dem beschränkende Verfügungen als Nebenbestimmungen beigefügt werden könnten.

1907 Diesem Umstand will der Begriff der „Beschränkung" Ausdruck verleihen.[40] Daher verwendet der Gesetzestext an Stelle des Begriffs der Auflage denjenigen der Beschränkung, was jedoch inhaltlich keine Änderungen nach sich zieht.

Nach a. A. haben sich hierdurch die Minusmaßnahmen erledigt,[41] was jedoch abzulehnen ist.[42]

bb. Verbot oder Auflösung

1908 Als Möglichkeit wird der Behörde auch das **vor Versammlungsbeginn** auszusprechende **Verbot**, Art. 12 Abs. 1 BayVersG, bzw. die **nach Versammlungsbeginn** erfolgende **Auflösung**, Art. 12 Abs. 2 BayVersG, eröffnet. Beide Maßnahmen stellen **Verwaltungsakte** im Sinne von Art. 35 Satz 1 BayVwVfG dar.

1909 Eine verbotene Versammlung, die trotzdem erfolgt, ist aufzulösen, vgl. Art. 15 Abs. 6 BayVersG.

1910 Nach Auflösung einer Versammlung haben sich die teilnehmenden Personen unverzüglich zu entfernen, Art. 5 Abs. 3 BayVersG.[43] Die **Polizeifestigkeit** der Versammlung **endet**, so dass das allgemeine Polizei- und Sicherheitsrecht Anwendung findet.[44]

---

[38] Enders, in: Dürig-Friedl/Enders, § 5 Rn. 36.
[39] Enders, in: Dürig-Friedl/Enders, § 5 Rn. 37, 18 f.
[40] LT-Drs. 15/10181, S. 21.
[41] Enders, in: Dürig-Friedl/Enders, § 5 Rn. 32, § 13 Rn. 23.
[42] Dazu bereits Rn. 1867.
[43] Dazu Rn. 1786 f.
[44] Dazu bereits Rn. 1859 ff. und Übersicht 3, Rn. 1944.

cc. Verhältnis der Maßnahmen zueinander

Nach dem **Grundsatz der Verhältnismäßigkeit** ist die Anordnung einer **Beschränkung** einem Verbot als das **mildere Mittel** vorzuziehen, sofern hierdurch die Gefahr oder der Verstoß beseitigt werden können. Dies ergibt sich u.a. aus der Reihenfolge der Normierung von Beschränkung und Verbot und wird in Art. 12 Abs. 2 Satz 2 BayVersG für bestimmte Tatbestände noch einmal ausdrücklich angeordnet. 1911

Ausgeschlossen sind dagegen Versammlungsverbote bei bloßen Gefährdungen der öffentlichen Ordnung, da solche ein Versammlungsverbot nicht rechtfertigen können.[45] Es können daher in diesen Fällen nur Beschränkungen angeordnet werden. 1912

2. Versammlungen unter freiem Himmel, Art. 15 BayVersG

Bei Versammlungen unter freiem Himmel enthalten die Art. 15 Abs. 1 und 2 BayVersG die Voraussetzungen für **Beschränkungen und Verbote** von Versammlungen **vor deren Beginn**, während nach Abs. 4 auch **nach deren Beginn** Beschränkungen und die **Auflösung** der Versammlung erfolgen können. 1913

a. Versammlungsrechtliche Generalklausel: Gefährdung der öffentlichen Sicherheit oder Ordnung, Art. 15 Abs. 1 1. Hs. BayVersG

Art. 15 Abs. 1 BayVersG ist weitgehend § 15 VersG nachgebildet und enthält wie die Art. 11 Abs. 1 PAG und Art. 7 Abs. 2 LStVG eine **Generalklausel** mit dem Tatbestand, dass Versammlungen dann beschränkt oder verboten werden können, wenn durch diese die **öffentliche Sicherheit oder Ordnung gefährdet** werden. 1914

Dabei normiert Art. 15 Abs. 1 BayVersG lediglich die bisherige Praxis, nach der Versammlungen unter freiem Himmel, welche die öffentliche Sicherheit in höherem Maße gefährden als solche in geschlossenen Räumen, aufgelöst oder verboten werden können. 1915

b. Tatbestand des Verbots oder der Beschränkung bei Versammlungen in geschlossenen Räumen, Art. 15 Abs. 1 2. Hs. BayVersG

Darüber hinaus kann eine Beschränkung bzw. ein Verbot auch erfolgen, wenn die **Tatbestandsvoraussetzungen des Art. 12 Abs. 1 BayVersG** vorliegen. 1916

Die Bezugnahme auf den Tatbestand von Art. 12 Abs. 1 BayVersG erfolgt in Anwendung eines *argumentum a fortiori*, da die als weitaus gefährlicher geltenden Versammlungen unter freiem Himmel erst Recht unter den Voraussetzungen eingeschränkt oder verboten werden können, unter denen selbst Versammlungen in geschlossenen Räumen verboten oder eingeschränkt werden können.[46]

---

[45] BVerfGE 69, 315 (352f.); NJW 2001, 2069; NJW 2003, 3689 (3690); NVwZ 2004, 90 (91). A.A. BVerwG, Urt. v. 26.02.2014 – 6 C 1/13 –, NVwZ 2014, 883ff.; OVG Münster, Beschl. v. 23.3.2001 – 5 B 395/01 –, NJW 2001, 2111f.; Beschl. v. 12.4.2001 – 5 B 492/01 –, NJW 2001, 2113f., Beschl. v. 30.4.2001 – 5 B 585/01 –, NJW 2001, 2114f.; Beschl. v. 29.6.2001 – 5 B 832/01 –, DVBl. 2001, 1624f.; Beschl. v. 4.1.2002 – 5 B 12/02 –, NVwZ 2002, 737. Zustimmend Battis/Grigoleit, NVwZ 2001, 121 (127f.); kritisch hingegen Rühl, NVwZ 2003, 531 (532, 536f.); Wiefelspütz, KritV 85 (2002), 19 (31ff.); Brüning, Der Staat 93 (2002), 213 (223, 228).

[46] Vgl. auch OVG Weimar, NJW 1997, 102 (103); Kniesel, in: Dietel/Gintzel/Kniesel, § 15 Rn. 22 m.w.N.

c. Verbot oder Beschränkung aufgrund rechtsextremistischer Ausrichtung, Art. 15 Abs. 2 BayVersG

1917 Art. 15 Abs. 2 BayVersG konkretisiert den allgemeinen Tatbestand des Art. 15 Abs. 1 1. Hs. BayVersG mit Blick auf **Demonstrationen mit rechtsextremistischer Ausrichtung**. Die Konkretisierung ist dabei nicht abschließend („insbesondere") und lässt die Generalklausel unangetastet.

aa. Tag oder Ort mit gewichtiger Symbolkraft, Art. 15 Abs. 2 Nr. 1 BayVersG

1918 Nach Art. 15 Abs. 2 Nr. 1 BayVersG ist für eine Beschränkung oder ein Verbot erforderlich, dass dem Tag oder dem Ort der Versammlung *„ein an die nationalsozialistische Gewalt- und Willkürherrschaft erinnernder Sinngehalt mit gewichtiger Symbolkraft zukommt"*.

Die Norm stellt im Unterschied zu § 15 Abs. 2 Satz 1 Nr. 1 VersG auf konkrete Zeitpunkte ab, womit sie der Rechtsprechung des BVerfG folgt, das als Anknüpfung von Beschränkungen einer Versammlung auch Tage als zulässig erachtet.[47]

1919 Dabei muss es sich nach der Gesetzesbegründung um Tage oder Orte handeln, *„deren Sinngehalt eindeutig an die nationalsozialistische Gewalt- und Willkürherrschaft erinnert und denen deshalb eine entsprechend gewichtige Symbolkraft zukommt"*.[48]

Beispiele für Tage sind der 20.4. (Geburtstag von Adolf Hitler), der 1.9. (Überfall auf Polen), der 9.11. (Reichspogromnacht), der 30.1. (Tag der „Machtergreifung") sowie der 27.1. (Jahrestag der Befreiung des Konzentrationslagers Auschwitz, der zum Tag des Gedenkens an die Opfer des Nationalsozialismus bestimmt wurde).[49]

Beispiele für Orte sind das Konzentrationslager Dachau und Flossenbürg, das Reichsparteitagsgelände in Nürnberg, der Platz vor der Feldherrnhalle in München (Hitler-Putsch) sowie Gedenkstätten am Ort einer ehemaligen, von den Nationalsozialisten zerstörten Synagoge.[50]

(1) Besorgung der Beeinträchtigung der Würde der Opfer, Art. 15 Abs. 2 Nr. 1a BayVersG

1920 Art. 15 Abs. 2 Nr. 1a BayVersG stellt als zusätzliche Voraussetzung auf, dass *„eine Beeinträchtigung der Würde der Opfer zu besorgen ist"*. Umfasst ist davon die **Menschenwürde nach Art. 1 GG, Art. 100 BV** der überlebenden oder toten Opfer.

Nachfahren und Angehörige sind hiervon nicht erfasst.

1921 Eine **Besorgung** liegt bereits dann vor, wenn nach einer Prognose, an die aufgrund der überragend hohen Gewichtung des Schutzgutes geringe Anforderungen zu stellen sind, *„Tatsachen eine entsprechende Annahme rechtfertigen"*, dass die Würde der Opfer bei Durchführung der Versammlung beeinträchtigt ist.[51]

---

[47] BVerfG, NJW 2001, 2069 (2071); NJW 2001, 1409 (1410), zum Holocaust-Gedenktag. Für den Tag der „Machtergreifung" wurde dies anders gesehen, vgl. BVerfG, NJW 2001, 2075 f.; NJW 2001, 2076 f.; NJW 2001, 2079; NJW 2001, 1408 f.; kritisch hierzu Battis/Grigoleit, NVwZ 2001, 2051 (2053); zustimmend Neumann, in: Leggewie/Meier (Hrsg.), S. 155, 161 f.

[48] LT-Drs. 15/10181 S. 15, 22.

[49] Gesetzesbegründung, LT-Drs. 15/10181 S. 15, 22.

[50] LT-Drs. 15/10181 S. 15, 22.

[51] LT-Drs. 15/10181 S. 15, 22.

(2) Gefahr einer erheblichen Verletzung grundlegender sozialer oder ethischer Anschauungen, Art. 15 Abs. 2 Nr. 1b BayVersG

Art. 15 Abs. 2 Nr. 1b BayVersG fordert *„die unmittelbare Gefahr einer erheblichen Verletzung grundlegender sozialer oder ethischer Anschauungen"* und lehnt sich damit in seiner Formulierung an die **Entscheidung des BVerfG** an, in der festgestellt wurde, dass ein Verstoß gegen die öffentliche Ordnung und damit ein Rückgriff auf § 15 VersG ausnahmsweise möglich ist, wenn der für die Versammlung gewählte Tag durch eine gewichtige Symbolkraft charakterisiert ist,[52] der mit der Durchführung eines Aufzugs *„in einer Weise angegriffen wird, dass dadurch zugleich grundlegende soziale oder ethische Anschauungen in erheblicher Weise verletzt werden"*.[53] 1922

Klausurhinweis:

Letztlich handelt es sich bei dieser Tatbestandsvariante um eine Konkretisierung des Tatbestands der öffentlichen Ordnung, die, wie gesehen, grundsätzlich nur Beschränkungen ermöglicht. Im Falle des Art. 15 Abs. 2 Nr. 1b BayVersG wird sie durch die Normierung zu einem Schutzgut der öffentlichen Sicherheit und rechtfertigt damit grundsätzlich sogar ein Verbot bzw. die Auflösung der Versammlung, Art. 15 Abs. 4 BayVersG.

Eine *„erhebliche(n) Verletzung grundlegender sozialer oder ethischer"* Art liegt nach der Gesetzesbegründung dann vor, wenn der Versammlung an diesem Tag oder Ort *„eine **Provokationswirkung** zukommt"*, welche die Mehrzahl der Bevölkerung *„als schlechthin unerträglich"* und *„inakzeptabel"* empfindet.[54] Dabei ist auf Inhalt und Form abzustellen, insbesondere darauf, ob eine massive Verfälschung gesicherter historischer Tatsachen betrieben wird oder Rituale aus der nationalsozialistischen Zeit aufgeführt werden.[55] 1923

Viel ist dabei für die Auslegung dieser unbestimmten Norm jedoch nicht gewonnen, so dass ihre Vereinbarkeit mit dem Grundsatz der Normklarheit, Art. 20 Abs. 3 GG, Art. 3 Abs. 1 BV, Zweifel aufwirft.[56]

Im Gegensatz zu Art. 15 Abs. 2 Nr. 1a BayVersG muss bei Art. 15 Abs. 2 Nr. 1b BayVersG die unmittelbare Gefahr der erheblichen Verletzung bestehen, was eine konkrete, durch Tatsachen gesicherte Gefahrenprognose voraussetzt. Grund für diese unterschiedlichen Prognosemaßstäbe ist, dass die Würde der Opfer das höherwertige Schutzgut ist und daher geringere Anforderungen an den Schadenseintritt zu stellen sind. 1924

Klausurhinweis:

Beachten Sie, dass nach Art. 15 Abs. 2 Nr. 1 BayVersG regelmäßig nur Beschränkungen möglich sind, da der Gefährdung der Schutzgüter zumeist mit einer ent-

[52] Im konkreten Fall war es der Holocaust-Gedenktag am 27.1.

[53] BVerfG, NJW 2001, 1409 (1410); ebenso BVerfG, NJW 2001, 1407; vgl. hierzu Wiefelspütz, KritV 85 (2002), 19 (22f.).

[54] Gesetzesbegründung, LT-Drs. 15/10181 S. 15, 22, Hervorhebung durch den Verfasser.

[55] LT-Drs. 15/10181 S. 15, 22.

[56] Holzner, BayVBl 2009, 485 (494).

weder zeitlichen Verschiebung der Versammlung auf einen anderen Tag oder ihre räumliche Verlegung an einen anderen Ort ausreichend entgegengewirkt werden kann.
Dabei ist jedoch ebenfalls zu berücksichtigen, dass eine zeitliche Verlegung einer Versammlung auf einen anderen Tag oftmals einem Verbot gleichkommt, da eine Gedenkveranstaltung zu einem bestimmten Ereignis an einem anderen Tag als demjenigen, an dem das Ereignis stattgefunden hat, weitgehend „entkernt" ist, was im Rahmen der Verhältnismäßigkeit zu berücksichtigen ist.

bb. Billigung der nationalsozialistischen Gewalt- und Willkürherrschaft, Art. 15 Abs. 2 Nr. 2 BayVersG

1925 Nach Art. 15 Abs. 2 Nr. 2 BayVersG können Versammlungen beschränkt oder verboten werden, wenn *„durch die Versammlung die nationalsozialistische Gewalt- und Willkürherrschaft gebilligt, verherrlicht, gerechtfertigt oder verharmlost wird, auch durch das Gedenken an führende Repräsentanten des Nationalsozialismus, und dadurch die unmittelbare Gefahr einer Beeinträchtigung der Würde der Opfer besteht"*.

(1) Verfassungskonformität von Art. 15 Abs. 2 Nr. 2 BayVersG

1926 Mit Art. 15 Abs. 2 Nr. 2 BayVersG werden aufgrund des Inhalts der kollektiven Meinungskundgabe Sanktionen für die Versammlung verhängt, die jedoch nur in den engen Grenzen des Art. 5 Abs. 2 GG, Art. 110 BV zulässig sind.[57] Problematisch ist dabei, ob es sich bei Art. 15 Abs. 2 Nr. 2 BayVersG um ein „allgemeines Gesetz" im Sinne von Art. 5 Abs. 2 GG bzw. Art. 110 Abs. 1 BV[58] handelt.

Das BVerfG stellt klar, dass es sich bei § 130 Abs. 4 StGB, dem Art. 15 Abs. 2 Nr. 2 BayVersG nachgebildet ist, weshalb die Ausführungen hierzu auch auf diesen übertragen werden können, um **Sonderrecht** handelt, da die Norm eine Reaktion des Gesetzgebers auf die jährlichen Gedenkveranstaltungen für Rudolf Heß darstellt und sich damit *„allein auf Meinungsäußerungen, die eine bestimmte Haltung zum Nationalsozialismus ausdrücken"* und daher gegen *„konkrete politische, als besonders gefährlich beurteilte Auffassungen im öffentlichen Meinungskampf"* richtet.[59]

Dieses Sonderrecht ist jedoch trotz Art. 5 Abs. 2 GG verfassungskonform, da Art. 5 Abs. 1 und Abs. 2 GG *„[a]ngesichts des sich allgemeinen Kategorien entziehenden Unrechts und des Schreckens, die die nationalsozialistische Herrschaft über Europa und weite Teile der Welt gebracht hat, und der als Gegenentwurf hierzu verstandenen Entstehung der Bundesrepublik Deutschland […] für Bestimmungen, die der propagandistischen Gutheißung des nationalsozialistischen Regimes in den Jahren zwischen 1933 und 1945 Grenzen setzen, eine Ausnahme vom Verbot des Sonderrechts für meinungsbezogene Gesetze immanent [ist]"*.[60] So kommt der verfassungsrechtlichen Ordnung *„eine gegenbildlich identitätsprägende Bedeutung"* zu, weshalb *„[d]as GG […] weiterhin geradezu als Gegenentwurf zu dem Totalitarismus des NS-Regimes gedeutet werden"* kann.[61] Art. 5 Abs. 1 GG ist daher entgegen Art. 5 Abs. 2 GG auch durch die verfassungsimmanente Schranke der antinationalsozialistischen Ausrichtung des Grundgesetzes einschränkbar,[62] womit auch Art. 15 Abs 2 Nr. 2 BayVersG **nicht verfassungswidrig** ist.

---

[57] BVerfGE 90, 241 (246); 111, 147 (150 f.).

[58] Der BayVerfGH interpretiert in Anlehnung an die Rechtsprechung des BVerfG und unter Beiseitelassung von Art. 98 Satz 2 BV in Art. 110 BV den Vorbehalt allgemeiner Gesetze hinein, Holzner, Art. 110 Rn. 25 ff.

[59] BVerfGE 124, 300 (325 f.).

[60] BVerfGE 124, 300 (327 f.).

[61] BVerfGE 124, 300 (328).

[62] Zu diesem Urteil z.B. Holzner, DVBl 2010, 48 ff.; ders., DIE POLIZEI 2010, 69 ff.; Volkmann, NJW 2012, 417 ff.; ders., JZ 2010, 209 ff.; Degenhart, JZ 2010, 306 ff.; Hörnle, JZ 2010, 310 ff.; Schaefer, DÖV 2010, 379 ff.; Lepsius, JURA 2010, 527 ff.; Hong, DVBl S. 1267 ff.; Görisch, KritV 2011, 186 ff.; Handschell, BayVBl. 2012, 745 ff.

(2) Billigung, Verherrlichung, Rechtfertigung, Verharmlosung

Unter dem Tatbestandsmerkmal des **Billigens** ist das Gutheißen von Menschenrechtsverletzungen zu verstehen, die unter der nationalsozialistischen Herrschaft begangen wurden. 1927

Erforderlich ist nicht eine vorbehaltlose Zustimmung. Ausreichend ist vielmehr, wenn z.B. die schwerwiegenden Verbrechen, welche die nationalsozialistische Gewalt- und Willkürherrschaft charakterisieren, als zwar bedauerlich, aber unvermeidlich hingestellt werden oder konkludent – etwa durch Werturteile über verantwortliche Personen – eine positive Einschätzung der unter der nationalsozialistischen Herrschaft begangenen Menschenrechtsverletzungen abgegeben wird. Das Billigen muss sich nicht auf eine konkrete Tat beziehen.[63] Bloßes Schweigen ist nicht ausreichend.

Ein **Verherrlichen** liegt vor, wenn die nationalsozialistische Gewalt- und Willkürherrschaft als etwas Großartiges, Imponierendes oder Heldenhaftes dargestellt wird. 1928

Hierfür ausreichend ist, wenn die NS-Zeit in einen positiven Bewertungszusammenhang gestellt wird oder Verantwortungsträger in entsprechend positivem Licht dargestellt werden, was z.B. durch die besondere Hervorhebung erfolgen kann.[64] Die Glorifizierung der Wehrmacht und der deutschen Soldaten während des zweiten Weltkrieges reicht hierfür ebenso wenig aus wie die Kritik an den alliierten Bombenangriffen.[65]

Unter **Rechtfertigen** fällt das Verteidigen der, die nationalsozialistische Gewalt- und Willkürherrschaft kennzeichnenden Menschenrechtsverletzungen als notwendige Maßnahmen. 1929

Dies kann auch dadurch geschehen, dass die Handlungsweise eines für die Menschenrechtsverletzungen Verantwortlichen als richtig oder gerechtfertigt dargestellt wird.[66]

Eine **Verharmlosung** liegt vor, wenn die in der NS-Zeit begangenen Menschenrechtsverletzungen bagatellisiert werden. 1930

Dies ist dann der Fall, wenn sie als allgemein üblich oder jedenfalls unter den Bedingungen der damaligen Zeit akzeptabl dargestellt werden.[67]

(3) Beeinträchtigung der Würde der Opfer

Anders als bei Art. 15 Abs. 2 Nr. 1a BayVersG, für dessen Vorliegen bereits die Besorgnis einer Beeinträchtigung der Würde der Opfer ausreicht, verlangt Nr. 2 die unmittelbare Gefahr einer Würdebeeinträchtigung. 1931

Diese höheren Anforderungen im Prognosemaßstab trotz jeweils gleichen Schutzguts folgt daraus, 1932
dass im Fall der Nr. 2 in der Regel keine Beschränkung, sondern nur ein Verbot der Versammlung angeordnet werden kann, da es nicht möglich ist, der Versammlung ein anderes Thema zu verordnen, da so die ursprünglich geplante Versammlung gegen den Willen des Veranstalters zu einer anderen Versammlung umgestaltet würde.

Klausurhinweis:

Beachten Sie, dass bei Vorliegen des Verbotstatbestands des Art. 15 Abs. 2 Nr. 2 BayVersG gleichzeitig eine Strafbarkeit oder die Wahrscheinlichkeit einer solchen nach § 130 Abs. 4 StGB und damit zugleich eine Gefahr bzw. sogar eine Störung

[63] LT-Drs. 15/10181 S. 23. A.A. Dürig-Friedl, in: ders./Enders, § 15 Rn. 186.
[64] LT-Drs. 15/10181 S. 23.
[65] VGH, Beschl. v. 3.12.2010 – 10 ZB 10.147 –; Beschl. v. 26.2.2010 – 10 CS 10.412 –.
[66] LT-Drs. 15/10181 S. 23.
[67] LT-Drs. 15/10181 S. 23.

für die öffentliche Sicherheit gegeben ist.[68] Gleiches gilt bei einem Verstoß gegen §§ 86 und 90a StGB. Damit ist der Verbotstatbestand des Art. 15 Abs. 1 BayVersG einschlägig. Insbesondere sind unter die Alternative des Verherrlichens in § 130 Abs. 4 StGB auch die Fälle zu subsumieren, in denen Veranstaltungen zum Gedenken an *„führende Repräsentanten des Nationalsozialismus"* abgehalten werden,[69] so dass auch Veranstaltungen wie denen am „Heß-Gedenktag" in Wunsiedel beigekommen werden kann.[70]

d. Rechtsfolgen

1933 Auch bei Art. 15 Abs. 1 und 2 BayVersG kann die Behörde **Beschränkungen** oder ein **Verbot** vor bzw. eine **Auflösung** nach Versammlungsbeginn verhängen. Dabei gilt zum Verhältnis der Möglichkeiten das zu Art. 12 BayVersG Gesagte entsprechend.[71]

1934 Bzgl. der Generalklausel des Art. 15 Abs. 1 1. Hs. BayVersG ist jedoch zu beachten, dass ein Versammlungsverbot – wie gesehen – ausscheidet, solange eine Auflage als milderes Mittel ausreichend ist.[72] Ausgeschlossen sind dagegen Versammlungsverbote bei bloßen Gefährdungen der öffentlichen Ordnung, da solche ein Versammlungsverbot nicht rechtfertigen können.[73] Es können daher in diesen Fällen nur Beschränkungen angeordnet werden.

V. Ausschluss von Personen, Art. 15 Abs. 5 BayVersG

1935 Im Gegensatz zu Versammlungen in geschlossenen Räumen, bei denen dem Leiter der Ausschluss von Teilnehmern, welche die Ordnung erheblich stören, zukommt, Art. 11 Abs. 1 BayVersG, kann bei Versammlungen unter freiem Himmel die **zuständige Behörde Teilnehmer** unter denselben Voraussetzungen **ausschließen**, Art. 15 Abs. 5 BayVersG.

Dem Leiter der Versammlung bleibt jedoch unbenommen, Personen aufgrund seines Hausrechts zum Verlassen der Veranstaltung aufzufordern. Aufgrund der fehlenden Ausschlussbefugnis fehlt ihm allein die Durchsetzungsmöglichkeit hierzu.

1936 Da jedoch in die Versammlungsfreiheit des einzelnen Teilnehmers eingegriffen wird, ist Voraussetzung, dass die Störung **erheblich** ist. Dies ist dann der Fall, wenn die Handlungen der Teilnehmer die gesamte Versammlung beeinträchtigen oder gar vereiteln können.

Eine solche Beeinträchtigung liegt bereits bei fortgesetztem Betätigen von Trillerpfeifen vor, jedenfalls aber beim Zeigen von Transparenten mit beleidigenden oder verfassungswidrigen Inhalten, ebenso beim Absingen von verbotenen Liedern.[74]

---

[68] BVerfG, NVwZ 2006, 815; BVerfG, NJW 2005, 3204; NVwZ 2004, 90; hierzu Sachs, JuS 2004, 243 ff.; BVerfG, NJW 1992, 3053; Hoffmann-Riem, NJW 2004, 2777, 2781.
[69] BT-Drs. 15/5051, S. 5; kritisch im Hinblick auf den Bestimmtheitsgrundsatz Fischer, § 130 Rn. 34.
[70] Auch wenn sich diese Problematik durch die Auflösung des Grabes entschärft hat.
[71] Dazu Rn. 1911 f.
[72] BVerfG, NVwZ 2004, 90 (91).
[73] BVerfGE 69, 315 (352 f.); NJW 2001, 2069; NJW 2003, 3689 (3690); NVwZ 2004, 90 (91).
[74] Dürig-Friedl, in: dies./Enders, § 18 Rn. 16.

Zur Wahrung der Verhältnismäßigkeit des Ausschlusses ist erforderlich, dass die Teilnehmer bereits **mehrfach in Erscheinung getreten** sind und hierfür **zurechtgewiesen** wurden. Die Entscheidung über ein Einschreiten nach Art. 15 Abs. 5 BayVersG liegt im Ermessen der zuständigen Behörde. Der Ausschluss von Störern von der Teilnahme an der Versammlung kann als milderes Mittel auch an Stelle einer Beschränkung oder eines Verbots in Frage kommen. **1937**

Ein Ausschluss nach Art. 15 Abs. 5 BayVersG hat zur **Folge**, dass die ausgeschlossene Person ihren Status als Teilnehmer der Versammlung verliert und nach Art. 5 Abs. 2 BayVersG verpflichtet ist, die Versammlung unverzüglich zu verlassen. Kommt sie dieser Pflicht nicht nach, begeht sie eine Ordnungswidrigkeit nach Art. 21 Abs. 1 Nr. 4 BayVersG. **1938**

Gegenüber **Nichtteilnehmern** der Versammlung kann die Polizei nach allgemeinem Sicherheitsrecht vorgehen. **1939**

D. Maßnahmerichtung

Adressat der Beschränkung oder des Verbots sowie der Auflösung ist die **Versammlung** selbst, wobei der Verwaltungsakt gegenüber dem Leiter erlassen wird. **1940**

Wird dagegen die öffentliche Sicherheit oder Ordnung nicht durch die Versammlung selbst, sondern aufgrund einer zu erwartenden Gegendemonstration gefährdet, ist ein Verbot der Versammlung grundsätzlich nicht möglich. Vielmehr kommt dem Staat eine **Schutzpflicht** für die angemeldete Versammlung zu. Er hat daher die Durchführung einer friedlichen und unbewaffneten Versammlung im Rahmen seiner Möglichkeiten zu gewährleisten. Er ist verpflichtet, unter Aufgebot von ausreichenden Polizeikräften die Versammlung zu ermöglichen. **1941**

Nur dann, wenn die Polizeikräfte nicht ausreichen, die von der Gegenversammlung ausgehenden Gefahren und Störungen zu vermeiden oder zu unterbinden, und auch keine weiteren Polizeikräfte aus anderen Bundesländern oder vom Bund hinzugezogen werden können, um die Versammlung zu gewährleisten, kann die Versammlung unter Bezugnahme auf den **polizeilichen Notstand** beschränkt oder gar verboten werden. Dies stellt jedoch die Ausnahme dar. **1942**

Beispielfall 78 – abschließender Beispielfall zum Versammlungsrecht[75] **1943**

Der „Volkskameradschaftsbund" möchte an die deutsche Niederlage im Zweiten Weltkrieg erinnern und zu diesem Zweck einen „Gedenkmarsch" am 8. Mai veranstalten. Dabei war geplant, den Marsch bei dem ehemaligen Außenlager des KZ Flossenbürg zu beginnen und in der nächstgelegenen Stadt mit einer Kranzniederlegung am dortigen Kriegerdenkmal und eine Ansprache des Vorsitzenden des „Volkskameradschaftsbundes" zu beenden. In dieser Ansprache soll reißerisch der „Schmach" der Kapitulation gedacht und der Stolz über das vor der Niederlage Erreichte ausgedrückt werden verbunden mit dem Aufruf, sich gegen Überfremdung zu wehren und insoweit an die nationalsozialistische Gewaltherrschaft anzuknüpfen.

---

[75] Vertiefungshinweise: BVerfGE 124, 300 ff.; BVerwGE 131, 216 ff.; zu BVerfGE 124, 300 ff. Degenhart/Hörnle, JZ 2010, 298 ff.; Lepsius, Jura 2010, 527 ff.; Poscher, NJW 2005, 1316 ff.; Holzner, DVBl. 2010, 48 ff.; ders., DIE POLIZEI 2010, 69 ff.; zum BayVersG: Holzner, BayVBl. 2009, 485 ff.

Es hat sich bereits eine Gegendemonstration angekündigt mit einer Mehrheit von gewaltbereiten Linken, die dazu aufgerufen haben, die rechte Veranstaltung zu sprengen. In der Stadt befinden sich keine ausreichenden Polizeikräfte, um die Veranstaltungen zu trennen. Aus umliegenden Orten oder Bundesländern können ebenfalls keine ausreichenden Polizeikräfte angefordert werden.
Kann die Veranstaltung verboten werden?

Lösung
Als Rechtsgrundlagen für das Versammlungsverbot kommen folgende Normen in Betracht:
– Art. 15 Abs. 1 BayVersG i. V. m. § 130 Abs. 4 StGB,
– Art. 15 Abs. 2 Nr. 1 a BayVersG,
– Art. 15 Abs. 2 Nr. 1 b BayVersG,
– Art.15 Abs. 2 Nr. 2 BayVersG.

I. Verbot nach Art. 15 Abs. 1 BayVersG i. V. m. § 130 Abs. 4 StGB

1. Rechtsgrundlage: Art. 15 Abs. 1 BayVersG i. V. m. § 130 Abs. 4 StGB

Problematisch ist dabei die Verfassungsmäßigkeit der Normen. Insbesondere kann Art. 15 Abs. 1 BayVersG nur dann für ein Verbot einer Versammlung zum Schutze vor einer Verwirklichung von § 130 Abs. 4 StGB herangezogen werden, wenn § 130 Abs. 4 StGB selbst verfassungsgemäß ist, da er nur dann Bestandteil der durch Versammlungsverbote zu sichernden öffentlichen Sicherheit ist. An der Verfassungsmäßigkeit des § 130 Abs. 4 StGB gibt es seit dessen Einführung Zweifel. Da § 130 Abs. 4 StGB sich allein auf den Inhalt der Versammlung bezieht, ist er an Art. 5 Abs. 1 1. Alt. GG zu messen. Dabei ist insbesondere problematisch, ob es sich bei § 130 Abs. 4 StGB um ein „allgemeines Gesetz" i. S. v. Art. 5 Abs. 2 GG handelt.

a. Art. 5 Abs. 1 Satz 1 GG – Meinungsfreiheit
§ 123 Abs. 4 StGB würde das Grundrecht auf Meinungsfreiheit verletzen, wenn dessen Schutzbereich eröffnet wäre, durch § 123 Abs. 4 StGB in diesen eingegriffen würde und dieser Eingriff nicht verfassungsrechtlich gerechtfertigt werden könnte.

aa. Eröffnung des Schutzbereichs
(1) Personeller Schutzbereich
Vom Schutzbereich des „Jedermann-Grundrechts" des Art. 5 Abs. 1 Satz 1 GG ist jede natürliche und juristische Person i. S. v. Art. 19 Abs. 4 GG erfasst.

(2) Sachlicher Schutzbereich
Art. 5 Abs. 1 Satz 1 GG schützt das Recht, seine Meinung in Wort, Schrift und Bild frei zu äußern. Eine Meinung ist durch ein *„Element der Stellungnahme, des Dafürhaltens, des Meinens im Rahmen der geistigen Auseinandersetzung"* gekennzeichnet, *„auf den Wert, die Richtigkeit, die Vernünftigkeit der Äußerung kommt es nicht an"*.[76] Geschützt sind damit wertende Stellungnahmen, also Werturteile, und

[76] BVerfGE 65, 1 (41) – Volkszählung.

nicht reine Tatsachenbehauptungen. Im Gegensatz zu Werturteilen sind Tatsachenbehauptungen dem Beweis zugänglich. Dabei kommt es nicht darauf an, ob die Äußerung begründet oder grundlos, irrational oder rational ist, als wertvoll oder wertlos, gefährlich oder harmlos eingeschätzt wird.
Die Billigung, Verherrlichung oder Rechtfertigung der nationalsozialistischen Gewalt- und Willkürherrschaft stellt eine derartige Meinungsäußerung dar, so dass der sachliche Schutzbereich eröffnet ist.

(3) Grundrechtskonkurrenz
Neben Art. 5 Abs. 1 Satz 1 GG könnte auch die kollektive Meinungsäußerungsfreiheit des Art. 8 Abs. 1 GG in Frage stehen. Dabei ist jedoch zu beachten, dass das BVerfG zwischen beiden Alternativität annimmt: So kommt Art. 5 Abs. 1 Satz 1 GG immer dann in Betracht, wenn Anknüpfungspunkt der Maßnahme der konkrete Inhalt der Meinungskundgabe ist, hingegen Art. 8 Abs. 1 GG dann, wenn die Kollektivität, mithin die Art und Weise der Äußerung Anlass für die Regelung bilden. Dies erfolgt deshalb, um nicht über den Umweg des Art. 8 GG die engere Schranke des Art. 5 Abs. 2 GG zu umgehen.
In vorliegender Konstellation kommt damit Art. 5 Abs. 1 Satz 1 GG Vorrang vor Art. 8 Abs. 1 GG zu, da § 130 Abs. 4 StGB an den Inhalt der Meinung, nicht hingegen an die äußere Form der Meinungskundgabe anknüpft.[77]

bb. Eingriff
Durch die in § 130 Abs. 4 StGB normierte Möglichkeit einer Strafbarkeit der bestimmten Meinungsäußerung werden Werturteile zu einem Anknüpfungspunkt einer Strafbarkeit, so dass in das Grundrecht aus Art. 5 Abs. 1 Satz 1 GG eingegriffen wird.

cc. Verfassungsrechtliche Rechtfertigung
Der Eingriff könnte jedoch verfassungsrechtlich gerechtfertigt sein, wenn Art. 5 Abs. 1 Satz 1 GG einschränkbar wäre, das Gesetz die Schrankenqualifikation erfüllt und formell und materiell verfassungsgemäß ist.

(1) Einschränkbarkeit des Grundrechts
Art. 5 Abs. 2 GG enthält einen qualifizierten Schrankenvorbehalt, von dem hier die Schranke der „allgemeinen Gesetze" eingreifen könnte. Bei dem StGB handelt es sich um ein formelles Bundesgesetz. Der Eingriff könnte daher gerechtfertigt sein, wenn § 130 Abs. 4 StGB als allgemeines Gesetz i.S.d. Art. 5 Abs. 2 GG angesehen werden kann.
Art. 5 Abs. 1 GG kann nur durch ein „allgemeines Gesetz" eingeschränkt werden. Dabei gilt als gesichert, dass „allgemein" mehr bedeutet, als „für alle gleichermaßen geltend". Bei einer solchen rein am Wortlaut orientierten Auslegung käme Art. 5 Abs. 2 GG neben dem ohnehin geltenden Verbot des Einzelfallgesetzes gem. Art. 19 Abs. 1 Satz 1 GG keine eigenständige Bedeutung mehr zu. Darüber hinaus ist allerdings umstritten, wie der Begriff der allgemeinen Gesetze zu verstehen ist.[78]

---

[77] BVerfGE 111, 147 (154f.).
[78] Vgl. zum Ganzen Epping, Rn. 240ff.

(a) Sonderrechtslehre
Nach der Sonderrechtslehre sind „allgemeine Gesetze" nur diejenigen Normen, welche sich nicht gegen eine Meinung als solche, also nicht gegen einen bestimmten Meinungsinhalt richten (sog. Meinungsneutralität der allgemeinen Gesetze).
Nach der Sonderrechtslehre ist jedenfalls problematisch, ob § 130 Abs. 4 StGB ein allgemeines Gesetz i.S.d. Art. 5 Abs. 2 GG darstellt: Denn er richtet sich grundsätzlich gegen eine Meinung als solche bzw. gegen einen bestimmten Meinungsinhalt, da er an die Billigung, Verherrlichung oder Rechtfertigung der nationalsozialistischen Gewalt- und Willkürherrschaft anknüpft.

(b) Abwägungslehre
Nach der sog. Abwägungslehre sind all die Gesetze „allgemein", die dem Schutz eines höherwertigeren Rechtsguts als der Meinungsäußerung dienen.
§ 130 Abs. 4 StGB schützt den öffentlichen Frieden und die Würde der Opfer. Damit kann die Norm zumindest abstrakt auch höherwertigere Rechtsgüter schützen, so dass nach dieser Auffassung ein allgemeines Gesetz i.S.d. Art. 5 Abs. 2 GG gegeben ist.

(c) Kombinationstheorie
Das BVerfG hat im Lüth-Urteil beide Ansätze miteinander verbunden (sog. Kombinationsformel). Danach sind solche Gesetze als allgemeine Gesetze anzusehen, die *„nicht eine Meinung als solche verbieten, die sich nicht gegen die Äußerung der Meinung als solche richten"*, die vielmehr *„dem Schutze eines schlechthin, ohne Rücksicht auf eine bestimmte Meinung, zu schützenden Rechtsguts dienen, dem Schutze eines Gemeinschaftsguts, der gegenüber der Betätigung der Meinungsfreiheit Vorrang hat."*[79]
Auch nach dieser Ansicht scheint, je nachdem, wie man die einzelnen Komponenten der Vereinigungsformel gewichtet – ob man also den Akzent stärker auf die Meinungsneutralität oder auf die Abwägung legt – , nicht sicher, ob § 130 Abs. 4 StGB den Anforderungen des Art. 5 Abs. 2 GG genügt.

(d) Die Rechtsprechung des BVerwG
Noch das BVerwG müht sich in seiner Entscheidung vom 25.06.2008, § 130 Abs. 4 StGB den Status eines allgemeinen Gesetzes beizumessen.[80] So führt es aus, dass der von § 130 Abs. 4 StGB geschützte öffentliche Friede und die Menschenwürde der Opfer vor Meinungsäußerungen bewahrt würden.[81] *„Soweit geschütztes Rechtsgut die Menschenwürde der Opfer der nationalsozialistischen Gewalt- und Willkürherrschaft ist, dient die Bestimmung der Bewahrung des obersten Verfassungswertes vor Angriffen. Die Menschenwürde setzt der Meinungsfreiheit eine absolute Grenze. Bei dem […] außerdem geschützten öffentlichen Frieden handelt es sich um einen gewichtigen Gemeinwohlbelang, der ebenfalls geeignet ist, der Meinungsfreiheit Schranken zu setzen."*[82] Das Gericht legt damit seinen Schwerpunkt der Argumentation auf das in sonstiger Weise geschützte Rechtsgut und überdehnt damit die bisherige Dogmatik in nicht überzeugender Weise.

---

[79] BVerfGE 7, 198 (209f.) – Lüth; 97, 125 (146) – Caroline von Monaco I; 113, 63 (78) – Junge Freiheit.
[80] BVerwGE 131, 216ff.
[81] BVerwGE 131, 216 (221).
[82] BVerwGE 131, 216 (221).

(e) Die Rechtsprechung des BVerfG
Das BVerfG stellte jedoch mit seinem Urteil klar, dass es sich bei § 130 Abs. 4 StGB um **Sonderrecht** handelt.[83] So ist die Norm eine Reaktion des Gesetzgebers auf die jährlichen Gedenkveranstaltungen für Rudolf Heß und richtet sich damit *„allein auf Meinungsäußerungen, die eine bestimmte Haltung zum Nationalsozialismus ausdrücken"* und daher gegen *„konkrete politische, als besonders gefährlich beurteilte Auffassungen im öffentlichen Meinungskampf."*[84] Sie bewehrt damit Meinungsäußerungen, die sich allein aus einer gewissen Deutung der Geschichte und entsprechenden Haltung ergeben, mit Strafe und trifft somit allein Anhänger bestimmter politischer und weltanschaulicher Auffassungen.[85] Insoweit überschreitet § 130 Abs. 4 StGB die Schwelle zum Sonderrecht.[86]
Begründet wird diese Durchbrechung des auf die Weimarer Zeit zurückgehenden Grundsatzes des Verbots von Sonderrecht damit, dass die Bundesrepublik Deutschland ein Gegenentwurf zu dem *„sich allgemeinen Kriterien entziehenden Unrecht[s] und [...] Schrecken[s], die die nationalsozialistische Herrschaft über Europa und weite Teile der Welt gebracht hat,"* sei.[87] Aus diesem Grunde käme auch der verfassungsrechtlichen Ordnung *„eine gegenbildlich identitätsprägende Bedeutung"* zu, weshalb *„[d]as GG [...] weiterhin geradezu als Gegenentwurf zu dem Totalitarismus des NS-Regimes gedeutet werden"* könne.[88] Diese Bedeutung könne *„allein auf der Grundlage allgemeiner gesetzlicher Bestimmungen nicht eingefangen werden"*.[89] Insofern sei Art. 5 Abs. 1 und 2 GG *„eine Ausnahme vom Verbot des Sonderrechts für meinungsbezogene Gesetze immanent"*, *„die der propagandistischen Gutheißung des nationalsozialistischen Regimes in den Jahren zwischen 1933 und 1945 Grenzen setzen"*.[90] Art. 5 Abs. 1 GG sei daher entgegen Art. 5 Abs. 2 GG auch durch die verfassungsimmanente Schranke der antinationalsozialistischen Ausrichtung des GG einschränkbar.

(2) Formelle Verfassungsmäßigkeit des § 130 Abs. 4 GG ist gegeben (Zuständigkeit, Verfahren und Form sind eingehalten)

(3) Materielle Verfassungsmäßigkeit des Gesetzes, insbesondere Verhältnismäßigkeit

(a) Legitimer Zweck
Der Schutz des „öffentlichen Friedens" ist von hohem Rang und daher ein legitimes Ziel. Dabei lässt das BVerfG die Würde der Opfer außen vor, da es diese schon dann als verletzt ansieht, wenn eine Störung des öffentlichen Friedens gegeben ist.[91]

(b) Geeignetheit
Die Strafbarkeit vermag auch die Erreichung des Ziels zu fördern.

---

[83] BVerfGE 124, 300 (Abs.-Nr. 52ff.).
[84] BVerfGE 124, 300 (Abs.-Nr. 61).
[85] BVerfGE 124, 300 (Abs.-Nr. 60f.).
[86] BVerfGE 124, 300 (Abs.-Nr. 60).
[87] BVerfGE 124, 300 (Abs.-Nr. 64).
[88] BVerfGE 124, 300 (Abs.-Nrn. 52, 65).
[89] BVerfGE 124, 300 (Abs.-Nr. 65).
[90] BVerfGE 124, 300 (Abs.-Nr. 64).
[91] Anders noch das BVerwG, das die Würde der Opfer als von Art. 1 Abs. 1 GG geschützt und daher als nicht abwägungsfähig ansah.

(c) Erforderlichkeit
Ein milderes, gleich geeignetes Mittel als die Strafbarkeit ist nicht ersichtlich. Insbesondere ist ein Verbot ohne Strafbewehrung nicht gleich effektiv.

(d) Angemessenheit
Abzuwägen sind dabei die Ziele von § 130 Abs. 4 StGB, also die Sicherung des öffentlichen Friedens mit der Meinungsfreiheit der sich Versammelnden. Dabei ist das einschränkende Gesetz im Lichte des Art. 5 Abs. 1 GG auszulegen, so dass eine übermäßige Einengung der Meinungsfreiheit vermieden wird, sog. Wechselwirkungslehre. Dabei ist § 130 Abs. 4 StGB so auszulegen, dass nur die Anknüpfung an die Nationalsozialistische Gewalt- und Willkürherrschaft, die über die geistige Sphäre hinausgeht, eine Störung des öffentlichen Friedens darstellt. Insofern legt das BVerfG § 130 Abs. 4 StGB einschränkend verfassungskonform aus.
Bei dem Tatbestandsmerkmal des „öffentlichen Friedens" handelt es sich um einen gewichtigen Gemeinwohlbelang, der ebenfalls geeignet ist, der Meinungsfreiheit Schranken zu setzen. Dabei lässt es § 130 Abs. 4 StGB durch das abgestufte Sanktionssortiment als auch die Möglichkeit zur Ermessensausübung zu, beiden Gütern hinreichend Rechnung zu tragen. Insbesondere lässt die Norm Spielraum für die Berücksichtigung der Meinungsfreiheit.

b. Art. 2 Abs. 1 GG
Art. 2 Abs. 1 GG tritt als subsidiär gegenüber der spezielleren Meinungsfreiheit aus Art. 5 Abs. 1 Satz 1 GG zurück:

Zwischenergebnis: Damit ist § 130 Abs. 4 StGB als Sonderrecht trotzdem verfassungskonform und daher Bestandteil der Rechtsordnung, so dass die Gefahr seiner Verwirklichung ein Versammlungsverbot begründen kann, Art. 15 Abs. 1 BayVersG.

2. Formelle Rechtmäßigkeit des Verbots
Zuständig ist nach Art. 24 Abs. 2 Satz 1 BayVersG die Kreisverwaltungsbehörde, also das Landratsamt, Art. 37 Abs. 1 Satz 2 LKrO. Verfahren und Form sind einzuhalten.

3. Materielle Rechtmäßigkeit
Fraglich ist, ob das Verbot auch durch eine der o.g. Rechtsgrundlagen gedeckt und im konkreten Einzelfall verfassungskonform wäre.

a. öffentliche Versammlung
Eine Versammlung ist eine Zusammenkunft von mindestens zwei Personen zur gemeinschaftlichen, überwiegend auf die Teilhabe an der öffentlichen Meinungsbildung gerichteten Erörterung oder Kundgebung, Art. 2 Abs. 1 BayVersG. Bloße Ansammlungen ohne gemeinsamen Zweck fallen daher nicht unter das BayVersG. Strittig ist, ob der gemeinsame Zweck der politischen Meinungsbildung dienen muss.
Hier liegt auch nach der strengeren Auffassung eine Versammlung vor, da der Gedenkmarsch nicht nur historische, sondern aktuelle politische Bezüge aufweist, wie insbesondere durch die abschließende Rede eines Politikers deutlich wird.
Öffentlich ist diese Versammlung, wenn die Teilnahme nicht auf einen individuell feststehenden Personenkreis beschränkt ist, Art. 2 Abs. 2 BayVersG, was ebenfalls der Fall ist, da für die Versammlung im Internet geworben wurde, wobei die Teilnahme für jeden Interessierten möglich ist.

b. unter freiem Himmel

Unter freiem Himmel ist eine Versammlung nicht schon dann, wenn sie nicht überdacht ist. Es kommt vielmehr darauf an, ob die Versammlung seitlichen Begrenzungen unterliegt, da bei deren Fehlen aufgrund höherer Dynamik auch von einer höheren Gefährdungslage auszugehen ist als bei seitlich umgrenzten Versammlungen. Der Gedenkmarsch findet unter freiem Himmel statt, da er nicht in seitlich geschlossenen Räumlichkeiten veranstaltet wird, sondern als Marsch durch verschiedene zentrale Straßenzüge geplant ist.

c. unmittelbare Gefährdung der öffentlichen Sicherheit oder Ordnung

aa. öffentliche Sicherheit

Als öffentliche Sicherheit ist die Rechtsordnung des Staates, die subjektiven Rechtspositionen des Einzelnen, der verfassungsrechtliche Bestand des Staates und seiner Einrichtungen sowie deren ungestörte Funktionsfähigkeit bezeichnet.

(1) Verstöße gegen die Rechtsordnung

Eine Gefahr für die öffentliche Sicherheit könnte durch einen drohenden Verstoß gegen die Rechtsordnung vorliegen. Dabei kommen bei rechtsradikalen Versammlungen insbesondere die §§ 86, 86a, 90a, 90b, 111, 126, 130 StGB in Betracht.

(2) subjektive Rechtspositionen – die Gegendemonstrationen

Bei Gegendemonstrationen ist generell Gewalt gegenüber den Versammlungsteilnehmern zu befürchten, die zur Verletzung von subjektiven Rechtspositionen des Einzelnen sowie der Rechtsordnung des Staates führt und daher vom Begriff der öffentlichen Sicherheit umfasst ist.

bb. öffentliche Ordnung

Unter öffentlicher Ordnung versteht das BVerfG „*die Gesamtheit der ungeschriebenen Regeln, deren Befolgung nach den jeweils herrschenden und mit dem Wertgehalt des Grundgesetzes zu vereinbarenden sozialen und ethischen Anschauungen eines geordneten menschlichen Zusammenlebens innerhalb eines bestimmten Gebiets*“.[92]

Letztlich kann diese Frage unentschieden bleiben, da die bloße Gefährdung der öffentlichen Ordnung grundsätzlich kein Versammlungsverbot rechtfertigt.[93] Für eine Ausnahme von diesem Grundsatz ist hier nichts ersichtlich.

cc. unmittelbare Gefährdung

Eine Gefährdung liegt dann vor, wenn das von den Personen ausgehende Verhalten bei ungehindertem Geschehensablauf und in überschaubarer Zukunft mit hinreichender Wahrscheinlichkeit zu einer Rechtsgutsverletzung bzw. zur Verwirklichung eines Straftatbestandes führen wird.[94]

Eine Gleichsetzung mit dem Begriff der gegenwärtigen Gefahr des allgemeinen Polizeirechts ist aufgrund der klaren Trennung in Art. 15 BayVersG zwischen dem Zeitpunkt der Lagebeurteilung und dem der Durchführung der Versammlung abzulehnen.[95]

---

[92] Std. Rspr., z.B. BVerfG, Beschl. v. 23.6.2004, NJW 2004, 2814.

[93] BVerfGE 69, 315 (353).

[94] Kniesel, in: Dietel/Gintzel/Kniesel, § 15 Rn. 27ff.; Brenneisen/Wilksen, S. 281.

[95] Brenneisen/Wilksen, S. 282.

Zwischenergebnis: Es besteht eine Gefahr für die Öffentliche Sicherheit

(2) Verwirklichung eines Straftatbestandes
Für eine Gefahr der Verwirklichung eines der Straftatbestände gemäß §§ 86f., 90a f., 111, 126 StGB müssen konkrete Anhaltspunkte vorhanden sein. Nicht ausreichend ist eine pauschale Vermutung, dass diese Delikte bei nationalsozialistischen Versammlungen immer wieder begangen werden.[96] Insoweit bietet der angekündigte Gedenkmarsch keine eindeutigen Hinweise für die Planung derartiger Straftaten.
Einschlägig könnte jedoch § 130 Abs. 4 StGB sein. Er erfasst ausdrücklich Verhaltensweisen auf Versammlungen. Hierfür muss jedoch der öffentliche Friede in einer die Würde der Opfer verletzenden Weise dadurch gestört werden, dass die nationalsozialistische Gewalt- und Willkürherrschaft gebilligt, verherrlicht oder gerechtfertigt wird.

(a) Störung des öffentlichen Friedens
Der öffentliche Friede ist regelmäßig gestört, wenn die Meinungsäußerung an die **Gewalt- und Willkürherrschaft** des Nationalsozialismus anknüpft und dabei die **rein geistige Sphäre** des Dafürhaltens verlässt und in Rechtsgutsverletzungen oder erkennbar in Gefährdungslagen umschlägt.[97] In diesen Fällen kann aufgrund der deutschen Geschichte eine Störung des öffentlichen Friedens regelmäßig angenommen werden,[98] da derartige Kundgebungen regelmäßig Widerstand auslösen und Einschüchterungen erzeugen, andererseits auch enthemmende Auswirkungen auf die Anhänger derartiger Meinungen zeitigen.[99] Ein solches Gutheißen der Gewalt- und Willkürherrschaft führt regelmäßig zu Aggressionen und ist als Angriff auf die Opfer dieser Zeit zu sehen.[100]

(aa) Anknüpfen an die Gewalt- und Willkürherrschaft
Dabei ist nach dem BVerfG zu beachten, dass *„nicht schon die Gutheißung von Maßnahmen unter der Herrschaft des Nationalsozialismus als solche die Erfüllung des Tatbestandes begründet, sondern nur eine derartige, die sich gerade auf den Nationalsozialismus als Gewalt- und Willkürherrschaft bezieht, wobei hierunter die systematisch begangenen, schweren Menschenrechtsverletzungen verstanden werden, wie sie historisch wirklich geworden sind.“*[101]
Dabei erfülle *„die positive Bewertung nur von einzelnen Aspekten der damaligen Staats- und Gesellschaftsordnung, bei denen sich kein Bezug zur nationalsozialistischen Gewalt- und Willkürherrschaft und den sie kennzeichnenden Menschenrechtsverletzungen herstellen lässt, den Tatbestand des § 130 Abs. 4 StGB nicht […]“*.[102]

---

[96] Vgl. BVerfG, Beschl. v. 19.12.2007, Az.: 1 BvR 2793/04, Rn. 20; VG Regensburg, Beschl. v. 14.6.2007, Az.: RO 7 S 07.834; BayVGH, Beschl. v. 3.11.2006, Az.: 24 CS 06.2930, Rn. 19ff.; VG München, Beschl. v. 27.10.2006, Az.: M 7 S 06.4014.
[97] BVerfGE 124, 300 (Abs.-Nr. 67, 74).
[98] BVerfGE 124, 300 (Abs.-Nr. 85, 95).
[99] BVerfGE 124, 300 (Abs.-Nr. 81).
[100] BVerfGE 124, 300 (Abs.-Nr. 78).
[101] BVerfGE 124, 300 (Abs.-Nr. 106).
[102] BVerfGE 124, 300 (Abs.-Nr. 106).

Indem anlässlich des 8. Mai auf die „Errungenschaften" des Naziregimes aufmerksam gemacht werden soll, knüpft die Veranstaltung an die Gewalt- und Willkürherrschaft des Nationalsozialismus in der Form seiner systematisch begangenen Menschenrechtsverletzungen an.

(bb) Verlassen der rein geistigen Sphäre

Das Anknüpfen an die Gewalt- und Willkürherrschaft allein ist jedoch nicht ausreichend, um tatbestandsmäßig i. S. v. § 130 Abs. 4 StGB zu sein. Vielmehr muss die Meinungskundgabe in Rechtsgutsverletzungen oder erkennbar in Gefährdungslagen umschlagen,[103] sie also *„über die Überzeugungsbildung hinaus mittelbar auf Realwirkungen angelegt [sein] und etwa in Form von Appellen zum Rechtsbruch, aggressiven Emotionalisierungen oder der Herabsetzung von Hemmschwellen rechtsgutgefährdende Folgen unmittelbar auslösen können."*[104]

Voraussetzung ist damit, dass die Schwelle zur Gewaltbereitschaft abgesenkt wird,[105] mithin die Äußerungen *„den Übergang zu Aggression oder Rechtsbruch markieren"*, da sie *„Appelle oder Emotionalisierungen, die bei den Angesprochenen Handlungsbereitschaft auslösen oder Hemmschwellen herabsetzen oder Dritte unmittelbar einschüchtern"*,[106] beinhalten. Eine bloß generell zustimmende Bewertung von Maßnahmen des Nationalsozialismus reiche ebenso wenig aus wie das positive Anknüpfen an Tage, Orte oder Formen, denen ein an diese Zeit erinnernder Sinngehalt mit gewichtiger Symbolkraft zukommt.[107]

Diese Formulierung wird dann dahingehend präzisiert, dass allein die bloß symbolische Präsentation von Überzeugungen, Lehren oder Heilsentwürfen der geistigen Sphäre zuzuordnen sind, diese jedoch verlassen wird, wenn *„Rechtsverletzungen etwa in Form historischer Ereignisse konkret und unmittelbar ausgemalt und als wünschenswert in den Raum gestellt werden"*.[108]

Nicht ausreichend seien dabei falsche Geschichtsinterpretation, das Bekenntnis zur nationalsozialistischen Ideologie wie auch *„jedwede Zustimmung zu Geschehnissen dieser Zeit oder eine Gutheißung allgemein nationalsozialistischen Gedankenguts."*[109]

Da auf der Endkundgebung das Bedauern über das Ende des Nationalsozialismus ausgedrückt werden und ein Aufruf, sich gegen Überfremdung zu wehren und insoweit an die nationalsozialistische Gewaltherrschaft anzuknüpfen erfolgen soll, ist ein die geistige Sphäre verlassender Aufruf zur Begehung von Unrecht geplant.

Zwischenergebnis: Daher ist davon auszugehen, dass der Gedenkmarsch den öffentlichen Frieden stört.

(b) Verletzung der Würde der Opfer

Ebenso wird die widerlegliche Vermutung abgeleitet, dass die Würde der Opfer verletzt wird.[110] Dabei scheint diese Vermutung auf den ersten Blick widerlegt zu

---

[103] BVerfGE 124, 300 (Abs.-Nr. 67, 74).
[104] BVerfGE 124, 300 (Abs.-Nr. 73, so auch Abs.-Nr. 74).
[105] BVerfGE 124, 300 (Abs.-Nr. 95).
[106] BVerfGE 124, 300 (Abs.-Nr. 78, sowie Abs.-Nr. 81).
[107] BVerfGE 124, 300 (Abs.-Nr. 85).
[108] BVerfGE 124, 300 (Abs.-Nr. 99).
[109] BVerfGE 124, 300 (Abs.-Nr. 100).
[110] BVerfGE 124, 300 (Abs.-Nr. 102). Insoweit wird dem eingrenzenden Tatbestandsmerkmal der *„Würde der Opfer"* keine eigene strafbegründende Bedeutung mehr beigemessen, sondern nur mehr diejenige eines Korrektivs für besonders gelagerte Ausnahmefälle, BVerfGE 124, 300 (Abs.-Nr. 85).

werden, da ein Gedenkmarsch das Schicksal der Opfer würdigt. Allerdings soll der geplante Marsch nicht den Opferschicksalen gedenken, sondern dem Ende des Naziregimes, so dass die Widerlegung, dass die Würde der Opfer nicht verletzt wird, nicht gelingt.

d. Veranlassung der Gefahr durch den Veranstalter

Die Versammlung kann allerdings nur dann verboten werden, wenn die Gefahr unmittelbar von der Versammlung selbst ausgeht.

aa. Verletzung der Rechtsordnung

Der Verein ist bzgl. der Gefährdung der öffentlichen Sicherheit durch eine mögliche Verwirklichung des Tatbestandes von § 130 Abs. 4 StGB auch Handlungsstörer.

bb. Individualrechtsgüter

Es müssten entweder die Veranstalter oder die von ihnen erwünschten Teilnehmer der Versammlung als Störer (d.h. unmittelbare Verursacher der Gefahr) anzusehen sein, oder die Veranstalter legen es (durch die konkrete Ausgestaltung der Versammlung) darauf an, durch Gegendemonstrationen und Zusammenstöße erhöhte Aufmerksamkeit auf ihre Veranstaltung zu lenken, sog. Zweckveranlasser.

Bzgl. der Gefährdung der öffentlichen Sicherheit aufgrund der zu befürchtenden Sach- und Körperschäden durch die Gegendemonstrationen ist der Verein nicht Handlungsstörer.

Der „Kameradschaftsbund" veranstaltet den Zug auch nicht, um diese Gegendemonstrationen zu provozieren. Eine Gedenkfeier zum 8. Mai kann nur am 8. Mai stattfinden, insoweit haben die Veranstalter also nicht grundlos einen besonders „belasteten" Tag gewählt. Auch sonst ist im geplanten Ablauf der „Trauerfeier" keine absichtliche Provokation zu erkennen. Der Verein ist damit auch kein Zweckveranlasser.

Danach sind jedoch diejenigen, die zu gewalttätigen Gegendemonstrationen aufgerufen haben, die eigentlichen Störer in Bezug auf die Gesundheitsgefährdungen. Aus diesem Grunde ist für die Gewährleistung der Grundrechte der Versammlungsveranstalter und -teilnehmer die Versammlung vor den die Gefahr verursachenden Gegendemonstranten zu schützen.

Der Verein ist demnach Nichtverantwortlicher.[111] Als Nichtverantwortlicher ist ein Heranziehen zur Gefahrenabwehr nur unter den engen Grenzen des Art. 9 Abs. 3 LStVG möglich. Insbesondere Art. 9 Abs. 3 Satz 1 2. Hs. LStVG ermöglicht die Inanspruchnahme eines Nichtverantwortlichen, wenn Maßnahmen gegen die verantwortlichen Personen nicht möglich sind. V.a. dann, wenn die betroffene Stadt nicht genug Polizeikräfte aufbieten kann und auch unter Hinzuziehung auswärtiger, u.U. auch aus anderen Bundesländern stammender Polizeieinheiten nicht in der Lage ist, für die Gewährleistung der öffentlichen Sicherheit und Ordnung zu sorgen, kann als ultima ratio der Nichtverantwortliche in Anspruch genommen werden. Andernfalls hat die Stadt alle notwendigen Maßnahmen zu ergreifen, um das Recht auf freie Demonstration zu gewähren und ist verpflichtet, die Versammlung vor den Gegendemonstrationen zu schützen.

[111] Diese Rechtsfigur kann auch im Versammlungsrecht herangezogen werden, vgl. BVerfG, BayVBl. 2001, 79 (81).

Vorliegend herrscht ein solcher Fall des Polizeinotstandes vor. Denn die Polizeikräfte der Stadt sind nach Sachverhaltsangaben allein nicht in der Lage, die Situation in den Griff zu bekommen. Auch eine Heranziehung weiterer Polizeikräfte aus den umliegenden Städten oder gar Bundesländern ist nicht möglich, so dass der Verein als Verantwortlicher in Anspruch genommen werden konnte.

e. Verhältnismäßigkeit der Maßnahme

Das Versammlungsverbot ist geeignet, die Gefahren für die öffentliche Sicherheit und Ordnung abzuwehren.

Als milderes Mittel ist eine Verlegung des Gedenkmarsches an einen anderen Ort denkbar. Allerdings ist selbst dann, wenn der Marsch das Außenlager des KZ Flossenbürg nicht zum Ausgangspunkt nimmt, immer noch die *„Würdigung der Errungenschaften"* des Naziregimes Hintergrund der Versammlung, der zumindest in der Abschlussrede auch bei veränderter Wegführung seinen Ausdruck findet. Ebenfalls wäre die Gefahr für die öffentliche Ordnung, die im Datum der Versammlung begründet ist, weiterhin gegeben.

Zulässig wäre ein Gedenkmarsch am 8. Mai danach nur, wenn er dem Jahrestag des Endes des Zweiten Weltkrieges angemessen ausgestaltet wäre. Dabei ist zu beachten, dass die Propagierung nationalsozialistischen Gedankengutes, insbesondere unter Billigung der Willkürherrschaft des Naziregimes und damit unter Verletzung des § 130 Abs. 4 StGB, generell unzulässig ist.

Die Möglichkeit einer Umgestaltung der Versammlung, so dass die neue (rechtmäßige) Ausgestaltung noch in irgendeiner Beziehung zur ursprünglich geplanten Veranstaltung steht, ist damit nicht erkennbar. Die festgestellten Gefahren können nicht durch Auflagen als mildere Mittel abgewehrt werden, ohne dass eine völlig andere Versammlung durchgeführt werden würde.

Zwischenergebnis: Aus diesem Grunde kann der Gedenkmarsch gem. Art. 15 Abs. 1 BayVersG verboten werden.

II. Verbot nach Art. 15 Abs. 2 Nr. 1a BayVersG

1. Rechtsgrundlage: Art. 15 Abs. 2 Nr. 1a BayVersG, insbesondere Verfassungsmäßigkeit

a. Art. 8 Abs. 1 GG – Versammlungsfreiheit[112]

aa. Eröffnung des Schutzbereichs

(1) Personeller Schutzbereich

Art. 8 Abs. 1 GG schützt jeden Deutschen i. S. v. Art. 116 GG sowie jede inländische juristische Person i. S. v. Art. 19 Abs. 3 GG.

(2) Sachlicher Schutzbereich

Der sachliche Schutzbereich umfasst das Recht, sich friedlich und ohne Waffen zu versammeln.

Unter Versammlung ist eine Zusammenkunft mehrerer Personen zur gemeinschaftlichen, überwiegend auf die Teilhabe an der öffentlichen Meinungsbildung gerichteten Erörterung oder Kundgebung mit dem Ziel der Teilhabe an der

[112] Für Art. 113 BV gelten dieselben Ausführungen, da die Schutzbereiche weitgehend identisch sind, vgl. Holzner, Art. 113 Rn. 3.

öffentlichen Meinungsbildung zu verstehen. Bloße zufällige Ansammlungen ohne gemeinsamen Zweck fallen nicht unter den Schutzbereich. Ebenso nicht bloße Vergnügungsveranstaltungen, da diesen das Element der Meinungsbildung fehlt.
Die von Art. 15 Abs. 2 Nr. 1 BayVersG thematisierten Versammlungen unterfallen dem Schutzbereich von Art. 8 Abs. 1 GG.
Weiter müssten die Versammlungen friedlich sein, wobei unfriedlich eine Versammlung dann ist, wenn zu befürchten ist, dass sie einen gewalttätigen, aufrührerischen Verlauf nimmt.[113]

(3) Grundrechtskonkurrenz, s. o.
Da Art. 15 Abs. 2 Nr. 1 BayVersG an die Modalitäten der Versammlung und nicht an Meinungsinhalte anknüpft, ist er an Art. 8 Abs. 1 GG zu messen. Dass Art. 15 Abs. 2 BayVersG nunmehr auch Tage als Anknüpfungspunkt für Sanktionen aufführt, ist in Anbetracht der Rechtsprechung des BVerfG, die darlegt, dass auch der Tag Anknüpfungspunkt von Beschränkungen einer Versammlung sein kann,[114] nicht weiter problematisch.
Art. 5 Abs. 1 Satz 1 GG tritt als subsidiär zurück.[115]

bb. Eingriff
Da Versammlungen nach Art. 15 Abs. 2 Nr. 1 BayVersG beschränkt und verboten werden können, greift dieser in den Schutzbereich des Art. 8 Abs. 1 GG ein.

cc. Verfassungsrechtliche Rechtfertigung
(1) Einschränkbarkeit des Grundrechts
Für Versammlungen unter freiem Himmel hält Art. 8 Abs. 2 GG einen Schrankenvorbehalt bereit. Strittig ist, ob es sich dabei um einen qualifizierten Gesetzesvorbehalt handelt. Versammlungen finden dann unter freiem Himmel statt, wenn die Versammlung keinen seitlichen Begrenzungen unterliegt, da dann eine höhere Dynamik und auch ein höheres Gefährdungspotential besteht, als bei umzäunten Versammlungen, so dass diese Versammlungen besonderer Aufsicht bedürfen. Da Art. 15 Abs. 2 Nr. 1 BayVersG nur für Versammlungen unter freiem Himmel gilt, erfüllt er die Anforderungen an den Gesetzesvorbehalt des Art. 8 Abs. 2 GG.

(2) Formelle Verfassungsmäßigkeit des Art. 15 Abs. 2 Nr. 1 BayVersG
Zuständigkeit, Verfahren und Form sind einzuhalten.

(3) Materielle Verfassungsmäßigkeit des Art. 15 Abs. 2 Nr. 1 BayVersG
Problematisch ist die Bestimmtheit des Art. 15 Abs. 2 Nr. 1b BayVersG, insbesondere die Tatbestandsmerkmale *„gewichtige Symbolkraft"* sowie in Nr. 1a *„Würde der*

[113] Vgl. §§ 5 Nr. 3, 13 Abs. 1 Satz 1 Nr. 2 VersG. Bzgl. der Waffenlosigkeit ist auf das WaffenG abzustellen.
[114] BVerfG, NJW 2001, 2069 (2071), NJW 2001, 1409 (1410), zum Holocaust-Gedenktag. Für den Tag der „Machtergreifung" wurde dies anders gesehen, vgl. BVerfG, NJW 2001, 2075 f.; NJW 2001, 2076 f.; NJW 2001, 2079; NJW 2001, 1408 f. Kritisch hierzu Battis/Grigoleit, NVwZ 2001, 2051 (2053). Zustimmend Neumann, in: Leggewie/Meier (Hrsg.), Verbot der NPD oder mit Rechtsradikalen leben, 2002, S. 155 (161 f.).
[115] Gleiches gilt für Art. 110 Abs. 1 BV.

Opfer zu besorgen". Insoweit könnte Art. 15 Abs. 2 Nr. 1b gegen den Bestimmtheitsgrundsatz verstoßen, Art. 20 Abs. 3 GG.
Da jedoch aus der Gesetzesbegründung hervorgeht, wie der Gesetzgeber die Tatbestandsmerkmale gemeint hat, sind diese der Auslegung zugänglich und daher auch Art. 15 Abs. 2 Nr. 1b BayVerfG bestimmbar.
Die Verhältnismäßigkeit ist ebenfalls gegeben, da insbesondere durch die Möglichkeit der Auflagenverhängung ein abgestuftes Instrumentarium vorhanden ist, das angemessene Reaktionen auf den Einzelfall ermöglicht.

b. Art. 2 Abs. 1 GG
Tritt als subsidiär zurück.[116]

2. formelle Rechtmäßigkeit, s. o.

3. materielle Rechtmäßigkeit
Es müsste sich bei dem Tag des 8. Mai oder den Orten, an denen der Trauermarsch vorbeizieht, um solche mit an die nationalsozialistische Gewalt- und Willkürherrschaft erinnernden Sinngehalt mit gewichtiger Symbolkraft handeln. Was genau hierunter zu verstehen ist, bleibt fraglich.
Die Gesetzesbegründung führt bzgl. der Daten an, dass es sich hierbei um solche handeln muss, *„deren Sinngehalt eindeutig an die nationalsozialistische Gewalt- und Willkürherrschaft erinnert und denen deshalb eine entsprechend gewichtige Symbolkraft zukommt"*[117] und gibt beispielsweise den 20. April (Geburtstag von Adolf Hitler), den 1. September (Überfall auf Polen), den 9. November (Reichspogromnacht), den 30. Januar (Tag der Machtergreifung) sowie den 27. Januar (Jahrestag der Befreiung des Konzentrationslagers Auschwitz, der zum Tag des Gedenkens an die Opfer des Nationalsozialismus bestimmt wurde), an.
Ob der Jahrestag der deutschen Niederlage im Zweiten Weltkrieg an die nationalsozialistische Gewalt- und Willkürherrschaft erinnert, ist zweifelhaft. Hierfür spricht, dass ebenso wie der 1. September der von den Nationalsozialisten begonnene Weltkrieg und damit auch das NS-Verbrecherregime sein Ende fand. Dagegen spricht, dass mit dem 8. Mai lediglich die Kapitulation Deutschlands erfolgte, nicht jedoch ein Datum gewürdigt wird, das in unmittelbarem Zusammenhang mit dem Gewaltregime steht, wie dies beim 1. September (Überfall auf Polen) der Fall ist.
Als Beispiele für Orte werden das Konzentrationslager Dachau und Flossenbürg, das Reichsparteitagsgelände in Nürnberg, der Platz vor der Feldherrnhalle in München (Hitler-Putsch) sowie Gedenkstätten am Ort einer ehemaligen, von den Nationalsozialisten zerstörten Synagoge genannt. Ein KZ-Außenlager hingegen dürfte nicht zu den Orten mit gewichtiger Symbolkraft zu zählen sein, da es im Bedeutungsgehalt hinter den von der Gesetzesbegründung genannten verbleibt (a. A. gut vertretbar).

Zwischenergebnis: Das Verbot kann nicht auf Art. 15 Abs. 2 Nr. 1a BayVersG gestützt werden. (a. A. gut vertretbar).

---

[116] Ebenso Art. 101 BV.
[117] Gesetzesbegründung, LT-Drs. 15/10181, S. 22.

III. Verbot nach Art. 15 Abs. 2 Nr. 1b BayVersG

1. Rechtsgrundlage: Art. 15 Abs. 2 Nr. 1b BayVersG
Neben den bereits ausgeführten Ungenauigkeiten enthält der Tatbestand des Art. 15 Abs. 2 Nr. 1b BayVersG noch die Formulierung *„grundlegende soziale oder ethische Anschauungen"*. Auch diesbezüglich ist nicht ganz klar, was damit gemeint ist. Eine Konkretisierung durch Auslegung ist jedoch möglich.

2. formelle Rechtmäßigkeit, s. o.

3. materielle Rechtmäßigkeit
Art. 15 Abs. 2 Nr. 1b BayVersG lehnt sich in seiner Formulierung an die Entscheidung des BVerfG an, in der festgestellt wurde, dass ein Verstoß gegen die öffentliche Ordnung und damit ein Rückgriff auf § 15 VersG ausnahmsweise möglich ist, wenn der für die Versammlung gewählte Tag durch eine gewichtige Symbolkraft charakterisiert sei,[118] der mit der Durchführung eines Aufzugs in einer Weise angegriffen werde, die zugleich grundlegende soziale oder ethische Anschauungen in erheblicher Weise verletze.[119]
Dabei bleibt zu fragen, welche Anschauungen grundlegender sozialer bzw. ethischer Art sind. Hierzu führt die Gesetzesbegründung aus, dass dies dann der Fall sei, wenn der Versammlung an diesem Tag oder Ort *„eine Provokationswirkung zukommt"*, welche die Mehrzahl der Bevölkerung *„als schlechthin unerträglich"* und *„inakzeptabel"* empfindet.[120] Dabei sei auf Inhalt und Form abzustellen, insbesondere darauf, ob eine massive Verfälschung gesicherter historischer Tatsachen betrieben wird oder Rituale aus der nationalsozialistischen Zeit aufgeführt werden.[121]
Eine solch unerträgliche Provokationswirkung dürfte jedoch nicht vorliegen, da weder historische Tatsachen verfälscht noch Rituale aus der nationalsozialistischen Zeit aufgeführt werden (a. A. vertretbar).

Zwischenergebnis: Das Verbot kann nicht auf Art. 15 Abs. 2 Nr. 1b BayVersG gestützt werden (a. A. vertretbar).

IV. Verbot nach Art. 15 Abs. 2 Nr. 2 BayVersG

1. Rechtsgrundlage: Art. 15 Abs. 2 Nr. 2 BayVersG
Art. 15 Abs. 2 Nr. 2 BayVersG, der im Wesentlichen § 130 Abs. 4 StGB nachgebildet ist, und an dessen Verfassungsmäßigkeit dieselben Bedenken angemeldet wurden wie an derjenigen des § 130 Abs. 4 StGB, hat nunmehr ebenfalls als Sonderrecht gegen Rechts Bestand. Insoweit kann dieselbe Begründung wie die des BVerfG zur Rechtfertigung von § 130 Abs. 4 StGB herangezogen werden.

2. formelle Rechtmäßigkeit, s. o.

---

[118] Im konkreten Fall war es der Holocaust-Gedenktag am 27. Januar.
[119] BVerfG, NJW 2001, 1409 (1410). Ebenso BVerfG, NJW 2001, 1407. Vgl. hierzu Wiefelspütz, KritV 85 (2002), 19 (22f.).
[120] Gesetzesbegründung, LT-Drs. 15/10181, S. 22.
[121] Gesetzesbegründung, LT-Drs. 15/10181, S. 22.

3. materielle Rechtmäßigkeit
Da Art. 15 Abs. 2 Nr. 2 BayVersG im Wesentlichen § 130 Abs. 4 StGB nachgebildet ist, ist er ebenso auszulegen wie dieser und damit einschlägig, weshalb das Verbot hierauf gestützt werden kann.

Ergebnis: Ein Verbot der Versammlung kann auf Art. 15 Abs. 2 Nr. 2 sowie auf Art. 15 Abs. 1 BayVersG i. V. m. § 130 Abs. 4 StGB gestützt werden. Die Veranstaltung kann daher verboten werden.

1944 **Übersicht 3: Verhältnis BayVersG und PAG**

Vorwirkung ←	**Art. 8 Abs. 1 GG, Art. 113 BV**	→ **Nachwirkung**
ungehinderte Vorbereitung und Planung ungehinderter Zugang		ungehindertes Verlassen

Beginn der Versammlung — Ende der Versammlung

PAG (+)	**BayVersG (+)** Art. 2 Abs. 3 BayVersG **POLIZEIFESTIGKEIT**	**PAG (+)**
Art. 8 Abs. 1 GG, Art. 113 BV sind im Rahmen der Verhältnismäßigkeit der polizeilichen Maßnahmen nach PAG zu berücksichtigen (BVerfGE 69, 315 – Brokdorf)	**Eingriffe und Beschränkungen dürfen nur auf Grundlage des BayVersG erfolgen wegen des besonderen Schutzes der Versammlung**	**Art. 8 Abs. 1 GG, Art. 113 BV sind im Rahmen der Verhältnismäßigkeit der polizeilichen Maßnahmen nach PAG zu berücksichtigen**
→ keine unzumutbaren Hürden für die Teilnahme an der Versammlung (z.B. langdauernde Zugangskontrollen, Registrierung) **a. A.:** BayVersG (+) für Minusmaßnahmen; PAG gilt nur für Rechtsfolgen Kritik: – BayVersG nicht anwendbar – Rechtsklarheit, Art. 20 Abs. 3 GG, Art. 3 Abs. 1 BV – Vermengung von Versammlungsrecht und Art. 8 Abs. 1 GG, Art. 113 BV **a. A.:** PAG (+), wenn kein Eingriff erfolgt oder dieser nur Nebenfolge einer polizeilichen Maßnahme ist	Ausnahmen: – Minusmaßnahmen – versammlungsatypische Gefahren – planwidrige Regelungslücken im BayVersG	→ keine unzumutbaren Hürden für das Verlassen einer Versammlung (z.B. Einkesselung, Registrierung)

Teil V. Rechtsschutz

49. Kapitel. Grundrechtsrelevanz polizeilicher und sicherheitsbehördlicher Tätigkeit

Zusammenfassung

1. Da die polizeiliche Tätigkeit zur klassischen **Eingriffsverwaltung** zählt, greift jede polizeiliche Maßnahme auch in die Schutzsphäre von Grundrechten ein.
2. Bei der Prüfung der Verfassungsmäßigkeit der Eingriffsnorm in formeller Hinsicht ist neben dem verfassungskonformen **Gesetzgebungsverfahren** insbesondere die Einhaltung des **Zitiergebotes** nach Art. 19 Abs. 1 Satz 2 GG zu prüfen. Das Zitiergebot gilt freilich nicht für die Konkretisierung verfassungsimmanenter Schranken, für gesetzliche Inhaltsbestimmungen und für Gesetze, deren Ziel nicht die Einschränkung eines bestimmten Grundrechts ist.
3. **Polizeifeste Grundrechte** sind solche, in die die Polizei nicht aufgrund der Generalklausel des Art. 11 PAG eingreifen kann, z.B. Art. 8 Abs. 1 GG
4. Art. 99 Satz 1 BV enthält eine institutionelle Garantie einer staatlichen Polizei wie auch ein **Grundrecht auf Sicherheit**.

A. Klassisches Spannungsfeld

Wie für kein anderes Rechtsgebiet gilt für das Recht der Gefahrenabwehr, dass es sich im klassischen Spannungsfeld zwischen Freiheit und Sicherheit bewegt. Gelöst wird dieser Zielkonflikt durch die Verfassung: durch die **Grundrechte als Abwehrrechte**. Der Gesetzgeber muss daher mit den Eingriffsbefugnissen, die er normiert, gleichzeitig zwei Ziele verfolgen. Einerseits muss er den Freiraum grundrechtlicher Betätigung gewährleisten. Andererseits muss er dem verfassungsrechtlichen Auftrag gerecht werden, für die Sicherheit der Menschen zu sorgen.[1] **1945**

Nach der Prüfung des Vorliegens der Eingriffsvoraussetzungen einer gesetzlichen Befugnisnorm schließt sich in der Polizeirechtsklausur daher häufig die Prüfung der Verfassungsmäßigkeit[2] an. Bei Vorliegen entsprechender Hinweise im Sachverhalt der Klausur erfolgt sie regelmäßig in zwei Schritten: **1946**

– Prüfung der Verfassungsmäßigkeit der Eingriffsnorm selbst.
– Prüfung der Verfassungsmäßigkeit der Rechtsanwendung durch die Polizei.

B. Formelle Verfassungsmäßigkeit der Eingriffsnorm

Bei der Prüfung der formellen Verfassungsmäßigkeit der Eingriffsnorm stellen sich insbesondere folgende Fragen: **1947**

---

[1] Dazu bereits Rn. 33ff.
[2] Ausführlich: Schmidbauer, in: ders./Steiner, Art. 74 PAG Rn. 5ff.

I. Gesetzgebungskompetenz und -verfahren

1948 Die **Gesetzgebungszuständigkeit** für den Erlass des PAG, das LStVG und das BayVSG richten sich nach Art. 30, 70 GG, wonach der Landesgesetzgeber, also der Bayerische Landtag zuständig ist.

1949 Die Rechtsnorm muss in einem grundgesetzkonformen **Gesetzgebungsverfahren** erlassen worden sein.

II. Das Zitiergebot, Art. 19 Abs. 1 Satz 2 GG, Art. 91 PAG

1950 Dem **Zitiergebot** des **Art. 19 Abs. 1 Satz 2 GG** muss genüge getan worden sein, wonach ein Gesetz, das in Grundrechte eingreifen will, dieses Grundrecht ausdrücklich benennen muss. Art. 91 PAG erfüllt die Anforderungen des Zitiergebotes in Art. 19 Abs. 1 Satz 2 GG. Erweitert ein Änderungsgesetz zum PAG die Eingriffsbefugnisse der Polizei, muss auch das Änderungsgesetz selbst das Zitiergebot des Art. 19 Abs. 1 Satz 2 GG erfüllen, um der Warn- und Besinnungsfunktion des Zitiergebotes gerecht zu werden[3]. Wegen Art. 142 GG gelten die Grundrechte des Grundgesetzes und der Bayer. Verfassung nebeneinander.

1951 Schließlich stellt sich die Frage, ob die Polizei in den Schutzbereich von Grundrechten eingreifen kann, die nicht in Art. 91 PAG genannt werden. Dies ist nicht möglich, sofern für dieses Grundrecht das Zitiergebot des Art. 19 Abs. 1 Satz 2 GG gilt.

1952 Art. 19 Abs. 1 Satz 2 GG erfasst nur Grundrechte, die vom GG unter einen ausdrücklichen Gesetzesvorbehalt gestellt sind. Dies sind Art. 2 Abs. 2, Art. 6 Abs. 3, Art. 8 Abs. 2, Art. 10 Abs. 1, Art. 11 Abs. 2, Art. 13, Art. 16 Abs. 1 Satz 2 GG.

1953 Das Zitiergebot gilt

- für ein Gesetz, dessen Ziel die Einschränkung eines bestimmten Grundrechtes ist.
- für die grundrechtlich normierten Grundrechte selbst, aber nicht für spezielle Ausgestaltungen oder Ableitungen, die die Rechtsprechung entwickelt hat, z.B. das Grundrecht auf informationelle Selbstbestimmung.
- nicht für die Konkretisierung verfassungsimmanenter Schranken, bloße gesetzliche Schrankenziehungen, Inhaltsbestimmungen oder Interpretationsgesetze, z.B.: Art. 2 Abs. 2, Art. 4 Abs.3 Satz 2, Art. 5 Abs. 2, Art. 12 Abs. 1 Satz 2, Art. 14 Abs. 1 Satz 2 GG. In diese Grundrechte kann die Polizei mit allen PAG-Maßnahmen eingreifen.
- nicht für vorkonstitutionelle Eingriffsbefugnisse.

C. Materielle Verfassungsmäßigkeit des Eingriffs in ein Freiheitsgrundrecht

1954 Nach Art. 1 Abs. 3 GG binden die Grundrechte die vollziehende Gewalt, also insbesondere auch die Polizei als unmittelbar geltendes Recht. So entfalten die Grundrechte ihre Wirkung als Abwehrrechte gegen die Hoheitsgewalt.

I. Grundrechte als Abwehrrechte

1955 Hoheitliche Maßnahmen der Polizei müssen sich im Rahmen der Grundrechtsschranken halten. Gleichzeitig begrenzen die Grundrechte damit die individuelle

[3] BVerfG, Urt. v. 27.7.2005, Abs.-Nr. 85ff.

Handlungsfreiheit. Rechtswidrig wird der Eingriff der Polizei in ein Grundrecht erst, wenn er nicht mehr durch die verfassungsrechtlichen Grundrechtsschranken gedeckt ist.

Prüfungsschema 24: Grundrechtsprüfung 1956

I. Eröffnung des Schutzbereichs des Grundrechts
1. personeller Schutzbereich
2. sachlicher Schutzbereich

II. Eingriff in das Grundrecht durch die polizeiliche Maßnahme

III. Rechtmäßigkeit des Eingriffs
Der polizeiliche Eingriff in das Grundrecht ist nur rechtmäßig, wenn er durch Schranken **gedeckt** ist.
1. Einschränkbarkeit des Grundrechts

a. Verfassungsunmittelbare Schranken, z.B. Art. 9 Abs. 2, Art. 13 Abs. 3 1. Alt. GG
Diese beinhalten unmittelbar die Befugnis zu polizeilichem Einschreiten. Einer weiteren gesetzlichen Ermächtigung bedarf es nicht.

b. Gesetzesvorbehalt, z. B. Art. 13 Abs. 2 GG
Bei einem Gesetzesvorbehalt bedarf es eines Gesetzes, das die Voraussetzungen hinreichend bestimmt regelt, bei deren Vorliegen die Polizei einschreiten darf, z.B. Art. 23, 24 PAG.
aa. formelle Verfassungsmäßigkeit des einschränkenden Gesetzes
bb. materielle Verfassungsmäßigkeit des einschränkenden Gesetzes,
insbesondere Beachtung des Verhältnismäßigkeitsprinzips, Art. 20 Abs. 3 GG.
cc. Wechselwirkungslehre
Jede Grundrechtseinschränkung durch Gesetz ist im Lichte der besonderen Bedeutung des Grundrechts selbst zu sehen. Es findet eine Wechselwirkung statt in der Form, dass zwar das Grundrecht über einen Gesetzesvorbehalt durch Gesetze eingeschränkt werden darf, dieses Gesetz muss aber seinerseits die wertsetzende Bedeutung des Grundrechts berücksichtigen.

c. verfassungsimmanente Schranken
Grundrechte sind grundsätzlich nie schrankenlos gewährleistet, sondern finden ihre Grenzen immer in anderen Verfassungswerten, wie z.B. anderen Grundrechten, sog. Grundrechtskollision.

2. Verhältnismäßigkeit: Abwägung der widerstreitenden Rechtspositionen

3. Wesensgehaltsgarantie Art. 19 Abs. 2 GG

II. Verfassungsimmanente Schranken der Grundrechte

1957 Bei einem unbeschränkt gewährleisteten Grundrecht kann der polizeiliche Eingriff in dessen Schutzbereich nur durch **verfassungsimmanente Schranken** gedeckt sein. Solche immanenten Grundrechtsbeschränkungen müssen Ausfluss der Verfassung selbst sein. So darf die Ausübung eines Grundrechts niemals die freiheitlich-demokratische Grundordnung unmittelbar, konkret und gegenwärtig gefährden. Hierzu zählt vor allem die Achtung vor den Grundrechten anderer, insbesondere deren Recht auf Würde, Leben und Freiheit (Art. 1 und Art. 2 Abs. 2 GG).

1958 Sieht sich die Polizei bei ihrem Einschreiten einer **Grundrechtskollision** gegenüber, so hat sie zu beachten, dass in der Tat der Grundrechtsschutz der einen Person durch die Grundrechte einer anderen Person begrenzt werden können. Dabei hat sie ihr Vorgehen an folgenden Prinzipien auszurichten:

Klausurhinweis:

Bei einer Grundrechtskollision ist wie folgt vorzugehen:
1. Schritt: Löst eine verfassungsrechtliche Vorrangentscheidung eine Grundrechtskollision, so ist dieser zur Geltung zu verhelfen, z.B. Höchstwert des Lebens nach Art. 2 Abs. 2 GG.
2. Schritt: Ansonsten ist abzuwägen, auf welcher Seite der Eingriff schwerer wiegen würde.
3. Schritt: Dabei hat die Polizei eine Lösung zu finden, die nach Möglichkeit kein Grundrecht ganz aufopfert, beide Anliegen angemessen berücksichtigt und zur Geltung bringt (Prinzip des schonendsten Ausgleichs und der **Integrationswirkung der Konfliktentscheidung**).

D. Polizeifeste Grundrechte

1959 Unter polizeifesten Grundrechte versteht die neuere Literatur Grundrechte, in die die Polizei nicht aufgrund der Generalklausel des Art. 11 PAG eingreifen kann. Eine derartige Polizeifestigkeit kann sich demnach aufgrund eines speziellen Gesetzesvorbehaltes der Verfassung selbst, z.B. Art. 5 Abs. 1 Satz 3 GG, oder aufgrund des abschließenden Charakters eines verfassungskonformen Spezialgesetzes, z. B. VersammlG, ergeben.[4]

E. Einzelne Grundrechte und polizeiliche Eingriffe

1960 Neben den Grundrechten des Grundgesetzes ist die Polizei auch an die Grundrechte der Bayerischen Verfassung gebunden (Art. 142 GG). Bei polizeilichen Eingriffen ist folgendes hervorzuheben:

I. Die Menschenwürde, Art. 1 Abs. 1 GG, Art. 100 BV

1961 Geschützt sind der menschliche Eigenwert und seine Eigenständigkeit. Es ist der Polizei verboten, den Menschen zu einem bloßen Mittel oder Objekt herabzuwürdigen.

[4] Dazu Kapitel 48.

Aus der Menschenwürde folgt ferner ein absolut geschützter Kernbereich höchstpersönlicher Lebensgestaltung, der frei bleiben muss von jeder staatlichen Überwachung und in dem der Mensch seine Gedanken und Gefühle ohne Furcht vor staatlicher Kontrolle zum Ausdruck bringen kann[5].

II. Das Recht auf Leben und körperliche Unversehrtheit, Art. 2 Abs. 2 Satz 1 GG, Art. 100 i. V. m. 101 BV

Diese Grundrechte stehen unter Gesetzesvorbehalt. In sie einzugreifen, ist die weitestgehende Maßnahme staatlicher Machtausübung, die allein der Polizei vorbehalten ist. Entsprechend hohe Anforderungen müssen an das Vorliegen der Eingriffsvoraussetzungen der Befugnisnormen des PAG gestellt werden. **1962**

III. Das Recht auf Freiheit der Person, Art. 2 Abs. 2 Satz 2 GG, Art. 101 BV

Freiheitsentziehende Eingriffe durch die Polizei sind in den Standardmaßnahmen des PAG abschließend geregelt. Daneben ist kein Raum für die Anwendung der Generalklausel. Über Zulässigkeit und Fortdauer einer Freiheitsentziehung entscheidet gemäß Art. 104 Abs. 2 GG unverzüglich der Richter. Auch darf die Polizei niemanden länger als bis zum Ende des Tages nach dem Ergreifen in Gewahrsam halten, Art. 20 PAG. **1963**

IV. Das Recht auf informationelle Selbstbestimmung

Das Recht auf informationelle Selbstbestimmung[6] folgt aus dem allgemeinen Persönlichkeitsgrundrecht des Art. 2 Abs. 1 i. V. m. Art. 1 Abs. 1 GG, Art. 102 i. V. m. Art. 100 BV. Es gewährleistet das Recht des Einzelnen, grundsätzlich selbst darüber zu entscheiden, ob und wann persönliche Daten preisgegeben oder verwendet werden, wann und innerhalb welcher Grenzen persönliche Lebenssachverhalte offenbart werden. Allerdings besteht dieses Recht nicht schrankenlos. Vielmehr müssen im überwiegenden Allgemeininteresse Einschränkungen des Rechts auf informationelle Selbstbestimmung hingenommen werden. Diese Einschränkungen bedürfen freilich einer klaren gesetzlichen Grundlage, aus der sich die Voraussetzungen und der Umfang des Eingriffs für den Bürger erkennbar ergeben. **1964**

V. Das Recht auf Gewährleistung der Vertraulichkeit und Integrität informationstechnischer Systeme

Das Grundrecht auf Gewährleistung der Vertraulichkeit und Integrität informationstechnischer Systeme[7] hat das BVerfG als Ausprägung des allgemeinen Persönlichkeitsgrundrechts aus Art. 2 Abs. 1 i. V. m. Art. 1 Abs. 1 GG, Art. 102 i. V. m. Art. 100 BV, entwickelt. Informationstechnische Systeme haben nämlich inzwischen den gesamten Alltag durchdrungen und sind teilweise existenziell. Das Grundrecht schützt daher davor, dass der Staat wesentliche Teile der Lebensgestaltung einer Person durchdringt und **1965**

---

[5] BVerfG, Urt. v. 3.3.2004, 1 BvR 2378/98, Abs.-Nr. 122 ff.
[6] BVerfGE 65, 1 ff.; 78, 77 ff.; 84, 192 ff.
[7] BVerfG, Urt. v. 27.2.2008, 1 BvR 370/07, Abs.-Nr. 202 ff.

ein aussagekräftiges Bild der Persönlichkeit erhält. Ein Eingriff der Polizei ist daher nur zulässig zur Abwehr einer dringenden konkreten Gefahr für ein überragend wichtiges Rechtsgut.

VI. Das allgemeine Persönlichkeitsrecht, Art. 2 Abs. 1 i. V. m. Art. 1 Abs. 1 GG, Art. 102 i. V. m. Art. 100 BV

1966 Das allgemeine Persönlichkeitsrecht des Art. 2 Abs. 1 i. V. m. Art. 1 Abs. 1 GG, Art. 102 i. V. m. Art. 100 BV schützt die engere persönliche Lebenssphäre und die Erhaltung ihrer Grundbedingungen. Es sichert jedem Einzelnen einen autonomen Bereich privater Lebensgestaltung, in dem er seine Individualität entwickeln und wahren kann[8]. Das Grundrecht steht freilich unter Gesetzesvorbehalt. Die Befugnisse des PAG ermöglichen daher der Polizei verfassungsmäßige Eingriffe in das Grundrecht der allgemeinen Persönlichkeit.

VII. Der Gleichheitssatz, Art. 3 GG, Art. 118 BV

1967 Der Gleichheitssatz, Art. 3 GG, Art. 118 BV, verbietet der Polizei willkürlich vorzugehen oder sachlich ungerechtfertigte Unterschiede zu machen.

VIII. Die Glaubens- und Gewissensfreiheit, Art. 4 GG, Art. 107 BV

1968 Die Glaubens- und Gewissensfreiheit, Art. 4 GG, Art.107 BV, sind unbeschränkt gewährleistet. Jedoch bestimmt nicht der Grundrechtsträger den Umfang seiner Handlungsfreiheit. Vielmehr prägt die Wertordnung der Verfassung den Schutzbereich des Grundrechts[9]. Beispielsweise kann die Polizei jederzeit Menschenopfer unterbinden.

IX. Die Meinungs- und Informationsfreiheit, Art. 5 Abs. 1 GG, Art. 110, 111 BV

1969 Art. 5 Abs. 1 GG verbietet die **Vorzensur**. Der Polizei sind dabei alle einschränkenden Maßnahmen vor der Herstellung eines Medienträgers und vor der Veröffentlichung einer Meinung untersagt. Insbesondere ist jede vorbeugende Kontrolle des Inhalts verboten. Dagegen kann die Polizei die weitere Verbreitung veröffentlichter Meinung, die gegen Gesetze verstößt (z. B. Beleidigung) unterbinden, z. B. nach Art. 15 BayPrG i. V. m. §§ 111b ff. StPO.

1970 Nach Art. 5 Abs. 2 GG findet die Meinungs- und Informationsfreiheit ihre **Schranken** in den allgemeinen Gesetzen. Die Polizei darf also aufgrund von Gesetzen einschreiten, die sich nicht gegen eine Meinung als solche richtet, sondern dem Schutz eines anderen Rechtsgutes schlechthin dienen, das im Rang mindestens gleich steht[10]. Das PAG ist ein allgemeines Gesetz in diesem Sinne.

---

[8] BVerfGE 54, 148 ff.; 72, 155 ff.; 79, 256 ff.
[9] BVerfGE 24, 236 ff.
[10] BVerfGE 7, 198 ff.

X. Die Freiheit von Wissenschaft und Kunst, Art. 5 Abs. 3 GG, Art. 108 BV

Die Freiheit von Wissenschaft und Kunst, Art. 5 Abs. 3 GG, Art. 108 BV, unterliegt **1971** nur verfassungsimmanenten Schranken. So kann die Polizei nach Art. 16 PAG gegen Straßenmusikanten einschreiten, wenn ihr Musizieren (Art. 5 Abs. 3 GG) zur Nachtzeit in der Fußgängerzone die Ruhe der Anwohner (Art. 2 Abs. 1 GG) stört.

XI. Die Versammlungsfreiheit, Art. 8 GG, Art. 113 BV

Versammlungen **in geschlossenen Räumen**, deren Teilnehmer friedlich und un- **1972** bewaffnet sind, unterliegen nur den verfassungsimmanenten Schranken anderer Rechtsgüter. Diese werden durch Art. 12 BayVersG konkretisiert. Aus anderen als versammlungsrechtlichen Gründen kann die Polizei auch nach dem PAG einschreiten.

Versammlungen **unter freiem Himmel** unterliegen dem Gesetzesvorbehalt. Die **1973** Befugnisse des VersammlG (insbesondere Art. 15 Abs. 3–5, Art. 16 Abs. 5 BayVersG) schließen für Maßnahmen der Versammlungsüberwachung während der laufenden Versammlung die Befugnisse des PAG aus.

Dagegen steht im **Vorfeld von Versammlungen** das BayVersG polizeilichen Maß- **1974** nahmen nach PAG nicht entgegen[11], solange dadurch nicht die Ausübung des Grundrechts aus Art. 8 GG dauerhaft vereitelt wird, indem die Polizei durch ihre Maßnahme die Teilnahme an der Versammlung vollständig verhindert.

Anhand dieser Grundsätze lassen sich folgende Beispielsfälle zur Anwendbarkeit des **1975** PAG lösen:[12]

- Polizeiliche Maßnahmen gegen das **Stattfinden** oder die **Durchführung** der Versammlung können sich nur auf Art. 15 BayVersG stützen. Dies sind Verbot, Auflagen oder Auflösung. Daneben sind Maßnahmen nach dem PAG gegen die Versammlung als solche unzulässig.
- Auch gegen **einzelne Teilnehmer** kann während der Veranstaltung nur nach dem BayVersG vorgegangen werden, insbes. nach Art. 15 Abs. 5, 16 Abs. 5 BayVersG. Nach der h. M. gilt dies selbst dann, wenn er sich durch Bewaffnung oder unfriedliches Verhalten außerhalb des Grundrechtsschutzes stellt.
- Für Personen **auf dem Weg zur Versammlung** gilt: Polizeiliche Maßnahmen, die bewirken sollen, dass die Teilnahme an der Versammlung oder dem Aufzug verhindert wird, können nur auf Art. 16 Abs. 5 BayVersG gestützt werden. Denn die Schutzwirkung des Art. 8 GG umfasst auch die Personen auf dem Weg zur Versammlung. Dagegen können alle sonstigen polizeilichen Vorfeldmaßnahmen auf das PAG gestützt werden. Sie werden durch das BayVersG nicht ausgeschlossen. Dies gilt vor allem für die Kontrollstelle nach Art. 13 PAG, auch wenn sie zur Verhütung versammlungsbezogener Straftaten oder Ordnungswidrigkeiten dient. Anwendbar sind insbesondere auch die Befugnisse des PAG zur Identitätsfeststellung und Ingewahrsamnahme. Eine Maßnahme nach dem PAG ist hierbei auch dann zulässig, wenn die betreffende Person dadurch nicht mehr rechtzeitig zum Beginn der Versammlung kommt.

---

[11] Schmidbauer, in: ders./Steiner, Art. 16 PAG Rn. 38. Bestätigend: BVerfG, NVwZ 2005, 80 f.

[12] Dazu ausführlich auch Kapitel 48.

– Ist die Versammlung **verboten oder aufgelöst** oder ist der Teilnehmer von der Versammlung ausgeschlossen worden, können gegen ihn Maßnahmen nach dem PAG ergriffen werden.

XII. Die Vereinsfreiheit, Art. 9 Abs. 1 GG, Art. 114 BV

1976 Die Vereinsfreiheit, Art. 9 Abs. 1 GG, Art. 114 BV, unterliegt nur den Beschränkungen, die im Grundrecht selbst genannt sind. Folgerichtig kann gemäß § 1 Abs. 2 VereinsG ein Verein allein nach den Vorschriften des Vereinsgesetzes verboten oder aufgelöst werden. Nur im Übrigen ist das PAG anwendbar.

XIII. Die Koalitionsfreiheit, Art. 9 Abs. 3 GG, Art. 170 BV

1977 Da die Koalitionsfreiheit in Art. 9 Abs. 3 GG, Art. 170 BV auch den Arbeitskampf mit umfasst, ist die Polizei nicht befugt, gegen einen Streik einzuschreiten. Ausschreitungen, insbesondere die Begehung von Straftaten (z. B. Nötigung der Arbeitswilligen, Sachbeschädigung im Betrieb) können aber nach PAG verhindert werden.

XIV. Das Fernmeldegeheimnis, Art. 10 GG, Art. 112 BV

1978 In das Fernmeldegeheimnis, Art. 10 GG, Art. 112 BV, darf durch präventive polizeiliche Maßnahmen eingegriffen werden, soweit die Voraussetzungen der Art. 42 ff. PAG vorliegen. Das Grundrecht ist in Art. 91 PAG genannt.

XV. Die Freizügigkeit, Art. 11 GG, 109 BV

1979 Die Freizügigkeit, Art. 11 GG, 109 BV, kann jenseits des Art. 73 Nr. 3 GG im Rahmen der länderrechtlichen Regelungskompetenz der öffentlichen Sicherheit und Ordnung nach dem PAG beschränkt werden. So kann nach Art. 11 PAG die Evakuierung eines Landstriches und eine Zuzugssperre angeordnet werden, wenn dies z. B. aufgrund einer Naturkatastrophe oder eines technischen Unfalles (z.B. Tschernobyl, Seveso) erforderlich wird. Ferner liegt eine verfassungsmäßige Beschränkung der Freizügigkeit bei Verhängung eines polizeilichen Aufenthaltsverbotes und beim polizeilichen Platzverweis vor.

XVI. Die Unverletzlichkeit der Wohnung, Art. 13 GG, Art. 106 BV

1980 Die Unverletzlichkeit der Wohnung, Art. 13 GG, Art. 106 BV, lässt präventivpolizeiliche Eingriffe nur unter folgenden Gesichtspunkten zu:

– Nach Art. 13 Abs. 2 GG können Durchsuchungen gemäß Art. 23, 24 PAG erfolgen.
– Art. 13 Abs. 3 bis Abs. 6 GG beinhalten einen Gesetzesvorbehalt für den Einsatz technischer Mittel in Wohnungen. Präventivpolizeilich ist dieser in Art. 36 Abs. 1 Nr. 2, Art. 41 PAG geregelt.
– Sonstige Eingriffe und Beschränkungen des Grundrechts der Unverletzlichkeit der Wohnung werden durch Art. 13 Abs. 7 GG abgedeckt, soweit sie zur Abwehr einer gemeinen Gefahr oder Lebensgefahr erfolgen, oder sie werden durch den Gesetzesvorbehalt des Art. 13 Abs. 7 GG abgedeckt, soweit sie der Abwehr einer dringenden Gefahr für die öffentliche Sicherheit und Ordnung dienen.

XVII. Die Eigentumsfreiheit, Art. 14 Abs. 1 Satz 1 GG, Art. 103 BV

Das Eigentum, Art. 14 Abs. 1 Satz 1 GG, Art. 103 BV, wird nach Inhalt und **1981** Schranken durch die Gesetze bestimmt. Eine rechtmäßige polizeiliche Maßnahme weist den Störer nur in die Schranken seines Rechtes zurück. Dies ist nie eine Enteignung und daher stets entschädigungslos hinzunehmen.

F. Das Grundrecht auf persönliche Sicherheit

Nicht nur der von einer polizeilichen Maßnahme Betroffene hat verfassungsrechtliche **1982** (Abwehr-)Ansprüche, vielmehr kann auch das (potentielle) Opfer des Störers Grundrechte geltend machen. Dies führt jedenfalls zu einem von der Staatsgewalt zu beachtenden Verfassungsprinzip einer Gewährleistung der inneren Sicherheit. Die Pflicht zur Beachtung dieses Verfassungsprinzips trifft Exekutive, Judikative und Legislative.

I. Die Bayerische Verfassung – Art. 99 Satz 2 BV

1. Institutionelle Garantie des Art. 99 Satz 2 BV

Art. 99 Satz 2 BV verpflichtet die Polizei zum Schutz des geistigen und leiblichen **1983** Wohls aller Einwohner. Die Vorschrift legt dem Staat jedenfalls eine objektive Verfassungspflicht auf und beinhaltet zunächst unstreitig die **institutionelle Garantie**[13] einer staatlichen Polizei, deren Pflicht es ist, den Schutz der Verfassung gegen Angriffe nach innen zu gewährleisten.[14] Im Übrigen ist Art. 99 Satz 2 BV eine objektive Verfassungsnorm, die dem Staat die Pflicht auferlegt, für innere Sicherheit zu sorgen. Die öffentliche Sicherheit und Ordnung wird mit diesem objektiven Verfassungsauftrag[15] in ein **Prinzip mit Verfassungsrang** erhoben. Die Gewährleistungspflicht der inneren Sicherheit zählt folglich zu den Staatsstrukturprinzipien ebenso wie das Rechtsstaats- oder das Sozialstaatsprinzip.

2. Grundrechtsgehalt des Art. 99 Satz 2 BV

Umstritten ist, ob Art. 99 Satz 2 BV ein Grundrecht beinhaltet, das jedem Bürger **1984** ein subjektiv öffentliches Recht gewährt, das eingeklagt werden kann.

Ein Teil der Lit.[16] lehnt dies ab, da die Polizei ihre Aufgaben nur im Rahmen der **1985** Gesetze erfüllen dürfe. Die **h. M.**[17] **bejaht dies ausdrücklich**. Sie beruft sich dabei auf die systematische Stellung des Art. 99 innerhalb der BV und auf die erhebliche Bedeutung dieser Regelung für den Schutz der übrigen in der Verfassung verbürgten Grundrechte.[18]

Zutreffend dürfte es sein, Art. 99 Satz 2 BV als Grundrecht anzuerkennen und hier **1986** ähnlich wie beim Sozialstaatsprinzip zu entscheiden und ausnahmsweise unmittelbare

---

[13] Holzner, Art. 99 Rn. 21; BayVerfGH 50, 226 (247); BVerfGE 115, 166 (192).
[14] Dazu Rn. 33 ff.
[15] Holzner, Art. 99 Rn. 20; Schmidbauer, in: ders./Steiner, Art. 11 PAG Rn. 130 ff.
[16] Nawiasky/Leusser, Art. 99 Rn. 5.
[17] Holzner, Art. 99 Rn. 12 ff.; Meder, Art. 99 Rn. 6; Pestalozza, in: Nawiasky/Schweiger/Knöpfle, Art. 99 Rn. 43.
[18] Dazu Rn. 33 ff.

Rechtsansprüche abzuleiten, wenn das polizeiliche Einschreiten der Existenzsicherung dient. Der Grundrechtsanspruch steht dabei jedoch unter denselben Vorbehalten, die oben bereits als Voraussetzungen dargelegt wurden, unter denen sich ein Anspruch auf polizeiliches Einschreiten bei Ermessensreduktion auf Null ergibt[19].

II. Das Grundgesetz

1987 Art. 2 Abs. 2 GG gewährt nicht nur ein subjektives Abwehrrecht gegen staatliche Eingriffe. Das Grundrecht besitzt vielmehr auch einen objektiv-rechtlichen Gehalt. Insoweit beinhaltet es die objektive Verfassungspflicht für alle staatlichen Organe, sich schützend und fördernd vor diese Rechtsgüter zu stellen und sie insbesondere vor rechtswidrigen Eingriffen von Seiten anderer zu bewahren[20].

1988 Ferner lässt sich aus der Menschenwürde des Art. 1 GG ein verfassungsrechtlicher Anspruch an den Staat auf Beachtung fundamentaler Werte des Menschseins bei der Ermessensentscheidung über das polizeiliche Einschreiten zur Gefahrenabwehr herleiten[21].

III. Die Europäische Konvention zum Schutz der Menschenrechte und Grundfreiheiten

1989 Die Europäische Konvention zum Schutz der Menschenrechte und Grundfreiheiten enthält in Art. 5 ein Recht auf Freiheit und Sicherheit. Art. 5 Abs.1 EMRK lautet: *Jedermann hat ein Recht auf Freiheit und Sicherheit.* Allerdings gilt die europäische Konvention zum Schutze der Menschenrechte und Grundfreiheiten in Deutschland nur im Rahmen einfachen Bundesrechts. Art. 5 EMRK verweist im Folgenden auf das innerstaatliche Recht. Dem Europäischen Gerichtshof für Menschenrechte eröffnet sich dadurch die Möglichkeit, bei polizeilichen Maßnahmen die Beachtung der Polizeigesetze des jeweiligen Bundeslandes nachzuprüfen. Der von einer Polizeimaßnahme Betroffene erhält einen zusätzlichen Rechtsweg. Eine über das nationale Recht hinausgehende Bindung der Polizeigewalt erfolgt durch Art. 5 EMRK jedoch nicht.

50. Kapitel. Rechtsschutz gegen polizeiliche Maßnahmen

Zusammenfassung

Rechtsschutz gegen polizeiliche Maßnahmen weist regelmäßig zusätzliche Problemstellungen auf:

1. Da die Polizei gefahrenabwehrend und strafverfolgend tätig werden kann, stellt sich zunächst die Frage nach dem **richtigen Rechtsweg**.
   a. Nach der bisher h.M. kommt es auf die **objektivierte Sicht des** von der Maßnahme **Betroffenen** an. Entscheidend ist demnach, welcher Schwer-

---

[19] Im Ergebnis ebenso: Holzner, Art. 99 Rn. 18, der auf der Grundlage des Untermaßverbotes einen grundrechtlichen Schutzanspruch nur anerkennt, wenn der Staat gänzlich ungeeignete Maßnahmen ergriffen hat.

[20] So ausdrücklich: BVerfGE 53, 30 (57) = NJW 1980, 759ff.

[21] Ausführlich: Schmidbauer, in: ders./Steiner, Art. 11 PAG Rn. 130ff.

punkt für ihn im Zeitpunkt des Einschreitens der Polizei erkennbar war. Indizien für einen derartigen **Schwerpunkt** im repressiven Bereich wären demnach, wenn der Betroffene von der Polizei von Anfang an als Beschuldigter bezeichnet wird, ihm bereits beim ersten Zugriff eröffnet wird, welche Straftat ihm zur Last gelegt wird (§ 163a Abs. 4 Satz 1 StPO) oder wenn er vor einer Vernehmung nach § 163 a Abs. 4 Satz 2 i.V.m. § 136 Abs. 1 Satz 2 bis Satz 4 StPO belehrt wird.

b. Gegen die h.M. bestehen durchgreifende verfassungsrechtliche Bedenken: Der Polizei ist es nach Art. 20 Abs. 3 GG, Art. 3 Abs. 1 BV nicht erlaubt, ein ganzes Gesetz nicht anzuwenden.

c. BVerfG und BGH gehen in ihrer neueren Rechtsprechung von der **parallelen Anwendbarkeit von StPO und PAG** aus.

2. Nach Art. 3 PAG ist die Polizei zuständig, soweit die Gefahrenabwehr durch andere Behörden nicht oder nicht rechtzeitig möglich ist. § 80 Abs. 2 Satz 1 Nr. 2 VwGO ordnet an, dass bei unaufschiebbaren Maßnahmen von Polizeivollzugsbeamten die aufschiebende Wirkung der Anfechtungsklage nach der VwGO entfällt.
3. Dies hat zur Konsequenz, dass gerichtlicher Rechtsschutz gegen polizeiliche Maßnahmen der Gefahrenabwehr regelmäßig in Form des vorläufigen Rechtsschutzes oder durch eine Fortsetzungsfeststellungsklage analog § 113 Abs. 1 Satz 4 VwGO erfolgt.

Das Grundrecht des Art. 19 Abs. 4 GG gewährleistet jedermann einen lückenlosen Rechtsschutz durch die Gerichte gegen einen behaupteten rechtswidrigen Eingriff der öffentlichen Gewalt in seine Rechte. Damit kann jeder Bürger jede Maßnahme der Polizei gerichtlich überprüfen lassen. 1990

A. Grundprobleme des Rechtsschutzes gegen polizeiliche Maßnahmen

So vielfältig und unterschiedlich der Anlass und das Ziel polizeilichen Einschreitens sein kann, so differenziert und letztlich auch kompliziert sind durch die Fortentwicklung des Rechtssystems die Regelungen des Rechtsschutzes gegen polizeiliche Maßnahmen geworden. Im Hinblick auf Examensklausuren lassen sich einige besondere **Schwierigkeiten des Rechtsschutzes**[1] **gegen polizeiliche Maßnahmen** analysieren: 1991

- **Identifizierung der polizeilichen Maßnahme,** die einer rechtlichen Bewertung zu unterziehen ist;
- **Rechtsweg** bei polizeilichen Maßnahmen, insbesondere bei Gemengelagen, d.h. wenn die Polizei sowohl zur Strafverfolgung als auch zur Gefahrenabwehr handelt;
- Rechtsschutz bei **Unaufschiebbarkeit polizeilicher Maßnahmen**, d.h. wenn Eilbedürftigkeit des polizeilichen Tätigwerdens wegen Art. 3 PAG vorliegt;
- Besonderheiten des **vorläufigen Rechtschutzes** gegen polizeiliche Maßnahmen.

[1] Ausführlich: Schmidbauer, in: ders./Steiner, Art. 12 POG Rn. 4ff.

B. Identifizierung der polizeilichen Maßnahme

1992 Bei Fragen des Rechtsschutzes gegen polizeiliche Maßnahmen ist für den richtigen Einstieg in die juristische Prüfung von entscheidender Bedeutung, dass eine sorgfältige Identifizierung der polizeilichen **Maßnahme** erfolgt, **die einer rechtlichen Bewertung zu unterziehen ist**. Dabei ist zu beachten, dass in einem einzigen Lebenssachverhalt, in dessen Rahmen die Polizei Eingriffsmaßnahmen ergreift, regelmäßig eine Vielzahl derartiger polizeilicher Maßnahmen enthalten sein können. Wichtig ist, sie einzeln zu analysieren und alle vollständig zu erfassen. Insoweit ist das Polizeirecht kein Rechtsgebiet, das großzügig ist. Vielmehr muss im jeweiligen Lebenssachverhalt jede einzelne polizeiliche Maßnahme identifiziert und einzeln durchgeprüft werden, inwieweit der jeweilige polizeiliche Rechteingiff von einer gesetzlichen Eingriffsgrundlage gedeckt ist.

1993 **Beispielfall 79**

Polizeioberkommissar Müller und Polizeihauptmeister Huber sehen bei ihrer Streifenfahrt in der Nähe des Atomkraftwerkes eine verdächtige Person P in einem Fahrzeug. Sie halten den PKW an, lassen sich die Ausweispapiere aushändigen und überprüfen die Person. Dabei nehmen die Polizisten den typischen Geruch von Marihuana wahr, durchsuchen daraufhin das Fahrzeug und stellen das gefundene Rauschgift sicher.
Nach welcher Rechtsgrundlage ergreifen die beiden Polizeibeamten welche polizeiliche Maßnahme?

Lösung

1. Streifenfahrt: Die Aufgabeneröffnung nach Art. 2 Abs. 1 PAG ist ausreichend, da eine Befugnisnorm mangels Rechtseingriff nicht erforderlich ist.
2. Anhaltung der Person und des Pkw:
   a. Art. 13 Abs. 2 Satz 2 PAG bei weiteren Maßnahmen nach dem PAG und
   b. § 36 Abs. 1 StVO i. V. m. § 6 StVG bei weiteren Maßnahmen nach dem StVG.
3. Prüfung der Zulassungsbescheinigung Teil I: § 11 Abs. 6 FZV (Fahrzeug-Zulassungs-Verordnung),
4. Prüfung des Führerscheins: § 4 Abs. 2 Satz 2 FeV (Fahrerlaubnis-Verordnung) i. V. m. StVG.
5. Identitätsfeststellung der Insassen: Art. 13 Abs. 1 Nr. 3 PAG.
6. Befragung nach Personalien: Art. 13 Abs. 2 Satz 2 PAG.
7. Aushändigung der Ausweispapiere: Art. 13 Abs. 2 Satz 2 PAG.
8. Überprüfung, ob P zur Festnahme ausgeschrieben ist: Art. 61 Abs. 1 Satz 3 PAG (Abgleich der Personalien der identifizierten Person mit dem Fahndungsbestand der Polizei).
9. Durchsuchung des P: Art. 21 Abs. 1 Nr. 1 PAG.
   Beachte: Es liegt keine Durchsuchung nach Art. 13 Abs. 2 Satz 4 PAG vor, da P seine Ausweispapiere ausgehändigt hat. Es liegt auch keine Durchsuchung nach Art. 21 Abs. 1 Nr. 5 PAG vor, da die Durchsuchung nicht auf den Schutz des Atomkraftwerkes, sondern auf die Sicherstellung des Rauschgifts zielt.

10. Durchsuchung des Fahrzeuges: Art. 22 Abs. 1 Nr. 1 und Nr. 3 PAG.
    Beachte: Es liegt keine Durchsuchung nach Art. 22 Abs. 1 Nr. 3 PAG vor, da die Durchsuchung nicht auf den Schutz des Atomkraftwerkes, sondern auf die Sicherstellung des Rauschgifts zielt.
11. Sicherstellung des Rauschgifts: Art. 25 Abs. 1 Nr. 1a PAG.

Das Anhalten des PKW (Art. 13 Abs. 2 Satz 2 PAG) sowie die Identitätsfeststellung **1994** (Art. 13 Abs. 1 Nr. 3 PAG) werden dem Bearbeiter als eingreifende Maßnahmen sofort ins Auge springen. Die volle Punktzahl wird jedoch nur erreicht, wenn auch die übrigen polizeilichen Maßnahmen erkannt und rechtlich gewürdigt werden.

Klausurhinweis:

1. Prüfen Sie Schritt für Schritt.
2. Beachten Sie, dass jeder Handgriff eines Polizeibeamten ein neuer Rechtseingriff in die Grundrechte eines Bürgers sein kann.

C. Ermittlung des Rechtsweges nach Art. 12 Abs. 1 POG, § 40 Abs. 1 VwGO

Nach Art. 19 Abs. 4 GG kann jeder Bürger jede Maßnahme der Polizei gerichtlich **1995** überprüfen lassen. Zu welchem Gericht der Rechtsweg offen steht, bestimmt sich nach der Aufgabe, die die Polizei wahrgenommen hat.

I. Speziell geregelte Rechtsbehelfe der StPO

Die StPO beinhaltet mit speziell geregelten Rechtsbehelfen der StPO gleichzeitig **1996** eine gesonderte Rechtswegzuweisung an die ordentlichen Gerichte. Beispiele: §§ 98 Abs. 2 Satz 2, 163 a Abs. 3 Satz 3 StPO. Voraussetzung hierfür ist, dass die Polizei **repressiv** gehandelt hat.

II. § 23 Abs. 1 EGGVG bei sonstigen Maßnahmen der Strafverfolgung (Justizverwaltungsakte)

§ 23 Abs. 1 EGGVG weist alle Rechtsstreitigkeiten über **(repressive) Maßnahmen** **1997** **der Strafverfolgung** der ordentlichen Gerichtsbarkeit zu. Diese werden als Justizverwaltungsakte bezeichnet. Es handelt sich dabei um eine abdrängende Sonderzuweisung im Rahmen von § 40 Abs. 1 VwGO.

III. Spezialgesetzliche Regelungen im PAG

Spezialgesetzliche Regelungen im PAG können ferner neben der Befugnis für das poli- **1998** zeiliche Einschreiten auch eine gesonderte Regelung über den Rechtsweg enthalten[2].

---

[2] Zulässig nach § 40 Abs. 1 Satz 2 VwGO.

Art. 92 Abs. 1 Satz 1 PAG bestimmt als zuständig für den Regelfall den Richter der freiwilligen Gerichtsbarkeit nach dem Gesetz über das Verfahren in Familiensachen und in den Angelegenheiten der freiwilligen Gerichtsbarkeit (FamFG), wenn das PAG vor dem Ergreifen einer polizeilichen Maßnahme eine richterliche Entscheidung vorsieht.

1999 Als Grundsatz gilt: Dies ist einerseits der Fall, wenn die richterliche Entscheidung aufgrund der Vorgaben des GG unverzüglich erfolgen muss[3]. Andererseits handelt es sich um verdeckte Maßnahmen der Polizei, die einer vorherigen richterlichen Einwilligung bedürfen, da sie von der Polizei verdeckt durchgeführt werden und einen tiefgreifenden Grundrechtseingriff beinhalten[4]. Zwar muss die Polizei den Betroffenen im Nachhinein aufgrund von Art. 50 PAG benachrichtigen, so dass der Betroffene die Rechtmäßigkeit der Maßnahme auch vor den Verwaltungsgerichten überprüfen lassen kann. Wegen des verdeckten schweren Grundrechtseingriffs, der durch die nachträgliche Überprüfung häufig nur noch teilweise wieder rückängig gemacht werden kann, soll aber bereits eine vorherige richterliche Kontrolle stattfinden. Dies hat der Gesetzgeber jeweils im Rahmen der einzelnen Eingriffsbefugnis geregelt.

2000 Die Zuständigkeit des Richters der Freiwilligen Gerichtsbarkeit wurde vom Gesetzgeber wegen seiner Orts- und Sachnähe bestimmt.

IV. Art. 12 Abs. 1 POG, § 40 Abs. 1 VwGO

2001 Liegt keine derartige Spezialregelung bei der einzelnen Eingriffsbefugnis des PAG vor und ergreift die Polizei Maßnahmen auf der Grundlage des PAG, handelt sie präventiv. In diesen Fällen liegt nach der Sonderrechtslehre oder der Subordinationstheorie (Polizeirecht als Begründung eines klassischen Über-/Unterordnungsverhältnisses) eine öffentlich-rechtliche Streitigkeit nichtverfassungsrechtlicher Art i. S. v. § 40 Abs. 1 VwGO vor, weshalb für derartige Streitigkeiten der Verwaltungsrechtsweg eröffnet ist.

2002 Wegen Art. 31 GG hat Art. 12 Abs. 1 POG für die Ermittlung des Rechtsweges lediglich **deklaratorische Bedeutung**. Als Bundesgesetz weist § 40 Abs. 1 VwGO alle derartige Streitigkeiten den Verwaltungsgerichten zu.

Klausurhinweis:

Im Rahmen des Prüfungspunktes „Eröffnung des Verwaltungsrechtsweges" ist daher bei einer Polizeirechtsklausur grundsätzlich immer zumindest kurz auf § 23 Abs. 1 EGGVG und das (Nicht-) Vorliegen eines Justizverwaltungsaktes einzugehen. Daher wird an dieser Stelle die Abgrenzung von präventivem und repressivem polizeilichen Handeln erforderlich.

D. Rechtsweg bei polizeilichen Gemengelagen

2003 Besondere Schwierigkeiten kann die Abgrenzung zwischen präventivem und repressivem polizeilichen Handeln darstellen. Ausgangspunkt ist, dass die Polizei ein und die-

---

[3] Beispiel bei einer Ingewahrsamnahme: Art. 104 Abs. 2 GG, Art. 102 Abs. 2 BV, Art. 18 i. V. m. Art. 92 Abs. 2 Satz 2 PAG.

[4] Beispiel bei einer Telekommunikationsüberwachung: Art. 42 Abs. 6 Satz 1 i. V. m. Art. 92 Abs. 1 PAG.

selbe Maßnahme sowohl zur (präventiven) Gefahrenabwehr als auch zur (repressiven) Strafverfolgung ergreifen darf. Dabei können diese Akte mit unterschiedlicher Zielrichtung, die auf verschiedenen Rechtsgrundlagen beruhen, auch zur selben Zeit stattfinden und damit in einer einzigen Handlung zusammenfallen. Derartige Gemengelagen sind in der Praxis der Regelfall und führen zu Abgrenzungsschwierigkeiten.[5]

Beispielfall 80 2004

Die Polizei hat einen verdeckten Ermittler in einen Rauschgifthändlerring eingeschleust, um den Handel mit Rauschgift zu unterbinden. Aufgrund seiner Informationen werden die Rauschgifthändler festgenommen bzw. in Gewahrsam genommen und das Rauschgift sichergestellt bzw. beschlagnahmt.

Beispielfall wie Nr. 7, Rn. 264 2005

Eine Gruppe Hausbesetzer besetzt ein Haus in der Hoffnung, ihren politischen Forderungen mehr Nachdruck zu verleihen. Der Eigentümer ruft die Polizei und stellt Strafantrag wegen Hausfriedensbruchs. Die Polizei kommt, nimmt die Personalien auf und trägt die Hausbesetzer anschließend aus dem Haus.

Beispielfall wie Nr. 8, Rn. 266 2006

Polizist P ertappt den mit Haftbefehl gesuchten Taschendieb D auf frischer Tat in der Fußgängerzone und nimmt ihn mit zur Polizeidienststelle.

I. Möglichkeit der Aufspaltung der einzelnen Maßnahmen

Handelt es sich um die Bewertung eines Maßnahmenbündels, so sind die einzelnen 2007
Maßnahmen voneinander zu trennen und jeweils gesondert zu bewerten.

Beispielfall 80, Rn. 2004 – Teil 1 2008

Können einzelne Maßnahmen gesondert bewertet werden?

Lösung – Teil 1

1. Die polizeilichen Maßnahmen können aufgespalten werden in die Einschleusung des verdeckten Ermittlers, die Festnahme bzw. Ingewahrsamnahme der Rauschgifthändler und die Sicherstellung bzw. Beschlagnahme des Rauschgifts.
2. Alle Maßnahmen verfolgen allerdings sowohl präventive als auch repressive Ziele: Zum einen soll das Ziel erreicht werden, die weitere Verbreitung des Rauschgifts zu verhindern. Insoweit werden die Maßnahmen daher mit präventiver Intention getroffen. Zum anderen dienen alle Maßnahmen jedoch auch

[5] Dazu Rn. 252ff.

der Strafverfolgung und haben damit repressive Zielrichtung. Bei den Maßnahmen liegt daher eine Gemengelage vor, so dass eine Zuordnung der einzelnen Maßnahme aus dem Maßnahmebündel nicht eindeutig möglich ist. Es liegt eine Gemengelage vor, deren weitere Prüfung nach den unten dargestellten Kriterien II.–V. erfolgt.

2009 **Beispielfall wie Nr. 7, Rn. 264, 2005 – Teil 1**

Können einzelne Maßnahmen gesondert bewertet werden?

Lösung – Teil 1

Obwohl es sich um einen einheitlichen Lebenssachverhalt handelt, sind juristisch zwei polizeiliche Maßnahmen voneinander zu unterscheiden: die Aufnahme der Personalien und das Wegtragen aus dem Haus.

1. Die Aufnahme der Personalien ist nicht erforderlich, um die Störung der öffentlichen Sicherheit (Hausfriedensbruch) zu unterbinden. Aus diesem Grunde handelt es sich um ein repressives Handeln, das den Zweck erfüllt, dem Strafantrag nachzukommen und die Strafverfolgung zu betreiben.
2. Das Wegtragen erfolgt dagegen, um die Störung der öffentlichen Sicherheit (Rechtsbruch) zu unterbinden. Dagegen ist das Wegtragen nicht erforderlich, um der Strafanzeige nachzukommen und den Hausfriedensbruch zu ahnden. Aus diesem Grunde liegt im Wegtragen eine präventive Maßnahme vor.

Da beide Maßnahmen voneinander getrennt und jeweils trennscharf zugeordnet werden können, liegt keine Gemengelage vor. Jede Maßnahme ist getrennt für sich nach ihrer gesetzlichen Grundlage zu prüfen.

2010 **Beispielfall wie Nr. 8, Rn. 266, 2006 – Teil 1**

Können einzelne Maßnahmen gesondert bewertet werden?

Lösung – Teil 1

1. Bei der Mitnahme zur Dienststelle ist eine Aufspaltung nicht möglich, da dies eine einzige polizeiliche Handlung ist, die zwei polizeiliche Maßnahmen (Festnahme und Ingewahrsamnahme) beinhaltet: Die Festnahme erfolgt repressiv, um den bestehenden Haftbefehl zu vollziehen und den Dieb der Strafverfolgung zuzuführen. Die Gewahrsamnahme erfolgt präventiv, um den laufenden Diebstahl zu unterbinden, das gestohlene Eigentum zu sichern und um weitere Diebstähle zu verhindern.
2. Es liegt also ebenfalls eine Gemengelage vor, deren weitere Prüfung nach den unten dargestellten Kriterien II.–V. erfolgt.

II. Die Schwerpunkttheorie der bisher h. M.

2011 Rechtsprechung und Literatur wurden in der bisher h. M. von dem Gedanken getragen, den Rechtsschutz zugunsten des Bürgers zu vereinfachen: Der Betroffene soll sich wegen eines polizeilichen Einschreitens nur an ein Gericht wenden müssen.

Die h. M. in Rechtsprechung und Literatur stellt für die Frage des Rechtsweges in derartigen Gemengelagen entscheidend auf den **Schwerpunkt der polizeilichen Maßnahme** ab. Die Kriterien hierfür sind freilich umstritten. Nach der h. M.[6] kommt es auf die **objektivierte Sicht des** von der Maßnahme **Betroffenen** an. Entscheidend ist demnach, welcher Handlungsschwerpunkt für ihn im Zeitpunkt des Einschreitens der Polizei erkennbar war. 2012

Indizien für einen Schwerpunkt im repressiven Bereich wären demnach, wenn der Betroffene von der Polizei von Anfang an als Beschuldigter bezeichnet wird oder wenn er vor einer Vernehmung nach § 163 a Abs. 4 Satz 2 i. V. m. § 136 Abs. 1 Satz 2 bis Satz 4 StPO belehrt wird. 2013

Eine a. A. geht davon aus, dass die **Strafverfolgung** stets den gesamten Lebensvorgang entscheidend **prägt** und der einheitliche Lebenssachverhalt nicht aufteilbar ist[7]. Eine Präventivmaßnahme könne nicht herausgelöst und für sich betrachtet werden, es sei denn es ist eine klare Zäsur erkennbar. 2014

Wieder andere stellen auf die **Sicht des Polizeibeamten** vor seinem Einschreiten[8] **oder** auf den von ihm mit seiner Maßnahme **verfolgten und gewollten Zweck**[9] ab. 2015

Beispielfall 80, Rn. 2004 – Teil 2 2016

Wie sind die polizeilichen Maßnahmen der Gemengelage nach der bisher h. M. in Rechtsprechung und Literatur zu qualifizieren?

Lösung –Teil 2

1. Nach einer Ansicht kann ein einheitlicher Lebensvorgang nicht aufgespalten werden und die Strafverfolgung prägt stets den gesamten Lebensvorgang. Aus diesem Grund hätten nach dieser Ansicht alle Maßnahmen einzig und allein repressiven Charakter. Der Rechtsweg führt vor die Strafgerichte.
2. Stellt man dagegen mit einer a. A. die Sicht des Polizeibeamten vor seinem Einschreiten oder auf den von ihm mit seiner Maßnahme verfolgten und gewollten Zweck ab, stellt sich das Handeln als präventiv dar, da Zweck der Maßnahmen die Unterbindung des weiteren Handels mit Rauschgift ist. Der Rechtsweg führt vor die Verwaltungsgerichte.
3. Nach der h. M. ist jedoch auf den Schwerpunkt der getroffenen Maßnahme abzustellen, sog. **Schwerpunkttheorie**. Hiernach kommt es auf die objektivierte Sicht des von der Maßnahme Betroffenen an.
   a) Nach der objektivierten Auffassung stellt sich die Einschleusung des verdeckten Ermittlers und die Sicherstellung des Rauschgiftes als präventiv dar, da der Schwerpunkt auf der Gefahrenabwehr liegt: Die Polizei will das Rauschgift aus dem Verkehr ziehen. Der Rechtsweg führt insoweit vor die Verwaltungsgerichte.
   b) Die Festnahme der Rauschgifthändler stellt sich nach der objektivierten Auffassung jedoch als repressiv dar, da der Schwerpunkt in der Strafverfolgung liegt: Die Polizei will die Rauschgifthändler ihrer gerechten Strafe zuführen. Der Rechtsweg führt insoweit vor die Strafgerichte.

---

[6] BVerwGE 47, 255 = NJW 1975, 893; BayVGH, BayVBl. 1967, 97; 2010, 220. Berner/Köhler/Käß, Art. 11 Rn. 20.

[7] BayVGH, BayVBl. 1986, 337; VGH Mannheim, DÖV 1989, 171.

[8] Knemeyer, Rn. 122.

[9] Schenke in: Steiner, Rn. 229.

2017 **Beispielfall wie Nr. 8, Rn. 266, 2006 – Teil 2**

Wie sind die polizeilichen Maßnahmen der Gemengelage nach der bisher h. M. in Rechtsprechung und Literatur zu qualifizieren?

Lösung – Teil 2

1. Für die Einordnung der Ingewahrsamnahme als präventivpolizeiliche Maßnahme spricht, dass der Täter „auf frischer Tat ertappt" wurde, was impliziert, dass weitere Diebstähle in der Fußgängerzone verhindert werden sollen.
2. Die Tatsache, dass der Täter „auf frischer Tat ertappt" wurde, kann aber auch für eine Einordnung als repressiv herangezogen werden, da der Täter bereits Straftaten begangen hat und gerade im Begriff ist, weitere Straftaten zu begehen und davon auszugehen ist, dass er sich bereits im strafrechtlichen Versuchsstadium befand.
3. Nach der h.M. ist deshalb auf den Schwerpunkt der getroffenen Maßnahme abzustellen, sog. Schwerpunkttheorie. Hiernach kommt es auf die objektivierte Sicht des von der Maßnahme Betroffenen an. Ausschlaggebend ist daher, dass ein Haftbefehl besteht, der durch die Festnahme vollzogen wird, und dass tatbestandsmäßig der Versuch eines weiteren Diebstahlsdeliktes vorliegt. Insgesamt liegt daher bei der polizeilichen Maßnahme ein repressiver Charakter vor. Der Rechtsweg führt insoweit vor die Strafgerichte.

Klausurhinweis:

Beachten Sie in der Klausur, dass die Einordnung als repressive Maßnahme vor allem dann gut zu begründen ist, wenn der Täter bereits strafrechtlich in Erscheinung getreten ist. So ist das Vorliegen eines Haftbefehls ein Indiz für repressives Handeln der Polizei.

Klausurhinweis:

In der Klausur ist zur Einordnung polizeilicher Maßnahmen als repressiv oder präventiv folgendermaßen vorzugehen:

1. Schritt: Können die Maßnahmen aufgespalten werden, ist jede der Maßnahmen für sich zu beurteilen.

2. Schritt: Ist dies nicht möglich oder können die aufgespaltenen Maßnahmen nicht eindeutig zugeordnet werden, ist nach der Schwerpunkttheorie vorzugehen. Indiz für repressives Handeln ist dabei das Vorliegen z.B. eines Haftbefehls.[10]

III. Folgerungen aus der Schwerpunkttheorie

2018 Die h.M. der Zuweisung an den Rechtsweg des Schwerpunkts der polizeilichen Maßnahme hat für den Umfang des Rechtsschutzes – ebenfalls nach h.M. – eine doppelte Konsequenz:

---

[10] Zur neueren Rechtsprechung des BGH zur parallelen Anwendbarkeit von StPO und PAG Rn. 2026f.

1. Die Polizei kann ihre Maßnahme nur noch auf die Befugnisse des jeweiligen Schwerpunkts stützen. 2019

Beispiel: Liegt der Schwerpunkt einer Durchsuchung im Bereich der Gefahrenabwehr, ist die einschlägige Rechtsgrundlage nur noch Art. 23 PAG.

2. Das zuständige Gericht des Schwerpunkts der polizeilichen Maßnahme ist in seiner Prüfungs- und Entscheidungskompetenz auf die Fragen beschränkt[11], die seiner Gerichtsbarkeit unterfallen. 2020

Beispiel: Liegt der Schwerpunkt einer Sicherstellung im Bereich der Strafverfolgung, so prüft das Gericht der ordentlichen Gerichtsbarkeit nur, ob die Voraussetzungen der Beschlagnahme nach § 94 Abs. 2 StPO vorgelegen sind.

Klausurhinweis:

Die Konsequenzen betreffen daher zwei für die Klausur grundlegende Bereiche:
1. das anzuwendende **materielle Recht**, das sich danach richtet, ob die Polizei präventiv handelt und damit das allgemeine und besondere Sicherheitsrecht anwendbar ist, oder ob sie repressiv handelt und damit die StPO einschlägig ist.
2. das anzuwendende **Prozessrecht**, insbesondere welcher Rechtsweg zu beschreiten ist. Handelt die Polizei funktional als Justizbehörde zum Zweck der Strafverfolgung, ist Rechtsschutz durch die ordentlichen Gerichte nach §§ 23ff. EGGVG (a. A. § 98 Abs. 2 Satz 2 StPO analog) zu gewähren. Handelt die Polizei dagegen zum Zweck der Gefahrenabwehr, wird Rechtsschutz im Regelfall durch die Verwaltungsgerichte, § 40 Abs. 1 VwGO, gewährt. Ausnahmen hierzu sind die Fälle des Art. 92 PAG, insbesondere der Richtervorbehalt bei Freiheitsentziehungen oder bei verdeckten Informationsbeschaffungen.

IV. Kritik an der Schwerpunkttheorie der h. M.

Die h. M. zur Rechtswegzuweisung und zum Umfang des Rechtsschutzes bei polizeilichen Gemengelagen begegnet durchgreifenden **gesetzlichen und verfassungsrechtlichen Bedenken**. 2021

Der Zweck, den die Polizei mit einer Maßnahme verfolgt, kann allein die Erfüllung der gesetzlichen Aufgaben sein. Nach dem Rechtsstaatsprinzip des Art. 20 Abs. 3 GG darf sich die Polizei nicht über ein Gesetz hinwegsetzen oder auch nur eine Aufgabe, die ihr der demokratisch legitimierte Gesetzgeber durch formelles Gesetz zugewiesen hat, außer Acht zu lassen oder generell als weniger bedeutsam und beachtenswert als andere bewerten. 2022

Kann die Polizei nicht alle gesetzlich zugewiesenen Aufgaben gleichzeitig erfüllen, liegt eine **Pflichtenkollision** vor. Aber auch in diesem Fall ist die Polizei nicht frei in ihren Entscheidungen. Vielmehr hat sie nach pflichtgemäßem Ermessen zu ermitteln, welche Aufgabe im Einzelfall vorrangig erfüllt werden soll. Maßstab für diese Entscheidung kann jedoch nur die Wertordnung des GG und der BV selbst sein. 2023

[11] Dagegen meinen Rennert, in: Eyermann, § 40 Rn. 130, und Rachor, in: Lisken/Denninger, K 31, dass das nach dem Schwerpunkt zuständige Gericht die gesamte polizeiliche Tätigkeit umfassend zu überprüfen habe. Hergeleitet werden könnte dies aus § 17 Abs. 2 GVG.

2024 Danach kann nicht gesagt werden, dass generell die gesamte Strafverfolgung oder die gesamte Gefahrenabwehr Vorrang hat. Vielmehr ist der Zielkonflikt mit seinen konkreten Umständen im Einzelfall an den Wertmaßstäben der Verfassung zu prüfen. Dabei hat die Polizei den Zielkonflikt nach dem Rechtsstaatsprinzip, Art. 20 Abs. 3 GG, unter Verhältnismäßigkeitsgesichtspunkten nach dem Prinzip des schonendsten Ausgleichs zu lösen. Entgegen der h. M. ist die Polizei daher verfassungsrechtlich verpflichtet, bei Vorliegen der einschlägigen Voraussetzungen ihre Maßnahmen gleichzeitig sowohl auf die Rechtsgrundlage der Gefahrenabwehr als auch der Strafverfolgung zu stützen[12].

V. Die neuere Rechtsprechung des BVerfG und des BGH

1. BVerfG: Zielsetzung des polizeilichen Handelns

2025 Das BVerfG[13] grenzt die Strafverfolgung von der Gefahrenabwehr allein nach der **Zielsetzung des polizeilichen Handels** ab. Ist Ziel des polizeilichen Handelns die Strafverfolgung, wozu auch die Vorsorge für die Verfolgung künftiger Straftaten gehört, kann die Polizei eine Rechtsgrundlage für ihre Maßnahme nur in der StPO finden. Ist hingegen das Ziel der polizeilichen Maßnahme die Abwehr von Gefahren, wozu auch die Verhinderung und Verhütung künftiger Straftaten gehört, kann die Polizei für diese Maßnahme eine Rechtsgrundlage nur im Polizeigesetz des jeweiligen Landes oder des Bundes finden.

Dabei geht das BVerfG wohl davon aus, dass Strafverfahrensrecht unf Polizeirecht parallel nebeneinander anwendbar sind und es keinen Schwerpunkt des Handelns gibt, der zur Unanwendbarkeit des jeweiligen anderen Gesetzes führt.

Konsequenterweise sieht das BVerfG[14] in der Verwendung der Daten, die in einem Rechtsgebiet gewonnen wurden, für das jeweilige andere Rechtsgebiet einen eigenständigen Grundrechtseingriff, der einer eigenständigen gesetzlichen Rechtsgrundlage bedarf. Dies erklärt sich nur dann, wenn das Gericht von einer parallelen Anwendung von Strafverfahrensrecht und Polizeirecht ausgeht.

2. BGH: Parallele Anwendung von StPO und PAG

2026 Der BGH[15] hat in seinem Urteil vom 26.4.2017 ebenfalls die Schwerpunkttheorie verworfen und geht von einer **parallelen Anwendung von StPO und PAG** aus. Zunächst stellt das Gericht fest, dass es weder einen allgemeinen Vorrang der Strafprozessordnung gegenüber dem Gefahrenabwehrrecht noch umgekehrt gibt. Vor allem aber kann die Polizei nach Ansicht des BGH auch während eines bereits laufenden Ermittlungsverfahrens aufgrund präventiver Ermächtigungsgrundlagen zum Zwecke der Gefahrenabwehr tätig werden. Ob die auf präventiv-polizeilicher Grundlage gewonnenen Beweise im Strafverfahren verwendet werden dürfen, bestimmt sich dann nach § 161 Abs. 2 Satz 1 StPO.

---

[12] Schmidbauer, in: ders./Steiner, Art. 12 POG Rn. 12 ff. und ders., in: Manssen/Gröpl (Hrsg.), Festschrift Udo Steiner, S. 734 ff.

[13] BVerfG, Urt. v. 27.7.2007, Abs.-Nr. 10 ff.

[14] BVerfG, Urt. v. 3.3.2004, Abs.-Nr. 332 ff.

[15] BGH, Urteil vom 26. April 2017 – 2 StR 247/16, NJW 2017, 3173; NVwZ 2018, 95; NStZ 2017, 651.

Klausurhinweis:

In der Klausur ist daher das Vorgehen zur Einordnung polizeilicher Maßnahmen als repressiv oder präventiv folgendermaßen zu erweitern:
1. Schritt: Können die Maßnahmen aufgespalten werden, ist jede der Maßnahmen für sich zu beurteilen.
2. Schritt: Ist dies nicht möglich oder können die aufgespaltenen Maßnahmen nicht eindeutig zugeordnet werden, ist nach der Schwerpunkttheorie vorzugehen. Indiz für repressives Handeln ist dabei das Vorliegen z.B. eines Haftbefehls.
3. Schritt: Prüfung der neueren Rechtsprechung des BVerfG und des BGH, wonach StPO und PAG parallel nebeneinander angewandt werden können und die Polizei auch während eines bereits laufenden Ermittlungsverfahrens aufgrund präventiver Ermächtigungsgrundlagen zum Zwecke der Gefahrenabwehr tätig werden kann.

E. Besonderheiten des Rechtsschutzes gegen Maßnahmen von Polizeivollzugsbeamten

I. Unaufschiebbare Maßnahmen von Polizeivollzugsbeamten

Die Polizei wird fast ausnahmslos in Fällen tätig, in denen sie sofort handeln muss. 2027
Dies ergibt sich aus den Vorgaben des Gesetzes selbst. Denn erscheint die Abwehr einer Gefahr durch sonstige Sicherheitsbehörden noch rechtzeitig möglich zu sein, so sind nach Art. 3 PAG diese und nicht mehr die Polizei zuständig. Würde die Polizei mit ihrem Einschreiten warten, hätte dies in den meisten Fällen zudem Schäden zur Folge, die nicht wiedergutgemacht werden könnten. **§ 80 Abs. 2 Satz 1 Nr. 2 VwGO** hat hieraus die Konsequenzen gezogen. Er ordnet die sofortige Vollziehbarkeit der Maßnahmen von Polizeivollzugsbeamten an. Dies bedeutet, dass bei unaufschiebbaren Maßnahmen von Polizeivollzugsbeamten die **aufschiebende Wirkung** der Anfechtungsklage nach der VwGO **entfällt**.

Wird dagegen die Polizei auf **Weisung** einer Sicherheitsbehörde nach Art. 6 LStVG, Art. 9 Abs. 1 2028
POG tätig, wird der Suspensiveffekt nach § 80 Abs. 2 Satz 1 Nr. 2 VwGO regelmäßig entfallen, es sei denn, es handelt sich um eine unaufschiebbare Maßnahme, welche die Polizei trotz ihrer originären Kompetenz hierzu nicht vorgenommen hat.[16]

Klausurhinweis:

§ 80 Abs. 2 Satz 1 Nr. 2 VwGO ist ebenfalls eine Ausprägung des, das gesamte Polizei- und Sicherheitsrecht durchziehenden **Grundsatzes der Effektivität der Gefahrenabwehr**, der sich damit im Prozessrecht fortsetzt.
Wegen § 80 Abs. 2 Satz 1 Nr. 2 VwGO verlagert sich der Rechtsschutz im Polizeirecht grundsätzlich auf den einstweiligen Rechtsschutz nach § 80 Abs. 5 VwGO, bei dem es um die erstmalige Anordnung der aufschiebenden Wirkung

---

[16] Honnacker/Beinhofer/Hauser, Art. 3 Rn. 9.

geht.[17] Gleichzeitig ist der Rechtsbehelf in der Hauptsache einzulegen, der in den meisten Fällen die Fortsetzungsfeststellungsklage nach § 113 Abs. 1 Satz 4 VwGO analog ist.[18] Je nach Bearbeitervermerk sind in der Klausur daher jeweils einer oder gar beide Rechtsbehelfe zu prüfen.
Werden polizeiliche Handlungen eingefordert, ist die einstweilige Anordnung in Form der Regelungsanordnung nach § 123 Abs. 1 Satz 2 VwGO einschlägig, während als Rechtsbehelf in der Hauptsache entweder die Verpflichtungsklage nach § 42 Abs. 1 2. Alt. VwGO[19] oder die allgemeine Leistungsklage[20] statthaft ist. Neben dieser prozessualen Frage ist in materieller Hinsicht dann der Anspruch auf polizeiliches Handeln zu prüfen.[21]

II. Erledigung der polizeilichen Maßnahme durch Vollzug

2029 Die sofortige Vollziehbarkeit einer polizeilichen Maßnahme hat zumeist zur Folge, dass sich die Maßnahme der Polizei noch vor Ergreifen des Rechtsbehelfes erledigt. Erledigt ist ein Verwaltungsakt, wenn er keine Rechtsfolge mehr entfaltet und die mit ihm verbundene Beschwerde somit weggefallen ist.

Daher kann im Regelfall der gerichtliche Rechtsschutz die Funktion der Abwehr der polizeilichen Maßnahme nicht erfüllen. An deren Stelle treten andere, nicht weniger wichtige Funktionen: Der Rechtsschutz zielt auf Vorbeugung oder Wiedergutmachung.

2030 Typischer Fall für einen Rechtsbehelf gegen eine erledigte polizeiliche Maßnahme ist daher die **Fortsetzungsfeststellungsklage analog § 113 Abs. 1 Satz 4 VwGO**, mit der die Feststellung der Rechtswidrigkeit der polizeilichen Maßnahme begehrt werden kann.[22]

2031 Ist die polizeiliche Maßnahme durch Vollzug noch nicht erledigt, wird die Abwehrfunktion des gerichtlichen Rechtsschutzes im Regelfall durch den **vorläufigen Rechtsschutz** gewährleistet: bei Vorliegen eines Verwaltungsaktes durch den Antrag auf gerichtliche Anordnung der aufschiebenden Wirkung **nach § 80 Abs. 5 VwGO**[23], ansonsten durch Antrag auf einstweilige Anordnung **nach § 123 VwGO**[24].

F. Vorläufiger Rechtsschutz gegen polizeiliche Maßnahmen der Gefahrenabwehr

2032 Da polizeiliche Maßnahmen zur Abwehr einer Gefahr keinen Aufschub dulden, vgl. Art. 3 PAG, können Verwaltungsakte eines Polizeivollzugsbeamten nach § 80 Abs. 2 Satz 1 Nr. 2 VwGO trotz Einlegung eines Rechtsbehelfs vollzogen werden, da die Anfechtungsklage keine aufschiebende Wirkung entfaltet. Vorläufiger Rechtsschutz erfolgt über den Antrag nach § 80 Abs. 5 VwGO[25].

---

[17] Dazu Rn. 2035 ff.
[18] Dazu Rn. 2039 ff.
[19] Dazu Rn. 2062.
[20] Dazu Rn. 2063 ff.
[21] Dazu Rn. 741 ff.
[22] Vgl. dazu Rn. 2039 ff.
[23] Dazu Rn. 2035 ff.
[24] Dazu Rn. 2036 ff.
[25] Vgl. Schmidbauer, in: ders./Steiner, Art. 12 POG Rn. 114 ff.

Gegenüber allen sonstigen Maßnahmen der Polizei kann vorläufiger Rechtsschutz auf einen Antrag nach § 123 VwGO hin gewährt werden. **2033**

Vorläufiger Rechtsschutz ist durch Art. 19 Abs. 4 Satz 1 GG geboten, wenn ohne ihn schwere und unzumutbare, anders nicht abwendbare Nachteile entstünden, zu deren nachträglicher Beseitigung die Entscheidung in der Hauptsache nicht mehr in der Lage wäre. In Ausnahmefällen können es jedoch überwiegende öffentliche Belange rechtfertigen, dass der Rechtsschutzanspruch des Bürgers hinter unaufschiebbaren staatlichen Maßnahmen, die zum Wohl der Allgemeinheit zwingend erforderlich sind, einstweilen zurücktritt. **2034**

I. Antrag auf Anordnung der aufschiebenden Wirkung bei Vorliegen eines Verwaltungsaktes, § 80 Abs. 5 VwGO

Prüfungsschema 25: Antrag nach § 80 Abs. 5 Satz 1 1. Alt. VwGO auf Anordnung der aufschiebenden Wirkung 2035

A. Zulässigkeit des Antrags nach § 80 Abs. 5 VwGO

I. Eröffnung des Verwaltungsrechtswegs

das Gericht der Hauptsache entscheidet, §§ 80 Abs. 5 Satz 1, 40 Abs. 1 VwGO

II. Statthaftigkeit des Antrags nach § 80 Abs. 5 VwGO

1. Abgrenzung zu § 123 Abs. 1 VwGO gem. § 123 Abs. 5 VwGO

Fälle der §§ 80, 80a VwGO sind grundsätzlich vorrangig

2. Antrag muss auf Anordnung der Suspensivwirkung nach § 80 Abs. 1 Satz 1 VwGO gerichtet sein

a. Entfallen der aufschiebenden Wirkung der Anfechtungsklage nach § 80 Abs. 1 VwGO aufgrund von § 80 Abs. 2 Satz 1 Nr. 2 VwGO bei unaufschiebbaren Maßnahmen von Polizeivollzugsbeamten

b. Indiz: Anfechtungsklage in der Hauptsache
Die angegriffene Maßnahme muss demnach ein belastender Verwaltungsakt i.S.d. § 80 Abs. 1 VwGO, Art. 35 BayVwVfG sein.

III. Im Übrigen gelten die formellen Voraussetzungen der Anfechtungsklage

Argument: Der Rechtsmittelführer kann im Eilverfahren nicht besser gestellt sein als im Hauptverfahren, weshalb er denselben Restriktionen unterliegt. Insbesondere:

1. Antragsbefugnis, § 42 Abs. 2 VwGO analog

2. Beteiligungs- und Verfahrensfähigkeit, §§ 61 ff. VwGO analog

3. Ordnungsgemäße Antragstellung, §§ 81 f. VwGO analog

4. Zuständiges Gericht

Zuständig ist das Gericht der Hauptsache gem. § 80 Abs. 5 Satz 1 VwGO: §§ 45, 52 VwGO i. V. m. Art. 1 Abs. 2 AGVwGO

5. Allgemeines Rechtsschutzbedürfnis

a. vorherige Einlegung einer Anfechtungsklage gem. § 80 Abs. 5 Satz 2 VwGO nicht notwendig

b. vorheriger Antrag bei der Behörde ist gem. § 80 Abs. 4 VwGO nur in Fällen von § 80 Abs. 2 Satz 1 Nr. 1, Abs. 6 VwGO erforderlich (str.)

c. keine Bestandskraft des Verwaltungsakts (im Übrigen ist der Antrag nach § 80 Abs. 5 VwGO nicht fristgebunden)

B. Begründetheit des Antrags auf Anordnung der aufschiebenden Wirkung

I. Antragsgegner, § 78 Abs. 1 VwGO analog

Antragsgegner ist der Freistaat Bayern als Träger der Polizei, Art. 1 Abs. 2 POG, § 78 Abs. 1 Nr. 1 VwGO (Rechtsträgerprinzip).

II. Abwägung zwischen Suspensiv- und Vollzugsinteresse

– Das Gericht hat abzuwägen, ob das Interesse des Betroffenen am Aufschub des Vollzugs ausnahmsweise das öffentliche Interesse am Vollzug des Verwaltungsaktes überwiegt.

– Da der Ausschluss der aufschiebenden Wirkung nach § 80 Abs. 2 Nr. 2 VwGO auf Gesetz beruht, überwiegt das Vollzugsinteresse im Regelfall.

– Der Antrag ist daher nur begründet, wenn die Nachteile des Betroffenen aufgrund des sofortigen Vollzugs des Verwaltungsaktes ausnahmsweise so schwer und unerträglich sind, dass sie das vom Gesetzgeber festgestellte öffentliche Interesse überwiegen.

– Indiz: Erfolgsaussichten der Hauptsache nach summarischer Prüfung:

1. Zulässigkeit des Rechtsbehelfs in der Hauptsache

Es genügt regelmäßig der Verweis nach oben, vgl. Argument unter A.III.

2. Begründetheit des Rechtsbehelfs in der Hauptsache

II. Antrag auf einstweilige Anordnung, § 123 VwGO

2036 Als Besonderheit ist zu beachten, dass die Maßnahme der Polizei, die angegriffen oder begehrt wird, kein Verwaltungsakt i.S.d. Art. 35 BayVwVfG sein darf, § 123 Abs. 5 VwGO, sondern Gegenstand des Antrages muss ein schlicht hoheitliches Handeln der Bayerischen Polizei sein.

2037 Erforderlich ist ferner das Vorliegen einer Antragsbefugnis analog § 42 Abs. 2 VwGO. Der Anspruchsteller muss **Anordnungsgrund** (schlicht hoheitliches Handeln der Polizei, das abgewehrt oder begehrt werden soll) und **Anordnungsanspruch** (Rechtsgrundlage) behaupten.

III. Besondere Hinweise zum Rechtsschutz gegen einzelne polizeiliche Maßnahmen

Die Anordnung verdeckter polizeilicher Eingriffsmaßnahmen[26], von denen der Betroffene zunächst keine Kenntnis erhalten soll, die aber tiefgreifende Grundrechtseingriffe enthalten, die nicht wieder rückgängig gemacht werden können, behält der Gesetzgeber regelmäßig dem Richter vor. Das PAG[27] erklärt den Richter der freiwilligen Gerichtsbarkeit nach dem FamFG aufgrund seiner Orts- und Sachnähe für zuständig. In diesen Fällen gelten auch die Verfahrensregeln des FamFG[28], die freilich in ihren Grundsätzen mit der VwGO übereinstimmen. **2038**

G. Die Fortsetzungsfeststellungsklage, § 113 Abs. 1 Satz 4 VwGO analog

Die Fortsetzungsfeststellungsklage nach § 113 Abs. 1 Satz 4 VwGO gewährt Rechtsschutz durch das Verwaltungsgericht, wenn sich der Verwaltungsakt der Polizei erledigt hat. **2039**

I. Allgemeine Anforderungen an die Fortsetzungsfeststellungsklage

Grundsätzlich gelten hier die allgemeinen Anforderungen, welche im Allgemeinen Verwaltungsrecht an die Zulässigkeit und Begründetheit einer Fortsetzungsfeststellungsklage[29] gestellt werden. **2040**

Prüfungsschema 26: Fortsetzungsfeststellungsklage nach § 113 Abs. 1 Satz 4 VwGO analog 2041

A. Sachentscheidungsvoraussetzungen der Klage

I. Eröffnung des Verwaltungsrechtswegs nach § 40 Abs. 1 VwGO

II. Statthaftigkeit, § 113 Abs. 1 Satz 4 VwGO analog

1. Klagegegenstand ist ein Verwaltungsakt nach Art. 35 BayVwVfG

2. Der Verwaltungsakt hat sich erledigt

3. Die Erledigung erfolgte vor Klageerhebung

a. A.: in diesen Fällen sei § 43 Abs. 1 VwGO statthaft.

Nach der Rechtsprechung des BVerwG handelt es sich bei der Fortsetzungsfeststellungsklage um eine spezielle Feststellungsklage, so dass deren Zulässigkeitsvoraussetzungen vorliegen müssen.

III. Klagebefugnis nach § 42 Abs. 2 VwGO analog

---

[26] Beispiel bei einer Telekommunikationsüberwachung: Art. 42 Abs. 6 Satz 1 i. V. m. Art. 92 Abs. 1 PAG.

[27] Zulässig nach § 40 Abs. 1 Satz 2 VwGO.

[28] Ausführlich Schmidbauer, in: ders./Steiner, Art. 18 PAG Rn. 1 ff.

[29] Vgl. Schmidbauer, in: ders./Steiner, Art. 12 POG Rn. 54 ff.

IV. Berechtigtes Feststellungsinteresse des Klägers, § 113 Abs. 1 Satz 4 VwGO analog

1. Wiederholungsgefahr

2. Rehabilitationsinteresse bei öffentlichkeitswirksamen Maßnahmen

3. schwerwiegender Grundrechtseingriff

Die Vorbereitung eines Amtshaftungsprozesses ist in dieser Anwendung von § 113 Abs. 1 Satz 4 VwGO nicht geeignet, ein Feststellungsinteresse zu begründen, da direkt der Amtshaftungsprozess angestrengt werden kann und damit keine Sicherung von Prozessergebnissen erfolgen muss (Prozessökonomie).

V. Beteiligungs- und Prozessfähigkeit §§ 61, 62 VwGO

VI. Zuständiges Gericht

VII. Ordnungsgemäße Klageerhebung

Ein Widerspruchsverfahren nach § 68 VwGO ist nicht erforderlich. Ebenso sind keine Fristen einzuhalten, da eine Klage, die auf Feststellung der Rechtswidrigkeit eines vorprozessual erledigten Verwaltungsakts gerichtet ist, nicht an Fristen gebunden ist. So kann der Zweck einer Frist, nämlich den Ausgleich zwischen der Rechtsschutzmöglichkeit nach Art. 19 Abs. 4 GG und der Rechtssicherheit nach Art. 20 Abs. 3 GG bei einem erledigten Rechtsakt, der nicht mehr in Bestandskraft erwachsen kann, nicht mehr erreicht werden.

B. Begründetheit der Klage

Die Klage gegen eine erledigte polizeiliche Maßnahme ist begründet, wenn sich die Klage gegen den richtigen Beklagten wendet und der Verwaltungsakt im Zeitpunkt der Erledigung rechtswidrig war und der Kläger dadurch in seinen Rechten verletzt wurde.

I. Passivlegitimation, § 78 Abs. 1 VwGO

Die Klage ist gegen den Freistaat Bayern als Träger der Polizei, Art. 1 Abs. 2 POG, § 78 Abs. 1 Nr. 1 VwGO zu richten (Rechtsträgerprinzip).

II. Rechtswidrigkeit des Verwaltungsaktes im Zeitpunkt der Erledigung[30]

II. Besonderheiten im Polizeirecht

2042 Beachte folgende Besonderheiten einer Fortsetzungsfeststellungsklage gegen polizeiliche Maßnahmen:

[30] Dazu Kapitel 23 und 26.

1. Polizeiliche Maßnahme als Verwaltungsakt i. S. v. Art. 35 BayVwVfG

Es muss ein Verwaltungsakt der Polizei vorgelegen haben. Dies bestimmt sich nach Art. 35 BayVwVfG: **2043**

a. Polizeiliche Primärmaßnahmen

Eine **Anordnung der Polizei** aufgrund der Befugnisse der Art. 11ff. PAG ist stets ein Verwaltungsakt. **2044**

b. Polizeiliche Sekundärmaßnahmen

Die **Androhung eines Zwangsmittels** nach Art. 76, 81 PAG ist ein Verwaltungsakt, da sie Voraussetzung für die weitere Durchführung des Vollstreckungsverfahrens ist. Sie beinhaltet daher eine rechtsverbindliche Regelung. **2045**

Die **Zwangsanwendung** selbst stellt nach der Rechtsprechung des BVerwG[31] ebenfalls einen Verwaltungsakt dar. Danach beinhaltet der Einsatz des Zwangsmittels einen Verwaltungsakt auf Duldung, sog. **konkludente Duldungsanordnung**. In dieser Verpflichtung liege auch der Regelungscharakter des Verwaltungsaktes i.S.d. Art. 35 Satz 1 BayVwVfG. Ein Teil der Literatur hat sich dieser Rechtsprechung ausdrücklich angeschlossen[32]. **2046**

Zu Recht nimmt die **h. M.** in der Lit.[33] einen **Realakt** an. Für die gekünstelte Annahme eines Verwaltungsaktes besteht unter dem Rechtsschutzsystem der VwGO keine Notwendigkeit mehr. Für den Rechtsschutz gegen einen Realakt steht die Feststellungsklage nach § 43 VwGO zur Verfügung. Sie kann auch ein vergangenes Rechtsverhältnis zum Gegenstand haben. **2047**

2. Erledigung des Verwaltungsaktes

Ein Verwaltungsakt hat sich erledigt, wenn er keine Rechtsfolge mehr entfaltet und die damit verbundene Beschwer weggefallen ist[34]. Polizeiliche Anordnungen erschöpfen sich regelmäßig in ihrem Vollzug. Zum Beispiel tritt die durch die polizeiliche Anordnung begründete Pflicht des Besuchers des Fußballspiels, sich nach Waffen durchsuchen zu lassen, mit der Beendigung der Durchsuchung wieder außer Kraft. Die polizeiliche Anordnung der Durchsuchung hat sich erledigt. Ab diesem Zeitpunkt geht es um die Feststellung der Rechtswidrigkeit des polizeilichen Handelns. **2048**

Klausurhinweis:

Beachten Sie, dass sich bestimmte Primärmaßnahmen nicht mit Vollzug erledigen. So behält die Sicherstellung ihre Wirksamkeit auch nachdem der Gegenstand sichergestellt wurde, da die Sicherstellungsverfügung den Rechtsgrund für den Gewahrsam der Polizei an der Sache darstellt und ein öffentlich-rechtliches Verwahrungsverhältnis begründet. Eine Sicherstellung ist daher mit der Anfechtungsklage anzugreifen, solange sie Wirkung entfaltet.

---

[31] BVerwGE 26, 161 (164).
[32] Götz, JuS 1985, 869ff.
[33] Schmidbauer, in: ders./Steiner, Art. 12 POG Rn. 63; Schenke Rn. 558; Mauerer, § 20 Rn. 24.
[34] Schmidbauer, in: ders./Steiner, Art. 12 POG Rn. 64ff.

3. Berechtigtes Feststellungsinteresse des Klägers

2049 Der Kläger muss an der Feststellung der Rechtswidrigkeit des Verwaltungsaktes ein berechtigtes Interesse[35] haben. Es genügt jedes **rechtliche, tatsächliche, wirtschaftliche oder ideelle Interesse** des Klägers. Denn das Gebot effektiven Rechtsschutzes des Art. 19 Abs. 4 Satz 1 GG gebietet, ein Rechtsschutzinteresse als gegeben anzusehen[36], wenn ein gerichtliches Verfahren dazu dienen kann, eine gegenwärtige Beschwer auszuräumen, einer Wiederholungsgefahr zu begegnen, eine fortwirkende Beeinträchtigung durch einen an sich beendeten Eingriff zu beseitigen oder einen tiefgreifenden Grundrechtseingriff gerichtlich zu überprüfen, bei dem die direkte Belastung durch den angegriffenen Hoheitsakt sich nach dem typischen Verfahrensablauf auf eine Zeitspanne beschränkt, in welcher der Betroffene die gerichtliche Entscheidung in der von der Prozessordnung gegebenen Instanz kaum erlangen kann. Als Einzelfälle können genannt werden:

a. Vorbereitung eines Amtshaftungsprozesses

2050 Im Hinblick auf einen Amtshaftungsprozess[37] besteht ein berechtigtes Interesse auf Feststellung der Rechtswidrigkeit, wenn im Rahmen eines anhängig gewordenen verwaltungsgerichtlichen Prozesses die Klage zulässig war, dann aber eine nachträgliche Erledigung eintritt. Hier kann die Klage fortgesetzt werden, um die Rechtswidrigkeit als Vorfrage für den Amtshaftungsanspruch zu klären. Ansonsten wird der Kläger aus Gründen der Prozeßökonomie sofort auf den Zivilrechtsweg verwiesen.

Klausurhinweis:

Aus dieser Begründung ergibt sich, dass in der analogen Anwendung der Fortsetzungsfeststellungsklage auf die Situation, in der Erledigung bereits vor Klageerhebung eingetreten ist, die Vorbereitung eines Amtshaftungsprozesses **kein Feststellungsinteresse** begründet, da es noch keine Prozessergebnisse gibt, die für den Amtshaftungsprozess gesichert werden sollen. In diesem Fall muss der Kläger seinen Anspruch auf Amtshaftung sofort vor den ordentlichen Gerichten einklagen.

b. Wiederholungsgefahr

2051 **Die Wiederholungsgefahr**[38] begründet ein berechtigtes Interesse an der Feststellung der Rechtswidrigkeit der Maßnahme.

Sie muss vor Gericht hinreichend substantiiert dargetan werden und besteht nur, wenn sich der zugrundeliegende Sachverhalt erneut konkret abzeichnet oder sein Eintritt zumindest in absehbarer Zeit möglich erscheint.

c. Rehabilitationsinteresse

2052 Entfaltet der Verwaltungsakt **diskriminierende Wirkung**[39], so begründet diese ein berechtigtes Interesse an der Feststellung seiner Rechtswidrigkeit. Sie führt zu einem Rehabilitationsinteresse des Betroffenen durch Gerichtsurteil.

---

[35] Schmidbauer, in: ders./Steiner, Art. 12 POG Rn. 67 ff.
[36] BVerfGE 81, 138 = NJW 1990, 1033; BVerFGE96, 27 (39) = NJW 1997, 2163.
[37] BVerwGE 81, 226; BayVGH, BayVBl. 1983, 437.
[38] BVerfG, NJW 2004, 2512; BVerwG, NVwZ 1990, 360; BayVGH, BayVBl. 1999, 405.
[39] Schmidbauer, in: ders./Steiner, Art. 12 POG Rn. 71 ff.; BVerwGE 12, 87.

Hierfür hat der Kläger substantiiert folgendes dazulegen:

- Die polizeiliche Maßnahme hat ihn objektiv in seiner Menschenwürde, Art. 1 Abs. 1 GG, oder in seinem allgemeinen Persönlichkeitsrecht, Art. 2 Abs. 1 i.V.m. Art. 1 Abs. 1 GG, verletzt.
- Die polizeiliche Maßnahme war **öffentlichkeitswirksam**, d. h. der Ansehensverlust war für unbeteiligte Dritte erkennbar und ist auch tatsächlich wahrgenommen worden.
- Die Beeinträchtigung dauert auch nach Erledigung des Verwaltungsaktes in irgendeiner Weise fort.

Entgegen einiger erstinstanzieller Gerichte begründet aber nicht schon jeder Eingriff 2053 in ein Grundrecht ein Rehabilitationsinteresse. Andernfalls würde jede polizeiliche Maßnahme eine Diskriminierung bedeuten, da zumindest die allgemeine Handlungsfreiheit, Art. 2 Abs. 1 GG, Art. 101 BV, immer beeinträchtigt wird. Die Maßnahme muss vielmehr geeignet sein, den Betroffenen in den Augen der Öffentlichkeit als gefährliche Person zu brandmarken. Daher kommt allen Maßnahmen, die dem Selbstschutz der Beamten dienen, eher keine diskriminierende Wirkung zu, z.B. Art. 21 Abs. 2, 22 Abs. 1 Nr. 1, 25 Nr. 3b, 65 Nr. 1 PAG, der Anwendung unmittelbaren Zwangs meist schon.

Beispielfall 81 2054

Die Wohnung des A wird mitten in der Nacht von dem SEK der Polizei gestürmt und A im Unterhemd und in Handschellen von maskierten Beamten abgeführt. Durch den Lärm hat sich die gesamte Nachbarschaft versammelt und wohnt dem Geschehen bei.

Lösung

Der Polizeieinsatz entfaltet aufgrund seiner Öffentlichkeitswirksamkeit und dem Umstand, dass A als gefährlicher Störer abgeführt wird, diskriminierende Wirkung, weshalb A ein Feststellungsinteresse in Gestalt eines Rehabilitationsinteresses vor Gericht geltend machen kann.

d. Tiefgreifender Grundrechtseingriff

Tiefgreifende Grundrechtseingriffe[40] begründen ein Rechtsschutzinteresse, wenn die 2055 direkte Belastung durch den angegriffenen Hoheitsakt sich nach dem typischen Verfahrensablauf auf eine Zeitspanne beschränkt, in welcher der Betroffene die gerichtliche Entscheidung in der von der Prozessordnung gegebenen Instanz kaum erlangen kann. Dies folgt aus Art. 19 Abs. 4 GG, der ein Grundrecht auf effektiven und möglichst lückenlosen richterlichen Rechtsschutz gegen Akte der öffentlichen Gewalt beinhaltet. Effektiver Grundrechtsschutz gebietet es in diesen Fällen, dass der Betroffene die Gelegenheit erhält, die Berechtigung des schwerwiegenden – wenn auch tatsächlich nicht mehr fortwirkenden – Grundrechtseingriffes klären zu lassen.

Tiefgreifende Grundrechtseingriffe kommen vor allem bei Anordnungen in Be- 2056 tracht, die das Grundgesetz vorbeugend dem Richter vorbehalten hat. Dies trifft beispielsweise in den Fällen des Art. 13 Abs. 2 und Abs. 4 GG und des Art 104 Abs. 2 und Abs. 3 GG zu. Zu den Fallgruppen tiefgreifender Grundrechtseingriffe, die ihrer Natur nach häufig schon vor möglicher gerichtlicher Überprüfung wieder beendet

[40] BVerfGE 104, 220; hierzu Schmidbauer, in: ders./Steiner, Art. 12 POG Rn. 76ff.

sind, gehören die polizeiliche Wohnungsdurchsuchung aufgrund richterlicher Durchsuchungsanordnung und die polizeiliche Ingewahrsamnahme aufgrund richterlicher Anordnung. In diesen Fällen liegt regelmäßig ein berechtigtes Feststellungsinteresse schon wegen des Gewichts des tiefgreifenden Grundrechtseingriffes vor.

Klausurhinweis:

Die Fallgruppe des schwerwiegenden Grundrechtseingriffs überschneidet sich mit derjenigen des Rehabilitationsinteresses. Sie erhält jedoch ihre Berechtigung für diejenigen Fälle, in denen keine Öffentlichkeitswirksamkeit besteht.

2057 **Beispielfall 82**

Auf der Zufahrtsstraße zum G8-Gipfel wird ein bemalter VW-Bus mit vier Insassen kontrolliert. Da der Bus nach Marihuana riecht, werden die Insassen einer Durchsuchung unterzogen. Dabei wird die weibliche Insassin I von einer Polizeibeamtin abgeschirmt von der Öffentlichkeit hinter dem VW-Bus angewiesen, ihre Hose zu öffnen, um auch den Slip durchsuchen zu können.

Kann I ein Interesse an der Feststellung der Rechtmäßigkeit der Maßnahme geltend machen?

Lösung

1. Da die Maßnahme abgeschirmt von der Öffentlichkeit erfolgt, liegt keine Öffentlichkeitswirksamkeit vor, weshalb die I auch kein Rehabilitationsinteresse geltend machen kann.
2. Allerdings handelt es sich bei der Maßnahme, die Hose zu öffnen, um einen schwerwiegenden Grundrechtseingriff, der für sich genommen bereits ein Feststellungsinteresse begründet, aufgrund dessen die I die Maßnahme vor Gericht auf deren Rechtmäßigkeit überprüfen lassen kann.

e. Beurteilungszeitpunkt

2058 Entscheidend für die Beurteilung der Rechtmäßigkeit oder Rechtswidrigkeit des Verwaltungsaktes ist der Zeitpunkt des polizeilichen Einschreitens (ex- ante- Betrachtung)[41]. Es ist also die tatsächliche Situation zugrunde zu legen, wie sie sich einem verständigen und sorgfältigen Polizeibeamten beim Erlass seiner Maßnahme dargestellt hatte. Außer Betracht bleiben müssen Tatsachen und Entwicklungen, die erst im Laufe der Zeit ermittelt wurden oder dem Richter erst im Nachhinein aufgrund der Beweisaufnahme bekannt wurden.

H. Die Anfechtungsklage, § 42 Abs. 1 1. Hs. VwGO

2059 Einen nicht erledigten Verwaltungsakt der Polizei kann das Verwaltungsgericht auf eine Anfechtungsklage[42] hin aufheben und somit beseitigen.

---

[41] BVerwGE 45, 51; 47, 31.

[42] Schmidbauer, in: ders./Steiner, Art. 12 POG Rn. 81 ff.

Beispiel hierfür ist die Sicherstellungsverfügung nach Art. 25 PAG, die ihre Wirkung so lange entfaltet, wie die Sicherstellung dauert.

Als Besonderheiten bei der **Zulässigkeit** der Klage ist zu beachten, dass die Anfechtungsklage keine aufschiebende Wirkung hat, § 80 Abs. 2 Satz 1 Nr. 2 VwGO. Daneben sind die bekannten Voraussetzungen einzuhalten, wie das Vorliegen einer Klagebefugnis nach § 42 Abs. 2 VwGO. Erforderlich hierfür ist, dass der Kläger geltend machen kann, der von der Polizei erlassene Verwaltungsakt verletze ihn möglicherweise in seinen eigenen Rechten. Eine derartige Rechtsverletzung muss denkbar und möglich sein. **2060**

Nach § 113 Abs. 1 Satz 1 VwGO ist die Klage begründet, wenn der Verwaltungsakt der Polizei rechtswidrig ist und der rechtswidrige Verwaltungsakt den Kläger in seinen Rechten verletzt. **2061**

J. Die Verpflichtungsklage, § 42 Abs. 1 2. Alt. VwGO

Begehrt der Betroffene einen polizeilichen Verwaltungsakt, so kann er diesen mit der Verpflichtungsklage[43] durchsetzen, § 42 Abs. 1 2. Alt. VwGO. **2062**

Da in den meisten Fällen Eilbedürftigkeit gegeben ist, ist diese Variante im Polizeirecht im Gegensatz zum Sicherheitsrecht von untergeordneter Bedeutung. Dennoch kann auch einmal in der polizeirechtlichen Klausur z.B. ein Anspruch auf Erlass einer Sicherstellunganordnung gegenüber einem Dritten eingeklagt werden.

K. Die allgemeine Leistungsklage, §§ 43 Abs. 2, 3. Alt., 113 Abs. 2 und Abs. 3 VwGO

Mit der allgemeinen Leistungsklage[44] kann sich der Betroffene gegen eine polizeiliche Maßnahme wehren oder eine polizeiliche Maßnahme begehren, soweit diese Maßnahme kein Verwaltungsakt ist. Mit ihr kann der Kläger einen Anspruch auf Handeln, Dulden oder Unterlassen geltend machen. **2063**

Die allgemeine Leistungsklage ist nicht ausdrücklich in der VwGO geregelt, wird von dieser jedoch z.B. in den §§ 43 Abs. 2, 113 Abs. 2 und 3, 111 VwGO vorausgesetzt und ist gewohnheitsrechtlich anerkannt.

Die allgemeine Leistungsklage, mit der sich der Betroffene gegen eine polizeiliche Maßnahme wehrt, die kein Verwaltungsakt ist, ist begründet, wenn das polizeiliche Handeln rechtswidrig war und der Kläger dadurch in seinen Rechten verletzt wurde. **2064**

Die allgemeine Leistungsklage, mit der der Betroffene eine polizeiliche Maßnahme begehrt, die kein Verwaltungsakt ist, ist begründet, wenn sich aus der Rechtsordnung ein Anspruch für den Kläger auf eine Leistung ergibt. Da das polizeiliche Einschreiten im Ermessen steht, ist dies regelmäßig nicht der Fall, es sei denn, es liegt ein Fall der Ermessensreduktion auf Null vor. **2065**

---

[43] Schmidbauer, in: ders./Steiner, Art. 12 POG Rn. 87ff.
[44] Schmidbauer, in: ders./Steiner, Art. 12 POG Rn. 95ff.

L. Rechtsschutz gegen polizeiliche Maßnahmen auf Weisung, in Amtshilfe, in Vollzugshilfe oder zur Unterstützung anderer Behörden

I. Grundsatz der Verantwortlichkeit der Polizei, Art. 12 Abs. 2 und Abs. 3 POG

2066 In Übereinstimmung mit der Verfassung legen Art. 12 Abs. 2 und Abs. 3 POG folgenden für die Rechtsschutzgewährung wichtigen Grundsatz[45] fest: Handelt ein Polizeibeamter der Bayerischen Polizei oder ist ein Polizeibeamter der Bayerischen Polizei unterstellt, bleiben sowohl die Entscheidungsbefugnis als auch die Verantwortlichkeit für das Handeln bei der Bayerischen Polizei i.S.d. Art. 1 Abs. 2 POG, Art. 12 Abs. 2 Satz 1 POG. Ihr Tun kann sich nur auf die Rechtsgrundlagen der Bayerischen Polizei stützen.

2067 Allein die Bayerische Polizei hat Maßnahmen, die von ihr durchgeführt werden, auf ihre Rechtmäßigkeit hin zu überprüfen und die durchgeführte Maßnahme zu verantworten[46]. Dies gilt unabhängig davon, ob die Polizei ihre Maßnahme auf Weisung, in Amtshilfe, in Vollzugshilfe, in Justizhilfe oder zur Unterstützung anderer Behörden durchführt.

2068 Art. 12 Abs. 2 Satz 2 POG betrifft demgegenüber allein Weisungen innerhalb der Bayerischen Polizei.

II. Freistaat Bayern als Klagegegner und Anwendbarkeit des Polizeirechts

2069 Die Folge aus der Eigenverantwortlichkeit der Polizei ist, dass auch in Fällen von Weisungen, Amtshilfe, Vollzugshilfe oder Unterstützungsmaßnahmen für andere Behörden der Freistaat Bayern als Träger der Bayerischen Polizei der richtige Beklagte (Klagegegner) ist[47].

Darüber hinaus richtet sich die Rechtmäßigkeit der polizeilichen Maßnahme nach deren Grundsätzen und Voraussetzungen, z.B. unmittelbarer Zwang.

M. Rechtsschutz durch den Europäischen Gerichtshof für Menschenrechte

2070 Die Europäische Konvention zum Schutz der Menschenrechte und Grundfreiheiten (EMRK) enthält in Art. 5 EMRK ein Recht auf Freiheit und Sicherheit. Allerdings gilt die europäische Konvention zum Schutze der Menschenrechte und Grundfreiheiten in Deutschland nur im Rahmen einfachen Bundesrechts[48].

2071 Art. 5 EMRK verweist im Folgenden auf das innerstaatliche Recht. Dem europäischen Gerichtshof für Menschenrechte eröffnet sich dadurch die Möglichkeit, bei polizeilichen Maßnahmen die Beachtung der Polizeigesetze des jeweiligen Bundeslandes

---

[45] Schmidbauer, in: ders./Steiner, Art. 12 POG Rn. 125 ff.

[46] Schmidbauer, in: ders./Steiner, Art. 12 POG Rn. 125 ff.

[47] Ausführlich: Schmidbauer, in: ders./Steiner, Art. 12 POG Rn.127 ff.

[48] Zu den damit zusammenhängenden Streitfragen vgl. Schmidbauer, in: ders./Steiner, Art. 12 POG Rn. 251 ff.

nachzuprüfen. Der von einer Polizeimaßnahme Betroffene erhält einen zusätzlichen Rechtsweg. Eine über das nationale Recht hinausgehende Bindung der Polizeigewalt erfolgt durch Art. 5 EMRK jedoch nicht.

Damit lässt sich aus Art. 5 EMRK auch kein Recht auf Sicherheit in dem Sinne herleiten, dass daraus auf einzelne polizeiliche Maßnahmen geklagt werden kann. 2072

Umgekehrt sind Polizei und Gerichte nach der Rspr. des BVerfG[48] gehalten, einschlägige Urteile des EGMR zu berücksichtigen. Dies erfordert eine „gebührende Auseinandersetzung“ und eine „Berücksichtigung der verfassungsrechtlichen Würdigung“, namentlich im Rahmen der Verhältnismäßigkeitsprüfung. 2073

51. Kapitel. Rechtsschutz gegen sicherheitsrechtliche Maßnahmen

Zusammenfassung

1. Für sicherheitsrechtliche Einzelmaßnahmen gilt dasselbe wie für polizeiliche Maßnahmen. Gegebenenfalls verlagert sich der Rechtsschutz auf den einstweiligen Rechtschutz nach §§ 80 Abs. 5, 123 VwGO.
2. Sicherheitsrechtliche Verordnungen können mit den Rechtsbehelfen der verwaltungsgerichtlichen **Normenkontrolle, § 47 VwGO**, der **Popularklage, Art. 98 Satz 4 BV**, sowie der grundgesetzlichen **Verfassungsbeschwerde, Art. 93 Abs. 1 Nr. 4a GG**, überprüft werden.
3. Daneben besteht die Möglichkeit der **inzidenten Kontrolle** anlässlich der Überprüfung des Vollzugsaktes im Rahmen einer Anfechtungsklage, § 42 Abs. 1 1. Alt. VwGO, sowie der Verfassungsbeschwerden nach Art. 66, 120 BV und Art. 93 Abs. 1 Nr. 4a GG.

A. Rechtsschutz gegen sicherheitsrechtliche Einzelmaßnahmen

Bei sicherheitsrechtlichen Einzelmaßnahmen gilt grundsätzlich dasselbe wie bei polizeirechtlichen Maßnahmen. Handelt es sich bei jenen um einen Verwaltungsakt nach Art. 35 Satz 1 BayVwVfG, so kann deren Aufhebung mit der Anfechtungsklage, § 42 Abs. 1 1. Alt. VwGO, und deren Erlass mit der Verpflichtungsklage, § 42 Abs. 1 2. Alt. VwGO, begehrt werden.[1] In Eilfällen verlagert sich der Rechtsschutz auf die Anordnung der Suspensivwirkung nach § 80 Abs. 5 Satz 1 2. Alt. VwGO, bzw. die einstweilige Anordnung nach § 123 VwGO. Dabei ist zu beachten, dass im Gegensatz zur polizeilichen Maßnahme nicht bereits aufgrund von § 80 Abs. 2 Satz 1 Nr. 2 VwGO die aufschiebende Wirkung entfällt. In der Regel wird daher die aufschiebende Wirkung durch Anordnung der sofortigen Vollziehbarkeit (AdV) nach § 80 Abs. 2 Satz 1 Nr. 4 VwGO entfallen, weshalb folgendes Prüfungsschema zu beachten ist: 2074

---

[48] BVerfG, Beschl. v. 14.10.2004, Abs.-Nr. 29 und Beschl. v. 26.2.2008 Abs.-Nr. 26.

[1] Dazu Rn. 2062.

2075 **Prüfungsschema 27: Antrag nach § 80 Abs. 5 Satz 1 2. Alt. VwGO auf Wiederherstellung der aufschiebenden Wirkung**

A. Zulässigkeit des Antrags

I. Eröffnung des Verwaltungsrechtswegs

das Gericht der Hauptsache entscheidet, §§ 80 Abs. 5 Satz 1, 40 Abs. 1 VwGO

II. Zulässigkeit des Antrags nach § 80 Abs. 5 VwGO

1. Statthaftigkeit

a. Abgrenzung zu § 123 Abs. 1 VwGO gem. § 123 Abs. 5 VwGO: Fälle der §§ 80, 80a VwGO sind grds. vorrangig

b. Antrag muss auf Wiederherstellung der Suspensivwirkung nach § 80 Abs. 1 Satz 1 VwGO gerichtet sein

aa. Entfallen der aufschiebenden Wirkung der Anfechtungsklage nach § 80 Abs. 1 VwGO aufgrund § 80 Abs. 2 Satz 1 Nr. 4 VwGO (Anordnung der sofortigen Vollziehbarkeit – AdV)

bb. Indiz: Anfechtungsklage in der Hauptsache
Die angegriffene Maßnahme muss demnach ein belastender Verwaltungsakt i.S.d. § 80 Abs. 1 VwGO, Art. 35 Satz 1 BayVwVfG sein.

2. Im Übrigen gelten die formellen Voraussetzungen der Anfechtungsklage

Argument: Der Rechtsmittelführer kann im Eilverfahren nicht besser gestellt sein als im Hauptsacheverfahren, weshalb er denselben Restriktionen unterliegt. Insbesondere:

a. Antragsbefugnis, § 42 Abs. 2 VwGO analog

b. Beteiligungs- und Verfahrensfähigkeit, §§ 61ff. VwGO analog

c. Ordnungsgemäße Antragstellung, §§ 81f. VwGO analog

d. Zuständiges Gericht

Zuständig ist das Gericht der Hauptsache gem. § 80 Abs. 5 Satz 1 VwGO: §§ 45, 52 VwGO i. V. m. Art. 1 Abs. 2 AGVwGO

e. Allgemeines Rechtsschutzbedürfnis

aa. vorherige Einlegung einer Anfechtungsklage gem. § 80 Abs. 5 Satz 2 VwGO nicht notwendig

bb. vorheriger Antrag bei der Behörde ist gem. § 80 Abs. 4 VwGO nur in Fällen von § 80 Abs. 2 Satz 1 Nr. 1, Abs. 6 VwGO erforderlich (str.)

cc. keine Bestandskraft des VA (im Übrigen ist der Antrag nach § 80 Abs. 5 VwGO nicht fristgebunden)

B. Begründetheit des Antrags auf Anordnung der aufschiebenden Wirkung

I. Antragsgegner, § 78 Abs. 1 VwGO analog

Antragsgegner ist der Freistaat Bayern als Träger der Polizei, Art. 1 Abs. 2 POG, § 78 Abs. 1 Nr. 1 VwGO (Rechtsträgerprinzip).

II. formelle Rechtmäßigkeit der AdV

1. Zuständigkeit

nach § 80 Abs. 2 Satz 1 Nr. 4 VwGO ist die Ausgangs- und Widerspruchsbehörde zuständig

2. Verfahren

Anhörung nach Art. 28 Abs. 1 BayVwVfG analog (str.)

– e. A.: nicht erforderlich, da die AdV kein Verwaltungsakt, sondern nur ein Annex zum Verwaltungsakt ist.
– a. A.: erforderlich, da durch die AdV die Rechtsbeeinträchtigung verstärkt wird, daher zumindest Art. 28 Abs. 1 BayVwVfG analog; aber: Heilung nach Art. 45 Abs. 1 Nr. 3 BayVwVfG sogar im Gerichtsverfahren möglich, da das Gericht im Verfahren nach § 80 Abs. 5 VwGO eine eigene originäre Ermessensentscheidung trifft und daher den Begrenzungen des Hauptsacheverfahrens nicht unterliegt.

3. Form

qualifizierte Begründung der AdV nach § 80 Abs. 3 Satz 1 VwGO, die nicht nur formelhaft sein und sich in der Begründung des Hauptverwaltungsaktes erschöpfen darf (Warnfunktion)

III. Abwägung zwischen Suspensiv- und Vollzugsinteresse

– Das Gericht hat abzuwägen, ob das Interesse des Betroffenen am Aufschub des Vollzugs ausnahmsweise das öffentliche Interesse am Vollzug des Verwaltungsaktes überwiegt.
– Da der Ausschluss der aufschiebenden Wirkung nach § 80 Abs. 2 Nr. 2 VwGO auf Gesetz beruht, überwiegt das Vollzugsinteresse im Regelfall.
– Der Antrag ist daher nur begründet, wenn die Nachteile des Betroffenen aufgrund des sofortigen Vollzugs des Verwaltungsaktes ausnahmsweise so schwer und unerträglich sind, dass sie das vom Gesetzgeber festgestellte öffentliche Interesse überwiegen.
– Indiz: Erfolgsaussichten der Hauptsache nach summarischer Prüfung:

1. Zulässigkeit des Hauptsacherechtsbehelfs

Es genügt rglm. der Verweis nach oben, vgl. Argument unter A.II.2.

2. Begründetheit des Hauptsacherechtsbehelfs

Hat sich der belastende Verwaltungsakt **erledigt**, ist die Fortsetzungsfeststellungsklage zu erheben. Dabei kommt auch hier die direkte Anwendung in Betracht, da sich sicherheitsrechtliche Anordnungen nicht notwendigerweise sofort erledigen. Dies hat **2076** zur Konsequenz, dass auch die Vorbereitung eines Amtshaftungsprozesses als Feststellungsinteresse relevant werden kann.[2]

2077 Im Sicherheitsrecht kann die Einzelmaßnahme unmittelbar auf einer Befugnisnorm aus dem Gesetz beruhen. In Betracht kommen die speziellen Befugnisnormen, die zum Erlass von Einzelmaßnahmen berechtigen, wie Art. 75, 76 BayBO, oder diejenigen im LStVG mit z.B. Art. 12 Abs. 2, Art. 18 Abs. 2 LStVG, sowie die Generalbefugnisnorm des Art. 7 Abs. 2 LStVG. Darüber hinaus besteht jedoch auch die Möglichkeit, dass die Einzelmaßnahme auf einer sicherheitsrechtlichen Rechtsverordnung beruht. Insoweit ist dann nicht nur die Einzelmaßnahme, sondern inzident auch die sicherheitsrechtliche Rechtsverordnung auf deren Rechtmäßigkeit zu überprüfen.[3]

B. Rechtsschutz gegen sicherheitsrechtliche Rechtsverordnungen

2078 Rechtsverordnungen können als Rechtsnormen Gegenstand der verwaltungsgerichtlichen Normenkontrolle nach § 47 Abs. 1 Nr. 2 VwGO, der Popularklage nach Art. 98 Satz 4 BV sowie der Verfassungsbeschwerde, Art. 93 Abs. 1 Nr. 4a GG, sein. Darüber hinaus besteht auch die Möglichkeit, den Vollzugsakt der Rechtsverordnung anzugreifen und dabei die Rechtmäßigkeit der Rechtsverordnung als Rechtsgrundlage für den Vollzugsakt inzident zu überprüfen.

Klausurhinweis:

Nicht statthaft ist dagegen die Verfassungsbeschwerde nach Art. 66, 120 BV, da mit dieser keine Rechtsnormen überprüft werden können.[4]

I. Die verwaltungsgerichtliche Normenkontrolle, § 47 Abs. 1 Nr. 2 VwGO

2079 **Prüfungsschema 28: Die verwaltungsgerichtliche Normenkontrolle, § 47 Abs. 1 Nr. 2 VwGO**

A. Zulässigkeit des Antrags

I. Statthaftigkeit, § 47 Abs. 1 Nr. 2 VwGO

II. Entscheidung des VGH im Rahmen seiner Gerichtsbarkeit, § 47 Abs. 1 VwGO

III. Zuständiges Gericht, §§ 47 Abs. 1, 184 VwGO, Art. 1 Abs. 1 Satz 1 BayAGVwGO

IV. Antragsberechtigung, § 47 Abs. 2 Satz 1 VwGO

---

[2] Dazu Rn. 2050.
[3] Dazu Rn. 2117 ff.
[4] Holzner, Art. 120 Rn. 28.

V. Antragsbefugnis
nur für die Antragstellung durch natürliche oder juristische Personen, § 47 Abs. 2 Satz 1 VwGO

VI. Antragsfrist, § 47 Abs. 2 Satz 1 VwGO
innerhalb von zwei Jahren nach Bekanntmachung der Rechtsverordnung, § 47 Abs. 2 Satz 1 VwGO

VII. ordnungsgemäße Antragstellung

VIII. allgemeines Rechtsschutzbedürfnis

B. Begründetheit des Antrags

I. Antragsgegner, § 47 Abs. 2 Satz 2 VwGO

II. Prüfungsmaßstab: landesverfassungsgerichtlicher Vorbehalt, § 47 Abs. 3 VwGO

III. Ermächtigungsgrundlage

IV. formelle Rechtmäßigkeit der Rechtsnorm

1. Zuständigkeit

2. Verfahren

3. Form

V. materielle Rechtmäßigkeit der Rechtsnorm

1. Zulässigkeit

a. Statthaftigkeit, § 47 Abs. 1 Nr. 2 VwGO

Nach § 47 Abs. 1 Nr. 2 VwGO kann Normenkontrolle gegen Rechtsvorschriften 2080
erhoben werden, die unter dem Landesgesetz stehen, sofern das Landesrecht dies bestimmt, was in Bayern durch Art. 5 BayAGVwGO der Fall ist.

Da die sicherheitsrechtlichen Rechtsverordnungen derartige Normen sind, können sie Prüfungsgegenstand des Normenkontrollverfahrens sein.[5]

b. Entscheidung des VGH im Rahmen seiner Gerichtsbarkeit, § 47 Abs. 1 VwGO

Der VGH kann Entscheidungen im Rahmen des Normenkontrollverfahrens treffen, 2081
wenn diese im Rahmen seiner Gerichtsbarkeit erfolgt. Voraussetzung ist daher, dass sich aus dem Vollzug der Rechtsverordnung eine öffentlich-rechtliche Streitigkeit i. S. v. § 40 Abs. 1 VwGO ergeben kann.[6]

---

[5] Schenke/Schenke, in: Kopp/Schenke, § 47 Rn. 21.
[6] Schenke/Schenke, in: Kopp/Schenke, § 47 Rn. 17.

Hierdurch soll vermieden werden, dass der VGH Gerichte eines anderen Gerichtszweiges präjudiziert.

2082 Da sich aus den Normen der sicherheitsrechtlichen Rechtsverordnungen regelmäßig Streitigkeiten ergeben können, die nach der Subordinationstheorie oder der modifizierten Subjektstheorie dem öffentlichen Recht zuzuordnen sind, können diese Normen der Rechtsverordnung im Rahmen des Normenkontrollverfahrens überprüft werden.

2083 Zu beachten ist jedoch, dass die bewehrten Vorschriften der Rechtsverordnung nach § 68 OWiG von den ordentlichen Gerichten überprüft werden müssen und daher nicht mit der verwaltungsgerichtlichen Normenkontrolle überprüft werden können.

c. Zuständiges Gericht

2084 Zuständig ist der VGH, §§ 47 Abs. 1, 184 VwGO, Art. 1 Abs. 1 Satz 1 BayAGVwGO.

Klausurhinweis:

Sprechen Sie nicht vom Oberverwaltungsgericht. In Bayern führt dieses die Bezeichnung „Bayerischer Verwaltungsgerichtshof", Art. 1 Abs. 1 Satz 1 BayAGVwGO.

d. Antragsberechtigung, § 47 Abs. 2 Satz 1 VwGO

2085 Antragsberechtigt ist nach § 47 Abs. 2 Satz 1 VwGO jede natürliche oder juristische Person des öffentlichen oder privaten Rechts. Ebenso kann Antragsteller jede Behörde sein, die mit dem Vollzug der Norm befasst ist.[7]

e. Antragsbefugnis

2086 Als zusätzliches Korrektiv zur Antragsberechtigung ist nach § 47 Abs. 2 Satz 1 VwGO für die Antragstellung durch natürliche oder juristische Personen erforderlich, dass diese entweder durch die sicherheitsrechtliche Verordnung selbst oder deren Vollzug in Rechten aktuell oder zukünftig verletzt sind oder sein können.[8]

Klausurhinweis:

§ 47 Abs. 2 Satz 1 VwGO entspricht inhaltlich der Klagebefugnis nach § 42 Abs. 2 VwGO, so dass Sie Ihr Wissen dazu auch an dieser Stelle verwenden können.

2087 Eine solche Antragsbefugnis ist für Behörden nicht erforderlich.

---

[7] Schenke/Schenke, in: Kopp/Schenke, § 47 Rn. 38.
[8] Schenke/Schenke, in: Kopp/Schenke, § 47 Rn. 43 ff.

Dies ergibt sich aus der Intention der Regelung, dass Behörden, die mit dem Vollzug der Norm befasst sind, deren Rechtmäßigkeit unabhängig von einer Antragsbefugnis überprüfen lassen können sollen, um damit einem rechtswidrigen Vollzug vorzubeugen.[9]

f. Antragsfrist, § 47 Abs. 2 Satz 1 VwGO

Der Normenkontrollantrag ist nach § 47 Abs. 2 Satz 1 VwGO innerhalb von einem Jahr nach Bekanntmachung der Rechtsverordnung zu erheben. 2088

g. Ordnungsgemäße Antragstellung

Hierfür gelten die §§ 81, 82 VwGO entsprechend. 2089

h. Allgemeines Rechtsschutzbedürfnis

Ein allgemeines Rechtsschutzbedürfnis besteht grundsätzlich in den o.g. Fällen. Es kann jedoch insbesondere bei **Behörden** ausscheiden. 2090

Dies ist dann der Fall, wenn die Behörde selbst in der Lage wäre, die Rechtsverordnung zu ändern. Insoweit fällt das Rechtsschutzbedürfnis für einen Normenkontrollantrag gegen sicherheitsrechtliche Rechtsverordnungen für die **Erlassbehörde** weg. Hierunter fallen nicht nur die Behörden, die in der Ermächtigungsgrundlage zum Erlass ermächtigt werden, sondern auch die Rechtsaufsichtsbehörde, die im Fall des Art. 46 Abs. 1 LStVG die Rechtsverordnung erlassen hat. 2091

Die kommunale Gebietskörperschaften, an deren Statt die Aufsichtsbehörde die Rechtsverordnung erlässt, hat dagegen ein berechtigtes Interesse an der Feststellung, ob die Rechtsverordnung rechtmäßig ist. 2092

Das Rechtsschutzbedürfnis besteht dagegen für die **Rechtsaufsichtsbehörde**, Rechtsverordnungen der Erlassbehörde überprüfen zu lassen, trotzdem sie die Möglichkeit hätte, im Wege der Aufsicht nach Art. 49 LStVG gegen die Rechtsverordnung vorzugehen. 2093

Der Grund hierfür liegt darin, dass Aufsichtsverfahren und Normenkontrollverfahren unterschiedliche Zielsetzungen verfolgen: So soll im Wege des Aufsichtsverfahrens ein rechtmäßiger Zustand hergestellt werden, während das Normenkontrollverfahren zum Ziel hat, die Gültigkeit oder Nichtigkeit der Norm und damit den Bestand der objektiven Rechtsordnung festzustellen. Insoweit geht die Feststellungswirkung der Entscheidung im Rahmen des Normenkontrollverfahrens weiter als die Aufhebung der Rechtsnorm im Wege des Aufsichtsverfahrens, da erstere *erga omnes* wirkt.

2. Begründetheit

Der Normenkontrollantrag ist begründet, wenn er sich gegen den richtigen Antragsgegner wendet und die Norm formell oder materiell rechtswidrig ist.[10] 2094

Klausurhinweis:

Eine subjektive Rechtsverletzung ist nicht notwendig, da die Normenkontrolle ein objektives Überprüfungsverfahren darstellt. Insoweit findet die Antragsbefugnis – anders als z.B. bei der Anfechtungsklage – keine Entsprechung in der Begründetheit.

---

[9] Schenke/Schenke, in: Kopp/Schenke, § 47 Rn. 82.
[10] Schenke/Schenke, in: Kopp/Schenke, § 47 Rn. 112 ff.

a. Richtiger Antragsgegner, § 47 Abs. 2 Satz 2 VwGO

2095 Richtiger Antragsgegner ist nach § 47 Abs. 2 Satz 2 VwGO der Rechtsträger derjenigen Behörde, welche die Rechtsnorm erlassen hat, sog. **Rechtsträgerprinzip.** Rechtsträger der kommunalen Gebietskörperschaften sind grundsätzlich diese selbst.[11]

b. Prüfungsmaßstab: landesverfassungsgerichtlicher Vorbehalt, § 47 Abs. 3 VwGO

2096 Nach § 47 Abs. 3 VwGO sind als Prüfungsmaßstab diejenigen Normen ausgeschlossen, die der Überprüfung durch das Landesverfassungsgericht vorbehalten sind. Hier ist zu beachten, dass in Bayern mit der **Popularklage** nach **Art. 98 Satz 4 BV** die Möglichkeit besteht, Rechtsverordnungen vom VerfGH überprüfen zu lassen.[12] Dieser überprüft die Rechtsnorm an bayerischem Verfassungsrecht. Insoweit ist über Art. 98 Satz 4 BV dem VerfGH die Überprüfung bayerischen Verfassungsrechts vorbehalten, weswegen die bayerische Verfassung, insbesondere deren Grundrechte, als Prüfungsmaßstab im Rahmen der verwaltungsgerichtlichen Normenkontrolle vor dem VGH nach § 47 Abs. 3 VwGO ausscheidet.

Hierdurch sollen widersprechende Entscheidungen des VerfGH und des VGH bezüglich der Vereinbarkeit von untergesetzlichen Rechtsnormen vermieden werden.

2097 Als **Prüfungsmaßstab** für die Überprüfung der Vereinbarkeit der Rechtsverordnung übrig bleibt für den VGH daher das **gesamte Bundesrecht**, das **Grundgesetz** sowie das **einfache Landesrecht**.

Klausurhinweis:

Falls sich der Antragsteller auf Grundrechte der BV beruft, ist sein Antrag dahingehend auszulegen, dass er die Grundrechte des GG, die inhaltsgleich sind, geltend machen will, § 88 VwGO.

c. Prüfung der Rechtsverordnung

2098 Die Prüfung der Rechtsverordnung erfolgt nach dem bekannten Prüfungsschema.[13]

Klausurhinweis:

Hält der VGH die Ermächtigungsgrundlage der Rechtsverordnung für verfassungswidrig und damit nichtig, kann er diese nicht als solche behandeln, da er diesbezüglich keine Verwerfungskompetenz hat. In diesem Fall muss er die Ermächtigungsgrundlage dem VerfGH nach Art. 65, 92 BV, wenn es sich um ein bayerisches, formelles Gesetz handelt, oder dem BVerfG nach Art. 100 Abs. 1 GG, wenn es sich um ein formelles Bundesgesetz handelt, zur Entscheidung vorlegen und das Verfahren so lange aussetzen.

---

[11] § 47 Abs. 2 Satz 2 VwGO ist mit § 78 Abs. 1 Nr. 1 VwGO inhaltsgleich und diesem gegenüber spezieller.
[12] Holzner, Art. 98 Rn. 21.
[13] Dazu Kapitel 42.

3. Sonderfall: Normerlassklage

Die Normerlassklage stellt grundsätzlich keinen Fall der verwaltungsgerichtlichen Normenkontrolle nach § 47 VwGO dar, sondern wird im Rahmen des verwaltungsgerichtlichen Rechtsschutzsystems über die allgemeine Leistungsklage gewährleistet.[14] Dabei sind die Anforderungen, die an einen Anspruch auf Normerlass zu stellen sind, hoch. Voraussetzung ist, dass die Norm dem Individualinteresse zu dienen bestimmt ist. 2099

Eine solche Normerlasspflicht kann sich zumindest aus Art. 46 LStVG nicht ergeben, auch nicht, wenn das Ermessen zum Normerlass auf Null reduziert ist, da die Verpflichtung zum Normerlass nach Art. 46 Abs. 1 LStVG nur zum Wohl der Allgemeinheit besteht und damit nicht dem Individualinteresse zu dienen bestimmt ist. 2100

Nur in eng begrenzten Ausnahmen kann aus den Grundrechten, insbesondere dem Gleichheitssatz und der Schutzpflichtdimension, eine einklagbare Normerlasspflicht abgeleitet werden.[15] 2101

II. Die Popularklage, Art. 98 Satz 4 BV

Mit der Popularklage nach Art. 98 Satz 4 BV können in Ergänzung zur Verfassungsbeschwerde nach Art. 66, 120 BV auch Rechtsnormen ohne eigene Betroffenheit an der Verfassung überprüft werden. 2102

Prüfungsschema 29: Die Popularklage 2103

A. Zulässigkeit des Antrags

- **I. Zuständigkeit des Verfassungsgerichtshofs, Art. 98 Satz 4 BV**
- **II. Antragsberechtigung**
- **III. Antragsgegenstand**
  alle Rechtsvorschriften des bayerischen Landesrechts, Art. 98 Satz 4 BV, Art. 55 Abs. 1 Satz 1 VfGHG
- **IV. möglicher Verstoß gegen bayerische Grundrechte**
- **V. Form**

B. Begründetheit der Popularklage

- **I. ggf. Ermächtigungsgrundlage**
- **II. formelle Rechtmäßigkeit der Rechtsnorm**
  - **1. Zuständigkeit**
  - **2. Verfahren**
  - **3. Form**
- **III. materielle Rechtmäßigkeit der Rechtsnorm**

---

[14] Schenke/Schenke, in: Kopp/Schenke, § 47 Rn. 13f.
[15] VerfGH 40, 81 (84); 42, 188 (193); 46, 298 (299); BVerwG, NVwZ 2002, 1505.

1. Zulässigkeit

a. Zuständigkeit des Verfassungsgerichtshofs

2104 Der VerfGH ist ausdrücklich für die Überprüfung von Rechtsnormen auf deren Vereinbarkeit mit den Grundrechten hin zuständig, Art. 98 Satz 4 BV.

b. Antragsberechtigung

2105 Antragsberechtigt ist grundsätzlich jedermann, mithin jede natürliche und juristische Person, sofern sie **rechtsfähig** ist.[16]

Daher sind auch z.B. politische Parteien[17] ebenso wie **juristische Personen des öffentlichen Rechts** antragsberechtigt, also auch kommunale Gebietskörperschaften wie Gemeinden[18] und Landkreise.[19]

c. Antragsgegenstand

2106 Antragsgegenstand sind nach Art. 98 Satz 4 BV Gesetze und Verordnungen, was jedoch durch Art. 55 Abs. 1 Satz 1 VfGHG auf alle Rechtsvorschriften des bayerischen Landesrechts ausgeweitet wird. Hierzu gehören die sicherheitsrechtlichen Rechtsverordnungen.

Nicht hierunter fallen die Genehmigung oder Nichtgenehmigung einer Verordnung.

2107 Die Normen müssen einen eigenen Regelungsgehalt aufweisen[20] und dürfen sich nicht in der Wiederholung der Ermächtigungsgrundlage erschöpfen.

So liegt kein tauglicher Antragsgegenstand vor, wenn die Rechtsverordnung lediglich höherrangige Normen, seien es bayerische, bundesrechtliche oder europarechtliche, wenn auch mit anderem Wortlaut wiederholt, auf diese hinweist oder vollzieht.

2108 Die Rechtsverordnung ist grundsätzlich in der zum Zeitpunkt der Entscheidung geltenden Fassung Gegenstand des Verfahrens.[21]

Bereits aufgehobene oder geänderte Rechtsverordnungen können bei Bestehen eines objektiven Interesses an der Feststellung ihrer Vereinbarkeit mit den Grundrechten überprüft werden.[22] Ein derartig objektives Interesse besteht, wenn die Norm rechtliche Wirkung zeitigen kann, insbesondere sie noch entscheidungserheblich ist.[23]

2109 Eine Rechtsnorm, deren Verfassungsmäßigkeit vom VerfGH bereits festgestellt worden ist, kann nur dann erneuter Gegenstand einer Popularklage sein, wenn seit der bestätigenden Entscheidung ein grundlegender Wandel der Lebensverhältnisse oder der allgemeinen Rechtsauffassung eingetreten ist, neue rechtliche Gesichtspunkte geltend gemacht werden[24] oder der Antrag auf neue, in der bestätigenden Entscheidung nicht berücksichtigte Tatsachen gestützt wird.[25]

---

[16] VerfGH 7, 69 (73); 36, 1 (4); 39, 30 (33).
[17] VerfGH 23, 155 (159); 43, 100 (103).
[18] VerfGH 29, 1 (3); 40, 53 (55); 47, 165 (170); 49, 37 (49); 51, 1.
[19] VerfGH 5, 1 (3); 12, 48 (53).
[20] VerfGH, BayVBl. 2009, 749f.
[21] VerfGH 29, 33 (35).
[22] VerfGH 49, 153 (157); 51, 74 (81); 54, 47 (53); BayVBl. 2007, 364ff.
[23] VerfGH 26, 87 (93); 30, 109 (117f.); 49, 37 (50ff.).
[24] VerfGH 36, 56 (61); 39, 75 (77f.); 43, 1 (5f.).
[25] VerfGH 33, 168 (171); 44, 61 (75); 50, 226 (244); 52, 91 (94).

d. Möglicher Verstoß gegen bayerische Grundrechte

Der Antragsteller muss geltend machen, dass die angegriffene Norm ein Grundrecht der Bayerischen Verfassung möglicherweise verletzt. Eine **eigene Beschwer** muss **nicht** vorliegen. Ebenso können die grundrechtsgleichen Rechte geltend gemacht werden. 2110

e. Form des Antrags

Der Antrag ist schriftlich und mit einer aussagekräftigen Begründung, in der die Grundrechtsverletzung hinreichend dargelegt wird, einzureichen, Art. 14 Abs. 1, Art. 55 Abs. 1 Satz 2 VfGHG. 2111

Klausurhinweis:

Wie der Name der Popularklage schon sagt, ist eine Antragsbefugnis gerade nicht erforderlich. In Ausnahmefällen kann jedoch ein Antrag wegen Missbrauchs unzulässig sein, wenn die gerügten bayerischen Grundrechte in keinem Fall für den Antragsteller relevant sein können.[26]
Ebenfalls besteht keine Fristbindung und auch eine vorherige Rechtswegerschöpfung ist nicht notwendig.

2. Begründetheit

Im Rahmen der Begründetheit entscheidet der VerfGH über die Verfassungsmäßigkeit der Rechtsnorm. **Prüfungsmaßstab** ist dabei die gesamte **Bayerische Verfassung**. 2112

Klausurhinweis:

Jedoch kann über das Rechtsstaatsprinzip des Art. 3 Abs. 1 Satz 1 BV Bundesrecht Bedeutung erlangen, da jenes als verletzt angesehen wird, wenn Landesrecht in offenem Widerspruch zu Bundesrecht steht und hierdurch auch inhaltlich ein schwerwiegender Eingriff in die Rechtsordnung gegeben ist.[27]

Bei Rechtsverordnungen überprüft der VerfGH deren Zustandekommen im Hinblick auf elementare Verstöße gegen das Rechtsstaatsprinzip, Art. 3 Abs. 1 Satz 1 BV.[28] So muss sich die Rechtsnorm auf eine **Ermächtigungsgrundlage** stützen und sich auch in deren Rahmen halten, vgl. Art. 55 Nr. 2 Satz 3 BV. Fehlt es daran, so verstößt die abgeleitete Rechtsvorschrift gegen das Rechtsstaatsprinzip, Art. 3 Abs. 1 Satz 1 BV, und ist schon aus diesem Grund nichtig. 2113

Bei der Prüfung, ob eine Rechtsvorschrift verfassungswidrig ist, hat der VerfGH seiner Beurteilung grundsätzlich den Rechtszustand im **Zeitpunkt seiner Entscheidung** zugrunde zu legen. Eine Ausnahme ist nur dann gerechtfertigt, wenn bei einer außer Kraft getretenen oder bei einer durch eine anderweitige Regelung überholte Rechtsvorschrift noch ein objektives Interesse an der verfassungsgerichtlichen Kontrolle besteht. 2114

---

[26] Holzner, Art. 98 Rn. 38.
[27] Std. Rspr. seit VerfGH 41, 59 (64f.); Holzner, Art. 98 Rn. 47.
[28] VerfGH 44, 41 (49); 47, 77 (81); 48, 87 (94); 55, 66 (70).

III. Die grundgesetzliche Verfassungsbeschwerde, Art. 93 Abs. 1 Nr. 4a GG

2115 Gegenstand der grundgesetzlichen Verfassungsbeschwerde nach Art. 93 Abs. 1 Nr. 4a GG kann auch eine landesrechtliche Rechtsverordnung sein. Voraussetzung ist jedoch, dass der Beschwerdeführer geltend macht, durch die Rechtsverordnung selbst, gegenwärtig und unmittelbar in Grundrechten des GG verletzt zu sein.

2116 Zu beachten ist jedoch, dass die Verfassungsbeschwerde subsidiären Rechtsschutz gewährleistet, d.h. es muss zuvor jedes zumutbare Rechtsmittel ergriffen worden sein, um die Rechtsverletzung auszuschließen. So muss zuerst ein Normenkontrollantrag nach § 47 VwGO gestellt werden.[29] Gegenstand der Verfassungsbeschwerde kann daher die Rechtsverordnung in Gestalt der letztinstanzlich bestätigenden Gerichtsentscheidung des VGH sein.

Klausurhinweis:

Eine Überprüfung der Rechtsverordnung mittels der Verfassungsbeschwerde nach Art. 66, 120 BV scheidet aus, da Antragsgegenstand in Abgrenzung zur Popularklage nach Art. 98 Satz 4 BV keine Normativakte sein können.

IV. Inzidente Überprüfung der Rechtsverordnung

2117 Neben den Verfahren, in denen die Rechtsverordnung unmittelbar Antragsgegenstand sein kann, ist es möglich, dass die Verordnung inzident überprüft wird. Dies ist insbesondere dann möglich, wenn Antragsgegenstand der Vollzugsakt der Rechtsverordnung ist. So kann z.B. mit einer **Anfechtungsklage** nach **§ 42 Abs. 1 1. Alt. VwGO** der Vollzugsakt angegriffen werden, bei der dann im Rahmen der Begründetheit auch die Frage der Wirksamkeit der Rechtsgrundlage des Verwaltungsaktes, mithin die Rechtsverordnung überprüft wird.[30]

2118 Dabei hat das Gericht, sollte es Zweifel an der Vereinbarkeit der Rechtsverordnung mit der Bayerischen Verfassung haben, das Verfahren auszusetzen und die Frage dem VerfGH nach Art. 65, 92 BV, Art. 2 Nr. 5, Art. 50 VfGHG zur Entscheidung vorzulegen. Anders ist dies bei einer angenommenen Unvereinbarkeit mit dem Grundgesetz. In diesem Fall steht dem Richter eine Verwerfungskompetenz zu, so dass eine Vorlage an das BVerfG entbehrlich ist, da sich die konkrete Normenkontrolle des Art. 100 Abs. 1 GG lediglich auf formelle Gesetze bezieht, nicht dagegen auf untergesetzliche Rechtsvorschriften des Landesrechts.[31]

2119 Anders ist dies dagegen, wenn Zweifel an der Ermächtigungsgrundlage der Rechtsverordnung bestehen. In diesem Fall zweifelt das Gericht an der Vereinbarkeit eines formellen Gesetzes mit dem GG, so dass die Vorlageverpflichtung nach Art. 100 Abs. 1 GG ausgelöst wird.

---

[29] Dazu bereits Rn. 2079 ff.

[30] Die Prüfung der Rechtsverordnung erfolgt nach dem Prüfungsschema: die sicherheitsrechtliche Rechtsverordnung, vgl. Kapitel 42.

[31] Pieroth, in: Jarass/Pieroth, Art. 100 Rn. 8.

Klausurhinweis:

Der Unterschied zwischen der inzidenten Überprüfung der Rechtsverordnung und derjenigen in einem Verfahren, in dem die Rechtsverordnung selbst Antragsgegenstand ist, liegt darin, dass in Letzterem die Entscheidung *erga omnes* wirkt, mithin Allgemeingültigkeit aufweist, während bei einer inzidenten Überprüfung eine Bindungswirkung lediglich *inter partes*, also nur gegenüber den Prozessparteien eintritt.

Neben der Anfechtungsklage ist jedoch eine inzidente Kontrolle auch im Rahmen 2120
einer **Verfassungsbeschwerde** nach **Art. 66, 120 BV** sowie nach **Art. 93 Abs. 1 Nr. 4a GG** möglich, die gegen den Vollzugsakt gerichtet wird.

C. Besonderheiten im Versammlungsrecht

Besonderheiten bestehen dagegen im **Versammlungsrecht**. So sind hier das Verbot 2121
und die Auflösung der Versammlung als Verwaltungsakte zu qualifizieren. Da die Anmeldefrist lediglich 48 Stunden beträgt, Art. 13 Abs. 1 Satz 1 BayVersG, und eine Anfechtungsklage gem. Art. 25 BayVersG i. V. m. § 80 Abs. 2 Satz 1 Nr. 3 VwGO keine aufschiebende Wirkung zeitigt, verlagert sich der Rechtsschutz bei einer Ablehnung der Versammlung auf den einstweiligen Rechtsschutz in Form der Anordnung der aufschiebenden Wirkung nach § 80 Abs. 5 Satz 1 1. Alt. VwGO, damit die eingelegte Anfechtungsklage gegen das Verbot die Suspensivwirkung nach § 80 Abs. 1 VwGO entfaltet.

Gleiches gilt für Beschränkungen der Versammlung nach Art. 12 bzw. 15 BayVersG. 2122
Diese früher als Auflagen bezeichneten Begrenzungen der Versammlung stellen **selbständige Verwaltungsakte i. S. v. Art. 35 Satz 1 BayVwVfG** dar und sind gerade keine Auflagen im Rechtssinne nach Art. 36 Abs. 2 Nr. 4 BayVwVfG. **Beschränkungen sind daher keine Nebenbestimmungen zu einem Verwaltungsakt**, was sich bereits daraus ergibt, dass Versammlungen nicht genehmigt werden müssen und aus diesem Grunde kein Hauptverwaltungsakt vorliegt, dem beschränkende Verfügungen als Nebenbestimmungen beigefügt werden könnten.

Klausurhinweis:

In der Klausur wäre es daher verfehlt, im Rahmen der Statthaftigkeit Ihr Wissen um die Problematik der (isolierten) Anfechtbarkeit von Nebenbestimmungen anzubringen. Vielmehr reicht es für die Begründung der Statthaftigkeit einer Anfechtungsklage aus, wenn sie darauf verweisen, dass gerade kein Hauptverwaltungsakt in Gestalt einer Versammlungsgenehmigung vorliegt.

Gegen die **Auflösung** einer Versammlung kann dagegen nur nachträglicher Rechts- 2123
schutz in Form der Fortsetzungsfeststellungsklage analog § 113 Abs. 1 Satz 4 VwGO auf Feststellung der Rechtswidrigkeit der Auflösungsverfügung im Zeitpunkt des Erlasses ergriffen werden.

Teil VI. Abschließender Klausurfall „Münchner Sicherheitskonferenz“

Beispielfall 83 – abschließender Klausurfall[1] 2124

Die Münchner Sicherheitskonferenz findet erneut im Hotel Bayerischer Hof in Mitten der Innenstadt von München statt. Da es auch diesmal wieder zu angemeldeten Demonstrationen am Marienplatz gegen die Veranstaltung kommen wird und die Erfahrungen der letzten Jahre gezeigt haben, dass sich unter die friedlichen Versammlungsteilnehmer immer wieder gewalttätige Chaoten gemischt haben, richtet die Bayerische Polizei bereits auf den Zufahrtsstraßen nach München Ringkontrollen ein, um Gewalttäter ausfindig sowie Waffen oder ähnliche gefährliche Gegenstände aus dem Verkehr zu ziehen.

A und B nähern sich mit ihrem VW-Bus auf der Autobahn A 9 einer solchen Kontrollstelle. Prompt werden sie von den dortigen Polizeibeamten per Handzeichen aufgefordert, auf dem Parkplatz stehenzubleiben. Es folgt eine Identitätskontrolle mit anschließender Durchsuchung der Personen sowie des Fahrzeugs. Bei der Durchsuchung des Busses finden die Beamten einen Baseballschläger. Obgleich B beteuert, er habe diesen gestern nach dem Training im Bus vergessen, stellen die Polizisten das Stück sicher. Ansonsten können A und B ihre Anreise unbehelligt fortsetzen. Die polizeiliche Maßnahme führte nur zu geringen Verzögerungen.

D befindet sich mitten in der Menge der Demonstranten. Die politischen Anliegen der Demonstration interessieren ihn nicht im Geringsten, da er ein völlig unpolitischer Mensch ist. Vielmehr nützt er die aufgeheizte Stimmung, um seinem Geschäft nachzugehen: dem Taschendiebstahl. Gerade als er dabei ist, in die Tasche eines Versammlungsteilnehmers zu greifen, spürt er die Hand eines Polizisten auf seiner Schulter, der ihn zur Verhinderung weiterer Diebstähle bis zum Ende der Demonstration in Gewahrsam nimmt.

Etwas später – die Demonstration ist in vollem Gange – fangen einige der Teilnehmer der Versammlung an, Flaschen und Steine auf die Polizeibeamten und in die demonstrierende Menschenmenge zu werfen. Dabei bleiben zwar viele Demonstranten friedlich, jedoch bildet sich der Eindruck, dass die Versammlung insgesamt einen aufrührerischen Verlauf nehmen wird.

Da die Einsatzleitung der Polizei erkennt, dass die Masse nun nicht mehr zu kontrollieren ist, gibt sie über Megaphon bekannt: „Die Versammlung ist hiermit aufgelöst. Alle teilnehmenden Personen haben sich unverzüglich zu entfernen“. Da sich die Versammlungsteilnehmer jedoch nicht von der Stelle rühren, wird der Einsatz eines Wasserwerfers angedroht. Nachdem einige Zeit, in der sich die Teilnehmer problemlos hätten entfernen können, gewartet wurde, sich aber immer noch keine rechte Aufbruchstimmung unter den Teilnehmern verbreiten mag, beginnt der Wasserwerfer nachzuhelfen, indem er die Demonstranten nass spritzt.

Sind die Maßnahmen rechtmäßig?

---

[1] Der Sachverhalt ist rein fiktiv und den Problemkreisen, die abgefragt werden sollen, geschuldet. Bei der jährlich stattfindenden Sicherheitskonferenz im Hotel Bayerischer Hof in München treffen sich regelmäßig über 100 Staats- und Regierungschefs sowie Minister. Bei dieser Veranstaltung sind – abgesehen von einzelnen Ausnahmen – die Versammlungsteilnehmer friedlich, weshalb es noch nie zu derartigen Auseinandersetzungen gekommen ist und die Polizei auch noch niemals einen Wasserwerfer eingesetzt hat.

Lösung[2]

A. Rechtmäßigkeit der Maßnahmen gegenüber A und B

I. Polizei im eingeschränkt institutionellem Sinne, Art. 1 PAG

In der Person der Polizeibeamten haben solche im Vollzugsdienst und damit im eingeschränkt institutionellem Sinen gehandelt, vgl. Art. 129 Abs. 2 BayBG, daher liegt eine polizeiliche Maßnahme vor und der Anwendungsbereich des Art. 1 PAG ist eröffnet.

II. örtliche Zuständigkeit, Art. 3 Abs. 1 POG

Weiter ist die Polizei im gesamten Staatsgebiet des Freistaats Bayern zuständig, sog. Prinzip der Allzuständigkeit, Art. 3 Abs. 1 POG.

III. Aufgabeneröffnung

1. Art. 2 Abs. 4 PAG i. V. m. BayVersG

Eine Übertragung von Aufgaben aus anderen Rechtsvorschriften auf die Polizei gemäß Art. 2 Abs. 4 PAG könnte durch das BayVersG vorliegen.

a. Mit der Demonstration gegen die Sicherheitskonferenz liegt eine Versammlung vor, da es sich um eine gemeinschaftliche, überwiegend auf die Teilhabe an der öffentlichen Meinungsbildung gerichtete Erörterung oder Kundgebung von mindestens zwei Personen handelt, Art. 2 Abs. 1 BayVersG.
Versammlungen sind grundsätzlich im BayVersG geregelt, das den Gesetzesvorbehalt des Art. 8 Abs. 2 GG vollständig ausfüllt.

b. Zwar enthält das BayVersG keine Aufgabeneröffnungsnorm, jedoch ist der Schluss von der Befugnis auf die Aufgabe möglich. Befugnisnormen für Maßnahmen gegen Versammlungen finden sich in den Art. 9 BayVersG ebenso wie in den Art. 15f. BayVersG.

c. Problematisch ist jedoch, dass sich die Maßnahme auf die Anreise und damit auf das Vorfeld der Versammlung bezieht.

   aa. Zwar erstreckt sich der Schutzbereich des Art. 8 Abs. 1 GG seit der Brockdorf-Entscheidung des BVerfG[3] auch auf das Vorfeld wie der Vorbereitung und Anreise zur Versammlung. Jedoch gilt in diesem zeitlichen Bereich das BayVersG noch nicht, da es eine bereits bestehende Versammlung voraussetzt.

   bb. Ebenso berechtigen die Befugnisnormen des BayVersG zwar zu einem Einschreiten gegen eine Versammlung auch bzgl. niederschwelligerer Maßnahmen, sog. Minusmaßnahmen. Diese berechtigen jedoch nicht zu einem Einschreiten im Vorfeld der Versammlung.

   cc. Auch die Verbotstatbestände der Art. 6ff. BayVersG können nicht herangezogen werden. Diese beziehen sich zwar auch auf das Vorfeld, beinhalten jedoch keine Befugnisnormen.

   dd. Trotzdem will **e. A.** auch Vorfeldmaßnahmen auf das BayVersG stützen, wobei z.B. Personenkontrollen und Durchsuchungen als mildere Maß-

---

[2] Im Folgenden wird der bayerische Prüfungsaufbau gewählt. Natürlich kann auch der klassische Prüfungsaufbau verwendet werden.

[3] BVerfGE 69, 315ff.

nahmen zu einem z.B. Verbot möglich seien. So gelte das PAG in diesen Fällen nur für die Rechtsfolgen. Demnach wäre das Anhalten eine Minusmaßnahme und daher vom BayVersG gedeckt, weshalb auch die Aufgabeneröffnung nach Art. 2 Abs. 4 PAG gegeben wäre.[4]
Hiergegen spricht jedoch, dass sich die Maßnahmen nach Art. 15 BayVersG nur gegen die Versammlung oder einzelne Teilnehmer richten können, Art. 15 Abs. 5 BayVersG. Eine extensive Auslegung dieser Rechtsgrundlagen ist jedoch mit dem Vorbehalt des Gesetzes, Art. 20 Abs. 3 GG, nicht vereinbar, nach dem die Rechtsgrundlage für Eingriffe in Grundrechte hinreichend bestimmt sein muss.

ee. Aus diesem Grunde nimmt die **Rechtsprechung** eine räumlich-zeitliche Abgrenzung vor.[5] Außerhalb der Versammlung selbst ist die Anwendung des BayVersG ausgeschlossen, weshalb die Maßnahmen auf die Befugnisnormen des allgemeinen Polizei- und Sicherheitsrechts zu stützen sind. Allerdings sind diese Maßnahmen im Lichte des Art. 8 Abs. 1 GG, der eine Vorwirkung entfaltet, so auszulegen, dass hierdurch die Teilnahme an der Versammlung nicht erheblich erschwert oder gar unmöglich wird und so die Versammlung behindert wird. Insoweit sind Eingriffe dann verfassungsgemäß, wenn sie einem die Versammlungsfreiheit überwiegenden Rechtsgut dienen, wie etwa den Individualrechtsgütern Leib, Leben und Gesundheit ebenso wie der freiheitlich demokratischen Ordnung des GG. Hiernach wäre das Aufhalten und die Identitätsfeststellung nach PAG möglich, mithin keine Aufgabeneröffnung nach Art. 2 Abs. 4 PAG i. V. m. BayVersG gegeben. Hierfür spricht auch, dass zum einen in Bayern das Versammlungsrecht durch ein landesrechtliches Gesetz, dem BayVersG, geregelt ist, mithin die kompetenzielle Problematik zwischen Bund und Land, wie es sich noch vor Inkrafttreten des BayVersG in dem Verhältnis zwischen VersG und PAG gestellt hat, nicht mehr besteht. Insoweit steht es im Ermessen des Landesgesetzgebers, welche Befugnisse er im landesrechtlichen Versammlungsrecht und dem PAG geregelt haben möchte. Überdies hat der bayerische Gesetzgeber mit Art. 13 Abs. 1 Nr. 4 PAG ausdrücklich eine Rechtsgrundlage für derartige Vorfeldmaßnahmen geschaffen, so dass ebenso davon auszugehen ist, dass das PAG Anwendung findet.
Hiergegen wurde jedoch eingewandt, dass dieser Lösung das Zitiergebot des Art. 19 Abs. 1 Satz 2 GG entgegenstehe. Denn dieser verlange, dass der eingeschränkte Grundrechtsartikel von dem Gesetz, aufgrund dessen die Einschränkung ergeht, zitiert werde, was in Art. 74 PAG a. F. nicht der Fall war.

ff. Aus diesem Grunde wurde von **e. A.** teilweise vertreten, dass polizeirechtlich nur solche Maßnahmen möglich sind, die entweder keinen Eingriff in Art. 8 Abs. 1 GG darstellen oder bei denen ein solcher nur Nebenfolge der polizeilichen Maßnahme ist.[6] Hiernach diene eine Personenkontrolle nur

---

[4] So noch Kniesel, in: Dietel/Ginzel/Kniesel, § 15 Rn. 5, zum VersG; anders nunmehr ders., in: Dietel/Ginzel/Kniesel, Teil I Rn. 413 ff.

[5] BVerfG, NVwZ 2005, 80 f., unter Verweis auf Schmidbauer, in: ders./Steiner, Art. 16 PAG Rn. 38.

[6] Deger, NVwZ 1999, 265 (267).

dem Schutz der Versammlung, weshalb diese nicht in Art. 8 Abs. 1 GG eingreife, vorausgesetzt, dass es zu keiner weiteren Behinderung der Versammlungsteilnahme kommt (etwa durch Verschleppung der Maßnahme).

Dies kann jedoch nicht überzeugen, da der Sinn des Zitiergebots, den Gesetzgeber seine weitreichenden Einschränkungen von Grundrechten bewusst zu machen, nicht mehr erreicht werden würde. Auch die Klarstellungsfunktion, nach der der Gesetzesanwender wissen soll, in welche Grundrechte er einzugreifen berechtigt ist, würde unterlaufen.

Allerdings ist mit der Neufassung des Art. 74 PAG a.F. und heutigem Art. 91 PAG die Einschränkung des Art. 8 Abs. 1 GG ausdrücklich aufgenommen worden, weshalb dem Zitiergebot genügt wird und sich diese Meinung – zumindest in Bayern – erledigt hat. Auch dies ist ein Grund für die Anwendung des PAG auf Vorfeldmaßnahmen.

Aus diesem Grunde ist eine Aufgabeneröffnung nach Art. 2 Abs. 4 PAG abzulehnen.

2. Art. 2 Abs. 1 PAG

Die Eröffnung des polizeilichen Aufgabenbereichs könnte sich jedoch aus Art. 2 Abs. 1 PAG ergeben. Voraussetzung wäre, dass eine allgemeine oder auch konkrete Gefahr für die öffentliche Sicherheit und Ordnung bestehen würde und dieser Gefahr durch eine andere Behörde nicht oder nicht rechtzeitig begegnet werden könnte.

a. öffentliche Sicherheit

Als öffentliche Sicherheit ist die Rechtsordnung des Staates, die subjektiven Rechtspositionen des Einzelnen, wie die Unversehrtheit des Lebens, der Gesundheit, Ehre, Freiheit und des Vermögens, und der grundlegenden Einrichtungen des Staates einschließlich der ungehinderten Ausübung von Hoheitsgewalt zu verstehen.[7]

b. öffentliche Ordnung

Unter öffentlicher Ordnung wird die Gesamtheit der ungeschriebenen Regeln für das Verhalten des Einzelnen in der Öffentlichkeit angesehen, soweit deren Beachtung nach den herrschenden Auffassungen als unerlässliche Voraussetzung eines geordneten Gemeinschaftslebens betrachtet wird.[8]

c. allgemeine Gefahr

Eine Gefahr ist eine Sachlage, die bei ungehindertem Ablauf des objektiv zu erwartenden Geschehens im Einzelfall mit hinreichender Wahrscheinlichkeit zu einer Verletzung der genannten Schutzgüter führt (konkrete Gefahr). Ausreichend ist für die Aufgabeneröffnung aber auch, dass nach der allgemeinen Lebenserfahrung erst konkrete Gefahren entstehen können (allgemeine Gefahr).[9]

[7] Berner/Köhler/Käß, Art. 2 VollzB 2.2 Abs. 1 und Rn. 12.
[8] Berner/Köhler/Käß, Art. 2 VollzB 2.2 Abs. 2 und Rn. 13.
[9] Berner/Köhler/Käß, Art. 2 VollzB 2.2 Abs. 3 und Rn. 13.

d. Subsumtion

Vorliegend handelt die Polizei, um Verstöße gegen die Unversehrtheit der Rechtsordnung abzuwehren. So ist grundsätzlich zu befürchten, dass Teilnehmer der Versammlung gegen Art. 6 und 7 BayVersG verstoßen und damit auch den Straftatbestand des Art. 20 Abs. 1 Nr. 1 BayVersG oder den Ordnungswidrigkeitentatbestand des Art. 21 Abs. 1 Nr. 2 BayVersG verwirken.

Auch ist zu befürchten, dass gegen Art. 16 Abs. 1 und 2 BayVersG verstoßen und dadurch der Tatbestand des Art. 20 Abs. 1 Nr. 3 bzw. Abs. 2 Nr. 5 BayVersG oder der Ordnungswidrigkeitentatbestand des Art. 21 Abs. 1 Nr. 8, 9, Abs. 2 Nr. 7 BayVersG verwirkt wird.

Ob eine Gefahr für die öffentliche Sicherheit nun tatsächlich bestand, ist aber allein ein Problem der hinreichenden materiellen Befugnis zum Grundrechtseingriff; ausreichend ist im Rahmen der Aufgabeneröffnung, dass das Handeln der Polizei mit dem Ziel der Gefahrenabwehr erfolgte und insofern auf die der Polizei nach Art. 2 Abs. 1 PAG zugewiesene Aufgabe ausgerichtet war. Letztlich handelt es sich nur um eine Zuständigkeitsregelung.

Da die Polizei ausweislich des Sachverhaltes zum Schutze der genannten Rechtsgüter gehandelt hat, ist die polizeiliche Aufgabeneröffnung damit gegeben.

3. Subsidiarität, Art. 3 PAG

Da keine andere besondere Sicherheitsbehörde rechtzeitig handeln kann, ist das Handeln der Polizei auch nicht subsidiär.

IV. Befugnisnorm

1. Für das Anhalten des VW-Busses

Da ein Eingriff in Rechtspositionen der A und B vorlag, namentlich in das Recht der allgemeinen Handlungsfreiheit, Art. 2 Abs. 1 GG, und das der Versammlungsfreiheit, Art. 8 Abs. 1 GG, bedurfte es einer Rechtsgrundlage, d.h. einer Befugnisnorm.

a. Art. 11 Abs. 4 PAG i. V. m. Spezialgesetzen

Eine Befugnisnorm aus Spezialgesetzen wie dem BayVersG besteht nicht, vgl. die Ausführungen oben.

b. Art. 11 Abs. 1 2. Hs. i. V. m. Art. 13 Abs. 2 Satz 2, Abs. 1 Nr. 4 PAG

Die Polizei kann die Betroffenen anhalten, um die Identität von Personen festzustellen und um Ordnungswidrigkeiten im Sinne von Art. 21 Abs. 1 Nr. 8 und 9 BayVersG zu verhindern, Art. 13 Abs. 2 Satz 2 PAG.

Vorliegend wird die Polizeikontrolle errichtet, um zu verhindern, dass Schutzwaffen mitgeführt werden, die geeignet und bestimmt sind, Vollstreckungsmaßnahmen abzuwehren, Art. 16 Abs. 1 BayVersG, und sich während oder auf dem Weg zu der Versammlung zu vermummen, Art. 16 Abs. 2 Nr. 1 BayVersG. Mithin soll der Straftatbestand des Art. 21 Abs. 1 Nr. 8 und 9 BayVersG unterbunden werden, Art. 13 Abs. 1 Nr. 4 PAG.

Zu diesem Zweck können die Polizeibeamten die Betroffenen anhalten, was als erforderliche Maßnahme i. S. v. Art. 13 Abs. 2 Satz 1 PAG gilt, Art. 13 Abs. 2 Satz 1 PAG.

Eine Befugnisnorm für das Anhalten des VW-Busses liegt damit vor.

2. Für die Identitätskontrolle von A und B

a. Art. 11 Abs. 4 PAG i. V. m. Spezialgesetzen
Eine Befugnisnorm aus Spezialgesetzen wie dem BayVersG besteht nicht, vgl. die Ausführungen oben.

b. Art. 11 Abs. 1 2. Hs. i. V. m. Art. 13 Abs. 1 Nr. 4 PAG
Die Identitätskontrolle von A und B, die erkennbar auf dem Weg zur Versammlung waren, dient der Vermeidung von Straftaten nach Art. 21 Abs. 1 Nr. 8 und 9 BayVersG und kann daher auf Art. 11 Abs. 1 2. Hs. i. V. m. 13 Abs. 1 Nr. 4 PAG gestützt werden.

3. Für die Durchsuchung von A und B

a. Art. 11 Abs. 4 PAG i. V. m. Spezialgesetzen
Eine Befugnisnorm aus Spezialgesetzen wie dem BayVersG besteht nicht, vgl. die Ausführungen oben.

b. Art. 11 Abs. 1 2. Hs. i. V. m. Art. 13 Abs. 2 Satz 4, 3 PAG
Art. 13 Abs. 2 Satz 4 PAG ist nicht einschlägig, da die Durchsuchung nicht zur Feststellung der Identität erfolgte und die Voraussetzungen von Satz 3 nicht vorlagen.

c. Art. 11 Abs. 1 2. Hs. i. V. m. Art. 21 Abs. 2 PAG

aa. Die Durchsuchung ist ein Mittel zum Auffinden und Ergreifen von Personen, zum Auffinden oder Sicherstellen von Sachen oder zur Verfolgung von Spuren. Gesucht werden darf nach Art. 21 PAG an menschlichen Körpern sowie in natürlichen, ohne weiteres zugänglichen Körperöffnungen und in der Bekleidung.

bb. Die Identität von A und B soll nach Art. 13 PAG festgestellt werden, s. o.

cc. Ein Festhalten ist nicht gegeben, da die Rechtsgrundlagen der Art. 13 Abs. 2 Satz 3, 15 Abs. 3 oder Art. 17 PAG nicht einschlägig sind.

dd. Problematisch ist, ob die Durchsuchung zum Schutz der Polizeibeamten oder Dritter erfolgt. Dabei ist zu beachten, dass die Durchsuchung zur Eigensicherung der Polizisten sowie für Dritte, mit denen der Durchsuchte in Berührung kommen kann (Mitinsasse der Zelle), erforderlich sein muss.
Dies ist nur dann der Fall, wenn ausgeschlossen werden kann, dass der Durchsuchte derartige Gegenstände bei sich hat. Da sich die Betroffenen ersichtlich auf dem Weg zu einer Demonstration befinden, auf der es schon öfters zu gewaltsamen Auseinandersetzungen mit der Polizei gekommen ist, kann davon ausgegangen werden, dass ein polizeilicher Erfahrungswert dahingehend besteht, dass die Personen Waffen oder andere gefährliche Gegenstände bei sich haben, welche zur Verletzung der Polizisten auch im Rahmen der Kontrolle benutzt werden können. Angesichts von bereits vorgekommenen panikartigen Reaktionen und dem hohen Stellenwert der Schutzgüter Leib und Leben ist daher regelmäßig von einer Notwendigkeit der Durchsuchung auszugehen.

Die Durchsuchung kann daher auf Art. 11 Abs. 1 2. Hs. i. V. m. Art. 21 Abs. 2 PAG gestützt werden.

d. Art. 11 Abs. 1 2. Hs. i.V.m. Art. 21 Abs. 1 Nr. 1 PAG
Es müssten konkrete Tatsachen vorliegen, dass gerade dieser Durchsuchte sicherzustellende Sachen mit sich führt. Dabei liegen derartige Tatsachen nicht schon bei einem bloßen Verdacht vor, sondern erfordern eine hinreichende Wahrscheinlichkeit, die durch eigene Sinneswahrnehmungen, früher gewonnene Erkenntnisse der Polizei, Zeugenaussagen oder Indizien, wie bei auf frischer Tat Betroffenen, gegeben sind.
Dies ist vorliegend nicht der Fall. Zwar bestehen Erfahrungswerte, dass Teilnehmer an Demonstrationen gegen die Sicherheitskonferenz teilweise bewaffnet sind, diese allgemeinen Erfahrungswerte reichen jedoch nicht aus. Vielmehr müssten konkrete Tatsachen vorliegen, weshalb gerade A und B sicherzustellende Sachen mit sich führen. Dies ist jedoch nicht gegeben. Auf die Möglichkeit der Sicherstellung der Sachen kommt es vorliegend daher nicht mehr an.

4. Für das Durchsuchen des VW-Busses

a. Art. 11 Abs. 4 PAG i.V.m. Spezialgesetzen
Eine Befugnisnorm aus Spezialgesetzen wie dem BayVersG besteht nicht, vgl. die Ausführungen oben.

b. Art. 11 Abs. 1 2. Hs. i.V.m. Art. 13 Abs. 2 Satz 4, 3 PAG
Die Durchsuchung lässt sich nicht auf Art. 11 Abs. 1 2. Hs. i.V.m. 13 Abs. 2 Satz 4, 3 PAG stützen, da es nicht um die Feststellung der Identität geht und die Voraussetzungen von Satz 3 nicht vorlagen.

c. Art. 11 Abs. 1 2. Hs. i.V.m. Art. 22 Abs. 1 Nr. 1 PAG
A und B dürfen nach Art. 21 Abs. 2 PAG durchsucht werden, s.o. Daher kann auch der VW-Bus durchsucht werden.
Die Durchsuchung kann auf Art. 11 Abs. 1 2. Hs. i.V.m. Art. 22 Abs. 1 Nr. 1 PAG gestützt werden.

d. Art. 11 Abs. 1 2. Hs. i.V.m. Art. 22 Abs. 1 Nr. 3 PAG
Da hier derselbe Tatsachenbegriff gilt wie bei Art. 21 Abs. 1 Nr. 1 PAG, ist diese Befugnisnorm nicht einschlägig, vgl. die Ausführungen oben. Auf die Möglichkeit der Sicherstellung der Sachen kommt es vorliegend daher nicht mehr an.

e. Art. 11 Abs. 1 2. Hs. i.V.m. Art. 22 Abs. 1 Nr. 6 PAG
Die Polizei hat eine Kontrollstelle nach Art. 13 Abs. 1 Nr. 4 PAG eingerichtet, s.o. Der VW-Bus ist eine bewegliche sache, die sich an der Kontrollstelle befindet. Daher kann die Durchsuchung auf Art. 11 Abs. 1 2. Hs. i.V.m. Art. 22 Abs. 1 Nr. 6 PAG gestützt werden.

5. Für die Beschlagnahme des Baseballschlägers

a. Art. 11 Abs. 4 PAG i.V.m. Spezialgesetzen
Eine Befugnisnorm aus Spezialgesetzen wie dem BayVersG besteht nicht, vgl. die Ausführungen oben.

b. Art. 11 Abs. 1 2. Hs. i.V.m. Art. 25 Abs. 1 Nr. 1a PAG

Voraussetzung ist, dass die Sicherstellung zur Abwehr einer Gefahr erfolgt.

aa. Gefahr i.S.d. Art. 25 Abs. 1 Nr. 1a PAG erfordert das Vorliegen einer konkreten Gefahr für die öffentliche Sicherheit und Ordnung. Eine konkrete Gefahr ist gegeben, wenn bei ungehindertem Ablauf des objektiv zu erwartenden Geschehens dieses im Einzelfall mit hinreichender Wahrscheinlichkeit zu einer Verletzung der genannten Schutzgüter führt. Dabei ist zu beachten, dass nicht sicher ist, ob der Baseballschläger auch bei der Demonstration Verwendung findet. Insoweit ist durch das eventuelle Gebrauchen desselben auf der Versammlung keine konkrete Gefahr gegeben, sondern nur eine abstrakte, weshalb ein Verstoß gegen Art. 6 Nr. 1, Art. 8 Abs. 2 Nr. 1, Art. 16 Abs. 2 Nr. 3 BayVersG nicht konkret genug ist. Ein Verstoß gegen Art. 16 Abs. 2 Nr. 2 BayVersG kommt nicht in Betracht, da der Baseballschläger nicht dazu dient, die Feststellung der Identität zu verhindern.

bb. Allerdings verstoßen A und B allein durch das Mitführen des Baseballschlägers gegen Art. 6 Nr. 2 BayVersG und Art. 16 Abs. 1 BayVersG. Da Art. 6 und 16 BayVersG Bestandteil der Rechtsordnung und daher auch der öffentlichen Sicherheit sind, ist durch das Mitführen eine Störung für die öffentliche Sicherheit gegeben, deren Beendigung durch die Beschlagnahme erreicht werden kann.

cc. Überdies stellt ein Verstoß gegen Art. 6 Nr. 2 BayVersG eine Straftat nach Art. 21 Abs. 1 Nr. 1 BayVersG, und einer gegen Art. 16 Abs. 1 BayVersG eine Ordnungswidrigkeit nach Art. 21 Abs. 1 Nr. 8 BayVersG dar, weshalb auch aus diesem Grunde die öffentliche Sicherheit gefährdet, ja sogar gegenwärtig verletzt wird.

Daher liegen die Voraussetzungen von Art. 25 Abs. 1 Nr. 1a PAG zur Sicherstellung des Baseballschlägers vor.

c. Art. 11 Abs. 1 2. Hs. i.V.m. Art. 25 Abs. 1 Nr. 3b PAG

Es fehlt bereits das Festhalten der Person nach diesem Gesetz oder anderen Rechtsvorschriften, vgl. dazu die Ausführungen oben, so dass die Beschlagnahme nicht auf diese Befugnisnorm gestützt werden kann.

6. Zitiergebot, Art. 19 Abs. 1 Satz 2 GG

Da Art. 8 Abs. 1 GG nunmehr ausdrücklich als einschränkbares Grundrecht durch Art. 91 PAG zitiert wird, ist auch dem Zitiergebt des Art. 19 Abs. 1 Satz 2 GG genüge getan.

V. Maßnahmerichtung

Die Maßnahmen sind gegen die Handlungsstörer A und B zu richten.

VI. Polizeiliche Handlungsgrundsätze

Die Maßnahmen sind auch geeignet und erforderlich, die Abwehr von Gefahren für die öffentliche Sicherheit zu erreichen. Im Rahmen der Angemessenheit ist dabei Art. 8 Abs. 1 GG in besonderer Weise zu berücksichtigen, da dieser auch im Vorfeld von Versammlungen seine Wirkung entfaltet. Da jedoch die Versammlungsteilnahme nicht gehindert wurde und auch keine wesentlichen Behinderungen entstanden, die die Teilnahme verhindert haben, ist eine Verletzung von Art. 8 Abs. 1 GG nicht gegeben.

Zwischenergebnis: Die Vorfeldmaßnahmen gegenüber A und B waren rechtmäßig.

B. Rechtmäßigkeit der Ingewahrsamnahme des D

I. Polizei im eingeschränkt institutionellem Sinne, Art. 1 PAG
Die Polizeibeamten sind im Vollzugsdienst tätig und damit Polizei im eingeschränkt institutionellen Sinne, vgl. Art. 129 Abs. 2 BayBG, daher liegt eine polizeiliche Maßnahme vor und der Anwendungsbereich des Art. 1 PAG ist eröffnet.

II. örtliche Zuständigkeit, Art. 3 Abs. 1 POG
Weiter ist die Polizei im gesamten Staatsgebiet des Freistaats Bayern zuständig, sog. Prinzip der Allzuständigkeit, Art. 3 Abs. 1 POG.

III. Aufgabeneröffnung

1. Art. 2 Abs 4 PAG i. V. m. BayVersG
Eine Übertragung von Aufgaben aus anderen Rechtsvorschriften auf die Polizei gemäß Art. 2 Abs. 4 PAG könnte durch das BayVersG vorliegen.

a. Mit der Demonstration gegen die Sicherheitskonferenz liegt eine Versammlung vor, die grundsätzlich im BayVersG geregelt ist und den Gesetzesvorbehalt des Art. 8 Abs. 2 GG vollständig ausfüllt. Zwar enthält das BayVersG keine Aufgabeneröffnungsnorm, jedoch ist der Schluss von der Befugnis auf die Aufgabe möglich. Befugnisnormen für Maßnahmen gegen Versammlungen finden sich in Art. 9 BayVersG ebenso wie in den Art. 15 f. BayVersG.
b. Fraglich ist, inwieweit der **Grundsatz der Polizeifestigkeit** die Heranziehung von Normen aus dem PAG hindert. Dieser besagt, dass eine Versammlung nur aufgrund des Versammlungsgesetzes als besonderes und spezielleres Sicherheitsrecht beschränkt oder gar aufgelöst werden kann. Ein Rückgriff auf das allgemeine Polizei- und Sicherheitsrecht ist nicht gestattet. Eingriffe in Art. 8 Abs. 1 GG sind demnach nur durch das BayVersG gestattet. Ein Rückgriff auf das PAG und damit auch auf Art. 16 PAG ist daher nicht rechtens.
c. Dabei ist nicht relevant, dass die vorliegende Versammlung bereits unfriedlich geworden ist. Das BVerfG führt diesbezüglich aus, dass das VersG – und damit gleichfalls das BayVersG – auch für unfriedliche Versammlungen gelte. Daher endet die Sperrwirkung des BayVersG erst, wenn die Versammlung aufgelöst ist. Insoweit sind der Gewährleistungsbereich des Art. 8 Abs. 1 GG und der Anwendungsbereich des BayVersG nicht deckungsgleich. Unfriedliche Versammlungen müssen vielmehr aufgelöst werden, ehe sie den Schutz des BayVersG verlieren.
d. Allerdings ist zu beachten, dass im Falle des D kein Bezug zur Versammlung besteht.

aa. Dieser genießt zum einen schon gar nicht den Schutz des Art. 8 Abs. 1 GG, da er nicht als Teilnehmer der Versammlung vor Ort ist, sondern die Menschenmasse für seine Diebstähle zu nutzen versucht.

bb. Darüber hinaus ist anerkannt, dass der Sinn der Polizeifestigkeit – der besondere Schutz von Versammlungen vor staatlichen Eingriffen – nicht dadurch tangiert wird, wenn staatliche Maßnahmen zur Abwehr anderer Gefahren, die nicht versammlungsspezifisch sind, ergriffen werden, wie z.B. die Abwehr von Gefahren durch baufällige Gebäude etc.
Vor diesem Hintergrund ist auch die Maßnahme gegen D zu sehen, bei dessen Ingewahrsamnahme gerade keine versammlungsspezifische Gefahr verhindert werden soll. Aus diesem Grunde ist der Grundsatz der Polizeifestigkeit nicht anzuwenden und damit ein Rückgriff auf das PAG nicht gesperrt.

Da somit keine Befugnisnorm aus dem BayVersG anwendbar ist und daher auch nicht auf eine Aufgabeneröffnung aus dem BayVersG geschlossen werden kann, ist eine Aufgabeneröffnung nach Art. 2 Abs. 4 PAG nicht gegeben.

2. Art. 2 Abs. 4 i. V. m. der StPO
Ebenso wenig ist der Aufgabenbereich nach Art. 2 Abs. 4 i. V. m. der StPO eröffnet, da der Schwerpunkt der Maßnahme auf der Prävention weiterer Diebstähle, nicht jedoch auf der Ahndung bereits begangener Diebstähle liegt.

3. Art. 2 Abs. 1 PAG
Allerdings ist die Aufgabe nach Art. 2 Abs. 1 PAG eröffnet, da D eine Gefahr für die öffentliche Sicherheit darstellt.

4. Art. 2 Abs. 1 i. V. m. Abs. 2 PAG
Ebenso müssen nach Art. 2 Abs. 1 i. V. m. Abs. 2 PAG private Rechte in Form des Eigentums geschützt werden, da gerichtlicher Rechtsschutz nicht rechtzeitig erreicht werden kann.

5. Art. 3 PAG
Die Abwehr der Gefahr ist auch nicht durch eine andere Sicherheitsbehörde möglich, Art. 3 PAG.

IV. Befugnisnorm, Art. 11 Abs. 1 2. Hs. i. V. m. Art. 17 Abs. 1 Nr. 2 PAG

1. Problematisch ist, ob die Begehung einer Ordnungswidrigkeit die Anordnung des Unterbindungsgewahrsams rechtfertigt und daher die Norm rechtmäßig ist.
   a. Dagegen spricht, dass es sich bei diesem um einen schweren Grundrechtseingriff handelt. Hiergegen spricht auch, dass in Art. 5 EMRK die Ordnungswidrigkeit als Möglichkeit für eine Freiheitsbeschränkung nicht angeführt wird.
   b. Dafür spricht jedoch, dass die Einordnung als Ordnungswidrigkeit von Staat zu Staat wechseln kann und kriminalpolitischen Erwägungen folgt. Insofern hängt die Bedeutung der Ordungswidrigkeit von dem jeweils geschützten Rechtsgut ab, das dann auch die Ingewahrsamnahme rechtfertigen kann.
   Darüber hinaus hat die Polizei ohnehin nach Art. 4 Abs. 1 PAG nach Möglichkeit weniger einschneidende Maßnahmen zu ergreifen.

Aus diesem Grunde ist die Möglichkeit der Anordnung von Unterbindungsgewahrsam auch für Ordnungswidrigkeiten möglich.
Die Norm ist daher rechtmäßig.

2. Da D auf frischer Tat ertappt wurde, liegt ein Handeln zur Verhinderung der Fortsetzung einer Straftat nach § 242 StGB vor.
3. Weiter ist problematisch, ob es sich bei dieser Straftat um eine **von erheblicher Bedeutung** für die Allgemeinheit handeln muss.
Von erheblicher Bedeutung ist eine Straftat dann, wenn ein Schaden für ein besonders bedeutsames Rechtsgut wie Leben, Leib, Freiheit, unersetzliche Vermögenswerte oder für andere Rechtsgüter in erheblichem Umfang oder für den Bestand des Staates und dessen Einrichtungen zu befürchten sind, was bei einem Taschendiebstahl zweifelhaft ist.
   a. Hierfür spricht die amtliche Begründung des PAG, nach der sich die Eingrenzung auch auf die erste Alternative bezieht.
   b. Dagegen spricht der Wortlaut der Norm. Durch die doppelte Nennung des unbestimmten Artikels „einer" kann darauf geschlossen werden, dass Straftat und Ordnungswidrigkeit voneinander getrennt stehen und sich die Einschränkung der erheblichen Bedeutung nur auf die Ordnungswidrigkeit bezieht. Auch die Begründung des Musterentwurfs für ein einheitliches Polizeigesetz spricht für diese Lösung.
   c. Dem ist zuzustimmen, da zur Verhinderung einer Straftat im Rahmen der Verhältnismäßigkeit auch stärker eingreifende Maßnahmen ergriffen werden können, als zur Ahndung von bereits begangenen Straftaten.
4. Eine Befugnisnorm für die Ingewahrsamnahme des D liegt daher vor (a.A. schwer vertretbar).

V. Maßnahmerichtung
Die Maßnahme ist gegen den Handlungsstörer D zu richten.

VI. Polizeiliche Handlungsgrundsätze
Die Maßnahme ist auch geeignet und erforderlich, die Abwehr von Gefahren für die öffentliche Sicherheit und Ordnung zu erreichen. Insbesondere wäre ein Platzverweis nach Art. 16 Abs. 1 PAG nicht ausreichend. Auch ist die Maßnahme angemessen, da sich D zum einen nicht auf Art. 8 Abs. 1 GG berufen kann, zum anderen eine Ingewahrsamnahme auch für Straftaten, welche nicht von erheblicher Bedeutung sind, angeordnet werden kann, s. o.

Zwischenergebnis: Die Ingewahrsamnahme des D ist rechtmäßig.

C. Rechtmäßigkeit des Wasserwerfereinsatzes

I. Rechtsgrundlage
Bei dem Einsatz des Wasserwerfers handelt es sich um ein Mittel des unmittelbaren Zwangs. Dabei ist zu fragen, auf welche Rechtsgrundlage er gestützt werden kann, insbesondere ob die Art. 70ff. PAG anwendbar sind oder das BayVwZVG.

1. Grundsätzlich ist eine Versammlung polizeifest. D.h. Maßnahmen sind auf das BayVersG zu stützen. Vollstreckungsmaßnahmen der Polizei richten sich dabei jedoch grundsätzlich nach Art. 70ff. PAG, da diese Normen für alle Verwaltungsakte der Polizei mit Eingriffswirkung Geltung beanspruchen, die zwangsweise durchgesetzt werden.

2. Überdies wurde vorliegend die Versammlung auch aufgelöst, Art. 15 Abs. 4 BayVersG. Ungeachtet dessen, ob die Auflösung selbst rechtens ist, treten damit die Folgen ein, d.h. die Versammlung verliert den Schutz des BayVersG und damit auch seine Polizeifestigkeit, so dass Maßnahmen wieder auf das allgemeine Polizeirecht und somit ebenfalls auf die Art. 70ff. PAG gestützt werden können.
   Die Art. 70ff. PAG sind daher einschlägig.

II. Allgemeine Vollstreckungsvoraussetzungen, Art. 70ff. PAG

1. vollstreckungsfähiger Inhalt der Primärmaßnahme

Die Primärmaßnahme muss auf die Vornahme einer Handlung, Duldung oder Unterlassung gerichtet sein. Dabei ist schon fraglich, welches die Primärmaßnahme ist. So kommt zum einen die Auflösungsverfügung in Betracht, zum anderen ein Platzverweis.

a. Fraglich ist, ob die Durchsage einen Platzverweis nach Art. 16 PAG darstellt. Hierzu müsste sie einen eigenen Regelungsgehalt aufweisen. Problematisch ist dabei, dass die Durchsage lediglich den Gesetzestext des Art. 5 Abs. 3 BayVersG wiederholt. Dabei könnte es sich nur dann um einen eigenen Regelungsgehalt handeln, wenn die Durchsage nach der allgemeinen Verkehrsauffassung dazu notwendig ist, eine verbindliche Klärung einer Rechtslage zu bezwecken.
   aa. Hierfür spricht, dass durch die Änderung des Versammlungsrechtes nunmehr im Gegensatz zur bundesrechtlichen Regelung kein eigener Platzverweis mehr ergehen muss, um die Pflicht des Verlassens zu begründen. Eine Klarstellung könnte daher sinnvoll und somit als eigener Regelungsgehalt angesehen werden.
   bb. Dagegen spricht jedoch einerseits, dass der Wortlaut der Durchsage allein den Gesetzestext des Art. 5 Abs. 3 BayVersG wiederholt und keine weiteren Konkretisierungen vornimmt. Überdies ist gerade der Unterschied zur bisherigen Rechtslage, dass eine Räumung auch ohne vorherige polizeiliche Verfügung möglich ist und das Gesetz die Pflicht, den Bereich zu verlassen, unmittelbar selbst anordnet.
   cc. Aus diesen Gründen wiederholt die Durchsage allein den Gesetzestext und ist damit nicht auf die Herbeiführung eigener Rechtsfolgen gerichtet. Es handelt sich damit nur um eine klarstellende Verfügung ohne eigenen Regelungsgehalt.
   Die polizeiliche Primärmaßnahme, die vollstreckt wird, ist damit die Auflösungsverfügung nach Art. 15 Abs. 4 BayVersG. (a. A. vertretbar)

b. Vorliegend beinhaltet die Auflösungsverfügung die Rechtspflicht der Teilnehmer, sich unverzüglich zu entfernen, Art. 5 Abs. 3 BayVersG, so dass hiermit auch eine auf eine Handlung gerichtete Primärmaßnahme mit vollstreckungsfähigem Inhalt gegeben war.

2. Unanfechtbarkeit der Primärmaßnahme oder Fehlen aufschiebender Wirkung

Zwar kann gegen den Platzverweis gerichtlich vorgegangen werden, dieses Rechtsmittel hat jedoch aufgrund § 80 Abs. 2 Satz 1 Nr. 2 VwGO keine aufschiebende Wirkung.

3. Grundsatz der Konnexität
Fraglich ist, ob die Primärmaßnahme rechtmäßig sein muss.
Dies wird teilweise bejaht mit Hinweis auf die fehlende Rechtsschutzmöglichkeit gegen sofort vollstreckte Maßnahmen und dem Zusammenhang zwischen Primär- und Sekundärmaßnahme.[10]
Hiergegen kann jedoch eingewandt werden, dass die Bestandskraft eines Verwaltungsaktes – und damit dessen Vollziehbarkeit – gerade von der Rechtswidrigkeit des Verwaltungsaktes unabhängig ist.
Allerdings kann gerade bei polizeilichen Maßnahmen, die sich in der Regel sofort erledigen, die gegenteilige Ansicht vertreten werden.

Klausurhinweis:

Klausurtaktisch ist somit zu entscheiden, ob Sie sich wesentliche Probleme bei der Prüfung der Primärmaßnahme abschneiden würden, wenn sie den Konnexitätsgrundsatz ablehnen.

a. Rechtsgrundlage, Art. 15 Abs. 4 BayVersG
Rechtsgrundlage für die Auflösungsverfügung ist Art. 15 Abs. 4 BayVersG.

b. formelle Voraussetzungen der Auflösungsverfügung
aa. Zuständigkeit
Zuständig für die Auflösung ist die Polizei, Art. 15 Abs. 4, Art. 24 Abs. 2 Satz 1 BayVersG.

bb. Verfahren
Eine Anhörung ist nach Art. 28 Abs. 2 Nr. 1 und Nr. 4 BayVwVfG entbehrlich.

cc. Form
Die Auflösungsverfügung ergeht mündlich, Art. 37 Abs. 2 Satz 1 BayVwVfG, weshalb eine Begründungspflicht nicht besteht, Art. 39 Abs. 1 Satz 1 BayVwVfG.

c. materielle Voraussetzungen der Auflösungsverfügung
Da die Versammlung einen aufrührerischen, gewalttätigen Verlauf nimmt, wurde sie unfriedlich, so dass eine Gefährdung bzw. sogar Verletzung der öffentlichen Sicherheit gegeben ist. Damit liegt der Verbotsgrund des Art. 15 Abs. 1 BayVersG vor, was zur Auflösung nach Art. 15 Abs. 4 BayVersG berechtigt.

Zwischenergebnis: Die Auflösungsverfügung ist rechtmäßig.

Klausurhinweis:

Entscheidet man sich für eine eigene Regelungswirkung, ist der Platzverweis der Polizei die vollstreckte Primärmaßnahme. Diese wäre wie folgt zu prüfen:

[10] Knemeyer, Rn. 358.

a. Polizei im eingeschränkt institutionellem Sinne, Art. 1 PAG
In der Person der Polizeibeamten haben solche im Vollzugsdienst und damit im eingeschränkt institutionellem Sinne gehandelt, vgl. Art. 129 Abs. 2 BayBG, daher liegt eine polizeiliche Maßnahme vor und der Anwendungsbereich des Art. 1 PAG ist eröffnet.

b. örtliche Zuständigkeit, Art. 3 Abs. 1 POG
Weiter ist die Polizei im gesamten Staatsgebiet des Freistaats Bayern zuständig, sog. Prinzip der Allzuständigkeit, Art. 3 Abs.1 POG.

c. Aufgabeneröffnung

aa. Art. 2 Abs. 4 PAG i. V. m. BayVersG
Diese ist nicht gegeben, da insbesondere das Versammlungsgesetz nicht einschlägig ist.

bb. Art. 2 Abs. 1 PAG
Da durch die Auflösung der Versammlung die Teilnehmer die Pflicht haben, sich zu entfernen, diese jedoch nicht nach dieser Pflicht handeln, liegt ein Verstoß gegen Art. 5 Abs. 3 BayVersG vor. Überdies handelt derjenige, der sich nicht entfernt, ordnungswidrig gem. Art. 21 Abs. 2 Nr. 3 BayVersG. Damit liegt eine Störung der öffentlichen Sicherheit vor.

d. Befugnisnorm
Da vorliegend bereits eine Störung der öffentlichen Sicherheit gegeben ist, liegt auch eine konkrete Gefahr i. S. v. Art. 16 Abs. 1 Satz 1 Nr. 1 PAG vor.
Art. 16 Abs. 1 Satz 1 Nr. 1 PAG ist damit einschlägig.

e. Maßnahmerichtung
Die Störung der öffentlichen Sicherheit geht von den übrig gebliebenen Demonstranten aus, so dass diese als Handlungsstörer herangezogen werden können, Art. 7 Abs. 3, Art. 16 Abs. 1 Satz 1 PAG.

f. Polizeiliche Handlungsgrundsätze

aa. Verhältnismäßigkeit, Art. 4 PAG
(1) Der Platzverweis ist geeignet, die Herstellung der öffentlichen Sicherheit zu erreichen. Er ist auch erforderlich, da eine mildere, gleich geeignete Maßnahme nicht ersichtlich ist.
(2) Auch ist Angemessenheit zu bejahen. Zwar entfaltet Art. 8 Abs. 1 GG auch nach der Versammlung eine Nachwirkung. Jedoch gilt dies z.B. für die Möglichkeit, sich ungehindert vom Ort der Versammlung zu entfernen. Da vorliegend gerade dies Zweck der Polizeimaßnahme ist, liegt Angemessenheit vor.

bb. Ermessensausübung, Art. 5 PAG
Ermessensfehler sind nicht ersichtlich.

Zwischenergebnis: Der Platzverweis ist rechtmäßig.

4. Verhältnismäßigkeit des polizeilichen Zwangs als solchem sowie Ermessen diesbezüglich

Die Durchsetzung der Primärmaßnahme mittels polizeilichen Zwangs ist nicht unverhältnismäßig, da ein milderes, gleich geeignetes Mittel zur Durchsetzung des Platzverweises nicht ersichtlich ist.

Auch steht Art. 8 Abs. 1 GG nicht entgegen, da den Demonstranten ausreichend Zeit gegeben wurde, sich zu entfernen. Insoweit liegen auch keine Ermessensfehler vor.

III. Besondere Vollstreckungsvoraussetzungen, Art. 77 ff. PAG

1. Vorliegen eines bestimmten Zwangsmittels

Vorliegend wird ein Wasserwerfer eingesetzt. Bei diesem handelt es sich um ein Hilfsmittel der körperlichen Gewalt, also der unmittelbaren körperlichen Einwirkung auf Personen, Art. 78 Abs. 1, 3 PAG. Daher handelt es sich um unmittelbaren Zwang.

2. Androhung des unmittelbaren Zwangs

Der unmittelbare Zwang ist vorher anzudrohen, Art. 76, 81 Abs. 1 Satz 1 PAG. Da die Polizei den Einsatz von Wasserwerfern angekündigt hat, ist dieser Voraussetzung genüge getan.

3. polizeiliche Handlungsgrundsätze

a. Verhältnismäßigkeit des unmittelbaren Zwangs (zu anderen Zwangsmitteln)

Eine Ersatzvornahme verspricht aufgrund der fehlenden vertretbaren Handlung ebenso wenig Erfolg wie die Anordnung von Zwangsgeld oder Zwangshaft. Insoweit ist der unmittelbare Zwang das geeignete und erforderliche Zwangsmittel.

b. Verhältnismäßigkeit der Ausübung des unmittelbaren Zwangs

Hierüber sind im Sachverhalt keine genauen Angaben zu finden, so dass eine Bewertung nicht vorgenommen werden kann.

c. Ermessen

Ermessensfehler sind nicht ersichtlich.

Zwischenergebnis: Die Anwendung des Wasserwerfers ist rechtmäßig.

Endergebnis:

Das Anhalten, die Durchsuchung von A und B, die Durchsuchung des VW-Busses und die Beschlagnahmung des Baseballschlägers, die Ingewahrsamnahme des D sowie der Einsatz des Wasserwerfers sind rechtmäßig.

Sachregister

Die Ziffern benennen Randnummern.